Chronik

der

Seuchen

in Verbindung

mit

den gleichzeitigen Vorgängen in der physischen Welt und in der Geschichte der Menschen.

Von

Dr. Friedrich Schnurrer,

Ober-Amts-Physicus zu Vayhingen an der Enz.

Zweiter Theil

von der Mitte des fünfzehnten Jahrhunderts bis auf die neueste Zeit.

Mit einem vollständigen Register.

Tübingen,
bei Christian Friedrich Osiander.
1825.

Die
Krankheiten
des
Menschen-Geschlechts

historisch und geographisch

betrachtet

von

Dr. Friedrich Schnurrer,

Ober-Amts-Physicus zu Vayhingen an der Enz.

Der historischen Abtheilung

Zweiter Theil.

Tübingen,

bei Christian Friedrich Osiander.

1825.

Nachdem das physische Leben des Menschen-Geschlechts durch seine verschiedene Perioden verfolgt worden ist, in welchem dasselbe zuerst bey dem innigen Verkehr mit der Natur und der Herrlichkeit seiner Anlagen auch bey geringerer selbständiger Ausbildung und universeller Tendenz, somit ohne die unsern Begriffen entsprechende Cultur und besonders in seinen philosophischen Ansichten noch sehr jugendlich, doch nicht roh, ja in seiner großartigen Einfachheit allen spätern Zeiten sogar classisch erscheint, darauf denn theils durch physische Ereignisse, theils durch den bey einzelnen Menschen und Völkern sich ausbildenden Egoismus herbeygeführt, Zeiten eigentlicher Rohheit und Zerstörung folgten; so ergab sich aus diesen eine dritte Periode, in welcher dem nun ganz auf sich verwiesenen Geschlecht so wenige Spuren der frühern Cultur übrig blieben, und diese auch so wenig für dasselbe paßten, daß aus dem Zustand roher Kraft, in welchem nur überlegene körperliche Stärke oder Inspiration, die auf den Aberglauben wirkend, ganze Massen in Bewegung setzte, und außerordentliche Erfolge hervorbrachte, galt, das einzelne Individuum erst allmählig zum Höhern sich erheben, durch die verschiedenartigste Ausbildung seiner Anlagen immer mehr Selbstzweck werden, und dadurch erst zur wahren Universalität sich ausbilden mußte.

1

Unter den in der zweyten Hälfte des fünfzehnten Jahrhunderts sich ergebenden Ereignissen, die diese Ausbildung besonders förderten,
gebührt der Zeit und ihrer Bedeutung nach der
erste Platz der Erfindung der Buchdruckerkunst.
Ihr Anfang und erster Erfolg deren Beschreibung nicht hieher gehört, kann nicht gering
gewesen seyn, da nach so kurzem Verlauf zu
Paris, Rom und in den bedeutendsten durch
Handel blühenden Städten Südteutschlands und
Italiens schnell Drucker - Pressen errichtet wurden *); auch schildert der schon so oft erwähnte
Aventin diese schnelle Verbreitung mit der ihm
eigenthümlichen Weise **).

---

*) Petit Radel Recherches sur les Bibliothèques anciennes
et modernes. Paris 1819. Berechnet wie es scheint
sogar mit Ausschluß teutsch geschriebener Bücher die
Zahl der im fünfzehnten Jahrhundert erschienenen
Druckstücke auf 14,750.

**) 1440—50 ist erfunden worden die Druckerey zu Mainz,
von einem genannt Hans Faust, hat zwey Jahr dran
zugericht, mit Hülf seines Eydams Peter Schäfer von
Gärensheim, dem er seine eigene Tochter Christinam zur
Ehe gab: die Zween haben diese Kunst lang im Geheim
gehalten, Niemands zusehen lassen, haben alle Gesellen und Knechte zu solcher Arbeit und Kunst Natturfey
ein Eid müssen schwören, daß sies Niemand offenbaren
und lehren wollten. Doch über zehn Jahre haben
jetzt genanntes Faustens und Schäfers Diener diese Kunst
geoffenbaret und offentlich herfür an das Licht gebracht.
Hans Guttenberg, von Strasburg in Teutschland, seine
Landsleut Ulrich Heu und Sixt Reiss habens in Welsch-
land und gen Rom am ersten bracht, ist zu dieser Zeit
(da Aventin schrieb etwa 1520—30) so gemein geworden, daß nirgend ein Winkel ist man druckt latei-
nisch, griechisch und hebräisch darin. Seyn die Bü-

Es mußte diese folgenreiche Erfindung besonders stark auf Italien wirken, das durch die Kreuzzüge vor allen Ländern am meisten an Völker-Verkehr und Wohlstand gewonnen hatte, wo Kunst, Poesie und Wissenschaften schon ihre schönsten Triumphe feyerten, das bereits seinen Dante, Petrarca und Boccacio besaß, das gerade damals durch die einwandernden Griechen deren classische Litteratur kennen lernte, und durch seinen Aldus den Besitz derselben sich zu sichern suchte. Doch es ist nicht Aufgabe der Geschichte des physischen Lebens, die nun so schnell voranschreitende geistige Entwicklung des Menschen-Geschlechts zu verfolgen, für dieselbe sind vielmehr die negativen Folgen dieser Entwicklung wichtiger.

Es ist nicht denkbar, daß durch dieses Erwachen des geistigen Lebens die körperliche Kraft im umgekehrten Verhältniß vermindert worden sey; dafür fehlt es ganz an Beweisen, auch zeigen diejenigen Menschen-Classen und Völker unserer Zeit, die diesem Geistes-Aufschwung fremder blieben, sich nicht in demselben Verhältniß stärker als die gebildeteren. Dagegen ist es unläugbar, daß sich für die höchsten Bestrebungen im Leben ganz andere Wege

---

cher ganz wohlfeil worden. Es druckt einer ein Tag mehr denn einer ein ganz Jahr möcht schreiben. Peter Schäfer obgenanntes Fausten Erfinders dieser Kunst Enkel drückt jetzt zu Mainz und Strasburg. Wo die Kunst nicht erfunden war worden, waren die alten Bücher alle verloren worden, man will in den Stiftern und Klöstern nicht mehr schreiben, die haben vor Zeiten die Bücher geschrieben, die Schul aufgehalten. Avent. Chron. p. 589.

und Ziele bildeten, und während in den nun
zu Ende gegangenen Zeiten körperliche Stärke
und physische Kraft allein erfordert worden waren, um auf Andere zu wirken und in der Geschichte Erfolge zu erringen, jetzt die geistige
Ueberlegenheit immer mehr unentbehrlich wird,
um wahrhaft historisch aufzutreten.

Auch darf das spätere Geschlecht deswegen,
weil es bey demselben weniger mehr zu so schnellen und allgemeinen Ausbrüchen der Thatkraft
kommt, nicht für schwächer und abgespannter
gehalten werden, da nur die Richtung seiner
Thätigkeit sich verändert und diese mehr auf
das ideelle Leben sich gewendet hat. Wer möchte
auch, um nur ein Beyspiel anzuführen, auf die
Kreuzzüge hindeutend, das neunzehnte Jahrhundert deshalb der Schwäche beschuldigen, weil es an
dem Befreyungskampfe eines glaubensverwandten
Volkes weniger Antheil nimmt, da doch das
Ende des vierzehnten und die erste Hälfte des
fünfzehnten Jahrhunderts eine noch viel schmäh-
lichere Gleichgültigkeit gegen die hereinbre-
chenden Osmanen zeigte, als es den dringenden
Aufforderungen einzelner Kaiser selbst nicht gelingen wollte, die Arme zur Wehr gegen solche
Barbaren zu bewaffnen, und während man Tür-
kensteuer bezahlte, die Päbste in freundschaft-
lichem Verkehr mit dem türkischen Kaiser standen, und gefährlich Kron Prätendenten zum
Aufbewahren, vielleicht gar zum Vergiften sich
von ihm schiken liessen.

Grosse Erhebungen finden nicht mehr in demselben Grade statt, weil, nachdem für Europa
durch Wekung geistiger Kräfte, durch Fortschritte in der Cultur und die dadurch gegebene Er-

weiterung seiner Hülfsmittel selbst bey hereïn-
brechenden Calamitäten nicht mehr der verzweif-
lungsvolle Zustand, der ganze Völker zum äussersten trieb, denkbar ist, sondern jetzt ohne
die gewohnten Schranken zu durchbrechen, alles eher durchgemacht werden kann. — Kurz,
wenn, wie in der physischen Welt grofse Cata-
strophen jetzt seltener sind, auch der Strom der
Geschichte der Völker keine solche Wogen mehr
schlägt, sondern im stilleren Laufe sich bewegt,
und ganze Völker sich nur erheben um die durch
die Fortschritte der Aufklärung und Wissenschaft
gewonnenen Güter vor den Eingriffen der Willkühr zu bewahren, so möchte dies nicht als
Zeichen des Mangels an vorhandener physischer
Kraft, sondern vielmehr als Beweis der Ueberlegenheit geistiger Kräfte zu deuten seyn.

Vierter Abschnitt,
vom Ende des Mittelalters bis auf die neueste Zeit.

1450 a. Chr. Von der Witterung des Jahrs 1450 läfst sich nichts Genaueres ángeben; einzelnen Angaben nach hätte grofser Mangel geherrscht *), immer noch dauerte die bereits erwähnte Pestseuche fort, im Junius richtete sie ganz besondere Verheerungen zu Saragossa an, (Villalba) aber auch in Italien, Frankreich und Teutschland hatte sie noch nicht aufgehört **). Den Sommer des folgenden Jahrs 1451 scheinen heftige Donnerwetter ausgezeichnet zu haben; zu Zwetl in Oestreich fiel am vier und zwanzigsten Junius bey einem sehr heftigen Donnerwetter ein Hagel wie die Hühner - Eyer, (Anal. Zwetl) und ein nicht minder heftiges Gewitter mit Wolkenbruch gab es am fünf und zwanzigsten Julius in der Nähe von Prag (Lopaez). Zu Saragossa begann die Pest im April 1452 wieder von neuem sich zu verbreiten, und hatte im Julius, als die Königin Marie aus dieser Stadt nach Villafranca sich zurükzog, ihre höchste Höhe erreicht. Im

---

*) Erat etiam in victualibus penuria non modica. Chron. Walds.

**) Palmarius de morbis contagiosis. Lib. II. Cap. 1.

Sommer 1453 scheint die Witterung für das Gedeihen des Weins sehr ungünstig gewesen zu
seyn, wenigstens fiel in der zweyten Hälfte desselben, als die Trauben reifen sollten, rauhere
Witterung ein, es gab ein schlimmes Getränk,
und die welche sich desselben nisht enthalten
mochten, bekamen Leibschmerzen und andere
Uebelkeiten *).

Nachdem nun wenigstens von den ältern Be- **Kometen.**
richtserstattern schon längere Zeit keiner Kometen mehr erwähnt worden ist, so erscheinen
nun mehrere in kurzer Zeit, und ihnen folgt
nun auch eine Reihe entsprechender tellurischer
Erscheinungen. Der unter allen bis jetzt bekannten Kometen der Erde am nächsten vorüber-
ziehende wäre der gewesen, welcher nach Einigen im Jahre 1450, nach Andern ein Jahr später den Vollmond verfinsterte. Aus der kurzen
Angabe dieser Erscheinung läfst sich zwar nicht
abnehmen, ob der Komet wirklich zwischen der
Erde und dem Mond, oder zwischen diesem und
der Sonne jedoch in jedem Fall tief über dem
Horizonte der Erde durchgezogen ist; für aufserordentlich wäre diese Erscheinung auch deswegen zu erklären, weil bey dem Kometen vom
Jahr 1819 es doch nicht gelingen wollte, am
26sten Junius sein Vorüberziehen vor der Sonne
zu beobachten, wahrscheinlicher ist es daher,
dafs eine Meteormasse zwischen der Erde und
dem Monde hindurchzog.

Zuverlässiger und übereinstimmender sind **1456 n. Chr.**
die Nachrichten von dem im Jahr 1456 erschie-

---

*) Pessima vina creverunt in Austria. Homines illo an-
no malum potum habuerunt et corrosiones in ventre et
infirmitates. Paltram.

neuen Kometen, dessen Umlaufszeit später auf
76 Jahre berechnet und der bis auf 1759 jedesmal gesehen wurde. Beynahe alle Angaben stimmen darin überein, daß er im Junius zur Zeit
des St. Veits Tags vierzehn Tage oder gar einen
Monat lang gesehen wurde. Ueber ihm bemerkte
man noch gleichsam mehrere Sterne, alle beschreiben seinen Schweif äußerst lang, er habe
zwey Himmelszeichen begriffen *) (Wurstissen).
In demselben Sommer trat nun auch eine ungeheure Hitze (vielleicht abwechselnd mit Feuchtigkeit?) ein, und da lernte man im südlichen
Teutschland bey Augsburg, zuerst den Rost in
dem Getreide kennen, wenigstens hatte man früher nichts von dieser Krankheit der Gewächse
gehört **). Der nächste Herbst und Winter
waren feucht. (Lupaez.) Im August und den
5ten und 25sten December richteten Erdbeben
besonders in Unteritalien und Sicilien unerhörten
Schaden an. (Trith.) In Neapel und Sicilien verloren 70,000 Menschen dadurch das Leben. (Chron.
Aegid.) Im nächsten Jahr erschien nicht nur wieder ein Komet im Zeichen der Fische, sondern
fast auf dieselbe Zeit spürte man auch wieder

Marginal notes:
Rost zum er-
stenmal.

1457 n. Chr.

---

*) Es erschien da ein neuer wunderbarer Stern, der gab
ein Spräts oder schien als lang als ein Wiesbaum. Ra-
vensburger Chronik. An Sant Veits sah man ein Stern,
der hat ein langen Schwanz als ein Pfau, den schätzt
man als lang als von Augsburg gen Sant Lienhart.

**) Quem (sc. Cometam) dum more solito ingens soli
ariditas consequeretur, cepit primum apud nos (Augsburg) rubigo in frumentis ab agricolis cognosci, cum
ante hoc morbus ille frugum nunquam animadversus
vel plane ignotus nostris aevis adeoque reliquis Germa-
nis quasi fuisset. (Gassarus.)

Erdbeben in Italien, beyde waren aber minder
bedeutend und eine schwächere Wiederholung
der Erscheinungen des vorhergehenden Jahrs.
(Wurstissen, Pilgramm.) In der Nacht des 10ten
Mays desselben Jahrs fiel ein tiefer Schnee, der
nicht nur die Bäume bersten machte, sondern
auch das Getraide zur Erde drückte, wie dieß
aber schon mehr bemerkt wurde, so folgte auch
jetzt auf diesen starken Schnee ein äußerst frucht-
barer Jahrgang. Der Winter 1458 scheint sehr
strenge, wenigstens sehr schneereich gewesen zu **Strenge Win-**
seyn; es veranlaßte nemlich der schmelzende **ter.**
Schnee die stärkste Ueberschwemmungen des
Nekars, Mayns, Rheins und der Mosel. (Trith.)
Der Herbst war aber so troken, daß man nicht
einsäen konnte, oder vielmehr kein Saamen auf-
ging. Den 22sten May des Jahrs 1459 gab es
wieder wie vor zwey Jahren Schnee, es wiederhohlte sich aber acht Tage lang der stärkste Reifen, und daher, so wie von der mislungenen Ein-
saat mochte es kommen, daß die Erndte so misrieth und Theurung entstand. (Haselbach.) Der
Winter des Jahrs 1460 war äußerst streng, man
konnte nicht nur auf dem Eis der Ostsee bis
nach Dänemark, sondern sogar von Lübek bis
Norwegen! zu Fuß gehen. (Chron. terrae mis-
nens.) Vom dreyzehnten Januar bis zum eilften
Merz war die Donau ganz zugefroren, man
konnte nicht mahlen, und nachher fand man auch,
daß der Weinstock äußerst gelitten hatte, der
Wein wurde daher sehr theuer. (Crusius.) Der
darauf folgende Sommer war äußerst troken,
und das Vieh litt daher nicht wenig an Futter
Mangel, auch an Hagel fehlte es nicht; am
28sten Junius wurden um Braunschweig in ei-

nem Umkreis von fünfzehn Meilen alle Saaten vom Hagel erschlagen.

Im Julius fieng nun zuerst in Italien eine Pestseuche sich zu verbreiten an, und dauerte sechs Monate; auch über andere Länder verbreiteten sich während des Winters Krankheiten, die um Weihnachten anfiengen und den stärksten Männern am gefährlichsten waren, Frauen und Kinder dagegen weniger berührten. (Chron. Aegid.) Der Frühling des Jahrs 1461 war äusserst regnigt und reich an Ueberschwemmungen. (Gassar.) Am 23sten Julius um acht Uhr Abends bewegte sich ein sehr langes und glänzendes Meteor durch den Himmel, das ganz Paris anzuzünden drohte. (Mairan ex Chron. Ludov. XI.) Immer mehr verbreiteten sich anstekende Krankheiten über Teutschland, während welcher jetzt auch bey uns, wie dieß schon längere Zeit in Spanien geschehen war, Hofhaltungen, Behörden besonders aber Lehranstalten und Schulen sich flüchteten.

1462 n. Chr. Der Winter 1462 war sehr kalt und der Sommer sehr troken und warm; es werden zwar keine Meteore erwähnt, aber im Junius umgab einmal ein äußerst glänzender Halo die Sonne von ihrem Aufgang bis zu ihrem Untergang.

Wohlfeile Zeit, Pest. Obgleich der Jahrgang sehr wohlfeil war, so wurden doch immer mehrere Städte von der Pest ergriffen. In Augsburg fieng sie im October an und dauerte bis in den November des nächsten Jahrs 1465. Auch in diesem Jahr war der Ertrag des Feldes äußerst reichlich, aber dabey die Verheerungen durch Krankheiten stärker als sie seit langer Zeit erlebt worden waren. In Augsburg starben 11,000 Menschen, in Re-

gensburg 6;506. Man nannte es die schwarze
Krankheit *). Ganze Orte wurden in Thüringen und Meissen verödet, zu Erfurt sollen 28,000
Menschen gestorben seyn, an manchen Orten
habe man ganz unentgeldlich zu grofsen Besitzun-
gen gelangen können. (Abrah. Thamii Chron.
Cold.) **).

Auch im Jahr 1465 gab es eine sehr reichliche Erndte, das Viertzel Dinkel kostete 6—8
Blapphart. (Wurstissen.) Immer noch folgten
sich statt der vulcanischen Ausbrüche, die man
nirgends während dieser Zeit aufgezeichnet findet, die meteorischen Exploaionen. Am achtzehnten May zeigte sich die Sonne den ganzen
Tag über von einem Halo umgeben, drey Tage
darauf gab es die heftigsten Windstösse und in
der auf diese folgenden Nacht dreymal starken
Hagel. Am 20sten September wurde es gegen
Abend plötzlich ganz dunkel. Am 22sten September sah man während der Belagerung von
Paris durch den Herzog von Burgund eine Feuerkugel (Chladni) und am 18ten November ein
Nordlicht. (Mairan.)

Im Jahr 1466, in welchem der Sommer wie- 1466 n. Chr.
der ungewöhnlich heifs war, verbreiteten sich

---

*) Chronik der Stadt und des Hochstifts Regensburg, 5te
Lieferung. S. 372.

**) Vacuae possessiones deinde, gratis tradebantur. Pestis
valida saviit per Bavariam, Austriam, Bohemiam, Sue-
viam et quasi per totam Germaniam, multos mortales
absumens. Steindel. Chron. 1463 war ein grot Sterben
in der ganze Christenheit, es starb der Pabst, auch
ein Herzog von Baiern im Winter. Avent. Chron. p.
532.

die Krankheiten vorzüglich auch über mehrere Gegenden Spaniens, dort hatten sie auch unterdessen zu Barcellona geherrscht. In Paris starben 40,000 Menschen; um die Stadt wieder zu bevölkern, nahm König Ludwig XI. von allen Nationen Menschen, selbst Verbannte und Verbrecher in die Stadt auf, doch war es ihm mehr darum zu thun in Paris sich als in einem festen Platz mit einer Macht gegen die Großen zu umgeben, es mußte Alles, sogar die Geistlickkeit sich bewaffnen, und im folgenden Jahr hielt er Heerschau über 70—80,000 Mann im Alter von 16—60 Jahren. (Mezeray.)

Pest zu Paris. *(margin)*

Komet. *(margin)* Ein Komet erschien um Michaelis 1467, er hatte seinen Schweif gegen Osten gerichtet, man konnte denselben aber wegen der trüben Witterung nur selten sehen. (Pilgramm.) Der darauf folgende Winter war mild, da nun aber von Einigen auch ein Komet für den October 1468 nach einem sehr trokenen Sommer angegeben wird, so wäre auch eine Verwechslung denkbar. Wegen der großen Trockenheit gab es in Pohlen außerordentlich viele Mäuse. (Chron. Pol.) Parma wurde von der Pest heimgesucht, es beschreibt die Krankheit Roland Capellutius der bey derselben die Aderlässen sehr empfahl, eine Behandlung die auch schon früher Ant. Guainerius und Savanarola gerühmt hatten.

1470 n. Chr. *(margin)* Der Frühling des Jahrs 1470 war sehr spät, es folgte aber darauf doch ein sehr heißer Sommer. (Lupaez.) In der Gegend von Dordrecht wurden in einer einzigen Nacht 72 Dörfer mit 100,000 Menschen verschlungen und an dieser Stelle ein großes Wasserbecken gebildet.

In den lezten Tagen des Jahrs 1471 wurde
allmählig ein Komet sichtbar, der um das Erscheinungsfest des folgenden Jahrs 1472 mit röth-
lichem Feuer und dunklerem langem Schweif im
Zeichen der Waage erschien, damals hatte er
seinen Schweif gegen Westen gerichtet, nachdem
er nun noch acht, Anderen zufolge aber 80 Tage
so geschienen hatte, so sah man ihn wieder mit
seinem Schweif nach Osten gerichtet, gegen den
Nordpol und den Planet Mars hin im Zeichen
des Widders. Mehrere der Zeitgenossen glaubten, daſs es zwey Kometen gewesen seyen, doch
gibt es aber auch einzelne Berichterstatter, welche
schon damals die Ansicht hatten, daſs der Schweif
jedesmal von der Sonne abwärts gekehrt, und
daher bey der Rückkehr von der Sonne bey demselben Kometen seine Richtung nothwendig eine
andere seyn müsse *).

Es folgten nun zwey oder drey Jahre groſser
Trokenheit. Schon am vierten Februar 1472

Komet.
1472 n.Chr.

---

*) Post Festum Epiphaniæ apparuit Cometa miræ mag-
nitudinis et multorum radiorum sub signo libræ dirigens radios suos versus Occidentem, et octo diebus
sic elapsis repentine ascendit versus polum arcticum et
stellam Martis usque ad aliam partem Zodiacis ubi tunc
apparuit sub signo Arietis dirigens radios suos versus
Orientem et circum volvebatur cum Zodiaco ad motum
Firmamenti sub signo arietis manens ad 2 hebdoma-
des, et tunc successive immorabatur, ita quod in Die
Valentini (14. Febr.) vix videbatur in nocte. Mutius.
Einige andere Chroniken z. B. Chr. Walds. schreiben
freylich Cometa magnus mense Januar. quo disparente
appuruit alius Com. colore et situ a primo discrepans,
ähnlich äuſsert sich, wie nicht anders zu erwarten,
auch Crusius.

gab es heftige Gewitter, das eine bey Tag das
andere bey Nacht, überhaupt war der Frühling
unerhört warm und früh. Schon im Februar
blühten die Bäume wie im May. (Fugger.) Es
gab einen herrlichen Frucht- und Weinertrag, aber
der Sommer war sehr troken, es regnete vom
20sten Junius an neun Wochen, nach andern vom
vierten Julius bis zum neun und zwanzigsten
September gar nicht, es entstanden im Thürin-
ger, Böhmer und Schwarzwald Brände *).
In Ungarn sogar konnte man durch die Donau
gehen, das Vieh litt sehr durch den Mangel an
Futter, in Augsburg kosteten hundert Krauthäupter einen Goldgulden, so dürr und heiß es übrigens auch gewesen, so fehlte es doch nicht an
Getraide (Wurstissen) und es war doch ein wohlfeiler Jahrgang. (Erph. antiq. varil.) Schon gegen das Ende des Monats Junius gab es reife
Trauben, der Wein erhielt eine ganz ungewöhnliche Stärke, man durfte es in jener Zeit, in
der man sich doch aufs Trinken so wohl verstand,
nicht wagen solchen Wein unvermischt mit Wasser zu trinken **). Im October blühten die
Bäume wieder von Neuem, die Birnen und Aepfel erreichten die Größe von Nüssen, und die

Marginal notes:
Heißer und früher Jahrgang.

Starker Wein.

---

*) Siccitas incomparabilis ita ut nemora solis ardore in-
cenderentur et terra ipsa prae nimia siccitate arderet.
Wie buchstäblich lezteres zu nehmen, erhellt aus Chron.
Salisb. tanta ariditas per terram Salzburgensem quod
terra se divisit prae ariditate et mons Undensis Unders-
berg ardere coepit, nam per totam aestatem non plue-
rat.

**) Tam fortia creverunt vina in Austria quod nemo po-
tuit eis uti sine aqua, quod infra 100 annos nunquam
fuit in memoria hominum. Chr. salisb.

Kirschen wurden um Martini zum zweytenmal
zeitig. (Wurstissen.) Am 29sten August wurde
Cronstadt in Siebenbürgen durch ein Erdbeben
sehr beschädigt, innerhalb der nächsten fünf Tage
kamen noch sieben starke Erschütterungen durch
ganz Siebenbürgen, die Wallachey, Moldau und
Sizilien. (Chron. Mellic.) Auch aufserordentliche
Heuschrecken - Schwärme verbreiteten sich in diesen und den drey nächstfolgenden Jahren aus
der Moldau über Siebenbürgen bis nach Böhmen, und in Oesterreich bis Linz. (Chron. Mellic.) Auch andere Berichterstatter versichern,
dafs die Trokenheit im Sommer 1473 sich wiederhohlt habe *). Doch hätte es nach Wurstissen, von den ersten Tagen des Julius bis in den
Herbst geregnet, es könnte aber bey ihm auch
mehr vom Jahr 1474 die Rede seyn; es hätte
nach ihm auch keinen guten Wein gegeben. Allgemeiner noch stimmen die Berichterstatter über
einen ausserordentlichen Sturm am 29sten Junius des Jahrs 1474 ein, es wüthete derselbe an
einem ganz heiteren Nachmittag; zu Augsburg
rifs er nicht nur Häuser, sondern sogar eine neu-
erbaute Kirche um, (Gassar) auch in Oestreich
und Ungarn wurden durch denselben viele Gebäude eingestürzt. (Craft.) Unerachtet der Himmel als so heiter dabey beschrieben wird, so
heifst es doch: es habe an demselben Tage der
Donner in einen See geschlagen, und lange Zeit
hernach habe das Wasser einen Rauch ausge-
stossen. (Chron. Lunoel.) Wahrscheinlich waren es Meteor-Massen die in das Wasser fielen.

Marginalia: Trokene Jahrgänge, Erdbeben u. Heuschrecken. — 1474 n. Chr. Ausserordentlicher Sturm. — Meteor-Masse.

*) Insolita aquarum siccitas, perennes quoque fontes
exhausit. Steind. Chron.

Aber auch an Krankheiten fehlte es in diesen
so reichen Jahren nicht. Schon im Jahr 1472
entstand während des Sommers eine pestartige
Krankheiten. Krankheit in Eimbeck, Göttingen und im Eichs-
feld; sie dauerte während des ganzen Sommers,
im Winter erreichte sie auch Hildesheim und die
benachbarten Orte, in welchen sie über ein
Jahr fortdauerte. (Paul. Lang.) Als Karl der
Kühne, Herzog von Burgund und Kaiser Frie-
derich nebst seinem Sohn zu Trier eine Versammlung hielten, belief sich die Zahl der Fremden auf 100,000. Dabey entstand eine pestartige
Krankheit. (Stammel Triersche Chronik.) Auch
in Italien, Frankreich und Spanien herrschten
Seuchen, in England starben mehr, als fünfzehn
Jahre daurende bürgerliche Kriege weggerafft
hatten. (Webster.) Diese Krankheiten scheinen sich so sehr durch Anstekungskraft ausgezeichnet zu haben, daß man um jene Zeit die
Quarantaine- erste Spur von Quarantaine - Anstalten antrifft.
Anstalten. Bey der zweyten grofsen Pest - Epidemie, welche
in diesem Jahr die Insel Majorka heimsuchte,
wurde Doctor Lucian Colomines, schon früher
öffentlicher Gesundheits-Beamter zu Palma, als
Medico morbero mit einem Ausschufs anderer
Beamten beauftragt, eine allgemeine Verordnung zu entwerfen, welche aus drey oder vier
Capiteln bestand. Es wurde diesem Gesundheits-
Rath ein Pest - Spital übergeben und alle Orts-
obrigkeiten angewiesen bey ausbrechenden Pest-
Epidemieen sich an denselben zu wenden. Es
durfte keine Versteigerung statt finden, ehe sie
demselben angezeigt worden war, er hatte Cri-
minal Jurisdiction, und die Vice Könige hatten
den gemessensten Befehl ihn in allen seinen

Verordnungen aufs genaueste zu unterstützen.
Fremde Schiffe wurden aufs genaueste examinirt,
und wenn sie sich über ihren Gesundheitszustand nicht genau ausweisen konnten, so mußten sie vierzig Tage und wohl noch länger
Quarantaine halten *). (Villalba.) Auch
sezten sich über die Krankheiten jener Zeit wie
es scheint, zum erstenmal die Federn der Aerzte in Bewegung und es wurden jezt schon mehrere Berichte über dieselben gedrukt **).

Wie dieß auch schon früher gesehen worden, daß zur Zeit allgemein herrschender Krankheiten auch das Gemüth krankhaft aufgereizt
wurde, so war dieß ebenso in der gegenwärti-
tigen Periode, in welcher wenigstens nicht Mangel der Lebensbedürfnisse die Menschen dräng-
te, der Fall. Besonders äußerte sich diese Stimmung in Franken, wo es die großen Wallfahr- Wallfahrt n.
ten nach Niclashausen gab, an denen einsmal Niclashau-
30,000 Menschen Antheil nahmen und sich viele sen.
als von einer Melancholie oder vielmehr Vesa-
nie befallen bewiesen. (Chron. Mellic.) Ein

---

*) Mead de contagio praevertendo. Opera omnia. Par.
1757. Tom. 1. p. 254 und Bekmann Beyträge zur
Geschichte der Erfindungen, 2. Bd. 4. Stück. S. 577
zu folge hätte zu Venedig erst im Jahr 1485 eine
ähnliche Einrichtung statt gefunden, nachdem eine Pest
im Jahr 1478 die erste Veranlassung zu dieser Idee gegeben hätte.

**) Heinrich Steinhowel Regimen in schweren Läuften
dieser Krankheit der Pestilenz der Stadt Ulm gesammelt. Ulm 1473. 4.
De epidemia et peste Magistri Vallestii Tarentini
artium Medicinaeque Doctoris eximii. Barcellonae 1478.
(So gibt Villalba den Titel an.)

gewisser Joh. Bohem auch Bankler genannt, predigte dabey gegen die Geschenke an die Geistlichkeit, Wald und Wasser seyen Allen gemein,
und Aehnliches; natürlich, daſs diese Grund-
sätze den Ansichten der Geistlichkeit wenig entsprechen konnten, es wurden daher von dieser
auch diese Wallfahrten besonders strenge bekämpft; am thätigsten benahm sich dabey der
Bischoff von Würzburg, Joh. Bohem wurde verbrannt und viele der Wallfahrer getödtet *).

1477 n. Chr.   Um Michaelis des Jahrs 1477 sah man wieder einen Kometen, wegen des regnigten Herbstes konnte erst im December eingesäet werden.
(Comp. Chron. Pist.) Der Winter war übrigens
gelinde. (Chron. Aeg.) Von Weynachten bis
zum Erscheinungsfest gab es bey Nacht heftige
Gewitter und Hagel mit einem ganz heiſsen
Winde. (Vento calidissimo. Chron. Salisb.) Die
Monate Merz und April waren auſserordentlich
troken. Im May und Junius fiel unerhört Regenwetter ein, so daſs man Bittgänge hielt, darauf kam wieder so gute Witterung, daſs der
Ertrag des Herbst's den des erst kurz vorherge-
gangenen auch so reichlichen Herbsts noch übertraf. (Wurstissen.) Im Julius fieng, nach einer
Verfinsterung der Sonne, die Pest von neuem
sich zu zeigen an, und verbreitete sich in den
nächsten Jahren noch weiter **).

Auch der Sommer 1479 war wieder äuſserst
troken und heiſs, nur vom vierten bis achten

---

*) Res miranda finem habuit crudelem. Chron. Ellwang.
Chron. Waldsass.

**) Ecclypsis magna solis fuit mense Julio, ingentis pe-
stis quae sequebatur initium. Chron. Walds.

Julius fiel ununterbrochen Regen und Hagel, worauf es denn ungewöhnlich kalt wurde. Bey Augsburg zeigte sich eine solch ausferordentliche Menge großer Barben, daß die kleineren Flüsse ganz davon verstopft wurden. (Gassar.) Es scheint dieses veränderte Streichen der Fische wirklich die Vorbedeutung einer sich nun nähernden Anschwellung der Gewässer gewesen zu seyn. Lycosthenes sezt schon in dieses Jahr ein unerhörtes Ueberströmen des Rheins und Brusch erzählt von dem folgenden Jahr, daß am Magdalenen Tag unterirdische Gewässer aus der Erde gebrochen seyen, und die größten Verheerungen angerichtet haben. In besondere Bedrängniß sey dadurch ein Nonnenkloster im Breisgau gerathen. Auch in Böhmen gab es starke Ueberschwemmungen. (Lupacz.) Der Sommer 1480 scheint überhaupt regnerisch gewesen zu seyn, man herbstete erst im November und es fieng nun auf zwey Jahre eine theure Zeit an. (Wurstissen.) Der Winter des Jahrs 1480 war sehr kalt, im Februar folgte darauf stürmisches Wetter, 40,000 Türken, die in Pohlen eingefallen waren, gingen zu Grunde. (Paul Lang.) Am 12ten Jul. fiel ein Hagel, bey welchem es viele Faustgroße Steine, und unzählige die ein Pfund wogen, gab. (Staind. Chron.) Vielleicht fielen auch Meteorsteine. Folge der Witterung und des Mangels konnte es auch seyn, daß im Jahr 1482 auf den dänischen Inseln und an der Nordküste Teutschlands der Scorbut sich verbreitete. Der Name Scorbut, eigentlich Scorbuc (ruptus venter) wird daher geleitet, weil der Unterleib und die Hypochondrien besonders auch leiden. Scormunt nannte man es wenn die Affection des

Verändertes Streichen der Fische.

Anlaufen der Quellen.

1480 n. Chr.

1482 n. Chr.

Zahnfleisches, Scorbein wenn das Oedem der
Füfse Haupterscheinung war, in Holland nannte
man das Uebel wegen der blauen Flecken Blausch-
vuit. Aber schon zu Cäsars Zeiten habe es in
der Gegend des Rheins eine Quelle gegeben, deren Wasser getrunken die Zähne los, und die
Beine anschwellen machte; in Friesland kannte
man damals schon ein Kraut dagegen *).

Ein äufserst gesegneter Jahrgang machte 1482
der theuren Zeit ein Ende. Zu gleicher Zeit,
doch wie es scheint noch vor der Erndte, begann jezt wieder die Pest grofse Verheerungen
anzurichten, und jezt erfährt man auch immer
allgemeiner, dafs die Idee von Anstekung die
Menschen ängstlicher machte; wo die Krankheit
ausbrach, suchte sich Alles zu flüchten, von
Tübingen, welche Stadt äufserst durch die Seuche gelitten haben mufs, denn es starben 1383
Menschen, zog die Universität unter dem Rec-
torat des D. G. Hartsesser ab, in Salzburg starben 4,500 Menschen. (Chron. Salisb.) Auch zu
Basel regierten besonders im Jahr 1483 sterbende
Läuffe. (Wurstissen.) In Italien erschien die
Krankheit unter der Form einer Pleuresie, (Fraca-
storius) und in Frankreich herrschte wie es scheint
Influenza.　eine Influenza von der schlimmsten Art zu
der sich leicht Hirnentzündung schlug **).

----

*) Schenck. Observ. med. Lib. VI. detselbe erklärt auch
auf Strabo Lib. XVI sich berufend, die Krankheit,
welche das Heer des Aelius Gallus in Arabien befiel
für Scorbut. Vergl. Chron. der Seuchen 1. Thl. S. 73.

**) Maladie épidémique toute extraordinaire qui atta-
quoit aussi bien les grands et les petits. C'étoit une fièvre continuelle et violente qui mettoit le feu à la tê-
te, dont la plupart tombaient en phrénesie et mou-

Merkwürdig ist, daß um dieselbe Zeit, diesmal von einem Deutshen, von Gassarus, eines
besonderen Kämpfens der Vögel wieder erwähnt
wird und man daher wieder auf gewisse, die
Vögel vielleicht besonders irritirende Ausflüsse
in die Atmosphäre schliessen könnte. Dieser Katarrh, der so ganz dem seculairen Typus entspricht, führte sehr natürlich auf das Schweisfieber, das nun bald erscheint und durch seine
Allgemeinheit, seine plötzliche Verbreitung und
abgebrochenes Verschwinden, ferner durch seine
bestimmte Dauer als Epidemie, so wie wegen
seiner Verbreitung durch ganze Parallelkreise
auch dem um diese Zeit zu erwartenden Katarrh
entspräche. Ehe aber die Geschichte dieser so
merkwürdigen Krankheit begonnen werden kann,
muß noch vorher der in anderer Hinsicht so
ausgezeichneten zwey nächstfolgenden Jahrgänge
erwähnt werden.

Der Sommer 1482 war außerordentlich heiß; auf dem Schwarzwald gab es wieder einen Wald-brand der so heftig wurde, daß die Asche und die Funken bis nach Tübingen flogen. Der Wein-ertrag war so unerhört reichlich, daß man volle Fässer gegen leere austauschte, ein Imi (Cadus) Wein für ein Ey hingab und auch viel Wein zum Ablöschen des Kalks verwendete. Da gerade um diese Zeit die steinerne Neckarbrücke in Tübingen gebaut wurde, so wäre es möglich, daß bey dieser Brüke der Mörtel mit Wein an-

1482 n. Chr. Sehr heiße Jahrgänge.

Außeror-dentlicher Weinertrag.

---

roient comme enragés. Mezeray. In Frankreich hielt
man die Krankheit für die Folge der verangegangenen
Hungersnoth, die, wie es scheint, in Frankreich noch
drükender war als in Teutschland.

gemacht worden wäre. Den nächsten Sommer geben Einige als feucht an, von vielen Andern wird aber der Weinertrag wieder eben so reich beschrieben, besonders wuchs an der Nahe so vieler Wein wie sich dessen kein Lebender erinnern konnte. Es fehlte vollends an Fässern und ein Fuderfaß das im Einkauf drey Gulden gekostet hatte, enthielt nur für Einen Gulden Wein, man schüttete wohl auch alten Wein aus, oder verwendete ihn aus Bequemlichkeit zum Kalk-Ablöschen *). Auch in Schwaben wußte man den Wein nicht unterzubringen, in Schorndorf galt der Wein nur den sechs und zwanzigsten Theil von dem was er fünf Jahre später kostete. In Basel kaufte man nach dem Herbst zwey Maas Wein um einen Pfenning, ja, er war so unwerth, daß Einer zu Basel Sonntags nach Othmari neuen rothen Baselwein „umb Gottes und guter Gesellen willen" durch die Stadt ausrufen ließ. (Wurst-issen.) Nur die Zwiebeln scheinen in diesem Sommer weniger gerathen zu seyn.

1485 n. Chr.   Vom Jahr 1485 wird eine solche Verfinsterung der Sonne angegeben, daß man die Sterne sehen konnte, die Vögel aus der Luft fielen, und die Heerden blökend ihren Ställen zueilten. Der Sommer war feucht, windig und gewitterhaft. Auch in Böhmen war besonders der August sehr regnerisch, windig und gewitterhaft. (Chron. S. Petr. Lupacz.) Crusius und Gassarus sprechen zwar wieder von wohlfeilem Wein, vielleicht weil noch Vorräthe vorhanden waren, doch versichert Tritenheim, das Fuder Wein habe schon wieder zwanzig Gulden, drey Malter

---

*) Chron. Spanh. p. 397.

Waizen dagegen einen Gulden gekostet. In Oesterreich war der Feldertrag in diesem Jahr so gering, daſs derselbe nur den dreysigsten Theil
von dem anderer Jahre betrug. (Chron. Salisb.)

Gegen Ende des Sommers der auch in England sehr regnigt war, und wo es Ueberschwemmungen der Severn gegeben hatte, landete Heinrich der Siebente mit einem aus Menschen den
verschiedensten Nationen zusammengesezten Heere
in England, und beendigte durch die Schlacht bey
Bosworth (22sten Aug.) in welcher er siegte,
und Richard der Dritte getödtet wurde, einen
der schrecklichsten, über dreyſsig Jahre dauernden Bürgerkrieg, in welchem alles was die aufge-
regten Leidenschaften Fürchterliches zu verüben
vermögen, blutige Schlachten, die grausamste
Justiz-Verwaltung, Mord und die Ausgelassen-
heit des Siegers sich vereinigten, das Land zu
veröden und den Character der Menschen zu ver-
wildern. Da verbreitete sich am 21sten September, wie Einige behaupten, von Milfort aus, wo
Heinrich gelandet hatte, unter Begünstigung einer sehr unregelmäſsigen Witterung *) eine Seuche, wie man sie noch zu keiner Zeit erfahren
hatte, und die in London, Beford und Cambridge gröſsere Verheerungen anrichtete, als das
Schwert des Kriegers **). Nach ihrer Haupter-

----

*) Ex praedispositione tempestatum et mutationibus coeli
crebris et in salubribus. Baco Hist. Regn. Reg. Hen-
rici VII.

**) Minus periculi in aere quam in urbe esse. Thomas
More in seinem Brief an Erasmus. Tanta vis hominum extincta est, ut vix crederetur, eam insulam a
tam multis incoli. Forest.

scheinung nannte man sie, das Schweifsfieber.
Vorzüglich wurden Starke und Wohlgenährte,
weniger Greise, Kinder und Arme befallen. Es
kündigte sich die Krankheit, bey welcher man
nie ein Exanthem zu entdeken vermochte, in
irgend einem Theil des Körpers zuerst an *).
Der Kranke erhielt die Empfindung, wie wenn
ein heifser Dunst durch den afficirten Theil
strömte, es entstand unbeschreibliche Hitze, un-
auslöschlicher Durst, Schmerz in der Magen-
und Herz-Gegend jedoch kein Erbrechen, Kopfschmerz, Irrereden, nachher Mattigkeit und starke
Neigung zum Schlummer, schneller fieberhaf-
ter Puls mit beschwerlicher Respiration. Die
Haupterscheinung war aber der profuseste Schweifs
von ganz besonderem Geruch **) mit welchem
oft schon in der dritten Stunde die Kranken starben. Nach fünfzehn Stunden liefs die Heftigkeit der Zufälle etwas nach, aber erst nach vier
und zwanzig Stunden war der Kranke aufser Gefahr, lezteres war wenigstens bey der Epidemie
des Jahrs 1485 so zuverlässig, dafs man nach
den ersten vier und zwanzig Stunden alle Furcht
verlohr und sich ganz sicher glaubte. (Baco.)
Der Nemliche versichert zwar, es sey die Krankheit doch nur alsdann sehr drohend und gefährlich gewesen, wenn man nichts gegen dieselbe
unternommen habe, dagegen habe man durch
eine zweckmäfsige Behandlung viel gegen sie aus-
richten können ***). Doch ist die von ihm angege-

---

*) In initio pars aliqua tentabatur. Friend.

**) Tetri et horridi odoris. Forestus.

***) Patuit per experientiam, quod morbus iste, naturae
potius insidiator erat, eamque imparatam opprimebat.

bene Cur-Methode, nach welcher der Kranke sich
nur in gleicher Wärme zu halten und laues Getränk
mit mäfsig wirkenden Cordialien zu sich zu nehmen hatte, so einfach, dafs man die Verheerungen durch die Krankheit nicht begreifen kann,
denn an manchen Orten sey der dritte Theil der
Menschen gestorben. Wie die Krankheit in eine
Stadt gedrungen, seyen gleich fünfzig bis sech-
zig Menschen täglich erkrankt und von hundert Erkrankten kaum Einer davon gekommen *).
Nach spätern Angaben mufsten die Befallenen
ohne sich nur auszukleiden sogleich zu Bett sich
legen, und sich nicht rühren, jede Nahrung aber,
am aller meisten Fleisch war schädlich, man
durfte vor der sechsten Stunde auch nichts trinken und alsdann höchstens etwas warmes Getränk,
jedoch nur so viel um den dringendsten Durst
ein wenig zu löschen, zu sich nehmen; der
Schweifs durfte nicht mit schweren Bettdeken her-
vorgetrieben werden, sondern man mufste mehr
mit Ruhe und Hingebung sein allmähliges Aufhören erwarten. Es war lebensgefährlich, wenn
der Kranke, um sich zu erquiken, (recreandi
causa) nur eine Hand oder Fufs unter der Bett-
deke hervorbrachte, auch durfte er innerhalb
der ersten vier und zwanzig Stunden nicht schla-
fen. (Polydor. Vergil.) Die Krankheit verschwand
gegen das Ende Octobers eben so schnell wieder, als sie erschienen war, so dafs am lezten
October die Krönung und acht Tage darauf die

---

quam adversus remedia obstinatus si in tempore subven-
trem foret.
*) Willisii Opera omnia. Pharmat. ration. p. 142. Ge-
sev. 1680.

Eröffnung des Parlaments stattfinden konnte. Bey ihrer ersten Erscheinung blieb übrigens die Krankheit so ganz auf die Engländer einge schränkt, dafs Schottländer und Franzosen z. B. die französische Gesandtschaft in England frey von der Krankheit blieben, Engländer aber die sich im Auslande in Flandern und Frankreich damals aufhielten, von derselben befallen wur den *). Die Krankheit erschien während der nächsten sechs und siebenzig Jahre noch vier- mal.

1486 a. Chr.

Im Jahr 1486. gab es am zweyten Januar ein heftiges Gewitter, das die ganze Nacht hin- durch unter beständigem Blizen und Donnern dauerte. (Craft.) Der Jahrgang war übrigens wohlfeil, nur fehlte es an Zwiebeln. (Gassa- rus.) Minder gesegnet war wenigstens in Schwa- ben der nächste Jahrgang, auch in diesem Jahr zeichnete sich den 26sten Junius ein Gewitter durch seine Heftigkeit und die Stärke seines Ha- gels aus.

Tourniere hö- ren wenig- stens in den Reichsstäd- ten auf.

Der bereits angedeutete Umschwung in dem Geschmack und den Sitten jener Zeit, nach wel- chem man Proben körperlicher Kraft nicht mehr für das höchste hielt, und der persönliche Werth wenigstens nicht allein mehr nach derselben ge- schäzt wurde, giebt sich auch dadurch zu er- kennen, dafs jezt die Tournire in freyen Städ- ten, in welchen sich keine Hoflager befanden, abkamen. In dem Jahr 1487 war das lezte Tour- nier zu Regensburg, das erste hatte im Jahr 988 stattgefunden. Man würde sich sehr irren, wenn man die Abnahme der zu solchen Uebungen er-

---

*) Caj. Britt. de febre ephemera. p. 6a.

förderlichen Körperkraft als Ursache davon an,
sehen wollte, wenigstens werden von den jenen
Zeiten näheren Geschichtsschreibern ganz andere
Gründe angegeben; nach ihnen war es mehr die
Verarmung des Adels bey welcher der große damit verbundene Aufwand nicht mehr bestritten
werden konnte, der gewaltsame Andrang von
Solchen die man dieser Ehre nicht für würdig
hielt, vielleicht auch von den Anführern der
um jene Zeit aufkommenden Mieth-Soldaten, Uneinigkeit und Bedrängnifs der Zeit, besonders
aber das Aufkommen der Schiefsgewehre. (Crusius.) Dreyfsig Jahre später gab es schon Frey-
schiefsen in den Städten, an Höfen aber, besonders den französischen und italienischen, wo
jene Ursachen nicht wirkten, und die Tourniere
mehr Gegenstand der Etiquette blieben, da kamen sie auch noch später vor.

In Spanien, wo auch in den nächst vorangegangenen Jahren, besonders in den südlichen
Gegenden pestilentialische Fieber mit Drüsen-Geschwülsten (Landres) geherrscht hatten, fieng
zu Granada im Jahr 1490 das Petechialfieber in
Spanien Tabartillo genannt, das bisher noch
nicht bekannt gewesen war, an, sich zu verbreiten; man hielt die Krankheit für anstekend und
so verheerend wie die Pest. Diese Krankheit
und die Strenge des Winters thaten der Armee
Ferdinands gröfsern Abbruch als das Schwert der
Mauren. Die Aerzte jener Zeit schrieben die
Krankheit von der Insel Cypern her, dort galt
die Gegend von Famagusta von jeher für sehr
ungesund. Durch einzelne Soldaten, die unter
dem venetianischen Heere gegen die Türken ge-
fochten hatten, soll diese Krankheit nach Spa-

1490 n. Chr.
Erste Erschei-
nung der Pe-
techien.

nien gebracht worden seyn; (Villalba) es wird
sich aber auch aus dem fernern Verlauf ergeben,
daſs jedesmal wenn das Schweiſsfieber über
England und die nordischen Gegenden sich verbreitete, das Petechialfieber in Italien und den
angränzenden Ländern um sich griff.

Ungewöhn-
lich heftige
Gewitter.
Gewitter von nie gesehener Heftigkeit richteten im Jahr 1490 aľ manchen Orten groſse Verheerungen an, am achten Junius betraf es Bayern, am
zwölften Julius Kärnthen, dessen Probstey Ebern-
dorf zerstört wurde, (Valvasor) am 20sten Julius
Constantinopel, wo eine Menge Gebäude zu Grund
giengen, (Paul Lang) und am 30sten Julius Salzburg mit einem Hagel, dessen Körner die Gröſse
von Hühner-Eyern hatten. (Chron. S. Petri.)

1491 n. Chr.
Kalter Win-
ter.
Der Winter 1491 war äuſserst streng, es
lag ungewöhnlich tiefer Schnee, die Wagen der
Nürnberger Kaufleute fuhren über den gefrorenen
Genfer See; noch im May schneyte es drey Tage
lang. Die Kälte vermehrte noch die Verlegenheit wegen der Nahrungsmittel. In Augsburg
strömte, während der Kälte, eine Menge Bettler
in die Stadt, denen man zwar vom Senat und
von den Klöstern einige Unterstützung zuflieſsen
lieſs, die aber sobald wieder mildere Witterung eingetreten war, die Stadt räumen muſsten.
Einheimische aber die noch ferner vom Bettel
sich nähren wollten, muſsten ein eigenes Bet-
tel-Zeichen auf ihre Kleider nähen, aber unerachtet aller Vorsorge des Senats, der Früchte in
der Entfernung aufkaufen lieſs, dauerte der Mangel wenigstens im südlichen Teutschland drey
Jahre lang. (Gassar und Crusius.) Am 22sten
May fiel ein Meteorstein bey Rivolta de Bassi
ohnweit Crema. (Chladni.)

Leider läfst sich über die Witterung des Jahrs 1492 nur wenig angeben. Am zwey und drey und zwanzigsten Merz gab es bey dem Einzug des Cardinals Leo von Medici zu Rom auserordentliche Regengüsse, ein Erdbeben erschütterte Basel, (Bafsler Univ. Lexic.) von grofser Bedeutung wäre es zu welcher Zeit dasselbe stattgefunden habe, da am siebenten November unter einem der heftigsten Gewitter und fürchterlichem Geprassel *) die 280 Pfund schwere Meteor-Masse bey Ensisheim auf einem kaiserlichen Domainenhof zur Erde fiel, die gröfste wohl deren Niederfallen von Augenzeugen berichtet und von der noch ein bedeutender Rest aufbewahrt wird.

Meteor-Eisen-Masse zu Ensisheim.

Ein grofser Schreken erwekender Komet wurde vor dem Erscheinungsfest an mehrere Tage lang im Jahr 1493 gesehen. (Chron. Walds.) Auch wird der Winter von einigen als sehr streng geschildert; der darauf folgende Sommer hatte auch seine Eigenthümlichkeiten, einzelne Tage

1493 n. Chr.

---

*) Mitwoch am 7ten November fiel um Mittentag mit einem ungeheuren Donnerklapf ein wunderlicher Stein einer Ehle hoch, wog 280 Pfund. Er glich Eisenerz und die Stücke davon feuerten am Stahl wie auserlesene Feuersteine, es wurde ein solches Getöse gehört, dafs Sebastian Brent geschrieben:

Tonaü, Neckar, Ar, Ill und Rhein,
Schweiz, Ury hört den Klopf der Inn.
(Wurätisten.)

Septimo Idus Novemb. tempestate exorta ignivoma, inter tonitrua grandis valde lapis e nubibus prope oppidum Ensheim ad agros properos Friederici Imperatoris cecidit cum ingenti fragore habens formam Deltae aciemque triangularem, qui ibidem ad ostentationem tanquam stupendum futurorum omen asservatur. Linturius.

waren zwar äufserst heifs, dagegen fiel auch
am dreyzehnten und sechszehnten August ein
starker Reif, doch war er am lezten Tag etwas
geringer. Der Herbst war äufsert warm nicht
nur im October, sondern auch am fünften December noch gab es ein sehr heftiges Gewitter
und als Folge desselben vielleicht die grofsen
Ueberschwemmungen in Tyrol und in Italien *).
Im Junius 1494 schadeten unerhörte Stürme dem
Getraide sehr. Ein heftiger Sturm, bey welchem
man ein besonderes Dröhnen in der Luft bey heiterem Himmel hörte, wüthete auch am 20. October.
Zu Anfang dieses Monats schon fiel eine grofse Masse Schnees, so dafs man dadurch am Herbsten verhindert wurde. Gegen Bartholomä fieng auf einmal am Rhein, durch Schwaben, Franken und
Bayern eine Seuche sich zu verbreiten an, welche man mit einer Influenz vergleichen möchte,
denn es scheinen sich die Kranken, wenn sie auch
noch so schwer darnieder lagen, wieder erhohlt
zu haben **). Wohin sie kam, da dauerte sie
drey Monate, und wenn sie auch einen Ort
übersprungen hatte, so kehrte sie auf denselben zurück. In Mölk, wo sie gleich im August
sich einstellte, starben doch nicht mehr als
sechszehn Personen. Eine Seuche unter den Thieren des Waldes war ihr vorangegangen. (Chron.
Mellic.) Aber auch unter den Hausthieren wüthete eine Seuche in Pohlen und Oesterreich,
(Rockenbach, Chron. Mellic.) und auf den ca-

---

*) Oefel. rer. Boic. Tom. I. p. 48.

**) Pestis in tota ferme Germania grassabatur, qua mor-
talitate post longam decumbentiam mortem vix evasi.
Chron. Walds.

narischen Inseln wurde der Rest der Guanen durch
eine Seuche, die man Modorra nannte, kin-
weggerafft. Diese Seuche wurde zwar dort
den Ausflüssen der faulenden Leichname nach
der Schlacht von Laguna zugeschrieben; es ist
aber nicht wahrscheinlich, dafs auf solchen Inseln
dieses Umfangs eine so verpestete Luft stattfinden
konnte *).

Für das physische Leben der Menschen fal- Entdekung
len aber in die lezteren Jahre deren Witterung beyder In-
so eben angegeben wurde, noch weit wichtigere dien.
Ereignisse; fast zu derselben Zeit wurden nemlich beyde Indien entdekt. Nachdem seit 1465
bereits die Linie längs der Westküste von Afrika bis zum achten Grad südlicher Breite von
den Portugiesen überschritten worden war, und
ein Verkehr mit den Völkern der Tropenwelt,
zugleich aber auch der Sklavenhandel begonnen
hatte **), und während wiederholt Versuche ge-

*) Humboldt Reise in die Aequinoctial Gegenden des
neuen Continents. I. Th. p. 284.
**) Im Jahr 1442 sah die portugiesische Hauptstadt zum
erstenmal zehn kraushaarige von den braunen Mohren
ganz verschiedene Neger, die für die gefangenen Moha-
medaner als Lösegeld gegeben worden waren. M. Chr.
Sprengel Geschichte der wichtigsten geographischen Entdekungen. Halle 1792. S. 373. Die ersten Neger-
sklaven mufsten die portugiesischen Zuker-Plantagen
auf der Insel S. Thomas bebauen noch lange ehe die
Spanier nach Amerika kamen, vom Jahr 15.7 an, nahmen aber die Spanier den Portugieten für Amerika jährlich 4000 Sklaven ab, und von dieser Zeit an berechnet man, dafs für die neue Welt aus Senegambien,
Nord- und Süd-Guinea 11,000,000 Neger nach Amerika
geführt worden seyen, aufser 1,000,000 Weitern, wel-

macht wurden, das Cap der guten Hoffnung zu
umsegeln, bis endlich am neunzehnten May 1498
Vasco de Gama auf der Küste von Malabar landete, wurden von Columbus im Jahr 1492 die
Bahama Inseln, Cuba und Domingo entdekt,
und auf lezterer Insel von ihm ein Etablisse-
ment errichtet, worauf er mit dem übrigen
Theil seiner Mannschaft wieder nach Europa zu-
rükschiffte, nach einem kleinen Aufenthalt an
der portugiesischen Küste am 15ten Merz 1493
mit 52 Soldaten und Matrosen und 9 Indianern
im Hafen von Palos landete, und bald darauf
seine Fahrten nach Westindien wiederhohlte, so
daß schon im dritten Jahr nach der Entdekung
jener Eylande jeden Monat ein Fahrzeug von
Spanien nach Westindien und später nach Amerika hin, und ein anderes zurükgieng.

Was die Erfindung der Buchdrukerkunst
begonnen hatte, vollendete die Entdekung beyder Indien, und der dadurch eröffnete Weltzu-
sammenhang. Es entstand ein ganz anderes Verhältniß der Menschen und Völker; da ihre Aufgaben und ihr Treiben nun eine ganz veränderte
Richtung erhalten hatten. Nachdem die Menschen in den Stand gesezt worden waren, das
was ihr Inneres dunkel oder klar bewegte, einander durch Bücher mitzutheilen, wurde manch

che den Transport nicht überstanden. Nimmt man
nun an, daß nach einer ungefähren Zählung sich in
Amerika jezt 6,456,914 (1,000,000 für Domingo einge-
rechnet) Neger befinden, und rechnet man den bey einer ungestörten Fortpflanzung zu erwartenden Zuwachs
dazu, so wären unterdessen 12,000,000 Neger über
dem Sklavenhandel getödtet, oder an ihrem Eintritt
in die Welt verhindert worden.

innerer Drang, der sonst zur gewaltigen That
geworden wäre, nur eine viel besprochene Idee,
und nachdem die übrigen Welttheile dem kleineren durch seine Lage und Boden mehr zur
Wiege der Bevölkerung als zur Befriedigung der
Bedürfnisse bestimmten Europa aufgeschlossen
waren, erhielt dieses erst seine wahre Stellung,
und neben dem, dafs jezt durch Austausch der
Bedürfnisse manchfachere Beschäftigungen und
Hülfsmittel gegeben wurden, und durch Ueber-
völkerung grofse Völker-Bewegungen nicht mehr
veranlafst werden konnten, erhielt auch der Einzelne freyeren Spielraum für seine Wünsche und
Ansichten, ohne in Reibung mit den Uebrigen
zu gerathen, so dafs es jezt nicht mehr zu ge-
waltsamen Ausbrüchen, sondern nur zu geräusch-
losen Ausströmungen kommt; man denke dabey
nur an manche stille Entladung von Religions-
Secten, die zu Hause die gesellschaftliche Ordnung umgekehrt hätten und in Nordamerika jezt
harmlos und friedlich mit ihren Gegensätzen neben einander bestehen.

Dafs die Europäer die Poken nach Amerika Verbreitung der Lustseu-che.
gebracht haben, ist viel gewisser, als dafs von
daher die Lustseuche nach Europa gekommen
sey. Leztere Behauptung wird von ihren Ver-
fechtern darauf gestüzt, dafs die Europäer, welche übrigens bey der Unvollkommenheit der Schiffahrt auf ihrem Wege nach Amerika auch am
Scorbut gelitten haben mögen, wie ja auch die
Portugiesen unter Vasco de Gama nach der Beschreibung von Juan de Varros, nachdem sie
das Vorgebirg der guten Hoffnung zurückgelegt
hatten, so sehr daran litten, bey einem länge-
ren Aufenthalt auf St. Domingo dort unter den

Eingebohrnen eine anstekende Hautkrankheit Buas, Mal delle bughe, Caracarac genannt, antrafen, zum Theil, wenigstens bey der zwey- ten und dritten Reise sehr leidend zurükkehr- ten, und an dem königlichen Hoflager zu Bar- cellona, wohin die Rükkehrenden jedesmal zu- nächst sich begaben, das Uebel weiter verbreitet haben. Von Barcellona aber sey die Krankheit durch das Spanische Armeekorps, welches dem König Ferdinand von Neapel gegen die Franzo- sen zu Hülfe geschikt wurde, Italien und dem französischen Heer mitgetheilt worden. Diefs erhelle aus den Angaben von Oviedo und Diaz de Isla, zweyer Zeitgenossen, die gerade damals auch zu Barcellona sich befanden. Aber abge- sehen davon, dafs diese Gewährsmänner, die in den Jahren 1535 und 1537 erst ihre Werke er- scheinen liefsen, bey der Rükkehr des Colum- bus von seiner ersten Reise nothwendig noch sehr jung gewesen sind *), und dafs beyde mit dieser Idee erst hervortraten, nachdem das Guajakholz als Specifikum gegen die Krankheit bereits ge- priesen worden war, und daher höchst wahr- scheinlich durch die Ansicht jener Zeit, dafs die Krankheit nothwendig ein mit ihrem Gegenmit- tel gemeinsames Vaterland haben müsse, gelei- tet wurden, so stimmen diese Behauptungen gar

---

*) Oviedo war damals ein 13jähriger Page und Diaz de Isla, wenn er auch erst im sechszigsten Jahre zu Lis- sabon seine Schrift Tratado contra el male serpentino etc. Haller Bibl. Med. II. p. 35 herausgegeben hätte, wäre damals zu Barcellona doch erst sechszehn Jahre alt, folglich weder ein einsichtsvoller Arzt, noch viel weniger, wie Girtanner will, ein schiklicher Umgang für den Weltentdecker Columbus gewesen.

nicht mit den Thatsachen überein, wie sie sich
in ihrer chronologischen Aufeinanderfolge für
Italien, Frankreich und Teutschland ergeben.

Eine andere Ansicht, dafs die Lustseuche
durch die zufolge eines Decrets vom 13ten May
1492 aus Spanien verbannten Juden, welche zum
Theil auch in Neapel als Flüchtlinge im August
anlangten, wo wirklich auch bald darauf eine
Seuche ausbrach, verbreitet worden sey, hätte
das Zeugnifs des Zeitgenossen Leo Africanus in
so fern für sich, als dieser versichert *), es
sey durch diese Juden, die sich zum Theil auch
auf die Nordküste Afrikas flüchteten, die Lustseuche dort verbreitet worden; und in der That,
will man die Lustseuche aus den Yaws und dem
Verkehr verschiedener Menschenraçen ableiten,
so wäre es eben so gut denkbar, dafs nach dem
schon längst eröffneten Verkehr mit der Westküste Afrikas, wo, wie diefs schon Sydenham
bemerkt, die Yaws auf gleiche Weise einheimisch waren wie in Westindien, dieses Uebel
bereits in Portugall und auf der Südküste Spaniens besonders in den Seestädten wohl bekannt
gewesen wäre; auch wurden von den Portugiesen am frühesten Mercurial-Salben gegen das
Uebel empfohlen.

Es ist aber eine ausgemachte Sache, die sich
bey jeder Durchsicht älterer Geschichts-Quellen
ergiebt, dafs es schon seit den frühesten Zeiten
Krankheiten der Geschlehtstheile gab, die durch
den Beyschlaf sich mittheilten. Die hierüber
gesammelten Notizen hier zu wiederhohlen, wür-

---

*) Beschreibung von Afrika aus dem Italiänischen über-
setzt von G. W. Lorsbach. Herborn 1805 S. 62.

den ermüden, es genüge daher nur einige die sich
dem Verfasser darboten, zu erwähnen. Cedre-
nus, da er die Verfolgung der Christen unter
Diocletian beschreibt, erzählt von einer sehr schönen und keuschen Jungfrau, die beschuldigt wurde
von den Göttern nachtheilig und unehrerbietig gesprochen zu haben, und zur Strafe dafür in ein Lu-
panar mit der Verfügung abgegeben wurde, dafs
sie dem Wirth, welcher sie speisen mufste, täglich 3 Schillinge zu entrichten habe. Als sie
von diesem preisgegeben wurde, habe sie Alle,
die sich ihr nähern wollten, damit von sich ab-
gebracht, dafs sie versicherte sie habe an ge-
heimen Orten ein Geschwür, sie möchten doch
bis zu ihrer Heilung warten *).

.- König Lotar starb am 12ten Merz 988 an einer venerischen nicht pestilentialischen Beule,
welche ihm von seiner Gemahlin mitgetheilt worden war **). Ein dritter ähnlicher Fall soll nur
in der Note mitgetheilt werden ***).

*) ἕλκος ἔχων ἐπὶ κρυπτῷ τόπῳ καὶ τότε τὴν ἀπαλλαγὴν
ἐκδέχεσθαι. Cedren. Tom. 1. ed. venet. p. 210. ed. Par.
p. 268.

**) Ce fut un grand malheur dans la Maison royale, et
un plus grand encor de ce que Lotaire mourut le 12 jour
de Mars l'année suivante (988) de quelque mauvais Bou-
con qui lui avoit été donne par sa propre femme. (Mezeray.)

***) 1410 Ladislaus Rex Poloniae miserabile morte vitae
finem fecit. In parusio tum per vim quandam puellam im-
pudice amaret, quod fratres puellae aegre ferentes,
matri dixerunt. Ecce Rex sororem nostram polluit, ac-
cipe ergo hoc unguentum et sorori nostrae da, et com-
mitte ut rege volente se cum ipsa commiscere, secreto
virgam virilem cum illo perungat, quod mox ut fece-
rit, ipsa concipiat, et rex eam semper amabit, et hoc

Die Vertheidiger des amerikanischen Ursprungs der Krankheit gaben es zum Theil aber
auch zu, daß von jeher durch den Beyschlaf
Krankheiten der Geschlechtstheile mitgetheilt worden seyen, nur seyen dies immer topische Uebel
gewesen und nie haben diese die Form einer
allgemeinen Krankheit angenommen, wie das
in den Jahren 1493 und 1494 so schnell überhand nehmende Uebel, das vorzüglich in einem
sehr schmerzhaften Ausschlag bestand. Diese
Form sey eine neue durch die Mittheilung der
Yaws aus Westindien veranlaßte gewesen, ungefähr wie die in unsern Tagen auch wieder mehr
local gewordene Lustseuche wenigstens für einzelne Gegenden als Scherlievische und Falcadische
Krankheit auch in den neuesten Zeiten gleichsam neue Exacerbationen zeigt.

Doch auch diesen könnte erwiedert werden,
daß schon im Jahr 1442 von einem sicilianischen
Wundarzt Branca bereits fehlende doch wohl
durch Syphilis verzehrte Nasen künstlich ange-
heilt wurden *), daß Peter Martyris und Del-
phinus schon in den Jahren 1489 und 91 eine

modo per eam omnes ditabimur. Quod dum factum ex
suasu matris fuisset, mox ipsa infecta moritur et rex
circa genitalia putrefactus, motiendo etiam poenam
suae libidinis accepit. Breve Chronicon Bavariae ab
anno MCLVI ad annum MCCCCX ex cod. M. S. Brue-
lensi excerpsit Hartmannus Schedelius. Oefelii scrpit.
rer. Boic. T. I. p. 655.

*) Nach den Annalen von Peter Ranzano, Bischoff zu Lu-
cera, die sich zu Palermo im Dominicaner-Kloster befinden. S. Carpue, I. C. An account of two sucessf-
ful operations for restoring a lost Nose etc. London
1816.

der syphilitischen ähnliche allgemeine Krankheit
beschrieben; ja der freylich kaum als zuverläs-
tig zu behauptende Crusius versichert, im Jahr
1487 seyen in dem Kriege, welchen König Maximilian in Belgien führte, zuerst Miethsoldaten
gebraucht und der morbus gallicus bemerkt worden.

Alles zusammen genommen, sind die Umstände, unter welchen sich das sogenannte Mal
de Naple in Rom, unter dem französischen Heere
und in der kürzesten Zeit über Frankreich, Teutschland und alle bekannte Länder verbreitete, von
der Art, daß man überhaupt kaum die bloße
locale Mittheilung eines Contagium als einzige
Ursache zulassen kann, sondern nothwendig annehmen muß, daß diese Krankheit, die sich
gleichsam auf den Schwingen eines Catarrhs verbreitete, in dem damaligen Leben der Menschen,
das gewiß viel ausschweifender war als zu unsern Zeiten, in dem System der Miethsoldaten,
dem ausgebreiteteren Handel, wohl auch in dem
damals erst sich ausbildenden diplomatischen Staa-
ten-Verkehr, kurz in dem subjectiven Leben der
Menschen einerseits ebenso sehr als in den durch
Witterungs-Anomalien sich zu erkennen geben-
den tellurischen Vorgängen begründet gewesen
sey.

Unter die zahlreichen gallische und ale-
mannische Heere, welche seit der Hälfte des
fünften Jahrhunderts vor der christlichen Zeit-
rechnung bis auf unsere Tage nach dem untern
Italien zogen und dort wohl meist siegreich
auftraten, aber jedesmal die nachtheilige Einflüsse des fremden Himmelstrichs erfuhren, gehörte auch das Heer, welches Carl VIII. König

von Frankreich, dem es nach dem Thron von Neapel gelüstete, dahin führte. Auch diefsmal konnte es an den gewöhnlichen Folgen um so weniger fehlen, als der Jahrgang schon an sich für Italien ungesund war, und unter der Armee die schlechteste Mannszucht herrschte, da der Anführer selbst unter allen der Ausschweifendste war. Als die Armee im September 1494 über Asti Italien betrat, mufste der König daselbst einen Monat lang krank liegen bleiben, schon hier erwekt die Art, wie die Geschichtsschreiber dieser Krankheit erwähnen, solchen Verdacht, *) dafs der gelehrte Roscoe keinen Anstand nimmt zu erklären, der König von Frankreich sey der Erste gewesen, der von dem Mal Franeese damals schon befallen wurde. Die Armee brauchte zu ihrem Weiterrüken keine kriegerische Anstrengungen, sondern wurde durch den Verrath und die Uneinigkeit der italiänischen Staaten so unterstüzt, dafs sie immer nur vorrüken durfte. Den 28sten November brach der König von Florenz auf und langte bey einer beyspiellos warmen Witterung vor Róm an, das er am 31. December, vermöge einer Uebereinkunft mit seinem Heere besezte, und erst nach einem Monat wieder verliefs, um am 22sten Fe-

---

*) Commines nennt die Krankheit des Königs la petite vérole, sein Leben sey in Gefahr gewesen, doch müssen es nicht die gewöhnlichen Poken gewesen seyn, Benedetti Fatto d'arme sul Tarro p. 7 sagt, der König habe durch die Veränderung der Luft ein Fieber bekommen, e mandò fuori alcuni segni ebesi chiamano epinittide (ἐπινυκτίδα Finnen) i nostri le chiamano vajuole.

bruar 1495 seinen Einzug in Neapel zu halten,
welche Stadt die nicht populaire arragonische
Regierung ohne Widerstand zu leisten, verlassen hatte, doch giengen die Forts erst am 15ten
Merz an die Franzosen über. Auf ihrem ganzen
Wege fanden die Franzosen überhaupt so wenigen Widerstand und es fehlten die dem Kriege
meist eigenen Wechselfälle so durchaus, dafs
der Pabst Alexander sagte, die Franzosen haben Italien mit hölzernen Sporen überrumpelt
und mit Kreide erobert; hölzerne Sporen trugen damals die französische Officiere beym Spa-
zierenreiten, und mit Kreide bezeichneten damals schon die Quartiermacher die Hausthüren,
auch fehlte es sonst nicht an Sonetten über die
Feigheit der Italiener. Während ihres Aufenthalts zu Neapel übten die Franzosen viehische
Wollüste aus und vergriffen sich selbst an den
Heiligthümern der Religion *), und wie es der
König getrieben, ergab sich aus dem in der
Schlacht am Taro ihm abgenommenen Memo-
randen-Buche, in welchem alle Frauenzimmer
Italiens, die er näher hatte kennen lernen, nach
der Natur abgebildet waren **). Am 20sten May
1495 verliefs Carl VIII., der sich in seinem Rücken
bedroht sah, mit 9000 Mann Neapel, und mufste
sich am 6ten Julius am Taro durch das verbün-
dete Heer durchschlagen, dem einzigen Gefecht,
dessen während des ganzen Feldzugs erwähnt
wird, und bey welchem das Mal de Naple, wie
es die Franzosen nannten, schon so allgemein
war, dafs Alexander Benedictus die beste Gele-

---

*) Corio storia di Milano VIII. p. 93.
**) Roscoe Leben Papsts Leo 1 Th. S. 247.

genheit hatte, seine Wahrnehmungen an den ent-
kleideten Leichnamen der erschlagenen Franzosen zu machen *).

Während des ganzen Aufenthalts des französischen Königs und der Truppen die ihm folgten,
in Neapel und noch viel später, kamen keine
Spanier nach Italien. Es langte zwar während
der Occupation Neapels ein spanisches Hülfskorps unter Gonsalvo Fernandez Aguilar, aus Cordova auf Sicilien an, aber erst nach dem Ab-
zug des Königs der Franzosen, landete Ferdinand, der König der Neapolitaner, begleitet von
einem kleinen spanischen Hülfskorps unter Gonsalvo auf der Küste von Calabrien, dort wurden
sie aber von einem französischen noch zurükgebliebenen Korps unter d'Anbigny zurükge-
schlagen, und die Spanier flohen über die Gebirge nach Reggio. Erst am 7ten Julius versuchte
Ferdinand eine zweite Landung mit glückliche-
rem Erfolg in Neapel. D'Aubigny hielt aber
damals die Spanier in Calabrien immer noch im
Schach, bis er Truppen nach Neapel detaschiren
mufste, und diese dann angegriffen wurden. Es
mufste nun das französische Korps, das Neapel
besezt gehalten und welches unter Montpensier
nach Aletta sich geworfen hatte, capituliren,
und warde kriegsgefangen nach der Insel Procida
und andern ungesunden Orten gebracht, wo dasselbe durch Fieber aufgerieben wurde, hingegen

---

*) Mirum est, quod in Castris vidimus, ad tarum in
Parmensi agro, in pugna adversus Gallos. Nuda erant
cadavera passim per ripas fluminis jacentia, quorum
inguina mire supra modum magnitudinis intenta erant.
Alex, Benedictus de omn. morbor. causis. L. 24.

d'Aubigny, der es in Calabrien allein mit den
Spaniern zu thun gehabt hatte, gelang es, sich
mit seinen Truppen nach Frankreich durchzu-
schlagen.

Wäre daher die Lustseuche, americanischen
Ursprungs, durch Spanier nach Italien gebracht
worden, so hätte gerade durch dieses kleine
Korps, das lange nach dem königlichen durch
Hunger, Seuchen und Ausschweifungen fast ganz
ruinirten Heer wohlbehalten nach Frankreich
zurükgeführt wurde, die Mittheilung des Mal
de Naples, in welch' leztere Stadt die Spanier
doch, gar nicht gekommen waren, geschehen
müssen.

Es bliebe jezt nur noch die Erscheinung der
Krankheit in Italien und ihre so aufserordentliche
Verbreitung über Europa zu betrachten. Alle,
dem Ende des fünfzehnten Jahrhunderts und dem
ersten Decennium des folgenden angehörende Au-
toren stimmen darin überein, dafs in Italien
selbst, besonders zu Rom noch vor dem Einzug der vorrükenden, nicht der retirenden Franzosen, wie sie meynen wegen seltener planeta-
rischer Conjunctionen eine besondere Seuche, die
sich durch bösartige äufserst schmerzhafte Haut-
Ausschläge zu erkennen gab, geherrscht habe.
Wie bey dem französischen Heere der König
zuerst befallen wurde, so war es in Rom die
päbstliche Familie, Pabst Alexander und seine
galante Söhne, die Brüder Borgia, die zuerst
daran erkrankten. Peter Pintor († 1503 Villalba) der Leibarzt und Landsmann des Pabstes,
welchen dieser in einem Alter von zwey und siebenzig Jahren aus Valencia mitgebracht hatte,
gibt in seinem 1499 zu Rom erschienenen Wer-

ke *), das im Collège aux quatre nations zu Paris noch befindlich ist, eine Theorie der Epidemieen und leitet dieselben aus doppelter Wurzel ab, aus der Constellation der Gestirne, dem cosmischen Princip der radix superior, und der Alteration der vier Elemente, grofser Hitze, ungewöhnlicher Kälte, Ueberschwemmungen und aufserordentlicher Jahres-Witterung, dem tellurischen Princip, der radix inferior, welch letztere Italien vom Jahr 1491 bis 95 bedrängten. Schon im Merz 1493, nach einer andern Aeufserung aber im August, habe zu Rom eine Seuche begonnen mit einem pestilentialischen Fieber, von welchem die honettesten Personen befallen werden konnten, und bey welchem nicht gerade die Genitalien zuerst befallen wurden, sondern das sich mit Blattern, Geschwüren und Grind über den ganzen Körper zu erkennen gab. Nach der Beschreibung von Pintar sollte man vermuthen, dafs zuerst ein Catarrh von bestimmter Dauer der Epidemie, und darauf erst diese Krankheit, die eine Reihe von Jahren noch in dieser Allgemeinheit fortdauerte, geherrscht habe. Die meisten Schriftsteller aus jener Zeit Joann. de Vigo, Manardus, Cataneus und andere stimmen darinn überein, dafs das Uebel vorzüglich zu Rom geherrscht habe im December 1494, also während der ersten Anwesenheit der Franzosen zu Rom. Die ausgezeichnetsten Erscheinungen der Krankheit waren im Anfang eine besondere Affection des Kopfs, Neigung zur Melancholie, mit grofser Blässe des Gesichts, worauf ein Exanthem aus-

---

*) Agregator sententiarum de praeservatione et curatione pestilentiae.

brach, das wieder den Kopf vor den übrigen
Theilen des Körpers befiel, die Pusteln und Bläs-
chen aber schnell in rauhe borkigte Geschwüre mit
lividröthlichem blutenden Grund übergiengen,
welche die Augenlieder, Augen und Lippen verzehrten, weil sie sich nicht über die Haut erhoben, sondern mit immer diker werdenden Borken bedekt, mehr in die Tiefe frafsen *), neben
diesen erschienen auch grofse Geschwülste wie
Eyer die eine honigartige Flüssigkeit enthielten.
Dabey empfanden die Kranken die schrecklichsten Schmerzen, die sich bey eintretender Nacht
noch vermehrten. Exostosen und Warzen ähnliche Auswüchse waren erst eine spätere Erscheinung der Krankheit gegen das Jahr 1514 hin.
Einzelne, Marcellus Cumanus und Alexand. Benedictus erwähnen auch gleich Anfangs des Trip-
pers, doch wurde auch dieser erst im Jahr 1540
—50. oder etwas früher allgemein bemerkt, wenigstens fangen um jene Zeit Fracastorius, Vi-
das Vidius, Brassavole und Gomara indem sie
häufiger und allgemeiner seiner erwähnen, zugleich auch von einem Nachlassen der schlimmsten Zufälle zu sprechen, an. Aber unbemerkt
darf doch auch nicht bleiben, dafs wenn später die Formica Zitterschen oder Flechte (Wyer)
und nachher die Crystallblase als neue Zufälle,
welche die Krankheit von neuem wieder verschlimmerten, erschienen, immer diese Zufälle
jedesmal den spanischen Kriegsvölkern, die in
den Niederlanden und Neapel auftraten, zugeschrieben wurden; möglich wäre es daher doch,
dafs die Spanier als diejenige Nation, die am

---

*) Benivenius de Abdit. Cap. I. Schenk. observ. med.
lib. VI.

meisten durch ihre überseeische Provinzen mit
fremden Menschenraçen in Verbindung kamen,
aus diesem Verkehr wieder neue Zufälle sich
zugezogen hätten.

Fast gleichzeitig zeigt sich aber die Krankheit auch über Frankreich, Spanien und Teutschland verbreitet. Zu Paris ergieng am 6ten Merz
1496 schon eine Verordnung des Parlaments, nach
welcher die Krankheit seit zwey Jahren in Paris
so überhand genommen hatte, daß man, weil
Arzneymittel nichts halfen, nur darauf bedacht
war, weitere Anstekung zu verhüten. Alle fremde
Kranke mußten durch die Thore von St. Denis
und St. Jacques aus der Stadt sich entfernen, und
erhielten ein kleines Reisegeld, die einheimischen Kranken mußten, wenn sie wohlhabend
waren, sich in ihren Häusern einschließen und
dort Versuche ihrer Heilung mit sich vornehmen lassen, die Armen aber erhielten die Wei-
sung in die Vorstadt St. Germain des Prez sich
zu begeben. Diese Verordnung widerspricht nun
sehr der Theorie von Astruc; da der König Carl
mit seinem Gefolge, doch frühestens erst im October 1495, nachdem also die Krankheit schon
1½ Jahr geherrscht hatte, nach Paris von der
italienischen Expedition zurükkehrte. Astruc
hilft sich damit, daß damals das Jahr mit Ostern
begonnen habe, und die Zeitbestimmung eine
andere gewesen sey, diese Deutung ist aber an
sich schon nicht recht einleuchtend, und paßt
in jedem Fall auch auf das Datum der Rükkehr
des Königs. Auch in Schottland wurden alle mit
dem Uebel Behaftete schon im Jahr 1497 nach
der Insel Inchkeith gebracht. *)

---

*) Thom. Pennant a Tour to Scottland third Ed. 1769.
Warrington.

Ebenso schnell verbreitete sich das Uebel
auch in den verschiedendsten Gegenden Teutschlands wo man es Böfs - Blattern, Lembt der Glieder, Malzey u. a. m. nannte; nach Engels Annalen wäre die Krankheit sogar schon im Jahr
1493 nach einem heifsen Sommer als eine neue
und unerhörte Krankheit in der Mark Brandenburg erschienen, doch nannte man sie damals
schon die französische. Jahrs darauf war sie
auch schon in Pohlen und Schlesien besonders unter
den Geistlichen sehr allgemein verbreitet *); auch
in Oesterreich kannte man sie schon im Jahr 1494
und versuchte alle mögliche Mittel, weil aber
auch hier aller angewandten Mittel ungeachtet
die Krankheit Jahre lang und noch länger dauerte, häufig auch die Kranken starben, ohne dafs
ärztliche Kunst etwas vermocht hätte, so verfiel
man darauf, Heilquellen dagegen zu gebrauchen.
In der Nähe von Crembs wurde in einem Wein-
berg eine solche Quelle im Jahr 1495 entdekt
und die Menschen strömten in solcher Menge dahin, dafs das Wasser wie Balsam um vieles Geld
verkauft wurde **).

*) Möhsen Geschichte der Wissenschaften in der Mark
Brandenburg. S. 370.
**) Rex Franciae armata militia limina petiit Apostolo-
rum Petri et Pauli in cujus exercitu horribilis et in-
sueta est orta pestis vocabulo Mala Frances. Haec sor-
didissima scabies ex omni corporis erumpebat parte,
tam in viris quam in feminis, quam quidam plus, alii
habebant minus, aliqui per annum, nonnulli per am-
plius, et multi sunt extincti. Medici peritissimi sanitatis antidotum praestare dubitabant, Chirurgi vero bal-
neis atque unguentis multorum erant solatium. Cumque
lues haec multarum terrarum pertransisset fines, hoc
in anno et praecedenti (1494 et 1495) in Australi regna-

In Spanien, wo im Jahr 1495 auch Pest-
Epidemien auf Majorca und zu Barcellona vom
13ten Julius bis zum 4ten October geherrscht
hatten, und es fortdauernd Seuchen mit Beulen und Carbunkeln Jahrs darauf zu Granada,
Tarragona, Saragossa und fast durch ganz Arragonien gab, war damals der höhere Grad von
Cultur und wurde auch systematischer verfahren.
Ferdinand und Isabella ordneten im steigenden
Grade Consultationen der gelehrtesten Aerzte an,
und verwendeten Millionen auf Entdekung pas-
sender Heilmittel, da aber die gelehrtesten Aerzte sich aufser Stand erklären mufsten zu helfen,
so machten sie den vernünftigen Vorschlag, die
Empirie allein entscheiden zu lassen, die Cur
der Krankheit ganz frey zu geben, und demje-
nigen der ein Specificum fände, oder durch seine
Erfahrungen den Kranken am ehesten Hülfe schaff-
te, er mochte Arzt seyn oder nicht, zu beloh-
nen; da fand sich dann, dafs — ein Weber
mit seinen Mitteln noch am meisten leistete. (Villalba.)

Den 26sten oder 28sten Januar 1496 Vor- **1496 n. Chr.**
mittags neun Uhr fielen schon wieder-drey Me- **Meteorsteine.**
teorsteine zwischen Cesena und Bertinoro und
zu Valdinore in der Gegend von Forli unter
ungeheurem Getöse *). Auch in dem nächsten
Jahr schien eine Beschaffenheit des Luftkreises

bat Plaga. Prope Crembs vineæ quidam cultor intra
vites fontem reperit aquae limpidissimae, et eo lustra-
to inventum est pesti praefatae antidotum fore prae-
stantissimum. Qua propter concursus erat populi vehe-
mens, vendebatur aqua pecunia ut balsamum. Chron.
Mellio.

*) Sabellicus Hist. ab urbe cond. Enn. X. lib. IX.

die solche Präcipitation begünstigte, fortgedauert
zu haben. Nach Weyhnachten gab es zwölf Tage lang eine ganz ungewöhnliche Bewegung in
der Atmosphäre; Schnee und Regen fielen abwechselnd, so daß große Ueberschwemmungen
folgten, darauf stürmte es daß Häuser zusammen stürzten. Im Februar 1498 erfolgten überaus starke Donnerwetter, wobey die Blitze ungewöhnlich lange sichtbar blieben und eine Menge
Funken wie aus einer Esse sich ergiefsend glühend zur Erde fielen, so daß man befürchtete,
es möchten durch das vom Himmel fallende Feuer
die Häuser entzündet werden *). In dasselbe
Jahr setzen Webster und das Berliner Lehrbuch
einen Kometen, vielleicht ist es aber auch eine
Verwechslung mit dem fürs Jahr 1500 angegebenen. Der Winter fieng an Weyhnachten mit
grofser Strenge an, es fiel tiefer Schnee. Nach
dem Erscheinungsfest sah man schöne siebenfar-
bige Bogen, die gerade die Hälfte eines Zirkels
betrugen, die Sonne bey ihrem Aufgang und
Untergang umkreisen. An jedem Ende solcher
Regenbogen erschien ein jedoch etwas minder
glänzendes Sonnenbild. Auch während des Sommers sah man am Monde mehrere Configuratio-

margin left: 1498 n. Chr.

margin left: Nebenson-
nen und Rin-
ge um dieSon-
ne.

---

*) Post Festum Nativitatis Christi per XII. noctes magna
mutatio et varietas aëris visa et audita est, ita ut jam
nives caderent, jam plueret usque ad inundationes mag-
nas aquarum, itemque venti fortissimi flarent, ita ut
aedificia caderent. Interea mense Februario tonitrua
magna audita sunt, fulminaque durantia, oblongas mag-
nae quantitatis scintillas, ad quantitatem scassorum
communium in media regione aëris usque ad terram,
ad modum Fabricae emittentia, continue visa sunt, ita
ut incendia inde timerentur. (Linturius.)

nen und Refractionen, welche auf Dünste in der Nebensonnen und Ringe um die Sonne. Atmosphäre hinwiesen. Um Jakobi fielen bey Schweizenbach an der Saale Meteorsteine. (Linturius.) Der Anfang des Sommers war sehr heifs und troken, im Verlauf desselben gab es aber heftige Gewitter und Ueberschwemmungen, so dafs die Ernte darunter litt. Am 8ten Julius war zu Erfurt eine über alles Menschen Gedenken heftige Ueberschwemmung. Auch zu Rom richtete ein Sturm grofsen Schaden an. In London raffte eine Seuche 30,000 Menschen weg, der König flüchtete nach Calais. (Baco.) Dieser Pest war ein Ueberfiufs an allen Lebensbedürfnissen vorangegangen. Auch Irland verlohr einen grofsen Theil seiner Bevölkerung durch eine epidemische Krankheit. Der nächste Sommer 1499 war sehr troken und warm, in Oesterreich gab es so viel Wein, dafs man ihn nicht unterzubringen wufste. (Chron. Mellic.) In Schwaben richteten die Wölfe grofsen Schaden an, man glaubte, dafs die Menge unbegrabener Leichname aus dem Kriege Maximilians mit der Schweiz sie herbeygezogen habe. (Crus.) Im Jahr 1500 1500 n. Chr. wurde achtzehn Tage lang ein grofser und sehrekhafter Komet im Zeichen des Steinboks gesehen. (Crusius.) Der Winter war sehr troken, in Farrara fiel vom 23sten December bis zum 18ten Merz weder Schnee noch Regen. (Thoaldo.) Es ereignete sich ein so starker Ausbruch des Vesuvs, dafs er mit dem vom Jahr 1631 vergleichbar war. Der Sommer war ausgezeichnet durch die ungeheure Menge von Insecten, (bruchi et papiliones, Gassar) doch möchte es schwer seyn von diesen und ihren Aussonderungen allein die so merkwürdige Erscheinung der vielfach

gefärbten und geformten Fleken, deren alle Geschichtsschreiber jener Zeit auch die so achtungs-
werthen Paul Lang, Mutius, Tritenheim und
andere erwähnen, zu erklären. Auf der andern
Seite wäre es Einseitigkeit und ein wahres Vor-
urtheil, das aufgeklärten Zeiten nicht gut an-
stände, wenn man ganz aufser Acht lassen wollte, wie gerade die zunächst vorangegangenen
Jahre sich durch Häufigheit solcher meteorischer
Erscheinungen auszeichneten, die auf eine Ue-
berladung der höheren Atmosphäre von absetz-
baren Stoffen hinwiesen, wie diese Präcipitations-
Processe allmählig immer tiefer in dem Luftkreis sich niedersenkten, und wie es ja auch
schon solche Meteor-Niederschläge gegeben hat,
die alcalisch reagirten, und in weifsgelblichten
ölichten Schaum, der sich im Weingeist nicht
auflöfste, zerflofsen *). Es verbreiteten sich diese
Kreuze in einer bestimmten Richtung im Jahr
1500 von Nieder-Teutschland und den Pays bas
in die Rheingegenden, nach Schwaben, Bayern
und Oesterreich. Zu Cölln, Lüttich, im Nah-
gau, zu Maynz auch in der Mark-Brandenburg
(Angelus Annal. Marchiae) wurden sie besonders im Jahr 1500 gesehen. Mezeray versichert,

---

*) Z. B. die in dem Comment. de rebus in sicentia natu-
rali et medicina gestis. Tom. XXVI. p. 179 erwähnte
bey Coblenz niedergefallene Meteor-Masse, die im
Jahr 1796 in der Oberlausiz und die den 31sten Aug.
1819 zu Amherst in Massachussets nach eifier Feuerkugel zurükgebliebene Substanz, welche aus einer hellgelben
schmierigen Masse mit ekelhaftem Uebelkeit erregendem
Geruch bestand, die an der Luft ihre hellgelbe Farbe in eine schwarzgelbe verwandelte und nach 23 Tagen beynahe
ganz bis auf ein wenig dunkelgefärbten Satz verdunstete.

sie seyen diefsmal nur in Teutschland nicht in
Frankreich bemerkt worden. Es erschienen auf
den Kleidern der Männer und Frauenspersonen
besonders aber bey den leztern auf den Schleyern
und ihren weifsen Gewändern von Linnenzeug
röthliche, von der Blutröthe durch die Rostfarbe
ins Violette, bläulichte, grünlichte und eyter-
artige spielende Fleken (couleurs brouillées) wie
von Oel, deren Form bald mit Kreuzen und wo
dies nicht möglich war mit den Marter-Instru-
menten womit Christus gepeinigt wurde bis auf
den Hahn und die Leiter verglichen wurden.
Solche Fleken hatten das Eigene, dafs sie sich
durch keine Saife auswaschen liessen, (Mezeray)
sondern von selbst nach neun Tagen allmählig
verschwanden *). Sie konnten selbst an Kleidern, die in Kisten eingeschlossen gehalten wurden, entstehen; auch hatten einzelne Individuen
besonders Frauenzimmer es für sich, dafs auf
ihren Kleidern, wenn sie dieselben auch noch
so oft wechselten, immer wieder von Neuem
solche Fleken entstanden. (Wolf Lect. mem.
Cent. XV.) Wenn viele Menschen versammelt
waren, so erschienen sie auch häufiger. Als einmal in Sobernheim das Salve in der Kirche ge-
sungen wurde, so fanden sich zum Entsetzen
des Volks plötzlich 30 Kreuze auf den Kleidern.
(Trith.) Am Mitwoch vor Himmelfahrt (1502)
gieng zu Heidelberg die Gemeinde mit weifsen

---

*) Die Fleken, die von dem Unrath der Insecten z. B.
von dem Putzen der Bienen entstehen, lassen sich bekanntlich sehr leicht auswaschen, und verschwinden
nicht von selbst, wenn sie auch noch so lange der
Luft ausgesezt werden.

4 *

Kleidern in die Kirche und als man aus der
Kirche gieng, hatten Viele dunkle Kreuze wie
von Butter auf den Kleidern. (Crusius.) Im
Jahr 1501 verbreiteten sie sich im May immer
weiter über Teutschland. Die Menschen auf
welche sie fielen wurden genau aufgezeichnet,
Crusius gibt ein Verzeichnifs der einzelnen Personen die zu Herrenberg solche Kreuze auf ihren
Kleidern bekamen, und weil sie solches Aufsehen erregten, so wurden sie von Betrügern
auch nachzuahmen versucht, z. B. von einem
Knecht zu Biberach; solche Betrüger wurden,
wenn man es entdekte, verbrannt. (Crusius.)
Hieraus, dafs die Erscheinung durchaus nicht in
der Allgemeinheit sich zeigte, wie diefs bey einer Verunreinigung durch Insecten hätte geschehen müssen, so wie aus dem früher Gesagten
erhellt wohl zur Genüge, dafs die Kreuze aus
einer Einwirkung der Menschen auf das sie zu
nächst umgebende Medium oder umgekehrt entstanden *). Diese Fleken verbreiteten sich in

*) Cruciformes maculae lividi ac fusci coloris mira aëris
impressione de improviso passim, etiam clausis arcis
in lineis vestimentis-adparentes per totam Germaniam
neminem non magno terrore affecerunt. Es wurden daher baarfufs und mit Kerzen Umgänge gehalten. (Gassarus) derselbe auch vom Jahr 1503 wo er die lezten
Tage des Mays und den 5ten Junius ausdrücklich angibt, dafs an diesen Tagen diese Erscheinung in Augsburg sich zugetragen habe. Es erwähnen aufser den
schon genannten dieser Fleken Laurentius Hochwarth,
Stumpf, Chron. Mellie, Chron. Citicense, Chron. Wald-
sassense Oefel. rer. bifoid. II. p. 520. Trithemius de cru-
ciculis in hominum vestimentis apparentibus. Libertus
Episcop. Geruensis der auch ein eigenes Buch darüber

den nächsten Jahren auch noch über Nürnberg,
Regensburg, Landshut, Bamberg, Eger, Hof,
Kulmbach, Meifsen und Böhmen. Es geschah
in diesem spätern Verlauf denn auch, dafs solche Fleken auf der blofsen Haut sichtbar würden, diese erschien dann wie mit Honig überzogen, und von solchen Personen wollte man
auch beobachtet haben, dafs sie am gewissesten
der nächstfolgenden Pest erlagen.

Während des Sommers 1501 scheint die Wit- 1501 n. Chr.
terung nicht von der Art gewesen zu seyn, dafs Ueber-
sie die Entstehung der Insecten begünstigte, be- schwemmun-
sonders im August gab es, nachdem der Regen gen.
mehrere Tage und Nächte lang ununterbrochen
fortgedauert hatte, fast allgemein und nach der
Angabe der Chron. Mell. seit hundert Jahren die
stärksten Ueberschwemmungen. Dabey herrschte
wenigstens im südlichen Teutschland eine grofse
Verlegenheit wegen des Getraide-Mangels, bey Theurung.
welchem besonders die grofsmüthige Unterstützung, die Württemberg aus den Frucht-Vorrä-
then Strasburgs erhielt, gerühmt wird, aber
auch vom Böhmer-Wald her? Frucht zugeführt
wurde. Dieser Mangel dauerte noch wachsend
fort im Jahr 1502, in welchem wenigstens die
Witterung ausgezeichnet war, wenn man auch
nicht sagen kann, dafs das Misrathen der Feldfrüchte eine nothwendige Folge derselben gewesen sey. Am 16ten May fiel bey Augsburg der
tiefste Schnee, (Gassar) und es stürzten vor Kälte
die Vögel aus der Luft. (Crusius.) Im Junius

---

geschrieben hat. Conz in der Biographie von Bebel.
Allgemeine Encyclopädie der Wissenschaften und Künste.
8. Thl. S. 278.

folgte darauf ein außerordentlich starker Hagel, besonders zwischen Zürch und Bern. Des
Mangels unerachtet wurde der Spital für Syphilitische zu Augsburg, wo diese (Krankheit sich
bereits äußerst verbreitet hatte, (morbo jam
mirum in modum grassante) wohlversorgt, wahrscheinlich weil Kranke aller Stände besonders
der höhern in demselben sich befanden.

Miswachs u.
Pest.
Nachdem nun, wie bereits erwähnt wurde,
auf die meteorischen Erscheinungen in den ober-
sten Schichten der Atmosphäre, und auf die starke vulcanische Eruption in dem die belebte Welt
zunächst umhüllenden Medium eine entsprechende
Alteration sich gezeigt, und nachdem darauf die
Vegetation durch krankhafte Erscheinungen auch
Antheil an diesen Abnormitäten genommen hatte, so folgte nun besonders in allen jenen Gegenden, wo jene Oelfleken gesehen worden waren, ein eben so tiefes Ergriffenseyn in dem Leben der Menschen-Species, nämlich eine verheerende Pest, von welcher wieder gerade die
einzelnen Individuen, an denen vorher die Kreuze bemerkt worden waren, vorzugsweise befallen wurden. Auch Mutins machte sich die Vorstellung einer solchen Aufeinanderfolge, indem
er es auch nicht gelten lassen will, daß die
Hungersnoth die einzige und unmittelbare Ursache der Pest gewesen sey, sondern behauptet,
daß dieselbe Ursache, welche auf das Wachsthum der Pflanzen nachtheilig wirkte, auch in
dem Leben der Menschen-Species sich zu erkennen gegeben habe, nur daß der menschliche
Organismus wegen seiner vollkommeneren Orga-
nisation später reagirt habe. Es erschien die
1502 n. Chr. Pest im Jahr 1502 in den Niederlanden und in der

Mark-Brandenburg. (Angel. Leuthringer) wie
in Schwaben. In Brüssel starben täglich 500
Menschen, es wuchs Gras in den Straßen, und
Moos auf den Dächern; in Stuttgart, das damals
viel unbedeutender war, sollen 4000 Menschen
gestorben seyn. (Sattler.) Zu Basel starben nur
innerhalb der Stadt 5000 Menschen an einer pestilentialischen Sucht. (Wurstissen.) Auch die
Universität Tübingen zerstreute sich wegen der
dort herrschenden Pest, und wie einst Florenz
seinen Boccacio, hatte auch Schwaben seinen
Dichter, Bebel, der auf ein munteres Landle-
ben zurükgezogen, sich in seine Dichterwelt vor
den Gefahren der Anstekung flüchtete. Doch
waren diese Krankheiten nicht allein auf diese
Gegenden eingeschränkt, auch in Catalonien
herrschte die Krankheit den ganzen Sommer über,
(Villalba.)

Der Winter 1503 war eben so streng als **1503 n. Chr.**
lange anhaltend, der Po trug die Feldstüke des
von Julius II. geführten Heers. (Lancellotti)
und noch am 8ten Merz dauerte die Kälte mit
derselben Heftigkeit. Unmittelbar auf die Kälte
folgte große Trokenheit und Hitze. Schon im **Trokene**
May und Junius blieb der Regen ganz aus, nach **Jahrgänge.**
Andern hätte es vier Monate gar nicht geregnet,
(Trith. Siebenbürger-Würgengel.) Bey dieser
Witterung ist es schwer erklärlich, daß, wie
doch eine Chronik (Erph. antiq. varii.) behauptet, die Erndte sehr ergiebig gewesen sey, wahrscheinlicher ist die weitere Angabe von dem so
reichlichen Herbst, in welchem es einen vier-
fach stärkern Ertrag als in gewöhnlichen Jahren
gegeben habe. Dieser Witterung und des fort-
daurenden Mangels unerachtet, wiederhohlte sich

in diesem Jahrgang die Pest doch nicht, sondern mehr als unmittelbare Eolge der Hitze, zeigte sich die Ruhr. (Trithem.) Der folgende Sommer im Jahr 1504 wird ebenso heifs und troken angegeben. (Wurstissen.) Es wird aber nicht mehr eines Mangels an Nahrungs-Mitteln erwähnt, ja nachdem der Winter 1505 sehr gelind gewesen, herrschte sogar eine besondere Wohlfeilheit.

Höherauch. In demselben Jahr gab es auch einen Höherauch wie
Komet. gewöhnlich von grofser Trokenheit begleitet *). Um Michaelis und zu Anfang Novembers während des Neumonds erschien ein grofser neuer Stern, der vier Stunden vor Aufgang der Sonne sichtbar war, erst im Verlauf des Tags wieder verschwand und während dieser Zeit einen äufserst lieblichen Schein verbreitete, der fast so hell wie der Vollmond war, dem ReisendenMorgens hinreichend leuchtete **) und in der Richtung von Mittag gegen Abend weiter sich bewegte; ihm zog ein kleinerer, und diesem zwey weitere noch kleinere Sterne voran. Nach Webster hätte es
1505 n. Chr. in diesem Jahr einen Ausbruch des Vesuvs gegeben. Der einzige Torella gibt in seiner Geschichte von Italien für dieses Jahr einen Catarrh an, der sich über Italien und Spanien verbreitet hätte, und den man Mal del Castrone, aegritudo ovina nannte. Vielleicht eine Verwechslung mit der fünf Jahre spätern Influenz. Dagegen vereinigen sich die Angaben allgemeiner und voll-

---

*) Sol adeo pallide et glauce resplenduit ac multum triste, ac si eclypsi magna; sequitur aliqua siccitas.

**) Lucens per terras et oppida pulchre et lucide quasi luna, non tamen omnino tam luminose, sicut Luna. Ostendit denique iter mane ambulantibus satis lucide.

ständiger darüber, daſs in diesem Jahr die Petechial - Krankheit oder Pestichien, die schon vor
fünfzehn Jahren in Spanien gesehen worden waren, und die man früher nur als eine auf Cypern
und den benachbarten Inseln einheimische Krankheit kannte, über Italien in einer solchen Allgemeinheit sich verbreitete, daſs man hier wieder, wie
beym Schweisfieber behaupten wollte, es seyen
auch die im Auslande reisenden Italiener in Gegenden, in welchen man damals die Krankheit
gar noch nicht kannte, ergriffen worden und gestorben, z. B. Andreas Naugerius, der venetianische Gesandte zu Paris. Es wurden von dieser
Krankheit aber weni⬛⬛auenzimmer, selten
Greise, am seltensten J⬛⬛n weggerafft, am häufigsten dagegen Knaben und Jünglinge, besonders
viele aus den höheren Ständen. Spuren von Anstekung äusserten sich nur bey anhaltendem Zu-
sammenseyn, der Puls zeigte im Anfang der
Krankheit keinen besondern Grad des Fiebers an,
auch die Hize war nicht bedeutend, es war mehr
die groſse Mattigkeit und Schwere des Kopfs,
welche die Kranken nöthigten sich zu Bett zu
legen. Nach dem vierten oder siebenten Tag
fiengen sie an zu phantasiren und um dieselbe
Zeit brachen an den Armen, auf der Brust und
dem Rücken rothe Flecken aus. Dabei stellte
sich kein Durst ein, doch belegte sich die Zunge
und es entstand entweder Somnolenz oder Schlaflosigkeit, oft wechselte beydes in demselben Individuum ab. Schlimme Zeichen waren groſse
Kraftlosigkeit gleich im Anfang, starke Stuhlgänge auf eine leichte Abführung, Fortdauer der
Zufälle nach erfolgten critischen Ausleerungen.
Diese bestanden besonders in Nasenbluten,

manche Kranke verlohren aber, bey drey Pfund
Blut und starben doch, ferner Harnverhaltung und
blaue oder hochrothe Fleken. Uebrigens war bei
dieser Hrankheit die Prognose und die Bestimmung, was critisch sey oder nicht, so schwer, und
manche Kranke starben bei dem besten Anschein
so unerwartet schnell, dafs bei dieser Krankheit wie es scheint zuerst der Unterschied zwischen bösartigen und gefährlichen Krankheiten
zur Sprache kam. Diejenigen critischen Erscheinungen, auf welche noch am ehesten eine günstige Wendung bemerkt wurde, waren theils das
Exanthem, theils Schweisse, Nasenbluten und
Stuhlgänge. Es gab Kranke, bey welchen erst
am vierzehnten Tag die Petechien erschienen,
und die am vierzigsten doch noch starben, auch
brachen oft erst am vierzigsten Tage Parotiden
aus. Doch führt nach mehr als hundert Jahren Joh.
Rhodius es als etwas ausserordentliches an, dafs
ein Petechialfieber an einem nicht critischen Tag,
doch glücklich sich entschieden habe. Fracas-
storius sah auf die Aderlässe und starke Abführungen ungünstigen Erfolg, und hielt sich mehr
an Absorbentia, Bolus, sein Diascordium und an
Pflanzensäuren. *)

Die angegebene Beschaffenheit der Witterung und der Krankheiten dauerte auch noch im
1506 n. Chr. Jahr 1506 fort. Der Winter wird von Wehatar
als sehr strenge angegeben. Noch an Johannes
des Täufers Tag fiel ein schuhhoher Schnee. Erst
zu Anfang dieses Jahrs verschwand allmählig der
oberste Komet ganz, ein zweiter wurde aber

---

*) Fracastor. de morbis cont. II., 6 et 7, III., 6. Nic.
Maria de febre pestilent. petech. etc. Venet. 1540.

im August von Abend bis Mitternacht sichtbar.
Der Vesuv warf in diesem Jahr Feuer aus. Am
Pauls-Tage sah man drey Sonnen, und in der
darauf folgenden Nacht zwey Monde; wahrscheinlich als Folge grofser Trokenheit klagte
man sehr über die Häufigkeit der Mäuse. Es
verbreiteten sich allgemein Seuchen und die na-
tionalen, das Flek- und das Schweisfieber, nahmen besonders überhand, ersteres drang immer
weiter über Ober-Italien vor, und in England
wüthete das Schweisfieber während dieses Sommers mit solcher Heftigkeit, dafs die Befallenen
innerhalb dreyer Stunden gesund und todt waren, auch erlagen besonders Viele der Vorneh-
meren, manche Städte verlohren die Hälfte ihrer
Bevölkerung. (Webster). Auch in Spanien, besonders in Cadiz und Barcellona, herrschten in
diesem und dem folgenden Jahre sehr anstekende
Krankheiten, über welche jedoch Villalba wie
gewöhnlich keine genauere Auskunft gibt. Auch
zu Cölln herrschte noch bis ins nächste Jahr die
Pest.*) Immer noch erscheint in manchen Gegenden die Lustseuche in ihrer schlimmen Ge- Epidemisches
stalt seuchenartig, und sezt die Aerzte, die mit Vorkommen
d.Lustseuche.
ihren gewohnten Mitteln nichts gegen dieses Uebel auszurichten vermögen, in nicht geringe
Verlegenheit. **)

*) Joh. Vochs de pestilentia anni praesentis et seqq.
   Magd. 1507.
**) Morbus quidam contagiosus, quem vulgo gallicum,
   sive franzosicum sive mala franzosa appellitant vehe-
   mentius exuberare coepit et fieri frequentior, qui mul-
   tiplicibus ulceribus toto nonnunquam corpore gravissimis
   doloribus torquere homines solet. Chron. Waldssassense.

Von dem Jahr 1507, in welchem wie bereits bemerkt wurde, die Seuchen des vorigen Jahrs zum Theil noch fortdauerten., werden von verschiedenen Gegenden Hagelwetter aufgeführt, am 5ten May in Böhmen (Lupacz), am 4ten Jul. in Schwaben, welches unerhört stark war, auch grofsen Schaden anrichtete. (Trithem). Dabey war es doch ein fruchtbares Jahr, es herrschte grofse Wohlfeilheit, besonders auch in der Mark. (Angeli ann. March Brand.)

1508 n. Chr. — Obgleich im Jahr 1508 der Sommer äusserst nafs war und z. B. in Stuttgardt im August ein Wolkenbruch, und Ueberschwemmungen besonders der Donau (Chron. Mellic.) grofsen Schaden anrichteten, so entstanden doch keine andern Krankheiten als wahrscheinlich von der Nässe und dem schlechten Futter bey den Ochsen und Schweinen eine Cachexie mit Wassersucht (lues intercus pestilens).

Erster Jahrgang.

Viehkrankheiten.

Erdbeben. — Nach einer Pause von zehn Jahren werden jezt 1509 auch wieder Erdbeben angegeben, die Wälle Constantinopels wurden aufs heftigste erschüttert und es verlohren dabey 13,000 Menschen das Leben, auch in Oesterreich, Steyermark, Kärnthen, Tyrol und Schwaben, im lezteren vier Stunden im Umkreis des Klosters Hirschau gab es sehr starke Erdbeben, die viele Thürme und Häuser umwarfen. (Trith. u. P. Lang.) Der Winter scheint sehr troken gewesen zu seyn; in Hetrurien fieng es nach fünf Monaten Trokenheit erst am 5ten May wieder zu regnen an, auch fiel wenigstens in Schwaben wieder sehr grofser Hagel. Der Hecla spie im Jahr 1510 Feuer aus,

1510 n. Chr. Italien erschütterten Erdbeben (Crusius). In demselben Jahr verbreitete sich gerade wie hun-

dert Jahre früher (1410) eine Influenza nicht nur
über Frankreich, sondern über die ganze bekannte Welt. (Sennert.) Einige beschreiben die
Krankheit als epidemisches Kopfweh, *) denn es
befiel die Kranken ein unerträglicher Kopfschmerz,
weshalb man auch das Haupt mit einer Kappe
bedeckte, und der Nahme coqueluche **) entstand; es gesellten sich aber zu diesem Kopfweh
bald auch Schmerzen in der Magen-Gegend, den
Nieren und Schenkeln mit einem heftigen Fieber
und Delirium, worauf dann erst am fünften Tag
Catarrh mit Auswurf sich einstellte und bis zum
zehnten Tag dauerte, während welcher Zeit die
Niedergeschlagenheit, der Ekel besonders vor
allem Fleisch, und die Schlaflosigkeit fortdauerten. (Mezeray.) Die Aerzte welche Schenk auf-
führt, auch Fernelius ***) versichern, es sey, so
allgemein die Krankheit auch gewesen, fast Niemand aufser Kinder gestorben, doch haben Blutentziehungen und Abführungen leicht nachtheilige Folgen gehabt, und erweichende auflösende
Mittel am besten gewirkt; andere, die jedoch
weniger gleichzeitig sind, wie Mezeray behaup-

*) Holler. Comment. 2, in II sect. evaoi Hip.

**) Coculuche, quod qui morbo tenebantur cucullione ca-
put velarent. Arbitrabatur enim ex cerebro in pulmo-
nes fluvionem irrumpere, caputque cucullo tegentes
putabant se sic melius habituros. Schenk.

***) De abditis rerum causis Francof. 1581 p. 214. Illa
porro omnibus decantata gravedo anhelosa anno 1510 in
omnes fere mundi partes debacchata, cum febre, cum
summa capitis gravitate, cum cordis pulmonumque an-
gustia atque tussi, quamquam multo plures attigit
quam jugulavit: se suo tamen impetu proprioque et
inaudito veneni genere, pestilentem prodidit.

ten, es haben sich leicht Parotiden dazu geschlagen, und es seyen auch Erwachsene gestorben.

Webster, Rockenbach und Riccioli sezen in
jedes der drey folgenden Jahre einen Kometen,
es werden aber von ihnen die Angaben der Zeitgenossen nicht angeführt, nur Cardanus behauptet, die vielen bei Crema nicht weit von dem
Fluß Adda gefallenen stinkenden schweflichten
Steine seyen aus einem Kometen niedergefallen,
damals wurden aber Feuerkugeln und Kometen
nicht streng von einander geschieden.

1513 n. Chr. Im Jahr 1513 spürte man ein Erdbeben zu
Brixen, (Crusius) dabey war der Winter gelind
bis in Februar, alsdann aber sehr kalt; an
Georgi gab es noch einen Spätfrost, bey welchen die Weinstöcke grofsen Schaden litten, doch
gaben die wenigen Trauben noch einen ziemli-
chen Herbst-Ertrag. (Crusius) Es war daher
wohl der Sommer sehr heifs; auch in Oesterreich und Böhmen gab es viele Ungewitter.
(Chron. Mellic.) Es traf in diesem Jahr auch
Stuttgardt schon wieder ein Ungewitter. An
streng. Wint. Martini dieses Jahrs fieng nun schon der strenge
Winter an, von welchem noch lange naehher ge-
sprochen wurde. Die Donau und der Rhein wurden für die schwersten Lastwagen passirbar,
überhaupt waren alle Wasser so vollkommen gefroren, dafs man durchaus keine Mühle brau-
chen konnte, und man aus Mangel an Mehl
Weizen kochte, dessen unerachtet wurden am
14ten Januar (1514) von Basel aus unter Trommeln und Pfeifen auf den Rhein gezogen, und
daselbst banquetirt. (Wurstissen.) Diese strenge
Winterkälte hatte aber mehreres Ausgezeichnete.
Gerade als es am kältesten war, am Dreikönigs-

Tag, erfolgten, wie man glaubte von der Kälte,
mehrere heftige Donnerschläge, am eilften und
zwölften Januar sah man mehrere Halos und
Nebensonnen. (Gassarus und Lycosthenes.) Am
20sten Januar spürte man ein leichtes Erdbeben
und wenn eine andere Nachricht zuverlässig ist,
so erreichte gerade um jene Zeit auch die Kälte
bey heiterem Himmel ihren höchsten Grad, wob-
auf nun plözlich Thauwetter eintrat. Eine Pest
in Tournoy abgerechnet, hatte es in diesem Jahr
nur Krankheiten unter den Thieren, besonders unter dem Hornvieh gegeben; es breitete sich diese
Seuche, der Zungenkrebs, bey welcher die befallenen Stücke Geschwüre im Mund und Rachen
bekamen, wenn dagegen die Füße steif wurden
und geschwollen noch eher ein glücklicher Ausgang zu hoffen war (Fracastor.) In Italien vom
adriatischen Meer her aus; von hier aus aber
gelangte sie nach Frankreich (Fernelius) und
England. (Webster.) Moréau de Jonnès sezt die
erste Epidemie des gelben Fiebers und zwar zu
Panama in dieses Jahr. Ueberschwemmungen,
wie sie innerhalb 200 Jahren nicht gesehen wurden, waren in diesem Jahr fast allen Gegenden
Europas gemein. *) Der Rhein, die Moldau,
Elbe und Donau, kurz alle Flüsse richteten ein
Jakobi durch ihr Austreten Verheerungen an.
Es waren aber nicht blos Gewitter und Orcane,
die durch ihre Regengüsse die Masse des Wassers so vermehrten, sondern man sah auch z. B.
in Augsburg die Quellen eben so unerwartet über-
fließen, und in Erfurt beobachtete man, daß

Marginalia: Viehseuche. Epidem. Zungenkrebs.

Marginalia: Ueberfließen der Quellen.

---

gerade die allertiefsten in den Chroniken ausdrücklich benannten Bronnen in eine besondere
Bewegung geriethen und aufzuwallen begannen.

1516 n. Chr. Der Winter 1516 war so mild, daſs es zu
Erfurt nur sechsmal Eis gab; sehr heftige Gewitter mit Hagel kamen den zwanzigsten May
und fünf und zwanzigsten Junius vor, und in
dem cisalpinischen Gallien (von Pisa aus) fiel ein
Meteorstein. *) Der Frucht - und Weinertrag war
äusserst reichlich. (Erph. ant. varil.) In dem
nun folgenden Winter herrschte strenge Kälte,
der Sommer dagegen war troken und stürmisch,
auch gedieh auf den Feldern nichts. Am Palm-
sonntag gegen Abend erfolgte zwischen Calw und
Erdbeben das Tübingen ein Erdbeben, bey welchem die Men-
unmittelbar schen heftiges Kopfweh bekamen und Viele wirk-
Kopfschmerz
zur Folge lich verrükt wurden, doch wenige starben. (Cru-
hatte. sius). Erdbeben gab es auch zu Xativa im Königreich Valencia. Unerachtet des vorjährigen so
gesegneten Jahrgangs fiengen nun Krankheiten
doch schon in jenem zu herrschen an, **) die
auf eine merkwürdige Weise einander verwandt
waren und unverkennbar zu demselben System gehörten. Zuerst zeigte sich eine weit verbreitete
Seuche in Teutschland, in Navarra bekamen die
Pferde Geschwüre am Kopf und im Rachen, doch
wurde dieſs mehr Local- Ursachen zugeschrieben.
(Villalba.) In England, wo derselbe Ueberfluſs
herrschte, verbreitete sich wieder das Schweisfieber und zugleich mit demselben ein Sterben

*) Camill. Leonard, lib. de Gem. t. 5.

**) Annus 1816 frugibus et vino uberrimus, item maxi-
ma pestis in partibus Saxoniae, Magdeb., Eimbeck.,
Berol. Erphord. antiq. variloq.

unter dem Vieh, dessen Leichen von Hunden und
Raben berührt, diese schnell tödteten. Dort war
dem Schweißfieber ein Catarrh vorangegangen, in
Teutschland aber verbreitete sich dieser für sich
allein, besonders traf er die Niederlande, wo sein
Verlauf gar sehr an die angina membranacea er- **Luftröhren-**
innert. Es befiel zu Anfang des Jahrs 1517 be- **Entzündung.**
sonders zu Amsterdam sehr viele Individuen ein
Catarrh, welcher, wenn nicht innerhalb sechs
Stunden zweckmässige Mittel angewendet wurden, nach 16—20 Stunden den Tod herbeyführte;
es entstand paroxysmusweise eine solche Beäng-
stigung des Athems, Bangigkeit und Schmerz im
Hals wie wenn die Befallenen strangulirt würden, es liessen diese Zufälle zwar auf einige Zeit
nach; aber sie kehrten verstärkt wieder, am meisten nüzten Blutentziehungen und gleich darauf
eine Abführung. Diese Krankheit, die Forest eine
Angina suffocans nennt, wurde von Johannes Ty-
engius zu Amsterdam beobachtet. *) Anders werden die Zufälle der Krankheit zu Basel angegeben, Wurstissen erzählet: „es entstand zu Basel
eine unbekannte Sucht, daß den Leuten die Zunge

---

*) Forest. (Petr.) Lib. VI. observ. II. bekannter durch
    Stoll rat. med, Tom. I. p. 86. für Luftröhrenentzün-
    dung könnte man aber auch die zweyte Art der Angina
    des Aetius halten; altera angina quum neque circa oris
    regionem, neque juxta fauces, imo nec forinsecus quid-
    quam adparet inflammatum: et tamen sensus suffocatio-
    nis infestat aegrum juxta asperae arteriae extremum.
    Aetii Antiocheni de cognoscendis et curandis morbis
    sermones sex. Basileae 1533. p. 48. Oder Hippocrates
    in Prognostic. Ex anginis gravissimae sunt, et celer-
    rime interimunt, quae neque in faucibus, neque in cer-
    vice, quidquam conspicuum faciunt; plurimum vero do-
    loris er orthopnoeae inducunt.

und der Schlund gleich als mit Schimmel überzogen weiss, wurde, weder essen noch trinken
mochten, mit einem Hauptweh, nicht ohne pe-
stilenzialisches Fieber, welches die Kranke von
Vernunft brachte, auch bey zwey tausend Personen innerhalb acht Monaten zu Basel hinwegraffte.
Neben andern Mitteln wurden dem Kranken alle
zwey Stund der Mund und Schlund bis aufs Blut
sauber gefeget, und darauf mit Rosenhonig ge-
lindert, unterliefs man difs, so starb der Kranke.''
Durch diese Beschreibung wird man eher an
Mundfäule zu denken veranlaßt, einem Uebel
wie difs gerade auch im Sommer 1823 über meh--
rere Gegenden sich allgemein, nicht blos unter
den Kindern verbreitete, oder an die neue Krankheit welche Ronseus beschreibt, *). Gleichzeitig
mit dem Schweisfieber in England erschien wieder in Italien das Petechialfieber, in Valencia
und Arragonien wüthete die Pest, und nöthigte
die Behörden zur Flucht. Auch Lissabon wurde
in der nächsten Zeit von der Pest heimgesucht.
Das Schweisfieber zeigte sich im Jahr 1518 zum

1518 n. Chr. erstenmal auch ausserhalb England in Brabant,
zu Amsterdam und Antwerpen. (Forestus.) Die-
ses Jahr ist auch nicht minder entscheidend für
Poken zum die Geschichte der Krankheiten des neuendekten
erstenmal in
Westindien. Continents; es gelangten in demselben die Poken mittelst des Verkehrs der Europäer nach
Hispaniola und reducirten die dortige Bevölkerung die damals über eine Million Menschen be-

---

*). Rons. Bald, Miscellanea sive epistolae medicinales
Lugd. 1590. Morbus novus, in quo continua ebullitio
ex faucibus palatum et os petebat, curata adstringenti-
bus medicamentis.

trug, im Verein mit Kriegen und Hungersnoth auf geringe Reste *). Noch war das Uebel nicht in Cuba, und als Cortes von da nach Mexico segelte, befand sich auf seinem Geschwader wenigstens keine Spur der Anstekung, als aber der Gouverneur Velasquez unzufrieden mit dem Benehmen des Cortes im Jahr 1520 ein zweytes Geschwader dahin schikte um diesen gefangen zu nehmen, so war auf demselben ein junger Negersklave, der gerade an den Poken krank lag, und den die Spanier sehr gleichgültig gegen die Folgen, bey ihrer Landung zu Zempoalla auch ans Land sezten, worauf sich das Uebel reissend über Mexico verbreitete und in kurzer Zeit drey und eine halbe Million Menschen, unter diesen auch der Bruder und Nachfolger Montezumas, den Kaiser Quetavaca hinwegraffte. (Torribio).

Es nahm aber auch die Verbreitung der Lustseuche in Teutschland immer noch die öffentliche Aufmerksamkeit in Anspruch; im Jahr 1519 stifteten die Fugger zu Augsburg ein Spittel für zwey und dreyssig Kranke dieser Art mit der ausdrücklichen Bestimmung, dafs bey denselben die Cur der Krankheit durch Guajakholz versucht werden soll; wahrscheinlich weil damals über die Zwekmässigkeit dieses Mittels noch so viel gestritten wurde. Auch mag die Sitte das Haupthaar zu scheeren, und den Bart wachsen zu lassen, die in diesen Jahren nicht von Frankreich sondern von Spanien dem damaligen Land der Moden aus sich verbreitete, mit Folge der Allgemeinheit dieser Krankheit gewesen seyn, weil damals Kahlheit ein so gemeines Zeichen

Sitte den Bart wachsen zu lassen.

*) Petr. Martyr. de Orbe novo Dec. IV, c. 10. Moore p. 107.

5 *

bey derselben wurde. Drey Uebel, sagt Faloppius *) brachten die Spanier nach Italien: die Sklaverey, die Lustseuche und die Sitte den Bart wachsen zu lassen. Erst ein paar Jahr später wurde lezteres auch in Frankreich allgemein. (Mezeray.) Im südlichen Teutschland besonders im Würtembergischen, zu Ulm und Augsburg hatte in der leztern Zeit die Pest grofse Verheerungen angerichtet, in dem kleinen Städtchen Waiblingen starben 1,300 Menschen; zu Augsburg wo die Krankheit während einer ausserst wohlfeilen Zeit vom Julius 1520 bis in den Merz des folgenden Jahrs herrschte, erlagen 4,000 Menschen, und die Zahl der Geflüchteten war noch weit gröfser, man errichtete ein Pest - Spital zwischen dem Lech und der Werdach; auch in Thüringen z. B. zu Coldiz wüthete die Pest. Es wurden im Jahr 1520 auch mehrere Meteore gesehen. Lycosthenes beschreibt einen feurigen Balken, der sich gegen die Erde herunter liefs, sich darauf wieder erhob und dann eine kreisrunde Gestalt annahm. Auch zu Basel sah man am drey und zwanzigsten November Abends nach acht Uhr einen langen schiessenden Stern, (Lanceam ardentem, Bolides Plin.) welcher ein Licht wie der Mond verbreitete. (Wurstissen.) In Arragonien nahe bei einem Dorf unweit von Oliva und Gandia fielen drey Meteorsteine, von welchen jeder mehr als zwanzig Pfund wog. (Chladni). Auch ein Komet wird von Webster angegeben; ihm folgte nach derselben Angabe ein strenger Winter; der Chronik von Melk dagegen zu Folge wäre er sehr gelind gewesen, wie es

1519 n. Chr.

Pest.

Meteore und Komet.

———

*) De morbo gallico c. 23.

scheint, waren es eigentlich beyderley Excesse in
der Witterung.

Es gab während des darauf folgenden Som-
mers 1522 heftige Hagelwetter, die Bäume blüh- 1522 n. Chr.
ten Anfangs Septembers von Neuem, am drey- Die Bäume
zehnten October brachte man reife Erdbeeren auf blühten im
den Markt und an Simonis und Judä hatten die Neuem.
Aepfel wieder angesezt, und blühten Rosen und
Veilchen, (Chron. Mellic.) dabey verbreiteten
sich Krankheiten allerwärts, besonders auch in
England und Irrland; bey einer Seuche in Brüssel entfernten sich die Vögel so eilfertig, dafs
sie ihre Junge und Eyer zurükliessen. Im nächsten Jahr 1523 dessen Sommer besonders der 1523 n. Chr.
August ausserordentlich heifs, aber reich an
Regengüssen und Donnerwettern war, gab es
eine äusserst verheerende Pest auf Majorca, wo
der orientalische Handel damals noch besonders
blühend war; auch Valencia litt an einer der
verheerendsten Pesten. In England wurden wegen der so allgemein herrschenden Krankheiten
in den nächsten Jahren die Gerichtstäge verscho-
ben. Es war der Jahrgang 1524 auch äusserst Ungünstige
unergiebig, weil das Getreide und der Wein Jahrgänge.
durch Nässe und Kälte verdorben wurden, auch
in diesem Sommer hatte Hagel und Gewitter
eine ausserordentliche Heftigkeit. (Lupacz.) Auf
gleiche Weise hatten die Jahrgänge 1526 und
1527 nicht nur in Teutschland eine für den Frucht-
und Weinertrag äusserst ungünstige Witterung,
auch in England waren es Fehljahre. Es werden ferner noch von jedem der drey lezten Jahre
sehr starke Hagelschläge aufgeführt, auch Meteore und Feuerkugeln, die viel mit Kometen
verwechselt wurden, gab es häufig, doch schien

1526 n. Chr. im Jahr 1526 ein Komet vom 23sten August bis
7ten September (Riccioli). Am 19ten October

Feuerkugel. 1526 um vier Uhr Nachmittags bey heiterem
Himmel schofs in der Nähe Basels ein Feuer-
strahl aus der Luft und entzündete im dritten
Thurme unter dem Aschheimer Thor einige Ton-
nen Pulver. Es beschreibt difs Erasmus, der
sich damals in Basel befand, in einem seiner
Briefe. In einem Gartenhause in der Nähe der
Stadt übersezte er aus dem Chrysostomus, da
bemerkte er bei ganz heiterem Himmel einige
Blize, bald darauf „ein klein und liederlich
Brummeln" darauf mit einem grofsen Wetter-
leuchten einen schreklichen Schufs und gräulich
Prasseln gleich einer Quartone, difs war aber
die Pulver-Explosion. (Wurstissen).

Fehljahre. In den nächsten fünf oder sieben Jahren
hatte die Witterung vollends einen für das Gedeihen der meisten Feldfrüchte äusserst nachtheiligen Charakter, es war während dieser Zeit
fast nie Winter, in Frankreich gab es vom Jahr
1528 — 34 nur zwey eigentliche Wintertage, im
Sommer waren Erderschütterungen, Verdunklung der Sonne, (Caligines) Sonnenfleken und
Regen sehr häufig. Wegen der so unbeständigen Witterung kam fast Nichts zur Zeitigung
und Vollkommenheit, die Bäume trieben immer
nur Blätter und Blüthen, auch das Getreide
kam nicht fort, desto besser gedieh das Gewürm
aller Art, das auch seiner Seits wieder sehr
schadete, so dafs am Ende allgemeine Hungersnoth entstand, bey welcher sogar von den Türken Lebensmittel geholt und von Strasburg bis
Mailand Mehl geschafft wurde. (Cont. Ursp.)
Es war aber diese Noth nicht allein, welche Be-

stürzung über die Gemüther brachte; Krieg in
Italien und den Niederlanden, Angst vor dem
Türken, Bauernkrieg und Religionsstreitigkeiten
vermehrten noch weiter die allgemeine Bedräng-
niſs. *). Für eine unbefangene Geschichts-Be-
trachtung ergäbe sich hier wieder ein weiterer
Beweis, wie sehr sich physisches und geistiges
Leben wechselweise bedingen, und Vorgänge, die
sonst so gerne getrennt betrachtet werden, im
genauem Zusammenhang mit einander stehen.
Es war nemlich diese Zeit des Mangels gar nicht
gleichgültig für die Ausbreitung der Reformation,
wie diſs der gleichzeitige Geschichtsschreiber
Gassarus zur Anschauung bringt, denn es begün-

---

*) His annis proxime dictis annonae et aliarum rerum,
usui mortalium necessariarum caritas superiorem Germaniam et Italiam supra modum afflixit, cum tamen
terrae coelique iniquitas non fuerit causa. Dubitant-
que adhuc, etiam qui sibi videntur in rebus humanis
prudentissimi, quae sit causa, aliis bella, aliis bel-
lorum metum et exspectationem, aliis avaritiam et ex-
stinctionem caritatis, curamque hujus seculi, quam ex-
tremis temporibus futuram praedixerunt multi prophe-
tae, quibusdam monetae multitudinem, aliis aliam pu-
tantibus causam esse. Mutius 320. Annus 1529 Germaniae multas ob causas ad modum gravis et calamitosus
fuit. Irruebant saevissimi Turcae, grassabantur haere-
sium et novorum dogmatum portenta, morbus anglicus
innumeros tollebat e medio, et insuper tanta erat
annonae caritas, quantam nemo mortalium meminisset.
In inferiore autem Germania, Flandria, Hollandis et
Seelandis repentina Oceani insanientis inundatio damna
passim dedit gravissima aliquot locis plane submersis.
Laurentius Surius. Post jam tot orbis tumultus, post
bella, post caedes, post opinionum dissidia, post rerum omnium et caritatem et inopiam. Forestus.

stigte jener diese insofern bedeutend, als die Gemüther durch das Unglück zu gröfserer Religiosi-
tät und selbstständigerer Ansicht gestimmt wurden, zudem zeigten sich auch damals die Klöster so wenig geneigt bey dem Mangel Unterstützung zu verschaffen, dafs die Sorge dafür
ganz der Obrigkeit überlassen blieb. Die mehr
für Religions - Angelegenheiten gewekte Stimmung der Gemüther, brachte denn in Verbindung
mit den schweren Zeiten und dem Umsichgreifen
der Lustseuche auch eine Umänderung in den
Sitten hervor, und bey solchem Zusammenflufs
von Umständen geschah es auch, dafs jezt
die in den gröfseren, durch Handel und zum
Theil auch durch häufige Concilien lebhaft gewordenen Städten Süd - Teutschlands, noch
von dem Mittelalter her vorhandenen Frauenhäuser abgeschafft wurden, worüber ein Zeit-
genosse selbst sprechen möge: „Wider das Frauen-
haus zur Leufs genannt, war bisher viel gepre-
digt, aber dennoch unabgethan blieben. Dieser
Zeit war es, als eine offene Argernufs und
Schandflek dem Evangelio, als eine Verderbnifs
der Jugend und eine unläugbare Uebertretung
des Gesez Gottes, gänzlich aberkannt. Denn
ob man wohl an andern Orten grad Anfangs der
Kirchen - Reformirung dieses unehrbar Wesen ab-
geschaffet, ist doch der gemeine Mann in solcher
Beredung gestanden, man sollte diese Häuser
bleiben lassen, Ehebruch, Jungfrauen - Schwä-
chung und Sünden, die nicht zu nennen, zu
vermeiden: ja also verwehnet gewesen, als wenn
sie keine fromme Töchter und Frauen behalten
könnten, man behielte denn diese gemeine Häuser. Es hat aber Gott selbs der Stadt Basel

(Randglosse:) Frauenhäuser werden abgeschafft.

hierüber den Weg gewiesen, als dieses Jahrs,
(1534) die Mezen Wirthin zur Leufs jämmerlich
erstochen, das andere üppig Haus in der Malz-
gasse vor sechs Jahren durch den entzündeten'
Pulverthurm zerstört worden, und Gott selbs
dasjenig wirken müssen, so der Obrigkeit ge-
ziemet." (Wurstissen.)

Ein Komet schien im Jahr 1528 vom 28sten **1528 n. Chr.**
Januar an. (Riccioli.) Im May sah man drey
Ringe um die Sonne, von welchem der innerste
dreyfarbige die Sonne umgab, die beyden andern aber diesen durchschnitten. Am sechsten
Junius fielen zu Thabor Schlossen wie Hühner-
Eyer, ja wie Spiel- (Kegel?) Kugeln. Lupacz.
Den 29sten Julius richtete wieder ein unerhör- **Unerhörter**
ter Hagel die gröfsten Verwüstungen an. Allein **Hagel.**
zu Augsburg kosteten die zerbrochenen Fenster-
Scheiben 6,000 Goldgulden, nach einer andern
Angabe *) sollen es grofse Steine gewesen seyn,
doch nimmt Chladni Anstand sie für Meteorsteine
zu erklären, auch ist lezteres nach der Beschreibung von G..sarus gar nicht wahrscheinlich.
Der Sommer ar äusserst regnicht, und der
Herbst kalt, an rsten October sah man um
neun Uhr Vormittags bey hellem klaren Himmel im Zenith (summo coelo) einen Regenbogen und eine Neben-Sonne die einen Strahl
weit nach Westen aussendete. Unter dieser Laune
der Witterung litt Italien am allermeisten, dort
hatten die Kriege den Feldbau ohnedifs so sehr
bedrängt, jezt gerieth auch auf den wenigen ge-
bauten Feldern nichts, es entstand daher besonders in Ober-Italien eine unerhörte Theurung,

---

*) Dresser. Chron. Saxon. p. 551.

bey welcher ein Scheffel Getreide (modus silí-
ginis) fünfzehn Ducaten, und ein Stückchen
Brod so grofs wie ein Ey drey Groschen gekostet haben soll. (Lang. Chron. Naumburg.) In
Unter-Italien wurde das französische Heer unter
Lautrec fast ganz durch Krankheiten aufgerieben und von 80,000 Mann seyen nur 1,800 übrig
geblieben. Die Krankheiten beschreiben Franz
Guicciardinus und Paul Jovius, aber die Haupt-
Ursache der Seuchen unter dem französischen
Heer sey der so ungünstige Lagerplaz gewesen,
den Lautrec hartnäckig nicht habe ändern wollen,
unerachtet er mitten unter stagnirendem Wasser
sich befunden, und ein Südwind noch das Sei-
nige beigetragen habe, indem durch denselben die
Exhalationen vorzüglich gegen das Lager getrieben worden seyen. *) Im Venetianischen und
in der Lombardey dagegen waren es wieder die

Petechien u. Schweisfie- ber. Petechien, die difsmal besonders allgemein sich
zeigten und nun tritt zum drittenmal wieder die
Petechien-Epidemie mit dem Schweisfieber zusammen, lezteres blieb aber bei seiner diesjährigen
Erscheinung' nicht mehr auf England beschränkt,
sondern die Analogie mit der Influenza auch
hierin behauptend, dafs eine jede Influenza,
die in den achtzigern Jahrgängen sich weit
verbreitet hatte, in den zwanzigern Jahrgängen des folgenden Jahrhunderts sich wiederholte, erwies sich die Epidemie des Schweisfie-
bers, die sich im Jahr 1528 in England zu zeigen
anfieng so mächtig, dafs sie in diesem und dem
nächsten Jahr unter Begünstigung sehr feuchter
Witterung über Holland, die Hansestädte, Rhein-

---

*) Veget. de re milit. III, 3.

aufwärts nach Ober-Teutschland und Oesterreich, und wie Villalba glaubt, auch nach Spanien drang, doch war es hier mehr eine Scarlatina, Halsentzündung. (Garrottillo.) Sonst wird angenommen, dafs die Krankheit difsmal weder nach Italien noch nach Frankreich, überhaupt nicht über Gallia belgica hinauskam, dagegen verbreitete sie sich nach den Forschungen Gruners über Dänemark, Norwegen, das damalige Pohlen, Schweden, Rufsland bis China. *)

Zu Amsterdam brach die Krankheit, welche man de sweetende Sieckt nannte, nach einem regnigtem Sommer am 27sten September (1529) Nachmittags (post prandium) bey einem Nebel (per aerem quendam nebulosum, Tyéngius) plözlich aus, und verschwand am fünften Tag eben so plözlich wieder, nachdem sie in diesen Tagen täglich mehr als hundert meist der blühendsten und im besten Lebensalter stehenden Individuen befallen hatte. Es dauerte ihre Zeit in derselben Stadt überhaupt selten länger als vierzehn Tage, und was eben so wunderbar ist, die Krankheit war an dem einen Ort sehr verheerend und an dem andern nicht, was man nicht immer blos aus der Behandlung der Aerzte herleiten konnte. Zu Amsterdam scheint sie nicht sehr bösartig gewesen zu seyn und auch zwekmäfsig behandelt worden zu seyn. Die Noth und Bestürzung vermehrte noch theils der langgeschweifte Komet, den man nach Sonnenuntergang am Himmel sah, theils die Ueberzahl der über die

margin 1529 n. Chr.

---

*) Gruner Conspectus Editionis scriptor. de sudore anglico superstitum hactenus desideratae. Jenae 1804. u. Itinerarium sudor. anglic. Jen. 1805.

Krankheit erscheinenden Broschüren, deren Verfasser alle die Krankheit schon in England
sehr glücklich behandelt haben wollten und die
auf das heisseste Verhalten der Kranken drangen. In Friedberg und auch an andern Orten
war der Verlauf der Krankheit so plözlich, dafs
während eines deshalb veranstalteten Umgangs
der Priester unter Niessen und Gähnen todt nie-
derstürzte, und die Sitte „Helf dir Gott" beym
Niessen zu sagen, wieder recht allgemein wurde.
Zu Augsburg starben von 3,000 Befallenen innerhalb 14 Tage 600, (Gassarus) in Stuttgardt
aber von 4,000 nur 6. (Crusius.) Doch gibt
Schwelin die Zahl der in lezterer Gegend Verstorbenen, auf viele Tausend Menschen an, auch
das Religions-Gespräch zu Marburg wurde durch
die plözliche Erscheinung der Krankheit schnell
zu Ende gebracht.

Die Verschiedenheit der Angaben über die
Gefährlichkeit der Krankheit könnte auch daher
kommen, dafs, weil das Uebel neben den profusen Schweissen auch durch eine besondere
Schlafsucht sich zu erkennen gab, und die Erkrankenden in eine Lethargie fielen, welche nach vier
und zwanzig Stunden mit dem Tod endigte, wenn
man sie nicht durch Rütteln, Veränderung der
Lage und dergleichen wach zu erhalten suchte,
diese verschiedene Formen für zwey ganz verschiedene Krankheiten angesehen wurden. *) Die

---

*) In diesem Jahr (1529) grassirte eine Krankheit, die
hat man den englischen Schweifs genannt, so nichts
Anders gewesen, als dafs die Leut neben einem grofsen Schweis am ganzen Leib nur haben gähnen und
niessen müssen, und darauf gar schnell dahin gefallen

Haupterscheinungen der Krankheit waren Schmerzen, die sich besonders durch die Nägel zogen,
ein bey dieser so tiefen Affection des Haut - Or-
gans gewis nicht zu übersehendes Symptom,
Bangigkeit, Kälte an den Extremitäten, Schmerzen in den Nieren und im Rükgrath und neben
dem reichlichen äußerst stark riechenden Schweiß

---

sind, und gestorben: dannenhero der Wunsch entstanden, wenn einer genossen, daß sie gesagt haben: helfe
dir Gott! Massen es noch heutigen Tags der Brauch
ist. An welcher Seuch viel tausend Menschen gestorben sind. Es regierte auch dieses Jahr eine andere
Seuch, daran die Leut meistentheils vom Schlaf innerhalb 24 Stunden gestorben, wenn man aber durch fleis-
sige Warte mit Rütteln, hin und wieder legen, oder
wie man gekonnt, den Schlaf gewehrt, sind durch diese
Mittel viel beym Leben erhalten worden. Schwelin
kleine Chronik. S. 142.
Es kam auch dieser Zeit eine unbekannte Sucht
den Rhein auf in diese Lande, (Basel) die man wegen
ihrer Ankunft aus England den englischen Schweiß
nennet. Welchen sie ergriff, den warf sie in tiefen
Schlaf der ihn hinname. Dieweil nun diese aller Aerzten Chur unbekannt, fraß sie zu Basel und an manchen Orten Teutschlands eine große Anzahl Leute,
ehe die Erfahrung dieser zu begegnen lehret. Dieselbe
zeiget, daß man einen Menschen wohl zudecken und
bey 8 — 9 Stund mußt schwitzen lassen, dadurch er
genaß. Welche man zu lang im Schweiß behielt, die
starben. (Wurstissen). Wie groß der Schreken vor der
Krankheit war, erhellt auch aus einer thüringischen
Chronik: Anno 1528 war eine Seuch die Schweißsucht
oder englische Sucht, darum so genannt, weil sie aus
England nach Teutschland gekommen, es starben viel
tausend Leute plözlich dahin, es war ein so geschwin-
des Gift, daß wenn jemand nur davon reden hörte und
sich entsetzte, so starb er gleich hin.

Blutflüsse nicht nur aus der Nase, sondern auch aus den Ohren, Augen und den Harnwegen, wo es aber zu diesen critischen Ausleerungen nicht kommen wollte, erschienen Convulsionen. (Forest.) Viele behielten aber auch von dieser Krankheit ein besonderes Zittern des Herzens ihr ganzes Leben lang, bey andern dauerte lezteres jedoch nur einige Jahre. (Fernelius.) Den Aerzten wurde Schuld gegeben, dafs sie um den innerhalb der ersten 24 Stunden zur glücklichen Entscheidung der Krankheit so nöthigen Schweifs hervorzubringen, den Kranken gleich im Anfang einnähen liessen, oder mit Deken aller Art erstikten; auf der andern Seite erzählt aber auch Schenk von einem Landmann, welcher, da er von der Krankheit befallen wurde, in einen Bakofen kroch, aus welchem man kurz zuvor das frisch gebakene Brod herausgenommen hatte und der auch genafs. Erst in den spätern Zeiten scheint man auf die zwekmäfsigste Behandlungs-Art gekommen zu seyn, indem man durch Beymischung von Essig oder Limoniensaft zu den sogenannten Gift treibenden Mitteln, und somit durch eine entsprechende Herabstimmung des Darmkanals einen vollständigeren und weniger tumultarischen Schweifs hervorbrachte, bey welchem sich die Krankheit eher entscheiden konnte.

Seuche unter den Schweinen.   Gleichzeitig herrschte auch eine Seuche unter den Schweinen, an welcher sehr viele crepirten. (Gassar.) In Frankreich dagegen, wo das Schweisfieber nicht hingelangte, wäre nach der Versicherung von Mezeray eine Gallenruhr (Trousse galant) verbreitet gewesen. Sonst war auch noch der Sommer dadurch ausgezeichnet,

daſs vier Kometen, die ihre Schweife nach allen
Weltgegenden richteten, zugleich erschienen,
oder doch wohl richtiger durch ein besonders
gestaltetes Nordlicht? *) und durch vier Tage
und vier Nächte fortdauerndes Regnen zur Zeit
des St. Veits-Tags, den St. Veits-Guſs. Aehnliche Regenströme fielen auch im September; es
wuchs wohl Wein, aber dieser war so geringer
Art, daſs man denselben im nächsten Jahr weg-
goſs. Wegen der groſsen Nässe hatten auch das
Getreide und die Baumfrüchte eine üble Beschaffenheit. Dieselbe Verlegenheit wegen der Nahrungsmittel herrschte auch in Spanien, dort
wurde man dadurch veranlaſst Vorrathshäuser zu
errichten. (Villalba.)

Im Jahr 1530 sah man vom sechsten August 1530 a. Chr.
bis zum dritten September einen Kometen. Lissabon wurde acht Tage lang durch ein Erdbeben erschüttert, während welcher Zeit 1,600
Häuser zusammen stürzten. (Cont. Ursp.). Am
achten October ergoſs sich über Rom ein Wolkenbruch, der ein ausserordentliches Austreten
der Tiber zur Folge hatte, wobey 600 Häuser
zu Grund giengen. (Paul. Lang. Chr. Naumb.)
Am 5ten November stürzte bey einem heftigen
Sturm das Meer über die Küste von Flandern,
Seeland und Holland, wobey besonders Antorf, Antwerpen, groſsen Schaden und Verluste erlitte. **)

---

*) Quatuor Cometae apparuerunt inter se oppositi, caudis
ad IV. Cardines mundi conversis, aut fuit magnum
chasma lucente igne ab Oriente per Septentrionem ad
Occidentem. G. Caesius.

**) Am fünften Tag des Winter-Monats ist das Meer
in Flandern vom Wind bewegt über all die Dämme

Aehnliche Meeres-Einbrüche gab es auch auf
den Küsten von Paria und Cumana. *) Der
Jahrgang war zwar warm, aber alles aufser dem
Wein äufserst theuer, man war in grofser Verlegenheit wegen des Futters, der Scheffel Dinkel kostete 4½ Gulden, ein Maas Wein dagegen
drey Heller. Doch hatte auch dieser durch Spät-
fröste sehr gelitten, dagegen gab es desto mehr
Fische, zu Basel waren besonders die Salmen
ungewöhnlich wohlfeil. (Wurstissen.) In der
1530 n. Chr. Dauphiné wüthete eine der ältesten Epidemien
die Kriebelkrankheit. (Henry Sauval) wenn man
nicht mit Read Kriebelkrankheit und ignis sacer
für dieselbe Krankheit ansehen will. Nachdem
nun im vorigen Jahr die allgemeine krankhafte
Stimmung sich in England und Teutschland durch
das Schweifsfieber, in Italien durch die Petechien, in Frankreich durch Cholera und in Spa-
Verbreitung nien durch Halsentzündung sich zu erkennen ge-
der Pest.
Das Flüchten geben hatte, so vereinigten sich in diesem die
vor derselben verschiedenen Krankheitsformen zur Pest, als
wird allge-
meine Sitte. dem gemeinschaftlichen Krankheitsbild, jedoch
nicht in der Art, dafs diese weite Landesstrecken
zumal heimgesucht worden wären, sondern mehr
in der Art, dafs das Pest-Uebel nie ganz aufhörte, und während dieser Zeit eine Gegend und
eine Stadt nach der andern davon befallen wurde,
daher, wie difs schon längere Zeit in Spanien

---

und Wasserwehr ausgelaufen, hat grofsen Schaden in
Seeland, zu Antorff und in Flandern an die offene
See stossend gethan, das unglaublich ist. Ist ein be-
sonderer Truck davon ausgangen. Aventin. Auch Mu-
tius beruft sich auf die darüber erschienene Schriften.
*) Humboldt Reisen, II. Buch IV. Cap. S. 480.

Sitte war, nun auch in Teutschland es allgemein wurde, daſs alle Hofhaltungen, höhere Re-
gierungs-Behörden, Gerichts-Stellen und Stän-
de-Versammlungen, besonders aber auch alle höhere Lehr-Anstalten stets hin und her zogen
um gesunde Orte aufzusuchen, und bey der Annäherung des Uebels diese wieder zu verlassen,
so theilte sich die Universität Tübingen in mehrere Abtheilungen, und zog sich nach Blaubeu-
ren und Neuenbürg, die Landstände aber nach
Markgröningen. *)

Ein rothfarbener Komet zog im Jahr 1531 in der Richtung gegen die Sonne und nacher in der entgegengesezten. Den ersten October war er der Erdbahn am nächsten. Dieser Sommer war wieder kalt und regnicht, doch gab es auch hef- tige Hagelwetter, namentlich Eins am 4ten Sep- tember. Die häufigen Gewitter richteten grofse Ueberschwemmungen an. Im ganzen südlichen Europa herrschte der gröfste Mangel und Theu- rung. Auch im Jahr 1532 wurde wieder ein Komet drey Monate lang gesehen und von Apian wie der vorjährige beobachtet. Nach Halleys Meynung hätte derselbe eine Umlaufszeit von 129 Jahren haben, und im Jahr 1790 auch wie- der erscheinen sollen, welch lezteres aber nicht eingetroffen ist. Auch Nordlichter gab es. (Ro- ckenbach.) Uebrigens gerieth in diesem Jahr

1531 n. Chr. Komet.

Theurung. 1532 n. Chr. Komet.

---

*) Mira et stupenda res, quod haec plaga nunquam to-
taliter cessat, sed omni anno regnat jam hic, nunc
alibi, de loco in locum, de provincia in provinciam
migrando et si recedit aliquamdiu tamen post paucos
annos et circuitum revertitur et juventutem interim na-
tam pro parte majore amputat. Paul Lang.

wenigstens die Winterfrucht und die Theurung
liefs etwas nach. In Lyon herrschte eine Epe-
demie von Champier beobachtet und beschrieben,
Pest in Vene- besonders aber wurde Venedig von der Pest
dig. heimgesucht, dort soll es im Herbst einmal an
Einem Tag 30,000 Kranke gegeben haben. (Paul.
Lang. Chr.) Eine Seuche richtete auch grofse
Verheerungen unter den Eingebohrnen von Canada und Neuengland an. (Humboldt.) Aus Veranlassung der Ueberschwemmungen durch Aufbrausen des Meeres in Holland, welche es in
diesem Jahr auch nach dem Zeugnifs von Rockenbach gab, macht Mutius die Bemerkung,
dafs in diesem Jahr diejenigen Küstenländer,
welche der Rhein mit seinen Mündungen durch-
Erdbeben an fliefst vorzüglich durch Meeres-Einbrüche und
den Mündun- zwar in demselben Monat gelitten haben, in
gen u. an den
Quellen des welchem Jahres darauf die Gegenden an seinem
Rheins. Ursprung, wie Bludenz, Feldkirch, Sanct Gallen und andere durch Erdbeben erschüttert wurden. Leztere Erdbeben beschreibt auch Crusius.
1533 n. Chr. Im Jahr 1535, in welchen Apian wieder ei-
Komet. nen Kometen beobachtete und Wurstissen denselben beschreibt, *) kam schon am ein und
zwanzigsten Februar ein starkes Gewitter, im

---

*) Im Sommer 1533 entbrann abermals ein geschwänzter
Stern eines Spiefses lang anzusehen, ausserhalb des
Thierkreis in der Gegend des Zwielings, bewegt sich
durch das Wagenmännlein und Böcklens Stern in der
weisen Strasse, richtet seinen bleichfarbenen Striemen
durch den Perseus der Cassiopeja zu, dafs also, wie
der im Jahr 1531 im Niedergang und der im folgenden Jahr im Aufgang erschienen, also hat sich dieser
nordwärts in die Höhe gestellt, die ganze Nacht um
den Welt-Wirbel gestrichen, und nimmer untergangen.

May entstanden in Süd-Teutschland Ueberschwemmungen, in Spanien war der Sommer heifs und
dürr, und in Süd-America gab es einen vulcanischen Ausbruch, immer noch war es theuer, doch
nicht übermäfsig. Die Pest suchte besonders Nürnberg und Bamberg heim, es zeigten sich in
diesem Jahr aber auch Brust- und Hals-Ent-
zündungen, die schnell in Aposteme übergiengen. (Nic. Massa.) In Spanien sah man bey dem
Mangel an Lebensmitteln sich genöthigt, strenge
Maasregeln gegen den Kornwucher zu ergreifen,
eine mörderische Seuche herrschte zu Huesca.
(Villalba.)

Der Winter 1534 war nun seit längerer Zeit 1534 n. Chr.
wieder kalt und der Sommer troken, doch trat
im Verlauf des Jahrs einmal gleichzeitig die Donau, die Weichsel und Tiber über ihre Ufer,
Getreide gab es nun zur Noth, und in den
Reichsstädten war durch die Vorsorge der Obrigkeit der Mangel weniger drückend, doch fehlte
es noch an Futter, überhaupt war eben alles
noch theuer, Insecten aber waren besonders häufig,
auch litt man durch die Wölfe. Im October
erschien ein Komet mit einer langen Ruthe,
gieng gleich dem Morgenstern der Sonne voran
und wurde achtzig Tage gesehen. (Wurstissen.)
Am 23sten und 24sten November wüthete ein
unerhörter Sturm, die Pest herrschte zu Nördlingen, auch in Narbonne, wo die Menschen oft
plözlich wie vom Schlage gerührt niederstürz-
ten. (Webster.)

Auch der Jahrgang 1535 war nicht ungünstig, Obst und Baumfrüchte überhaupt mifsrie-
then, aber der Wein, die Ernte und der Ertrag der Gärten scheint gut ausgefallen zu seyn,

auch wurde jezt in Augsburg vom 14ten August
an die Entschädigung, welche die Bäcker erhielten, damit sie den Armen wohlfeileres Brod
lieferten, aufgehoben; aber gerade jezt begann
im Junius zu Augsburg die Pest zu wüthen, und
dauerte bis Lichtmeß des nächsten Jahrs, während welcher Zeit sie 15,000 Menschen wegraffte.
Im Herbst dieses Jahrs wüthete diese Krankheit
ebenso stark zu Wittenberg, und nöthigte die
Universität sich zu entfernen. *) In Cork in England richtete die Pest gleiche Verheerungen an,
auch zu Constantinopel wüthete sie im höchsten Grad epidemisch, dagegen grifen in Italien, besonders der Lombardey und im Venetianischen die Pleuresien um sich, und wurden von
Massa und Mundilla beschrieben. In Teutschland bemerkte man auch hin und wieder eine
Seuche unter den Schweinen.

1536 n. Chr. Am vier und zwanzigsten Merz 1536 war
Ausbruch des seit 1447 wieder der erste Ausbruch des Aetna;
Aetna. bisher war man ohne Furcht bis in den Krater
des Vulcans hineingegangen, und wurde daher
auch sehr überrascht, als nun plözlich diese
Eruption erfolgte. Nach zehn Jahren wurde es
endlich in diesem Jahr zum erstenmal recht

---

*) Epidemiae morbus seu inguinaria pestis, hoc anno,
praesertim tam in autumno Wittenbergae et per gyrum
grassabatur. Idcirco Universitas ejus in Oppidum Ge-
nis juxta salam in Duringia situm translata fuit, cujus
Rector et praeceptor Phil. Melanchton exstitit. Magi-
stros nonnullos et ultra mille studentes secum ex longin-
quis et valde remotis regnis utpote Polonia, Scotia,
Anglia, Gallia etc. secum habens, cum quibus et pestis usque in finem ibidem permansit. Paul. Lang.
Chron. Numb.

wohlfeil, Frucht und Wein wurden um geringen Preiß verkauft, lezterer litt aber zu Naumburg und jener Gegend durch eine Kälte, die am
fünfzehnten September einfiel. (Paul.Lang.Chron.
Numb,) Sonst war der Sommer sehr heiß und
troken, In Frankreich konnten die Flüsse troknen Fußes überschritten werden. Immer noch
breiteten sich in diesem Jahr die Petechien wei- Petechien in
ter aus, und scheinen auch in Frankreich sich Frankreich.
nach und nach einheimisch gemacht zu haben,
bis sie sich wieder mehr in Scharlachfieber und
Masern zu verlieren schienen. *)

Auch im folgenden Jahr 1537 gerieth der 1537 n. Chr.
Aetna wieder in große Bewegung. Am ersten
May hörte man auf ganz Sicilien einen starken
Knall wie von Kanonen, welchem ein jedoch
unbedeutendes Erdbeben folgte. Am 13ten May
fieng erst der Ausbruch des Vulcans an, der Lavastrom rückte in vier Tagen 15,000 Schritte weit
vor, ein Aschenregen erstrekte sich viele Meilen
weit, der oberste Theil des Berges stürzte unter einem ungeheuren Getöse zusammen. (Fa-
zelli, de la Torre.) Auch der Bodensee gerieth,
wie es scheint, in eine Gährung und trieb eine
große Menge todter Fische gegen das Ufer, deren Fäulniß einen außerordentlichen Gestank
verbreitete.

Von Martini bis Fasten 1538 war kein rech- 1538 n. Chr.
ter Winterfrost; nach Weyhnachten rüstete man
sich wieder zur Feld-Arbeit wie im Frühling;

---

*) Exanthemata vero quasi pulicum maculis fere rubra
apparent interdum purpurea, interdum viridia aut ni-
gra. Fernel. de abdit. rerum causis Francof. 1581. p.
213.

vom achtzehnten bis zum dreyſsigten Januar sah
man einen trüben Kometen, (Crusius) den 20sten
Januar Abends fünf Uhr spürte man ein Erdbeben zu Basel, anhaltender waren die Erderschütterungen zu Neapel, der sieben und zwanzigste und acht und zwanzigste desselben Monats vergiengen unter fortwährendem Erdbeben.
Nordlichter erwähnt Rockenbach. Der so starken Eruption des Aetna folgte in diesem Jahr
die des Hecla (Mackenzie) und die des Vesuvs
oder das Erdbeben von Puzzuolo. Am sechs und.
zwanzigsten April zerstörte ein Frost alle Aus-
sichten zum Wein; wahrscheinlich weil damals
alle Trauben schon entwikelt waren, und kein
Nachtrieb mehr folgen konnte, gab es so wenig
Wein, daſs das Fuder auf den aufserordentlichen
Preiſs von 44 Gulden stieg. Zu Constantinopel
richtete die Pest wieder ungeheure Verheerungen an. (Webster.)

Weit ver-
breitete Dy-
senterie.

Für die Geschichte der Krankheiten und die
Entstehung der Epidemien ist diese Periode äusserst wichtig und einer ausführlicheren Erwähnung werth. Unerachtet dieser Sommer durch
seine Witterung gar nicht ausgezeichnet war,
wie diſs Fernelius ausdrüklich versichert, *) so verbreitete sich doch fast über ganz Europa eine
Ruhr, die kaum irgend eine Gegend verschonte.
Von Frankreich beschreibt sie Fernelius, aber
auch in England, Teutschland und in der Schweiz
herrschte sie in derselben Allgemeinheit. In
Bayern, Schwaben und der Schweiz erschien sie

*) Nec exuperans intemperies, nec temporum in aequa-
bilitas nec valida tempestas ulla aut vigeret aut ante
viguisset.

zuerst als heftige Colik. (P. Abraham.) Diese
allgemeine Verbreitung einer epidemischen Krankheit, die sonst für die unmittelbare Folge der
Hize gehalten wird, hätte also hier, da sie bey
nicht ausgezeichneter Witterung erscheint, und
excessiv heiße Jahrgänge ihr erst folgen, in
Verbindung mit den außerordentlichen vulcanischen Ausbrüchen vielmehr die nächsten hei-
ßen Jahrgänge angezeigt, und beweist in jedem Fall durch ihr früheres Erscheinen, daß
weit verbreitete Krankheiten des Menschengeschlechts samt der ihnen häufig entsprechenden
ungewöhnlichen Witterung viel eher für Folgen
einer tiefer liegenden, beyden gemeinschaftlichen Ursache, als für die nächste Wirkung der
lezteren anzusehen sind. Die nächsten zwey
Jahrgänge waren nun durch alles was man sonst
für die Ursache der Ruhr hält, aber ebenso
sehr auch durch die Seltenheit der Krankheiten 1539 n. Chr.
ausgezeichnet. Der Sommer 1539 war äusserst Heiße und trokne
troken, und die Ernte die etwas sparsamer, Jahrgänge.
doch genugsam ausfiel, abgerechnet, war wenigstens in den Rhein - und Main - Gegenden, kurz
im südwestlichen Teutschland der Ertrag der
Früchte und des Weins außerordentlich. Wo
im vorigen Jahr Ein Apfel gewachsen, gab es
in diesem Jahr einen Korb voll, und nachdem
wie bemerkt im vorigen Jahr ein Fuder Wein
44 Gulden gekostet hatte, so wurde es nun um
4 Gulden verkauft, oder um einen Bazen, welcher vor dem Herbst eine Maas Wein gekostet
hatte, konnte man nun nach dem Herbst eilf
Maas Wein kaufen. Der Jahrgang 1540 vollends 1540 n. Chr.
war auf Jahrhunderte vor und rückwärts aus- Ausserordent-liches Wein-
gezeichnet, durch seine Trokenheit und die jahr.

Güte des Weins, der damals wuchs. Auch eine
so totale Sonnenfinsternifs stellte sich am siebenten April um sieben Uhr Vormittags ein,
dafs die, welche es nicht vorher wufsten, glaubten, es bräche die dunkelste Nacht herein.
Schon vom achten Februar an war es ununterbrochen troken bis zum neun und zwanzigsten
Julius, da es zu regnen anfieng, wie auch am
6ten August, da die Donau, durch welche man
im Junius bey Ulm unter der Brücke gehen
konnte, daselbst austrat. Wurstissen schreibt:
Vom Hornung bis Christmonat war es gleich heiter und warm, in gemeldter Zeit kamen vom
Himmel nicht über vier Weichin, es war eine
solche Dürre, dafs alle Wasser abgiengen und
man wegen des Mahlens in grofser Verlegenheit
war, doch fiel bey Nacht starker Thau. Am
zehnten Junius wurde in Lothringen das Getreide
geschnitten, zu Ulm fieng die Ernte am Peter
und Paula - Tag an, in Augsburg hatte man im
Julius reife Trauben und in den ersten Tagen
Augusts wurde süfser Most verkauft. Der Wein
war ganz dik wie Syrup, und so stark, dafs
ein kleiner Becher gleich trunken machte, nur
in dem kleinen Würtemberg kamen vom Herbst
bis zum ersten Sonntag in der Fasten mehr als
400 Menschen durch diesen starken Wein ums
Leben,[*] und auch zu Augsburg mufste der Völlerey durch eigene Geseze gewehrt werden. (Gassarus.) Nur die Zwiebel waren nicht aufzutrei-
ben, das Simry (Medimnus) kostete acht Gulden: auch hundert Krauthäupter wurden mit

*) Schnurrers Erläuterungen zur Würtembergischen Re-
formations- Geschichte. S. 178.

vier Gulden bezahlt. Von England, wo sie heissen Wein haben, heifst es „there was a terrible drought." Diese Trokenheit erschöpfte die Vegetation nicht, im October blühten schon wieder die Rosen. Einige geben sogar für das nächste Jahr schon wieder dieselbe frühe Entwiklung der Pflanzenwelt an, in Tyrol haben im Januar die Kirschen geblüht, und im Februar seyen die Früchte eingebracht worden, so dafs man habe von Neuem einsäen und in demselben Jahr zum zweytenmal erndten können; in Schwaben dagegen gehörte der Sommer 1541 unter die feuchten Jahrgänge. (Crusius.) Von Krankheiten ist während dieser Zeit, aufser dafs es hin und wieder hiesse: pestis malum gliscens, wenig aufgezeichnet. In England dauerte die Dysenterie noch in diese Jahre hinein. Nachdem aber auf diese anhaltend trokene Witterung ein mehr kühler und feuchter Jahrgang gefolgt war, so wurden die Krankheiten wieder allgemein; in Tübingen mufste ein neuer Kirchhof eingerichtet werden, zu Efslingen starben 3,500 Menschen an der Pest. Noch allgemeiner war das Pest-Uebel im Jahr 1542 nicht nur in Würtemberg, wo die Pest im April und May zu Brackenheim, Stuttgardt, Göppingen, Bietigheim und Kirchheim so viele Menschen wegraffte, und nur das Remsthal zu verschonen schien,[*] sondern auch in Lothringen zu Metz und besonders zu Genf, wo die Vögel bey dem Herannahen der Krankheit ihre Nester verliessen und davon flohen. [**] Auch will bey einer gleich-

1542 a. Chr.

Pest-Epidemie.

Verhalten der Vögel dabey.

---

[*] Sattlers Geschichte III. S. 196.

[**] Textor. Bened. de la manière de preserver de la pestilence Lyon 1551.

zeitigen Epidemie der Pest Fallopius bey einem
Vogel wirklich Bubonen gesehen haben. In
Frankreich waren die Poken weit verbreitet, denn
für die Poken muß man die ecthymata des Fernelius, bey welchem der Name Variolae gar nicht
vorkommt, nehmen. *) Die Schriften von Kef-
ser und Küffner lassen vermuthen, daß die
Krankheit in den nächsten Jahren ebenso allgemein in Franken und Bayern war. In Spanien
empfahl der Leibarzt von Carl V., Luis Cobera
de Avila, das Blutlassen. Ueber die Witterung
dieser Jahrgänge läfst sich nicht viel ausmitteln;
am dreyzehnten Julius 1542 litt Scarperia am
Fufse der Appeninen sehr durch ein Erdbeben,
auch ein Komet wurde jedoch nur ganz kurz
zu Zaisenhausen gesehen, und ist deshalb eher
für eine Feuerkugel zu halten. Ungeheure
Schwärme rother Heuschreken seyen aus der
Türkey durch Sclavonien, Croatien, Oesterreich
und Italien mit grofser Schnelligkeit und unter
grofsen Verheerungen nach Spanien gezogen.
(Villalba.) Doch möchte difs eine Verwechslung mit einem der vorhergehenden Jahre seyn.
Zu Alcalá, das vorher für das Grab von Arragonien und Navarra galt, nahm man Bedacht

*) Ecthymata pustulas multae tota corpore confertim
albo colore extuberabant, quae pituitae et bilis permistio-
nem prae se ferunt, Fernel. p. 213. Die weitere Beschreibung der Krankheit pafst jedoch viel mehr auf die
confluirende als auf die discrete Poken. Ecthymata
nennt auch Forest die Poken, dagegen scheint Fuch-
sius die Benennung umzukehren. Georg Horst ist einer
der ersten, bey welchen in den ersten Jahren des siebzehnten Jahrhunderts der Nahme Urschlechten vorkommt.

einen tiefen Graben abzuleiten, und wirkte dadurch so wohlthätig, daſs von jezt an der Gesundheitszustand der Stad" nichts mehr zu wün-
schen übrig ließs. (Villaĺpa.)

Die Witterung des Jahrs 1543 war sehr feucht
und kalt, es herrschte zu London während des
Winters die Pest.

Eine Epidemie des Matlazahuatl raffte im
Jahr 1545 800,000 Menschen weg. Torquemada. 1545 n. Chr.

In Savoyen und über den südlichen Theil
von Frankreich verbreitete sich im Frühjahr desselben Jahrs eine Krankheit, welche Levin San-
der, ein Arzt zu Chambery, in seinem Brief
an Forestus Trousse galant nennt, deren Erscheinungen zwar wie sie hier gegeben werden, nicht
mit denen der Cholera übereinkommen, die aber
doch grofse Verwandschaft mit den Krankheiten
der nächstfolgenden Jahren zeigt, deren Zufälle
noch eher an die Ruhr oder Cholera erinnern.
Es wurden vorzüglich die lebhaftesten jungen
Leute von der Krankheit befallen und weggerafft; sie begann entweder mit Schlaflosigkeit,
die sich bis zur Phrenitis steigerte, oder mit
Sopor, der in Lethargie übergieng, Kopfschmerz
und grofser Hize in der Nierengegend mit allgemeiner Mattigkeit, dabey brachen die Kranken häufig mit grofser Beschwerde Würmer weg,
bey Manchen brachen auch Exantheme aus, wenn
aber diese gleich im Anfang erschienen, so war
es kein gutes Zeichen: für ein günstigeres galt
ihre Erscheinung in der spätern Periode der Krankheit. Diese entschied sich meistens am vierten oder eilften Tag. Sie wurde gleich im Anfang mit reichlichen Aderlässen zu achtzehn Un-

zen auf einmal behandelt, nachher reichte man
aber wegen der Würmer doch auch Cordialien. *)
Cardanus beschreibt die Krankheit als ein bösartiges Fieber mit Magenentzündung. Ein ganzes Kloster zu Abbeville starb an dieser Krankheit aus. Der Sommer war feucht und kalt (Berliner Lehrbuch) und in Brandenburg entstand
eine Theurung. (Möhsen). Schon im October
fieng der Winter mit sehr wechselnder kalter,
und feuchter Witterung an, es litten besonders
die Spanier und Italiener im kaiserlichen Heere
sehr an der Pest und der Ruhr. Lambert. Hortens.
de bello germ. Immer scheint es derselbe Charakter der Krankheit gewesen zu seyn, wenigstens kommt die Beschreibung, die Thuanus von
derselben macht, wie sie unter dem Heere des
Kaisers, als dasselbe Zwikau verliefs, herrschte,
viel mit der von Forestus überein: es entstand
der heftigste Kopfschmerz, Röthe der Augen,
und eine hochrothe Zunge mit Bangigkeit und übel
riechendem Athem, worauf heftiges gallichtes
Erbrechen folgte, und über den Körper sich eine
ans Livide gränzende Blässe verbreitete, mit einem eigenthümlichen Ausschlag, (cutis vermi-
nantibus passim papulis interfusa.) Schon am
zweyten oder dritten Tag folgte der Tod, zum
Theil auch aus Mangel an Pflege, weil jeder
eilte solche Kranke zu verlassen. Es mufsten
deshalb auch vier Reuter-Fähnlein, die der Kaiser ans Zwickau an sich gezogen hatte, und unter
welchen das Uebel besonders wüthete, von dem
übrigen Heer durch die Bagage getrennt, marschiren. Auch zu Ulm brach während des Con-

*) Forest. Lib. VI. obs. VII.

vents im Junius plözlich eine anstekende Seuche
aus, so dafs dieser sich auflöste, und erst im
September zu Augsburg wieder zusammen trat.
Auf ähnliche Weise brach zu Lübeck und in
der Nachbarschaft 13 Tage vor Pfingsten plözlich eine äusserst mörderische Seuche aus, an
welcher bis Martini 60,277 Menschen starben *)
und am 13ten August allein 200 Leichen begraben wurden, auch zu Dresden starben 5,103
Menschen. Noch ist aber wie bereits schon früher bemerkt wurde **) dieses Jahr ausgezeichnet durch die dreytägige Verdunklung der Sonne
vom 23sten bis 25sten April, demnach am Tage
der Schlacht bey Mühlberg und an dem zunächst
vorangehenden und unmittelbar folgenden Tage.
Es erschien während dieser Zeit über Teutschland, Frankreich und England die Sonne ganz
trüb, glanzlos und röthlich, dabey entstand eine
Dunkelheit, dafs man zur Mittagszeit die Sterne
blinken sah, weshalb Keppler die Sonne durch
eine vor ihr vorübergehende kometische Masse
verdunkelt glaubte; doch widerspricht auf der
andern Seite dieser Annahme, die weitere Angabe, dafs diese Dunkelheit mehr das Ansehen
eines Nebels oder Höherauchs hatte, denn der
Kaiser bemerkte ja, ***) dafs so oft er seinen
Feinden eine Schlacht liefern wolle, er immer
es mit Nebeln zu thun habe.

Dreytägige
Verdunklung
der Sonne.

---

*) Kirkring Lübecker Chronik S. 221 u. 22.

**) Chronik der Seuchen, 1 Tbl. S. 113.

*) Semper se nebulae densitate infestari; quoties sibi
cum hoste pugnandum sit. Lambert. Hortens. de bello
german. Lib. VI. p. 184. Auch nach der Beschreibung des Crusius käme es mehr mit Höherauch überein.

1548 n. Chr.
Meteore und
Blutregen. Am sechsten November 1548 Morgens früh zwischen ein und zwey Uhr sah man wahrscheinlich im Mansfeldischen eine von Ost nach West ziehende Feuerkugel, die mit ungeheurem Knall und einem viertelstündigen Brausen plazte, worauf an einigen Orten Feuer vom Himmel zu fallen schien, und man am folgenden Morgen eine röthlichte Flüssigkeit wie geronnenes Blut gefunden hat. (Spangenberg Mansfeldische Chronik.) In London und an der Ostsee herrschte in diesem und auch noch in dem folgenden Jahr immer noch die Pest. (Webster.) Der Herbst des Jahrs 1549 war troken, der Winter darauf aber fünf Monate lang regnigt. (Thoaldo.)

1551 n. Chr. Den acht und zwanzigsten Januar 1551 sah man ein Nordlicht zu Lissabon. (Lycosthenes.) Der nun folgende Frühling zeichnete sich wieder durch Regen aus, auch fiel schon an Michaelis ein tiefer Schnee, der vier Wochen lang liegen blieb. Wurstissen. In diesem Jahr verbreitete sich zum leztenmal in dieser Allgemeinheit Schweißfieber in England. das Schweisfieber in England; auch dismal wurden von der Krankheit alle Klassen der Gesellschaft befallen, ja es scheint, dafs gerade die höheren Stände am meisten durch dieselbe litten, in Westminster raffte sie 120 meistens der Vornehmsten weg. In Shropshire, wo die Krankheit von John Kaye beobachtet und beschrieben wurde, *) sah man die Krankheit auf einen stinkenden Nebel folgen, wohin sich dieser Nebel durch die Winde getrieben zog, da zeigte sich

---

*) Cajus (Joan.) de ephemera brittannica. Londini 1721.

die Seuche,[*] die oft schon in der zweyten und
dritten Stunde den Befallenen tödtete und während der sieben Monate ihrer Dauer tausend
Menschen daselbst wegraffte. Auf diese Verbreitung des Schweißfiebers folgte zwar die der Petechien erst einige Jahre später, dagegen verbreitete sich in der Mitte des sechszehnten Jahrhunderts der Weichselzopf, Gogdziec, besonders in
Pokutien, vielleicht durch die Lustseuche exaspe-
rirt so sehr, daß behauptet wurde, diese Krankheit sey damals zum erstenmal erschienen. (Thomä
Minadous.) Uebrigens waren, wie es scheint,
die Meynungen der Aerzte über ihre Abstam-
mung von andern Krankheiten sehr verschieden.[**] Herc. Saxonia sezt freilich diese allgemeine Verbreitung des Weichselzopfs in eine bedeutend spätere Periode, nemlich bestimmt ins
Jahr 1564.[***] Zu Alkmar herrschten in diesem
Jahr die Poken so allgemein, daß fast kein einziges Kind verschont blieb, wenn man sie aber
nicht erhizend behandelte, so waren sie gutartig.

Den Angaben Thealdos zufolge wäre der Sommer 1552 sehr warm und troken gewesen. Es

Verbreitung des Weichselzopfs.

1552 n. Chr.

---

[*] In agro Salopiensi a primo suo ortu et foetor gravis
malum prodebat et visus est veluti nimbus de loco in
locum gubernantibus ventis se promovere et nimbi ve-
stigia pestem hanc secutam esse, observatum est.

[**] Andreae Posthumi a Grafenberg Med. Cand. Septem
morborum ad Sarmatas dialogus, in quo novae luis
Pokutiensis quam cirrhorum naturam vocant, natura et
essentia examinantur. Vicetiae 1600. 4.

[***] Im Jahr 1560 soll das Uebel sogar in der Schweiz
und im Elsaß epidemisch vorgekommen seyn. Bened.
Sylvatius und gewissermaßen auch Schenk.

Meteorsteine. fielen am neunzehnten May bey Schleufsingen
unter heftigem Sturm Meteorsteine, die viele
Zerstörungen anrichteten, und von welchen Spangenberg Exemplare nach Eisleben brachte. (Chladni.) Am 16ten October erschütterte ein Erdbeben Basel, vielleicht ist es dieses Erdbeben, bey
welchem die Seidenschwänze ein so feines Vorgefühl beurkundet haben sollen. *) Die Pest,
welche schon im vorigen Jahr Stuttgardt und
Tübingen heimgesucht hatte, raffte, als eigent-
Bubonen-   liche Bubonen-Pest in Basel 1000 Menschen weg.
Pest.   (Wurstissen.) Auch in Messina herrschte sie
mit ungewöhnlichen Zufällen, es sollen die Kranken drey Tage vor ihrem Tode Blut geschwizt
haben. (Webster.) In Paris aber, wo das Uebel
erst im Jahr 1553 sich ausbreitete, war nach der
Beschreibung von Palmarius ein unerträglicher
Kopfschmerz das Hauptsymptom; auch wurde
die Bemerkung gemacht, daß die Gerber, und
die harmherzigen Schwestern in den Spitälern,
welche die niedrigsten Verrichtungen besorgten,
von der Krankheit frey blieben. In Ungarn und
Transsylvanien wurden wegen der dort herrschenden Krankheiten zwey Jahre lang die Kriegs-
Operationen unterbrochen. In Holland dauerten
im Sommer besonders vom August bis November die pestilentialischen anstekenden Fieber mit
grofser Pein in der Magengegend, welche nachher in Durchfälle, durch die viele Würmer ausgeleert wurden, übergieng, immer noch fort,
wie es scheint nicht als endemische Krankheit,
sondern als morbus stationarius und als Fort-
sezung der schon seit acht Jahren herrschenden

---

*) Schubert Symbolik des Traumes S. 34.

Constitution. Sonst sind noch von diesem Sommer 1553 die schweren Gewitter, die es zum
Theil schon sehr früh, wie z. B. den achten Januar zu Prag (Lupacz) und besonders auch am
15ten May in Kärnthen gab, (Valvasor) und
das Erdbeben, welches am achtzehnten August
Sachsen erschütterte, jedoch keine Beschädigungen zur Folge hatte, erwähnungswerth. (Crusius.) Als Folge von Ersteren ist wohl auch die
grofse Ueberschwemmung des Rheins im Junius
anzusehen, nach welcher man so viele Fische
auf Aeckern und in Kellern fand. (Wurstissen.)
Vulcanische Ausbrüche fanden im Jahr 1554 zu- Vulcanische
gleich auf Island auf den Bergen östlich vom Eruptionen.
Hecla und auf Sicilien statt; doch dürfen leztere nicht für sehr bedeutend gehalten werden,
da Borelli versichert, dafs von dem Jahr 1537
bis 1605 kein Ausbruch des Aetna stattgefunden
habe. Der Januar und Februar waren sehr kalt,
es gab auch Spätfrost und Hagel, und den vier
und zwanzigsten Julius sah man ein Nordlicht.
(Lycosthenes.) Der Sommer 1555 scheint wenigstens im nördlichen Europa wegen Häufigkeit des
Regens eine der Vegetation nachtheilige Beschaffenheit gehabt zu haben. Doch gibt sich der
Einflufs auf die Gesundheit erst im nächsten
Jahre zu erkennen. In Valencia herrschten die
Poken oder Scharlachfieber, auch Padua litt sehr
an einer pestilenzialischen Krankheit. Ein Ko- 1556 n. Chr.
met von dunkler röthlicher Färbung schien vom
acht und zwanzigsten Februar bis ein und zwanzigsten April und bewegte sich in entgegenge-
sezter Richtung mit den Zeichen des Thierkrei-
ses; mit ihm beschäftigte sich Forestus viel, auch
Carl dem fünften soll er nur gar nicht gleichgül-

tig gewesen seyn. Man sah zugleich ungewöhnlich viele Sternschnuppen, und die Nachtwäch-
ter wollten sogar Feuer auf die Strassen fallen
gesehen haben. (Forest.) Am fünften September
wurde zu Cüstrin ein Nordlicht bemerkt, (Lycosthenes) und in China versank der Distrikt
Chansy mit allen seinen Bewohnern. Schon der
April war heifser als die Hundstage, (Siebenb.
Würgengel) ihm folgte ein trokener aber unge-
Kriebel- sunder Sommer. Die Erscheinung der Kriebel,
krankheit u. oder wie sie früher genannt wurde der Hiebel-
Scorbut. Krankheit, die zum Theil auch Scorbut genannt
wird, und auch mit antiscorbutischen Mitteln
behandelt wurde, (Joh. Beverwyk empfiehlt ausdrüklich gegen das malum a corrupto secali na-
tum die Cochlearia und für Scorbut erklärt die
dortige Krankheit auch van Helmont,) sezen
zwar Einige schon ins vorige Jahr, doch scheint
das Uebel vorzüglich in diesem Jahr in Brabant,
wo man schadhaftes Getreide aus Preussen als
Ursache desselben beschuldigte, allgemein gewesen zu seyn. Es bemerkten aber auch die
Aerzte jener Zeit, z. B. Wier, Henr. a Bra,
(Bertinus) Eugalenus, Forest, Horstius und
Andere damals im nordwestlichen Teutschland
besonders an der Meeresküste, überhaupt häufige Complicationen des Scorbuts mit Arthritis
und nannten es bald arthritis scorbutica, bald
vari Westphalici, de Varen, de loopende Vaa-
ren. Mit lezterem Namen belegten nach Lo-
tichii observ. medicin. Lib. IV. Cap. I. Obs. I.
auch die späteren Aerzte jener Gegenden solche
Glieder-Beschwerden, die mit einer Cachexie
und rothlaufartiger Entzündung verbunden waren und die sich durch galligte und blutige Stuhl-

günge entschieden. Wien litt durch die Pest, und in Italien erschienen die Petechialfieber, difsmal in der Nähe von Florenz, von wo aus sie sich in den nächsten Jahren immer weiter verbreiteten. Auch in Spanien dehnte sich im nächsten Jahre diese Krankheit immer weiter aus, sie würde besonders alsdann für sehr gefährlich gehalten, wenn die Fleken aus dem Röthlichen ins Schwarze übergiengen, man nannte sie tabardillo. *) Auch in der Vendée, Gironde und Charente herrschten im nächsten Jahr Flekfieber vom May bis Weyhnachten. (Coyttarius de morb. purp. epidem. in praef.)

Im Jahr 1557 richteten Ueberschwemmungen der Tiber und des Arno grofse Verheerungen an, auch die Gegend von Nismes stand unter Wasser, und bey Palermo sey ein Wasser-Vulcan entstanden. **) Bey Schlagen in Pommern fielen Stücke einer blutähnlichen Substanz auf einer Stelle, die sechs Acker-Längen in der Länge und in der Breite betrug. ***) Am fünf und zwanzigsten November sah man in Italien ein grofses Feuer-Meteor mit vielem Getöse. (Chladni.) Die Monate Julius und August waren troken, jedoch nicht besonders warm, gegen Ende Septembers entstand ein starker Nordwind. †) Jedoch schon im Julius begann plözlich eine Influenza, deren Beschreibung von Riverius, Mercatus, Valleriola und Dodonnaeus

Petechien, Tabardillo.

1557 n. Chr.

Influenza.

----

*) Franc. Vallesius in Hip. de morb. popul. Comment. Madr. 1577.

**) Joach. Cammer. Treb. Tom. III.

***) Mart. Zeiler Tom. II. epist. 386. Chladn.

†) Dodonnaeus lib. observ. med. cap. 21.

7 *

Ozanam gesammelt hat, und die doch nicht
überall von so leichter Art war, wie sie Pasquier
von Paris beschreibt. *) Dort wurde mitten im
Sommer plözlich Jedermann von einem Catarrh
befallen, wobey wie aus einem Brunnen Wasser aus der Nasse flofs, und ein Fieber mit heftigem Kopfweh zwölf auch fünfzehn Stunden
dauerte, worauf alle Zufälle ohne ärztliche
Hülfe auch ebenso plözlich verschwanden. Auch
Schenk beschreibt die Allgemeinheit und den
plözlichen Anfall der Krankheit. **) Paschetta
beschreibt die Krankheit zu Genua als wahre
Pleuritis. ***) Zu Nismes, wo sie sich mehr als
coqueluche gestaltete, entschied sie sich durch

---

*) Nous vismes en plain Esté s'eslever par 4 jours en-
tiers un Reume qui fut presque commun' a tous, par
le moyen du quel le nez distilloit sans cesse comme
une fontaine, avec un grand mal de téte et une fièvre qui
duroit aux uns douze, aux autres quinze heures, que
plus que moins, puis soudain sans oeuvre de medicin
en etoit guery; la quelle maladie fut depuis par un
nouveau terme appellé par nous Coqueluche. Il me
souvient et est vray que lors Messieurs Mangot, de
Montelon, Bechet advocats et moy ayant sous divers
personnages à plaider une cause au Generaux des Aïdes
concernant le Diocese d'Autun; nous fumes inopiné-
ment surpris de cette fluxion et toux, de telle façon
que pour ce jour et deux consuivants nous eumes sur-
séance d'armes. Pasquier Rech. d. l. France IV. 25.

**) Tussis quoddam genus quod anno 1557 vigere popu-
lariter per universam Germaniam vidimus; tanto impetu, ut derepente sanis alioqui degentibus hominibus
morbus obreperet.

***) Paschettus (Barthol.) de destillatione catarrhus vulgo
dicta. Venet. 1615.

stinkende Schweiſse. (Lazarus Riverius.) Auch
zu Palermo zeigte sie sich als bedeutenderes entzündliches Fieber, welches mit einem starken
Frost begann und die heftigste Zufälle der Hize
hatte, aber durch Blutlassen und Eis leicht ge-
heilt wurde. (Ingrassias.) Zu Alkmar, wo die
Krankheit im October, nachdem es einige Tage
lang stinkende Nebel gegeben hatte, schnell sich
verbreitete, so daſs in kurzer Zeit 2000 Menschen erkrankten, raffte sie 200 Individuen weg,
wie es scheint unter der Form von Luftröhren-
Entzündung; (subitaneam quasi inferens suffo-
cationem Forest.) bey denen welche genasen,
blieben hartnäckige Magen-Beschwerden zurük.

Schon im Junius dieses Jahrs brach nach Pest in Delft.
einer besondren Häufigkeit von Abortus die Pest
zu Delft aus, und griff in diesem Jahr, in welchem die theure Zeit ein Ende nahm, während
des ziemlich kalten Winters so sehr um sich,
daſs bis zu ihrem Ende im May 1558. 5,000 Menschen weggerafft wurden. Im September wurde
Forest von dem Magistrat in Delft gebeten, der
bedrängten Stadt zu Hülfe zu kommen und theilt
erwähnungswerthe Bemerkungen über die Erscheinungen der Krankheit mit. Als er in die
Thore von Delft trat, so begegnete er einem
Zug Todten-Gräber, welche sieben Leichen aus
der Stadt schafften, doch hatte man in der Stadt
so wenig Aengstlichkeit vor der Anstekung, daſs
Forest vielmehr über das Zudrängen zu den
Kranken sich beklagt. Auch während dieser Epidemie gab es verschiedene Grade der Krankheit.
Manche, die einen Anthrax an den Extremitäten
hatten, überstanden die Krankheit so leicht, daſs
sie kaum zu Bett zu liegen brauchten, Andere

fielen plözlich todt zu Boden. Carbunkel waren
zwar immer gefährlicher als Bubonen, doch konnte
auch bey lezteren der Tod erfolgen, wenn sie
hart und unter den Achseln erschienen; wenn
Carbunkel am Kopf z. B. den Augenliedern erschienen, so kam der Kranke selten davon, und
wenn diſs•ja der Fall war, so verlor er das
Auge; je weiter entfernt vom Rumpf Carbunkel
und Bubonen erschienen, desto gutartiger waren
sie. Wenn man bey einem Bubo während der
ersten sieben Stunden zur Ader lieſs und schwizte,
so konnte man denselben noch vertheilen. Meist
begann aber die Krankheit vor allen der Pest
eigenthümlichen Erscheinungen mit heftigem Erbrechen; die bey der Pest sonst so häufig bemerkte Schlafsucht wird aber nicht erwähnt.
Am dritten Tag fiengen die Kranken zu deliriren
an, doch lieſsen, wenn in der Leisten-Gegend
Bubonen entstanden, die heftigsten Zufälle nach,
bildeten sie sich aber unter den Achseln, so
wurde die Beengung eher noch vermehrt: bey
den Carbunkeln war immer auch der Durst heftiger. Von Delft aus verbreitete sich die Krankheit über die Moselgegenden.

1558 n. Chr.   Zwey Kometen erschienen im Jahr 1558.
Kometen.   Einer zu Ende Mays bis zum zwey und zwanzigsten Junius, der andere im August mehrere
Wochen lang, mit einem etwas gekrümmten
Schweife. Carl V. sah ihn für den Bothen seines Todes an und sagte: „his ergo indiciis me
mea fata vocant" der Sommer war in einigen
Gegenden sehr heiſs. Ein Vulcan öfnete sich auf
Vulcan auf der Insel Palma bey einer Quelle in dem Par-
den canari-
schen Inseln. tido de los Llanos. Ein Berg stieg aus der Erde
empor, auf dem Gipfel bildete sich ein Crater,

welcher einen Lavastrom von 100 Toisen Breite
und von mehr als 2,500 Toisen Länge ergofs. Die
Lava strömte ins Meer, und indem sie die Temperatur des Wassers erhöhte, tödtete sie auf
grofse Entfernungen hin die Fische. Am 15ten
April wurde die nahe Insel Teneriffa das erste-
mal von der aus der Levante gebrachten Pest
heimgesucht. (Humboldt.) *) Es hätte aber ja
das Uebel eben so gut von Spanien dahin gebracht
werden können. Ruhren kamen häufig in Frank- **Seuchen.**
reich vor, in den Niederlanden waren es mehr
Tertianfieber, die besonders auch die Reichen,
welche während der lezten Hungersnoth weniger
gelitten hatten, wegrafften. (Webster.) In Murcia und Barcellona herrschten pestilenzialische
Krankheiten, im ersteren Ort wurde der Jammer
noch dadurch vermehrt, dafs bald nach dem
Ausbruch der Krankheit aus Furcht vor der Anstekung die Aerzte und Chirurgen sich entfernten. In Barcellona, wo die Krankheit vom siebzehnten Januar bis ein und zwanzigsten Julius
dauerte, wurden am neunten Februar strenge
Verordnungen gegen die Aerzte, welche die Stadt
verliessen, erlassen, und diese mit dem Verlust
ihrer Praxis bedroht. Der Sommer des Jahrs **1559 n. Chr.**
1559 war sehr troken: vom May bis November
habe es nicht geregnet. (Thoaldo.) In der Gegend des Rheins gerieth daher auch der Wein
äusserst gut, (Camerarius) in Oesterreich dagegen fehlte er ganz und wurde im folgenden **Heisser Som-**
Jahre vom Rhein, Nekar und aus Bayern Wein **mer.**
nach Oesterreich geführt. (Chron. Melic.) Frey- **Erdbeben und**
berg in Sachsen wurde durch ein Erdbeben er- **Nordlicht.**

---

*) Reisen in die Aequinoctial-Gegenden. I. p. 263.

schüttert, und in der Mark seyen häufig, doch
wohl auch von Erderschütterungen, Häuser zusammengestürzt. Am acht und zwanzigsten December dritthalb Stunden vor Sonnen-Aufgang
sah man eine ungewöhnliehe Röthe mit drey oder
vier weifsen Streifen, gleich Balken, durch welche
man jedoch die Sterne sehen konnte; man hätte
glauben müssen, es rühre von irgend einer Feuer-
brunst her, wenn nicht zwischen dieser Röthe
und dem Horizont die Luft ihre gewohnte Färbung gehabt hätte. Es wurde dieses Nordlicht
beynahe durch ganz Teutschland gesehen. In
Zürch spürte man gerade um diese Zeit ein leichtes Erdbeben, Andere sahen wie in der Grafschaft Gryers eine Feuerkugel, Andere feurige
Ausströmungen aus der Erde. (Wurstissen.) Nach
Corn. Gemma hatte man am Tag zuvor einen
feurigen Balken in England und Flandern gesehen. Ein Nordlicht wurde auch am 30sten Januar 1560 zu London (Halley) und am fünf und
zwanzigsten December in der Schweiz (Maraldi)
gesehen. Um Pfingsten fiel rother Regen bey
Löwen und Embden, der sich eilf Meilen weit
erstrekte. *) Auch in der Gegend von Lillebonne
fiel Blutregen den vier und zwanzigsten December und zu gleicher Zeit fiel bey heiterem Himmel ein Feuer-Meteor, das nachher noch längere Zeit einen feurigen Streifen in der Atmosphäre hinter sich liefs, auf ein Pulver-Magazin.
Ein Komet wurde im December acht und zwanzig Tage lang gesehen. Auch in dem nächsten
Meteore. Jahre gab sich noch dieselbe Geneigtheit zu Meteoren in der Atmosphäre zu erkennen. Der

*) Fromondi meteorol. lib. V. art. 8.

Winter 1561 war sehr streng, am neunzehnten
Januar gefror der Rhein bey Basel. (Wurstissen.)
Im May fielen Meteorsteine bey Torgau und das
Jahr 1562 war durch die Größe seines Hagels
ausgezeichnet. Auch in Würtemberg fiel in den Hagel.
lezten drey Jahren ungewöhnlich häufig Hagel,
der lezte am dritten August 1562 verbreitete sich
von Tübingen bis Schorndorf. . In Balingen gab
es in diesem Jahr mehr Zehentwein als auf der
ganzen Markung von Stuttgardt überhaupt. (Crusius.) Im September wurde Lincoln und andere
nördliche Gegenden Englands von Erdbeben erschüttert; ungewöhnliche Fluthen bewegten im
Januar 1563 die Themse. Catanea, Illyrien und 1563 n. Chr.
Dalmatien litten sehr durch Erdbeben. Im Merz
dieses Jahrs sah man an vielen Orten Nebensonnen.
(Wurstissen.) In Barcellona verbreitete sich mehr
local ein Catarrh. *) Von diesem Jahr an verbreiteten sich nun aller Orten pestilentialische
Krankheiten, am frühesten in Thüringen, bald
wurde auch Nürnberg befallen und dadurch Veranlassung zu einer Pest - Ordnung gegeben. In
Alkmar herrschten in großer Allgemeinheit die
Poken. In Würtemberg, wo es im Jahr 1562
eine nicht geringe Theurung und dadurch Veranlassung zur Errichtung von Vorrathshäusern
gegeben hatte, doch im Jahr 1563 wieder zum
Zeichen nachlassenden Mangels Hellerbrod verkauft wurde, zeigten sich nun hin und wieder
seuchenartige Krankheiten. Das Kammergericht

---

*) Onuphrius Bouguer novae et manifestae destillationis
quae civitati Barcinonensi et finitimis circiter hyemale
solstitium anno a Christo nato 1562 accidit, brevis enar-
ratio. Barçinonae 1563.

flüchtete sich von Speyer nach Heilbron. In
Augsburg dauerte im Jahr 1563 die Pest vom May
bis October, so dafs täglich 70 Personen starben, man flüchtete sich allgemein 'aufs Land,
der Senat ernannte'für sich und seine Angestellte
einen Pestilentiarius mit 100 Goldgulden monat-
lich Gehalt. Beym Pest-Hospital wurden drey
Aerzte und mehrere Chirurgen angestellt, für
die sechs Apotheken daselbst wurde ein Dispen-
satorium und Taxe verfertigt. Die Pest, welche
in Frankreich weit und breit herrsahte, theilte
sich über Newhaven. England mit, nnd raffte in
London 20,000 Menschen weg. In Spanien, wo
damals die Quarantaine-Anstalten am weitesten
und strengsten ausgeführt waren, denn in den
meisten andern Ländern begnügte man sich mit
der Flucht und die Desinfection, der Häuser und
Mobilien empfahlen erst in der ersten Hälfte des
17ten Jahrhunderts Ranchin und Alvarus, wurde
die Krankheit auch, obgleich zu Barcellona ein
Todtengräber deshalb, weil er Leichen von Pest-
kranken ohne es angezeigt zu haben, vergraben
hatte, mit dem Tod bestraft wurde, wie man
glaubte durch ein Stük Zeug von Frankreich her

1564 n. Chr. im Jahr 1564 eingebracht, und es begann zu
Pest zu Bar- Barcellona eine der mörderischsten Seuchen,
cellona. welche vom May bis December 10,000 Menschen
wegraffte. Wie Forest von Delft, so wurde von
Barcellona Thomas Porcell aus der Cerdagne ge-
bürtig zur Hülfe berufen, und leistete auch nicht
nur ausserordentliche Dienste, indem er mit
vier Chirurgen sieben Monate lang das Pest-Lazareth und in diesem 800 Kranke besorgte, sondern ließ auch eine interessante Beschreibung

der Krankheit erscheinen. *) Es begleiteten dieselbe Bubonen., Carbunkel und Petechien; auch
hier konnte die Krankheit sehr gutartig verlau-
fen, im entgegengesezten Fall fühlte der Kranke
die äusserste Mattigkeit, und war dabey doch
unruhig. Während solche Kranke über eine ver-
zehrende Hize klagten, waren sie kalt anzufühlen, das Gesicht war äufserst entstellt. Andere
befanden sich in den ersten zwey Tagen ganz
gut, wurden aber am dritten oder vierten Tage
plözlich unmächtig und starben schnell weg;
auch hier ist der unerträgliche Schmerz in der
Magen - Gegend und das häufige Erbrechen einer
grünen Materie, dessen übrigens auch Forest erwähnt, um so merkwürdiger, als auch bey der
Section übermäfsige Gallen-Anhäufung und ausserordentliche Ausdehnung des Ductus choledo-
chus gefunden wurde, demnach doch schon eine
Andeutung der später in jenen Gegenden sich
ausbildenden endemischen Disposition stattgefunden zu haben scheint.

In Teutschland, wo der Winter feucht und
warm gewesen, im Merz aber noch solche Kälte
eingetreten war, dafs die Schelde gefror, in den
Monaten Julius und August troken aber kühle,
im October aber sehr kalte Witterung mit starkem Nordwinde sich einstellte, beobachtete man
immer noch dieselbe Häufigkeit der Meteore;
am achtzehnten Februar sah man ein Nordlicht,
(Gemma) den ganzen Sommer über wurde im-

---

*) Informacion y curation (de la peste de Zaragoza y
preservacion contra peste en general, par Juan Porcell,
Sardo, Doctor en medicina. Zaragoza par la viuda
de Bartolomé de Nágera 1565.

aber noch starkes Sternschiessen und länger dauernde Lufterscheinungen bemerkt. Abortus und Kinder-Krankheiten waren allgemein; die Kinder des Herzogs wurden wegen dieser (epidemia lues) von Stuttgardt nach Tübingen geflüchtet, allerwärts, zu Constantinopel, Alexandrien, Wien, Lyon, Montpellier, *) London, Danzig, Freyberg, Augsburg, Cölln, Heilbron, Strasburg und Basel herrschten, obgleich an leztern Orten die Theurung ganz nachgelassen hatte, die Pest oder andere pestilenzialische Krankheiten; auch die würtembergische Regierung liefs, wie difs schon früher in den Reichsstädten geschehen war, im August dieses Jahres eine gedrukte Belehrung, wie man sich bey dieser Erbsucht der Pestilenz benehmen soll, erscheinen, das Ganze beschränkt sich aber darauf, dafs Pillen aus Euphorbium, Mastix und Saffran genommen werden sollen; da zugleich auch von dem Aufziehen der Bubonen und davon die Rede ist, dafs man der bey den Pest-Anfällen in Teutschland um jene Zeit so häufig erwähnten Schlafsucht in den ersten vier und zwanzig Stunden so viel als möglich entgegen wirken soll, so wird die Natur der Krankheit vollends ausser allen Zweifel gesezt. Zu Freyburg im Breisgau war die vorherrschende Erscheinung der Krankheit ein schnell tödtendes Nasenbluten. *) Zu Basel behandelte Felix Plater seine Kranke, nahmentlich seine Eltern mit Antidotum Matthioli und Zitronensaft.

---

*) Joubert de peste c. II. p. 274, ganz auf dieselbe Weise wie die zu Barcellona beschrieben.

**) Schenkius Libr. VI. p. 795.

. Am meisten zeichnet aber dieses Jahr die Hals- und
epidemische Hals- und Lungenentzündung aus, Lungen-Ent-
deren zwar auch schon seit einer Reihe von Jah- zündung.
ren besonders von Forest erwähnt wird, die aber
in diesem Jahr als wahre Epidemie aufgeführt
wird und ihren Geschichtschreiber an Wyer gefunden hat. Schon im Winter 1564 hatten sich
besonders am Unterrhein mehrere chronische Geschwülste am Halse häufig gezeigt, die übrigen
nicht viel zu bedeuten hatten, denen aber im
Frühling und Sommer sehr gefährliche und schnell
verlaufende Anginen folgten, die eben durch
ihren so raschen Verlauf, der oft auf Einen und
selten bis auf den siebenten Tag beschränkt war,
und durch ihre so starke Ansteckungskraft sich
wie die grausamste Pestilenz erwiesen. Sie entstanden besonders häufig zur Zeit des Vollmonds,
nach Erhizung mit Erbrechen und einem Fieber-
Anfall; darauf entstand eine Geschwulst der
Zunge, Stimmlosigkeit wegen Verschliessung des
Larynx, auch der Schlund verengerte sich, so
dafs die Kranken nicht einmal Flüssigkeit hin-
unter lassen konnten, und manche auf die furcht-
barste Weise wie durch Strangulation starben.
Bey Einigen sah man auch äusserlich eine Roth-
laufartige Geschwulst, fast bey allen gab es innerlich eine eyterähnliche Absonderung mit gleichzeitiger Phrenitis. Manchmal verwandelte sich
aber auch diese Halsentzündung in eine eben so
gefährliche Pleuritis, oder entstanden die unerträglichsten Rücken-Schmerzen besonders bey
Frauenzimmern, die menstruirten. Am gefährlichsten und tödtlichsten war die Krankheit für
das jugendliche Alter, auch schien bey denjenigen, welche sich nicht zu Bett legten, die

Krankheit seltener eine gefährliche Wendung zu nehmen, — doch wohl nur deshalb, weil Solche ursprünglich von einer leichteren Form der Krankheit befallen worden waren? Höchstens trokne Schröfköpfe, und Blutentleerungen durch die Zungengefäfse vertrugen die Kranken, das Aderlassen und Abführungen erwiesen sich eher naçhtheilig.

1565 n. Chr. strenger Winter.

Im Dezember 1564 entstand eine solche Kälte, dafs die Schelde bey Antwerpen ganz gefror, wobey auch in andern Gegenden die Weinstöcke und fruchtbaren Bäume zu Grunde giengen, (Wurstissen.) Es liefs dieselbe im Januar acht Tage lang nach, doch schmolz der Schnee und das Eis nicht, sondern es entstanden die widerlichsten Nebel, welche besonders eine Stunde nach Sonnen - Untergang am gefährlichsten waren, und wenn man sich ihnen aussezte, die Lungenentzündung zur unausbleiblichen Folge hatten. *)

Bösartige Lungenentzündung.

Es entstand überhaupt im Januar eine bösartige Pneumonie nicht nur am Rhein, sondern auch in England und in der Schweiz. (Thadd. Dunus.) Die Erkrankenden wurden von einem ausserordentlichen Schmerz auf der Brust, Beschwerden im Athmen und Blutspeyen befallen, doch dauerte der Verlauf etwas länger als bey der Halsentzündung, ihre bösartige Natur erwies aber die Krankheit durch die starken Delirien und den so ungünstigen Durchfall, so dafs Wyer die Krankheit wegen der von ihr angerichteten Verheerungen mit der von Guido v. Chauliac im Jahr 1348 beschriebenen bekannten Seuche vergleicht. Auch sie vertrug keine Blut-

---

*) Dodonaeus lib. obs. med. c. XXI.

entziehungen, wegen der Neigung zur Putres
cenz gab Wyer Säuren und die damals gebräuchliche, giftreibende Mittel. Dodonnaeus dagegen
fand Blutentleerungen gleich im Anfang weniger nachtheilig, dergleichen Meynung ist auch
Paré, dieser empfiehlt im zweyten Stadium Sina-
pismen, durch Queksilbersalbe suchte er die Petechien zum weitern Ausbruch zu bringen, auf
Bubonen sezte er Schröpfköpfe und Blasenpflaster. Auch in Frankreich erklärten sich bey den
in diesem Lande so allgemein herrschenden Krankheiten die Aerzte, vom König Carl IX. zu einem
Gutachten aufgefordert, gegen die Anwendung
des Blutlassens, dagegen erhielt seine aller-
christliche Majestät von der catholischen aus
Spanien eine grosse Quantität Theriak, als das
beste Mittel gegen diese Krankheit zum Geschenk.
(Villalba, Webster.) In Spanien, wo damals die
Furcht vor Anstekung so grofs war, benuzte difs
der Cardinal Franciscus de Bovadilla bey einem
Rangstreit mit dem Regidor von Burgos aus Veranlassung des Empfangs des königlichen Ehe-
paars in dieser Stadt und versicherte lezteres,
dafs in der Stadt, wo es doch nur gewöhnliche
Tertianfieber gab, die Pest herrsche, worauf
sich der Hof alsobald entfernte, und ein strenger Cordon angeordnet wurde. (Villalba.)

Der Frühling des Jahrs 1566 war äusserst 1566 n. Chr.'
regnigt, der Rhein richtete wiederholte Ueberschwemmungen an, die zum Theil so beträchtlich
waren, dafs sie seither nur noch von der im Jahr
1816 und zwar um acht Fufs übertroffen wurden. *)

---

*) Die Cantone St. Gallen und Appenzell in dem Hun-
ger-Jahr 1817 von Ruprecht Zollikofer.

Ueberschwemmungen und Meteore.

Gleiche Ueberschwemmungen gab es auch an der Donau, Drau und Save, wodurch das Anrüken der Türken zwey Monate lang aufgehalten wurde, in der zweyten Hälfte des Sommers und im Herbst dagegen trat heiße und trokne Witterung ein. Am siebzehnten Julius sah man zwischen eilf und zwölf Uhr zu Paris eine Feuerkugel. (Chladni.) Am sieben und zwanzigsten und acht und zwanzigsten desselben Monats schienen Sonne und Mond ganz blutroth, und schwarze Kugeln fuhren bey Sonnen - Untergang durch die Luft. Aehnliches sah man auch am siebenten August nach Sonnen - Aufgang. (Wurstissen.) In diesem Jahre, und nicht in dem von 1565 wie Omodaei behauptet, beschreibt Forest eine epide-

Epidemische Augenentzündung.

mische Augenentzündung, die sogar etwas Anstekendes zu haben schien. **) Die Universität in Tübingen flüchtete sich wegen einer Pestilenz (pestilens morbus) nach Eßlingen. Wenn die Studenten bey einer solchen Verlegung der Universität nicht folgten, so verloren sie ihr academisches Bürgerrecht.

Das ungarische Fieber.

Die wichtigste Erscheinung dieses Jahrs ist aber eine Krankheit, die unter dem Heere des Kaisers Maximilian II. in Ungarn ausbrach. Noch nicht lange hatte dieser seine Regierung angetreten, als er auch den Entschluß faßte, den ungarischen Thron anzunehmen und den gefürch-

---

*) Eodem anno (1566) multos lippientes et ophthalmicos conspeximus, ita ut publicam constitutionem ipsius coeli ejusmodi vitia saepe habeant et etiam aliquo modo contagiosa sint, ut si eos laborantes admodum obnixe intueamur vel adspiciamus, in idem malum quoque incidamus, ut ipse experientia saepe vidi. Forest p. 226.

taten Türken die Spize zu bieten. Die, wenn
auch erfolglose Vertheidigung Sigeths durch den
Helden Zrini, welche so unermeßlich vieles
türkisches Blut gekostet hatte, war keine ungünstige Vorbedeutung des Feldzugs; der Kaiser
war in seinen Unternehmungen auch glücklich,
aber im Lager bey Komorn, noch mehr als das
Heer gegen die Raab aufbrach und vor Wesprim
und Dotis, wo die Soldaten so sehr durch die
Hize litten, sich immer wieder ins kalte Wasser stürzten, Quellen, die ein sehr kaltes har-
tes Wasser lieferten, gruben, Wein, der weil
es an Kellern fehlte, so wie das Bier zur Säure
inclinirte, und wegen Mangels an Brod meist
das fette oft noch zukende Fleisch genossen,
kurz im fremden wegen des feuchten Frühjahrs
und heissen Sommers besonders ungesunden
Lande, bey einem aus sehr verschiedenartigen
Menschen zusammengesezten, mit Troß über-
ladenem Heere, welchem die Disciplin und Verpflegungskunst neuerer Zeiten abgieng, brach
eine äusserst verheerende Krankheit aus, welche
den Kaiser nicht nur zwang, aller erworbenen
Vortheile unerachtet einen für die Türken noch
günstigen Frieden zu schliessen, sondern die
auch durch das nun bald darauf entlassene Heer
bald über Italien, Böhmen, Teutschland, Burgund und Belgien sich verbreitete, und dem Andenken der Menschen so furchtbar sich einprägte,
daß man noch nach hundert Jahren so wohl alle
Krankheiten, welche Heere beimsuchten, als auch
alle schwere Pestilenzen das ungarische Fieber,
die ungarische Soldaten-Krankheit, die ungarische Hauptschwachheit nannte, und diese Krankheit für Teutschland gleich dem Schweisfieber

und Petechien für England und Italien die Na- .
tional-Krankheit wurde.

Die Krankheit begann beynahe immer zwischen
drey und vier Uhr Nachmittags mit einem Frost
und Schauder, dem schon nach fünfzehn Minuten
die gröfste Hize und unerträglicher Schmerz im
Kopf, Mund und Magen folgte; lezterer war
so unerträglich, dafs schon die leichteste Berührung der Kleider den Kranken laut aufschreyen
machte, und war das pathognomische Zeichen der
Krankheit, die man deshalb auch Herzbräune
nannte. Der Durst war gar nicht zu löschen,
die Kranken verlangten sehr nach Wein, welcher ihnen aber keine guten Dienste that. Die
Zunge wurde troken, die Lippen bekamen Risse
und am zweyten Tag stellte sich ein Delirium
ein, das viel Eigenthümliches hatte, Diarrhoe,
Harthörigkeit und Parotiden waren günstige Erscheinungen, aber eine üble Wendung nahm die
Krankheit alsdann, wenn, was besonders nach
Erkältung häufig geschah, unter wieder begin-
nendem Frost eine Geschwulst auf dem Fufs-
Rüken entstand, welches ein eigentlicher Carbunkel wurde und oft die Amputation beyder
Füfse nothwendig machte. Petechien brachen
beynahe bey Allen, besonders auf der Brust und
in der Nähe des Rükgraths aus, häufig wurden
diese bleyfarbig und schwarz, was auch ein schlimmes Zeichen war. Reichliches Blutlassen gleich
im Anfang hatte unter allen Mitteln den besten
Erfolg. *) Dieses durch seine Heftigkeit so ausgezeichnete gastrisch entzündliche anstekende Fie-

---

*) Jordan. Thom. pestis Phainomena Lib. I. c. 19.
Frf. 1576.

ber verbreitete sich, wie bereits bemerkt wurde,
nicht nur über weit entlegene Gegenden, sondern wurde auch noch lange nachher, noch in
den lezten Jahren dieses Jahrhunderts in Ungarn
bemerkt, und war die Beschwerde der Neuan-
gekommenen; nur wurde der Verlauf chronischer und dadurch das Uebel gefahrloser, es
bestand nun mehr in einem Iangnor (pannonicus)
der die Fremde, besonders Soldaten nach jedem
Exceß befiel, der sich aber gleich im Anfang
durch scharfe Brechmittel und Entfernung aus
Ungarn heben ließ. *) Ja es scheint sogar, wie
schon anderwärts weitläufiger erwähnt wurde, **)
von dieser Epidemie ein endemisches Uebel in
Ungarn Pocolwar genannt, ausgebildet worden und
als ein Rest derselben zurückgeblieben zu seyn.

Auf Tercera, einer der azorischen Inseln, 1567 n. Chr.
brach im Jahr 1567 Feuer aus einem oberhalb
der Stadt befindlichen See, worauf das Wasser
über die Ufer trat und große Verheerungen in
jener anrichtete. (Webster.) Immer noch herrschen Poken - Epidemien. (Marcellus Donatus.) Poken-Epi-
Ueberhaupt kommen um diese Zeit erst Schriften demien.
über Kinder - Krankheiten in der medicinischen
Litteratur vor, und vielfach wird die Frage behandelt, ob die Poken schon den Alten bekannt
gewesen seyen oder nicht, bey welchen Discus-

---

*) Observationum castrensium et ungaricarum Dec. III.
Auctore Thobia Cobero. Francof. MDCVI. Maji et
Kopff Dissert. de febre castrensi, quam vulgo cephal.
algiam epid. vocant. Rint. 1691. Alberti et Schuller
Dissertatio de morbo Hungariae Hagymatz etc. Halae
1726. (Hallers Beyträge 2ter Band.)
**) Schnurrer geogr. Nosologie S. 500 u. f.

8 *

sionen damals auch die Tübingsche Schule sich vernehmen liefs. *)

Der Januar des Jahrs 1566 war so äufserst mild, dafs man in diesem Monat schon zu akern anfieng, im Merz aber fiel übermäfsiger Schnee, doch gab es zu Ende dieses Monats auch schon Gewitter; aus einer dunklen Wolke, die gegen Mitternacht stand, kamen eine ganze Nacht hindurch Lanzen, Flammen und feurige Kugeln hervor. (Gemma.) Die Petechialfieber, deren Exanthem ja auch bey der ungarischen Krankheit eine Rolle spielte, hatten in diesem Jahre ganz die Stelle der Pest eingenommen, und dauerten bald da bald dort fort bis 1574. In Paris, wo sie in diesem Jahre besonders allgemein waren, zeigte sich als das Hauptsymptom der wüthendste Kopfschmerz und Carbunkel an der Nase und den Fingerspizen; eben so allgemein waren sie auch in diesem und dem nächsten Jahre in Spanien, wo sie nach Vallesius schon seit dem Jahr 1557 fortdauerten und man die Krankheit zwar schon länger kannte, aber zu dieser Zeit dieselbe besonderer Aufmerksamkeit werth hielt. Von dem Nachtheil des Blutlassens damals überzeugt, fieng man an die Kranken mit kalten Begiessungen zu behandeln. Von Spanien aus gelangte in diesen Jahren die Krankheit auch nach Mexico und wurde dort von Franz Bravo beschrieben. **)

Petechial-
fieber.

---

*) Forestus de febrib. pest. obs. 41. Schol.

**) Opera medicinalia in quibus quam plurima scitu medico necessaria, in quattuor partes digesta. Mexico 1570. 8. (Villalba.)

In Teutschland begann schon wieder eine
Reihe sehr ungünstiger Jahrgänge, nur mit dem
Unterschiede, daſs jezt die Winter sehr kalt
und die Sommer dessen unerachtet feucht und
nicht warm waren. Der Winter 1569 war unerhört kalt und lange dauernd, noch im Brach-
monat giengen an der Ostsee die Pferde vor Kälte
zu Grund, (Hecker Berlinen Lehrbuch.) Gegen
das Ende dieses Jahrs gab es nicht nur einen
bedeutenden Einbruch des Meeres in Holland,
sondern auch sonst häufige Ueberschwemmungen.
Auch das nächstfolgende Jahr 1570 war durch
seine Nässe ausgezeichnet. (Annus nubilus, plu-
viosus, tristis.) Die Verlegenheit wegen der
Nahrungsmittel war so groſs, daſs ein Scheffel-
Frucht eilf Gulden kostete. Dieser Nässe unerachtet fehlte es doch nicht an Erdbeben nicht
nur in Chili, sondern auch in Toscana und der
Lombardey, besonders litt Ferrara. In Rom
nahmen während des Winters und Frühlings bey
einem starken Nordwind schwere Lungen - und
Halsentzündungen überhand, welche viele Tausende beyder Geschlechter und jeden Alters wegrafften. (Cagnatus.) In Ober-Italien wüthete
die Pest, wobey Carl Borromaeus die bekannten Proben seiner Menschlichkeit gab. Zu Nürnberg starben 1,600 Kinder an den Poken. Schon
im November begann der Winter mit unaufhör-
lichem Schneyen und dauerte bis Ende Februars
eine so heftige Kälte, daſs während dieser Zeit
alle Flüsse gefroren blieben und in Languedoc
und in der Provence die Bäume zu Grund giengen. (Mezeray.) In den ersten Tagen des Jahrs
1571 erschienen Flüge von Seidenschwänzen in

Kalte Win-
ter, feuchte
Sommer.

1569 n. Chr.

Lungen - und
Hals - Ent-
zündungen.

Kalter Win-
ter.

Seiden-
schwänze.

Würtemberg, *) Am 18ten Februar erhob sich
in der Grafschaft Hereford in England ein Berg
mit grofsem Getöse und bewegte sich 48 Stunden lang hin und her. (Cambden.) Am 30sten
Merz wurde ein Nordlicht gesehen. (Lupacz.)
Erdbeben spürte man zu Basel und in Kärnthen.
Am 6ten May fiel ein durch die Gröfse seiner
Schlossen, die Ein Pfund wogen, ausgezeichneter Hagel, und um Michaelis schien die Sonne
ganz traurig, — Höherauch. Obgleich die
Erndte früher als gewöhnlich war, und man
sich vom Getreide, das einen gigantischen Wuchs
erreichte, einen guten Ertrag versprach, so nahm
die Theurung nach der Erndte doch noch einige
Zeit lang zu, in Augsburg kostete ein Scheffel
Korn fünfzehn Gulden, und in die Rheingegenden brachte man das Getreide aus Holland rhein-
aufwärts. In Paris beschreibt Baillou für dieses
Jahr häufige Hirnentzündungen mit Parotiden,
die nicht immer die Krankheit glücklich beendigten. Auch in Tübingen raffte die Pest bis
im December 900 Menschen weg, und da im
November erst 620 gestorben waren, so hatte
die Epidemie, wie difs beynahe jedesmal der
Fall ist, vor ihrem gänzlichen Aufhören noch
einmal mit besonderer Wuth sich verbreitet.
Der Herbst dieses Jahrs war zwar nicht kalt,
aber sehr regnigt und neblicht. — Der nun folgende Winter 1572 war noch feuchter, immer
wechselte Schnee mit Regen und Gewittern bis
es in der Mitte Februars bey trüber Luft

1571 n. Chr.
Feuchter
Winter.

*) I. Januar. et circa rarum quoddam avicularum genus
in quibusdam locis volabat, habens pennulam rubram
in extrema ala continuam. (Crusius.)

sehr kalt wurde; von Augsburg wird geschrieben Maximum frigus ut nihil supra. Der Sommer und Herbst dieses Jahres waren gleich-
falls feucht, dabey gab es auch noch sonst ungewöhnliche Erscheinungen; am vierten Januar spürte man zu Augsburg ein Erdbeben,
am neunten desselben Monats, nachdem die
Weichsel drey Tage lang blutroth geflossen war,
gab es zu Thorn ein starkes Erdbeben, Wolkenbruch und Steinfall, wobey zehnpfündige Steine
gesehen wurden, doch wird diese Nachricht von
Zerneke in seiner Thornischen Chronik nicht ver-
bürgt. Am siebzehnten November sah man drey
Nebensonnen. In der ersten Hälfte des Jahrs
war die Verlegenheit wegen der Nahrungsmittel
noch grofs, man kaufte Getreide von den Türken unterhalb Buda; doch fiel die Erndte nicht
schlecht aus und der Scheffel Frucht kostete nur
noch zwey Gulden sechs Bazen. Hin und wieder drohte die Pest auszubrechen. Durch Augsburg zogen damals spanische Truppen, die man
für verdächtig hielt, durch genaue Absonderung
kam man aber der Verbreitung des Uebels zuvor, auch fieng man damals an, bey drohender
Pest-Anstekung auf Reinlichkeit in den Strafsen
zu dringen. In Freyberg verbreitete sich das
Pest-Uebel durch inficirte Stoffe, die noch von
der Pest des Jahrs 1564 herrührten. *)

---

*) In der Mitte des Julius hat ein Töpfer in Frey-
berg beym Hospital eine Thongrube aufgerissen,
darinnen im Sterben von 1564 alte Lumpen, Werg
und Stroh aus den inficirten Häusern geworfen worden, davon gieng ihm ein widriger Dampf entgegen,
dafs er liegen mufste, und stekte nicht nur die Seini-

In Frankreich aber gab sich im November dieses Jahrs, besonders in der Gegend von Poitiers, dem ehemaligen Poitou, ferner in der Picardie und längs der Devonshire und seinen Umgebungen gegenüber liegenden französischen Küstenlande mit solcher Heftigkeit und Allgemeinheit eine Kolik zu erkennen, daß man das Uebel, welches doch auch schon früher von Paulus Aegineta, *) Benedetti und Houlier gekannt war, für eine ganz neue und unerhörte Erscheinung halten mußte. Es fand dasselbe an Citois **) einen Beobachter, welcher gleich sehr viel für die richtige Erkenntniß desselben leistete. Nach seiner Beschreibung begann die Krankheit mit Ekel und Erbrechen, Harnbrennen und den unerträglichsten Schmerzen im Magen und in den Gedärmen, welchen, wenn sie nachliessen, eine Lähmung der Glieder folgte, wobey leztere jedoch ihr Gefühl und die Empfindung von Schmerz behielten. Zuweilen erblindeten auch solche Kranke, manchmal wurde auch die Krankheit durch eine am Fuß ausbre-

epidemische Kolik.

---

gen, sondern auch Viele von der Nachbarschaft an, und sind von da bis Weyhnachten 1577 gestorben. Das Gift machte die Inficirte hirnwüthend, so daß ein Mann in dieser tollen Weise seine Frau mit einem Stück Holz erschlagen kurz davor er gestorben. Andr. Möller Annal. Freiburg. p. 311 u. 12. 1573.

*) Lib. III, cap. 43, es verbreitete sich diese Krankheit von Italien aus über die meisten Gegenden des römisch-griechischen Reichs im Anfang des siebenten Jahrhunderts.

**) Francisc. Citesius de novo apud Pictones dolore colico bilioso. Poitiers 1616.
Cabagnesius de curandis febribus. Gean 1616.

chende Blase glüklich entschieden. In Frankreich dauerte dieses Uebel, das von zehn zu
zehn Jahren wieder mit neuer Heftigkeit he-
gann, bis 1606, *) während dieser Periode wurde
das Gleiche auch in Teutschland, besonders
in Mähren, Schlesien und mehreren Gegenden
Nieder - Teutschlands beobachtet und beschrieben. **) Citois sieht für die Ursache dieser Krankheiten den Genuſs unreifer Trauben und daſs damals die Pelz - Kleider aus der Mode gekommen
seyn, an; erstere Ursache würde freilich auf
eine Gegenden in Frankreich, doch auch nicht
überall anwendbar seyn. Er behandelte die
Krankheit mit Blutentziehung, Abführungen und
Opium, zur Nach - Cur empfahl er Milch und
eisenhaltige Mineral - Wasser.

Zur nemlichen Zeit machte man auch eine
höchst merkwürdige Wahrnehmung an dem ge-
stirnten Himmel, man bemerkte gegen Norden
im Sternbild der Cassiopeja mit dem Stern in
der Brust und im Bein ein Dreyek bildend einen

Neuer Stern im Sternbild der Cassiopeja.

---

*) Dès l'heure qu'il parut, (ce ist die Rede von dem
gleich zu erwähnenden Stern) il se descouvrit en France
une nouvelle et tout à fait étrange maladie, qui de X
en X ans, a toujours redoublé sa violence, causant
d'horribles contorsions et disloquant toutes les join-
tures jusqu'à l'an 1606, qu'elle a commencée d'être
moins connue et moins cruelle comme auparavant. On
la nomma le mal bilieux et la colique de Poitou par-
cequ' elle regnoit principalement en ce pays là. Mezeray.

**) Langii Epistol. dé torminibus a febre relictis. Craton.
Lit. de paralysi ex Colica. Auch Thomas Jordan erwähnt um diese Zeit der Colica pannonica in para-
lysin degenerans.

hellen glänzenden Stern in der Größe des Jupiters, den man nicht für einen Kometen halten konnte, weil er seine Stelle nicht verließ, sondern von der Mitte Novembers 1572 bis Ende Januars 1574 unbeweglich auf derselben Stelle blieb, bis er allmählig erblaßte. Natürlich waren die Meynungen über seine Natur sehr verschieden; Apian blieb darauf, daß es ein Komet sey, Tycho und Licetus aber suchten diese Erscheinung an ähnliche in den Jahren 945 und 1264 anzureihen, wobey sich Pausen von 308 — 319 Jahren ergaben, nach andern Ansichten wä es der Brand und die Zerstörung eines Fixster gewesen. *) Auch in dem Winter 1573, so ungestüm in demselben auch Winde und Regen waren, herrschte doch eine Zeit lang solche Kälte, daß ein Theil des Bodensees überfror. Am 27sten Januar sah man ein Nordlicht. (Gemma.) Der Sommer war wieder äußerst regnigt, die Ueberschwemmungen während desselben blieben bis 1595, als die stärksten aufgezeichnet. Die Sonne schien gar nicht mehr, und man meynte, sie sey gar nicht mehr da. Der Herbst war ebenso und noch schlimmer. Bey dieser Witterung konnte es nicht fehlen, daß alles wieder sehr theuer und der Wein sehr gering wurde. Besonders fehlte es damals in Schwaben auch an Salz. Gerade von diesem Jahre, in welchem der Mangel

1573 n. Chr.

---

*) Stella magna candida, clara, tremula, miranda, de qua stella quae non fuerit Cometa, multi multa scripserunt, omnes fatebantur in aetherea regione esse, oûm cometae in elementari sint regione. Existimabat vero Prof. Mathematicae D. Ph. Apianus cometam esse, in eaque sententia persistebat. (Crusius.)

so grofs war, sind nirgends als etwa von Ballonius, (Baillou) der nach der Weise von Hippocrates die Volkskrankheiten beschrieb, Krankheiten aber keine eigentliche Seuchen aufgezeichnet. Nur erwähnt Gemma, der auch den Mangel an Nahrungsmitteln und an Salz bezeugt,
in Belgien der Dysenterien , Morbillen und
Wurmfieber, in mehreren Dörfern herrschten
sehr mörderische scorbutische Zufälle stomacac? Scorbut.
und scelotyrbe, die einen acuten Verlauf annahmen. Die Kranken bekamen livide Fufs- Geschwülste mit grofsen Fleken, gegen den Herbst
schienen diese Zufälle sogar einen anstekenden
Charakter anzunehmen.

    Im Jahr 1574 gab es gleich im Anfang ein 1574 n. Chr.
grofses Gewässer zu Nürnberg, es wurde bald
heifs, der Sommer war aber kühler und der
Herbst wieder feucht. Das ganze Jahr über waren Winde und Gewitter äufserst selten, dagegen sah man im Januar und November Nordlichter. Jezt konnte die Ernte wieder gedeyhen,
aber mit dem nachlassenden Mangel erschienen auch wieder epidemische Krankheiten. Die
in diesem Jahr herrschende Poken beschreibt
Ferrarius. *) Gegen das Ende des Jahrs sah
Gemma aus halbdreytägigen Fiebern (hemitri-
taea) wirkliche Pest sich entwikeln, an welcher Pest.
zu Löwen täglich 500 Menschen starben, und
bey welcher wieder Petechien sich gefährlicher,
aber weniger anstekend als Bubonen erwiesen.
Es waren oft alle Zufälle bis zum dritten Tag
äufserst gelind, am vierten Tag aber entstand
Sopor mit unregelmäfsigen Bewegungen der Glie-

---

*) De arte media infantum Lib. VI.

der und am fünften brachen die Fleken aus, oft
aber auch livide Geschwülste und Blasen (vesi-
cae et ampullae, oder excoriationen.) Je stür-
mischer gleich im Anfang die Zufälle waren,
desto eher überstanden die Kranken dieselben.
Auch Taubheit war ein gutes Zeichen. Schweifse,
besonders kalte klebrigte gleich im Anfang, kleine
schwärzliche Pusteln, die nicht recht heraus wollten, waren kein günstiges Zeichen. Vesicatorien schienen oft am vierten Tag gute Dienste
zu thun. Die Leichen sollen die Anstekung noch
leichter fortgepflanzt haben als die Kranken
selbst. Die Aufregung des Geschlechts-Triebs
bey Pest-Zeiten ist zwar etwas bekanntes, doch
in den meisten Zeiten bemerkte man dieselbe
erst während des Verlaufs wie zu Malta. Von
diesem Jahr aber wird von Nürnberg geschrieben, man speiste die Siechen (doch wohl vorzüglich die Leprosen?) nicht mehr, weil sie
ganz geil wurden, und Einer einer schönen
Weibsperson Nahmens Kleweinin auf öffentlicher
Strafse mit seiner Zärtlichkeit beschwerlich fiel;
dem geilen Bok, heifst es weiter, wurde sein
hiziges Geblüt mit des Scharfrichters Schwerdt
abgezapft. Es fieng sich auch ein solches Sterben in der Stadt an, dafs wie es einmal in ein
Haus kam, solches nicht eher aufhörte, bis alles
aufgeräumt war. Auch in Oberschwaben, zu Biberach, Kempten und im Allgau breitete sich in
diesem Herbst die Pest aus. Diese Krankheiten
nahmen an Ausdehnung und Heftigkeit immer
mehr zu, jemehr bey einer dem Gedeyhen der
Feldfrüchte günstigen Witterung Ueberflufs an
1575 n. Chr. Allem sich einstellte. Denn der Winter 1575 war
zwar bis im Merz kalt, der Sommer aber sehr

warm und nur im August ein ungewöhnlich starkes Gewitter; am dreyzehnten und acht und
zwanzigsten September sah man Nordlichter.
Auch in England gab sich die Hize durch Häufigkeit von Fliegen und Insekten überhaupt zu
erkennen. Nach Palermo kam die Pest im Jahr
1575 aus der Levante durch einen Corsaren, dessen Capitain sie auf der Insel Malta von einem
Freudenmädchen mitgetheilt erhalten hatte. Messina wurde das Uebel durch Tücher von demselben Schiff überbracht, es war die eigentliche
Pest, und starben beynahe alle Aerzte und Krankenwärter. Ingrassias *) wurde mit grofsem Gehalt angestellt und führte Quarantaine ein, auch
hier waren Petechien das schlimmste Symptom,
schlimmer als Carbunkel, und ebenso zeigte sich
hier die gewisse Tödlichkeit bey Kindbetterinnen. In Ober-Italien war der Heerd der Krankheit, von welchem sie sich mit aller Furchtbarkeit über die übrigen Städte verbreitete,
Trient, eine durch ihre Lage ungesunde Stadt.
Auch difsmal gieng der Seuche besondere Häufigkeit von Abortus voran, und wie diese Stadt
Stadt beynahe ausgestorben war, so verbreitete
sich das Uebel nach Verona und Venedig, an
lezterem Ort, wo es vorzüglich im Jahr 1576 **1576 n. Chr.**
wüthete, hatte es sich schon Jahrs zuvor bey **Pest in Ve-**
dem grofsen Menschen-Zusammenflufs aus Ver- **nedig.**
anlassung des Jubiläums gezeigt, aber wieder
nachgelassen. Es fieng die Epidemie auch nicht
gleich mit den entscheidenden Erscheinungen der

---

*) Informatione del pestifera e contagiose morbo, il
quale afflige ed ha afflitto questa Citta di Palermo nell'
anno 1575. Palermo 1576.

Pest an, sonst würden doch wohl die Aerzte
Mercurialis und Cappivacca, die man sich von
Seiten der Obrigkeit gleich im Anfang von fremden Universitäten erbat, die Natur des Uebels
erkannt, und nicht erklärt haben, daſs die Krankheits - Zufälle leichter und heilbarer Art seyen.
Allmählig bildete sich aber der wahre Charakter
der Krankheit mehr aus, es zeigten sich Bubonen, Carbunkel und Petechien, zuweilen sah
man aber auch bey den heftigsten Schmerzen
keine Carbunkel, sondern nur einen lividen Flek;
solche Kranke starben meist, und bey der Section fand man erst in der Tiefe die Zerstörung
durch Gangrän. (Angel. Bellicochus.) Mercurialis will bemerkt haben, daſs vorzüglich das
weibliche Geschlecht, besonders der jüngere
Theil desselben und Knaben befallen wurden,
aber es starben auch 58 — 60 Aerzte und Wundärzte, die beyden fremden Professoren hingegen,
welche im Anfang behauptet hatten, daſs sie
die Krankheit zu unterdrücken vermöchten und
denen man vorzüglich Schuld geben wollte, daſs
durch ihre unrichtige Ansichten irre geleitet man
gleich anfangs zwekmäſsige Anstalten zu treffen
versäumt habe, und deren Curart, besonders die
Vesicatorien auch keine glückliche Resultate gaben, beurlaubten sich bey dem Senat, und wurden noch belobt, daſs sie ihren guten Rath nicht
vorenthalten und ihr Leben der Gefahr der Anstekung ausgesezt hätten. *) Es starben in Venedig allein 70,000 Menschen, ebenso verheerend
wirkte die Krankheit auch auf Padua, Cremona
und Pavia. Ja von dieser Zeit her leiten Sis-

---

*) Thuanus Lib. LXII.

mondi und Bardi die Verödung der Westküste
Italiens von Pisa bis Terracina her, indem von
jener Zeit an die Volksmenge nicht wieder auf
den Grad sich erhoben habe, dafs der Boden
seine gehörige Cultur erhalten konnte. Auch in
Schwaben, wo äufserst wohlfeile Zeit war, breitete sich die Krankheit immer noch weiter aus;
im August begann sie zu Nördlingen, wo bis
ins folgende Jahr 1400 Menschen starben, in
Basel schlich sie sich nach dem Herbst ein, und
währte durch den Winter bis nächsten Frühling.
Auf gleiche Weise litten auch andere Welttheile.
Wegen weit verbreiteten Pestseuchen in den asiatischen Provinzen des türkischen Reichs mufste
die Pforte alle kriegerische Unternehmungen ein-
einstellen, (Webster) und zu derselben Zeit
raffte die Matlazuatl genannte Seuche 2,000,000
Eingebohrne in Mexico weg. (Torquemado 1577 n. Chr
und Humboldt.) Im Jahr 1577 wurden die
Städte Vicenza, und Brixen, die voriges Jahr
verschont geblieben waren, vorzüglich heimgesucht. Zu Mailand, wo man auch anfänglich
die Vorsichts - Maafsregeln ganz vernachläfsigt
und noch Processionen angestellt hatte, nachher
aber desto strengere Polizey - Maafsregeln anwenden wollte und alle Kranke in die Spitäler
schleppte, starb der zehnte Einwohner, im
Ganzen 16,000 Menschen. *) Auch nach Bern
kam in diesem Jahr die Krankheit, in Reutlin-
gen starben 728 Menschen an der Pest. (Crus.)

*) Fatti di Milano al contrasto della peste overo pesti-
fero contagio dal I. Agosto fino all' ultimo dell' an
1577 particolarmente caduti, coll aggiunta della historia del Rev. P. Bugato. Milanese. Milan 1578. 4.

In Rom dagegen, welches ja eine so analoge Beschaffenheit mit der übrigen Westküste Italiens hat, war dieses Jahr wegen der häufigen bey Nacht wehenden Nordwinde äufserst gesund, was doch sehr gegen die Annahme von Sismondi spräche. *)

Komet.   Im Herbst dieses Jahrs sah man auch zwey Monate lang einen grofsen Kometen, Παγωνίας genannt, er nahm eine Länge von 50° ein und sein Schweif war gegen Westen gerichtet. Bey seiner Erscheinung herrschten schrekliche Stürme. Am dreyfsigsten November erschütterten Erdbeben Mexico.

Noch gehört aber in dieses Jahr die Beschreibung zweyer Krankheiten, die, obgleich local, doch für die Geschichte sehr wichtig sind.

Krankheit in Brünn.   Am St. Lucien-Tag, (den 13ten December) bey sehr kaltem Wetter wurden zu Brünn, wo es damals noch drey Bad-Anstalten gab, diese einem längst herrschenden Gebrauch gemäfs zahlreich besucht, um dort zu baden und sich schröpfen zu lassen; da geschah es, dafs die, welche in das Bad am Spielberg, welches einige mineralische Bestandtheile hatte, gegangen waren, nach acht oder vierzehn Tagen auf folgende Weise erkrankten. Es befiel die Erkrankenden eine grofse Mattigkeit und Muthlosigkeit, das Gesicht wurde bleich; gelbe Ringe umgaben die Augen, die Stirne wurde runzlicht. An den Stellen, wo die Schröpfköpfe aufgesezt worden waren, jedoch wenn es deren auch fünfzehn gewesen wären, immer nur an einer, höchstens an dreyen, entstand ein heftiges Brennen und faules stinkendes Geschwür,

*) Al. Tr. Petronius de visu romano.

wie bey den Pians, und eine Handbreit im Umkreis Pusteln, aus welchen dünner Schleim floß.
Bey Einigen überzogen den ganzen Körper Pusteln, eine beissende Kräze mit borkigten Geschwüren, die die Breite eines Nagels hatten,
und mit einer dem Grind ähnlichen Kruste bedekt waren, unter welchen eine öligte Feuchtigkeit abgesondert wurde, und welche schwarze
und bleyfarbige Fleken zurückliessen. Im weitern Verlauf erhoben sich Knochen-Geschwülste,
die oft unter den heftigsten Schmerzen berste-
ten, und eine honigartige, harzige Flüssigkeit
ergossen. Nachdem diese äusserst übel beschaf-
fene Knochen-Geschwüre endlich ausgeheilt waren, so folgte in allen Gelenken des Körpers,
besonders auch in den Schultern und Hüften,
das heftigste Reißen und Stechen wie von glühenden Zangen, wobey die Glieder so abmager-
ten, daß nur noch Haut die Knochen bedekte,
und die Kranken nicht ohne Krücke gehen konnten. Die Schmerzen waren bey Nacht am heftigsten und nur gegen Morgen trat endlich ein
Schein von Ruhe ein. Es konnte einen ganzen
Monat dauern, daß der Kranke nicht schlief.
Auch litten einige an einem heftigen Schmerz
im Hinterhaupt, welcher durch seine Heftigkeit
einen Zustand des Blödsinns hervorbrachte, und
sich nur nach dem Abfluß von übelriechendem
Eyter aus der Nase verlohr. Die Kranken hatten überhaupt an Nichts eine Freude, und flohen
den Anblik der Menschen. Innerhalb dreyer
Monate, denn die Krankheit verlohr sich erst
zur Zeit der Frühlings-Tag- und Nachtgleiche,
erkrankten nur von den Einwohnern der Stadt
60, von denen der Vorstädte wenigstens 100 und

noch viel Mehrere, die aus der Nachbarschaft
hingekommen waren. Unter denselben befanden
sich Personen aller Stände, die keuschesten Jungfrauen und die honettesten Matronen. Es scheint
die Krankheit ihren eigenthümlichen Verlauf gehabt und meist ohne Beyhülfe der Kunst oder vielmehr ohne dafs dieser der Erfolg mit Recht zugeschrieben werden konnte, wieder sich verlohren zu haben. Wo die Kunst noch etwas zu
leisten schien, geschah es noch am ehesten durch
starke Ausleerungen, metallische Substauzen z. B.
Mercurialien und besonders durch Dampfbäder.
Als Ursache dieser Infection wurde von den Einen angegeben, dafs an den Zwischen - Tagen,
an welchen nicht öffentlich gebadet wurde, der
Badinhaber syphilitische Kranke in die Schwiz-
stube aufgenommen und mit Mercurial - Einrei-
bungen behandelt habe, Andere dagegen meyn-
ten, es seyen unreine Schröpfköpfe gebraucht
worden. Da über die Sache gar viele Vermu-
thungen geäufsert und Vieles darüber geschrieben wurde, so trug dieselbe viel dazu bey, dafs
Bad - und Schröpfstuben, eine so allgemeine
Sitte früherer Zeit immer mehr in Abgang kamen, und gemieden wurden, was denn wieder
seine weitere Folgen für das physische Leben
der Menschen hatte. *)

Kerkerfieber   Leider hatte die folgende noch tragischere
in Oxford. Krankheits - Geschichte aus den Gefängnissen des

---

*) Thom. Jordan. Lib. de Lue nova Moraviae nuper pu-
blic.
Joann. Sporischii Tract. de ead. Lue. Dieser ist in
manchen Rücksichten sehr abweichend von Ersterem.
Crato Nb. II. Epist. per Laur. Scholtzium publicat.

in seinen Formen und Sitten so beharrlichen
Englands durchaus nicht die Folgen, daſs der
Wiéderkehr desselben Uebels fürs Künftige vor-
gebeugt worden wäre, denn ähnliche Fälle kamen auch noch in der Mitte des achtzehnten
Jahrhunderts vor. Im Jahr 1577 nemlich war
es auch, daſs bey dem Gerichts-Tag zu Oxford,
bey welchen Roland Jankins aufrührischer Reden
halber angeklagt und verurtheilt wurde, die
Mitglieder des Gerichtshofs und die übrigen Anwesenden schnell erkrankten. Vom 4ten bis 6ten
Julius wurden täglich die Verhafteten, unter
welchen sich keine eigentliche Kranke befanden,
die aber wegen der langen Haft, in welcher sie
sich bisher befunden hatten, sehr ungesunde
Ausdünstungen verbreiteten, verhört, und da
habe sich ein ungewöhnlicher Dunst erhoben,
der die Anwesenden umhüllte und Wenige ohne
nachtheilige Folgen ließs. Es starben die Geschwornen plözlich, bald auch folgte ihnen Robert Bill der Oberrichter. Zu Oxford betrug
die Zahl der Verstorbenen 500, ausserdem erkrankten und starben an andern Orten 200. Alle
diese Todesfälle erfolgten vom 6ten bis 12ten Julius. Nach diesem Tage starb Niemand mehr
an dieser Krankheit, denn keiner von den Erkrankten stekte wieder einen Gesunden an, auch
starben weder Frauen noch Kinder. *)

---

*) Stowe Chronicle p. 681. Camden Annal. Elizabeth.
Baco sylva sylvarum sive Histor. naturae Cent. X.
§. 914. Perniciosissimus est foetor carceris, qui cap-
tivos diu arcte et squalide habuit, experientia apud
nos bis terye notabili neque supra memoriam meam;
cum tam judicum nonnulli, qui in carcere consederant,

Ueber die Beschaffenheit des Jahrgangs 1578
sind die Angaben verschieden. Crusius schildert
denselben als sehr ergiebig. Am eilften October sah man in der Schweiz eine Feuerkugel,
die mit einem grofsen Knall plazte. (Chladni.)
Die Pest drang in diesem Jahr auch nach Liefland und Schweden. Ballonius beschreibt eine
Keichhusten - Epidemie, (Tussis quinta) bey welcher in kurzen Zwischenräumen die Kinder von
dem heftigsten Husten befallen wurden, wobey
ihnen Blut durch Mund und Nase drang und der
Tod unter Zeichen der höchsten Bangigkeit erfolgte. Dieser Keichhusten wurde auch schon
für eine Epidemie der Luftröhren - Entzündung
erklärt. Thuanus *) dagegen, der freylich kein
Arzt war, beschreibt den Verlauf der Krankheit als den eines gewöhnlichen Catarrhfiebers,
das nicht so wohl durch seine Gefährlichkeit als
durch die Schnelligkeit seiner Verbreitung gros-
ses Aufsehen machte und Aderlässen so wenig,
als Abführungsmittel vertrug. Da übrigens Thuanus eines Theils wohl den von ihm beschriebenen
Husten, den er coqueluc nennt, vor die im Junius 1580 ausgebrochene Pest sezt, anderntheils
aber wie bereits bemerkt wurde, davon wie von
einer gewöhnlichen Influenza spricht, und den
Nahmen Quinta nicht gebraucht, so wäre es auch
möglich, dafs beyde Epidemien auf einander gefolgt wären. In diesem Jahr kamen die Poken in

Luftröhren-
Entzündu. g.

---

quam plurimi ex iis qui negotio intererant, aut ex
spectatoribus, ingruente morbo excesserunt e vita. Quare
prudenter omnino, tali casu, carcer ventilaretur, an-
tequam captivi producerentur.

*) Lib. LXXII.

Schweden zum erstenmal vor, oder wurden wenigstens zum erstenmal beschrieben. *) Auch
soll in diesem Jahr Coyttár schon den Friesel
beschrieben haben.

Das Jahr 1579 hatte eine äusserst unbestän- 1579 n. Chr.
dige Witterung, der man zum Theil die im nächsten Jahr zu Beschreibende Epidemie zuschrieb.
(Henisch.) Unter dem spanischen Heer, welches unter der Anführung des Herzogs Alba nach
dem Tode Königs Sebastian und Cardinals Heinrich für Spanien Portugall in Besiz nahm, wüthete in der Stadt und dem Hafen von Setuval
die Syphilis so allgemein, daß Andreas von Leon
mit seinen Gehülfen nicht weniger als 5000 Amputationen vornahmen. **) Worauf der Herzog
die Weibsleute bey der Armee visitiren und zum
Theil wegjagen ließ.

Es nähert sich nun mit dem Jahr 1580 wie- 1580 n. Chr.
der eine seculaire Erscheinung der Influenza, Influenza.
wobey bemerkt werden kann, daß sie mit dem
Maximum der östlichen Abweichung der Magnet-
Nadel in demselben Jahr zusammen fällt. ***) Die
übrigen Erscheinungen dieses Jahrs sind folgende.
Der Winter war sehr kalt, alle Flüsse wurden
mit Eis bedekt. Den 20sten Januar verbreitete
in den nördlichen Ländern ein besonderes Him-

---

*) Joannis Audr. Murray Historia institionis variolarum
in Suecia ad novissimum tempus protrasta. Goett. 1767.

**) Cortáron al pie de cinco mil miembros genitales.
Villalba Tom. II. p. 21.

***) Christopher Hansteen Untersuchungen über den Magne-
tismus der Erde. Christiania 1819. Das Maximum der
westlichen Abweichung fiel ins Jahr 1805, also wieder in die Nähe einer Influenza.

melszeichen großen Schreken. Im Merz, April,
September und December sah man Nordlichter.
(Mairan.) Das im September zeichnete sich
durch seine Lebhaftigkeit aus, es war wie wenn
ein feuriger Strom sich emporrichtete, und man
mußte glauben, es rühre von einer Feuersbrunst
her. Am sieben und zwanzigsten May war ein
Meteorsteinfall in Nörten, und vom 10ten bis
27sten October sah man einen Kometen. Mehrere, besonders Bokel und der spätere Lebenwaldt geben die Witterung ziemlich übereinstimmend an; im Merz war es warm und neblicht, doch auch Schneegestöber nicht selten,
darauf wurde es heiß, schon im April und May
erschienen ungewöhnliche Insekten - Schwärme in
Languedoc, in den Hundstagen sezte sich aber
der Wind schnell nach Norden und im Herbst,
Aequinoctium wurde es wieder heiß; am 26sten
August überströmte auch die Rhone nach einem
länger daurenden niedern Wasserstand plözlich
die Gestade und richtete auf den Feldern großen
Schaden an. In England, und in Teutschland
nahmen die Mäuse so schreklich überhand, daß
sie nicht nur die Feldfrüchte verdarben, sondern
auch an manchen Orten dem Vieh Schaden zu-
fügten. Thuanus dagegen versichert, es sey die
Luft nie angenehmer und größerer Ueberfluß gewesen als diesen Herbst. *) In der Mitte des
Sommers, im Julius, erschien die Krankheit
plözlich an den entlegensten Orten wie durch einen Hauch hervorgebracht zu Rom, zu Tübingen, zu Delft und ohne Zweifel noch sonst an

---

*) Nunquam major aëris suavitas fuit nec frugum uber-
tas quam eo autumno.

unendlich vielen Stellen. Zu Rom war es in
dieser Zeit ausserordentlich warm, dort waren
gerade damals die vielen Gelehrten wegen des
neuen Kalenders versammelt, in Tübingen wurden im theologischen Stift auf einmal an sieben
Tische die Zöglinge befallen. *) Zu Delft theilte
sich am 20sten Junius der Catarrh ganzen Familien plözlich mit. Aller Verschiedenheit der
Witterung und der Localitäten zum Troz nahm
die Krankheit ihre bestimmte Richtung, wo sie
erschien wollte man bemerken, dafs die Zugvö-
gel vor der Zeit sich auf den Weg machten.
(Sal. Divers.) Zu Madrid brach die Seuche
am 51sten August aus, und sogleich waren die Strafsen auch öde und leer, zu Barcellona legten sich
innerhalb der ersten zehn Tage 10,000 Menschen,
am 7ten September waren auch alle Umgebungen der Stadt davon ergriffen. Die Zufälle der
Krankheit wenigstens bey ihrem ersten Auftreten waren folgende : die Kranken empfanden
schnell ein Kräuseln längs des Rükgraths, ferner grofse Ermüdung der Glieder, Kopfweh,
Widerwillen gegen das Essen, Dysurie und starken troknen Husten; am fünften Tag erfolgte die
Entscheidung der Krankheit unter profusen Schweix
fsen, in der Regel starb höchstens der tausend-
ste Kranke. (Sennert.) Da eben damals, wie es
scheint ganz unabhängig von dieser Influenza
noch die Pest-Constitution herrschte, wie zu Paris und an der Ostsee-Küste, so wurde das Re-

---

*) Mense Julio. multis in locis homines dolore capitis
et destillationibus decumbebant, in stipendio quidem
illustri γ. Mensae studiosorum, et abstinentes a vina
evadebant. Crusius.

sultat der Verstorbenen, welches diese gab, häufig
mit dem von der Influenza verwechselt. Von
Rom werden zwar 4,000 Todte angegeben, man
leitete aber die häufigere Todesfälle daselbst
theils von den früheren feuchten Jahrgängen,
welche Unterleibs - Beschwerden veranlaſsten,
theils von der fehlerhaften Behandlung der Kranken her; doch scheint es, daſs die Krankheit
bey ihrer weiteren Verbreitung und gegen den
Winter hin, besonders am baltischen Meer
schwerer zu behandeln wurde. (Bokel, Reusner,
Lebenwaldt.) Es gesellten sich galligtes Erbrechen, Delirien und andere Zufälle dazu, und
noch lange nachher blieb Heiserkeit zurük. Ziemlich allgemein fand man Blutentziehungen und
Abführungsmittel nachtheilig, überhaupt es am
zuträglichsten, die Krankheit sich selbst zu überlassen. Die Benennung derselben wechselte, je
nachdem man mehr der Aehnlichkeit mit vergleichbaren Zufällen bey den Schafen, oder bey
den Hühnern folgte. In Italien nannte man dieselbe mal del castrone, Schafhusten, Schafkrank-
heit, die behaimische Schafgicht, an anderen
Orten dagegen das Hühnerweh, Ziep, den spanischen Pips.

Pest. Die Pest, welche im Junius desselben Jahrs
zu Paris ausbrach, raffte 40,000 Menschen weg,
meist aus den ärmeren Volksklassen. Zu Cairo,
wo dasselbe Uebel im November sich zu äussern
anfieng, starben bis Ende Junius des folgenden
Jahrs 500,000 Menschen. (Prosper. Alpin.)

1581 n. Chr. Am 26sten Julius 1581 fiel ein 39 Pfd. schwerer Meteorstein in Thüringen, worüber sich die
Acten im Archiv zu Dresden befinden, und den
16ten Februar desselben Jahrs wurde ein Nord-

licht gesehen und von Maestlin beschrieben.
Wenn dasselbe auch nicht, wie aus dem Ver-
zeichniß von Mairan hervorgehen könnte, das
lezte in diesem Jahrhundert ist, da wenigstens
im Jahr 1590. Crusius zwey anführt, so scheint
doch wirklich mit ihrem seltenern Erscheinen
auch eine Pause für die acuten anstekenden Krankheiten in denselben Zeitpunkt zu fallen, indem
auch leztere nun einige Zeit lang seltener vorkommen. Dagegen erscheinen nun nicht selten
Fälle von Krankheiten anderer Art, und schon
in diesem Jahr kommt die Kriebelkrankheit in
Lüneburg vor, welche Krankheit von jezt an für
einige Zeit häufiger auftritt. Am ersten August
wurden in einigen Dörfern die Bewohner ziemlich allgemein mit einer Lähmung und Zusammenziehung der Hände und Füße befallen, wobey sich die Finger mit solcher Gewalt in eine
Faust zusammenzogen, daß auch der stärkste
Mann sie nicht ausstreken konnte, dabey brachen sie in das fürchterlichste Gebrüll aus, unter
welchen Viele den Geist aufgaben. Die, welche
dieses Gebrüll überlebten, lagen mit offnen Augen
und Mund bewegungslos (perinde ac catochi) und
auf die Zusammenziehung der Hand folgte eine
grofse Geschwulst mit unerträglicher Hize, so
dafs sie nach kalten Fomentationen verlangten:
es verbreitete sich aber die Hize allmählig auch
auf die innere Theile, worauf sie einen eben so
grofsen Widerwillen gegen die Kälte bekamen.
Wenn auch Einige nicht der Krankheit unterla-
gen, so erhielten sie doch nicht ihre frühere
Gesundheit wieder, sondern verlohren den Gebrauch der Hände und Füfse, als wenn ihnen
dieselben luxirt worden wären. Die Meisten ga-

ben verkehrte Antworten, delirirten, verlohren
das Gedächtnifs und Gehör und stammelten.
Der Mund war immer mit zähem Schleim erfüllt, viele hatten Bauchflufs oder eigentliche
Dysenterie, dabey verlangten sie immer nach
Essen und Trinken. (non aliter ac si bulimia
laborarent.) Auf das Essen verfielen sie in Sopor; welcher bis zu einem neuen Paroxysmus
fortdauerte. Wenn die Wiedergenesenden sich
an einen andern Ort hinbegaben, so fühlten sie
sich wieder frey, in ihren Bewegungen und zur
Uebernahme ihrer gewöhnlichen Arbeiten geschikt, so wie sie aber wieder heimkehrten, befiel
sie die alte Lähmung wieder. Wenn Kinder von
der Krankheit befallen worden seyen, haben sie
nur durch Muttermilch gerettet werden können.
In den Orten, wo die Krankheit vorkam, war
sie sehr verheerend, nur allein in zwey Dörfern
raffte sie 523 Menschen weg.*) Dieses Uebel
war wohl die unmittelbare Folge schädlicher
1588 n. Chr. Nahrungsmittel, auch im nächsten Jahr herrschte
grofse Noth und Mangel in Nieder-Teutschland,
doch scheinen die Angaben übertrieben. (Chron.
terrae Misn.) Am Ober-Rhein z. B. zu Strasburg und Bruntrut herrschte noch die Pest. Den
17ten May sah man einen Kometen gegen Nordwest mit seinem Schweif nach oben gerichtet. In
Kalender-
Verbesse- diesem Jahr war es auch, dafs der neue Ka-
rung. len er eingeführt und statt des zehnten gleich
der zwanzigste November gesezt wurde, freylich stand es noch über ein Jahrhundert an, bis
derselbe, zumal in protestantischen Landen,
allgemeine Gültigkeit erhielt.

---

*) Balduin Ronsejus miscell. Epist. 69.

Eine während des Winters 1583 anhaltende Tro- 1583 n. Chr.
kenheit — sie soll nach den Angaben der Meifs- Theurung.
ner Chronik von Michaelis bis Johannis Bapt.
gedauert haben, — *) war wieder dem Gedeyhen des Getreides nachtheilig ; zu dem hatte
man sich in Teutschland schon im vorigen Jahr
durch Getreidesendungen nach Nieder - Teutschland entblöfst, es herrschte daher noch gröfserer Mangel. An der Küste von Island gab es
weit in die See hinein eine vulcanische Eruption. In Abruzzo fiel am 9ten Januar ein dreyfsig Pfund schwerer Meteorstein, ein zweyter am
2ten Merz in Piemont aus einem Meteor unter
heftigem Krachen und dikem Dampf. (Chladni.)
In vielen Gegenden Teutschlands herrschte die
rothe Ruhr, welche besonders jungen Leuten gefährlich war ; auch in Halle und Leipzig begann
während des Sommers eine Vielen tödtliche
Seuche. In Tübingen dagegen erfreute man sich
einer solchen Gesundheit, dafs es in der Kirche
an Raum zu fehlen anfieng. (Crusius.)
Der Winter 1584 war nun eben-so nafs, als
der vorangegangene troken gewesen war. Am
19ten Februar sah man eine Feuerkugel zu Zürch.
(Chladni.) Ein starker Hagel that am 25sten
April in Thüringen grofsen Schaden. Der Sommer scheint wenigstens dem Ertrag der Weinberge sehr günstig gewesen zu seyn, in Würtemberg gab es so vielen Wein, dafs man denselben an den Kalk gofs, eine Maas wurde um
einen Pfennig verkauft, und 60 Eymer kosteten
12 fl. 24 kr. Aufser einer Poken-Epidemie in
Toledo und einer Pestseuche in dem Städtchen Nür-

---

*) Chron. terrae Misn. Menk. II. 370.

tingen in Würtemberg, an welcher 500 Menschen
starben, wird auch im Jahr 1585 keiner epidemischen Krankheiten erwähnt, doch soll eine
Pleuresie, die besonders im Frühling des Jahrs
1585 in der Gegend von Dillingen oder Ingolstadt herrschte und manches Eigenthümliche in
ihren Erscheinungen hatte, nicht unerwähnt
bleiben. Die Krankheit begann mit heftigem Frost
und Anfällen von Suffocation, viele, die leztere
nicht bekamen, klagten über stechende Schmerzen im Kopf, den Schulterblättern, Händen und
Füfsen, manchmal auch in den Lenden, den
Seiten und auf der Brust. Nach einer vorge-
nommenen Aderlässe verschwanden die Schmerzen in den Gliedern und beschränkten sich auf
die Seiten und die Blasen-Gegend, zuweilen
auch den Magen und die Hypochondrien, wobey
die Kranken über grofse Compression dieser
Theile klagten, häufig trat auch Erbrechen hinzu, bey andern entstand das unerträglichste Leib-
schneiden; solchen Kranken half weder fortge-
seztes Aderlassen noch Ausleerungen und was
man sonst gegen die örtlichen Zufälle anwenden
wolle, sondern sie starben am 4ten oder 6ten
Tag unter Anfällen von Suffocation oder Ohn-
macht, der Puls war intermittirend oder unter-
drükt, (pulsus languidus) einige delirirten noch
vor dem Tode. Von solchen, denen man nicht
Blut gelassen hatte, kamen mehrere davon, als
von denen bey welchen difs geschehen war. Kurz
diese Zufälle vertrugen die Behandlung gewöhn-
licher Pneumonien gar nicht, eher durfte man
einigen Erfolg erwarten, wenn gleich im Anfang
gelinde Schweifs treibende Mittel gegeben wurden; Oethaeus meynt, ob es nicht eine Ent-

(marginal notes, left side):
1585 n. Chr.

Erysipeletose Lungenent-
zündung.

zündung des Zwerchfells erysipelatoser Art gewesen sey? (Jac: Oethaeus lib. obs. propriar.)

Die Witterung des Winters 1586 wird als sehr 1586 n. Chr.
unbeständig oder vielmehr als sehr warm angegeben, so dafs die Bäume wieder blühten, (Sie-
benbürgscher Würgengel) Folge dieser anomalen Witterung war nun auch Theurung im südlichen Teutschland. Die nun beginnende Theu- Theurung.
rung dauerte mit kurzen Unterbrechungen fast
zwölf Jahre, auch in England war sie so bedeutend, dafs von jezt bis 1598 die Hornpreise
der weit geringern Masse des vorhandenen Gel-
des unerachtet, fast durchgehends viel höher
waren, als in der zweyten Hälfte des lezten Jahrhunderts. (Arthur Young Political arithmetiks
London 1774.) Am 9ten Junius erfolgte ein Erd- Erdbeben.
beben in Lima, und gleich darauf bedekten hundert Schuh hohe Meeresfluthen den Hafen von
Callao. Auf Java ergofs ein Vulcan, von welchem man früher gar nichts wufste, Feuermas-
sen. Schon im November fieng es an sehr kalt zu
werden und als am 3ten December in der Nacht
schnell Thauwetter eintrat, so fiel zu Verden
und Uchtenhausen unter Donnern und Blizen
eine blutähnliche Masse aus der Luft, welche
hölzerne Stoffe, die sie berührte, zündete.
(Chladni.) Das Frühjahr war äufserst feucht,
nachdem sich aber doch Wärme eingestellt hatte,
so wurde die Erndte noch reichlich; dieses war
um so willkommener, als der Scheffel Kernen
bereits zu dem enormen Preis von 14 fl. gestiegen war. Im September fiel noch ein ungewöhnlich starker Hagel und im December gab es
Ueberschwemmungen und eine Schreken brin-
gende Dunkelheit (caligo formidabilis.) Die

Theurung und die so anomale Witterung, welche
in manchen Gegenden dem Getreide eine ungesunde Beschaffenheit mitgetheilt haben mochte,
veranlaßte besonders in Schlesien die Kriebel-

Kriebel-
krankheit.
krankheit, denn das Mehl enthielt eine blau-
lichte, fettigte, übelriechende Substanz, von
welcher besonders Personen, die eine mehr sizende Lebensart führten, am ehesten erkrankten,
diejenigen, welche stark arbeiteten, litten dagegen weniger; man suchte sich durch den Genuß
von Elstern von diesem Uebel zu befreien.*) Schon

1587 n. Chr. im vorigen Jahre hatte die Pest in Heilbron und
in Leipzig sich verbreitet, am lezteren Orte
wurde durch dieselbe Ekström zur Flucht veranlaßt. Petr. Sordes behandelte dieselbe Krankheit in seinem Geburtsort, wo 2,800 Menschen
an derselben starben. In der Lombardey erschienen wieder die Petechialfieber, welche Andr.
Trevisius besonders in dem Fall, wenn das Exanthem sich nicht entwikeln wollte, erfolgereich
mit Blutlassen behandelte. Immer weiter verbreiteten sich in diesem Jahr auch anstekende Krankheiten über Spanien; an manchen Orten waren
es die Poken, zu welchen sich Carbunkel gesellten, woran in Madrid 5,000 Menschen starben.
Zu Burgos und Barcellona glich die Krankheit
mehr der eigentlichen Pest; dabey wollte man
auch bemerken, daß, wenn mehrere Carbunkel
ausbrachen, dieß für den Kranken eine günstigere
Bedeutung hatte, als wenn nur einer sich bildete.**)

---

*) Casper Schwenkfeld Theriotrophoeum Silesiae p. 334.
Lign. 1604.

**) Juan Fragoso, tratado de las apostemas, p. 154 et
155.

Der Sommer 1588 war wieder sehr feucht; den 21sten und 22sten Junius wurde die Gegend um Hohentwiel durch ein Erdbeben erschüttert. Der Wein war nun schon so selten und theuer, daß 6 Eymer Wein jezt 104 fl. galten. Wie sehr sich die Idee vom ungrischen Fieber in jener Zeit verbreitet hatte, erhellt auch daraus, daß Short die englische Flotte dasselbe aus Portugall nach England bringen läßt.

Auch der Jahrgang 1590 war besonders in 1590 n. Chr. Ober - Italien für das Gedeyhen der Feldfrüchte sehr ungünstig; man bemerkte besonders häufig den Schwindelhaber (tritici mutatio in lolium.) Auch in Schwaben muß der Sommer sehr naß gewesen seyn, denn 6 Eymer Wein galten nun gar 280 fl. Im Februar wurde ein Nordlicht in Schwaben und in Italien zugleich gesehen, ein zweytes sah man am 28sten Julius. (Crusius.) Das Erdbeben, welches am 15ten September in Wien sich so stark äusserte, spürte man auch in Schwaben. (Crusius.) In Wien selbst folgten demselben auch noch am 18ten September und 1sten October Erschütterungen. Von dem häufigen Regen und der Hize des spätern Sommers leitete man vorzüglich ein in Italien an einzelnen Orten sehr gefährliches Fieber her; es äusserte sich dasselbe bald mehr als Frenesie, bald Petechien. mehr als Petechien, und es starben an demselben vorzüglich Männer, fast keine Frauenzimmer. Für beyde Formen war die antiphlogistische Behandlung sehr zuträglich und es haben auch in den lezten Zeiten die für die neue Lehre und das häufige Blutlassen eingenommenen Aerzte in Italien auf das Beyspiel von

Cagnati in dieser Krankheit sich berufen. *) Auch
Roboretus fand die Haimorrhogien sehr wohlthätig, nach seiner Aussage wurden vorzüglich
die Vornehmen von der Krankheit befallen. Han-
nibal Camillus empfahl besonders gegen die
Krankheit die Heilquellen von Nocera. **) Eine
Dysenterie zu Narbonne leitet Wilhelm Ader
mehr von den Ausschweifungen der Soldaten,
als von den Einflüssen der Witterung her. In
Braunschweig herrschte die Pest, (Meibom) auch
in Pohlen. ***) Mehr im nächsten Jahre verbreitete sich die Pest auch in Shropshire, zu
London starben 18,000 Bürger. Auf Candia richtete vom Frühling bis in October eine Pest ausserordentliche Verheerungen an, die Hauptstadt
verlohr 20,000 ihrer Einwohner.

Im Frühjahr 1591 war in Schlesien der Scorbut sehr allgemein; als Ursache sah man eine
Verderbnifs der Milch der Kühe an. †)

1591 n. Chr. Die Jahre 1591 und 1592 waren wenigstens in
England sehr troken. Im lezten Jahre troknete
vom sechsten bis neunten September ein ungemein stürmender Südwestwind die Themse auf
200 Schritte weit ganz aus. Im nächsten Jahre
fielen besonders im Sommer ungewöhnliche Regengüsse in Spanien, welche Ueberschwemmungen veranlafsten; in Teutschland dagegen war

*) Opuscoli scientifici Bologna. Tom. I. et II.
**) Vergl.: Lorenzo Massimi Dell' acqua salubre e bagni
di Nocera. Rom. 1774. kl. 4.
***) Rzaczynsky Hister. Poloniae Tract. 15. Sect. 2.
p. 375.
†) Historia morborum Vratislaviae ed. Haller. Lausannae
et Genevae 1746. p. 214.

der Jahrgang gesegnet und herrschte große Wohlfeilheit, besonders war dies auch der Fall in
der Mark. (Möhsen.)

Sowohl der Winter 1594 als der von 1595
war sehr streng; im ersteren überfror der Rhein,
die Schelde und die See um Venedig (Lancell.
Thoaldo.) In dem darauf folgenden waren auch
die meisten übrigen Flüsse Teutschlands gefroren; es folgte nun einer der furchtbarsten Eisgänge und Ueberschwemmungen, die vom 23sten
Februar bis zum 8ten Merz dauerten, in den Rhein-
und Mosel - Gegenden, ebenso auch in den Elbe-
Gegenden wurden die stärksten steinernen Brü-
ken zerstört, und die Punkte, bis zu welchen
das Wasser 1575 reichte, noch überstiegen. *)

Die Sommer der Jahre 1594, 95 und 96 wa-
ren äußerst naß in England, in dem von 95
folgte auch in Teutschland so viel Nordwind,
Sturm und Regen auf einander, daß es kein 1595 a. Chr.
Sommer zu nennen war. (Theatr. europ.) Die
Pest äußerte sich in diesem Jahr besonders zu
Tübingen und Stuttgardt, im nächsten Jahr erreichte sie auch das nördliche Teutschland, Magdeburg, Braunschweig, Rostok, Lübek und Hamburg, in welcher Stadt damals der Portugiese
Castro die ärztliche Praxis ausübte. In diesem
Jahr, in welchem am ersten Merz im Gebiete
von Ferrara ein Meteorstein niederfiel, und im
Julius ein Komet mit wechselndem bald schwä-
cherem, bald stärkerem Schein leuchtete, gab
sich die schlechte Beschaffenheit der Nahrungsmittel besonders auch durch ihre Wirkung auf
die Gesundheit zu erkennen. Vorzüglich in den

---

*) Thuan. Lib. CXII. p. 126.

**Kriebel-
krankheit.**
Winter - Monaten, da die Landleute eine mehr
sizende Lebensart führen müssen, brach in Westphalen, dem Erzbisthum Cölln und in Hessen,
aber wie es scheint auch in der Gegend von
Amberg, in Coburg und im Breisgau *) dasselbe
Uebel unter den nemlichen Erscheinungen, wie
sie unter dem Jahr 1581 von Lüneburg beschrieben wurden, aus, und wurde jezt mit seinem eigenen Nahmen Kriebelkrankheit, Krampfsucht,
ziehende Seuche, Hiebelkrankheit, auch epidemische Epilepsie, in dem Verzeichnifs der Krankheiten aufgeführt. Den bereits beschriebenen
Contractionen gieng ein Gefühl von Ameisenlau-
fen voran, erstere waren so heftig, dafs die Kranken entweder durch dieselben in einen Kreis ge-
krümmt oder wie ein Scheit Holz ausgedehnt wurden, zuweilen befielen sie aber auch nur einzelne Theile, z. B. die Muskeln des Gesichts,
sie kehrten in Perioden wieder, dabey hatten
sie die heftigsten Schmerzen und baten aufs fle-
hentlichste, dafs man ihnen die contrahirten
Glieder streken und die ausgedehnten beugen
möchte. Auch das abwechselnde Gefühl von Hize
und Kälte kehrte bey dieser Krankheit wieder,
Manche wurden plözlich befallen, unter dem
Essen oder auf dem Felde; zuweilen erbrachen
sie im Anfang eine zähe Materie, nach dem Anfall blieben Viele wie betäubt und lagen drey bis
vier Tage von einer Schlafsucht befallen lebles
da, oder wurden blödsinnig, warfen die Speisen, welche sie von andern erhielten in den Koth
und liefen melancholisch, nakt durch die Felder,
wenn auch die der Krankheit eigenthümlichen

*) Haller Bibl. med. II. p. 293.

Zufälle nachließen, so blieben die Kranken doch
blödsinnig, hatten einen ausserordentlichen Appetit, dabey hatten sie Diarrhoeen, die am stärksten waren, wenn sie nichts speisten, bey Manchen entstanden enorme Geschwülste an den Gelenken mit grossen Blasen, aus welchen häufig
Ichor floß, ohne jedoch die Krankheit zu er-
leichtern. Solche, die das Uebel auch überstanden und nachher noch fünfzehn Jahre lang lebten, bekamen in sehr kalten Wintern, besonders sobald man sie erzürnte, im Dezember und
Januar wieder dieselben Zufälle und rannten ins
Feld oder stürzten sich, wo es seyn konnte, ins
Wasser. Es schien das Uebel auch in so fern
ansteckend, als die, welche mit solchen Kranken
zusammen lebten, oft noch nach zwey Jahren
erst davon befallen wurden, und sich auf dieselbe Weise geberdeten, doch war es immer mehr
die ärmere Volksklasse, die auf diese Weise litt.
Als Ursache sah man zum Theil das Mutterkorn,
welches häufig unter das Mehl kam, an. *) Zur
Cur empfiehlt Horst warme Temperatur der Luft
und warme Kleider, häufiges Räuchern mit aromatischen Substanzen, Baden und Friction, auch
das Zusammenschnüren der befallenen contrahirten Glieder, bey jedem Vollmond aber Abführungen, und beym Neumond sein Krampfpulver,
welches freylich zum Theil aus obsoleten In-
gredienzien bestand. **)

*) Der Marburgischen Professoren Facultatis medicae Be-
richt von der Krampfsucht und Kriebelkrankheit samt
angehängter Curation der Pestilenz und rother Ruhr.
Marburg 1597. 4.

**) Georg. Horstii de morbo convulsivo maligno et epi-

An andern Orten, besonders in Franken,
Sachsen und Brandenburg herrschten pestilentialische Fieber.

In Spanien aber, wo um diese Zeit auch
ungewöhnliche Theurung und Mangel herrschte,
wurden besonders in Biscaya cholerische Consti-

Brandbeulen in Spanien. tutionen von Brandbeulen in den Weichen, Armen, und an dem Hals unter heftigem Erbre-
chen befallen, welche sich, wenn die Kranken
gerettet werden sollten, unter starken Schweissen wieder vertheilten. Ueberhaupt erhellt aus
den gelehrten Untersuchungen und Disputationen
der spanischen Aerzte jener Zeit, wie man sie
bey Villalba findet, daß bey den in den nach-
sten Jahren in Spanien und Portugal so weit
verbreiteten Pestilenzen die Bubonen viel seltener als die Carbunkel erschienen, weshalb auch
ebenso oft die Meynungen, ob die herrschende
Krankheit die Pest wirklich sey oder nicht? getheilt waren. Doch fehlten erstere nicht bey
derjenigen Pest, welche um dieselbe Zeit aus
einem flandrischen Hafen nach Santander gebracht wurde. *)

Brandigte Halsentzün- dung. Scharlachfie- ber. Zu gleicher Zeit gab sich in den das mit-
telländische Meer begrenzenden spanischen Pro-
vinzen, besonders in Granada und Andalusien,
eine bis daher noch nicht, außer etwa im Jahr
1589 zu Sevilla bemerkte Krankheit, der car-
bunculus anginosus oder die brandigte Halsentzündung immer stärker zu erkennen, ein Uebel,

demico in med. observ. Lib. III. pars post. Editio
nova. Ulm 1628.

*) Nicol, Boca Angelini de morbis malignis et pestilen-
tibus. Madrit 1600.

149

das Spanien in den nächsten zwanzig Jahren als
Kinderkrankheit durchzog, und wenn nicht als
Ursprung des Scharlachfiebers, doch als eine
höchst merkwürdige Epoche dieser Krankheit zu
betrachten ist. *)

In den Jahren 1598 und 99 wurde auch England sehr durch die Pest heimgesucht, es litten
besonders London, Litchfield und Leicester, aber
auch die kleinen Orte in Wallis und die nördlichen Gegenden Kendal, Richmond, Carlisle
und Penrith. Zu Constantinopel war die Krankheit so verheerend, daß an einem Tag 17 Prin-
zessinnen, Schwestern Sultans Mahomets III.
starben. In Pohlen zeigte, wie diß schon einmal in diesem Jahrhundert der Fall gewesen,
der Weichselzopf von neuem eine epidemische
Exacerbation und verbreitete sich über Ungarn
und Schlesien.

In den lezten 10 Jahren des 16ten Jahrhunderts wurden auch zwey für das physische Leben der Europäer, deren Nahrung und Sitten
dadurch eine ganz veränderte Gestalt erhielten,
äußerst folgenreiche Entdekungen in Gebrauch
gebracht. Es schrieb nemlich im Jahr 1591
Prosper Alpin zuerst über den Kaffee, dessen
Rauwolf in seiner „Reiss in die Morgenländer
1585" p. 102 zuerst erwähnt hatte, und Johann
Gerandi pflanzte in seinem botanischen Garten

*Entdekung u.
Verbreitung
der Kartof-
feln, des Kaf-
fees, des
Thees und
Tabaks.*

---

*) Henr. Wileke Thesaur. Dissertation 16. Die spani-
schen Aerzte wollten zum Theil diese Krankheit schon
von Hippocrates Aphorism. VI. 4. angedeutet sehen,
weit mehr entsprechend ist die dritte Art der Angina
bey Aetius: angina quum exterior gutturis regio una
cum interna fuerit inflammata juxta mentum. Aetii
Antiochen. Serm. octav. cap. 47.

im Jahr 1597 zuerst und mit Erfolg die von Wal-
ter Raleigh 1584 oder von Franz Drake 1586 nach
Europa gebrachten Kartoffeln. Von diesen beyden Produkten wurden leztere, obgleich sie schon
1616 auf der königl. französischen Tafel erschienen seyn sollen, *) doch erst im Verlauf des achtzehnten Jahrhunderts und nach Zeiten des Mangels ihrer Wichtigkeit nach erkannt und überall eingeführt, ersterer dagegen war schon 1554
zu Constantinopel wohl bekannt, wurde doch
nicht vor dem Jahr 1644 zu Marseille, und 1652
zu London zubereitet, alsdann aber auch desto
schneller allgemein. Beyde trugen viel dazu bey,
in Verbindung mit dem Thee und Tabak, deren
Geschichte weniger auf bestimmte Momente gebracht werden kann, aufser dafs ersterer nicht
vor dem Jahr 1660 als bedeutender Artikel in
den englischen Zollregistern erscheint, gegen
leztern aber schon im Jahr 1602 von englischen
Aerzten geschrieben wurde, den unter allen Ständen so allgemeinen und starken Genufs des Weins
zu verdrängen und dadurch schon eine Veränderung in den Sitten und selbst auch in den Krankheiten zu bewirken, sofern die sogenannten tar-
tarischen Krankheiten seltener, Nervenkrankhei-
ten dagegen desto häufiger wurden. Auch hatte
diese Veränderung im herrschenden Geschmak
auch mit der Zeit die Folge, dafs der Weinbau,
viel eher, weil manche, besonders Klöster, die
Kosten scheuen mufsten, und später wegen der
durch den dreyfsigjährigen Krieg veranlafsten
Verödung, als wegen eines doch schwer erweis-

---

*) J. Adam Jakob Ludwigs Abhandlung von den Erd-
äpfeln. Bern 1770.

baren allmählig Kälterwerdens des Klima, an
manchen Gegenden aufgegeben wurde.

Nach der Angabe von Webster wäre im Jahr 1600 n. Chr.
1600, in welchem Jahrgang wieder die Feldfrüchte misriethen, durch ganz Europa eine Kolik allgemein gewesen, bey welcher die Kranken
schnell alles Gefühl verlohren, ihnen die Haare
ausfielen, eine livide Pustel auf der Nase mit
Brand an den Extremitäten entstand, und schon
am vierten Tag der Tod erfolgte. Nur Schade,
dafs Webster seine Quelle nicht genauer angibt,
doch wurde bei der Kolik von Poitou angegeben, dafs sie von 10 zu zehn Jahren bis 1606
sich mit erneuerter Heftigkeit wieder verbreitet
habe, und dann führt auch G. Horst in seiner
Abhandlung über Poken und Morbillen freylich
nur kurz an, dafs im Jahr 1600 im Amte Grün-
berg in Oberhessen die Kriebelkrankheit von ihm
beobachtet und behandelt worden sey.

Kolik oder Kriebel- krankheit.

Der Winter 1601 war äufserst kalt, (Acta
Lipsiens.) in mehreren Gegenden hielt grofse
Trokenheit längere Zeit an. Am 1sten, nach Andern am 8ten September spürte man ein weit
über Europa bis nach Asien verbreitetes Erdbeben, in Würtemberg war dasselbe besonders in
Markgröningen bemerkbar. *) Auch in der In-
tendentschaft Arequipa in Peru gab es ein Erdbeben und Eruption eines benachbarten Vulcans.
An Weihnachten spürte man auch Erderschütterungen in England. Ruhren und pestilentielle
Fieber werden in den Schriften von Hofmann,
Ayrer, Richter, Silberhaar und Matthias beschrieben. Spanien und Portugall litten immer noch

Trokenheit u. Erdbeben.

Ruhr und Wurmfieber.

---

*) Sattlers Topographie von Würtemberg. S. 241.

sehr durch Seuchen, es bildete sich bey demselben eine ungeheure Menge Würmer. (Zacut.
Lusit.) Eine Pleuresie mit Wurmzufällen zu
Imola beschreibt auch Codronchus. Wegen der
immer wieder erneuerten Verbreitung der Krankheit verfiel man zu Lissabon auf den verzwei-
felten Gedanken das königliche Spital daselbst
ganz abzubrennen. (Lebenwaldt.) Auch wurde
besonders von Freylas um jene Zeit die Idee, die
Kranke bei Pest-Zeiten in Spitäler zu vereinigen, sehr stark angegriffen und misrathen.

1602 n. Chr. Noch im Jahr 1602 dauerten die Erderschütterun-
Erdbeben. gen fort, sie wurden besonders stark auf Cypern empfunden, wo auch Feuer aus der Erde
schlug. In Preußen sah man das Wasser eines
Sees blutroth werden. Heuschreken von nie gesehener Größe verheerten Castilien. In England,
Hungersnoth Liefland, besonders aber in Rußland trieb eine
in den nörd- Hungersnoth die Menschen aufs äußerste; doch
lichen Rei- nahmen in England Seuchen erst im folgenden
chen. Pest Jahre recht überhand. Auch zu Paris starben
zu Paris. im Jahr 1603 eine Zeit lang jede Woche 2,000
Menschen an der Pest. Man kam um jene Zeit
immer mehr auf die Ansicht, daß Unreinlichkeit
besonders der Straßen und Häuser solche Seuchen begünstige, und es wird vielleicht noch mehr
aus dem folgenden erhellen, in welch nahem Be-
zug die Geschichte der Volkskrankheiten mit
der der Polizey der Straßen steht. Nach einem
kalten Winter, nach einer Pause von 96 Jahren
(seit 1537) und nachdem seit 30 Jahren weder
Rauch noch Feuer sich auf dem Aetna gezeigt
hatte, erschien ein hohes Feuer auf dessen Spize
und wurden Erderschütterungen mit einem Schreken erregenden Getöse vernommen. Am 10ten

September sah man in der Schweiz eine von
Norden nach Süden ziehende Feuerkugel (Chladni.)
Auch der Winter 1604 war streng und lange 1604 n. Chr.
dauernd; in Hetrurien regnete es während des Trokenheit.
troknen Frühlings drey Monate lang nicht, (Thoaldo) und in Peru ereignete sich wieder ein starker vulcanischer Ausbruch. Ein ungewöhnlich
starkes Gewitter entlud sich am 26sten Junius
über Tyrol, wo immer noch Mangel herrschte.
Vom vierten October an sah man vier Monate
lang einen Stern, den man wegen seiner Gröfse
und weil er keinen Schweif hatte, für die Venus
hielt, bis diese selbst wieder am Himmel erschien. Languedoc litt grofsen Mangel, doch
konnte man aus der Champagne und von Burgund aus helfen; in vielen Provinzen Frank.
reichs herrschte noch die Pest, Rom hatte immer noch besonders ungesunde Jahre. (Mezeray.)
Im Jahr 1605 herrschte wieder die Halsent- 1605 n. Chr.
zündung, deren schon früher erwähnt wurde, Halsentzün-
vorzüglich zu Plasencia epidemisch; sie war dung.
nun zwar jezt bereits Kinderkrankheit und schien
auch von ihrer ersten Heftigkeit verlohren zu
haben, aber ihre fast regelmäfsige Wiederkehr
und jedes Jahr sich erweiternde Ausdehnung bestimmte nicht nur die Regierung, von den Aerzten
Gutachten darüber zu verlangen, sondern diese
hatten sich auch schon länger mit derselben beschäftigt, und sie bereits unter verschiedenenen
Nahmen beschrieben, als angina maligna, morbus suffocans, ulcus faucium et gutturis angino-
sum, gargonta contagiosa und garrotillo; lezterer Nahme bezieht sich auf das Erdrosseln,
die in Spanien gebräuchliche Hinrichtungsweise
vornehmer Personen. Die Zufälle waren, wenn

die Krankheit eine schlimme Wendung nahm,
eine schwammartige Geschwulst am Halse von li-
vider, schwarzer oder dunkelgrauer Farbe, zu
welcher sich bald große Erschöpfung der Kräfte,
schwerer Athem, kleiner Puls, Ohnmachten und
kalte Schweiße gesellten; man verordnete dagegen Gurgelwasser aus Alann oder Kupfer-Auf-
lösung mit Maulbeeren-Saft. In immer größern
Kreisen durchzog die Krankheit Estremadura,
Andalusien und Granada, bis sie im Jahr 1615
so allgemein wurde, daß man dieses Jahr das
Jahr der Halsentzündungen, anno de los garro-
tillos, *) nanate, bis sie sich endlich auch see-
wärts über Malta und Sicilien nach Neapel verbreitete.

Pest. Im Jahr 1605, in welchem am 17ten November und 20sten December von Serrarius Nordlichter beobachtet und an Keppler berichtet wurden, fieng die Pest in Rußland zu wüthen an,
und erst im nächsten Jahr verbreitete sie sich
auch über das südliche Teutschland. Hanau,
(Schiller) Amberg, (Brentius) Nürnberg, (Schi-
ragius) Maynz, wo eine neue Medicinal-Ord-
nung durch diese Pest-Epidemie veranlaßt wurde.
Verordnungen, Belehrungen und neue Apotheker-
Taxen erschienen bey dieser Veranlassung auch
in Oesterreich, in Sachsen, in der Ober-Pfalz,
in Würtemberg, im Breisgau, in Cölln, in Möm-
pelgardt und an andern Orten. Felix Plater beschreibt die Krankheit, wie er sie zu Basel beobachtete, von welcher die Hälfte der Bevölkerung befallen wurde und nur der dritte Theil
der Erkrankten gerettet werden konnte; merk-

---

*) Navarette epist. p. 64.

würdiger Waise war die Sterblichkeit im Spital geringer, als in den Privathäusern, und ihrer Tödlichkeit unerachtet, hatte die Krankheit doch nicht die gewöhnlichen Erscheinungen der Pest. In Würtemberg litt in diesem Jahr besonders das Zabergau bis nach Heilbronn.

Der Winter 1607 war streng, die Themse 1607 n. Chr. war so fest gefroren, daß man auf dem Eis Boote zimmerte, und in Nordamerika wurde durch die Kälte eine europäische Ansiedlung zu Sagadahoc wieder vernichtet. Im September leuch- tete ein Komet, wahrscheinlich derselbe, welcher Komet. auch 1456 und 1531 gesehen wurde, ihm folgte die äußerste Trokenheit. (Thoaldo.) In Eng- land verhinderten heftige Stürme den Ausfluß grosser Ströme und richteten dadurch Ueber- schwemmungen an. Am 17ten November sah man zu Kaufbeuren ein Nordlicht, und aus dem Aetna brach jezt ein Feuerstrom hervor, der seine Rich- tung gegen Osten nahm. (Correra.) In diesem Jahr entdekte Keppler die Sonnenfleken, als sol- Sonnen- ehe. Vom Thomastag dieses Jahrs an begann fleken. eine sehr strenge Kälte, welche mit ganz kurzen Kalter Win- Unterbrechungen zwey Monate lang dauerte, die ter. Flüsse waren wie von Erz, auch bey Padua lag der Schnee unerhört tief, die Weinstöke und die Wintersaat litten sehr, die Hälfte der Vögel und des Wildprets, und der vierte Theil des Viehs gieng theils durch die Kälte in den Ställen, theils aus Mangel an Futter zu Grunde; aus lezterem Umstand sollte man schliessen, daß auch die Kälte längere Zeit noch angehalten hätte. In Frankreich wurde diesem Winter keiner mehr an Kälte bis 1709 gleich geschäzt. (Theatr. europ.) Der darauf folgende Sommer war

Sehr frucht-
bares Jahr-
gang.

1609 n. Chr.

Pest.

eben so heifs und der Jahrgang einer der frucht-
barsten.

Auch der Jahrgang 1609, in welchem Jahr
wieder ein Erdbeben in Lima war, scheint heifs
und troken gewesen zu seyn, da Paschettus eine
bösartige und anstekende Dysenterie in Genua
beobachtete, und dieselbe, so wie alle anstekende Krankheiten überhaupt von der grofsen
Trokenheit herleitete. In der Grafschaft Derby
(in England) herrschte in diesem und dem ver-
gangenen Jahr die Pest. In Tyrol raffte auch
eine Pestilenz viele Menschen, in Matrey allein
1,800 weg. Noch allgemeiner wurden Krankheiten im Jahr 1610, welches zum Theil als
sehr unfreundlich zum Theil aber auch als sehr
troken beschrieben wird, und in welchem sich
auf dem Aetna zwey Feuerschlünde, eröfneten,
aus welchen sich auf vier Meilen weit Lava ergofs. In Frankfurth an der Oder, in Halberstadt, in Coburg, in Nürnberg, in Frankfurth
am Mayn, in Constanz, überall erschienen Verordnungen und Belehrungen, wie man sich in
Sterbensläuften zu verhalten habe. In Tübingen starben 2,000 Menschen an der Pest und die
Universität retirirte nach Calw, zu Neuffen starben 500 Menschen, dort war sechs Wochen
lang nur ein einziges Ehepaar zu finden. Zu
Padua herrschte eine bösartige Pneumonie, bey
welcher das Blutlassen schadete, Schröpfköpfe,
Klystiere und Abführungen dagegen bessere Dienste
thaten. (J. Colle.) Doch fand Antonius Tosius
bey der von ihm beobachteten Pneumonie, welche
er ein Erysipelas der Lungen nennt, den Gebrauch des Eises und Venaesectionen wohlthätig.
Auch in Constantinopel sollen 200,000 Menschen

an der Pest gestorben seyn. (Webster.) Tanaquil
Guillaumet von Lyon beschreibt um diese Zeit
die Crystallblase, bey welcher sich das ganze
Präputium in eine durchsichtige Blase erhob.

Im Jahr 1612 spie der Oefield Jökel auf Is- 1612 n. Chr.
land Feuer aus. Der Sommer war sehr troken
in England, in Italien dagegen regnigt und Gewitter - reich, auch in Schwaben war dieser und
der folgende Sommer dem Gedeyhen des Weins,
der Tübinger Weinrechnung bey Zeller zufolge,
sehr ungünstig, Die Pest hatte im Würtembergischen noch nicht aufgehört. Vom Junius bis
November starben zu Lausanne 2,000 Menschen;
auch in dem benachbarten Gebiet und in den
Orten am Genfersee wüthete die Krankheit so
sehr, dafs man weder die Erndte noch den
Herbst besorgen konnte; sondern die Erzeugnisse des Feldes den Thieren und Vögeln preisgegeben werden mufsten. Einen ganz besondern
Nuzen wollte man bey dieser Pest von den Fontanellen bemerken. (Franc. Hildanus.) Auch zu
Constantinopel dauerte sie noch fort, dort erlitten damals die Kazen die heftigsten Verfolgun-
gen, weil man sie der Verbreitung der Pest beschuldigte. In Pohlen und fast im ganzen weiter westlich gelegenen Europa hätte nach einer
Angabe die Pest immer noch ihre Verheerungen
fortgesezt, *) sonst wird aber derselben nicht
erwähnt. In Frankreich aber, besonders zu Montpellier, war ein Typhus epidemisch, bey welchem
Petechien, Parotiden und Carbunkel, aber keine
Bubonen vorkamen. **) Typhose Fieber, die

---

*) Kanold Sendschreiben einiger marsilianischer Medico-
rum. II. §. 5.
**) Riverius Lib. XVII.

sonst hin und wieder vorkamen und ansteken̄d schienen, nannte man die ungrische Krankheit.

Erste Er-
scheinung der
englischen
Krankheit.

In den Jahren 1612—1620 nach Rosen, nach Franz Glisson *) aber etwas später, bemerkte man zuerst in Sommersetshire und Dorsetshire, also im südwestlichen England und von da aus auch bald in London die erste Erscheinung der Rachitis, in England rickets. Es fand diese Krankheit gleich einen sehr geschikten Beobachter, welcher die Erscheinungen derselben sehr genau angibt, und auf die Beschaffenheit des Drüsen- und Knochensystems, so wie auf die Lage der Brusteingeweide, als die Folge der leztern aufmerksam macht, und dessen Heilmethode., wenn auch die einzelnen Mittel nicht mehr nach dem Geschmak unserer Zeit seyn sollten, doch ihrer Indication nach auch durch die spätere Beobachtungen bestätigt wurde. In kurzer Zeit vermehrte sich die Zahl der Kranken dieser Art oder die Aufmerksamkeit der Aerzte auf dieselbe so sehr, daß nachdem im Jahr 1635 nur bey 14 Verstorbenen in London diese Krankheit als Ursache des Todes angegeben worden war, die Zahl solcher Todesfälle im Jahr 1660 schon auf 500 sich belief, wobey die an Krankheiten, durch dieselbe Anlage veranlaßt, Verstorbenen, nemlich 500 jährlich an Atrophie (stoppage of the stomach) und 249 an Intumescenz und Infiltration der Lungen, (Rising of the ligths), welche beyde Krankheitsformen gleichzeitig steigend sich vermehrten, nicht einmal mit gerechnet sind. **)

---

*) De rachitide s. morbo puerili qui vulgo the rickets dicitur. London 1660. 12.

**) J. Graunt natural and political observations made upon the bills of mortality. London 1662.

Im Anfang des Jahrs 1614 war es zwar sehr troken, es wurde aber nachher sehr regnigt, (Thoaldo) doch fielen die Weinpreise in Schwaben. Am Aetna öfnete sich wieder ein Schlund über den Fleken Tysse, dessen Lavastrom während zehn Jahre äufserst langsam sich vorwärts bewegte. Die Azoren litten eine äufserst starke Erderschütterung. Einst sah man den Himmel plözlich stark erleuchtet, worauf eine grofse Dunkelheit folgte. (Webster.) Eine der weitest verbreiteten Poken-Epidemien durchzog Persien, die Türkey, Aegypten, Creta, Calabrien, Italien, Dalmatien, Venedig, Frankreich und die nördlichen Gegenden. (Derselbe.)

Nach der Angabe Thoaldos wäre der Sommer 1615 über ganz Europa heifs und troken, nach Webster aber kalt gewesen, in Schwaben wenigstens gerieth der Wein wenig, denn die Weinpreise waren sehr hoch. Am 15ten October sah man zwischen acht und neun Uhr drey Nebensonnen, (Nik. Haas Geschichte des Slavenlandes) und Tags darauf Nordlichter. (Mairan.) Ueber die Hize des Sommers 1616 stimmen die Nachrichten noch eher überein, in Böhmen misrieth wegen der Hize das Getreide, (Cal. Prag.) aber in Schwaben, wenigstens in Tübingen sind die Weinpreise immer noch ungewöhnlich hoch; möglich wäre es aber auch, dafs eine besonders gute Qualität des Weins, die auf mehrere Fehljahre folgte, diese Höhe der Preise veranlafst hätte. Ein Hagel richtete in Oesterreich grofsen Schaden an. (Pilgram.) Webster will wissen, ohne jedoch seine Quelle anzugeben, dafs in ganz Teutschland fast kein Haus von Quartanfiebern, die jedoch gutartig waren, freygeblieben sey.

Auch der Sommer 1617 scheint nach der Mehrzahl der Daten heiß gewesen zu seyn; es gab
aber mehrere Ueberschwemmungen, besonders in
Spanien und Oesterreich, und aus letzterer Gegend
erzählt Lebenwaldt eine für unsere Zeiten merkwürdige Erscheinung; weil nemlich das Gras
durch die Ueberschwemmungen und die darauf folgende Trokenheit mit Thon und Staub überzogen geblieben, habe das Vieh ein ungesundes
Futter erhalten, und sey davon erkrankt, auch
das Fleisch habe dadurch eine ungesunde Beschaffenheit erhalten, daß wer davon genossen,
Zufälle, de-
nen des Fett-
gifts ähnlich, die Empfindung einer widerlichen Säure im Mund
bekommen habe, worauf sich der Schlund zusammengezogen und der Kranke unter Ersti-
kungs-Anfällen gestorben sey. *) Unverkennbar
ist nemlich die Aehnlichkeit dieser Erscheinungen mit den Folgen der Vergiftung durch sauer
gewordene Würste und das Fleisch kranker
Thiere, wie sie Kerner beschreibt.

Heißer tro-
kener Som-
mer. Der Sommer 1618 war wenigstens in Italien
äußerst troken und heiß, und auch sonst durch
manche diesem entsprechende Eigenthümlichkeiten ausgezeichnet. Am 7ten Merz fiel in Paris
ein flammender Stern, Feuerkugel, auf einen
Pallast und verursachte einen Brand, der 1½ Tage

---

*) Anno 1617 wurde von stetem Regenwetter alles mit
Wasser und Letten überschwemmet, es kam ein unzeitiges Fruchtjahr, das Gras, so bald es von dem
Vieh genossen, thäte es erstöken, und wer von solchen geschlachten Vieh was aßen, bekame eben diese
Sucht, man thäte eine wunderliche Säure im Mund
empfinden; welche den Mund und Schlund alsobald
zusammen ziehete, alsdann erfolgte eine Inflammation
und Erstökung, da helffe keine einzige Artzney.

dauerte. *) Im August fiel an der Grenze Ungarns ein Blutregen und Meteorsteine, welche zum Theil drey Zentner wogen; Aehnliches beobachtete man um dieselbe Zeit auch in Böhmen. (Chladni.) Ein Erdbeben richtete am 25sten August in Graubündten die fürchterlichsten Verheerungen an, und verschüttete den ansehnlichen Fleken Plürs, so daß jezt an jener Stelle ein See ist. Um die Adventszeit erschien ein Komet von Keppler beschrieben. Meteorsteine u. Erdbeben.

In diesem Jahr nun erscheint dieselbe bösartige Halsentzündung, welche vor zwanzig Jahren am südlichen Küstenrande Spaniens sich auszubreiten begonnen hatte, ohne daß andere Länder das Uebel bis jezt gekannt hätten, auch in Neapel, und richtete als Kinderkrankheit unerhörte Niederlagen an; es sollen nemlich 60,000 Kinder an derselben gestorben seyn. (Bartholin.) Es ist zwar wahr, daß Neapel damals mit Spanien in engerer Verbindung stand, aber spanische Heere waren damals auch in andern Gegenden, nahmentlich in Teutschland und in Ober-Italien, und schon in den früheren Jahren war es unverkennbar, daß die Krankheit auch in Spanien sich nicht allgemein verbreitete, sondern mehr an den südlichen Küstenländern sich hinzog; von dort aus scheint sie nun eher über die See als über das Festland sich verbreitet zu haben, da um jene Zeit auch Malta und Sicilien die Krankheit erfuhren. Die Symptome der Krankheit in Neapel werden von Sgambati beschrie- Halsentzündung zu Neapel. Schweißfieber?

---

*) Henry Sauval Hist. et antiq. de la ville de Paris. Tom. III. p. 14.

ben. *) Die Rachenhöhle bekam eine ganz weiße
Farbe, und diese gieng allmählig ins Schwärzliche über, dabey erschien auch äufserlich am
Hals eine Geschwulst; es war aber, wie ausdrüklich bemerkt wird, die Respiration bis auf den
Augenblik des Todes nie gehindert, und hatte
die Krankheit somit durchaus Nichts gemein mit
der Luftröhren - Entzündung. Immer hatte es
einen schlimmen Erfolg, wenn man in die ge-
schwollenen Theile Einschnitte machte, auch Aderlässe leisteten keine guten Dienste, im Anfang
der Krankheit verordnete der Verfasser topisch-
zusammenzienhende Mittel und liefs antiseptische
Arzneyen darauf folgen. Selten befiel die Krankheit Erwachsene, meistens beschränkte sie sich
auf das Kindesalter. Aufser Malta und Sicilien
verbreitete sie sich auch über Campanien und Calabrien. Bekanntlich hat ein neuerer Schriftsteller über das Scharlachfieber dasselbe auch aus
Italien, aber von der Gutta rosacea und einer
in Neapel früher endemischen Krankheit, der Rossaria, hergeleitet. **) Aber abgesehen, dafs erstere immer chronischer Art war, und bald als Symptom des Aussazes, bald als Folge der Leberbe-
schwerden angesehen wurde, so ist auch lezteres Uebel unter dem Nahmen Rosoole saltante

---

*) De pestilenti faucium adfectu Neapoli saeviente opus-
culum. Neap. 1620. Dieselbe Krankheit beschreibt
auch M. Aurelius Severinus in seiner Abhandlung de
recondita abscessuum natura, und nennt sie παιδαγχωνη
λοιμωδης.

*) Christian Pfeufer der Scharlach, sein Wesen und seine
Behandlung. Bamberg und Würzburg 1819.

von Bartholin so beschrieben, *) daſs man dasselbe als etwas ganz Locales von der Wohnung
und Nahrungsweise in Neapel zu jener Zeit her-
rührendes ansehen muſs; doch liesse sich vielleicht auch mit einigem Schein die Vermuthung
aufstellen, daſs jene acute Krankheit, die ursprünglich nur als Halsentzündung auftrat, durch
ein solches endemisches Exanthem an dem Orte
ihrer weiteren Mittheilung vielleicht erst noch
eine solche Ausbildung erhalten habe, so daſs
sie nun bald mehr als Ausschlagkrankheit, bald
als Halsentzündung zu erscheinen vermag. Mit
der Rossaria verwandt oder gar identisch erklärt das Scharlachfieber auch Fantonus. Haller,
welcher der ersten Erscheinung dieser bösartigen Halsentzündung auch kurz erwähnt, gibt
ihre Erscheinung für Spanien um mehrere Jahre
zu spät an. **). Zu Montpellier wurde in demselben Jahr ein dem Scharlachfieber verwandter
Friesel epidemisch herrschend beobachtet. Fast
gleichzeitig mit dieser Epidemie in Europa starb
auch auf der Ostküste von Nordamerika der gröſste
Theil der dortigen Eingebohrnen an einer Seuche,
welche zwar Webster für das gelbe Fieber er-

---

*) Thom. Bartholin. Epist. med. Cent. I, p. 205. Centur.
V. ep. 49. Hofm. de morbis regionibus et populis
certis peculiaribus. Prosper Martianus in Epidem. lib.
2. Sect. 3. p. 308. versichert ausdrüklich, daſs an der
Rosalia Niemand sterbe.

**) Haller Bibl. med. pract. II. 413. Hoc anno (1609)
primum in Hispania angina maligna puerorum inotuit,
quae Neapoli a 1618 in Anglia demum a. 1739. adpa-
ruit. Doch erschien schon 1650 zu Basel eine Dissertation von Schobinger de morbo strangulatorio seu
maligno faucium carbunculo.

11

klärt, die jedoch viel wahrscheinlicher für die
Poken, welche Jahrs zuvor in der alten Welt
so allgemein herrschten, zu halten seyn möchte,
denn die Krankheit herrschte während des Winters und die wenigen Europäer, die dort unter
den Indianern lebten, blieben frey, auch litt
die kleine Zahl der Ueberlebenden an Geschwüren, und wenn Webster auch für seine Meynung anführt, die Haut habe eine andere Farbe
angenommen, so stimmte ja auch difs mit den
Poken, besonders mit den confluirenden, überein,
auch läfst sich vermuthen, dafs bey der schnellen Tödlichkeit der Krankheit meist der Tod
schon erfolgte, noch ehe das Exanthem zum Vorschein kam. Doch darf nicht unerwähnt bleiben, dafs gerade damals auch auf andern Puncten der nordamerikanischen Küste die europäischen Einwanderer sehr durch die ungewöhnliche
klimatische Einflüsse litten. *)

1620 n. Chr.   Am 19ten May 1620 war zu Wien ein äusserst heftiges Donnerwetter mit starken Regengüssen, wobey man auch eine schweflichte brenn-
bare Materie bemerkte, noch acht Tage lang blieb
das Wasser in dem Stadtgraben röthlich. Bey
einem Donnerwetter in der Nähe von Augsburg
fielen eygrofse Schlossen. (Theatr. europ.)

In dem nun folgenden Winter war der Ja-
nuar aufserordentlich kalt, man konnte von Con-
stantinopel nach Scutari auf dem Eis gelangen,
(Theatr. europ.) Zu Ende dieses Jahrs, am 12ten
December, sah man ein Nordlicht. (Gassendi.)
Ein bösartiger Typhus herrschte unter den Spa-

*) Smith Geschichte von Virginien, Neu-England und
den Sommer-Inseln von 1548 — 1626.

niern in der Pfalz, er wurde von einem portugiesischen Arzt, der sich bey diesem Heere befand, beschrieben. *) Auch in Bayern herrschte
um dieselbe Zeit ein Petechialfieber, bey welchem aber die Exantheme in der Gröfse einer
Erbse über die Haut sich erhoben, die Kranken
bekamen heftige Schmerzen im Kopf, dem Rüken und den Lenden, Halsweh, Delirien und Convulsionen. Haimorrhagien und Durchfall waren
meist critisch, weniger waren es die Schweifse,
eher die Taubheit, einige Kranke erblindeten
auch. Das Uebel herrschte vorzüglich während
des Winters. **) Ein epidemisches Fieber gab es
auch in Tübingen. ***) Für Rom war es gleich-
falls ein ungesunder Jahrgang und zu Sevilla
starben bey 2,000 Menschen an Tertianfiebern,
bey welchen man jedoch das Aderlassen vortheilhaft finden wollte. (Villalba.)

Im Jahr 1622 fiel am zehnten Januar ein 1622 n. Chr.
Meteorstein unter heftigem Donner bey Deven-
shire. (Chladni.) Am zehnten Merz des nächsten Jahrs 1623 sah man zu Zürch ein Meteor

---

*) Antonius de Fonseca de epidemia febrili grassante in
exercitu regis catolici in inferiori Palatinatu anno 1620
et 21. Tractatus in quo febris malignae essentia, cau-
sae, signa, diagnostica et prognostica, et methodus
curativa philosophice et medice elucidatur. Mecheln
1623. 4.

**) Conrad Historia morbi qui ex castris ad rastra, a
rastris ad rostra, ab his ad aras et focos in superiori
Bavaria se penetravit anno 1621 et permansit anno
1622. Nürnberg. 1623.

***) Ludwig Moegling Dissertatio de febre epidemica ab
anno passim saeviente. Tubing. 1621.

wie eine lange feurige Stange. Ein Erdbeben wurde auf der Bergstraße gespürt, am 12ten August bemerkte man zu Strasburg einen Blutregen, nachdem man kurz vorher eine finstere dike rothe und rauchfarbige Wolke hemerkt hatte, (Habrecht) und zu Tübingen, so wie zu Strasburg, sah man am 7ten November 5½ Uhr Abends eine Feuerkugel vom Himmel fallen, die ihre Farbe mehrmals veränderte und aufeinander folgend weiß, gelb, dunkelblau und vor dem Erlöschen roth aussah; sie zog von Osten nach Westen und selbst in Oesterreich hörte man das donnergleiche Getöse. In diesem und dem vorangegangenen Jahr herrschten in Frankreich und Teutschland Ruhren, welche le Poix, (Piso) Nester und Leager beschrieben. Es neigte sich jezt fast allgemein der Gesundheitszustand zu einer Pest-Constitution. *)

Der Winter 1624 war nicht so wohl streng als lange anhaltend, alle Flüsse gefroren zweymal, auch in Italien lag tiefer Schnee, mit dem Frühling wurde es aber schnell heiß, und dauerte die Hize und Dürre 3 Monate, außer der von neuem sich wieder erhebenden Ruhr, die jedoch auch chronischer Art und local war, so daß sie Herrmann von der Heyde mit Klystieren von Eßig, und innerlich mit Burgunder und Molken behandeln konnte, die aber im Jahr 1625 besonders zu Tulle und Lyon wieder sehr acut und entzündlich sich zeigte, und bey welcher dem Tode eine Eiskälte, wie diß so häufig der Fall ist, vorangieng,

Marginalia: Meteore. / Ruhr.

---

*) Daniel Becker von der zehnjährigen und noch schleichenden Pestilenz. Königsberg 1630.

und die zuweilen eine Lähmung zurükliefs, *)
verbreitete sich nun die Pest zu Amsterdam, sie Pest.
war aber von der spätern im Jahr 1635 in manchen ihrer Erscheinungen verschieden, mittelst
Vesicatorien konnte man die Bubonen vertheilen,
noch weitere Verschiedenheiten führt Florentius
in seinen Zusäzen zu Petr. Paauw Abhandlung
über die Pest an. Die Pest-Epidemie zu Coppenhagen wurde von Warwich, zu Rostok von
Horky, zu Bremen von Hering beschrieben, aber
auch über das übrige Teutschland, über Berlin,
Leipzig, Dresden, Braunschweig, Lüneburg, Nort-
heim, Erfurt, Halberstadt, Eger, Nürnberg,
Rottenburg an der Tauber, Heilbronn, Tübingen, Strasburg dehnte sich das Uebel aus, und
veranlafste Anordnungen, Vorschriften und Beschreibungen verschiedener Art. In London, wo
durch Königliche Erlasse vielfache Vorkehrungen gegen die Krankheit getroffen wurden, starben 35,000 Bürger; aber auch Sicilien, besonders Palermo, bot dasselbe Bild anstekender
Krankheiten dar, welche Anton Alaymus beschrieb. Im Jahr 1626 wurde Sierra Leone durch
eine Ruhr verödet. Das Jahr 1625 war durch
seine Witterung auf gleiche Weise ausgezeichnet.
Lamoniere beschreibt den Sommer als heifs und
nafs, nach andern Angaben wäre aber der Junius an manchen Orten kühler gewesen als der
Februar. (Theatr. europ.) Am 10ten Februar
trat das Meer in Pommern über das Gestade,
wobey besonders die Gegend von Stralsund litt,

*) Lamoniere observatio fluxus dysenterici Lugduni anno
1625 populariter grassantis et remediorum illi utilium.
Lion 1626.

am 14ten Februar in der Nordsee, am 26sten zu
Hamburg, wo man seit 70 Jahren keine ähnliche
Fluthen mehr gesehen hatte, am 7ten Merz in
den Niederlanden und zu Calais. (Theatr. europ.)

1626 n. Chr.
Wasserflu-
then.

Ausserordentliche Ueberschwemmungen waren in Spanien im Jahr 1626 fast ganz allgemein, zu Salamanca wurden 8 Klöster überflu-
thet, auch Sevilla wurde durch den angeschwol-
lenen Guadalquivir hart bedrängt. Auf Island

Vulcanische
Eruptionen
u. Erdbeben.

und auf der Insel Palma fanden vulcanische
Eruptionen statt. Das nächste Jahr zeichneten
schwere Gewitter in Ungarn, Teutschland und
den Niederlanden aus. (Theatr. europ.) Am
30sten Julius war in Apulien, im September
auf Manilla ein Erdbeben. Die Heftigkeit der

1628 n. Chr.

Gewitter wiederhohlte sich auch im Jahr 1628.
Bey Hetford in Berkshire fiel ein Meteorstein.
(Chladni.) Am 18ten Junius erlitten die azorischen Inseln ein Erdbeben. Der Sommer war
sehr kalt und unfreundlich, die Erndte misrieth

Theurung.

und es entstand Theurung; als Beweis wie grofs
dieselbe im Tyrol gewesen, wird angegeben, Christian Maier von der Leiten habe auf der Kraxen
für 100 Gulden Brod auf einmal von Kopfstein
nach Matray getragen. Immer noch dehnte sich
die Pest nach verschiedenen Richtungen hin aus;
zu Heilbronn dauerte sie vom May bis im November und raffte 3,008 Menschen weg, besonders wurde jezt auch die Schweiz, Genf und
Frankreich heimgesucht, zu Bern wurde der vierte
Theil der Bevölkerung weggerafft. Damals hielt
man viel auf Fontanellen bey Pestzeiten, und derselben Ansicht zugewendet versichern auch Beaumont und Paauw, dafs je mehrere und je schneller Carbunkel ausbrachen, desto gefahrloser die-

selbe werde, weil nemlich alsdann des critischen
Stoffs desto mehr sich entleere. Durch Auf-
legen von Zwiebeln suchte man auch in Frankreich bey den Bubonen eine Eyterung hervorzubringen, dort erschien sie zu Vienne, Dijon,
überhaupt in Bourgogne, ferner zu Lyon, Villefranche und Toulouse. Man drang sehr darauf,
dafs die Leichen aus den Städten entfernt wurden; auf der andern Seite machte man auch die
Erfahrung, dafs bey der strengen Begränzung
der Kranken und Suspecten auf ihre Wohnungen
die Krankheit viel mehr tödtete. Wegen der Pest
in Narbonne und Perpignan wurden in Catalonien alle mögliche Vorsichtsmaafsregeln getroffen. (Villalba.)

Nachdem in den kurz vorangegangenen Jah- Scharlachfie-
ren die zur Geschichte der Ausbildung des Schar- ber.
lachfiebers so wichtige Verbreitung der brandigten Halsentzündung vorgekommen war, so erscheint nun von einer andern Seite her die zweite
das Scharlachsfieber bezeichnende Erscheinung,
nemlich die im weitern Verlauf auf das Exanthem folgende allgemeine Wassersucht. Man sah
nemlich zu Breslau besonders bei jungen Individuen nach den gewöhnlichen Verläufen von Exanthemen, nach Kopfschmerz und Fieber, am dritten Tage feuerrothe Fleken auf der Haut entstehen, welche sich immer mehr verbreiteten und
in einander liefen, so dafs am Ende der ganze
Körper mit einer Scharlachröthe bedekt wurde,
die bis zum siebenten Tage der Krankheit dauerte,
worauf die Haut schuppenweise sich abtrennte;
häufig geschah es aber auch, dafs hiemit noch
nicht alles vorüber war, sondern nun entweder
ein Absaz in die Glieder, oder allgemeine Was-

sersucht folgte. Die gelehrten Aerzte Breslaus,
welchen diese Krankheitsform als eine ganz neue
vorkam, nannten sie nach der Beschreibung ita-
lienischer Aerzte Rosalia, doch bemerkten sie
den Unterschied, dafs diese Krankheit manches
Leben kostete, während der Beschreibung nach
an der Rosalia fast nie ein Kranker starb. *)

1629 n. Chr.   Auch im Jahr 1629 wurde wieder Apulien
durch Erdbeben heimgesucht; in Pola, einer
Stadt im Venetianischen, verlohren 7,000 Menschen durch ein solches das Leben. Zu Lüttich
war ein Frieselfieber epidemisch, bey welchem
die reichlichsten Blutflüsse, die einmal sogar 6
Pfund betrugen, critisch waren. (Henr. ab Heers.)

Erdbeben u. Pest in Italien.   Jezt wendete sich die Pest mehr gegen Italien,
besonders verheerend traf sie auch Digne, des-
sen Bevölkerung von jener Zeit nur noch den
drittten Theil der früheren beträgt. Dort in
Italien herrschten zugleich auch unter dem Vieh
Krankheiten; zu Ferrara wurde das Ochsenfleisch
zu speisen verboten, wegen einer Seuche, die
man zum Theil den Ueberschwemmungen des Po
zuschrieb. Auch zu Rimini begann schon in diesem Jahr eine anstekende Seuche unter den Menschen. Webster erwähnt eines Erdbebens in Apulien im Jahr 1630, bey welchem 17,000 Menschen
umkamen, vielleicht' ist es eine Verwechselung
mit dem im vorangegangenen Jahr erwähnten,
aber Lima wurde in diesem Jahr beynahe ganz
in Trümmer gestürzt. In Frankreich kam in
diesem Jahre auch die Kriebelkrankheit vor. Die

*) Historia morborum, qui annis 1699—1702 Vratisla-
viae grassati sunt, praef. Haller Laus. et Gen. 1746.
p. 165.

Pest dauerte noch in diesem Jahr zu London,
(Mead) Cambridge, (Webster) Paris, im Breisgau, Schafhausen, Hall, Regensburg, Dresden,
Prag, in Genua, Savona, Faenza. (Richus,
Rondenellus.) Zu Venedig starben theils in diesem, theils im folgenden Jahr innerhalb eilf Monaten 11,456 schwangere Frauen und Kindbetterinnen, 29,553 andere Frauenzimmer, 5,034
junge Leute von 14—21 Jahren, 21,751 Kinder,
1,142 Mönche und Geistliche, 25,280 Bürger.
Kauflente und Professionisten, 217 Edelleute. *)

Es wurde behauptet, daſs diese Krankheit Die Pest wird
in Italien durch inficirte Salben oder Pulver, durch inficirte Salben
besonders bey einer Procession zu Mayland ab- verbreitet.
sichtlich von bösen Menschen verbreitet worden
sey, und Jac. Moja wurde als dieses Verbrechens
überwiesen hingerichtet. Der Gesundheitsrath
zu Mayland forderte von dem spanischen Arzt
Avilés de Aldana auch darüber ein Gutachten, ob böse Menschen wirklich durch irgend
ein Gift die herrschende Krankheit verbreiten
können? **) Da man wegen solchen Greuels auch
anderwärts höchst besorgt war, so stellte auch
Don Fernando Solá der Stadt Sevilla ein Parere
über diesen Gegenstand aus, und erklärt sich
dahin, daſs man nur alsdann eine solche Gift ver-
breitende Substanz sich verschaffen könne, wenn
man es mit dem Teufel halte und von diesem
dabey unterstützt werde. In Lissabon schrieb Ma-

---

*) Christoph Wagner Beschreibung von Pannonien. IIter
Thl. Fol. 70.

**) Utrum possit aliquis malaeficius et veterator homo per
aliquot venenum contagiorum morbum et pestem quae
nunc viget, propagare?

nuel de la Cerda sogar über die Gegenmittel
solcher Substanzen. Eine Pokenseuche richtete
unter den Chaymas - Indianern in Neuandalusien
grofse Verheerungen an. *)

Nachdem es seit mehreren Jahren Erdbeben
in Italien gegeben hatte, erfolgte im Dezember
1631 n. Chr. des Jahrs 1631 einer der stärksten Ausbrüche des
Ausbruch des Vesuvs, welcher seit 1500 ruhig gewesen war,
Vesuvs. so dafs in seinem Crater Gesträuch wuchs, und
ein Arzt, der im Jahr 1619 denselben genauer
untersuchte, drey Quellen in demselben entdekte,
deren eine gesalzenes Wasser, die andere siedendes gewöhnliches Wasser und die dritte laues
bitteres und stechendes Wasser enthielt. Am
10ten Dezember hörte man ein Getöse in dem
Berge und der Crater füllte sich bis an den Rand,
endlich erfolgte am 16ten Dezember, ziemliche
Zeit vor Tagesanbruch, nach einem Erdbeben
ein ungeheurer Knall, der von der Spize des
Berges herzukommen schien; nach dem stärksten Donner und Erdbeben öfnete sich nun der
Berg an mehreren Stellen, und warf grofse glühende Massen und eine solche Menge Asche aus,
dafs sogar in Constantinopel davon niedergefallen seyn soll!! 16 Stunden nach dieser Eruption sah man im Golf von Neapel auf mehrere
Schritte weit das Wasser verschwinden; es strömte
aus dem Berge darauf siedendes Wasser und auf
dem Crater fand man dagegen Conchylien und
andere Producte des Meeresgrundes, von der
Höhe des Craters stürzten 241 Fufs ein. Man
rechnete, dafs 5,000 Menschen durch diese Eruption das Leben verlohren. Erdbeben dauerten

*) Humboldt. II. 138.

noch bis zum 10ten Januar, auch wollte man unmittelbar darauf einen Einfluß auf die Gesundheit bemerken. *)

In Teutschland waren die vorkommenden Dreyßigjäh-
Krankheiten in den zulezt vorangegangenen und riger Krieg.
zunächst folgengen Jahren mehr auf die Orte,
wo die verschiedenen Heere, welche der dreyßig-
jährige Krieg nach Teutschland brachte, standen, und auf diese Heere selbst beschränkt. Es
durchzogen leztere theils wie die schwedischen,
die spanischen, die italienischen und zuweilen
auch die französischen ihnen fremde Klimate,
theils waren sie von Glüksrittern errichtet eine
Geissel des Landes, die nur durch kaum er-
schwingliche Erpressungen bestehen konnten, alle
aber verdarben sich durch Raub und Plünderung
selbst ihre Hülfsquellen, und wären daher genöthigt bald wieder andere Länder zum Schauplaz ihrer Gräuel zu machen; so lebten sie bald
in furchtbarem Mangel und bald darauf wieder
in Völlerey und Ueberfluß. Verpflegungskunst
und Polizey waren noch unbekannt; Heere von
60,000 Mann hatten 15,000 Weiber bey sich, der
50,000 Mann starke Succurs, der zu Gustav Adolph
in Nürnberg stiefs, hatte 60 Stücke Geschüz und
4,000 Bagage - Wagen **), noch zahlreicher war
der Trofs von Kindern und Gesindel, weil dem
ausgeplünderten Landmann nichts übrig blieb,
als sich selbst dem Zug anzuschliessen. Ueberhaupt waren damals, will man den Behauptungen des gegen sein Zeitalter freylich feindselig

---

*) Elisius rat. meth. cur. febres flagrante Vesuvio subor-
tas. Neap. 1634.

**) Schiller dreyßigjähriger Krieg. Carlsruhe II. S. 104.

gestimmten van Helmonts in seinem Tumulus
pestis glauben, die Heere der Heerd der Krankheiten.

So lange der Krieg mehr im nördlichen
Teutschland geführt wurde, und die wilden
Schaaren des Grafen von Mansfeld, des Prinzen
von Halberstadt, so wie die des Tilly und Wal-
lenstein die Gegenden an der Weser und Elbe
so beispiellos verheerten, und Städte wie Frankfurth an der Oder und Magdeburg mit solch unerhörter Wuth zerstört wurden, beschreibt Lotichius die Krankheiten unter dem kaiserlichen
Heere als bösartige Fieber mit Diarrhoe oder Petechien, bald mit Entzündung des Mundes und
des Rachens, bald mit Rothlaufszufällen an verschiedenen Theilen des Körpers. Solche Krankheiten befielen, wenn sie durch die Truppen den
Städten mitgetheilt wurden, immer zuerst die
stärksten und kräftigsten Individuen, und verbreiteten sich erst, nachdem die übrigen Erscheinungen der Pest sich ihnen zugesellt hatten,
über beyde Geschlechter und übrige Constitutionen und Lebensalter. (Ab. Thomm. Chr. Cold.)

Als der Kriegsschauplaz sich an den Rhein
und ins südliche Teutschland wendete und bey
Nürnberg zwey so beträchtliche Heere einander
gegenüber standen, erzeugte sich durch die Einschliessung der damals noch so volkreichen Stadt,
bey dem Mangel, der zusammengepreßten Men-
schen-Menge und nach den blutigsten Gefech-
ten, kurz bey dem Inbegriff alles erdenkbaren
Kriegs-Ungemachs eine Seuche, die unmittelbare
Folge desselben war; es raffte dieselbe täglich
Tausende weg und noch längere Zeit nachher
wollte man daselbst einen anstekenden Scorbut

bemerken, welcher langsamer tödtete und den
man von den Schweden herschrieb. *)

Dagegen waren die Schreken des Kriegs nicht
die einzige Ursache von jenen Seuchen die Süd-
Teutschland, besonders auch Würtemberg, in
den Jahren 1634 und 35 im strengsten Sinn
zur Einöde machten, sondern unverkennbar
wirkten anßer dem Mißwachs in den unmittelbar vorangehenden Jahren, dem aber gerade
zur Zeit der herrschenden Krankheit reichliche
Jahrgänge folgten, auch weit verbreitete tellurische Vorgänge mit; denn es wurden damals
auch Gegenden von der Pest heimgesucht, welche
weit entfernt vom Kriegsschauplaze waren. Im
Jahr 1633 erschien ein Komet, der Winter war
strenger als gewöhnlich, besonders folgten zu Ende
des Winters noch die heftigsten Seestürme; in
Berlin dauerten drey Tage lang die stärksten Gewitter, noch im November fielen in Bergen op
zoom Eyer große Hagelschlossen und gegen Ende
des Jahrs öffnete sich auch der Aetna nach einer
Pause von 30 Jahren. Unter den gewaltigsten
Donnerschlägen und Erdbeben ergossen sich entfernt vom Krater zwey neue Schlünde, aus deren einem Lava sich ergoß, auch bemerkte man
bey diesem Ausbruch Salmiak in ungewöhnlicher
Menge, eine Erscheinung, die wieder für eine
Communication mit dem Meere wie beym Vesuv

---

*) Joannes Roetenbeck speculum scorbuticum, oder Be-
schreibung des Scharboks in zweyen Tractätlein abge-
faßt dem gemeinen Mann zum besten. Nürnberg 1633.
Caspar Horn kurzer Bericht von dem fremden vor-
dem bey uns unbekannten, jezt aber eingreiffenden
Krankheit dem Scharbok. Ebendasselbst.

spräche. Zu London spürte man auch eine leichte Erderschütterung. Auch in Nordamerika begann in diesem Jahr eine Krankheits-Constitution, besonders litten die kleinen Ansiedelungen der Europäer. Auch zu Wien, wo es doch keinen Krieg gab, starben täglich 600 Menschen. (Lebenwaldt.)

1634 n. Chr. Im nächsten Jahr 1634 fiel am Magdalenen-Tag (den 22sten Jul.) eine Woche lang Regen mit Schnee. (Annal. Zwettl.) Der Herbst war so troken, dafs man selbst in Ulm nicht mahlen konnte!! (Theatr. europ.) Am eilften October

Meeres - Ein-bruch wurde die Insel Nordstrand, welche noch gegen 2000 Häuser und 8 — 9000 Seelen Bevölkerung hatte, auch durch feste Dämme gegen den Andrang der Meeresfluthen geschützt war, durch das hereinbrechende Meer, das an vierzig Stellen die Dämme durchbrach, verwüstet. Es wurden innerhalb weniger Stunden 6,000 Menschen, 50,000 Stük Vieh, über tausend Wohnhäuser, dreyfsig Mühlen und sechs Kirchen von den Wellen hinweggeschwemmt, fruchtbare Felder und die schönsten Wiesen verwandelten sich in Sümpfe, und dienen jezt nur noch Mollusken und Robben zum Aufenthalt. Was von der Insel übrig ist, bildet zwey kleine Inseln, wovon die eine Nordstrand und die andere Peiworm genannt wird, welche beyde in den Jahren 1791, 92 und 93 wieder sehr durch Meeresfluthen litten. (Vergl. 1. Bd. S. 284.) Aus einer rothen glühenden Wolke fielen am 27. October in der Grafschaft Charollois Meteorsteine. Die Erndte war jedoch in diesem und dem folgenden Jahr reichlich.

Verheerende Krankheiten in Schwaben. Für Schwaben begann nun eine Periode, in welcher mit den tellurischen Einflüssen sich die Greuel des Kriegs vereinten, um den höchsten

Grad des Elends zu vollenden. Vieles hatte dieses Land schon durch das schwedische Heer, das
durch mörderische Bataillen geschwächt, längst
sich aufs verschiedenartigste recrutirt hatte, und
nicht pur Juden, sondern besonders viele Zigeu-
ner (errones Aegyptii) enthielt, gelitten; als
am 26sten August 1634 bey Nördlingen dieses
durch die Kaiserliche aufs Haupt geschlagen und
das Land dadurch den erbitterten Feinden vollends preis gegeben wurde. Doch ist die bald
darauf entstandene Seuche, wie bereits bemerkt
wurde, nicht einzig als Folge des Krieges anzusehen, denn schon vorher hatten Krankheiten
sich zu zeigen angefangen und wurden jezt, da
sich die Landleute alle in die Städte dräng-
ten, in diesen noch mörderischer. In Memmingen waren schon 1633 1,200 Menschen an der Pest
gestorben. In Ulm ergiengen noch in diesem
Jahr (1634) Verordnungen, daß man in der
Kirche weit auseinander sizen, die Verstorbenen
in der Stille begraben solle u. a. m.; es starben
daselbst 14 bis 15,000 Menschen. In Tübingen
befand sich unter den ersten Opfern der Seuche
die Familie des vortrefflichen Wilh. Schickards;
unmöglich kann man die einfache Schilderung
ihrer Leiden lesen, ohne die unverkennbare Rührung des Biographen zu theilen. *) Man hatte
damals die Vorstellung, daß einzelne Häuser
vor anderen mit Krankheits - Gift inficirt wären;
die unglüklichen Familien wurden sofort angehalten sich eingeschlossen zu halten oder die

*) Christ. Fried. Schnurrer biographische und litterarische
Nachrichten von ehemaligen Lehrern der hebräischen
Litteratur in Tübingen. Ulm 1792. S. 174.

Stadt zu räumen und frische Luft zu suchen.
Schickard verlohr alle seine Hausbewohner, er
selbst wurde genöthigt, wenn er nicht aller
Hülfe entbehren wollte, mit seinem neunjähri-
gen Sohn aufs Land zu gehen und seine Habe
zurük zu lassen; er starb selbst im nächsten
Jahre. In diesem (1635) verliefs auch die Universität die Stadt; es war difs der lezte Auszug
dieser Art. In Würtemberg brach nun in allen
gröfsern und kleinern Städten, die alle mit Flücht-
lingen überladen waren, die Pest aus. In Vayhingen nahm im Junius die Sterblichkeit und
zwar zuerst unter den Kindern überhand, bis
im October und November die Zahl der monat-
lich Verstorbenen schnell wieder von 102 auf 25
fiel. Es starben in dieser Stadt, wo im Jahr
1631. 48, im Jahr 1634 aber doch schon 265 gestorben waren, in diesem Jahr 1,802 Menschen.
Ebenso verhielt es sich auch in andern Städten,
zu Heilbronn starben im Sept. 963, im Oct. 78,
im Ganzen 1,609 Menschen, in Memmingen 1,400,
in Stuttgardt 5,370, in Kannstadt 1,500, in Tübingen 1,485, in Calw 500, in Urach zwey Drittheile der Bevölkerung; ja in ganz Würtemberg
kam die Menschenzahl von 313,002, wie sie zu
Anfang des Jahrs 1634 sich ausgewiesen hatte,
bis 1639 auf 61,527 und im Jahr 1641 betrug sie
nur noch 48,000.

Aber auch in weit von dem Kriegs - Schau-
plaze entfernten Gegenden richtete die Pest und
andere Krankheiten grofse Verheerungen an. Sogar in Virginien war ein besonders ungesunder
Jahrgang, (Winthrop) und nach den Angaben
des P. Dutertre hatte in demselben Jahr eine
Epidemie des gelben Fiebers die Antillen durch-

zogen. Zu Leiden starben in demselben Jahr
20,000 Menschen. (Diemerbroeck.) Es war der
Sommer 1635 ungewöhnlich troken und heiß
und fast noch schwüler war der Herbst. Während dieser Periode kündigte sich die von Diemerbroeck beschriebene Pest zu Nymwegen durch **Pest zu Nym-**
alle jene Erscheinungen an, welche auf eine **wegen.**
gleichzeitige Aufregung der Principien, die das
Leben der Erde und der Menschen bewegen, hinweisen. Meteore, Insecten-Schwärme, Abortus,
Apoplexieen, Kinderkrankheiten waren ungewöhnlich häufig; es bildete sich ein Petechialfieber,
das im November allmählig in die wahre Pest
übergieng. Diese breitete sich jedoch in den nächsten zwey Monaten eines durch seine Witterung
nicht ausgezeichneten Winters nicht besonders
aus, erst im Januar wurde sie allgemein und
erreichte vom April bis Ende Octobers ihre
höchste Höhe, so daß kein Haus verschont blieb
und weit über die Hälfte der Erkrankten starb;
gänzlich hörte sie nicht vor dem Februar 1637
auf.

Im Januar 1636 bildeten sich unter heftigen **1636 n. Chr.**
Erschütterungen neue Krater auf dem Aetna, aus **Vulcane.**
welchen theils Lava, theils Schwefel drang; gleichzeitig erfolgten auch vulcanische Eruptionen auf
Island. (Mackenzie.) Am 6ten Merz fiel in Schlesien zwey Zentner schwerer Meteorstein. (Ann. **Meteorsteine.**
Zwettl.) Die Hize dieses Jahrgangs schien die
vorangegangenen noch zu übertreffen. Heuschreken und Insecten verheerten Oesterreich; über
ganz Teutschland verbreitete sich nun Theurung,
in Spanien dagegen, welches Land, im Verlauf
der Geschichte so häufig seinen Witterungs-Ver-
hältnissen nach dem übrigen Occident entgegen-

gesezt und gleichsam einem andern Welttheil an-
gehörend sich zeigt, gab es unerhört vielen Regen, in Valladolid soll es 40 Tage lang stark geregnet haben. Noch dauerte die Pest aufser Holland in Dänemark, in Italien und zu Constantinopel fort. Bey der Pest zu Genua erwiesen
sich 1656 Vesicatorien als Präservativ äusserst
vortheilhaft, sie mufsten aber aus dem Kraut
der Flammula Jovis und nicht aus Canthariden
1637 n. Chr. bereitet seyn. (Boccone.) Auch im Jahr 1637
zeigte sich dieselbe Häufigkeit der meteorischen
Erscheinungen. Ein Hagelwetter verheerte im
Julius im Florentinischen auf 40 Meilen weit
Meteorsteine. alle Feldfrüchte. (Theatr. europ.) Ein Meteorstein fiel am 29sten Novbr. in der Provence und
am 6ten December regnete es im Meerbusen von
Volo, so wie bey St. Jean d'Acre in Syrien, Asche,
welche an beyden Orten dieselbe Beschaffenheit
zeigte. Es verlohr sich nun die Pest-Constitution allmählig, doch kam in Madrid in diesem
Jahr die febris sincopalis epidemisch vor. (Fernando Cardoso.) Gleichzeitig verbreiteten sich
Krankheiten in Messina und Mallaga fauligte Tertianfieber mit
als Folge von Würmern, die in lezterer Gegend bey 40,000
verdorbenem
Getreide. Menschen wegrafften und die man hier wie dort
verdorbenem Getreide, das zur See eingeführt
worden und durch die Hize in eine säuerliche
Gährung übergegangen war, zuschrieb. *)
Der Winter 1638 dauerte ziemlich lange.
Ein Komet, welcher in diesem Jahr leuchtete,
kam von allen bis jezt bekannten Kometen in

---

*) Juan de Viana (Villalba p. 62.) und Petr. Castell. re-
latio de qualitatibus frumenti Messanensis. Messan.
1673.

seinem Knoten der Erdbahn am nächsten. *) Die
nördliche alte und die neue Welt wurden auf
gleiche Weise durch Erdbeben erschüttert. De- Erdbeben.
rer welche die Niederlande trafen, erwähnt auch
Lotichius; in Calabrien verlohren 30,000 Menschen das Leben, es versank die Stadt Euphemia
und ihre Stelle nahm ein stinkender See ein,
zwischen den azorischen Inseln dagegen erhob
sich ein neues Eiland. Beynahe auf der ganzen
Fläche die damals in Nordamerika von Europäern
besezt war, von Piscataqua bis Connecticut spürte
man am ersten Junius ein sehr starkes Erdbeben,
auch war am dritten August und fünf und zwanzigsten September die Fluth äufserst unregel-
mäfsig und stark; an lezterem Tag reichte sie
höher, als man seit diesem Tag je wieder in
Nordamerika bemerkte.

In Teutschland, wo nun seit zwey und zwan- Soldaten-
zig Jahren immer Krieg geführt wurde, und Krankheit.
das Soldatenleben das bürgerliche und ländliche
beynahe verdrängt hatte, bildete sich, wo Soldaten hingelangten oder der Krieg seine Spuren
verbreitete, eine Kriegs-Pest aus, welche in einem Schleimfieber bestand, dafs mit Schauder,
Husten, Diarrhoe und bey Frauenzimmern mit
verstärkter und unordentlicher Menstruation anfieng, bey welchem sodann trokene Zunge, Durst,
Kopfschmerz und Schlaflosigkeit immer mehr
zulegten, und in dessen Höhe sich entweder Hirn-
oder Halsentzündung, oder Petechien, und der
um diese Zeit zuerst in Niedersachsen beobachtete Friesel, ausbildeten und das, wenn es auch

---

*) Réflexions sur les Comètes qui peuvent approcher de
la terre, par Mr. de la Lande. Paris 1773.

am vierzehnten oder ein und zwanzigsten Tag
sich entschieden zu haben schien, eine ganz besondere Neigung zu Rükfällen zeigte, auch war
es so anstekend wie die Bubonen-Pest, man
nannte es immer noch das ungrische Fieber, auch
Hauptkrankheit, Soldaten-Krankheit. Lotichius
empfiehlt dagegen sehr Räucherüngen mit Essig
und aromatischen Substanzen; sonst behandelte
er dasselbe mit gelind eröfnenden Mitteln im
Anfang, und mit Schweifstreibenden im Verlauf
der Krankheit. *)

1641 n. Chr.

Meteore und vulcanische Eruptionen.

Zu Boston, Plymouth und Newhaven sah man
am eilften September 1641, Vormittags eine Minute lang eine Leucht-Erscheinung, die mehrere
Grade einnahm und äufserst lebhaft war. Dort
in der neuen Welt wollte man auf den Genufs
des in diesem Jah. gewachsenen Getreides dieselben nachtheiligen Wirkungen, wie einige Jahr
früher in Spanien und Sicilien, bemerken. Eine
grofse Feuerkugel sah man am fünf und zwanzigsten September in der Lausiz, der schwedische Oberst Wanken wurde sogar durch diese
Erscheinung bestimmt, die Vertheidigung von
Görliz aufzugeben. Am achten April war Turin
durch ein Erdbeben erschüttert worden und am
zwölften desselben Monats hatte sich ein solches
über die ganze Lombardey verbreitet. Ueber
alle Beschreibung furchtbare vulcanische Ausbrüche ereigneten sich auf den Inseln Lucon und
Mindanao, wovon man das Getöse auf der Küste
von Cochinchina gehört haben soll!!

1642 n. Chr.
Sehr kalter Winter.

Der Winter 1642 war in beyden Continenten, besonders dem neuen, sehr kalt. In Italien

---

*) Lotichius obs. med. Lib. I. cap. VII. obs. XV.

begann der Frost im September, wurde aber
plözlich durch ein Erdbeben, welchem eine Wärme wie im Sommer folgte, unterbrochen. (Thoaldo.) Die Häufigkeit der Meteore dauerte immer noch fort. Hagelwetter waren in diesem
Sommer besonders im August ungewöhnlich häufig
und verheerend, es fielen Schlossen wie Hüh-
nereyer. (Theatr. europ.) In Magdeburg und
in der Umgegend fielen faustgroße Schwefelklum-
pen, ein Meteorstein am vierten August zu Suffolk und am zweyten Dezember sah man zwischen Gran und Ofen fünf Feuerkugeln, wahrscheinlich aus dem Bersten einer größern entstanden, wobey weiches Eisen zur Erde fiel.
(Chladni.) Die Ansiedlungen der Europäer in
Nordamerika litten in diesem Jahr sehr durch
Krankheiten. (Webster.) Erst spät trat im Winter 1643 strengere Kälte ein, sonst gab es vie- 1643 n. Chr.
len Regen; in Frankfurth wurde eine besondere
Beschreibung dieser ungewöhnlichen Regengüsse
in den Druk gegeben. In Vayhingen und Heilbronn regnete es im Januar Blut, am 6ten Ja- Blutregen u.
nuar sah man in Glarus ein Feuer-Meteor mit Meteore.
zwey Explosionen, am zwölften Januar und eilften Februar brachen über Sachsen weit verbreitete Gewitter aus. Am 2ten Julius fiel in Wien
und einigen Theilen Sachsens, auch zu Hanau wieder ein colossaler Hagel wie im vorigen Jahr.
Mehrere ausgezeichnete Meteore sah man auch
in Nordamerika, und auf gleiche Weise wurde
die ungewöhnliche Beschaffenheit der Atmosphäre
angezeigt durch die unermeßliche Taubenschwär- Stunden weit
me in Nordamerika, wo solche wohl auf Stun- Tauben-
den weit ausgedehnte Flüge von jeher für ein Vorzeichen
Vorzeichen einer krankhaften Constitution galten. von Volkskrankheiten.

Seuche unter den Heeren in England. In England brach in diesem Jahr bey der Belagerung von Realding sowohl unter der Armee des Parlaments, welches Graf Essex anführte, als bey dem Heere, das sich noch an Carl I. hielt eine Krankheit aus, die nach der Beschreibung von Willis beynahe ganz derjenigen, wie sie unter den teutschen Heeren beschrieben wurde, gliech, sich eben so schwer critisch entschied und mit Gehirnaffection und Petechien endigte. Damals kamen vorzüglich in England Specifica gegen solche Fieber auf, z. B. das Pulv. Comitissae Cantii und ähnliche. Beyde Heere wurden durch dieselbe Krankheit mehrere Monate lang zur Waffenruhe gezwungen.

Poken in Europa und Brasilien. Zu Rhodez starben in einer Poken-Epidemie 600 Kinder, auch nach Brasilien, wo damals die Poken nur alle dreyſsig Jahre vorkamen, wurden sie durch ein Sklavenschiff gebracht, breiteten sich jedoch nur unter den Negern und Indianern aus; zu gleicher Zeit herrschte dort ein Anthraxfieber, welches aber nicht tödlich war. (Piso.)

1644 n. Chr. Aehnliche typhose Fieber wie in England, zeigten sich im Jahr 1644 in Dännemark. Carl **Typhose Fieber in Dännemark.** Rayger beschreibt in diesem Jahr eine mehr mit der Pest übereinkommende Krankheit, die häufig zwar als Lungenentzündung begann, bey welcher aber die Erscheinung von Petechien, so wie der Eintritt der Menstruation bey den Frauenzimmern, den Tod zur gewissen Folge hatte. Aerztliche Hülfe, besonders gifttreibende Arzney, zeigten nur wenig Erfolg, eher genasen diejenigen Kranken, welche keine Arzneyen erhielten.

Rother Regen. Rother Regen fiel wieder im Jahr 1645 zwischen den 22sten und 24sten Januar bey Herzogenbusch, im Junius gab es bey Brünn faust-

grofsen Hagel, der Sommer war sehr heifs; ein
sehr starkes Erdbeben erlitt Manilla. In England war in diesem Jahr die Sterblichkeit grofs,
die häufigsten Todesfälle veranlafste eine Dysenterie. Eine mörderische Krankheit raffte in die- Seuche unter
sem Jahr einen grofsen Theil der Urbewohner der den Eingebohrnen der
zu Massachusets gehörigen Inseln weg, deren Exi- Inseln Nantuket u. Mar-
stenz dadurch, dafs sie sich früh bekehreu liefsen, thas Wein-
vor den Europäern gesichert worden war. Es zeig- berg.
ten sich aber bis auf die neuesten Zeiten diese iso-
lirte Uramerikaner in ihrem Gesundheitszustande
ganz andern Gesezen unterworfen, als die sie
umgebende europäischen Abkömmlinge, so dafs
Zeiten grofser Sterblichkeit unter ihnen nicht
immer mit denen ihrer Nachbarn zusammen
trafen.

So troken der Sommer 1646 war, so rich- 1646 n. Chr.
teten doch an mehreren Orten Wasserfluthen Verheerungen an; so am sieben und zwanzigsten
August in Schlesien, ferner in Holland und Seeland, (Webster) auch an rothem Regen und Meteoren fehlte es in diesem Jahr nicht. Am sechs- Rother Re-
ten October fieng es zu Brüssel zu regnen an, gen.
das Wasser war aber besonders im Anfang sehr
roth und hatte einen säuerlichen Geschmak, in
verschlossenen Gefäfsen sezte es einen purpur-
farbnen Niederschlag ab. *) In Amerika sah man
Nebensonnen und ähnliche Leuchterscheinungen.
Bey einer vulcanischen Eruption am 13ten November auf der Insel Palma vertroknete eine
berühmte Heilquelle, die selbst von Europäern
besucht worden war, die Eruption selbst aber

---

*) Wendelinus de pluvia purpurea Bruxellensi. Brux.
1647. 12.

hörte schnell auf, als es stark zu schneyen anfieng. *)

1647 n. Chr.
Meteorsteine und Erdbeben.

Ein Meteorstein, der einen halben Zentner wog, fiel am achtzehnten Februar 1647 bey Zwikau zur Erde, ein anderer im August zu Stolzenau in Westphalen bey heiterem Himmel aber stundenlangem Getöse. (Chladni.) Den dreyzehnten May wurde in Chili durch eines der heftigsten Erdbeben Sant Jago erschüttert und Berge zusammengestürzt. Der Sommer war sehr warm und troken. In Nordamerika verbreitete sich unter den Eingebohrnen sowohl als unter den Europäern, es mochten Engländer, Holländer oder Franzosen seyn, gleich allgemein eine Krankheit, welche man für eine Influenza halten mufste, bey welcher man sich nur nicht zum Blutentziehen verleiten lassen durfte. Diese an sich schon merkwürdige Erscheinung wird es noch mehr dadurch, dafs zu gleicher Zeit auch in Spanien, besonders Valencia, ein Catarrh eben so allgemein, jedoch ganz gefahrlos sich verbreitete. In andern Gegenden der alten und neuen Welt kamen aber auch in diesem Jahre noch gefährlichere Krankheiten vor. Zu Constantinopel herrschte in diesem und dem folgenden Jahre die Pest. Alfons Borelli beschreibt ein bösartiges Fieber, das auf Sicilien in den Jahren 1647 und 48 herrschte. Auf gleiche Weise durchzog auch ein anstekendes Faulfieber, das in den lezten Tagen des Junius plözlich in einem kleinen Ort bey Valencia entstanden war, Valencia, wo 30,000 Personen starben, Murcia, Catalonien und einen Theil von Castilien. Ein remittiren-

Influenza.

Pest.

*) Humbolt Reisen. I. 263.

des Fieber, das an das gelbe Fieber mahnt und Gelbes Fie-
ber.
Blane gerade zu für dasselbe erklärt, raffte auf
Barbados und St. Kitts 5 — 6000 Menschen weg;
Capitain Ligon behauptet, dafs dasselbe durch
einige Schiffe, die lange zur See waren, veranlafst worden sey; ein ähnliches Fieber äusserte
sich auch in Connecticut.

Die Pestseuche in Spanien verbreitete sich 1648 n. Chr.
im Jahr 1648 und den darauf folgenden Jahren Pest in Spa-
nien.
theils westwärts nach Sevilla, Cadiz, wo in der
Stadt und Nachbarschaft 200,000 Menschen gestorben seyn sollen, (Gastaldi) ferner nach Mallaga, Eccla und Cordova, an lezterem Ort 1749
nach einem sehr gesunden Sommer, ja wie behauptet wird sogar nach Westindien, theils ostwärts nach Catalonien, überall hielt man damals
sehr auf Quarantaine-Anstalten und empfahl,
dafs man keine Wächter um geringen Lohn anstellen, sondern dafs die angesehensten Bürger
diesem Geschäft sich unterziehen sollen. Ausser
einem Meteor am achten Januar zwischen Neapel und Aversa und einem Erdbeben auf Manilla kommt auch in diesem Jahre wieder der
so starke Hagel vor, und zwar war es wieder im
August, dafs in Würtemberg 4—5 Pfund schwere
Hagelsteine fielen.

Ganz local begann im Jahr 1649 zu Königs- Universitäts-
fieber in Kö-
nigsberg.
berg ein bösartiges oder heimtükisches Fieber,
das im Anfang blos auf die Studirenden, ja im
Anfang sogar auf einen einzelnen Tisch im Con-
victorium eingeschränkt war, das sich aber im
weiteren Verlauf auch auf die übrige Studirende
und später auch über beyde Geschlechter in der
Stadt verbreitete. (Beckher und Kepler.) In
Irrland und Shropshire herrschte die Pest. Die

beyden Jahrgänge 1649 und 50 schienen in Teutschland und Italien wenigstens sehr regnerisch gewesen zu seyn; von allen Orten wurden Ueberschwemmungen gemeldet, seltener dagegen ist
die Rede von Meteoren. Am eilften May hörte
man im Elsaß ein starkes Getöse und Sausen,
sah aber wegen des Gewölks kein Meteor. Am
ersten September wurde in Hamburg eine Feuerkugel gesehen, die sich in Sprüngen bewegte.
(Theatr. europ.) Ein Erdbeben gab es in England. (Webster.) Noch dauerten die pestilentialischen Krankheiten in Irrland fort, ebenso dehn-
Pestilentiali-ten sie sich auch über Spanien, wo damals die
sche Krank-ruhigsten und ungetrübtesten Zeiten waren, im-
heiten in
Spanien. mer mehr aus, besonders gegen Arragonien und
Catalonien, von wo sie auch nach Sardinien gelangten, und dort fünf Jahre lang ihre Verheerungen fortsezten. Ihre Erscheinung beschreibt
Petrus a Castro; dieser fand, daß Schweiße
gleich im Anfang der Krankheit gegen die son-
stige Erfahrung viel wohlthätiger waren, als in
der Höhe derselben; kaum kann man ihm vollends die weitere Behauptung glauben, daß in
den schlimmsten Fällen den Kranken ein schwarzes Pulver vom Kopf auf das Kissen gefallen
sey. Er empfahl Säuren und Obst, selbst auch
Zugpflaster und Aderlässe, aber auch Einrei-
bungen von Oel, dem er aromatische Beymischun-
gen gab. In einigen Gegenden Frankreichs bemerkte man die Kriebelkrankheit. (Tissot.)
1651 n. Chr. Auch im Jahr 1651 litt Spanien noch sehr.
In diesem Jahr war es vorzüglich Barcellona,
wo man sich wegen der Pest zu den strengsten
Vorsichts - Maaßregeln genöthigt sah. Es äusserte sich nun auch das Uebel hin und wieder

in Frankreich, besonders dem westlichen, aber auch in Holstein, Dünnemark, Schweden und Pohlen. (Lebenwaldt.) Eine äufserst mörderische Poken-Seuche wurde auf den Farröer Inseln durch einen jungen Dünen, der erst kürzlich die Krankheit überstanden hatte, und seine noch unreine Wäsche auf der Insel erst waschen liefs, veranlafst. *) Pokenseuche auf den Farröer Inseln.

Es war dieser Sommer sehr heifs, aber schon am ersten August sah man zu Wien eine unerhörte Menge Störche, worauf bald ein nasser Herbst folgte, im September gab es aller Orte Ueberschwemmungen in Bilbao, Neapel, in Grenoble, der Dauphiné, in der Schweiz, in Schwaben, Frankfurth und Prag. (Theatr. europ.) Nur in der Schweiz wollte man in diesem Jahr und zwar am siebentɇn Januar eine Feuerkugel gesehen haben. Heifser Sommer, nasser Herbst.

Der Sommer 1652 war an vielen Orten sehr heifs und troken, dabey gab es viele Donnerwetter, im May fiel bey einer Sternschnuppe zwischen Siena und Rom eine durchscheinende klebrigte und schleimigte Substanz zur Erde. **) 1652 n. Chr.

Spät im Herbst fieng ein Komet zu leuchten an, welchen Gassendi beobachtete. Es begannen nun für Teutschland fruchtbare Jahre. In Spanien war jezt Saragossa der Schauplaz der Pest, zweymal mufste man den Spital mit einem gröfsern vertauschen, es starben acht Aerzte, und die Spitäler konnten gegen das Ende nur Komet. Pest in Spanien.

---

*) Acta Hafniens. Vol. 1. 86.

**) Miscellan. Acta Naturae Curios. Dec. II. anno 9. 1690. p. 120.

noch von einem Licenciaten und Practikanten versehen werden. Von dreyhundert Personen, welche
in der Morberia angestellt waren, entgiengen
nicht zehn der Anstekung, die Zahl der Todten überhaupt betrug 7,000. Alle Aerzte, bis
auf Einen, erklärten die Krankheit für die Pest,
auf Blutentziehungen sah man keine gute Wirkung, bessere auf Brechmittel, denn auch di[s]s
mal hemerkte man wieder zu Barcellona die Aufgetriebenheit der Leber und der Gallenblase. Zu
Leipzig zeigte sich in diesem Jahre ein häufiges
Erkranken der Kindbetterinnen um die Zeit, wenn
sich die Milch einstellen sollte, die Haupterscheinungen waren grofse Hize, Röthe und Trokenheit der Haut, wobey man in diesem Jahr
zum erstenmal den Friesel beobachten wollte.
Häufig starben die Kranken unter Convulsionen,
mit Catharrhus suffocativus. *) Ein nicht gutartiges Tertianfieber herrschte in Dännemark. (Bartholin.)

Auch die nächsten zwey Jahre waren sehr
troken, wenigstens gab es im Jahr 1654 reichlichen
Weinertrag, doch mehr in Oesterreich als in
Schwaben. Auf Fühnen fiel am 30sten Merz ein Meteorstein unter Gewitter und Regen. — Zu Coppenhagen, wo den ganzen Winter hindurch Petechialfieber vorgekommen waren, brach im Frühling

**Erste Er-
scheinung des
Friesels.**

**Pest in Cop-
penhagen.**

*) Godofr. Welsch historia medica novum istum puer-
perum morbum continens, qui ipsis der Friesel dicitur. Lips. 1655. Allioni, Carolus, tractatio de milia-
rium ortu, progressu, natura et curatione. Taurin.
1758 findet den Friesel schon bey Crato, ferner bey
Riviere, der dessen Erscheinung schon 1630 in Grenoble beobachtete und beschrieb, und bey Diemerbroeck
1636.

eine sehr verheerende Pest aus, die man von
den holländischen Schiffen herleitete, die von
Danzig mit Getreide, Hanf und Lein in See gegangen waren und 'sich vor den englischen Kreu-
zern nach Coppenhagen geflüchtet hatten. Ueberall, wohin die holländischen Matrosen oder ihre
Ladung und Geräthe gelangten, brach die Krankheit mit den gewöhnlichen Erscheinungen der
Pest aus, doch gab es auch einzelne Fälle, wo
die Kleider der Gestorbenen getragen wurden,
ohne dafs weitere Verbreitung der Krankheit erfolgte. Eine eigenthümliche Erscheinung bey
dieser Krankheit war es, dafs bey Vielen Wasserblasen an den Füfsen erschienen, bey welchen die Krankheit einen gutartigen Gang annahm, auf deren Verschwinden aber schnell der
Tod erfolgte. Bubonen in der Leisten-Gegend
waren auch günstig, wenn sie nur nicht wieder
zurük traten. Manche Kranke, besonders auf
dem Lande, geriethen in die wüthendste Delirien, in welchen sie sich selbst tödteten; es
genasen im Ganzen nicht viele von den Kranken, man reichte den Kranken das Pestilenz-
Elixir von Tycho Brahe und meynte durch Er-
regung von Schweifs der Krankheit eine günstige
Wendung gegeben zu haben. Die Zahl der Todten betrug 9,000: unter diesen waren es mehr
junge Frauenzimmer, Neuverheyrathete, Wöch-
nerinnen und junge Leute, als Männer und
Greise. *)

Der Winter 1655 zeichnete sich durch seine
Strenge aus, am kältesten war es zwischen den

---

*) Thomae Bartholini historiae anatomicae rariores. Cent.
III. Histor. LX.

neunten und dreyzehnten Februar. Später traten alle Flüsse über ihre Ufer. (Theatr. europ.)
In diesem Jahr wäre nach der Angabe von Lebenwaldt eine Seuche unter die Vögel gekommen, und in Neu-England verbreitete sich gegen das Ende des Junius eine Influenza so allgemein über das ganze Land, dafs Niemand den
andern besuchen konnte. (Webster.) Bey der
Einnahme von Jamaika sollen Cromwells Truppen sehr durch eine Krankheit, die dem gelben
Fieber glich, gelitten haben. Schon in diesem
Jahr verbreitete sich die Pest in Chester, dort
glaubte man aber sie durch Absonderung bemei-
stert zu haben; zur gleichen Zeit richtete aber
auch dieselbe Krankheit grofse Verheerungen in
Moskau und in den nordischen Reichen an, ebenso
auch in Ungarn und der Türkey.

Immer allgemeiner dehnten sich pestartige
Krankheiten über Europa aus, und zwar schienen sie sich difsmal vorzüglich nach den Küsten-
Ländern verbreitet zu haben, denn auf der einen
Seite herrschten sie längs den Küsten der Ost-
und Nordsee und auf der andern auf Malta und
Pest in Nea- Sicilien. Nach Neapel soll das Uebel im Jahr
pel und Ita-
lien. 1656 von lezterer Insel gebracht worden seyn,
die Equipage des Schiffs wurde in das Spital gebracht, von wo aus die Krankheit bald weiter
sich verbreitete, die Zufälle derselben beschreibt
Petrus a Castro,*) der sich aber nicht selbst zu

---

*) Pestis neapolitana, romana et genuensis annorum 1656
et 57 fideli narratione delineata et commentariis illu-
strata. Verona 1657.
Hier. Cardin. Gastaldi tract. de avertenda et profli-
genda peste politico legalis lucubratius, cum Loimoso-

Neapel befand, sondern nach Verona sich geflüchtet hatte. Es erreichte die Krankheit zu
Neapel eine furchtbare Höhe, scheinbar ganz
Gesunde stürzten plözlich todt zu Boden, im
Julius sollen an einem Tag 15,000 !! Menschen gestorben seyn. Vier und vierzig Aerzte
verlohren dabey ihr Leben. *) In der Mitte Augusts bemerkte man nach reichlichem Regen einige Abnahme, wenigstens vermehrte sich die
Zahl der Genesenden, gegen Ende Octobers gab
es nur noch 500 Kranke, am achten December
wurde die Seuche für geendigt erklärt und nach
Processionen und Dankgebeten die Geschäfte wieder begonnen. In Neapel starben 280,000 Menschen, im ganzen Königreich 400,000, zu Rom
22,000. Im Kirchenstaat 160,000, zu Genua,
doch mehr im folgenden Jahr 80,000. Toscana
soll durch seine polizeyliche Maaßregeln die
Krankheit abgewendet haben. Uebrigens waren
es nicht überall dieselben Erscheinungen, zu
Neapel litt besonders mehr die ärmere Klasse an
Gallenfiebern, zu Rom waren es mehr Petechien.
Zu Rieto, das hoch und gesund gelegen ist, war
es die eigentliche Pest mit Bubonen, Carbunkeln
und schwarzen Petechien. (Giuseppe Colantonio.)

Es wurde bereits bemerkt, daß gleichzeitig
auch am nördlichen Küstenrande von Teutschland dieselbe Krankheit herrschte, lezteres war
besonders auch im Jahr 1657 der Fall, welches
Jahrgang mit einem ausserordentlich kalten Win-

1657 n. Chr,
Pest in Nord.
Teutschland,

---

miorum primo mox sanitatis commissarius generalis fuit,
peste urbem incedente ann. 1656 et 1657 ac nuperrime
Goriziam depopulante. Bonon. 1648. Fol.

*) Bartholin. epistol. med. Cent. II. epist. 78.

ter begann, (Bildersaal) aber durch seine Wohlfeilheit sehr ausgezeichnet war und sich nur mit
dem Jahr 1668 vergleichen läßt. Sie wüthete besonders auch zu Colberg, nach Braunschweig
soll sie durch inficirte Baumwolle gebracht wor_
den seyn; dort beschrieb sie Laurentius Gieseler.
Auch da gieng es immer am besten, wenn Bubonen erschienen, zuweilen stürzten aber auch
Gesunde todt zu Boden, Schwangere, Kindbetterinnen und Neuvermählte erlagen am gewissesten. Auch von der Pest zu Hannover erschien
ein Bericht. Der ganze Sommer war wenigstens in England sehr heiß, Ende Julius verbreitete sich allgemein ein intermittirendes Fieber, das jedoch einen entschieden gastrischen
Charakter hatte und das Willis für anstekend
hielt. *) Nach der Darstellung von Richard Morton war diß noch mehr im folgenden Jahr der
Fall gewesen. **)

Im November und December gab es durch
ganz Teutschland Regen und Nebel, zu Rom fiel
im Februar 1658 eine größere Masse Schnee als
seit Jahrhunderten. (Thoaldo.) Auch in Teutschland lag unerhört tiefer Schnee, dessen jähes
Schmelzen Ueberschwemmungen der Ostsee und
der Flüsse, die in die Ostsee münden, zur Folge
hatte. (Theatr. europ.) Selbst in England trat
der ausserordentliche Fall ein, daß von der ersten Hälfte des Decembers bis zum Frühlings-
Aequinoctium der Schnee liegen blieb und bis
Ende Mays immer noch ein kalter Nordwind blies.

In den lezten Tagen des Aprils verbreitete

1658 n. Chr.
Kalter Win-
ter mit aus-
serordentlich
tiefem
Schnee.

---

*) De febribus cap. XVI.
**) Pyretolog. append.

sich in England ein Catarrh so allgemein, daſs in manchen Städtchen innerhalb acht Tage über tausend Menschen erkrankten, es somit das Ansehen einer Influenza hatte, doch erwähnt Willis, der die Krankheit beschreibt, weder der ausserordentlichen Müdigkeit, noch der sonst bey Influenzen so charakteristischen Nierenschmerzen. Die Krankheit verschwand nach sechs Wochen ebenso schnell wieder.

Auch in dem Sommer des Jahrs 1658, in welchem nach ziemlich kühler Witterung, in den lezten Tagen des Julius schnell eine unerträgliche Hize eintrat, nahm in England und ebenso auch in Dännemark das gleiche epidemische Fieber auf dem Lande viel mehr als in den Städten so sehr überhand, daſs die Gesunden kaum zur Pflege der Kranken hinreichten und alle Spitäler überfüllt wurden. In dieser Seuche theilte der Protector Olivier Cromwell, dessen Tod gewöhnlich die Geschichtschreiber in Beziehung zu seinem politischen Leben sezen und einer ausgezeichneten Ursache zuschreiben, das Schiksal so Vieler, und starb nach der Angabe Mortons (Appendix) in der Höhe der Epidemie zu gleicher Zeit mit Mortons Vater am dritten September. — Es war zwar bey dieser Krankheit gleich im Anfang heftige Kopfaffection, auch zeigte sich bey Vielen ein den Masern ähnlicher Ausschlag, auf dessen schnelles Verschwinden die Zufälle sich jedesmal verschlimmerten, doch hatte auch dieses Fieber einen gastrischen Anstrich und gieng leicht in ein intermittirendes über, wenn gleich leztere nicht so allgemein wurden wie im vorigen Jahr. Es stimmen auch Willis, Morton und Sydenham, die ja bekannt-

Seuche in England.

Cromwells Tod.

Intermittirende Fieber

13 *

lich fast dieselbe Krankheits-Periode oder in un-
unterbrochener Reihenfolge mehrere beobachteten
und beschrieben, darin überein, dafs eine seltene
Häufigkeit intermittirender Fieber im spätern Sommer und Herbst jedes Jahr bis 1664 in England
sich wiederholt. habe. In dem nemlichen Sommer 1658 kamen auch in Neuengland ungewöhnlich viele intermittirende Fieber vor, dort wuchs
auch wegen des unaufhörlichen Regens Getreide
von geringer Beschaffenheit, und ein Erdbeben,
das um jene Zeit im Lande verspürt wurde, muß
durch seine Stärke sehr ausgezeichnet gewesen
seyn, da man es noch lange Zeit nachher das
grofse Erdbeben nannte. (Webster.)

1659 n. Chr. Zum erstenmal wird im Jahr 1659 und zwar
Cynanche in Amerika der cynanche trachealis (Luftröh-
trachealis. renentzündung) erwähnt, doch leider ausser dem
Nahmen die übrigen Umstände nicht angegeben. *)

Ein Feuermeteor wurde am drey und zwanzig-
sten Februar 1660 zu Wittenberg gesehen.**)
In demselben Jahr ergofs der Vesuv einen star-
ken Lavastrom, welchem erst der Ausstofs von
Rauch, Asche und Sand folgte. (Della Torre.)
Auch auf Island gerieth ein Vulkan in Bewe-
gung. Stürme und Erdbeben trafen Frankreich,
England und Amerika. Von Krankheiten aber
findet sich, aufser einer Ruhr in Tübingen, nichts
Ruhr und erwähnt. ***) Ein ähnliches gastrisches Fieber,
gastrisches das mit grofsen Schmerzen der Präcordien und
Fieber.

---

*) Mathews Magnalia Lib. IV, p. 156. (Webster.)

**) Frid. Büthner Prodigium ignitum die 23 Febr. 1660
observatum Wittenb, 1660.

***) Samuel Hafcnrester Diss. de dysenteria maligna epid.
Tubingae.

heftigem Erbrechen begann, welche Zufälle aber
nach Darmausleerungen wieder nachliessen, und
bey welchem Aderlässe nachtheilige Wirkungen
hatten, war im folgenden Jahr zu Pisa epidemisch. (Borelli.) Dagegen schien das von Willis beschriebene epidemische Fieber, welches unter dem Nahmen einer neuen Krankheit im Früh-
ling 1661 mit Dispepsie, heftigem Erbrechen, **1661 n. Chr.**
Schwindel und Ohrensausen, aber keinem durch
beschleunigten Pulsschlag, Hize und Durst er-
kennbaren Fieber befiel, und unter zunehmen-
der Kopfaffection und einem Schleimhusten die
Kranken in Zeit von 3 — 4 Wochen aufs äusserste abmagerte, und die Section aufgetriebene
und verschobene Gedärme, Ueberfüllung der Lungen mit Schleim und seroser Ergiefsung im Gehirn ergab, wenn es dagegen eine günstige Wendung nahm, sich mit Drüsen-Geschwülsten oder
Wasserblasen entschied, auf eine noch tiefer gehende Alteration der Assimilation hinzuweisen.
Ueber Griechenland und die Gegend der Darda-
nellen war in diesem Jahre die Pest verbreitet,
die sich im nächsten auch über die Nordküste
Afrikas ausdehnte. Der Winter dieses Jahrs war
ungewöhnlich milde und im Frühling Regen häufig.
Man sah vom Januar bis Merz einen Kometen, **Komet.**
welcher für denselben gehalten wurde, der auch
im Jahr 1523 gesehen worden war, was jedoch
Olbers noch vor 1789 bestritt und der auch **1789**
oder 90, wie bereits bemerkt wurde, nicht wie-
der erschien. Ein Meteor wurde in diesem Jahr **Feuerkugeln**
am zwanzigsten Januar in der Schweiz und im **u. Troken-**
nächsten den sechs und zwanzigsten April zu Kö- **heit.**
nigsberg gesehen, ein zweytes sehr starkes Erdbeben war über die ganze Streke von Neueng-

land verbreitet, in Nordamerika wie in Teutschland herrschte in dem Jahr 1661 die äusserste Trokenheit.

Auch im Jahr 1663 trokneten, während fünf Monate lang Erdbeben sich immer wiederholten, in Canada viele Flüsse und Quellen aus, andere nahmen einen Schwefelgeruch an und zu gleicher Zeit sanken ganze Gebirgsreihen ein. Ungewöhnlich tiefer Schnee lag in diesem Jahr in Holland, in Schonen bemerkte man am fünfzehnten Merz wieder eine Feuerkugel mit ausserordentlichem Getöse. In England scheint es ein sehr

nasser Jahrgang gewesen zu seyn, da die Schaafe und das Hornvieh daselbst so sehr an Egelwürmern, fasciola, litten, und die Würmer dieser Art doch vorzüglich in sehr feuchten Jahren vorkommen. Zu Venedig wurden innerhalb einer Woche 60,000 Menschen von einem Catarrh befallen, für dessen Veranlassung man einen diken Nebel, der aus den Lagunen des adriatischen Meers aufstieg, hielt. Aber auch in Teuschland, zu Coburg und Stade und in Holland, besonders zu Heusden, kamen pestartige Krankheiten vor.

In dem Sommer 1664, der auch feuchter als gewöhnlich angegeben wird, verbreiteten sich die Viehkrankheiten immer weiter. Von Nordamerika wird nur angegeben, dass daselbst der Mehlthau sich zu zeigen angefangen habe, und der Bau des Weizen in den drey östlichen Provinzen deshalb aufgegeben worden sey. Gleichzeitig mit diesem Erkranken der Pflanzen und Thiere, zeigen auch andere Erscheinungen in dieser Zeit den Anfang einer neuen Periode in der physischen

Welt an. Es begann nach einer Pause von 30 Jahren der Aetna wieder in Bewegung zu gera-

then, bis es endlich fünf Jahre später zu einem
heftigen Ausbruch kam. Eine Feuerkugel sah
man am 18ten April in Sachsen, auch der Gemüther bemeisterte sich eine besondere Aengstlichkeit, die dadurch vermehrt wurde, daſs im
December 1664 und im Merz 1665 Kometen er- Kometen.
schienen, welche in einem damals, im Würtembergischen ergangenen Kometenrescript nachdenk-
liche Kometsterne genannt wurden. Der Winter,
in welchem diese Kometen erschienen, war ausserordentlich streng, die Themse war ganz fest
zugefroren, gegen Ende Merzes brach die Kälte
plözlich, Erdbeben wurden in Conventry und
Buckinghamshire gespürt, endlich war es auch
in diesen Jahren, daſs wenigstens im westlichen
Europa die östliche Abweichung der Magnetna-
nadel, welche seit 1580 immer abgenommen hatte,
ihr Minimum erreichte und endlich = o wurde,
so daſs die Magnetnadel ganz dieselbe Richtung
wie die Mittagslinie zeigte, bis sie denn in der
Richtung nach Westen wieder abzuweichen begann. Entsprechend waren nun auch die Krankheiten des Menschengeschlechts. Noch herrschte
die Pest auf den griechischen Inseln, besonders
auf Creta, weshalb auch Tavernier bey seiner
Landung auf Malta Schwierigkeiten fand. In den
nordischen Reichen verbreitete sich im Sommer
1664 ein bösartiger Friesel, Fieber mit Röthe
der Haut und Halsentzündung. *) Auch in England verschwanden um diese Zeit schnell die
Wechselfieber, welche nach dem einstimmigen
Zeugniſs von Willis, Morton und Sydenham in
den lezten zehen Jahren die stationaire Krank-

---

*) Bonnet. Med. Septentr. p. 206.

heit gewesen waren, und an ihre Stelle traten
verdächtige Brust- und Halsentzündungen, die
mit dem Frühjahr des Jahrs 1665 wenigstens in
England in die Pest übergiengen. Diese richtete
besonders in London unerhörte Verheerungen an,
obgleich man gerade um jene Zeit äusserst auf
Quarantaine - Anstalten und die Flucht bedacht
war, so dafs selbst die Aerzte und sogar ein Sydenham keinen Anstand nahmen sich davon zu
machen, auch die Einschliessung der Kranken so
strenge befolgt wurde, dafs nach den Versicherungen von Hodges, welcher von allen Aerzten
allein mit einem Gehülfen in London zurükge-
blieben war, in manchem Haus, das nach vierzig Tagen endlich wieder geöfnet wurde, keine
lebendige Seele sich mehr befand. Die Zufälle
der Krankheit waren die gewöhnlichen der Pest,
sie begann mit einem Frost und Erbrechen, dem
bald das heftigste Kopfweh folgte, ausser den
Bubonen und den minder günstigen Carbuakeln
erschienen auch Petechien, bey welchen es am
seltensten gut gieng. Manche hatten auch kleine
gangränose Fleken, welche pyramidalisch bis
auf die Knochen sich erstrekten und Tokens genannt wurden; diese Erscheinung war selbst bey
Solchen, die noch umhergiengen, ein höchst gefährliches Zeichen. Die ärztliche Behandlung
war bey dem Einzelnen auf Hervorbringung von
Schweifs, der oft einen eigenthümlichen Geruch
annahm, gerichtet; auf die Krankheit im Allgemeinen wollte man durch grofse Feuer, welche
man in den Strafsen anzündete, wirken; aber
gerade in diesen Tagen vermehrte sich die Zahl
der Leichen so furchtbar, dafs man bald diesen
Gedanken wieder aufgab. Es sollen zu London

68,596 Menschen an der Krankheit gestorben seyn,
diejenigen aber, welche die Krankheit glüklich
überstanden, genasen zum Verwundern schnell,
und erhielten auch sogleich ihre vorige Kräfte
wieder. Wenn nach einigen historischen Angaben durch diese Pest, die in England damals
emporkommende Wollenweberey durch den Tod
und die Flucht vieler fremder Tuchmacher wieder gehemmt wurde, so ergab sich dagegen für
die Wissenschaften in diesem Jahr neben der
Errichtung der französischen Academie der Wissenschaften auch zu London ein desto günstigeres Ereigniß, es beschloß nemlich im Merz dieses Jahrs die königliche Societät der Wissenschaften, die jedoch schon im Jahr 1645 sich gebildet hatte, jeden Monat ihre Verhandlungen,
die philosophische Transactionen, regelmäßig
herauszugeben; die wichtigsten in dieser ersten
Zeit erschienenen Abhandlungen betrafen die damals aufkommende Transfusion des Bluts. —
Diß war die lezte Pest-Epidemie zu London,
bis dahin hatte die Krankheit nach den Versicherungen Sydenhams diese Stadt in Perioden von
vierzig Jahren heimgesucht, während sie in der
Zwischenzeit wie die Poken alljährlich in einzelnen Fällen sporadisch vorgekommen war, so soll
es 1659 36, 1661 20 Todesfälle durch die Pest
gegeben haben. Ausserordentlich war unmittelbar auf die Seuche, wohl mehr als auf den
grofsen Brand 1666, die Zunahme der Bevölkerung durch Mehrzahl der Geburten, denn nach
Will. Petty *) kamen in den nächsten Jahren 7,000
Todesfälle auf 10,000 Geburten, nachher verlohr

---

*) Essay concerning the multiplication of Mankind and
the growth of the city of London. 1682.

sich diese Differenz zwischen beyden Zahlen allmählig. Ausser London durchzog die Seuche
in England die Grafschaften Kennt, bis Dower,
Sussex, Hampshire, Dorsetshire, Essex, Suffolk,
Norfolk, Cambridge, Northampton, Warwick
und Derby. Aber auch auf dem Festland ist
diese Zeit eben so ausgezeichnet durch Seuchen.
In demselben Verhältniſs, wie sich in dieser Periode die Pest noch einmal so weit westlich verbreitet hatte, dehnte sie sich auch östlich aus,
1666 n. Chr. und gelangte im Jahr 1666 bis Ispahan. Zu
Pest auf dem Leiden hatte die Pest noch etwas früher als zu
Festland. London begonnen. (Marggrav.) Dieselbe Krankheit herrschte auch in der Schweiz, im Elsaſs,
der Pfalz, zu Maynz, zu Frankfurth und an andern Orten, und wohin sie auch nicht gelangte,
war doch besonders in wohl besorgten Reichsstädten alles aufgeboten, so wohl durch streng
beobachtete Reinlichkeit der Stadt, besonders
Polizeyliche der Straſsen und Brunnen, als durch polizeyliche
Anstalten bey Maaſsregeln nach aussen, der Mittheilung der
Pestzeiten. Krankheit vorzubeugen. Eine in diesem Jahr zu
Heilbronn erschienene Verordnung ist musterhaft
für alle künftige Zeiten durch die Vorkehrungen
die zur Abwehr und während einer anstekenden
Krankheit vorgeschrieben sind.

Auch auf Barbados herrschte mehr im Jahr
1665 eine Seuche, die an das gelbe Fieber glauben läſst. (Moreau de Jonnès.)

1666 n. Chr. Unerachtet im Jahr 1666 ein Komet erschien
Komet und und die Hize so wohl in England als auf dem
groſse Tro- festen Land einen so ausserordentlich hohen Grad
kenheit. erreichte, daſs die Blätter der Bäume verdorr-
ten, so wurde doch die um diese Zeit über das
ganze südliche Teutschland, ja bis nach West-

indien, besonders St. Domingo, verbreitete Dy- Weit verbrei-
senterie, nach den Vorstellungen jener Zeit nicht tete Ruhr.
für die Folge derselben angesehen, sondern man
erklärte dieselbe damit, daſs die Petechien statt
auf der Haut, nun auf der Darmfläche sich ausbildeten, wodurch denn die bösartige Ruhr ent-
stehe, welche als solche durch schweiſstreibende
Mittel behandelt wurde, an andern Orten, wie
zu Memmingen, nannte man es die ungrische
Krankheit, dort wollte man bemerken, daſs vorzüglich die Handwerker, welche mit Feuer um-
gehen, aber auch den gröſsten Kraftaufwand er-
fordern, von der Krankheit am ehesten ergriffen
wurden. Durch Burgund war ein Frieselfieber
(febris purpurata) verbreitet. (J. Marchant.)
Ein Scharlachfieber oder Halsentzündung zog sich
auch fast über ganz Spanien. *) Diese hier so
deutlich sich ergebende Erscheinung, daſs ein
über groſse Strecken sich verbreitetes Krankheits-
Princip, das sich in frühern Jahren noch überall
als dieselbe Krankheit, nemlich als Buhonen-
Pest, zu erkennen gegeben hatte, jezt nur auf
einzelnen Puncten als wirkliche Pest, auf andern
dagegen unter andern verschiedenen Formen aber
mit einem gemeinschaftlichen, der Kürze wegen Die Pest
den pestilentiellen zu nennenden Charakter auf- scheint sich
tritt, erweist auf eine wohl nicht bestreitbare fürs westl.
Europa in an-
Art, daſs erstens auch die Pest, wie früher das dere Krank-
heilige Feuer, ignis sacer, in mehrere andere heiten aufzu-
lösen.

*) Petr. Vasquez morbi essentia, qui non solum per hanc insignem urbem sed per totam Hispaniam passim grassatur, quem vulgus garotillo appellat apologetica dissertatio, et ea quae in curatione hujus morbi sunt animadvertenda. Ohne Druckort, wahrscheinlich Toledo.

mildere Krankheits - Formen sich gleichsam auf-
löse, und zweytens auch in dieser pathologischen
Entwiklungs - Geschichte wie in der Bildungs-
Geschichte der organischen Geschöpfe, dasselbe
Gesez gelte, nach welchem lange vorher das
Verschwinden des früher Vorhandenen durch
kaum merkbares Auftreten des Ersezenden angekündigt wird, so dafs ersteres nuralsdann ganz
verschwindet, nachdem lezteres bereits seiner
vollkommenen Ausbildung sich genähert hat; so
zeigte sich noch einige Zeit nachher, nachdem die
Pest und selbst die Poken bereits vorhanden waren, in einzelnen furchtbaren Epidemien noch
das heilige Feuer, wie jezt die Pest vor ihrem
Verschwinden aus West - Europa auch noch einige mal schrekenvoll auftritt, ehe sie endlich den Krankheiten der neuesten Formation das
Feld räumt. Die Erwähnung dieser so beach-
tenswerthen Thatsache gehört aber auch um so
schiklicher in dieses Jahrhundert, als dasselbe
gegenüber von dem ihm zunächst vorangegangenen, sich durch den hohen Grad seiner Salubri-
tät und selteneres Vorkommen weit verbreiteter
Epidemien überhaupt ausgezeichnet, so dafs auch
hier wieder eine hundertjährige Fluth und Ebbe
in den Krankheiten des Menschengeschlechts sich
zu bestätigen scheint, wie ja auch das dreyzehnte und vierzehnte, auf gleiche Weise wie
das fünfzehnte und sechszehnte Jahrhundert ge-
geneinander abstechen, und eben das so wenig
durch Krankheiten ausgezeichnete siebenzehnte
unmittelbar auf das an denselben so reiche sechszehnte folgte.

1667 n. Chr.   In dem Winter 1667 folgte auf eine frühe
Kälte eine noch stärkere im Merz; fast durch

ganz Teutschland gefroren die Flüsse zum zweytenmal. Nicht nur über Raguss und Griechenland
verbreitete sich ein Erdbeben, sondern auch Persien und besonders Tiflis litten sehr durch ein
solches. Noch dauerte zu Lissabon und Salamanca eine pestilentialische Krankheit, bey welcher
man eine besondere Schuzkraft von einem Päk-
chen mit Arsenik unter dem Arm getragen, be-
merkt haben wollte. Ein Puerperalfieber, wel- **Kindbetterin-**
ches am dritten Tage, unter plözlichem Aufhören **nen- Fieber**
auf dem Lan-
.der Lochien und unter Delirien und Friesel ein- **de.**
trat, und am siebenten Tage tödtete, veranlafste
viele Todesfälle im District Lisieux, besonders
zu Heugon.; eine Erscheinung, die gerade in dieser Zeit merkwürdig ist, weil sonst solche gefährliche Krankheiten der Kindbetterinnen nur
in grofsen Städten vorkommen. In London begannen die Poken und dauerten drey Jahre. (Sydenham.)

Ein Komet wurde im Jahr 1668 in der alten **1668 n. Chr.**
und neuen Welt gesehen, in lezterer bemerkte **Komet. Me-**
teore.
man an demselben einen ungeheuren Schweif.
Ein Meteor in Form eines Speers gegen Westen
bey Untergang der Sonne mit allmähligem Nie-
dersinken, sah man in Nordamerika. In Teutschland gab es viele Donnerwetter mit Regengüssen, sonst war aber der Sommer, besonders in
Italien, sehr durch Trokenheit ausgezeichnet.
Es herrschte in Teutschland eine Wohlfeilheit,
wie sie in den Getreidepreisen noch nicht wieder
vorgekommen ist. Am 19ten Junius fiel im Ve-
ronesischen aus einer vorüberziehenden Feuermasse ein Meteorstein, und in der darauf folgenden Nacht sah man eine Feuerkugel, welche
wie die Sonne gläuzte, und aus welcher grofse

Steine mit Getöse bey Vago und dem Berg La-
vagno niederfielen. In Oesterreich und in Nordamerika spürte man ein Erdbeben.

Kalter Win-   Auch der Winter 1669 war so kalt dafs es
ter.   Eis im Bosphorus gab, und schon im April begonnen an vielen Orten Teutschlands starke Donnerwetter mit Hagel. (Theatr. europ.) Noch
wiederholten sich Erdbeben, seit dem eilften
Merz stürzte unter ungeheuren Erschütterungen
am fünf und zwanzigsten desselben Monats der

Eruption des Gipfel des Aetna ein, es tobte nun dieser Vul-
Aetna.   can bis zum eilften Julius, wobey man wieder
viel Salmiak unter den ausgestossenen Massen

Bösartiges bemerkte. — Ein intermittirendes, leicht sich
Fieber zu
Leiden.   verdoppelndes Fieber, das schon seit einiger Zeit
bemerkt worden war, wurde zu Leiden und
Harlem jezt in solchem Grad verheerend, dafs
Sylvius de le Boe*) schrieb, unterdessen habe
doch immer mit einer ungesunden Beschaffenheit
der Atmospäre wieder ein gesunderer Zustand
abgewechselt, jezt scheine erstere ganz normal
geworden zu seyn, doch nahm das Uebel erst
recht überhand, als auf die strenge Kälte grofse
Hize folgte. Diese bösartigen Fieber nahmen
die Reichen noch mehr mit als die Armen, von
ersteren sollen ⅓ gestorben seyn. Die Krankheit
begann als intermittirendes Fieber, dessen Anfälle sich aber bald verdoppelten mit gänzlich
gestörten Verdauungskräften, mit trokner Zunge,
Aphthen, Dysenterie, Aufgetriebenheit des Leibs,
schwerem Athem, Betäubung oder Convulsionen,
Haimorrhagien und nicht kritischen Fleken auf

---

*) Tractatus de affectu epidemico, qui ab Aug. M. 1669
ad Jan. 1670 in Leidensis urbis cives saeviit.

der Haut, die man für scorbutischer Art halten
mußte. Nachher schien denn die Krankheit sich
wieder zu verschlimmern, als im Herbst Kälte
eintrat und dauerte noch bis in Januar. Guido
Fanois *) hielt für die Ursache der Krankheit die
Ausdünstungen der durch die Hize ausgetrokne-
ten Sümpfe, und begann die Cur mit Brechmitteln, doch starb ihm auch der zehnte Theil seiner
Kranken. Auch sonst herrschten in den nordischen Ländern Krankheiten. In Norwegen waren
es bösartige Masern unter Alt und Jung, die sich
im nächsten Jahr auch über England verbreiteten. In Westphalen wurden die Kazen von einem
Hautausschlag am Kopf befallen und crepirten
unter Betäubung.

Iu dem Winter 1670 froren beyde Belte und
in Brabant wurden die Wölfe wüthend. (Theatr.
europ.) Ia Tyrol litt man durch ein Erdbeben.
Tissot führt eine Epidemie der Kriebelkrankheit
in Frankreich auf und Willis beschreibt eine Cholera, die während des Octobers sehr allgemein
in London war, sich aber nicht über einen Umkreis von drey Meilen aufs Land erstrekte. Sydenham läßt von diesem Jahr an seine dysen-
terische Constitution drey Jahre lang dauern.

Den sieben und zwanzigsten Februar 1671
fielen in der Ortenau aus einem die Sonne bede-
kenden schwarzen Wölkchen Meteorsteine nieder.

Ein Komet war im April 1672 sichtbar. Das
Jahr hatte eine unfreundliche Witterung und war
unfruchtbar, denselben Charakter scheint es auch

1670 n. Chr.
Kalter Win-
ter.

Kriebel-
krankheit.

Meteorsteine.

Komet.

---

*) Dissertatio medica de morbo epidemico aestate anni
1669. Lugduni Batavorum vicinisque locis grassante.
1671.

in Spanien gehabt zu haben, ausser einem Kindbetterinnenfieber zu Hoppenhagen, der Ruhr in
Schwaben, die jedoch nur bey Kindern tödtlich
war, und einem Flekfieber in Sicilien herrschte
in diesem und dem vorgehenden Jahr die Pest
in Albanien, Servien und Dalmatien, besonders
zu Sebenico. (Kanold.)

1673 n. Chr. Mit dem Jahr 1673 beginnt für Spanien eine
Ungewöhn- Reihe von vier Jahren, die durch die perver-
liche Witte-
rung in Spa- seste Witterung ausgezeichnet waren. Das Früh-
nien. jahr war beynahe jedesmal kalt und troken.
Die Sommer kühl und feucht, der Herbst feucht
und heiß mit einer Frühlings-Vegetation, und
um das Winter-Solstitium war es oft noch recht
warm. Die Erndte und der Herbst fielen deshalb in ganz andere Monate als sonst, und wegen des schnellen Wechsels der stärksten Plaz-
regen mit kühler Temperatur, welcher unmittelbar wieder die schwülste Hize folgte, verdarb
auch das Getreide und wuchsen die Aehren aus,
so daß die Körner eine schwarze Farbe und einen widerlichen Geruch annahmen, doch gab es
in Spanien wenigstens keine Kriebelkrankheit,
sondern bösartige Fieber, Cholera und Würmer,
intermittirende Fieber giengen in Spanien vom
Jahr 1673 bis 1683 gar nicht mehr aus. Im Ju-
Ueber- nius und Julius ergoß sich der Rhein, im Ju-
schwemmun-
gen. lius die Donau, im August die Elbe, leztere
zum zweytenmal im September. (Theatr. europ.)
Auch zu Hamburg, Amsterdam und in England
gab es Ueberschwemmungen. Den 6ten October
1674 n. Chr. 1674 fielen zwey Meteorsteine im Canton Glarus.
Als Folge der irregulairen Witterung und der dadurch gegebenen ungesunden Beschaffenheit des
Futters, scheint es im leztern Jahre auch an

mehreren Orten Viehseuchen gegeben zu haben.
Ein Petechialfieber herrschte in Strasburg und
der Umgegend, (Math. Scherf) und auch weiter
Rhein-abwärts bis Cölln. (Laur, Donkers.) Der
Sommer des Jahrs 1675 war wieder feucht und
kühl, in Italien sah man von Nordost eine Feuerkugel ziehen. In Frankreich, Teutschland und
Ungarn, und etwas später auch in England verbreitete sich im September nach einem mehrtä-
gigem dichtem Nebel eine Influenza, welche zwar **Influenza,**
auch nicht besonders gefährlich war, aber für
Schwangere doch häufig schlimme Folgen hatte.
Um jene Zeit gab es nach der Beschreibung von
Gid. Harvey *) zu London eine dem Scorbut ähnliche Krankheit; diese Angabe scheint Gilb. Blane
entgangen zu seyn, da er behauptet mit dem siebzehnten Jahrhundert sey der Scorbut aus London
verschwunden, nachdem die Cultur des Kohls
und Salats, welche zuerst zu den Zeiten der Königin Katharine von Arragonien nach England
gebracht wurden, allgemeiner geworden sey. In
diesem Jahr war die Pest zu Constantinopel und
Adrianopel sehr allgemein, im nächsten verbreitete sie sich über Syrien und das schwarze Meer
hin bis Assow. (Kanold.)

Den 24sten Januar 1676 sah man in der Schweiz **1676 n. Chr.**
ein Feuer-Meteor, das mit grofsem Knall platzte, **Meteore,**
ebenso den 21sten Februar und 31sten Merz ; an
lezterem Tag sah man $1\frac{1}{2}$ Stunden nach Sonnen-
Untergang durch ganz Italien und einen Theil
von Teutschland von NON. nach WSW. eine
feurige Kugel in der Gröfse des Vollmonds ziehen,

---

*) Disease of London or a new Discovery of the scuryy.
Lond. 1675.

14

deren Höhe man auf achtzehn italienische Meilen und deren Geschwindigkeit auf 160 Meilen
in einer Minute schäzte, dabey bemerkte man
einen Schwefelgeruch, ja nach einer andern Nachricht dauerte dieser Geruch drey Tage lang. *)
Am siebenten September sah man auch eine Feuerkugel über ganz England. (Chladni.) Im May
trafen schwere Gewitter Oesterreich. Ein Hagel,
dessen einzelne Körner zum Theil zwey Pfund
wogen, verheerte von Alt-Oetting bis Linz dreyssig Meilen weit die Felder. (Theatr. europ.)
Im Uebrigen wird aber der Sommer als kühl angegeben, und wie es scheint mehr aus der üblen
Beschaffenheit der Nahrungsmittel entstand die
Ruhr und höchst schmerzliches Reifsen im Leib,
selbst die Kriebelkrankheit nicht nur in Ober- und
Nieder-Sachsen, sondern auch in mehreren Gegenden Englands. **)

Jezt wurde es mit dem Dezember wieder kalt,
wenigstens konnte in Holland am neunzehnten
Dezember eine Schlittschuhfahrt unternommen
werden, bey welcher die zwey Reisenden innerhalb vier und zwanzig Stunden zwölf Städte be-
suchten, deren eine ähnliche den neunzehnten
Dezember 1822 wieder ausgeführt wurde. So
wie nun die Witterung wieder sich mehr fafste
und mehrere Kometen auf einander folgten, begann wieder eine über beyde Hemisphären verbreitete Krankheits-Constitution. Im April 1677
Komet. erschien ein Komet. Den 28sten May fielen wäh-

*) Miscell. Acad. Nat. Cur. 1677 p. 199. Vergleiche v.
Zach über Feuerkugeln, als Erdkometen. Corresp.
astron. 1822. Nr. V.
**) Birch in Phil. Transactions Vol. XI et XII.

rend eines Gewitters bey Ermendorf Meteorsteine,
die Kupfer enthalten zu haben scheinen. Auf
der Insel Palma warf der Berg Las Cabras durch
eine Menge kleiner Oeffnungen Asche und Schlaken aus. *) Um diese Zeit herrschten die Poken
in Nordamerika so verderblich wie die Pest. Zu
Carthagena und Murcia brach die Pest aus, wel- Pest auf der
che in kurzer Zeit sich weit verbreitete, man Africas u. in
leitete das Contagium von England her. (Villal- Spanien.
ba.) Viel wahrscheinlicher aber stammte es von
Oran her, da zu Algier und Marocco die Krankheit damals auch mit solcher Stärke um sich griff,
dafs 4,000,000 Menschen umgekommen seyn sollen. **) Im nächsten Jahre verbreitete sich das
Uebel auch nach Mallaga, dorthin gelangte die
Krankheit unläugbar durch eine Pinke, die mit
falschen Papieren versehen und von Oran ausgelaufen war. Weil die Aerzte nicht gleich über
die Natur der Krankheit einig waren, so ver-
säumte man die Absonderungs-Anstalten und das
Uebel gelangte nach Antequera, Murcia, Carthagena, Granada, Velez, Ronda, Montril und
Rio gordo é Igualesa. Am meisten litt das weibliche Geschlecht, weniger Kinder und Alte. Der
Tod erfolgte meistens am fünften oder siebenten
Tag, war lezterer überstanden, so war der
Kranke gerettet. Dabey kamen aber auch einzelne
Fälle vor, dafs die Kranken heftiges Erbrechen,
jedoch nicht sowohl einer schwarzen, sondern
einer grünen Materie hatten. Wegen der frühe-
ren ungünstigen Jahrgänge waren auch die Nah-

---

*) Humboldt Reisen I, 264.
**) Chenier Marocco, Vol. II. 180.

rungsmittel von übler Beschaffenheit und theuer.
Es dauerte die Pest-Constitution oder bösartige
intermittirende Fieber mit Schlagflufs in jenen Gegenden drey Jahre lang; in Cordova, Grenada
und Sevilla waren es bösartige Poken.

1678 n. Chr. Den sechsten Februar 1678 fiel bei Frankfurth am Mayn eine Feuermasse nieder, und
dampfte noch eine Viertelstunde. Der Sommer
war sehr troken und heifs, im August erschien

Komet. wieder ein Komet. Starke Erdbeben erschütterten die Pyrenäen und Lima. In Curland und in
Coppenhagen waren Tertian-Fieber allgemein.
(Ant. Erasm. Barth.) In Nordamerika hielt man
wegen der so häufigen Krankheiten Bettage.

Pest zu Wien Mit dem Ende dieses Jahrs zeigten sich auch
schon Spuren der Pest, welche bereits im Jahr
1677 von der türkischen Grenze aus über Ungarn sich verbreitet hatte, zu Wien, wo sie denn
im nächsten Jahr so sehr sich verbreitete. Es

1679 n. Chr. begann das Jahr 1679 mit einem unbeständigen
Frühling, bald trat aber über ganz Teutschland
eine unerträgliche Hize ein, die auf den zuweilen fallenden Regen immer noch zunahm, weshalb es in diesem Jahr auch so viele Schwämme
und Kröten gab, während dagegen die Singvögel,
besonders die in Käfigen zu Grund giengen *).
Nachdem nun schon während des Winters in einzelnen Vorstädten Wiens Spuren der Pest bemerkt worden waren, nach Andern aber von der
türkischen Grenze von Neuhäusel her eingebracht,

---

*) Wahrnehmung des berühmten Pater Ahrahams von
St. Clara, der unter dem so charakteristischen Titel:
Merks Wien, eine Beschreibung dieser Pestseuche
herausgab.

gab sich nach häufigen schnellen Todesfällen zu
Wien die in den Annalen dieser Stadt so denkwürdige Pest immer mehr zu erkennen. In der
Mitte des Julius liefs sich nicht mehr an der Natur der Krankheit zweifeln. Im Anfang derselben schien mehr der Magen zu leiden, es er-
zeugten sich auch eine Menge Würmer, gegen
welche Zitronensaft etwas zu leisten schien, im
wei.eren Verlauf bildeten sich aber die eigenthümlichen Erscheinungen der Pest immer mehr
aus, es erschienen Bubonen und Carbunkel; manche die man für gesund hielt, stürzten plözlich
todt zur Erde, alle Schwangere, welche erkrankten, abortirten, eine bey der Pest jedesmal vorkommende Erscheinung. Man behandelte nun
die Krankheit mit Schweifs treibenden Mitteln,
auf die Carbunkel wurden Zwiebel und Sauer
teig, und auf die Bubonen aromatische und erweichende Ueberschläge gelegt. Am fünfzehnten
August wurden die Schulen geschlossen, in der
Höhe der Krankheit starben täglich zweyhundert
Menschen. Der Verlauf der Krankheit beschränkte
sich in dieser Periode auf zwölf Stunden, um
dieselbe Zeit soll auch zu St. Udalrich eine
Quelle, die sonst wegen ihren heilenden Eigen-
schaften sehr gerühmt wurde, einen besondren
ekelerregenden Geruch verbreitet haben. (Sor-
bait.) Bestürzung und Muthlosigkeit hielt die
Gemüther befangen, und da sich anf den lugu-
bern Trommelschlag, welcher durch die ganze
Stadt angeordnet wurde, um zum Dienst der
Kranken und Begräbnifs der Todten aufzufordern,
Niemand freywillig meldete, so wurden Verbrecher, die das Leben verwirkt hatten, dazu ver-
wendet, aber auch Wundärzte seyen in Fesseln

zu den Kranken denen sie helfen sollten, geführt
worden. Ein gedungener Krankenwärter erhielt
wöchentlich zwölf Gulden. Im October bemerkte
man einigen Nachlaſs der Krankheit, und im November am Leopoldstag begannen die Geschäfte
Weitere Ver- wieder. Die Zahl der Todten wird am gering-
breitung der sten auf 76,921, von Andern aber auf 120,000,
Pest. ja 190,000 angegeben. Die Pest herrschte zu
gleicher Zeit in Ungarn, Steyermark, Schlesien,
Brandenburg, Magdeburg, Halberstadt, Nord-
hausen, Braunschweig, Zelle, Dresden, Leipzig,
Altenburg, Bamberg, Anspach, Nürnberg, Regensburg, Ingolstadt, Ulm, Stuttgard und Tübingen, an welchen Orten allen Bedenken und
Anweisungen, wie man sich bey dieser Pestilenz verhalten soll, erschienen. An manchen
Orten erschien auch diſsmal das Uebel mehr als
Ruhr, z. B. zu Osnabrück, an andern Orten,
wie zu Memmingen, waren die Poken sehr verheerend, dagegen stellt sich auch an manchen
Orten wieder die alte Erscheinung der Pest, die
Lethargie ein, auch machte man die Bemerkung,
daſs aller Orten entsezlich Unzucht getrieben
und Jahres darauf ungewöhnlich viele uneheliche
Kinder gebohren wurden. *)

1680 n. Chr. Der Winter 1680 war sehr kalt; es fiengen
aber schon im Februar Donnerwetter an, und
wurden in Teutschland überhaupt häufig. In
Hagel. Westphalen gab es 5 — 8 Pfd. schwere Steine,
von Bielefeld bis Hervorden blieb kein Halm auf-
recht. (Theatr. europ.) Auch sah man ein
groſses Meteor von Norden herziehen, daſs einen
langen feurigen Schweif hinter sich ließ. Diese

*) Delisiae biblis. p. 351.

Krankheits - Periode, die mit der Erscheinung
von Kometen begonnen hatte, endigte nun auch
mit der des durch seine Größe, seine Nähe zur Großer Ko-
Erde und seine früheren Einwirkungen auf die- met.
selbe ausgezeichnetsten Kometen. Nachdem nun
seit 1106 575 Jahre verflossen waren, so zeigte
sich jezt am dreyzehnten November der große
Komet, dessen Lauf und periodische Wiederkehr
Halley berechnete, es hatte derselbe wie es scheint
einen noch größern Schweif als bei seiner lezten Erscheinung, es soll die Länge desselben
80 ° betragen haben, aber er schien, wenigstens
im Dezember sehr bleich, man sah ihn bis zum
dreyzehnten May des folgenden Jahrs. Der nun
folgende Sommer war ausserordentlich troken,
in Ulm giengen alle Schöpfbrunnen aus, erst um
St. Gallitag gab es wieder Wasser. Ein Erdbeben traf Paris, *)

Der Sommer 1682 war sehr naß, es gab 1682 n. Chr.
viele Ueberschwemmungen; in Spanien zeichnete
sich schon in diesem Jahr der Sommer durch äu-
serste Trokenheit aus, in Teutschland und Holland dagegen traten in der Mitte des Jahrs alle
Flüsse über ihre Ufer, (Th. europ.) und im September und October regnete es sechs Wochen
anhaltend in Ober - Oesterreich. (Chr. Lunoel.)
Im October erschien schon wieder ein Komet, Komet.
welcher sich durch die Länge des Umlaufs, den
Rükgang der Sonnennähe und der Knoten, durch
den geringsten Abstand von der Sonne und die
Neigung der Bahn als den von 1607 erwies, der
abwechselnd alle 75 und 76 Jahre erscheint, aber
große Störungen in seiner Bewegung durch den

---

*) Mem. de: l'Acad. Tom. 1. p. 349.

Jupiter, Saturn und Uranus erleidet. Im Dezember sah man ein Meteor in Sachsen. Auch
hatte im Sommer vom 12ten August bis zum
22sten der Vesuv Asche und Steine ausgeworfen.
Erdbeben, welchen mehrere Wochen lang Lichter
und Flammen, die aus der Erde schlugen und
einen Schwefelgeruch verbreiteten, vorangieא-
gen, zogen sich durch Italien, die Schweiz und
Teutschland, ja selbst nach England und an allen
diesen Gegenden wiesen besonders widerliche Nebel auf noch längere Zeit fortdauernde dem thierischen Leben nachtheilige Exhalationen hin; denn
von diesen blauen Nebeln, die das Futter verdorben hatten, schrieb man eine Viehseuche,
die sich über die angegebenen Länder des Fest-
landes nun verbreitete, her; es erkrankte das
Vieh, das im Stall gefüttert wurde, so sehr als
das, welches zur Waide gieng.

1683 n. Chr.   Der nächste Sommer war nun in Teutschland eben so troken, wie der des vorigen Jahrs
in Spanien; in beyden Ländern begonnen aber
im October Regen von unbeschreiblicher Stärke,
welche mit kurzen Unterbrechungen bis ins
Frühjahr 1684 fortdauerten. Am zwei und zwanzigsten August, also noch vor dem Regen sah man
durch ganz Teutschland eine Feuerkugel. Hin und
wieder bemerkte man auch die Ruhr. (Scheurl.)
In Spanien zeigten sich auch ziemlich weit verbreitet die pestilentiellen Krankheiten, wie sie
gegen Ende der siebenziger Jahrgänge beschrie-
Hungerfieber ben wurden. Zu Leyden herrschte das sogenannte
in Leyden. Hungerfieber; gleichzeitig mit dem Frost-An-
fall spürten die Befallenen einen unerträglichen
Hunger, den man ohne grofsen Nachtheil jedoch
nicht befriedigen durfte, so wie die Hize eintrat,

liefs der Hunger nach. Eine dem gelben Fieber, das so selten auf der südlichen Hemisphäre
vorkommt, ganz gleiche Krankheit herrschte zu
Olinda.

Der Winter 1685 war besonders streng in 1685 n. Chr.
Nordamerika, dort scheint der Sommer trokener
gewesen zu seyn als in Teutschland, wo es zum
Theil auch sehr heifs war, aber auf die Hize
schnell Kälte folgte. Bei Annaberg sah man am
neunzehnten May eine Feuerkugel, in Bretagne
am 13ten und 17ten November, leztere blieb
7—8 Secunden lang sichtbar. Im Junius erschien
ein Komet, wahrscheinlich derselbe, dessen schon
mehrmahls erwähnt wurde. Ein Nordlicht wurde
nach längerer Zeit am 23sten Januar 1686 zu
Mindelheim in Allgäu beobachtet. (Pilgramm.)
Am 31sten Januar fiel bei dem Gute Rauben in Meteor. Pa-
Curland, unter Schnee und Sturm, flokenweise pier.
eine schwarze Substanz, die sich membranför-
mig anlagerte und verbranntem Papier glich,
nur etwas härter war. An manchen Orten hatte
sie das Format von Tischplatten und lag finger-
hoch, sie hing an den Stellen wo sie lag fest,
und liefs sich nicht zerreiben, sondern zeigte
sich wie ein klebrigtes Häutchen, brannte hell,
und roch wie verbranntes Papier, nachher aber
schwefelartig, und liefs etwas Asche zurük. Die
Salzsäure veränderte die schwarze Farbe in Roth,
Alcalien stellten sie wieder her, ein Rest dieser
Substanz wurde in neuern Zeiten von Theodor
von Grothufs untersucht und enthielt Kieselerde,
Eisen, Nikel und etwas Chromium. *) Am neunten Junius sah man, wie Webster behauptet, sie-

---

*) Schweiggers neues chem. Journal, 26. Bd.

ben Minuten (?) lang ein Meteor zu Leipzig,
zu Cölln fiel ungewöhnlich großer Hagel, den
zwanzigsten October erschien ein Komet. Auf

Gelbes Fieber. Martinique verbreitete sich von einer Flotte aus
Siam dahin gebracht das gelbe Fieber, welches
man damals Maladie de Siam nannte. (P. La-
bat.) Dieselbe Krankheit wäre im nächsten Jahr
erst nach der Eroberung von Fernambuco zu

Pest in Aegypten und d. Chersones. Olinda in Brasilien ausgebrochen. *) Ungewöhnliche Verheeruugen richtete auch die Pest in Ae-
gypten, auf Morea, auf der venetianischen Flotte
und im Chersones an. **)

Im May 1687 sah man zu Paris eine Feuerkugel, Cassini beobachtete im Julius das zweyte

Erdbeben in der Gegend von Lima. Nordlicht. Am meisten ist aber dieses Jahr ausgezeichnet durch das Erdbeben, welches am 20.
October Morgens acht Uhr die Gegend von Lima
traf; nicht nur diese Stadt wurde größtentheils
zertrümmert, sondern auch Callao litt durch
das hereinbrechende Meer, welches sich zweymal senkte, und nach der zweyten Senkung über
die Stadt herstürzte. Für eine Folge weiterer
tellurischer Exhalationen bey diesem so mächtigen Procefs ist es wohl anzusehen, daß von
jener Zeit an kein Waizen auf der Küste mehr
gedeyht, und wenn er gebaut wird keinen Ertrag gibt, weil die Aehren alle taub sind. Vor
dem Erdbeben soll er 200fältig getragen haben,
Reis, der nun als Surrogat gebaut wird, gibt
100fältigen Ertrag. (Ulloa.)

1688 n Chr. Der Jahrgang 1688 war durch Stürme und
Regen in der ganzen Welt ausgezeichnet; zu

**) Blane med. Logik. S. 90.

*) Ludolph Comment. in hist. Aethiop. p. 117.

Padua konnte man in acht Monaten nur sechsmal die Sonne sehen. (Thoaldo.) Den siebzehnten April sah man zu Heilbronn eine Viertelstunde lang eine Feuerkugel, deren Schweif
40° lang war. Dem Erdbeben in Peru entspricht
in diesem Jahre eine Eruption des Vesuvs am
5ten Junius, mit welchem gleichzeitig ein Erd- Erdbeben.
beben Benevent und Smyrna traf, bei welchem
nicht nur diese beide Städte, sondern auch zwey
kleinere im römischen Gebiet grofsen Schaden
erlitten. Auch zu Neapel war der Stofs nicht
gering, nach den Versicherungen von Bagliv,
der damals dort studirte. In dieses Jahr sezt
auch Humboldt *) die Erscheinung des gelben
Fiebers in Westindien.

Regen und Ueberschwemmungen waren im
Winter 1689 sehr häufig, auch im Frühling und 1689 n. Chr.
Sommer regnete es in Italien viel, und erst gegen das Ende des Herbsts liefs dort das Regenwetter etwas nach. Zu Venedig und in den benachbarten Gegenden bemerkte man einen rothen
Staub von salzigsaurem Geschmak und wenn die
Gartengewächse nicht sorgfältig gereinigt wurden,
so verursachte ihr Genufs Uebelkeiten. **) Ramazzini berichtet von Modena, dafs sowohl in
diesem als in dem nächsten Jahre der Rost sich
gezeigt habe, gegen Ende des Julius seyen auf
einmal an den Waizenhalmen vom Boden bis an
die Aehren rothe Fleken entstanden, ähnliche
Beschaffenheit habe sich bald auch an den Boh-
nen und den übrigen Hülsenfrüchten gezeigt, so
dafs in wenigen Tagen die Hoffnung auf eine

---

*) Reisen II, p. 400.
**) Valisneri op. Tom. II, p. 68.

gesegnete Erndte verschwand. Auch Thoaldo,
der in der Angabe der Witterung des Jahrs 1688
von Ramazzini etwas differirt, stimmt hierin mit
demselben überein, dafs in der Gegend von Padua die Nebel dem Getreide und den Früchten
sehr geschadet haben. Am 22sten December
spürte man zu Augsburg und Inspruk Erdbeben.
(Hanauer Zeitung.) Krankheiten werden jedoch
nirgend erwähnt, nur zu Smyrna richtete die
Pest grofse Verheerungen an. In Teutschland
1690 n. Chr. wie in Italien war der Winter 1690 sehr mild,
aber ausserordentlich reich an Regen. Pilgramm
nennt es ein wegen Erdbeben, Stürme und Donnerwetter fürchterliches Jahr. Am vierten December zog sich ein Erdbeben durch Thüringen,
Meissen und Sachsen, auch zu Wien litt wieder
die Stephanskirche, und in Steyermark und Kärnthen wurden viele Orte beschädigt. (Theatr.
europ.) Ende Merzes richtete der Po nach vier
und zwanzigstündigen Regen grofse Ueberschwemmungen an. In Italien war der Sommer feucht,
Rost am Ge- und wenn es auch nicht regnete, kühl. Als der
treide in Ita- Rost auch in diesem Jahr sich zeigte, so erschien
lien. er zuerst an den Maulbeerbäumen. Auch zeigte
sich viel Lolium, den Nüssen allein schadete
diese Witterung nicht. Nur in den Gegenden,
die wegen ihrer niedern Lage den Ueberschwemmungen ausgesezt waren, und in welchen man
auch besonders viele Fische, die nach der Ueberschwemmung leicht zu fangen waren, speiste,
zeigten sich intermittirende Fieber, bei denen
die Kranken des Nachts ein ungewöhnliches
Schwächegefühl, bei Tag aber einen ausserordentlichen Appetit hatten. Sonst zeigten sich,
der aussergewöhnlichen Witterung unerachtet,

wie es auch Ramazzini auffiel, noch keine Krankheiten, dagegen schienen ausser den Vegetabilien
auch die Bienen und Seidenwürmer zu leiden, **Krankheiten**
auch das Rindvieh erkrankte häufig, wobey Po- **unter den Thieren.**
ken am Kopf und Hals auffuhren und viele Stüke
crepirten, viele Schweine giengen ferner an einer
Seuche zu Grund.

Schon im December wurde es trokener, und
mit dem Jahr 1691 trat strenge Kälte ein, die
an manchen Orten so streng wurde, daſs z. B.
in der Nähe von Wien Wölfe zum Vorschein
kamen. Um das Frühlings - Aequinoctium gieng
diese Kälte schnell in grofse Wärme über, die
den ganzen Sommer anhielt und von heftigen
Gewittern begleitet war, auf welche es aber nie
kühler wurde. Obst gerieth besser als Getreide,
welchem die Hize und Trokenheit schadete, da- **Erkranken**
gegen wurden jezt in Nordamerika, wie im vor- **der Cerealien**
angegangenen Jahr in der alten Welt die Cerea- **in Nord-ame-**
lien von wirklicher Krankheit befallen. Es wurde **rika.**
auf der Versammlung zu Newyork ein monatli-
ches Fasten wegen des Brands der Getreide (for
a blast upon the corn) angeordnet. In einigen
Gegenden Europas wollte man besonders häufig
die Hundswuth bemerken, (Ramazzini) dabei blieben aber die intermittirende Fieber noch äus- **Intermitti-**
serst gutartig, ausser in manchen Gegenden Hol- **rende Fieber,**
die der In-
lands und Nieder - Teutschlands, wo Ausdünstun- **fluenza gli-**
gen von stagnirendem Wasser sie vermehrten und **chen.**
verschlimmerten, in Modena dagegen kamen sie
am häufigsten in offenen der Sonne sehr ausge-
sezten Quartieren vor, desto seltener aber im
Juden - Quartier. Diese so häufige, fast überall
verbreitete, übrigens bey weitem an den meisten
Orten äusserst gutartige intermittirende Fieber

schienen etwas von der Influenza zu haben; neben der den intermittirenden Fiebern jener Zeit
eigenen Erscheinung, dafs in der Zwischenzeit
die Kranken so starken Appetit hatten, gesellte
sich zu denselben nicht nur eine besondere Ein-
genommenheit des Kopfs mit einer allgemeinen
Steifigkeit, sondern auch starker Husten, und
die Krankheit, an welcher Niemand starb, entschied sich durch Schweisse, auch, verbreitete sie
sich ganz nach Art der Influenza über weit ge-
dehnte Länderstriche, über Ungarn, Crain, Steyermark, Kärnthen Tyrol, Graubündten, der Schweiz
bis an den Rhein. (Wepfer.)

    Die Aufeinanderfolge der Jahreszeiten war
1692 n. Chr. 1692 die regelmäfsigste, auf einen kalten Winter
folgte ein warmer Sommer, und die Erndte war
zwar nicht ausgezeichnet reich aber doch hinrei-
Leucht-Er- chend. Sonst hatte man den 26sten Februar in
scheinungen
und Erdbeben Teutschland besondere Leucht - Erscheinungen,
in der alten Schlachten in der Luft, ein Nordlicht gesehen.
und neuen
Welt. Am neunten April plazte, bei Temeswar eine
Feuerkugel mit einem schreklichen Knall, den
achten September wurde auf 2,600 Quadratmeilen über England, Holland, Frankreich und
Teutschland ein Erdbeben gespürt, und zwar
war dasselbe an den Seeküsten und grofsen Flüssen, und denn wieder auf den Gebirgen am stärksten, geringer dagegen in Ebenen. (Buffon.)
Auch auf Jamaika hatte schon am siebenten Junius ein Erdbeben Portroyal beynahe ganz verschlungen, nach heissem und trokenem Wetter
war das Meer plözlich gesunken, wie wenn es
von dem Ufer der Insel verschlungen worden
wäre, als unmittelbar darauf die Explosion erfolgte. In diesem Jahre nun, das nicht durch

seine Witterung, sondern höchstens durch die Heftigkeit dieser Erdbeben ausgezeichnet war, begann für beide Hemisphären eine Krankheits-Constitution. In Europa war es ein Petechialfieber, Petechialfie-
das in den nächsten zehen Jahren die entfernte- ber.
sten Gegenden durchzog und wo es hingelangte
oder ausbrach meist drey Jahre lang bey der verschiedensten Witterung fortdauerte; meist fieng
es um das Frühlings - Aequinoctium an und wohin es kam blieben seine Erscheinungen so ziemlich dieselben. Das zu Modena war ganz gleich
dem zu Breslau, dagegen entsprach es jezt in seinem Verlauf und seinen Erscheinungen nicht mehr
ganz dem Bilde das zu Anfang des 16ten Jahrhunderts von demselben gegeben worden war.
Dem Erscheinen der Petechien gieng eine große
Mattigkeit, Niedergeschlagenheit, Kopfschmerzen,
Ohrensausen, Hize im Hals, eingenommener Kopf
und Magenschmerz (Cardialgie) voran, das sicher-
ste Zeichen der herannahenden Krankheit war
das Gefühl, als wenn alle Gelenke zerschmet-
tert worden wären; kam nun vollends Hize und
eine besondere Röthe im Schlund hinzu, so
durfte man vollends von dem Daseyn der Krankheit überzeugt seyn. Der Puls war klein und
zusammengezogen, und die Kräfte so sehr dahin, daß die Kranken wie Klöze im Bett lagen;
der Anblik solcher Kranken wurde dadurch noch
sonderbarer, weil dieselben, welche meist Individuen in der höchsten Blüthe und Kraft des
Alters waren, von ihrem blühenden Aussehen
gar nichts verlohren. Diejenigen, bei welchen
die Fleken gleich in den ersten Tagen erschienen, erlagen meistens der Krankheit, gewöhnlich
kamen sie am 4ten oder 7ten Tag zum Vor-

schein, zuerst am Hals, Rüken und auf der
Brust. Bey denen aber, welche die Krankheit
glüklich überstehen sollten, mufsten sie sich
nach und nach bis auf die Fingerspizen und Zehen verbreiten, denn wenn sie sich nicht über
den Rüken oder die Brust kinauserstrekten, so
war difs immer ein schlimmes Zeichen. Es hatten diese Fleken die verschiedenartigste Form
und Farbe, es gab auch solche, und difs waren
die allerschlimmsten, die vertieft lagen, diese
konnte man nur entdeken, wenn man von der
Seite her über die Haut hinblikte. In der Höhe
der Krankheit bildete sich im Schlunde, nachdem sich kurz zuvor Röthe gezeigt hatte, eine
weifse und geschwürige Kruste, welche Localaf-
fection den Aerzten so viel als die Krankheit
selbst zu schaffen machte, und noch manchen
Kranken wegraffte, zu dessen Aufkommen man
sich die beste Hoffnung machte. Schluchzen war
beynahe immer ein Zeichen des Todes, bey solchen Kranken fand man denn ähnliche Fleken
im Hals. Auch Urin-Unterdrükung, wobei die
Blase ganz leer blieb, war ein sehr schlimmer
Umstand. Ausser den Petechien enschied sich die
Krankheit durch Schweifs und eine gelinde Diarrhoe. Ihre nahe Verwandschaft mit der Pest
beurkundete sie auch damit, dafs nicht ganz selten, besonders bey starken Personen, Bubonen
und Carbunkel entstanden, ausserdem machte
man auch besondere Wahrnehmungen an den Leichen, meistens behielt das Gesicht lange nach
dem Tode das frische Aussehen des Lebens;
ja man wollte sogar gesehen haben, dafs noch
Schweifstropfen auf demselben nach dem Tod
erschienen.

Auf St. Domingo brach bald nach dem Erd- Gelbes Fie-
beben eine Krankheit aus, welche das gelbe Fie- ber,
ber gewesen zu seyn scheint; sie war ebenso
verheerend auch auf Barbadoes und andern westindischen Inseln; von Martinique aus wurde sie
durch die Flotte des Admirals Wheeler nach Boston
gebracht, was jedoch Webster nicht zugeben will.

Den zehnten Januar 1693 erfolgte ein sehr 1693 n. Chr.
starker Ausbruch des Aetna, dem ein besonders
für Catanea sehr furchtbares Erdbeben vorange- Vulcane und
gangen war. Lezteres wurde zu derselben Zeit Erdbeben.
auch zu Neapel bemerkt und von eigenen Lichterscheinungen, die Abends zuvor aus der Erde
schlugen, angekündigt. Während des Erdbebens nahm die Atmosphäre eine röthlich gelbe
Färbung an, auch einige Quellen zeigten sich
roth getrübt, und auf das Gemüth des Menschen
sogar wollte man einen deprimirenden Eindruk
bemerken. Den dreyzehnten Februar sezte sich
auch der Hecla in Bewegung, und wurde erst
im August wieder ruhig.

Gleichzeitig entstand auch in der Nähe der
Molukken ein Vulcan und auf Jamaika spürte
man wieder einen Monat lang eine unterirdische
Bewegung. Die bösartigen Fieber, die sich im- Bösartige
mer weiter verbreiteten, wurden in Unter-Ita- Fieber.
lien für eine unmittelbare Folge der tellurischen Ausströmungen bey diesem Erdbeben erklärt. (P. Boccone.) In Schwaben und in den
Rheingegenden dagegen erschienen sie im Gefolge
des mordbrennerischen Kriegs, mit welchem eine
ebenso abscheuliche als unausführbare Politik jene
Länder überzog. In Lyon gaben sie sich als febres soporosae mit Petechien und Convulsionen
zu erkennen, gegen welche auch mit Erfolg ab-

führende Mittel in Verbindung mit vorsichtigem Blutentziehen angewendet wurden. (Panthot.)

Auf den kalten Winter des Jahrs 1694 folgte ein ebenso heisser Sommer, noch blieben die Vulcane in Thätigkeit, in diesem Jahr war es der Vesuv und ein Vulcan auf der Insel Banda. Die Petechialfieber erschienen zu Giessen, in den Umgebungen von Nürnberg, zu Augsburg und Berlin.

1695 n. Chr.
Langer Winter.
Schon im October fieng der Winter an und dauerte bis in Merz 1695. Nur zu Venedig spürte man im Jahr 1695 am fünf und zwanzigsten Februar noch Erdbeben, wobey man zu Bologna gleichzeitig Trübung der Quellen bemerken wollte. Der Winter dauerte auch in Italien lang, zu Neapel war es drey Monate lang Winter - Witterung, zu Casal fiel im April noch neuer Schnee, und zu Lemberg gar noch im Junius. Die Donau gieng erst im Merz auf. (Theatr. europ.) Auf diesen so langen Winter, während dessen man wieder Nebel von eigener Beschaffenheit bemerkte, folgte ein höchst unfreundlicher Sommer, besonders widerlich war das Wetter im Junius, aber gerade während dieses Sommers schienen die Krankheiten zu Giessen und Posen nachzulassen, doch waren vom May bis in October in Rom bösartige Fieber, die schnell unter apoplectischen Anfällen tödteten, sehr allgemein. Zu Rom und Paris starben viele Kinder am Keichhusten oder Luftröhrenentzündung, welche man die Quinte nannte. Noch dauerte das gelbe Fieber in mehreren Gegenden Nordamerikas und Westindiens fort, z. B. auf den Bermuden, auch wurde dasselbe nach Philadelphia und etwas später nach Charlestown gebracht.

Unfreundlicher Sommer.

Quinte.

Allgemein wird der Winter 1696 als unge-

wöhnlich mild und der Sommer, wenigstens in
Teutschland, als sehr warm angegeben und es
wuchs daher auch ziemlich guter Wein. In einzelnen Gegenden nur zeigte sich Dysenterie, sonst
waren selbst intercurrirende Krankheiten selten,
wo aber die Krankheits - Constitutionen dieses
Jahrs aufgezeichnet sind, da kommen immer unter den acuten Krankheiten auch Petechialfieber
vor, durch welche zwar die Todtenlisten nicht
vergröfsert wurden, die aber für ungefähr vierzehn Jahre als stationaire Krankheit sich erweisen. Nur in einzelnen Gegenden, wo dieselben
bey ihrer Verbreitung gegen Norden erst hingelangten, nahmen sie wie z. B. zu Oedenburg
in Ungarn und zum Theil auch in Posen als
Epidemie auch einen weniger milden Charakter
an, und meist gesellten sich zu ihnen, während
sie die Erwachsenen befielen, unter den Kindern
Morbillen und Poken. Ueber die Antillen und
selbst das Festland von Amerika war eine Seuche
verbreitet, die man zwar auch das vomito negro nannte, die aber in der Art ihrer Verbreitung und ihrer Dauer doch ganz verschieden von
der Krankheit unserer Zeit erschien, denn sie
herrschte in dem so beträchtlich hoch (450 Toisen) gelegenen Caraccas 16 Monate lang, somit auch während der kühlern Jahreszeit, in
welcher das Thermometer auf 12° — 13° steht. *)
Die Pest verbreitete sich bis nach Dongola so,
dafs Poncet zwey Jahre später noch viele Dörfer verödet antraf.

---

*) Humboldt Reisen II, 490.

In den Jahren 1695 — 97 litt der Norden sehr durch Miswachs, weil jedesmal ein Frost zu Ende Julius oder Anfang Augusts. jenseits des 49sten Grads dem Getreide grofsen Schaden zufügte. (Hogstroem.)

Strenger Winter.

Der Winter 1697 war auch in Teutschland im Januar und Februar sehr streng, um diese Zeit war auch in Spanien die Kälte grofs, und um Genua erfroren die Bäume. Am dreyzehnten Januar Abends fünf Uhr fiel bey Siena aus dunkelm Himmel ein Meteorstein. Im Merz und April wechselte noch mehrmals strenge Kälte mit milderer Luft ab. Ebenso streng war der Winter auch in Nordamerika, der Sommer dagegen, wenigstens bey uns unbeständig. Eine fast gleiche

1698 n. Chr. Komet.

Beschaffenheit hatte auch der nächste Jahrgang. Der Komet, welcher noch zu Ende des Jahrs 1697 erschien, wurde für denselben vom Jahr 1652 erklärt, weil beyde unter demselben Grad und Winkel die Ecliptik durchschnitten und wurde auch schon 1736 auf 1745 vorausgesagt. Im April traten, ohne dafs unmittelbar zuvor der Regen besonders bedeutend gewesen wäre, die meisten gröfseren Flüsse Teutschlands die Oder, Elbe und der Rhein über ihre Ufer. Im May fiel im Canton Bern ein Meteorstein. Am zehnten Junius zerstörte ein Erdbeben in Peru die Stadt Latacunga, und bey einem, wie es scheint, nicht bedeutenden Ausbruch des Vesuvs fiel Regen, der einen besonders salzigten Geschmak hatte. Wegen der nicht günstigen Witterung verspätete sich auch in Teutschland die Erndte, noch mehr litten die nördlichen Gegenden, besonders Schottland und Finnland, auch in England waren dieses und das folgende Jahr Fehljahre. Obgleich aber schon

seit mehreren Jahren der Mangel daselbst so
fühlbar war, so erfährt man, doch nichts von
eigentlichen Krankheiten. Nur in West‑Both‑ Milzbrand in
West‑Both‑
nien.
nien entstand im Junius, als schnell warme Wit‑
terung mit einer kälteren wechselte, der Milz‑
brand fast ganz auf dieselbe Art, wie denselben
Gmelin im vierten Theil seiner Reise beschreibt;
er befiel auch Pferde und theilte sich auch den
Menschen besonders nach Verwundung oder Be‑
rührung mit. Die Befallenen bekamen an der
getroffenen Stelle ein Kizeln und Schmerz mit
einem Fleken wie von geronnenem Blut, der sich
aber bald in eine Geschwulst erhob, wobey sich
das heftigste Kopfweh und Bangigkeit einstellte
und am fünften Tag der Tod erfolgte. *) In
England dehnte sich erst in diesem Jahr das
Petechialfieber aus.

In der neuen Welt ist eine allgemeine Krank‑ Seuchen im
nördlichen u.
südlichen
Amerika.
heits‑Constitution unverkennbarer. Schon im
November gaben sich catarrhalische Zufälle in
solcher Allgemeinheit zu erkennen, dafs ganze
Städte gleichzeitig befallen wurden und es ent‑
stand das Bild der Influenza. Während des Win‑
ters bildeten sich an mehreren Orten höchst ge‑
fährliche und schnell verlaufende Pleuresien aus,
bey welchen der Kopf sehr angegriffen erschien,
und die sich von denen, die in der 2ten Hälfte
des sechszehnten Jahrhunderts vorkamen, nur
dadurch unterschieden, dafs sie die antiphlogi‑
stische Behandlung besser vertrugen. Im süd‑
lichen Amerika verbreitete sich von Buenos‑ay‑
res aus mehr als tausend Meilen landeinwärts,

*) Israel Holstius kort Beskrifning öfwer den i Vester‑
botn gangbara Boskaps‑Suikan. Abo 1755.

ja sogar bis nach Lima, eine verheerende Seuche, die weder Spanier, noch Mestizen, noch Neger verschonte, und die von D. Manuel de Alsivia beschrieben wurde.

1699 n. Chr. Nach einem sehr milden Winter (hyems pauca hyemis indicia habens) fiel erst gegen das Frühlings-Aequinoctium hin reichlicher Schnee, feuchte Witterung dauerte bis in May; der Junius und Julius waren warm, dann gab es aber wieder Regen, doch wurde es im August noch einmal heifs. Zu Augsburg, Basel, Berlin und **Petechien.** Oedenburg waren immer noch die Petechien die **Ruhr u. gel-** einzige Krankheit, die sich ausser denen der Jah- **bes Fieber,** reszeiten bemerken liefs, nur hin und wieder, z. B. zu Augsburg, kündigte sich unter den Kindern die Ruhr an. In Nordamerika, besonders zu Philadelphia und Charlestown begann im August das gelbe Fieber, welches man die Krankheit von Barbadoes nannte, und richtete, obgleich jene Städte damals noch wenig volkreich waren, und besonders am ersteren Ort die Quäker sich eines sehr mäfsigen und gesezten Lebenswandels beflissen, doch in beyden bedeutende Verheerungen an.

1700 n. Chr. Nach mehreren wenig ergiebigen Jahrgängen folgte nun im Jahr 1700 wieder ein reichlicherer Ertrag. Es dauerte der Winter zwar ziemlich lange; im Frühjahr waren die Winde häufig und stark, auch fehlte es im Verlauf des Sommers nicht an Regen, aber immer blieb es dabey warm, gegen Ende Septembers und Anfang Octo- **Meteore,** bers waren dte Regen besonders häufig. Meteore gab es am siebenten Januar in der Nieder-Normandie mit grofser Explosion und Erschütterung und auf Jamaika, dort schlug ein solches

tief in den Boden und liefs einen starken Schwefelgeruch zurük. (Webster.) Am 6ten Februar
wurde zu Siena ein starkes Erdbeben empfunden.
In Teutschland erschien immer noch aufser den
gewöhnlichen Jahres-Krankheiten hin und wieder
das Petechialfieber, wie z. B. zu Halle oder während der höchsten Hize, zu welcher Zeit immer dieses nachzulassen pflegte, wie zu Mühl-
hausen febris ardens mit Cardialgie; an mehreren Orten, wie z. B. zu Augsburg, Berlin u.
and. m. ergaben sich noch stärkere Andeutungen
der Ruhr. Wo sich die Petechien gänzlich *zu Ruhr.*
verlieren anfiengen, z. B. zu Breslau, liefs sich
eine für die Entwikelungsgeschichte der Krankheiten nicht unwichtige Beobachtung machen.
Statt des Petechialfiebers, unter dessen bedeu-
tendste Zufälle auch die Angina gehörte, erschien
nun zu Breslau eine Febris scorbutica, die ausser
der grofsen Mattigkeit und den Exanthemen noch
mehrere dem Petechialfieber ähnliche Erscheinungen zeigte, nur einen noch mehr chroni-
schen Verlauf hatte. Zugleich erschien aber auch *Scharlach-*
ein acutes Exanthem, bey welchem unter den ge- *fieber?*
wöhnlichen eine exanthematische Krankheit ankün-
digenden Symptomen am dritten oder vierten Tag
rothe flammigte Fleken entstanden, die ohne deut-
liche Begränzung sich in einander verlohren, so
dafs der Körper in kurzer Zeit mit einer Scharlachröthe überzogen war und die Haut ganz rauh
und troken anzufühlen wurde. Am siebenten Tag
schuppte sich sodann die Oberhaut. (Epidermis squamatim abscedit.) Damit war aber die
Krankheit noch nicht zu Ende, sondern bei vielen Kranken entstanden entweder Metastasen auf
die Gelenke, oder bildete sich unter Beschwerden

im Athemhohlen eine allgemeine Wassersucht
aus. Diese leztere Erscheinung war für die er-
fahrenen und belesenen Aerzte Breslaus etwas
ganz Neues, das man nur mit etwas ähnlichen
im Jahr 1628 zu vergleichen vermochte. *). Man
nannte diese Krankheit Rosalia. Zu derselben
Zeit, in welcher dieses zu Breslau bemerkt
wurde, starben auf der Insel Milo die Kinder
in grofser Zahl an einer ulcerosen Halsentzündung, welche die Erkrankten schon nach zwey
Tagen wegraffte. Dieselbe Krankheit richtete auch
unerhörte Niederlagen unter den Kindern in Spanien an.

1701 n. Chr. Der Winter 1701 dauerte wieder bis gegen
Heisser Som- Ende Merzes, der May war noch etwas stürmisch,
mer. aber nun folgte sehr warme Witterung, doch
wäre nach den Angaben von P. Cotte das reaumursche Thermometer nicht über 19° gestanden,
erst im October kamen Regen, welche jedoch die
Hize nicht beendigten, denn auch um diese Zeit
blieb es noch warm. Auch in Nordamerika mufs
der Sommer sehr troken gewesen seyn; denn als
im Sommer 1782 die Trokenheit wieder so lange
anhielt, so kam in dem Flufs Schuykill ein Felsen mit der Jahrzahl 1701 zum Vorschein, (Webster.) Vom dreyzehnten bis zwey und zwanzigsten Merz fühlte man Erdbeben in Sachsen,
vom dreyzehnten bis acht und zwanzigsten August in Claris. (Theatr. europ.) Am ersten Ju-
Ausbruch des lius gerieth der Vesuv in Bewegung, Tags dar-
Vesuvs. auf erschien ein Lavastrom, und jezt wurde der
Berg nicht mehr ruhig bis 1736. In diesem

*) Historia morb. Vratislaviensium. p. 164.
**) Tournefort voyage etc. Vol. I. Lettr. 4.

Jahre nun gab es eine reichliche Erndte und
Herbst. Doch war nach der Tübinger Weinrechnung der Wein um die Hälfte theurer als
im nächsten Jahre, wahrscheinlich weil er im
lezterem gering ausfiel. An Obst dagegen fehlte
es meistens ganz. Jezt entstanden an den meisten Orten, von welchen die herrschenden Krankheiten aufgeschrieben wurden, z. B. zu Basel,
Tübingen, Augsburg, Oedenburg, Breslau und
Berlin Diarrhoen und Ruhren, welche man jedoch nicht als die unmittelbare Folge der Hize
des Sommers ansehen darf, da dieselbe schon in
dem vorlezten Jahr an einzelnen Orten sich angekündigt hatten, so dafs man die Ruhr eher
für einen Vorboten als für die Folge des heissen
Sommers erklären könnte. Zu Toulon raffte die
Pest zwey Dreytheile der Bevölkerung weg, dieselbe Krankheit verheerte auch die Levante.

Ein Komet leuchtete im April 1702, dabey 1702 n. Chr.
war der Winter äusserst unbeständig und lange Komet.
dauernd, der Sommer ebenso kühl, regnigt und
windig. Gerade bey dieser den Jahreszeiten so
wenig entsprechenden Witterung gab es fast
keine Krankheiten, wo welche vorkamen, waren
es dem Genius epidemicus entsprechende Diar- Diarrhoe u.
rhöen und Ruhren, z. B. in Tübingen, Augs- Ruhr.
burg und Oedenburg, die in diesem Jahrgang
so gar nicht als Folge eines heissen Sommers angesehen werden konnten. Zu Rom gab sich diese
Tendenz auch damit zu erkennen, dafs die dort
herrschenden Poken sich durch einen Bauchflufs
critisch entschieden. Da eben daselbst die zweyte
Hälfte des Sommers sehr heifs und troken war,
so kamen, wie difs in solchen Jahrgängen dort
immer der Fall ist, sehr häufig Apoplexien vor.

In Nordamerika, wo dieser Sommer trokener war,
erschien im Junius zu Boston neben den herrschenden Poken eine andere exanthematische
Krankheitsform, welche man wegen der über die
Haut verbreiteten Röthe das Scharlach-Fieber
nannte; im Anfang war dasselbe gutartig, im
August starb nur ein Patient, im September
nahm es aber einen weit feindseligeren Charakter an und hörte erst im December auf, während die Poken noch bis in Februar fortdauerten. Ob diese Krankheit auf das Kindesalter sich
blos erstrekte ist nicht genau angegeben. (Webster.) Zu Newyork herrschte das gelbe Fieber,
wie es hieſs von St. Thomas aus dahin gebracht.

Sowohl in Teutschland als in Italien war
der Winter 1703 regnerisch, bis gegen Ende Januars helles und kaltes Wetter eintrat. Der un-
unterbrochene Regen hatte in Italien groſse Ueberschwemmungen veranlaſst; in dem mittlern
Theil der Halbinsel, besonders in den Apenni-
nen, folgten im Januar und Februar mehrere
sehr verheerende Erdstöſse, die besonders Nor-
cera und Aquila höchst verderblich und auch in
Rom sehr stark empfunden wurden. Hier war
der stärkste Erdstoſs am zweyten Februar bey
hellem Himmel um die achtzehnte Stunde, dabey nahm zwey Stunden lang die Sonne einen
dunkelrothen Schein an, und allgemein beklagte
man sich über Schwindel und Kopfweh zum Theil
mit Erbrechen. Die meisten gaben an, sie em-
pfänden eine Spannung wie wenn ein Reif um
die Schlafgegend gelegt wäre, viele starben auch
plözlich an Apoplexie, und ausserordentlich viele
(innumerae mulieres) Frauenzimmer abortirten,
auch gerieth beynahe bey allen Frauenzimmern

Erdbeben in Italien.

die Menstruation in Unordnung. Vieles war jedoch hiebey auch der Furcht, die aller Gemüther sich bemächtigte, zuzuschreiben. Bey diesen Erdstöfsen und in den Zwischenzeiten bemerkte man ein besonderes Anlaufen und schnelles Sinken der Quellen, manche wurden milch-
weifs mit einem Schwefelgeruch, und diese Trübung, die unter den ersten Erschütterungen entstanden war, verlohr sich auch wieder nach den
lezten Stöfsen, ja manche Quellen vertrokneten
während der Zeit der Erdbeben ganz, und statt
des Wassers drang ein übelriechender Luftstrom
hervor. Selbst die Tiber nahm einen niederern
Stand an und von der Seeküste trat während
der Erdstöfse das Wasser zurük. Ueber die
Krankheiten dieses Jahrs gibt aber Bagliv, der
in einer ausführlichen Abhandlung dieses Erdbeben beschreibt, keine weitere Nachricht. In
Teutschland war zwar der Frühling etwas spät,
aber May und Junius ungewöhnlich warm, im
Julius und August herrschte wieder unbeständige
Witterung, nachher wurde sie wieder lieblicher.
Auch in diesem Jahre zeigten sich neben den
Poken, die schon seit mehreren Jahren als häufige **Poken. Ruhr**
Krankheit aufgeführt werden, zu Augsburg, Oe- **und Gallen-**
denburg und Berlin entweder Dysenterien oder **fieber.**
Gallenfieber. In ersterer Stadt, die auch durch
Kriegsungemach bedrängt wurde, kam zugleich
ein bösartiges Fieber mit Crystallblasen, das eine
gifttreibende Behandlung erforderte, vor.
      Auch im nächsten Jahr 1704 folgte auf einen **1704 n. Chr.**
mit Unterbrechung kalten Winter bald ein war-
mer Frühling, während dessen jedoch auch Nachtfröste der Obstblüthe schadeten, so dafs kein
Obstertrag in diesem Jahr anzunehmen ist. Der

Sommer war auch nur zum Theil sehr heiß, und schwerlich möchte die immer noch fortdaurende Allgemeinheit der Dysenterie und Cholera als die ganz unmittelbare Folge dieser Wärme anzusehen seyn. In diesem mitunter so heißem Sommer war es auch, daß man in mehreren Dörfern des Amts Insterburg in Preussen rothe Fleken bemerkte, die man für hebräische Buchstaben hielt, und nachher für die Ausflüsse von Insekten erklären wollte. *) Mouschenbroek erwähnt eines Nordlichts. Unter heftigen Erderschütterungen entstanden auf den canarischen Inseln vulcanische Ausbrüche und Lavaergüsse, besonders auf dem Pic von Teneriffa, welche auch im nächsten Jahre fortdauerten. **)

Nach einem ziemlich strengen Winter 1705 fiel noch am 25. und 26. May in manchen Gegenden Teutschlands reichlicher Schnee, so daß die Bäume brachen, worauf jedoch wieder eine sehr gesegnete Erndte folgte. (Bildersaal.) Während des Sommers fehlte es nicht an einzelnen heissen Tagen, ja in Montpellier soll einmal das Thermometer von Amonton in der Sonne auf die Hize des siedenden Wassers, also 80° Reaumur, gewiesen haben. Andere nahmen aber allgemein an, die höchse Hize zu Montpellier habe nicht über $53\frac{1}{2}°$ Reaum. betragen. Doch gehörte der so äusserst milde October dazu, daß die Trauben noch reiften. In der zweyten Hälfte des Sommers waren auch auf dem festen Land

Margin notes: Oelfleken in Preussen,

1705 a. Chr.

---

*) Möhsen Geschichte der Wissenschaften in der Mark Brandenburg. II, S. 263.

**) Humboldt Reisen, H. I, 264.

Winde sehr häufig und stark, eine ausserordentliche Fluth bemerkte man in der Loire, auch in
Irrland trat das Meer über die Küsten und verheerte Limerick; Ueberschwemmungen gab es
im November in der Lombardie. Zu Rom ka- **Bösartige**
men häufig bösartige Fieber vor, zu welchen sich **Fieber zu**
nicht selten Apoplexie gesellte, wobey man durch **Rom u. Ceuta.**
die Section grosse Blutergiessungen im Gehirn,
besonders gegen das Hinterhaupt hin, fand. Neben den Aderlässen empfahlen die Aerzte Lancisi
und Mistichelli, weil die Vesicatorien nicht
schnell genug wirkten, die Fussohlen mit eigenen dünnen vierekigten Eisenplatten zu brennen.
Dieselbe Ueberfüllung des Venensystems fand man
auch bey einem bösartigen Fieber, das auf einem
weit entfernten Küstenort des mittelländischen
Meers zu Ceuta herrschte. (Villalba.)

Die Pest, welche bereits im vorigen Jahre **Pest und Po-**
zu Constantinopel ausgebrochen war, verbreitete **ken.**
sich in diesem schon weiter gegen Norden und
Westen, doch schienen die Poken, welche abwechselnd mit der Pest um diese Zeit zu Constantinopel wütheten, dieser gleichsam voran-
zueilen, und zogen schon in dem nächsten Jahre
bis ins nordwestlichste Europa.

Der Winter des Jahrs 1706 war wenigstens
in Schwaben ganz ungewöhnlich troken, so dafs
es Staub auf dem Felde gab, im Merz leuchtete
ein Komet. Am zwanzigsten desselben Monats
ein Feuermeteor in England. Am zwölften May **Meteore, vul-**
Vormittags zehn Uhr verdunkelte sich in Schwa- **canische**
Eruptionen u.
ben die Sonne so sehr, dafs die Fledermäuse um- **Erdbeben.**
herflogen und man Lichter anzündete. Eine Sei-
ten-Eruption des Pic von Teneriffa, bey welcher
zwey Lavaströme hervorbrachen, zerstörte durch

diese in wenigen Stunden die bevölkerte und reiche Stadt Garachico. Bei Larissa fiel am siebenten Junius ein zwey und siebenzig Pfund schwerer Meteorstein. Am vierten September war zu Rom ein Erdbeben und den sieben und zwanzigsten desselben Monats ein stärkeres auf Sicilien. Tropaso wurde den dreyfsigsten October verheert und zweytausend Menschen verlohren dabey ihr Leben, vier Tage später wurden auf ähnliche Weise sechs und dreyfsig Orte im Neapolitanischen verwüstet.

1707 n. Chr. **Kühler Sommer, Vulcane u. Nordlichter.** Der Winter 1707 dauerte noch im April fort, und auch der übrige Theil des Jahres war wenigstens in Oedenburg sehr unfreundlich, so dafs die Trauben nicht reif wurden. Am 28sten Jul. und 18ten August gerieth der Vesuv, der schon seit Jahren unruhig war, in besondere Bewegung; eine neue Insel erhob sich im Archipel. Im November erschien wieder ein Komet. Nordlichter wurden am ersten Februar und ersten Merz zu Koppenhagen und den sechsten und sieben und zwanzigsten November in Irrland gesehen. (Mairan.) Nach Irrland gelangten auch die Poken, welche unterdessen so häufig epidemisch vorkamen und rafften bey 16,000 Menschen weg.

1708 n. Chr. Der Winter 1708 war so mild, dafs es zu Oedenburg schon in der Mitte Februars Blumen gab, und obgleich der Sommer nicht gleich warm war, so wuchs doch ein vorzüglicher Wein. Auch **Erdbeben und Nordlichter.** in diesem Jahr fehlte es weder an Erdbeben noch an Nordlichtern. Erstere trafen am achtzehnten Januar Sicilien, den fünf und zwanzigsten desselben Monats das Neapolitanische und den fünfzehnten August die Provence; leztere sah man

am zwanzigsten August bey London und den fünfzehnten September auf dem Meer. Eine Feuerkugel, deren Höhe man auf 40 englische Meilen schäzte, wurde am 31sten Julius in England
gesehen. Auch ein Höhenrauch wurde bemerkt.
(Wiedeburg.)

Nachdem die in dem lezten Jahrzehend
des sechszehnten Jahrhunderts und zu Anfang
des folgenden so allgemeinen Petechien nebst
den jährlich sich wiederhohlenden Dysenterien
und Cholera wieder seltener geworden waren,
und in den lezten Jahren, deren Witterung
so wenig Ausgezeichnetes hatte, fast gar nichts
von eigentlichen epidemischen Krankheiten sich
hatte bemerken lassen; so beginnt jezt bey
Menschen und Hausthieren eine neue Krankheits-Periode, und fast gleichzeitig mit dieser
ausgezeichneten Jahreswitterung. Obgleich nun
aber auch hier wieder jene eigentlich vor dieser
begann, so wird um die Verbreitung der Krankheit eher folgen zu können, doch an die Beschreibung der Witterung schiklicher noch vorher die
des kalten Winters 1709 angereiht. Nach einem 1709 n. Chr.
ganz besonders milden Herbst fieng in den er- Kalter Win-
sten Tagen des Dezembers der Winter an, doch ter.
fiel nach drey Wochen wieder Regenwetter ein,
auf dieses folgte aber unmittelbar eine ausserordentliche Kälte, die in ihrer höchsten Grim-
migkeit bis zum 23sten Januar anhielt, doch
wird sie in Frankreich nur zu 15° Reaumur angegeben; während sie 1776 17° R. war. *) Ein
anhaltender Winterfrost währte noch bis zum
Frühlings-Aequinoctium. Besonders fiel am 25.

---

*) Rozier Journ. Février 1776.

Jánuar, 6ten Februar, 10ten und 11ten Merz eine
unerhörte Menge Schnee, ja noch am 17ten May
sah man solchen zu Oedenburg fallen. Nicht nur
die Ostsee war mit Schnee bedekt, sondern auch
Venedig war auf 7,000 Fuß mit Eis umgeben,
In Italien war der Boden drey Ellen tief gefroren und alle Oelbäume giengen zu Grund, ja
Ramazzini versichert es seyen durch die Kälte
mehr Menschen umgekommen, als durch die
verheerendste Pest; auch zu Paris erfroren viele
Menschen, doch scheint es dort mehr durch die
anhaltende als ganz ausserordentliche Kälte geschehen zu seyn, denn der Thermometer sank
wie bemerkt nie unter 15° Reaumur. Auch zu
Rom hielt die Kälte vom December bis in Februar an. Wunderbar wäre es, wenn wirklich
in Constantinopel der Winter so ganz mild gewesen wäre, (Theatr. europ.) um so mehr als
auch in Nordamerika die Kälte gleich streng war.
Bey der Masse des Schnees gab es im Frühling
große Ueberschwemmungen, überhaupt war der
Sommer kühl und feucht. In mehreren Gegenden Frankreichs, auch in Luzern und in der
Gegend von Tübingen entstand die Kriebelkrankheit mit ihren schlimmsten Zufällen, dem Brand
und Abfallen der Glieder. *)

Noch im December verbreitete sich zu Rom
eine Influenza, die nach der Beschreibung von
Lancisius weniger leichter Art war, als die später erst, gegen den April, von Hoffmann beobachtete. Zu Rom fieng die Krankheit wie gewöhnlich mit dem Gefühl äusserster Mattigkeit,

Kriebel-
krankheit.

Influenza.

*) Mémoires de l'Académie des sciences 1710. Lang und
Camerarius.

mit Schauder und einem anhaltenden Husten an,
es stellten sich aber auch herumziehende Schmerzen auf der Brust und blutiger Auswurf mit
grofser Beengung ein, häufig bekamen die Kranken auch eine gelbe Farbe. Obgleich Lancisius
dem Uebel den in Italien für Influenzen gebräuch-
lichen Nahmen Malum Castronis gibt, so starben doch mehr als sonst, seiner Angabe nach
sogar der sechste Kranke. *) Der Catarrh, welcher im Merz und April in Berlin und in Preussen überhaupt so allgemein war, und von Hofmann beschrieben wurde, scheint mehr die gewöhnliche Erscheinungen der Influenza gehabt
zu haben.

Gleichzeitig wenn nicht früher als diese Catarrhe verbreiteten sich bösartige Fieber über
Andalusien und Granada, welche ein Theil der
Aerzte, besonders die von Granada für die eigentliche Pest erklärten, und die im lezteren
Königreich bis ins Jahr 1711 allein 30,000 Menschen wegrafften. Auch zu Paris erschien im
Sommer 1708 ein bösartiges Fieber mit dem heftigsten Kopfweh und Erbrechen, bey welchem
schon am ersten Tag ein Poken ähnlicher Ausschlag sich zeigte und die Kranken gleich am
dritten oder fünften Tag starben. Auf dieses
Fieber folgte denn unter Mitwirkung des Mangels und ungesunder Nahrungsmittel im kalten
Winter und Frühjahr 1709 der Scorbut in solcher Allgemeinheit, dafs man den Hospital St.
Louis zur Aufnahme solcher Kranken einrichten
mufste. Seuchen, besonders Ruhr, herrschten

---

*) Lancisii J. M. Dissertatio de nativis et adventitiis rom.
soeli qualitatibus. Genev. 1718. 4.

16

Pest. auch in England, leztere vorzüglich in Irrland.
Es war aber auch schon im Jahr 1708 die Pest,
welche früher Constantinopel verheerte und allmählig den Grenzen Ungarns und Pohlens sich
genähert hatte, in diesen beyden Ländern weit
verbreitet, sie zeigte sich sogar durch Liefland
und Preussen, besonders in Rosenberg, Frauen-
stadt und Danzig. An lezterem Orte wurden während des Sommers 1708 alle Vorsichts-Maafsregeln getroffen, dessen unerachtet brach die Krankheit in dem zunächst folgenden Winter aus und
raffte 25,000 Menschen weg. Der Pest vorange-
hend sah man eine ungeheure Menge Spinnen,
auch bemerkte man während der Höhe der Epidemie einen ausgezeichnet widerlichen Nebel
und später ein Meteor, auch hier sollen alle
Vögel aus dem Umkreis der Stadt sich entfernt haben. Dabey ist es um so wunderbarer,
dafs die Ausländer, nahmentlich die Engländer,
welche während der Seuche wegen der einge-
frorenen Ostsee daselbst verweilen mufsten, gar
nicht von der Krankheit getroffen wurden. Der
Verlauf der Krankheit war derselbe, wie er bisher bey dieser Krankheit angegeben wurde, doch
kommen einige bemerkenswerthe Beobachtungen
vor: man durfte gleich anfangs nicht auf Schweifs
wirken, weil, wenn dieser zu bald erschien,
die Entwiklung der Bubonen gehindert wurde,
welche, je früher sie erschienen, die Krankheit
desto gutartiger machten, wenn sie erst am
fünften Tag erschienen, so starb der Kranke un-
fehlbar. Schwangere, von der Pest befallen,
abortirten gewifs, und wenn sie sich auch in
den ersten Monaten der Schwangerschaft befanden. Bey der Section fand man auch im Magen,

in den Gedärmen, dem Gekröse und dem Bauch-
fell Petechien, und im Magen Erosionen. Dieselbe Krankheit verbreitete sich in den nächsten
Jahren theils über Schweden, besonders Stokholm und Carlskrone, *) Dänemark bis nach Hamburg und Hannover, theils über Oesterreich, Mähren, Böhmen und Bayern.

In Gegenden, wo die wirkliche Bubonenpest
nicht hindráng, herrschten wenigstens Seuchen
anderer Art, wie z. B. zu Augsburg; zu Alt-
dorf gab es das wunderbare Universitätsfieber von
Heister beschrieben. Es wurden in den Monaten April und May 1711 an hundert Personen
von demselben befallen, doch starb nur ein Einziger, der sehr entschieden melancholischen
Temperaments war. Wie es scheint war es ein
entzündliches Fieber, das mit heftigem Frost
begann, auf welchen bald grofse Hize und Delirien folgten, die sich häufig durch Nasenbluten entschieden. Zuerst wurde der Rector, ein
Professor der Physik und ein Theolog, welcher
zu Nürnberg predigte, nebst zwölf Studenten
befallen. Die Studenten theilten die Krankheit
nicht ihren Hauswirthen und der Familie derselben mit, so wie auch die Familien der Professoren verschont blieben. Der Universitäts-
Buchbinder, (der vielleicht zugleich Pedell war?)
aber entfernt wohnte, bekam die Krankheit, da-

*Universitäts-
fieber zu Alt-
dorf.*

---

*) Der als Arzt berühmte Rosen von Rosenstein wurde
als vierjähriges Kind auch von dieser Pest befallen
und 24 Stunden lang für todt gehalten. S. dessen Le-
bensgeschichte in der Anweisung zur Kenntnifs und
Cur der Kinderkrankheiten. 3te Auflage, bes. von
Murray. Gotting. 1774.

gegen ein anderer Buchbinder in der Stadt, der
mit der Universität weniger zu thun hatte, dessen Haus aber dem Universitäts - Gebäude näher
lag, blieb von der Krankheit frey, die Studenten wurden schnell von den Ihrigen nach Nürnberg abgerufen, aber sie bekamen die Krankheit noch unterwegs und bey den Ihrigen, ohne
jedoch dieselbe weiter zu verbreiten. *)

In England, wo in diesem und dem nächsten Jahr Mangel herrschte, den Niederlanden
und einigen Theilen Frankreichs gab man einem
allgemein verbreiteten catarrhalischen Fieber den
Dunkirk-
Rant.
Nahmen Dunkirk - Rant. Auch in Nordamerika
entstanden im Sommer 1709 besonders unter den
Truppen, welche gegen Canada operiren sollten, bösartige Fieber, die man einer Vergiftung
der Quellen durch die Indianer zuschrieb.

1710 n. Chr.
Der Winter 1710 war nun wieder mild, am
17ten May sah man in mehreren Gegenden eine
Feuerkugel. Am 8ten September traf ein Erdbeben Stettin, und am 26sten November wurde zu
Leipzig ein Nordlicht gesehen (Mairan.) Noch
häufiger zeigten sich Erdbeben und Meteore im
nächsten Jahr 1711. Erstere kamen vor: den 7ten
Januar zu Reggio, den eilften desselben Monats in den Abruzzen, den achtzehnten May in
Sicilien, den zwanzigsten desselben Monats in
Venedig und den fünf und zwanzigsten October
zu Leipzig und Basel. (Theatr. europ. und uni-
vers. Lexicon.) Ein Nordlicht wurde zu Giessen und den eilften Merz eine Feuerkugel in der
Schweiz gesehen. Bey Orsiö in Schonen fiel den

---

*) Heister observ. med. chir. et anatom. p. 171.

fünften und sechsten May rother Regen. *) Mehr
als unmittelbare Folge der Witterung und Beschaffenheit der äussern Umstände wurde in diesem und
den folgenden Jahren ein der Kriebelkrankheit
ähnliches Erkranken an den Küsten des baltischen
Meeres beobachtet, das man jedoch nicht der
Beschaffenheit der Nahrungsmittel, sondern einer eigenen auf dem Meere treibenden schwärzen
Masse zuschrieb. **)

In diesem und dem vorigen Jahr verbreitete
sich auch fast in gleicher Richtung mit der Pest
durch Schlesien und Oesterreich von Pohlen und
Ungarn her eine Viehseuche, welche nicht al- Viehseuche.
lein auf das Hornvieh eingeschränkt blieb, sondern auch die Pferde befiel und in einer Entzündung und Gangrän der Unterleibsorgane bestand. Während des Sommers 1711 verbreitete
sich fast dieselbe Krankheit auch durch Italien
und Frankreich; dort wollte man ihre Verbreitung von krankem Vieh aus Dalmatien herleiten,
doch machte auch Nigrisoli auf die ungesunde
und zähe Beschaffenheit des Thaues als Krank-
heits-Ursache aufmerksam. Die Krankheit sey
zuerst unter einer Heerde im Venetianischen
ausgebrochen. Die Zufälle werden in diesen
Gegenden mehr wie die des Catarrhs beschrieben; es zeigte das Vieh im Anfang des Erkrankens die äusserste Unruhe, bald liefs es den
Kopf sinken, es flofs viel Wasser und Schleim
aus Mund und Augen, empfindliche Geschwüre
enstanden im Mund und Rachen besonders auch
auf der Zunge, und wenn das kranke Vieh sich
wieder erhohlte, so zeigten sich Eyter-Abscefse

---

*) Act. litter. suec. 1731.
**) Acta med. Berolin. Dec. III. Vol. VI. p. 50. seq.

an den Lenden. Bey der Section fand man das
Gehirn und die Lungen gleich angegriffen. (Ramazzini.) Das Uebel, das sich bald über die
Lombardie verbreitet hatte, gelangte auch noch in
demselben Jahre nach Neapel, so daſs der Kirchenstaat gleichsam zwischen zwey Vulcanen noch
unversehrt blieb. Es war zwar von der päpst-
lichen Regierung jeder Viehmarkt aufs strengste
untersagt, dessen unerachtet wurden von römischen Mezgern kranke Ochsen gekauft. Man war
nun auf strenge Sonderung des kranken und verdächtigen Viehs sehr bedacht, doch konnte man
die Verbreitung des Uebels längs der Via Appia
nicht verhindern, und man muſste nur Bedacht darauf nehmen, daſs kein krankes Vieh geschlachtet
und verkauft wurde. Um die Consumenten hierüber zu beruhigen, wurde verordnet, daſs jedes
geschlachtete Stük, welches man für gesund hatte
erklären können, in Viertel getheilt und jedem
solchen Viertel am äussersten Ende ein Zeichen
eingebrannt werden sollte, welches der Mezger
bis er das lezte ausgehauen hatte, wohl in acht
nehmen muſste. Es dauerte im römischen Gebiet die Seuche, bey welcher 30,000 Stük fielen,
neun Monate lang bis in April 1714; schon im
Jahr 1713 war sie auch nach England gelangt.
Eine ganz gleiche Viehseuche mit Geschwülsten
am Hals und an den Hörnern verbreitete sich 1714
auch über Finnland. *).

Seuche unter
den Pferden.   Im Januar und Februar 1712 kam in Italien
auch unter die Pferde eine Seuche, bey welcher
sich der Verlauf noch mehr dem eines Catarrhs

*) Odhelius im 36sten Band der Abhandlungen der gel.
Gesellschaft zu Stokholm.

näherte, und im Ganzen wenige fielen. Bey den gefallenen Thieren fand man aber auch eine Entzündung im Unterleib.

Immer noch dauerte die besondere Häufigkeit der Erdbeben fort, vom 2ten Februar bis 21sten Merz ereigneten sich solche häufig in Andalusien, im Merz zu Rom und Livorno, auch zu Constantinopel, den 10ten April zu Wien, den 15ten und 16ten May zu Neapel, Auch der Vesuv war in diesem Jahre besonders unruhig. Unverkennbar war die Beschaffenheit der Luft, besonders geeignet eine Affection der Schleim-Membrane hervorzubringen, doch war es nicht überall wirklicher Catarrh, wie denselben Hoffmann und Camerarius, jener in der Mittelmark und dieser zu Tübingen beschrieben. *) An andern Orten war es mehr catarrhalische Augenentzündung, wie zu Ferrara, wo diese Krankheit so allgemein herrschte, dafs nicht nur alle Einwohner der Stadt daran litten, sondern auch Fremde, die nur Eine Nacht in der Stadt verweilten, davon befallen wurden. **) Die Form, unter welcher die Krankheit in England vorkam, verglich Mead mit dem Schweifsfieber des 15ten und 16ten Jahrhunderts.

Immer noch dauerte die Pest fort, im Jahr 1713 gelangte sie auch nach Wien, Nürnberg und Regensburg. In ersterer Stadt begann sie während des Winters, doch wurde sie erst im

Marginal notes: Erdbeben. — Catarrhe, und catarrhalische Augenentzündung. — Pest.

---

*) Elias Camerarius Anmerkungen von ansteckenden Krankheiten bey Gelegenheit der Krankheit à la Mode und von der Praeservation der grassirenden Seuchen, Tübingen 1712.

**) Lanzoni in Act. nat. cur. Vol. I, obs. 41.

Merz allgemeiner, und dauerte bis zum Ende
des Jahrs. Man wollte dabey die Bemerkung
machen, das Häuser, in welchen bey der lezten Pest im Jahr 1679 die Krankheit besonders
stark sich zu erkennen gegeben hatte, sie sich
auch dieses Jahr zuerst zeigte; doch steht hiemit in einigem Widerspruch die andere Behauptung, dafs difsmal vorzüglich höher gelegene
Häuser getroffen wurden, und bey denselben
überhaupt mehr ein gereizter Zustand stattfand,
dafs man eher den Orgasmus durch Temperir-
und Präcipiti - Mittel herunter zu stimmen suchen
mufste, als Schweifsmittel geben durfte. *) (Dagegen herrschte über ihre Anstekungsfähigkeit
kein Zweifel und es starben 11 Aerzte, überhaupt von 5795 Kranken 5371, (Chenot) de Haen
dagegen versichert, dafs nur in den Lazarethen
9,337 gestorben seyen. Zu Regensburg fieng sie
im Julius, welcher Monat gerade ziemlich kühl
war, an, aber sie griff sehr langsam um sich,
so dafs auch im August noch wenige starben;
erst Anfangs Septembers brach die Reichs - Versammlung auf, und begab sich zu Wasser und
zu Land nach Augsburg. Mit dem Eintritt des
Herbst - Aequinoctiums starben täglich 30 — 40
Personen, diese Zahl fiel Ausgangs Novembers
auf 5, doch zeigte sich die Krankheit den ganzen Winter über noch hin und wieder, und erst
am 16ten Februar wurde das Pest - Lazareth geschlossen und erst am 6ten May wurde die Sperre
ganz aufgehoben und zugleich bey den Hochzeiten

---

*) Pestbeschreibung und Infections - Ordnung, sammt der
anno 1713 zu Wien in Oesterreich für gewefsten Con-
tagien. Wien 1727. S. 235.

die Musik erlaubt, dieweil mit aller Macht die
Leute anfiengen zu freyen und sich freyen zu lassen, so dafs in mancher Woche 8 = 13 Paare
in der evangelischen Gemeinde getraut wurden.
Die Zahl der Verstorbenen wurde von Einigen
auf 4000, von andern auf 6000 angegeben, es
starb aber keiner von den Aerzten. *) Rutty behauptet, auch nach London sey der Zunder der
Krankheit von Danzig aus über Dünkirchen gebracht worden, es habe sich aber keine Pest ausgebildet, sondern die Krankheit meist durch
reichliche Schweifse sich entschieden. **)

Da nun bis auf unsere Zeit die Bubonen-
Pest in den benannten Orten und in Teutschland überhaupt zum leztenmal sich gezeigt hat,
so ist wohl hier schon die geeignetste Stelle für
die Frage, ob durch menschliche Vorkehrungen
diese Krankheit für spätere Zeiten abgewendet
worden sey, oder ob nicht vielmehr in der Natur des Uebels selbst der Grund zu seinem Verschwinden zu suchen seyn möchte? Bedenkt man,
dafs nicht blos zu London, in welcher Stadt man
dem grofsen Brand das Verschwinden der Pest
allein zuschreibt, sondern in England überhaupt,
wo bey dem gröfsten Handelsverkehr gerade die
wenigsten Vorsichts-Maafsregeln gegen die Einbringung des Uebels getroffen und immer nur
bey drohender Gefahr im Parlament von Quarantaine-Anstalten gesprochen, nie aber die Acten zur Vollziehung gebracht wurden, wo höch-

---

*) E. S. Alkofer Regensspurgisches Pest- und Bufsdenk-
m l 1714.

**) A chronological history of the Weather and seasons
and of the prevailing diseases in Dublin. Lond. 1771.

stens die verdächtigen, aus der Levante zurükkehrenden Schiffe bey New-Grimsby oder St.
Helen's Pool anlegen mufsten, aber an keinem
Ort auch ein Pest-Lazareth, in welchem zu
gleicher Zeit die Waaren geöffnet und gelüftet
worden wären, errichtet wurde, sondern dafür
mit einem Pafs, dafs difs in einem der Lazarethe
auf Malta, zu Ancona, Venedig, Messina, Livorno,
Genua oder Marseille geschehen sey, man sich
begnügte, *) — schon in der zweyten Hälfte des
vorlezten Jahrhunderts die lezte Epidemie dieser Krankheit vorkam, und dafs, wie es aus
dem weitern Verlauf sich ergeben dürfte, die
Krankheit aus Spanien früher als aus Frankreich,
und dort wieder früher als aus Italien, wo sie
sich auch vor ihrem gänzlichen Verschwinden auf
die Meeresküsten und Inseln zurükzog, wich, und
man hievon in irgend einer durchgreifenden Veränderung in der Lebensweise durchaus keinen
Grund nachzuweisen vermag, so wird es immer
wahrscheinlicher, dafs nach Gesezen, die in der
Evolution oder eigentlicher in der Involution der
Krankheit selbst liegen, die Peripherie ihres
Schauplazes gleichförmig sich zusammenziehe,
und entweder die Receptivität für die Krankheit
sich vermindert habe, oder die Krankheit selbst
allmählig in eine Lebens-Periode gelangt sey,
in welcher sie weniger selbstständig sich zu verbreiten vermag, sondern immer weiter von den
climatischen Verhältnissen, unter deren Begünstigung sie entstand, abhängig wird. Dagegen
war es gerade in diesen Jahren, dafs sich das

---

*) Patrick Russel Treatisse of the plague. Lond. 1791.
p. 441 u. ff.

eigentliche schwarze Erbrechen, (um verdadero vómito negro) in den Häfen des nördlichen und südlichen Amerikas, in Veracruz, Portobello, Panama und Cartagena festsezte, und besonders neuankommenden Europäern sehr furchtbar zu werden anfieng. *)

Ein ausserordentlicher Sturm gieng am 27. Februar 1714 über ganz Europa; noch in diesem Jahr war es auch, dafs um den Vesuv ein gesalzener Regen fiel. **) Nach Webster wären nun mehrere trokene Sommer aufeinander gefolgt, ja zu Philadelphia erschienen in diesem Jahr Heuschreken mit welchen man die Schweine fütterte und die auch von Menschen gespeist wurden, aber auf dem Festlande von Europa war wohl der Winter troken, der Sommer dagegen feucht, und in demselben Ueberschwemmungen häufig, (Thoaldo) auch wuchs wenig und geringer Wein, etwas besser gerieth derselbe im nächsten Jahre. In der Schweiz ereignete sich ein Bergsturz, den man zum Theil für eine vulcanische Erscheinung ausgab.

- Sowohl in England, wo man auf der Themse einen Jahrmarkt hielt, als auch in Spanien und Italien war der Winter 1716 sehr streng, und ausser seiner Trokenheit besonders durch kalte Nebel, mit denen zuweilen freundlichere Sonnenblicke wechselten, auf welche dann plözlich

---

*) Juan de Iosef de Gastelbondo Tratado del metodo curativo experimentado y aprobado de la enfermedad de vomito negro epidemico y frequente en los puertos de las Indias occidentales. Cartagena des Indias 1753.

**) D'Arthenay Mém. de l'académie royale des sciences. Tom. IV.

Erdbeben. wieder Seestürme folgten, ausgezeichnet. Erdbeben ereigneten sich den 29sten Januar und 3ten
Februar in der Grafschaft Görz, den 2ten Februar zu Algier, den 8ten desselben Monats in
Peru, besonders der Gegend von Lima und den
30sten November zu Messina. Eines der bedeu-

Grofses Nord- tendsten Nordlichter neuerer Zeit wurde im Merz
licht. fast durch ganz Europa gesehen. (Muschenbrök)
Auf Island gab es eine vulcanische Eruption im
See Grimsvatn (Mackenzie und Stephenson) und
in Amerika wurde es am 21sten October gar nicht
hell, so dafs man Lichter brennen mufste. (Webster.) Auch sonst scheint der Sommer ausgezeichnet gewesen zu seyn durch starke Gewitter
und übelriechende Nebel. Im Aug. und Sept.
sah man in der Ukraine und in der Gegend von

Oelflcken. Lemberg rothe Fleken, die man für Zeichen eines bevorstehenden Sterbens hielt, und durch
welche der Bischoff von Lemberg veranlafst wurde,
einen Hirtenbrief, in welchem er zum Fasten
und Beten ermahnte, ergehen zu lassen. Den
Nebeln und ähnlichen Niederschlägen aus der
Atmosphäre wurde auch die ungesunde Beschaffenheit des Getreides, welche an mehreren Orten die Kriebelkrankheit zur Folge hatte, zugeschrieben. Noch unmittelbarer auf die Gesundheit des Menschen-Geschlechts wirkte die
ausgezeichnete Beschaffenheit der Witterung des
Winters. In Spanien, wo besonders zu Aguilar
del Campo, nahmentlich am 16ten Januar, der
angegebene Wechsel von Nebel, warmem Sonnenschein und Schneesturm am stärksten empfunden wurde, verbreitete sich unmittelbar
darauf ein Catarrh, den man wegen seiner ausgezeichneten Erscheinungen nur mit dem von

1580 vergleichen konnte, und der den Aerzten Luftröhren-
als neue Krankheit erschien. (Villalba.) Deut- Entzündung.
licher wurde die Krankheit in England erkannt
und für die Luftröhren-Entzündung (cynanche
trachealis) erklärt. *)

Gleichzeitig mit dem Eyafialla oder Oster-
Jokul explodirte im Jahr 1717 der Vesuv. Am 1717 n. Chr.
4ten Januar sah man zu Quesnoy eine Feuerku- Vulcane und
gel, der unmittelbar eine zweyte folgte, gleich Feuerkugeln.
einem Kanonenschuſs gegen den Kirchthurm fah-
ren, und am zehnten August eine gleiche in
Preussen, Schlesien, Pohlen und Ungarn, wobey
man einen Schwefelgeruch bemerkte. So wie im
vorigen Jahre die Kälte und Schneestürme in
Europa ausgezeichnet waren, so machte man
jezt dieselbe Bemerkung in der neuen Welt.
Im December dieses Jahrs richteten Stürme und
Ueberschwemmungen des Meers in Holland, Ost- Meeres-Ein-
friesland und an dem Ausfluſs der Elbe groſse brüche.
Verheerungen an, besonders litt Embden, das
beynahe ganz zu Grund gerichtet wurde. Die
theils früher schon in Holstein, theils in dem
vorlezten und diesem Jahr weit verbreitete Krie- Kriebel-
belkrankheit, welche in der Lausiz, in Thürin- krankheit.
gen und der Schweiz die Aerzte und zum Theil
auch die Kanzelredner beschäftigte, **) und bey

---

*) Patrick Blair Observations in the practice of Physik.
London 1718. p. 92.
**) G. W. Wedel de morbo spasmodico ., idemico ma-
ligno in Saxonia, Lusatia etc. grassato et adhuc grassante. Jenae 1717.
A. Kunrad Consideratio theologica morbi et phan-
tasmatum quibus Annabergae, nonnulli homines utrius-
que sexus ac diversae aetatis. hoc et superioribus annis
conflictati sunt. Annaberg 1717.

welcher häufig entweder der Brand der Glieder
oder wunderbare Nervenzufälle entstanden, wurde
nicht von Allen dem Mutterkorn zugeschrieben,
sondern einige suchten die Ursache im lolium
temulentum, und Andere in den immer noch
fortdauernden, dieser nun fast zehnjährigen Periode ganz eigenthümlichen Nebeln, die sich
häufig durch besondern Geruch und eine eigenthümliche Beschaffenheit des Thaus. so wie auch
durch ihre Einflüsse auf den thierischen Organismus auszeichneten und nothwendig an die
Vorstellungen der ältern Aerzte von arsenica-
lischen Ausdünstungen der Erde erinnern. Ausser dieser Kriebelkrankheit gab es hin und wieder bösartige Fieber, in Unterwalden ein bösartiges Tertianfieber, in der Piccardie ein Frieselfieber mit ausserordentlichen Schweissen, suette
miliaire, auch Allioni erkannte nach seiner angeführten Schrift in diesem Jahr zu Turin zuerst
den Friesel, verfolgte die Krankheit, wie sie sich
von einer Stadt in die andere in Piemont sich
ausbreitete, und beschreibt sie theils als eigene
Krankheit, und wie sie im Gefolge typhoser
Fieber, der Petechien, Poken, Lungen - Entzündungen, Wechsel - und Puerperalfieber erschien;
immer noch gab sich der Ausbruch des Exanthems
durch ein eigenes Gefühl in den Fingerspizen
zu erkennen.

Zu Constantinopel herrschte die Pest.

1718 n. Chr.
Komet.
9monatliche
Trokenheit.

Im Januar 1718 erschien ein Komet, der
Winter war sehr kalt und der Sommer heiß;
durch ganz Europa herrschte in den neun ersten
Monaten dieses Jahrs Trokenheit, zu Paris stieg
einmal der reaumursche Thermometer auf 28°,
in Teutschland barst der Erdboden und ent-

zündeten sich die Wälder; unter diesen Umständen konnte die Erndte nicht reichlich ausfallen, desto vorzüglicher war der Wein. (Bildersaal) Auch sonst war das Jahr ausgezeichnet. Am Aschermittwoch sah man um halb acht
Uhr durch die ganze Welt ein grofses Feuer am
Himmel, auch Barchewitz sah am 24sten Merz
auf der Insel Lethy ein Meteor, nach welchem
eine gallertartige Masse zur Erde fiel. Die Insel St. Vincent traf ihre grofse vulcanische Katastrophe. Auch der Jahrgang 1719 war äusserst
warm und troken, doch gab es viele Donnerwetter. Am 22sten Februar sah man im nördlichen
Italien bis Augsburg, ja bis Tübingen eine Feuer- **Meteore.**
kugel so grofs wie der Vollmond und mit einem
siebenmal längern Schweif von Osten nach Westen ziehen; man berechnete ihre Höhe auf
16,000 Schritte und ihre Geschwindigkeit auf 153
Ruthen in einer Secunde. Ein ähnliches Meteor, das mit einem unbeschreiblich heftigen Knall plazte, sah man am 19ten Merz in
England, über dieses stellte Halley Berechnungen an. Am 30sten desselben Monats erschien
ein drittes Meteor in den Niederlanden. Unter
55° N. Br. und 344° 41' Länge von Paris fiel auf
dem atlantischen Ocean ein Aschenregen. *) Am
6ten Merz spürte man ein Erdbeben zu Villa
nova, Constantinopel und Aleppo. Während des
Sommers stieg nach den Beobachtungen des Pater
Cotte das reaumur'sche Thermometer auf $29\frac{1}{20}$;
wegen der troknen und heifsen Witterung mifs- **Heisser Som-**
riethen das Gras und die Sommerfrüchten gänz- **mer.**
lich; desto besser aber war der Wein dieses Jahrs,

*) Memoires de l'Académie de Paris 1719.

doch blieb der vom vorigen Jahre länger in gutem Andenken. An manchen Orten blühten die
Bäume zum zweytenmal. In diesem Jahr fieng
die Pest zu Aleppo sich zu verbreiten an, nach
den Versicherungen von Russel wäre sie aber von
den nördlichen Gegenden aus dahin gebracht
worden.

1720 n. Chr. · Der Häufigkeit der Meteore im Jahr 1719
Vulcanische entspricht in dem folgenden die der Erdbeben
Eruptionen und vulcanischen Eruptionen. In China ereignete
und Erdbeben sich ein sehr beträchtliches Erdbeben, und auf
Tercera, einer der azorischen Inseln, im südöstlichen Theile Islands auf dem Eyrefa Jokul
und auf dem Vesuv kamen in diesem Jahr Feuer-
Ausbrüche vor, mit welchem die Ueberströmun-
gen des Meeres, die noch bedeutender als 1717
waren und ausser den dort angegebenen Meeresküsten auch Holstein und Schleswig betrafen, im
Zusammenhang gestanden seyn könnten.

In diesem Jahr, in welchem theils die Mor-
talitäts-Listen überhaupt auf eine gröfsere Sterblichkeit in den grofsen Städten, London, Amsterdam, Wien und Dresden hinweisen, wo sich ein
allgemeines Erkranken auch in Spanien durch
einen nicht ganz gutartigen Catarrh und in Rom
neben häufigen Apoplexien durch eine Pneumonie, bey welcher die Lungen schnell brandig
wurden, (Dom. Gagliardus) zu erkennen gab,
theils auch wegen des geringern Fruchtertrags
der vorangegangenen Jahre die ärmere Volks-
Pest zu Mar- klasse eher Mangel litt, brach zu Marseille in
seille. der zweyten Hälfte des Julius nach starken Gewittern und einer beträchtlichen Abkühlung der
Luft, gerade im schmuzigsten und ärmsten Quartier der Stadt eine anstekende Krankheit aus, an

welcher die meisten Befallenen starben, und die
im Anfang sich nicht gleich an den gewöhnlichen Erscheinungen der Bubonen-Pest erkennen
liefs, weil sich meist eher Parotiden bildeten,
weshalb die Aerzte auch über die Natur der Krankheit verschiedener Meynung waren. Als man sich
endlich darüber vereinigte, daſs es die wirkliche
Bubonen-Pest sey, so leitete man die Mittheilung des Contagiums von einem Kauffarthey-
Schiff, Cap. Chatoud, her, das von der syrischen Küste, wo ja im vorigen Jahr schon die
Pest ausgebrochen war, eine Ladung Seide gebracht, und auf der Fahrt nach Livorno schon
sieben, und dort noch weitere drey Todte verlohren, aber dessen unerachtet dort ein Patent,
das nicht auf die Pest lautete, erhalten hatte,
wefshalb es auch in Marseille zugelassen wurde.
Die meisten bey dessen Ausladung beschäftigten
Personen wurden unmittelbar darauf von heftigen Kopfschmerzen, Uebelkeit, Erbrechen und
Parotiden befallen und starben schnell hintereinander. (Raymond.) Im weitern Verlauf aber,
schon gegen den 24sten August wurde es immer
deutlicher, daſs nur diejenigen Kranken mit dem
Leben davon kamen, bey welchen bald und zwar
gleich am zweyten Tag, unter Nachlaſs des
Fiebers und Erbrechens, Bubonen in den Weichen erschienen, und sich zur Eyterung anliessen. Auch die von Montpellier nach Marseille
berufenen Aerzte, Pons, Chicoyneau und Deidier,
kamen am Ende darin überein, daſs auf die Behandlung der Bubonen alle ärztliche Hülfe in
dieser Krankheit sich beschränken müsse, und in
Fällen der höchsten Plethora und eines noch so
entschiedenen inflammatorischen Zustandes, der-

lâssen immer sehr gewagt seyen, weil man sowohl in der Quantität des wegzulassenden Blu-
tes als in der Indication leicht habe fehlen und
durch eine nur wenig das rechte Maafs überschrei-
tende oder um die kürzeste Zeit verspätete Aderlässe man die eine glükliche Entscheidung der
Krankheit allein bedingende Ausbildung der Bubonen habe stören können, wefshalb auch ein
jeder Geblütsverlust beym weiblichen Geschlecht
immer den Tod zur gewissen Folge gehabt habe.
Es war die Krankheit entschieden anstekend, und
wenn auch keiner von den drey Aerzten zu Marseille und von den acht erst in der zweyten Periode der Epidemie von Montpellier eingetrof-
fenen Aerzten starb, so wurden doch ein anderer
fremder Arzt, dessen Audon erwähnt, und mehrere Chirurgen von der Krankheit befallen und
weggerafft. Die Krankheit beschränkte sich nicht
auf die Stadt allein, sondern verbreitete sich
auch in die Umgegend ins Gevaudan und Languedoc bis in die Cevennen, besonders auch nach
Aix und Toulon und die Zahl der Leichen wurde
im Ganzen auf 60,000 angegeben.

Marseille also, wohin im Jahr 588 die Bubonen-Pest vor vielen andern Häfen des Mittelmeers zuerst gebracht wurde, hätte demnach
auch die lezte Epidemie dieser Krankheit getroffen, und diese lezte Epidemie gab auch Veranlassung zur Erbauung des grofsen, in neueren
Zeiten von Millin, Fischer und Mylius beschriebenen Pest,-Lazareths; mittelst dessen in Verbindung mit den allerdings sehr musterhaften
Quarantaine-Anstalten man nun für Frankreich
auf immer die Verbreitung der Pest von der See-
Seite her weggebannt haben will. Dafs durch

diese Anstalt West-Europa geschüzt und nicht
durch ein freywilliges Zurükweichen der Pest,
unterdessen von dieser Geissel verschont blieb,
müfste man nur dann glauben, wenn die Angaben von Mylius, dafs alljährlich mehrere Pest-
fälle im Lazareth vorkommen, richtig wären.
Diesen widerspricht aber auch die Nachricht
von Jansen vom Jahr 1785, dafs in dem Laza-
retto sporco zu Triest seit 16 Jahren kein Beyspiel von einer Anstekung vorgekommen sey, *)
und wie will man es sich erklären, dafs eine
Krankheit, die immer noch mit solcher Stärke
auf das westliche Europa losdränge, auch andere
Länder, in welcher entweder keine, oder höchst
unvollkommene Quarantaine-Anstalten sich finden, unberührt lasse?

Entschiedenere Vortheile wurden wohl zu Poken-Im-
derselben Zeit in England über eine andere der pfung.
Menschheit ebenso verderbliche Krankheit, über
die Poken durch die Inoculation errungen, wenn
auch nur insofern, als dieselbe die Kuhpoken-
Impfung, die siebenzig Jahre später in demselben Lande ausgekundschaftet wurde, vorberei-
tete. In der That ist die allgemeinere Verbreitung der Inoculation über Europa weniger wegen
ihrer nächsten Folgen für das Menschengeschlecht,
als wegen des dabey befolgten Ganges und selbst
der Hindernisse, die sie erfuhr, mehr für die
Geschichte der Heilkunde und der Cultur überhaupt bemerkenswerth. Lange schon war nach
den Versicherungen der Missionairs in China die
künstliche Mittheilung der Poken im Gebrauch,

---

*) Brieven over Italien dor Wilh. Xaver Jansen. Lei-
den 1790.

einige sezen den Anfang davon ins sechste, andere ins zehnte, d'Entrecolles doch erst ins
sechszehnte Jahrhundert. Bekanntlich bestand
dort das Verfahren dabey darin, dafs man die zu
Pulver gestofsenen Borken in Eins der Nasenlö-
cher des zu Impfenden brachte, was man in diesem Land, in welchem man den Akerbau so
hochschäzte, das Pokensäen nannte. Nicht weniger alt scheint die jedoch schon mittelst leichter Einschnitte vollbrachte Verpflanzung; so wie
die kühlende Behandlung der ausgebrochenen
Krankheit, auch auf der Halbinsel Indostan gewesen zu seyn. Aber auch im Caucasus bey den
Circassiern und Georgiern, ferner unter den Ara-
bern und von diesen aus zu Constantinopel, auch
in Griechenland, besonders in Thessalien, und
selbst auf der Nordküste Afrikas bis an den Se-
negal hatte man schon längere Zeit, theils bey
herrschenden Poken-Epidemien, theils jährlich
zu einer bestimmten Zeit nicht ohne günstigen
Erfolg den Verlauf der Krankheit bey dem Einzelnen dadurch milder zu machen versucht, dafs
man noch ehe die Disposition zur Krankheit diejenige Ausbildung erreicht hätte, in welcher eine
entferntere und leichtere Berührung oder gar
eine Wirkung in die Ferne, (actio in distans)
zur Hervorbringung derselben hingereicht haben
möchte, die Constitution der für das Contagium
empfänglichen Individuen durch unmittelbare
Einbringung des Anstekungsstoffs in die Blut-
masse, gleichsam überraschte. Es konnte somit die Krankheit deshalb milder ausfallen, weil
das Eine ihrer Momente, nemlich das subjective,
gleichsam noch fehlte, abgesehen davon, dafs
man die Wahl des Stoffes, der Zeit u. s. w.

mehr dabey in der Gewalt hatte. Diese bereits
über drey Welttheile verbreitete Praxis, welche
in diesen Ländern das Blattern - Kaufen genannt
wurde, war wunderbarer Weise nur noch nicht
in denen Ländern, in welchen europäische Kul-
tur herrschte, und wo doch schon im 17ten Jahrhundert die Heilkunde vielfach durch die von
einzelnen Reisenden, wie Kämpfer, Ten Rhyne
und Andern mitgetheilte Nachrichten von den
empirischen Kuren fremder Völker sich zu be-
reichern gestrebt hatte, zur Sprache gebracht
worden, bis im Jahr 1713 Dr. Emanuel Timoni,
ein griechischer, aber auf europäischen Universitäten, zu Oxford und Pavia gebildeter Arzt und
Mitglied der königlichen Societät zu London
dieselbe in einem Brief an Dr. Wood beschrieb.
Diesem folgte bald ein ähnlicher Bericht von einem venetianischen Arzte zu Smyrna, dem Signor
Pylarini, *) und beyde Nachrichten erhielten ihre
Bestätigung durch den Ausspruch eines englischen Wundarztes P, Kennedy, **) der viel in

---

*) Nova et tuta variolas excitandi per transplantationem
methodus Jac. Pylarini. Venet. 1715. Kirkpatrik sezt
die erste Erscheinung einer Schrift dieses Verfassers
schon ins Jahr 1701. Es erscheinen diese Nachrichten wörtlich abgedrukt in den phil. Transactions 1714
Nr. 339 und 1716 Nr. 344. und aus diesen in den
Ephem. Germ. Cent. V, Obs. II. ao. 1717 aber auch
in den Actis Erud. und den meisten damals erscheinenden Zeitschriften.

**) An Essay on external Remedies etc. by P. Kenedy
Chir. Med. Lond. 1715.

Dr. Abraham Vater das Blatter-Beltzen oder die
Art und Weise die Blattern durch künstliche Einpfro-
pfung zu erweken. Wittenberg 1721.

der Türkey gereist war, und der Operation den
Nahmen Blattern - Impfung (engrafting) gab,
was denn in Teutschland im Anfang häufig mit
Blattern - Belzen gegeben wurde. Bey allem dem
wollte aber die Sache, wahrscheinlich weil die
Facultät sich dagegen erklärte, keinen Eingang
finden, und es gehörten die viel gelesenen Briefe
der lebhaften und reizenden Lady Montague dazu,
der Sache, und zwar zuerst in den höchsten Cir-
keln, Eingang zu verschaffen. Unter den ersten, welche geimpft werden sollten, waren nemlich die Kinder des Prinzen von Wales, welche
man der Operation nicht früher unterwerfen
wollte, bis vorher Probe-Versuche bey sechs
Inquisiten und an den Waisenkindern angestellt
worden wären. Da bey diesen und auch zu Halifax
bey 40 Personen die Inoculation glüklich verlief, so
wurden auch die königlichen Kinder derselben unterworfen und dadurch für England die Sache
häufiger gemacht, doch belief sich in den ersten
acht Jahren, in welchen im Jahr 1723 die zu-
sammenfliessenden Poken in England, besonders
London herrschten, die Zahl der Inoculirten
nicht über 845 nach Moore und 897 nach Kirkpatrik; von diesen waren 17 gestorben, es verhielt sich also die Zahl der Todten zu der der
Geimpften ungefähr wie Eins zu etlich und fünfzig. Eine noch weit ungünstigere Ansicht für

---

Kirkpatrik the analysis of inoculation. Lond. 1754.
De la Condamine mémoire sur l'inoculation de la pe-
tite vérole. Paris 1754.
Cantwell Dissertation sur l'inoculation pour servir de
réponse à celle de Mons. de la Condamine. Par. 1755.
Is.

die Operation verbreitete der Tod der Söhne des
Herzogs von Bridgewater und des Grafen von
Sunderland, ja die Inoculation machte auch in
England so wenig Fortschritte und hatte überhaupt so wenig Erfolg für das Mortalitäts - Verhältnifs in dieser Krankheit überhaupt, dafs jezt
nach den Forschungen von Heberden 95 von 1,000
starben, da vorher nur 74 von 1,000 gestorben
waren, wovon jedoch der Grund allein darin
liegen mochte, dafs theils die Poken durch Inoculation mehr verbreitet und zumal in grofsen
Städten, wo sie sonst nur Epidemienweise vorkamen, als stehender Artikel erhalten wurden,
theils aber auch in der Art, wie die europäischen Aerzte die einfache Methode des Orients
durch ihre aus der Theorie entnommenen Ver-
besserungen und durch unzeitiges ärztliches Ein-
greifen während der Krankheit complicirter machten, was auch selbst durch den weitern Verlauf
seine Bestätigung erhielt, da, so wie die Inoculation in die Colonien und die Operation wieder zu
ihrer ursprünglichen Einfachheit gelangte, auch
gleich der Erfolg wieder günstiger wurde, und in
Europa selbst die Vereinfachung, welche Peverini
zu Citta del Castella in die Inoculations - Methode brachte, in Verbindung mit der verheerenden Poken - Epidemie im Jahr 1755 erst wieder derselben allgemeines Zutrauen und glükli-
chern Erfolg verschaffte.

Obgleich die Franzosen die erste Mitheilung
der Inoculation von Europa ihrem Landsmann
Ja Motraye zuschrieben, welcher sie von den
Circassiern hergebracht haben soll, so machten
sie doch erst den Anfang im Jahr 1755, wo zuerst die beiden Turgots und der Ritter Charteluz,

bald darauf aber auch die Familien des Herzogs von Orleans, Rochefaucault und Belleisle
geimpft wurden; in dem Hauptsiz der französischen medizinischen Facultät aber, zu Montpellier, wo in den Jahren 1741 — 45 2,000 Kinder und 1770 die Hälfte aller Poken-Kranken
starben, wurde doch erst naoh lezterer Seuche,
sehr allmählig zu impfen angefangen.

In Teutschland wurde zwar, wie bereits
bemerkt wurde, sehr früh über die Sache geschrieben und von Eller schon im Jahr 1721
zu Bernburg geimpft, doch stand es wieder lange
an, bis von Bremen, Celle, Hannover und Göttingen aus fast zu derselben Zeit wie in Frankreich die Sache allgemein getrieben wurde. Ebenso
wurde auch in Schweden von Nils Alanger schon
1726 in Angermanland zuerst geimpft, aber doch
auch nicht vor der Mitte des Jahrhunderts von
andern damit fortgefahren.

1721 n. Chr.
Meteore.
Im Jahr 1721 kommen wieder mehrere Meteore vor, dabey darf freylich nicht vergessen
werden, dafs dieselben jezt überhaupt häufiger
und genauer notirt wurden. Am sechs und zwanzigsten Januar erschien eine grofse Feuerkugel
in der Schweiz, am ersten Merz sah man nach
ziemlich kalter Witterung, kurz vor dem einfallenden Thauwetter, ein äusserst lebhaftes
Nordlicht, *) und in der Mitte desselben Monats
ein Meteor mit Blütregen zu Stuttgardt, Mour-

---

*) Joh. Leonh. Rost Besohreibung desjenigen merkwür-
digen sogenannten Nordscheins, der sich an. 1721 Sonn-
abends den 1. Martii die ganze Nacht hindurch mit
der äussersten Bewunderung zu Nürnberg an dem Himmel hat sehen lassen. Nürnberg, 4.

gue de Montredon **) versichert, daſs in Persien
nach einem Erdbeben, das Tauris einstürzte,
ein Höhenrauch von seltener Stärke entstanden
sey und man denselben auch in Italien und Paris bemerkt habe. Am dritten Junius spürte
man ein Erdbeben zu Basel. (Univ, Lexic.)
In diesem und dem vorangegangenen Jahr erschienen ungeheure Heuschreken-Schwärme auf den
Feldern von Arles. Am sieben und zwanzigsten
November drohte ein Seesturm von unerhörter
Heftigkeit Petersburg unter Waser zu sezen.
(Bildersaal) Nach drey sehr guten Weinjah-
ren war die Qualität desselben in diesem Jahre
weniger gut, auch im nächsten Jahr 1722 herrschte
eine kühle und nasse Witterung; sonst war aber
das Jahr durch Nichts ausgezeichnet. Mairan
und P. Cotte geben zwar den May, Julius und
September ausgenommen, in allen Monaten Nordlichter an, dieselben Beobachter erwähnen aber
von dem Jahr 1716 — 1734 in jedem Jahr deren
Mehrere. Eine Feuerkugel erschien am ersten
Februar in der Schweiz, und im Freisingschen
fielen am fünften Junius mehrere jedoch kleine
Meteorsteine. In Chili gab es im May ein Erdbeben, einen sehr starken Sturm in Süd-Carolina und auf Jamaica im August. Auf die bei- Kalter Winden kühlere Sommer folgte nun wieder ein ziem- ter, heisser
lich trokner, kalter Winter, nach welchem jedoch Sommer.
schon am zwey und zwanzigsten Merz die Newa
aufgieng, und ein heiſser Sommer. Im October
war ein Komet sichtbar. Feuerkugeln wurden
am sechsten Januar und zwey und zwanzigsten
August in Portugal und in Schlesien und Pohlen

*) Hist. de l'académie royale des sciences année 1781.

gesehen, auch fielen am zwey und zwanzigsten
Junius bey Ploskowitz in Böhmen Meteorsteine.
In der azorischen Insel - Gruppe versank Isle
neuve, welche sich bis zu einer Höhe von 354
Fuſs erhoben hatte, und an ihrer Stelle fand
man bald darauf 80 Faden Tiefe. In beyden Continenten gaben sich nun wieder Krankheiten zu

erkennen. Ein Kindbetterinnen - Fieber, das
sich gleich in den ersten Tagen nach der Ge-
burt einstellte, und durchaus keine reizende Be-
handluug vertrug, sondern mit Blutlassen und ab-
führenden Mitteln behandelt werden muſste, wurde
zu Leipzig und Frankfurth am Mayn beobachtet.
Unter den europäischen Ansiedelungen in Nordamerika, besonders in Rhode - Island, herrschte
ein hiziges Fieber, burning ague, an welchen
viele Menschen starben, doch waren die Verheerungen noch gröſser, welche das gelbe Fieber
auf den westindischen Inseln, besonders auf Martinique, Barbadoes u. a. anrichtete, und zum

erstenmal kam, nach den Versicherungen von
Blane, die Krankheit auch in die alte Welt und
zwar nach Lissabon. Noch merkwürdiger aber
ist das häufige Vorkommen der epidemischen Kolik, welche Krankheit, faſst man ihre einzelnen
Epidemien zusammen, auch dieses mal wieder
eine Periode von mehreren Jahren hatte. Es
zeigte sich die Krankheit nicht nur im Jahr
1721 wieder in Schlesien, besonders Sachsen-
Teschen, und im folgenden Jahr in Devonshire,
im Jahr 1723 beschrieben sie Boibia und Ribera
auch als sehr allgemein in Madrid, und im Jahr
1724 herrschte sie vom Herbst bis in den Frühling des folgenden Jahrs in der stärksten Aus-
dehnuug in Devonshire und gab Huxham Veran-

lassung zu seiner Abhandlung über diese Krankheit. Das Vorkommen der Krankheit in so verschiedenen Jahrgängen möchte schon als hinrei-
chender Beweis gelten, daß Bley und Cyder
nicht die einzige Ursache der Krankheit sind,
selbst Huxham, welcher deswegen, weil in
den Jahren 1722 und 1724 der Obstertrag in
Devonshire so sehr reichlich war, den Genuß
des Obstes geradezu als Ursache der Krankheit
ansieht, weiß es sich nicht zu erklären, warum
in dem einen Jahrgang der Obst-Genuß Diarrhoe und im andern diese Krankheit zur Folge
hat. In Spanien dagegen, wo man zwar auch
den Genuß kühlender Früchte unter die erregenden Ursachen rechnete, hielt man ebenso sehr
auch das Eiswasser und die Milch für verdächtig. Einen sehr bedeutenden Einfluß scheinen
aber auch die im Sommer 1723 so häufigen Regengüsse gehabt zu haben, wenigstens sah man
nachdem am fünfzehnten September ein starker
Regenguß gefallen war, die schon seltener gewordene Krankheit sich von Neuem verbreiten.
Um jedoch die in der folgenden Zeit bekannt
gemachten, sich so sehr entgegengesezten Meynungen der Aerzte würdigen zu können, bedarf
es vor allem der Beschreibung der Zufälle wie
sie Huxham *) gegeben hat. Entweder wurden
die Kranken von heftigem Erbrechen befallen,
welchem die unerträglichsten Schmerzen in den
Armen folgten oder umgekehrt, immer waren
es die oberen Extremitäten, nie die unteren, in

*) Observationes de Aëre et morbis epidemicis Plymuthi
factae. Accedit opusculum de morbo colico Damno-
niensi. Londini 1739.

welchen sich die Schmerzen, festsezten, und die
alle Kraft verlohren, aber das Gefühl dabey behielten. Es entschied sich die Krankheit am voll-
ständigsten durch rothe sehr beissende und brennende Pusteln, auf der Haut, worauf sich alle
Schmerzen und die Schwäche bald verlohren;
übrigens bemerkt Huxham, dafs zum Verwundern wenige Menschen an dem Uebel gestorben
seyen. Huxham erklärte, wie bereits bemerkt
wurde, für die Ursache der Krankheit den häufigen Genufs von Obst und Most, dagegen erhob
sich Baker *) und machte darauf aufmerksam,
dafs das Uebel ja nicht in dem benachbarten Wor-
cestershire und Herefordshire vorkomme, wo
eben so viel Aepfelmost getrunken werde, wahrscheinlicher sey das Bley, mit welchem die steinernen Behälter in den Kellern ausgegossen sind,
zu beschuldigen; auch wurde sonst des Ge-
brauchs in England, in sauren Aepfelmost, um
ihn zu versüfsen, eine Bleykugel zu hängen, erwähnt. Hierauf trat wieder Alcock **) auf, und
leitete mit Musgrave das Uebel vorzüglich davon her, dafs wegen der feuchten und kühlen
Witterung von Devonshire das Obst nicht zei-
tige und der Cyder daher sehr rauh ausfalle.
Am befriedigendsten ist wohl die Erklärung von

*) Georg Baker an Essay concerning the cause of the
endemial Colice of Devonshire, Lond. 1767, ferner
in Med. Transactions published by the College of
Physicians at London. 1768. Vol. I.

**) Thom. Alcock (ein Geistlicher) the epidemical Colic
of Devon not caused by a solution of lead in the cyder.
Plymouth 1769.

Strack, *) welcher in der Krankheit einen un-
vollkommen ausgebildeten, auf die gastrischen
Organe gleichsam zurükfallenden arthritischen
Procefs erblikt, zu welchem der häufige Genufs
des Apfelmosts zwar allerdings die Haupt-Ver-
anlassung geben mag, wobey aber Erkältungen
auch mitwirken; zur Unterstüzung dieser Ansicht führt er auch noch an, dafs der Krankheit
meist Schmerzen in den Gliedern vorangehen,
der Harn einen ungewöhnlich weifsen Bodensaz
habe und Geschwülste oder Geschwüre in den
äussern Theilen, in welchen eine stark rie-
ehende Flüssigkeit sich aussonderte, immer günstig seyen.

In dem Jahrgang 1724, in welchem es nach 1727 n. Chr.
der Beschreibung von Huxham im südlichen
England so unbeschreiblich viel Obst gab, war
auch in Teutschland ein ausgezeichneter Wein- Gutes Weinertrag, weit besser als der des unmittelbar vor- jahr.
angegangenen gleich warmen Jahrs. Auf die
Hize folgten jezt häufige Regen. In Spanien dagegen herrschte die traurigste Theurung. Krankheiten scheinen nicht häufig gewesen zu seyn,
ausser einem Keichhusten, welcher gleichzeitig Keichhusten
in England und Asturien allgemein war, und in in England
beyden Ländern durch den Ton und die Heftig- u. Asturien.
keit des Hustens sich auszeichnete. In lezterem
Lande machte man noch die weitere Bemerkung,
dafs kein einziges Kind über sieben Jahre an
demselben erkrankte. Wie es scheint begannen
noch in diesem Jahr im nordöstlichen Viertel
von Island auf dem an dem grofsen See Myvatn

---

*) Observationes medicinales de colica Pictonum maxi-
mseque ob arthriditem. Francof. et Lips. 1772.

Vulcanische
Eruptionen
auf Island. liegenden Berg Krabla, und den diesen nahe
liegenden Bergen fürchterliße Lava - Eruptionen, die sich bis 1730 von Zeit zu Zeit wiederhohlten, und von denen einzelne Lavaströme
so bedeutend waren, daß sie den See austrok-
neten. Diesem Ausbruch folgten im nächsten Jahr
1725 verheerende Erdbeben in Südamerika, bey
welchen Truxillo zerstört wurde. In Frankreich
entstand jezt wegen des vielen Regens Mangel,
ebenso war auch in England der Jahrgang kalt
und feucht, in Italien dagegen kam die rothe
Ruhr häufig vor. Das gelbe Fieber verbreitete
sich noch weiter über Vera-Cruz und Carthagena.

1726 n. Chr. In Teutschland wenigstens, war sowohl der
Winter 1726 kalt, als der Sommer, welcher darauf folgte, heiß. (Berliner Jahrbuch.) Feuerkugeln wurden am ersten Januar in Schlesien,
und am vierten Februar zu Regensburg gesehen,
am ersten September wurde Palermo durch Sturm
und Erdbeben hart bedrängt. Eins der größten
Nordlichter sah man am neunzehnten October
beynahe durch ganz Europa, und am zwölften
November stieg zu Petersburg das Wasser noch
um zwey Fuß höher als vor fünf Jahren. Ausser der Pest, welche in diesem Jahre besonders
verheerend in Constantinopel war, (Bildersaal)
sah man auch in Granada eine Seuche sich verbreiten, die man zwar einen Catarrh nannte,
wobey aber die Erkrankten über die heftigsten
Leibschmerzen klagten, und woran mehr Menschen starben, als im ganzen übrigen Jahr. Zu
Locale Er-
scheinung des
Aussazes in
Spanien. derselben Zeit herrschten auch in Spanien bösartige Poken, und freylich ganz local für die
Geschichte der Krankheiten, aber doch erwähnungswerth, fieng zu Lebrixa in Andalusien, wie

man glaubte, in diesem Jahre der Aussaz von
Neuem sich zu verbreiten, und mit solcher Be-
harrlichkeit sich hier zu behaupten an, daſs
im Jahr 1764 die Regierung eine ärztliche Commission dahin zu schiken sich bewogen fand,
durch welche man von 37 Kranken dieser Art
Kenntniſs erhielt, ohne jedoch aus der Localität
irgend einen Grund der beharrlichen Fortdauer
dieser Krankheit auffinden zu können. *)

Der Winter 1727 war besonders reich an
Schnee in England und Spanien, in Nordamerika
dagegen milder als gewöhnlich. Noch dauerten
die Eruptionen auf Island fort, auch der Vesuv
sezte sich unter einem heftigen Wolkenbruch
in Bewegung. Erdbeben wurden in England am
neun und zwanzigsten October, aber mit seltener Ausdehnung und Heftigkeit auch in Nordamerika gespürt. Der Sommer war in Europa
heiſs, in England zwar unfruchtbar, aber in
Teutschland gab es vielen Wein, der erst später
zu einer besondern Qualität sich entwikelte.
Schon in den Monaten Februar und Merz zeigten
sich Krankheiten in Philadelphia, überhaupt war
das Jahr sehr ungesund in Nordamerika. In
Teutschland entstand hin und wieder Ruhr, (Zimmermann) und wahrscheinlich war es auch Folge
der Hize, daſs in Spanien, wie Casal beobachtete, während des Sommers viele Personen bey-

---

*) Instruccion médico-legal sobre la lepra para servir
á los Reales Hospitales de San Lazaro, presentada por
Don Bonifacio Ximenez de Lorite sócio medico de nu-
mero, y secretario Priméro de la Sociedad de Medicina, y domas ciencias de Sevilla el jueves 25 de Octo-
bre de 1765.

derley Geschlechts plözlich ohne Fieber oder andere Erscheinung närrisch wurden.

1728 n. Chr.   Ein besonders starkes Nordlicht bey einem
heftigen Winde am dreyſsigsten Merz 1728 beschreibt Muschenbroek, der in diesem Jahr überhaupt 30 Nordlichter aufgezeichnet hat. Auch
Feuerkugeln wurden am 29sten Merz in der Ober-
lausiz, am 20sten May in Portugal und am 4ten
December in Nürnberg gesehen. Die vulcanischen Eruptionen, die sich schon seit einigen
Jahren in Island wiederhohlten, waren in diesem Jahre besonders stark. Auch Teutschland

Erdbeben.   traf ein weit verbreitetes Erdbeben, bey welchem man besonders in Württemberg die für die
Geschichte der Erdbeben so wichtige und schon
mehr angeführte Beobachtung machte, daſs in
mehreren Gegenden die Höhen sich veränderten,
an mehreren Orten Württembergs, nahmentlich
zu Faurndau, Dornstetten und Kirchheim sollen
seit jener Zeit die Kirchthürme auf gröſsere Entfernungen hin, oder von Standpuncten aus, aus
welchen sie früher nicht gesehen werden konnten, jezt erblikt werden. Dasselbe geschah auch
bey dem Kirchthurm in Holzgerlingen, von welchem früher von Mauren aus kaum die Spize
sichtbar war, später aber die Hälfte des Dachs
sichtbar wurde. *) In Europa war der Sommer
dieses Jahrs regnigt und kühl, dagegen war er
ausserördentlich heiſs und troken in Süd-Carolina, dort gab es im August einen entsezlichen
Sturm und Ueberströmen des Meeres. Schon in
diesem Jahr wurden die Krankheiten auf den entferntesten Punkten häufiger, schon jezt schien

---

*) Sattlers Topographie, S. 324.

sich wenigstens in Spanien eine catarrhalische Catarrh.
Constitution auszubilden, als deren Haupt-Aeus-
serungen die zwey so weit verbreiteten Influenzen in den nächsten Jahren anzusehen wären,
deren Dauer sich aber noch mehrere Jahre weiter bis ins Jahr 1738 erstrekte. Pet. de Rotun-
dis beschreibt eine sehr gefährliche Form catar-
rhalischer Zufälle, die er catarrhus suffocativus
nennt und die wohl die nächste Verwandschaft
mit der Luftröhren-Entzündung gehabt haben
mag. Zu Valencia herrschte der Tabardillo,
bösartige intermittirende Fieber beschreiben Lanzoni und Beccaria von Ferrara und Bologna, und
während die Pest in Aegypten wüthete, so zeigte
sich das gelbe Fieber in Süd-Carolina. Alle
diese Regungen im Planeten- und Menschen-Le-
ben wiederhöhlten sich in noch stärkerem Grade
im nächsten Jahre. Der Winter war zwar unbeständig, dabey erinnerten einzelne kalte Tage
an den Winter 1709: es gefror die Donau drey- 1789 n. Chr.
mal. Im May erschien ein Komet, im Junius
war es sehr heiß, im Julius dagegen kühl mit
vielem Regen; im August gab es häufig Gewitter, diesen folgte im September feuchte Kälte
und schon im November wurde diese troken und
streng, es kam aber dann ein milder Winter
und noch im December trafen das Mayländische
und die Schweiz heftige Gewitter. Auch in diesem Jahr kamen starke Eruptionen in Island und
Erderschütterungen in Friedrichshall, der Provinz Nerike, zu Neapel und Rom vor, Feuer- Feuerkugeln.
kugeln sah man am 19ten April zu Genf, am
2ten Junius in der Schweiz, am 23sten August
zu Paris, am ersten October in Upland; dort
beobachtete man eine solche in ihrem Entstehen,

zuerst sah man rothe Streifen von Norden nach
Süden, die sich zusammenzogen und eine glänzende Kugel bildeten, welche in ihrem weitern
Fortgang Flammen und Funken ausstiefs, und
mit grofsem Getöse zersprang, ferner sah man
eine Feuerkugel am 16ten October zu Warschau,
und am 25sten zu Toscana; am 16ten desssel-
ben Monats wurde durch ganz Europa ein Nordlicht gesehen.

Schon in den ersten drey Monaten dieses
Jahrs waren Catarrhfieber äusserst häufig, so wohl
nach Angabe von Löw in Wien, als nach Villalba in Valencia, Arragonien und Castilien;
ihnen folgten an mehreren Orten Fieber schlimmerer Art mit Parotiden und Friesel, oder confluirende Poken, im October waren es wieder
mehr Hals- und Brust-Entzündungen; es verbreitete sich, wie man, z. B. Löw, glaubte von
Schweden aus, nach andern (Fr. Hofmann) von
Rufsland und Pohlen her ein Catarrh, der sich
über ganz Europa, ja wie es hiefs, bis nach
Mexico verbreitete, und wie ein Bliz die Orte
und einzelne Menschen traf. *) Zu Wien brach
die Krankheit plözlich aus, als am 21sten November unmittelbar auf eine mildere eine nafs-
kalte Witterung folgte, und dauerte bis in die
ersten Tage Januars, da am vierten dieses Monats es stark schneyte und anhaltende Kälte eintrat. Difsmal klagten die Befallenen nicht sowohl über Schauder, als über Kopfschmerzen,
Mattigkeit, Schlaflosigkeit und Beschwerden im

Influenza. (margin)

*) A manera de relámpago por toda la Europa hosta et
Asia. Navarete Nr. 82.
„The suddenness of the attack was asthonishing.“

Athmen mit heftigem Husten, dabey hatten sie
einen schwachen und unterdrükten Puls, ja bey
einigen wollte man einen Ausschlag wie Petechien bemerken; meist dauerte die Krankheit
über vier Tage, in Wien wurden weit über 60,000
Menschen befallen, fast gleichzeitig brach der
Catarrh auch in London aus, dort war er aber
viel gefährlicher, es seyen in einer Woche im
November 908 Personen gestorben, und man
fand die Krankheit verheerender als die Pest im
Jahr 1666. In Dublin beobachtete und beschrieb
die Krankheit Rutty. *) Zu Lincolm gesellte sich
zu ihr damals schon eine bösartige Bräune, die
erst am Ende dieser catarrhalischen Constitution
als eine so bedeutende Krankheit erscheinen wird.
Im December erschien sie plözlich auch in Schwaben und liefs kein Haus frey. (Ehrhardt.) Um
dieselbe Zeit, doch mehr im Januar des nächsten Jahrs, zog sie durch die Schweiz nach Lu-
zerne und Lausanne, an lezterem Ort, dessen
Bevölkerung zu 6,000 Menschen angenommen
wird, erkrankten in den ersten 15 Tagen 2,000.
In der Mitte Januars erkrankte urplözlich fast
ganz Bologna mit der Erscheinung eines Catarrhs,
auch zu Padua war die Krankheit gutartig, schlim-
mere Zufälle bekam sie zu Ravenna und Ferrara,
im weitern Verlauf verbreitete sie sich nach Rom,
Neapel und Sicilien, auch nach Spanien kam
sie erst in diesem Jahre, dort war sie auch sehr
gutartig, doch leitete man vom Genius dieser
Krankheit die häufigen rheumatischen und Brenn-
fieber, welche in diesem Jahr sich zu erken-

---

*) A chronological history of the weather and seasons
and of the prevailing diseases in Dublin. London 1770.

nen gaben, her. Nicht nur die Menschenspecies erlitt diese unverkennbar tellurische Krankheit, sondern auch unter, den Hausthieren zog
sich eine ähnliche Seuche durch die Wallachey,
Podolien, Vollhynien, Ungarn, Oesterreich,
Preussen und die Pfalz. 'Auch noch in diesem
Jahr dauerte die weitere Verbreitung der Pest,
sie erreichte Aleppo und zu gleicher Zeit dehnte
sich das gelbe Fieber über Carthagena und St.
Marthe aus. Die Periode vulcanischer Eruptionen, Erdbeben und Meteore schlofs sich erst im
1730 n. Chr. Jahr 1730. In diesem erfolgte noch eine Ende-
Eruption auf Island, ferner eine Eruption des
Vesuvs und auf den canarischen Inseln, wo sich
ein neuer Vulcan auf Temanfaya bildete, *) und
die Insel Lancerota zerrüttet wurde; drey guairi-
sche Marktfleken nebst vielen andern Dörfern zerstörte die Lava, neue Felsen stiegen aus der Tiefe
des Meeres hervor, die Erdstöße dauerten bis 1736.
Erdbeben u. Auf Kamtschatka spürte man sehr starke Erdbe-
Meteore. ben, die das Verschwinden der Fische an jenen
Küsten zur Folge hatten, im May litt im Neapolitanischen besonders Sulmone durch dieselben
und den achten Julius richteten sie Conception
und St. Jago in Chili zu Grunde. Meteore sah
man den dreyzehnten April, den siebzehnten Julius und zwanzigsten August zu Moos, in Ober-
schlesien, und in der Oberlausiz: Nordlichter
werden immer noch jährlich mehrere, wohl 12 —
18, bis zum Jahr 1734 von Mouschenbroek, P.
Cotte und Mairan angegeben, Dabey zeigte jedoch die Witterung nichts ausgezeichnetes, der
Winter war mild, in Spanien war es sehr troken

---

*) Humboldt I. 265.

mit hohem Barometerstand. Die im vorigen Jahr
erwähnten Krankheiten waren immer noch in weiterer Entwiklung begriffen. Die Pest erschien
nun auf der Insel Cypern, und das gelbe Fieber Gelbes Fieber
zum erstenmal in Cadiz: dort sah man, was den zum ersten-
Aerzten eine ganz neue Erscheinung war, ne- mal in Cadiz.
ben einem den Petechien ähnlichen Ausschlag das
schwarze Erbrechen. Von der Regierung wurden
Verfügungen getroffen, um über diese neue Krankheit sich Kenntniſs selbst auch durch Sectionen
zu verschaffen. Das Uebel blieb übrigens, wie
es scheint, auf Cadiz beschränkt, und gelangte
nicht einmal bis Puerto Maria. Ueber die Natur
der Krankheit, und ob sie anstekend gewesen
sey, entscheidet wohl am meisten der Umstand,
daſs auch auf der Flotte von Pintado, die von
Carthagena ausgelaufen war, in den Monaten
September und October eine äusserst verheerende
Seuche wüthete, von welcher blos diejenigen,
welche an das Clima der Tropen-Gegenden noch
nicht gewöhnt waren, in solcher Allgemeinheit
befallen wurden, daſs allein auf der Flotte 2,200
Menschen starben. Auch Boston und Philadelphia wurden von Krankheiten, deren Art jedoch
nicht genauer angegeben ist, heimgesucht. Auf
einen ziemlich strengen Winter, in welchem die 1731 n. Chr.
Nacht des dreyſsigsten Januars in einigen Gegenden, besonders in der Schweiz wegen Gewitter
sehr furchtbar war, (Scheuchzer) folgte 1731
ein früher und trokener Sommer, dessen ungeachtet wurden nur wenig Feuermeteore gesehen,
am 3ten Merz zu Upsal, den 12ten desselben Monats zu Halstead in der Grafschaft Essex, *) auch

---

*) Es ist wohl nicht nöthig zu bemerken, daſs diese Sel-

im Neapolitanischen erfolgte wieder ein Erdbeben. Der nächste Winter 1732 war in Nordamerika streng, aber in Europa mild, schon am
27sten May stand der Thermometer in Berlin auf
26°. Ein wie es scheint kleiner oder sehr ent-
fernter Komet, aber eine Menge Nordlichter
wurden gesehen, auch Erdbeben kamen wieder
in Lima, England, am 29sten November in Neapel und ungefähr zu derselben Zeit, wenigstens
im nemlichen Monat auch in Canada und Neu-
england vor; hier war auch am 9ten August den
ganzen Tag über das Tageslicht ungewöhnlich
verfinstert. Nordlichter kamen in jedem Monat
dieses Jahrs und im Ganzen 54mal vor. (P.
Cotte.) Die Pest verheerte jezt Tripolis, Sidon
und Damascus, ebenso machte auch das gelbe
Fieber in Amerika weitere Fortschritte. Eine
Viehseuche, der epidemische Zungenkrebs, durchzog Frankreich und Italien.

Influenza in allen Hemisphären. Fast ganz zu derselben Zeit wie in Europa,
nemlich gegen Ende des Jahrs verbreitete sich
auch in Nordamerika allgemein ein Catarrh, ja
nach den Nachrichten, welche Reaumur von D.
Cassini von der Insel Bourbon erhielt, gab sich
zur nemlichen Zeit dieselbe Erscheinung auch
dort zu erkennen; in Europa war der Gang ihrer Verbreitung fast derselbe wie vor drey Jahren. In der Mitte Novembers erschien die Krankheit in Pohlen und Sachsen, verbreitete sich von
da nach Teutschland, Holland und die Schweiz.
Nach England und Schottland gelangte sie in

tenheit von Meteoren nur scheinbar seyn und daher
kommen konnte, dafs ihre Erscheinung nicht beobachtet und öffentlich bekannt gemacht wurde.

der zweyten Hälfte des December. Vom 17 —
25sten December erkrankten zu Edinburgh nur
Wenige, plözlich aber wurde die Krankheit ganz
allgemein, doch blieben das Gefängnifs und das
Kinder-Spital Heeriot mit der dortigen Nachbarschaft frey. Hier war der Krankheit im October und November eine ähnliche unter den
Pferden vorangegangen. Auch wäre es merkwürdig, wenn es in England gerade allgemein gewesen wäre, wie difs sowohl in den medizinischen Schriften von Edinburgh als von Huxham angegeben wird, dafs sich daselbst die
Krankheit durch besonders reichliche und anhaltende Schweifse entschieden habe. Im südlichen
England in Cornwallis und Devonshire erschien
die Krankheit in den ersten Tagen Februars, erst
am zwölften dieses Monats, an einem Samstag,
wurden plözlich in Plymouth mehrere Personen
davon befallen, Tags darauf war die Zahl noch
weit beträchtlicher und am achtzehnten Februar
war der Catarrh schon ganz allgemein. *) Schon
bey diesem Catarrh beobachtete man an mehreren Orten, sowohl Huxham als Jussieux, Halsweh und Geschwüre im Hals, ein Umstand, welcher für die Geschichte der nächsten Jahre wichtig ist. In den ersten Tagen Januars breitete sich
der Catarrh in Flandern aus, in der Mitte des
Monats traf er Paris und erst später gegen Ende
desselben Monats Irrland. Zu gleicher Zeit wie
zu Paris griff er auch in Italien um sich, doch
bemerkte man ihn erst am fünfzehnten Februar

---

*) Quo die nempe Saturni plurimi subito quasi corrept
erant, postridie innumeri, ad XV. Kal. Martio omnes
undique. Huxham.

in Livorno, und fünfzehn Tage später in Neapel. In Italien nannte man es mal mattello,
mal del Zuccone, um die Schwere, welche man
dabey im Kopf empfand, zu bezeichnen. In
Spanien gab sich die Influenza auch erst später
zu erkennen, im April erst auf Majorca, dort
beschränkte sie sich aber blos auf das Jünglings-
Alter, und befiel weder Kinder noch Greise,
überall war sie sehr gutartig und dauerte bey
dem Einzelnen nur 3 oder 4 Tage. Ozanam behauptet, ohne jedoch seine Quelle genau anzugeben, die Krankheit sey auch nach Barbadoes
und Jamaica, ja nach Mexico und Peru gelangt.
Es ist diese Influenza besonders dadurch ausgezeichnet, daß nicht nur in allen Theilen Europas von Pohlen bis Spanien, sondern auch in
Nord-Amerika eine catarrhalische Constitution
mehrere Jahre fortdauerte. Die Witterung des
1733 n. Chr. Jahrs 1733 war, den nur für die Geschichte der
Thermometer wichtigen Kälte-Grad am 27sten
Januar in Petersburg abgerechnet, durchaus
nicht ausgezeichnet, es war der Sommer lieblich; am achtzehnten May spürte man ein leichtes Erdbeben am Rhein und zu Wien, ein paar
Meteore wurden in England gesehen. In England
und Schottland fand man Scharlachfieber und
Keichhusten häufig, noch dauerte im Osten die
Pest in Syrien und der Türkey fort.

Vom Jahr 1734 sagt zwar Webster, es sey
durch Meteore ausgezeichnet gewesen, (noted
for meteors) doch gibt er weiter nichts an, als
daß zu Aix in Schottland eine Feuerkugel durch
einen Thurm zu einer Oeffnung hinein und der
entgesezten hinausgefahren sey, und eine andere
in der Nachbarschaft einen Knaben erschlagen

habe; sonst sind noch ein Meteor am dreyzehnten Merz in London, und am neunten December mit gleichzeitiger Erschütterung in Regensburg bekannt. Die in diesem und dem folgenden Jahr aufgezeichneten Krankheiten kommen
alle darin überein, daß sie mit catarrhalischen
Zufällen anfiengen, aber leicht zu Hirnentzündungen, Peripneumonien,schlimmerer Art, oder
zu bösartigen Halsentzündungen *) mit Petechien
und Friesel sich steigerten. In Spanien, wo zu
gleicher Zeit in diesem Jahre Mangel herrschte,
erwiesen die hizigen Fieber, die unter dem Anschein von Pleuresien sich ausbildeten, dadurch
ihre Malignität, daß sie sich auf Aderlässe so
sehr verschlimmerten. Doch erscheint eine anstekende Halsentzündung, die man für Scharlachfieber halten muß; und welche unverkennbare
Aehnlichkeit mit der Halsentzündung wie sie in
Neapel im Jahr 1618 zum erstenmal in solcher Allgemeinheit beobachtet und beschrieben wurde, hat,
jezt schon in Nordamerika, noch ehe sie, wie
diß bey Betrachtung der nächsten Jahre vorkommen wird, in Europa ihre so denkwürdige Ausdehnung erhielt. Bey einer kühlen feuchten
Witterung erkrankte im May zuerst in Kingston
im Innern von Neu - Hampshire ein Kind an einem Halsweh, welches gleich im Anfang eine
in diesem Land bis jezt noch ganz unbekannte
üble Beschaffenheit annahm. **) Es schwoll nemlich der Hals sehr auf, das Innere desselben
überzog sich mit weißlichten oder aschgrauen

Halsentzün-
dung in Nord-
amerika.

---

*) Egger Diss. de angina maligna. Altd. 1734.

**) Eines Ausschlags erwähnt Colden in medical obser-
  vations and inquiries by a Society of Physicians in Lon-

Fleken, es verbreitete sich auch ein Ausschlag über die Haut und zugleich nahm Schwäche und Neigung zur Fäulnifs allgemein überhand. Das erste kranke Kind starb nach drey Tagen, nach acht Tagen erkrankten drey Kinder in einer vier (englische) Meilen weit, entfernten Wohnung ganz mit denselben Erscheinungen, und starben auch alle am dritten Tage. Auf dieselbe Weise erkrankten nach und nach 40 Kinder, von welchen auch nicht Eins die Krankheit überstand. Im August brach die Krankheit zu Exeter aus, einer 4 Meilen weiter entfernten Stadt, im September in Boston, doch schon 50 Meilen entlegen, zu Chester dagegen, einer Stadt, deren Entfernung nicht mehr als sechs Meilen betrug, erschien das Uebel erst im October. So drang die Krankheit in diesem und dem nächsten Jahre auch immer weiter südwärts und westwärts, wobey durch den Verkehr die Verbreitung der Krankheit gar nicht bestimmt zu werden schien, denn viele Orte des platten Landes wurden mitten heraus betroffen. Der eine Ort litt mehr als der andere, doch wollte man bemerken, dafs gerade in freyen Pläzen die Krankheit schlimmerer Art war, als in den Städten, bey der ärmeren Volksklasse, die eine rauhere Lebensart führt; auch stärker als bey den Wohlhabenden, ferner schien sie sich auch bey feuch-

don Vol. I. 1758. bey der bösartigen Form des Throat distemper in Neuyork nicht, sondern es war nur die starke Neigung zum Brand, die so allgemein über den Körper verbreitet war, dafs die kleinste Verlezung wie beym Aderlassen schnell in Brand übergieng, so wie die anscheinend ganz leichte Entzündung im Hals. Serpentaria und Madera erwiesen sich als die bessten Mittel.

ter und kalter Witterung zu verschlimmern. Nach zwey Jahren war die Krankheit 200 Meilen weit westwärts nach und nach gerükt, wobey jedoch einzelne Orte auf der Linie auch übersprungen wurden. Selten ergriff die Krankheit Erwachsene, man nannte es daher die Kinderpest. Gleichzeitig verbreitete sich zu New-Hampshire auch eine Viehseuche.

Am zweyten Februar 1735 wurde Popayan 1735 n. Chr. durch ein Erdbeben verheert. In Europa, in FeuchterSommer, Hun- Spanien sowohl als in England, war der Sommer, Hun- mer dieses Jahrs sehr kühl und feucht und in ger.noth. den nördlichen Ländern eine drükende Hungersnoth, auf den Orkney-Inseln starben in diesem und dem folgenden Jahre viele Tausende Hungers. In West-Bothnien und den höhern Breiten herrschte der Milzbrand. (Holstius.) Masern und Keuchhusten scheinen mehrere Jahre lang in den nördlichen Gegenden, besonders in England und Schottland, häufiger als je gewesen zu seyn. In Spanien waren faulichte Fieber mit Petechien und Parotiden fast in allen Provinzen, in diesem und dem nächsten Jahre gemein. (Villalba.)

Der Sommer 1736 soll wenigstens in Italien sehr heiß gewesen seyn. In Schlesien war er Feuchter und kühler Som- naß, und dem Gedeihen der Erndte wegen der mer. Ueberschwemmungen sehr wenig günstig. Im Hannöverschen, auch in Böhmen und Schlesien, herrschte die Kriebelkrankheit. (Wichmann.) Kriebel- In Holland war es gar nicht heiß, aber doch krankheit. eher warm und troken, dort waren schon vom April an Diarrhoen unter Alten und Jungen sehr häufig, doch kamen erst im Julius zu Nymwe- Ruhr zuNym- gen einzelne Fälle von wirklicher Ruhr vor, und wegen bald darauf, gerade hundert Jahre nachdem jene

von Diemenbroek beschriebene Pest-Epidemie
diese Gegenden heimgesucht hatte, wurde in Nymwegen, Campen, im Jülichschen und Bergischen
eine Ruhr allgemein, welche fünf Monate dauerte, und gegen die gewöhnliche Weise im Verlauf der Epidemie immer in ihren Zufällen gefährlicher wurde. Auch in Italien war das Jahr
1736 durch die meisten Todesfälle ausgezeich-

Pest in Ae- net. *) Eine der verheerendsten Pestepidemien
gypten. zu Cairo, bey welcher die Europäer vom neunten Februar bis vier und zwanzigsten Junius
eingeschlossen blieben, und in Einem Tag 10,000
Einwohner gestorben seyn sollen, soll nach
der Behauptung der Landes-Eingebohrnen dißs-
mal von Ober-Aegypten her sich verbreitet haben; entsprechend dieser Verbreitungsweise ist
nach der Angabe von Torquemado die zu glei-
Matlazuatl. cher Zeit wüthende Epidemie des Matlazuatl,
welche Krankheit bekanntlich sich im Innern
des Landes und unter den ältern Bewohnern desselben jedesmal entwikelt.

Ein Komet erschien im Verlauf des Jahrs
-1737 n. Chr. 1737, welches auf gleiche Weise durch vulca-
Komet, Erd- nische und meteorische Erscheinungen sich aus-
beben. zeichnete. Der Vesuv gerieth im May in grofse
Bewegung und entsendete einen ungewöhnlichen
Lavastrom. Constantinopel und Smyrna, besonders lezteres, erlitten durch dasselbe Erdbeben
grofsen Schaden, ja sogar zu Boston soll gleichzeitig ein Stofs empfunden worden seyn. Ebenso starke Erdbeben gab es nach den Berichten
von Gmelin auf den curilischen Inseln, mit wel-

---

*) Toaldo della vera influenza degli astri etc. Padua
1770.

chen wahrscheinlich die von Kracheminikow-erwähnten Meeressenkungen zu Kamtschatka und auf den aleutischen Inseln zusammenhängen. In nicht mindere Bewegung gerieth auch der Luftkreis; im October herrschte in den ostindischen Gewässern ein solch unerhörter Sturm, daſs 20,000 Fahrzeuge, und auf denselben 300,000 Menschen zu Grund gegangen seyn sollen. (Webster.) In dem Archipel de los Chonos (Chiloe-Inseln) sah man eine ungeheure Feuerkugel zerspringen, wobey weit und breit die Vegetation mit Asche bedekt wurde. *) Durch einen grossen Theil von Europa, von England bis nach Venedig, verbreitete am fünften December ein Nordlicht Schreken, welchem wenigstens in England schon Tags zuvor ein besonders riechender Nebel und Regen vorangegangen war, und bey welchem man an mehreren Orten grofse Feuerkugeln, die mit starkem Knall zersprangen, sah. **) Während dieser Zeit herrschten immer noch Catarrhe und die mit denselben verwandten Krankheits-Formen, in der alten und neuen Welt, in höheren Breiten, so wie auf der Insel Barbadoes. Huxham beschreibt ein epidemisches Catarrhfieber, welches sich nicht blos auf die Menschenspecies beschränkte und bey welchem auch Halsentzündungen vorkamen, doch scheint die bereits erwähnte ulcerose oder gangränose Angina früher in Frankreich als in England erschienen zu seyn. In Spanien, wo dieselben catarrhalischen Affectionen in Andalusien, Cordova,

*) Viajero universal XV, 366.
**) Huxham observ. Constit. aëria etc. Lond. 1739. p. 139.

Ecija, Bujalance und an manchen Orten sehr
bösartig herrschte, leitete man sie wieder von
einer aus der länger dauernden anomalen Jahreswitterung entstandenen ungesunden Beschaffenheit der Nahrungsmittel und von dem Kometen her, ja auf ein feuriges Meteor, das am
sechszehnten December gesehen wurde, wollte
man unmittelbar einen Catarrh zu Cordova sich
verbreiten gesehen haben.

1738 n. Chr.   Meteore, doch nicht sehr bedeutende sah
man auch im Jahr 1738 nach einem etwas kälteren Winter am dreyzehnten Julius in Paris,
am acht und zwanzigsten August in England und
am achtzehnten October fiel ein Meteorstein bey
Pest in der Avignon. Die Pest, welche unterdessen steigend
Ukraine. sich verbreitet hatte, erreichte nun in diesem
Jahre einerseits schon im April die Ukraine und
Otzakow, *) andernseits drang sie durch Ungarn
und traf unter andern besonders hart Ofen, ja
selbst in den Spitälern von Wien sollen sich einzelne Spuren des Uebels gezeigt haben. (Pilgramm.) In der andern Erdhälfte litten Westindien und Neuspanien ebenso sehr durch das
gelbe Fieber, während des Sommers gab es Höhenrauch. (Wiedeburg.)

Komet.   Ein Komet erschien im Verlauf des Jahrs
1739, doch war der Herbst ziemlich nafs, wefshalb die Kälte auch in den darauffolgenden Winter desto tiefer eindrang. (Acta Lipsiensia.) Bey
einer Feuerkugel, die man am dritten Junius

---

*) J. F. Schreiber (regiomontanus) observationes et
cogitata quodam de pestilentia, quae annis 1738. et
39 in Ukrania grassata est. Accessit appendix continens
observationes de eodam lue, quae iisdem annis Odza-
kovium vastavit 1744.

in Nordamerika sah, hörte man den Donner, der
ihrem Zerspringen folgte, 80 englische Meilen
weit. Am zweyten December wurde auch eine
Leuchterscheinung in England gesehen. Die Pest,
welche zu Otzakow im Februar wieder von Neuem
begonnen hatte, hörte im Julius, als man gleichzeitig Erdstöfse spürte, endlich ganz auf. *)

Ganz auf dieselbe Weise wie vor 4 Jahren Brandigte
in Nordamerika fieng nun auch in England, unter Bräune.
Begünstigung derselben catarrhalischen Constitution, die brandigte Bräune an bey einzelnen Kindern sich zu zeigen, und zwar langsam, aber festen Schritts sich zu verbreiten. Dort wurde sie
von Fothergill, Huxham und Mead beobachtet
und beschrieben. Ersterer erklärte sie gleich
für dasselbe Uebel, welches Tournefort auf den
Inseln des griechischen Archipels und die neapolitanischen Aerzte beschrieben hatten. *) Sie

---

*) Schreiber pestil. p. 75.

**) An account of the Sore throat attended with abces,
a disease which has of late years appeared in this City
and in several parts of the nation, by John Fothergill.
M. D. Lond. 1748. Die in dieser Schrift empfohlene
ärztliche Behandlung des Uebels, welche unter Verwerfung aller abfuhrenden und kühlenden Mittel in
schweifstreibenden Getränken mit etwas Opium, Wein
und Hühnerbrühe, ferner in einem Gurgelwasser aus aromatischen Substanzen mit Essig und aegyptischem Honig
bestand, soll F. von D. Leatherland, der dieselbe aus spanischen Schriftstellern mühsam aufsuchte, mit dem aus-
drüklichen Verlangen, dis erst nach dessen Tod bekannt werden zu lassen, erhalten haben. Elliot in a
complet collection of the medical and philosophical
Works of John Fothergill, with a account of his Life
and occasional notes. Lond. 1781. 4.

verbreitete sich vorzüglich im Herbst und Au-
fangs Winters. Fothergill wollte sie unter Mädchen häufiger als unter Knaben gesehen haben.
In England scheint man gleich Anfangs einen
sie begleitenden Scharlach - Ausschlag bemerkt
zu haben. Wenn derselbe sich auf der Haut zu
erkennen gab, so nahm das Leiden im Hals eine
mildere Gestalt an, im Gegentheil aber wurde
das Innere des Rachens das vorhin roth war weiß,
und es bildeten sich Geschwüre, die schnell mit
einer grauen spekigten Rinde sich bedekten, und
neben dem, dafs sie einen sehr widerlichen Gestank verbreiteten, auch das Schlingen äusserst
erschwerten; es schwizte nemlich unter der Borke
eine überaus scharfe Jauche hervor, die alle
Theile, welche sie berührte, aufäzte. Aber auch
in England hatte das Uebel nicht immer dieselbe
Gestalt, sondern nahm bald mehrere Nüançen
an, welche Mead *) beschreibt; zuweilen verbreitete sich mehr ein Oedem über die ganze
Rachenhöhle, wobey die Theile ausserordentlich aufgetrieben wurden und Scarrificationen so
schnell als möglich vorgenommen werden mufsten, oder sie nahm die aller acuteste Form an,
in welcher sie sich der Luftröhren - Entzündung
zu nähern schien, indem die Kinder schon nach
sechs Stunden unter Erstikungs - Anfällen starben,
(strangulatio faucium) und man bey der Section
zwar noch keine Häute in der Luftröhre, sondern höchstens auf ihrer innern Fläche Röthe und
Aufgetriebenheit der Gefässe fand, wie difs bey
einer Epidemie der acutesten Luftröhren - Entzün -
dung im Winter 1814 auch der Verfasser sah. —

---

*) Mead monit. et praecept. med. cap. IV.

Diese so eigenthümliche Halsentzündung, die doch
wohl für nichts anderes als für die schlimmste
Form des Scharlachfiebers anzusehen ist, von
welcher man jedoch seit jener Epidemie in Neapel nicht mehr viel gehört hatte, scheint nun
in den nächsten zehn Jahren und länger, nicht
nur über die ganze bekannte Welt unter dem
Menschengeschlecht sich verbreitet, sondern auch
unter einer fast gleichen Form, die Hausthiere
befallen zu haben, wenigstens würde schon damals die mit ähnlichen Erscheinungen sich ver-
breitende Viehseuche von Gooch damit verglichen. Im Jahr 1740 traf die Krankheit mit denselben Erscheinungen de la Condamine schon in
Quito und in den vierziger Jahren beschäftigte
sie nebst der allerwärts verbreiteten Viehseuche
unter dem Nahmen des Severinischen Halswehs
vorzüglich die Aerzte, bis in den Jahren 1754
und 55 eine fast eben so weit verbreitete Poken-Epidemie und die Impf-Versuche ihre Thätigkeit wieder auf andere Weise in Anspruch
nahmen. Die Thatsache, dafs auf eine so tellari-
sche Krankheit, wie das Scharlachfieber in der
Mitte des achtzehnten Jahrhunderts war, nach
kurzer Pause die ebenso allgemeine Poken-Epidemie folgte; entging wahrscheinlich denjenigen, welche die Vaccination dadurch bedenklich
machen wollten; dafs sie seit ihrer allgemeinen Verbreitung unter den übrigen Kinderkrankheiten einen bösartigeren Charakter zu bemerken glaubten. Wollte man aber der Ansicht,
dafs die Poken auch ohne Vaccination nach und
nach milder geworden wären, und sich zum gänzlichen Verschwinden angelassen hätten, Raum
geben — welche Ansicht wenigstens durch die

Erscheinungen der Jahre 1816 und 17 wahrscheinlich gemacht wird, — so wiederhohlte sich
hier wieder die schon früher angedeutete Thatsache, dafs, ehe eine tief in dem Entwiklungs-.
Gange des Menschengeschlechts gegründete Krankheit allmählig nachzulassen beginnt, die darauf-
folgende bereits sich auszubilden anfieng, wie
difs bey dem ignis sacer und der Pest zu zeigen gesucht wurde. Doch erreichte bis jezt das
Scharlachfieber weder die Selbstständigkeit des
Contagiums noch die bestimmte Periodicität wie
die Pest und die Poken.

1740 n. Chr.   Nach kalten Nord - und Süd - Ost - Winden
Kälter Win- begann noch im November und December ein
ter.   kalter Winter; mit dem 6ten Januar nahm aber
die Kälte schnell so sehr zu, dafs sie die im
Jahr 1709 wenigstens in Teutschland noch übertraf, doch nimmt Rozier den tiefsten Thermometerstand nur zu — 15° Reaum. an.

Auch in Spanien und Portugal fiel 8 — 10
Schuh tiefer Schnee. In Holland gefror die Sü-
dersee, in London wurde auf der Themse ein
Ochs gebraten, und bey Maynz war auf dem
Rhein ein Scheibenschiessen. Auch in den nordischen Reichen herrschte dieselbe Kälte, über
den Sund konnte man wie anno 1657 reisen. Auf
dem mittelländischen Meer dagegen wütheten
während dieser Zeit die heftigsten Stürme, auch
in Languedoc und in der Provence gab es zu
derselben Zeit, als in Paris der Thermometer
am niedersten stand, Ueberschwemmungen. Als
sich endlich am 23sten April in Teutschland
der 3 Schuh tief gefrorene Boden zu öffnen begann, so waren die Bäume, der Weizen und
Roken zu Grund gerichtet; doch ersezten wie

1709 die Sommerfrüchte ihren Abgang, und es
kam eine so wohlfeile Zeit, wie sie seit 20 Jahren nicht war. Am 24sten Februar sah man eine
Feuerkugel zu Toulon, und am 25sten October
fielen bey Hohengrad oder Rasgrad an der Donau Meteorsteine. Der Sommer war nicht besonders warm, besonders litten die nördlichen
Provinzen Schwedens; es richtete dort in diesem und den zwey nächsten Sommern ein sogenannter Herbstfrost, (Ende Julius oder Anfangs
August) die Saaten zu Grund und verursachte
Miswachs: auch in Irrland und Schottland starben Tausende an Mangel und Hunger, bey den
in Irrland gleichzeitigen Petechialfiebern mit heftigen Delirien bemerkte man auf dem gelassenen Blut eine Spekhaut. (Rutty.) In England
wiederhohlte sich neben der gangränosen Halsentzündung der Keuchhusten. Zu Norwich hatte
die Krankheit mehr die etwas gutartigere Form
der Mumps und häufig wechselte die Affection des
Halses mit der Geschwulst der Geschlechtstheile
ab. *) Dieselbe Krankheit erschien auch im Frühling des nächsten Jahrs zu Bazeres an der Garonne, dort war sie sehr gutartig. Aderlassen
verschaffte hier plözliche Linderung, versezte
aber die Geschwulst von den Halsdrüsen mit
gröfsern Schmerzen nach den Hoden, so wie
bey dem anderen Geschlecht nach den Brüsten. **)
In Schweden wollte man erst in diesem Jahr den
Friesel zum erstenmal bemerken. In Frankreich

*Mumps oder
angina parotidea.*

---

*) Gooch, Benj., med. and chir. observ. Lond. 1774.
**) Binet in Hist. et mém. de l'Académie royale des
  Sciences, Inscriptions et belles Lettres de Toulouse.
  Tom. I. 1782.

dagegen, zu Bernouillet, Triel und Mantes herrschten gerade bey der kalten Witterung Diarrhöen
und Dysenterien und in Flandern ein Brennfie-

Bösartige Fie-
ber im süd-
lichen Eng-
land.

ber (febris ardens.) Kriegsschiffe brachten von
der afrikanischen. Küste eine Seuche nach Plymouth, bey welcher die Haupterscheinungen Sopor, Petechien und die rothe Ruhr oder auch
Geschwüre im Munde waren, und in der sich
der Friesel critisch zeigte, auch Nasenbluten,
Expectoration und Schweifs günstig waren. Wenn
die Krankheit ganz vorüber zu seyn schien, so
erlitten die Genesenen gleich wieder Rükfälle,
sobald sie sich Fleisch-Nahrung gestatteten. Die
Krankheit wurde mit Venaesectionen und aus-
leerenden Mitteln behandelt. Ganz verschieden
von dieser Krankheit war das Jayl fever oder
Kerkerfieber, das zwey Jahre darauf zu Launceston herrschte, wo auch Petechien erschienen
und die Kranken delirirten, aber die Aderlässen
sehr nachtheilig waren, und das Blut, welches gelassen wurde, hochroth aussah und nicht gerann.

Auch nach Guayaquil in Peru soll eine der
Maladie de Liam ähnliche Krankheit eingeführt
worden seyn. (Ulloa.)

1741 n. Chr.
Kalter Win-
ter in Ame-
rika.

In Nord-Amerika folgte nun 1741 ein ebenso
kalter Winter wie der vorjährige in der alten
Welt gewesen war, und aus Mängel an Futter
gieng daselbst ein grofser Theil des Viehs zu
Grunde. Das bey dem plözlichen Uebergang strenger Kälte in Thauwetter schon mehrmals beobachtete Vorkommen von Leucht-Erscheinungen
und Freywerden meteorischer Substanzen ergab
sich auch difsmal in Nordamerika. Als im Januar die Kälte bey ganz umzogenem Himmel
schnell nachliefs, und etwas Regen fiel, so er-

schien der Himmel mit einbrechender Nacht ganz
in Feuer, so dafs man die Gegenstände unter-
scheiden konnte, und zugleich hatte der nun
fallende Regen eine blutrothe Farbe. In Europa
war der Sommer nicht lieblich sondern feucht
und neblicht; der Vesuv gerieth während desselben in Bewegung, im September sah man in
Sachsen, besonders zu Leipzig, häufig Nordlichter, und in England bemerkte ein solches
Mouschenbroek bey einem sehr reissenden Wind.
Bey der so unfreundlichen, den Jahreszeiten
so wenig entsprechenden Witterung herrschte hin
und wieder, besonders in der Gegend von Neu-
Ruppin und in der Mark die Kriebelkrankheit
und es beobachtete Piccard durch mehrere Jahre
hindurch eine Friesel - Constitution, bey welcher
die Kranken im Frühjahr von Lungenentzündungen, im Herbst von einem dreytägigen Fieber befallen wurden, jedesmal aber unter Begleitung eines Friesels gleich im Anfang starke
und nicht entscheidende Schweisse mit einem
kleinen harten Puls sich einstellten, die mit
Blutlassen, Vesicatorien und Säuren behandelt
werden mufsten. Als im nächsten Jahre, während die Erwachsenen von dieser Krankheit befallen wurden, die brandigte Halsentzündung
unter den Kindern sich verbreitete; so nannte
man diese Krankheiten, vielleicht um ihr gemeinschaftliches Princip anzudeuten, den pic-
cardischen Schweifs.

Immer erneuerten sich die Anfälle des gelben Fiebers wieder in Nordamerika, in Philadelphia, in Newyork, wo die Krankheit von
Coldens und in Virginien, wo sie von Mitchell
beschrieben wurde. Obgleich nun auch die in

Gelbes Fieber
in Nordame-
rika u. Spa-
nien.

Europa ganz allgemeine kühle Witterung dieses
Sommers sich auch an den Küstenrändern Spaniens durch einen kühlen Seewind, der häufige
Regen brachte, zu erkennen gab, so verbreitete sich doch zu Mallaga das gelbe Fieber mit
schwarzem Erbrechen und den gewöhnlichen
Ergiessungen eines schwarzen aufgelösten Blu-
tes. Damals zweifelte man aber so wenig an
dessen anstekender Natur, daß man nicht einmal von Kranken, sondern blos von Waaren,
die von einem verdächtigen Schiff ans Land gebracht worden waren, die Krankheit herleitete.
Es starben damals 10,000 Menschen zu Mallaga,
am meisten litten Individuen in der Blüthe ihrer
Jahre. Zu derselben Zeit herrschte in dem gegenüberliegenden Ceuta die Bubonenpest. (Villalba.)

1742 n. Chr.
Strenger
Winter.
Ein ziemlich strenger Winter begann schon
Ende 1741 und währte den ganzen Januar, Anfangs Februar ließ sie zwar gleichzeitig mit der
Erscheinung eines Kometen etwas nach, gegen
das Ende des Monats aber erreichte sie eine be-
trächtlichere Stärke als zuvor, auch auf der Pariser Sternwarte stand einmal der Thermometer
niedriger als im Jahr 1740. *) Zu Lyon war der
niederste Thermometerstand 12° Reaum. Es fiel
eine ungeheure Menge Schnee, wobey man zugleich
Erdbeben spürte, und das Wetter blieb über alles
Menschen Gedenken rauh bis in May. Ebenso
rauh war der Winter auch zu Aleppo. Unter
Begünstigung dieser Witterung verbreitete sich
in England, wo übrigens mit diesem Jahre bis
1756 eine ganz besondere Wohlfeilheit des Ge-

---

*) Du Hamel in Hist. et mém. de l'Acad. roy. des scien-
ces 1742.

treides begann, die ulcerose Halsentzündung, Ulcerose
Halsentzün.
dung.
gleichzeitig traf sie auch wieder Nordamerika,
und etwas später Irrland. (Rutty.) Auch in
Teutschland waren Catarrhfieber allgemein, und
auch hier bemerkte man einen besondern Andrang gegen die Rachenhöhle, so dafs noch mehr
als in andern Catarrh-Epidemien das Haupt-
Symptom in einer ganz ausserordentlichen Schleim-
Absonderung im Rachen bestund; dabey hatten,
was nicht übersehen werden darf, viele Kranke
einen Purpur - oder Friesel-Ausschlag, (Herm·
Juch) und das Blutlassen hatte dabey entschieden nachtheilige Folgen, ja Violante bemerkt
dabey ausdrüklich der tödtlichen Angina in Sachsen. Das Ende des Jahrs war noch ziemlich
feucht, es fieng zwar im November bald zu gefrieren an, und man konnte nach einem solchen
Anfang einen kalten Winter erwarten. (Pringle.)
Doch scheint er difs nicht in besonderem Grade
gewesen zu seyn. Schon mit dem Anfang des
Winters erschien in Italien, z. B. zu Brescia, Influenza,
la Grippe.
die Influenza, und befiel dort plözlich ganze
Häuser, zu gleicher Zeit, im November, gab
sie sich in derselben Allgemeinheit auch zu Mayland und etwas später im Venetianischen zu erkennen. Nach Frankreich, wo damals zuerst der
Nahme Grippe aufkam, Teutschland und die Niederlande gelangte sie doch erst im Merz 1743, 1743 n. Chr.
ihrer erwähnen Pringle und Sauvages. In England erschien sie zu gleicher Zeit und dort, wo
bey dieser Epidemie die Benennung Influenz
recht allgemein wurde, hatte sie doch keinen
durchaus gutartigen Charakter und participirte,
wie es scheint, viel von dem damals herrschenden
Schärlach; bey vielen Kranken entstanden nemlich

brennend rothe Geschwülste auf der Haut, und
zu London starben mehrmals in Einer Woche
mehr als tausend Menschen an der Krankheit.
Derselbe Catarrh befiel auch Pferde und kostete
vielen das Leben.

Im Frühjahr wurde Neapel, Sicilien und
Malta durch ein Erdbeben erschüttert, Venedig
litt durch Ueberschwemmungen.

Eruption des Cotopaxi. Eine ausserordentliche Eruption des Cotopaxi,
bey welcher Condamine die Höhe der Flamme
auf 1800 Schuh berechnete, wurde besonders auch
dadurch verheerend, daſs durch das vulcanische
Feuer eine grofse Masse des Gletschers schmolz,
und reissende Ueberschwemmungen entstanden.
Zwischen dem 14ten und 25sten Julius sollen in
Grofse Hize zu Pecking. den Strafsen von Pecking eilftausend Menschen
am Sonnenstich gestorben seyn. *) Amiot **) giebt
die Hize zu Pecking auf 39½° Reaum. an.

Unter der englischen Armee brach in demselben Monat, bald nach der Schlacht bey Det-
Ruhr. tingen (den 27. Jun.) die Ruhr aus, dieselbe
Krankheit herrschte auch durch Italien, und
hatte schon Jahrs zuvor zu Aleppo die Pest angekündigt, welche nun in diesem Jahr zur Epidemie wurde, bis sie wieder sich in die Ruhr
verlohr. Von Patras aus soll durch ein Livor-
nisches Schiff dieselbe Krankheit im Merz schon
Pest zu Mes-sina. nach Messina gebracht worden seyn, es starben
an derselben 43,000 Menschen, nur die meisten
Klöster blieben frey; auch von dieser Epidemie
beschreibt der Abt Aeneas Gaet. Melani in seinem

---

*) Wintterbottom II. p. 39.
**) Mém. de Math. et de Phys. Tom. VI. Par. 1774.

Gedicht la peste di Messina die ausserordentliche Steigerung des Geschlechtstriebs. In Reggio
und Calabrien starben gleich viele Menschen,
Diſs scheint die lezte Pest dieser Art auf Sicilien gewesen zu seyn, unerachtet die Verkäuf-
lichkeit und Bestechlichkeit der Sanita von Sy-
racus im ganzen Mittelmeer zum Sprichwort geworden ist, und alle aus dem Osten kommende
Schiffe hier landen, weil sie wissen, daſs sie
für etliche Dollars die Erlaubniſs erhalten können, im Hafen zu handeln. *)

Im December erschien ein Komet, der bis **Komet.**
in Merz des nächsten Jahres sichtbar blieb, dessen Schweif sich allmählig ausbildete; des leztern Länge wurde am 10ten Februar auf 35° und
die Gröfse des Kerns auf das dreyſsigfache unserer Erde geschäzt; er zog ganz nahe vor dem
Mercur vorüber.

Ein sehr tiefer Schnee, selbst auch in Por-
tugal, der im Frühjahr 1744 schnell schmolz, **1744 n. Chr.**
richtete so grofse Ueberschwemmungen an, daſs sie **Strenger**
die vom Jahr 1729 noch übertrafen; auch sonst **Winter.**
war das Jahr durch seine meteorischen Erschei- **Meteore.**
nungen ausgezeichnet. Man bemerkte an meh-
reren Orten einen ungewöhnlich dichten Nebel,
der aber nicht sehr hoch war, und nur die niedern Gegenden verhüllte, während in den höheren die Heiterkeit der Luft ungetrübt war. Zu
Genua fiel rother Regen, in England sah man
im May zweymal Feuerkugeln, auch im Würt-
tembergischen, bey Marbach, gab es einen Me-
teor-Niederschlag eigener Art; nach einem Ge-

---

*) Blaquiere Briefe über Sicilien. Teutsche Uebers. Wei-
mar 1820. p. 82.

witter am 30sten Julius, wobey der Blizstrahl
wiederhohlt auf einen Aker fiel, bemerkte man
nachher Kugeln von verschiedener Gröfse, da
man aber in denselben nichts Schweflichtes noch
Salpeterichtes fand, so erklärte man sich dieselben damit, dafs durch einen Wirbelwind der
Sand des Akers in diese Kugeln geformt worden
sey. Auch in diesem Jahre gab es wieder eine
starke Eruption des Cotopaxi, man hörte das
Brausen des Berges bis Honda am Magdalenen-
Flufs zweyhundert Stunden weit, und die ausgeworfene Asche erstrekte sich über eine 80 Meilen weite Fläche.

Während dieser Zeit, in welcher die gangränose Halsentzündung immer weiter sich ausbreitete, zog sich eine Viehseuche zwar in anderer Richtung aber in derselben Allgemeinheit
und meist mit denselben pathologischen Proces-
sen nicht nur nach und nach über alle Theile
Europas, sondern auch bis nach Westindien und
selbst nach dem Festland von Amerika. Einige
erklärten diese Seuche ganz für dieselbe Erscheinung bey den Thieren wie die gangränose Halsentzündung bey dem Menschen. *) Andere aber,
ohne gerade dadurch mit ersterer in Widerspruch
zu treten, hielten für die äussere Ursache derselben die um jene Zeit häufigen (giftigen) Nebel, wie Selchow bey Odeslohe einen solchen
gesehen haben wollte, welcher eine weidende
Heerde traf, aus der gleich in den nächsten

Viehseuche.

*) Wie Gooch und gewissermafsen auch Hird in Remarks
upon pestilente and pestilential diseases interspersed
with some observations on the mortality among the
horned Cattle. Lond. 1753.

Tagen mehrere Stüke erkrankten. Schon im Jahr
1740 herrschte eine solche Viehseuche in Holland, im vorigen Jahr hatte Württemberg sehr
durch eine solche gelitten, gegen welche von
der Regierung Anweisungen und Verhaltungs-
Maafsregeln gegeben wurden, bald aber wurde,
fast aus jeder Gegend dieselbe Schilderung der
Krankheit geliefert, aus dem Holsteinschen von,
Ahrens, aus dem Dänischen von Bötticher, aus
dem Hamburgischen von Hannäus, aus Wismar
von Hollberg, aus Schlesien von Osterwik und
Hahn, aus dem Pregnizischen Kreise von Coe-
thenius, aus Tyrol von Kramer, aus dem Würt-
tembergischen von Mauchard, aus Frankreich,
wo sie fast zuerst im Gevaudau erschien, von
Sauvages, Paulet und dem Marquis Courtrivon,
aus England von Mortimer, Lobb und Hallam.
Etwas später gelangte sie auch nach Minorka. In
Schweden würde wegen der auch dort so allgemeinen Seuche, wie viel später auch in Frankreich, eine eigene Stelle gebildet, deren ganzer
Geschäftskreis und Aufgabe diese Viehseuche war,
und die so viel als möglich durch den Augen-
schein die Haupterscheinungen der Krankheit kennen lernen sollte. Während der langen Zeit und
auf dem weiten Raume, über welchen sich die
Krankheit verbreitete, war ihr Verlauf nicht immer derselbe. Einigen erschien sie als Hirnwuth,
Anderen als Lungenentzündung, oder man erklärte
sie für eine Ruhr, in einzelnen Gegenden verglich man sie mit dem Scorbut und nannte sie
Murie, in den nordischen Ländern, so wie auf
der andern Seite in Westindien, erschien sie auch
als Anthrax. Der gewöhnlichste Hergang war
zuerst ein trokener Husten, neben einer be-

sondern Empfindlichkeit des Rükgraths, welche
sich auch durch die Stellung des Thiers zu
erkennen gab, aus den Augen und der Nase floß
eine helle Flüssigkeit, die Gegend des Halses
schwoll auf, auch sonst entstanden lymphatische
Geschwülste, die Pulsschläge vermehrten sich,
und dabey gab sich immer mehr Mattigkeit und
Abneigung gegen Fressen und Saufen zu erkennen, das gelassene Blut bildete eine dunkelrothe
Masse, ohne Blutwasser auszuscheiden, und in
der Höhe der Krankheit blieb dasselbe ganz flüs-
sig ohne zu gerinnen. Meistens fand man die
Lungen und den dritten und vierten Magen entzündet, mit gangränösen Fleken in den Gedärmen, am allgemeinsten und beständigsten aber
waren bläulichrothe fast schwarze Flecken in der
Luftröhre, überhaupt rosenartige Entzündung
im ganzen Umfang der Schleimhaut. Das sicher-
ste Zeichen, daß es mit dem Stük Vieh wieder
besser gehe, war, wenn das gelassene Blut wieder gerann und sich in Blutkuchen und Wasser
trennte, ebenso galt es auch für ein nicht un-
willkommenes Zeichen, wenn über den ganzen
Körper Beulen und Geschwüre ausbrachen und
in eine starke Eyterung übergiengen, Die Dauer
der Periode dieser Krankheit, während welcher
sie ganz Europa wiederhohlt heimsuchte, und
in manchen Gegenden den Viehstand ganz auszurotten drohte, betrug über 30 Jahre (1745 —
75.) Alle Versuche, dem Uebel durch ärztliche Behandlung zu begegnen, zeigten sich er-
folglos, umsonst wurde das Aderlassen, das Haarseil und eine zeitlang Leinöl und Essig, neben
einer Menge anderer antiseptischer Arzneystoffe
versucht und das Salzleken des Viehs allge-

mein empfohlen; es blieb nichts übrig bey so
entschieden ansteknder Natur der Krankheit, als
das freylich sehr einfache Mittel , die Keule;
oder vielmehr den Dolch, denn man empfahl auch
das Vieh durch die Rükenwirbel zu erstechen,
aber selbst dieses verzweifelte Mittel wurde dadurch erschwert und unsicher gemacht, dafs man
bey Tödtung des blos wegen Berührung von
krankem verdächtigen Viehs, das ausserdem niemand für krank gehalten hätte, schon starke
Spuren des Uebels fand, mithin sich überzeugte,
dafs die Krankheit lange schon vorhanden seyn
könnte, ehe man difs nur aus dem äussern Ansehen des Thiers zu erkennen vermochte; und
dann hatte das gesunde Vieh auch einen eigenen
instinctwidrigen Trieb sich zu dem kranken hin-
zudrängen, dafs man dasselbe fast nicht bemei-
stern konnte, wo es darauf ankam, schnelle Maafsregeln zu ergreifen.

Der Sommer 1745 wird übrigens als sehr 1745 n. Chr.
troken beschrieben, auch fehlte es in diesem
Jahre nicht an Feuerkugeln. In Nordamerika
waren Ruhr und gelbes Fieber ziemlich allge- Gelbes Fieber
mein, eine sehr bedeutende Epidemie des leztern in Süd - Carolina beschreibt Moultrie. *)
Dieser Berichtserstatter und ein anderer gleichzeitiger Bisset **) versichern, dafs damals bey
dem gelben Fieber das Gelbwerden der Augen
gleich im Anfang eine ganz beständige Erscheinung gewesen sey, was bey den neuern Schil-

---

*) Dissertatio de febre maligna biliosa Americae; anglice
the yellow fever. Edinb. 1749.
**) Med. Essays and observations. Neu-Casle upon
Tyne 1746.

derungen der Krankheit so sehr widersprochen
wird, beyde schildern einstimmig, wie im dritten Stadium oder am vierten Tag der Krankheit
das aufgelöste Blut aus allen Oefnungen des Körpers, auch aus dem Zahnfleisch, selbst aus der
Haut gedrungen sey und erklärten die Krankheit
ganz für dieselbe, welche die Spanier schwarzes
Erbrechen und die Franzosen Maladie de Siam
nennen.

Ehe aber die Geschichte der um dieselbe
Zeit immer weiter um sich greifenden und von
den Aerzten auch immer mehr beobachteten Halsentzündung weiter verfolgt werden kann, dürfen
die grofsen unterirdischen Explosionen, diese Gewitter der Tiefe, welchen, in der neuen Welt begonnen, einige Jahre später in der alten Welt
ähnliche folgten, und die eine so wichtige Catastrophe der Erdrinde anzeigen, nicht unerwähnt bleiben, da sie, wenn auch ihr Einflufs
auf die gleichzeitigen Krankheiten der Menschen
und Thiere nicht zugegeben würde, doch für
sich schon Ereignisse der gröfsten Wichtigkeit
wären.

1746 n. Chr. Auch in Teutschland war der Sommer 1746
Trokner   ausserordentlich heifs und troken, Quellen und
Sommer.   Bäche versiegten, die Erde berstete, ausser ein-
             zelnen meistens sehr heftigen Gewittern gab es
             fast keinen Regen, und so herrlich der Wein
             gerieth, so dürftig war die Erndte. Wie difs
             in Zeiten des Miswachses schon mehr geschehen,
Kornregen.   wollte man, besonders in der Schweiz, Korn
             vom Himmel fallen gesehen haben; es wurden
             aber, da solche Körner beym Kochen nicht weich
             wurden, dieselben für die Knollen des ranun-

culus ficaria erklärt. *) Den 8ten Merz hatte
man eine Feuerkugel in Essex gesehen, am 21sten
und 24sten Julius wurde ein starkes Erdbeben
zu Massa gespürt. (Bildersaal). Weit furchtbarer waren aber die Vorgänge in Peru, dort
hatten sich schnell hintereinander vier Vulcane
gebildet, am 28sten October gerieth auch die
See in eine Entsezen erregende Aufwallung, zuerst trat dieselbe unversehends zurük, und plözlich erhob sie sich wieder mit solcher Heftig- *Ein Ueberflu-*
keit, dafs der Hafen von Callao, der gleichzei- *then des Mee-*
tig von einem Erdbeben erzitterte, mit allen *res richtet*
Magazinen und seiner ganzen Bevölkerung von *Callao zu Grund.*
seinen Fluthen bedekt, und die Schiffe noch
weit über die Stadt rükwärts geschleudert wurden. Nur einer der unglüklichen Bewohner, der
sich gerade auf einem entfernten Bollwerk befand und in einer Minute seine Mitbürger in der
gröfsten Verwirrung aus den Häusern stürzen und
in demselben Augenblik von dem schäumenden
Meer auch verschlungen werden sah, habe dieses Unglük überlebt, Andere gaben jedoch die
Zahl der von 7,000 übrig gebliebenen auf 100
an. **) Auch in Lima, welches gleich darauf
gröfstentheils zusammenstürzte, kamen 1,100
Menschen ums Leben. Bis zum 24sten Februar
des folgenden Jahrs erfolgten noch 450 weitere
Stösse, denen meist ein prasselndes Getöse in
der Erde vorangieng. ***)

---

*) Untersuchung des Kornregens. Zürch 1746.

**) P. Lozano in lettres édifiantes et curieuses XXVI.
Coll. lettr. VI.

***) Ulloa, Vol. II, 8g.

Im December erschien ein Komet und in dem
nun folgenden Jahr 1747 gerieth nach vierzig-
jähriger Ruhe der Aetna in Bewegung. Auch der
Sommer dieses Jahrs war meist sehr troken und
heifs. Den zwölften December wüthete einer
der heftigsten Stürme in der Ost- und Nordsee,
mit einem ausserordentlich tiefen Barometerstand.

In diesem Jahr beobachteten Chomel, *) Ghizi,
Malouin, **) Raulin, ***) Zapf †) und Starr die
immer allgemeiner werdende Halsentzündung.
Wie es schon bey Mead nachgewiesen wurde, so
erschien das Uebel nicht bey allen unter derselben Form. Der Angina parotidea wurde schon
erwähnt, im Anfang starben beynahe alle Kranke
nach einem viel kürzeren Verlauf und bey der
Section fand man vollkommene Gangraen am
Luftröhren-Dekel und den Mandeln; callose
Ränder an der Luftröhre und selbst in den Lungen Eyter. Dabey hatten die Kinder die gröfste
Beschwerde im Athmen, der Hals schwoll auch
von aussen sehr auf, und bey jedem Athemzug
hörte man ein eigenes Geräusch von Schettern,
welches dieser Krankheit ganz eigenthümlich war,
und einmal gehört nie mehr verwechselt werden

---

*) Baptiste Chomel dissertation historique sur l'espèce de
mal de gorge gangreneux, qui à régné parmi les en-
fants l'année dernière. Par. 1749.

**) In Mém. de l'Acad. roy. des sciences pour l'an 1746
et 47.

***) Raulin les maladies occasionées par les promptes et
frequentes variations de l'air, consideré comme l'at-
mosphére terrestre. Paris 1752.

†) Rud. Zapfii synopsis obs.-med. de selestior. medicaï
ment. viribi cum hist. et curat. novae anginae ann. 1745
et 1746 epid. grassat. Lugd. Bat. 1751.

konnte. Wenn die Krankheit länger dauerte und
sich zur Besserung anließ, so geschah es zuweilen, daſs solche Kranke ganze Membranen
heraus husteten,[*] welches zwar wohl mehr die
weiſse Haut, die die Geschwüre bedekte, seyn
mochte, auf der andern Seite aber doch auch der
Haut, wie sie sich in der angina membranacea
bildet, sich näherte, weſshalb auch Ozanam
Ghizi's Beschreibung der Krankheit in Cremona
geradezu für diese erklärt. Zuweilen näherte
sie sich wieder mehr dem Scharlachfieber wie
bey der Form der Krankheit, welche in der weiblichen Erziehungs-Anstalt zu St. Cyr herrschte,
(Malouin) oder bey der Epidemie des Scharlachfiebers in Haag, welche im Jahr 1748 auf einen
epidemischen Stikhusten folgte und bey welcher
die Gangrän den Mund und selbst die Kinnba-
ken ergriff. (de Haen.) Endlich aber starben
manche Kinder erst am 29sten und 30sten Tage,
bey denen man wahre Brust-Wassersucht fand.
(Raulin.) Allgemein vereinigten sich aber die
Aerzte über die Natur der Krankheit und nannten es das Severinische Halsweh, ja in einer
schwedischen Dissertation wird die Krankheit,
die in den nächst vorangegangenen Jahren auch
in Schweden erschienen war, geradezu die in
Spanien sonst einheimische Hals-Krankheit genannt. [**]

Während nun unter den Hausthieren die beschriebene Seuche und unter den Kindern diese

---

[*] John Starr in phil. Transactions 1750. Dieser sah
die Krankheit in Cornwallis und Devonshire.

[**] Diss. de angina infantili Praes. Aurivillio resp. C.
D. Wilke. Ups. 1764.

Halsentzündung, an andern Orten aber die Poken ebenso stark wütheten, (zu Montpellier
starben im Jahr 1744—45 2,000 Kinder an lezterer Krankheit,) kam unter den Erwachsenen
immer noch häufig das schon erwähnte piccar-
dische Schweifsfieber (Friesel) vor. Noch allgemeiner waren in Friesland, Sachsen und der
Schweiz anstekende Ruhren und epidemische
Wechselfieber; *) in Spanien dagegen, wo diese
Halsentzündungen begonnen hatten, waren nach
der Angabe von Villalba Catarrhfieber ganz allgemein, und erst vom Jahr 1750—62 wiederhohlten sich auch in Madrid und Neu-Castilien
bösartige Halsentzündungen jährlich. Mehr als
unmittelbare Folge der Verderbnifs der Getreide-
Arten, welche noch einige Jahre an einzelnen
Orten, besonders in Frankreich fortdauerte, kam
in Sologne, wo man denselben von den Kornzapfen herleitete, der kalte Brand vor; dasselbe
Uebel zeigte sich im Jahr 1749 zu Bethune, **)
Kriebel- auch in Flandern kam die eigentliche Kriebelkrankheit. krankheit, bey welcher aber der Brand nie über
die Knie sich erstrekte, vor. ***) Dagegen hatte
in der Gegend von Beauvais vom Jahr 1745—50
die Krankheit mehr das Ansehen von Phrenitis,
wobey man oft zwey Pfund Blut auf einmal weg-
lassen mufste. †) In der Schweiz herrschte nach

---

*) D. Christ. Tob. Ephraim Reinhardi Carmen de febri-
   bus intermittentibus spuriis sive epid. ann. 1747—51.
   Dresden 1752.

**) Raulin observations de Médecine. Par. 12. 1754.

***) Boucher Journ. de Médecine. Tom. XVII.

†) Journ. de Méd. Tom. XVI.

den Versicherungen Zimmermanns die Ruhr zu
derselben Zeit, (1749) da nach den Forschungen von Webster sie in den europäïschen Ansiedlungen in Nordamerika ebenso allgemein war.
Hier herrschte aber auch seit 1746 das gelbe
Fieber besonders in Albany, Philadelphia, Boston und Charlestown, unerachtet diese Städte
damals noch eine weit geringere Bevölkerung
hatten. Ueber die Epidemie, wie sie im Jahr
1747 zu Philadelphia sich gestaltete, gibt Wil-
liam Currie in seinem Treatise on the synochus
icteroides or yellow fever einen Brief von Lard-
ner, nach welchem die Krankheit damals alle
Erscheinungen des gelben Fiebers hatte, wie in
den Jahren 1793 und 94.

In den aufeinander folgenden so troknen Jahrgängen erschienen im südlichen Teutschland Heu- Heuschreken-
schreken-Schwärme, wie man sie seit Jahrhun- Schwärme.
derten nicht mehr gesehen hatte. Sie wurden
schon im Jahre 1747 gesehen. Noch stärker erschienen sie im Jahr 1748. Man wollte in Schlesien bemerken, daß sich unter denselben weit
mehr Weibchen als Männchen befanden, auch waren die Anführer der einzelnen Züge etwas anders gebaut. Bayern durchzogen im Jahr 1749
Heuschreken-Schwärme, welche an vielen Orten
eine Stunde in der Länge und eine halbe Stunde
in der Breite betrugen, armdike Aeste von den
Bäumen abdrükten, die schwächern Bäume, z. B.
Weiden, zu Boden legten, und alles Laub und
Feldfrüchte verzehrten. *)

---

*) Kundmann Anmerkungen über die Heuschreken in
Schlesien im Jahr 1748. Mayersche Sammlungen, 2
Bd. S. 12. Ratthlefs Akrido-Theologie. Hannover

20 *

1750 n. Chr.
Kalter Win-
ter.

Der Winter 1750 war kalt, zu Constantinopel fiel eine grofse Menge Schnee, woraus man
zufolge alter Erfahrungen fürs nächste Jahr eine
Pest-Epidemie voraussezte. In England beschäftigten sich die Physiker in den nächsten zehn
Jahren viel mit der Frage, ob die von 1748 —

Erdbeben u.
Sternschnup-
pen gleich-
zeitig.

1756 dort so häufigen, wie es schien der Vegetation sehr günstigen Erderschütterungen mit
den gleich zahlreich beobachteten Sternschnuppen in Verbindung stehen? Auf gleiche Weise
machte man auch auf Mannilla die Bemerkung,
dafs, während von 1700 — 1749 nur von Zeit
zu Zeit Erdbeben daselbst gespürt worden waren, von jenem Jahre an einige Zeit lang diese
so häufig wurden, dafs innerhalb sechs Wochen
kaum ein Tag ohne Erdbeben vorübergieng. *)
Am 19ten Merz spürte man ein Erdbeben zu London, Narbonne, Toulouse, Rhodez, Montpellier, Fiume und Venedig. (Bildersaal.) Webster
gibt noch weiter Erdbeben für Lappland, für
Rom, Sicilien, Jamaica und Peru an.

Heisser Som-
mer.

In diesem Jahr erschien auch ein Komet, und
die Hize des Sommers stieg in der alten und
neuen Welt auf unerhörte Grade. Zu Philadelphia wiefs Fahrenheits Thermometer auf 100°.
In England zeigte ein Thermometer, von dessen
Gefrier-Punkt bis zur Wärme des menschlichen
Bluts 100° gerechnet werden, am eilften oder
zwey und zwanzigsten Julius auf $88\frac{1}{4}°$. **) Am
fünften September warf der Cotopaxi Feuer aus.

1759. Georg Hasenest medicinischer Richter. Lezter
Band.

*) Le Gentil Voyage, Tom. III.

**) Phil. Transactions, 1750.

(Condamine) und den eilften October fielen bey
Coutances (Dep. de la Manche) Meteorsteine.
Auch durch seine Krankheiten war dieses Jahr
ausgezeichnet. Ueber die Pferde in England, besonders zu London, verbreitete sich ein Catarrh,
und eine Seuche unter dem Hornvieh an der Garonne beschreibt Raulin. Die Krankheit in Beauvais näherte sich immer mehr einem äusserst
schnell verlaufenden Schweifsfieber, noch dauerte Schweifsfie-
die Ruhr in der Schweiz fort, häufig kamen ber in Frank-
auch in Teutschland Faulfieber vor,*) und zu reich.
Madrid, so wie in Neu-Castilien überhaupt hörte
bis 1762 die bösartige Halsentzündung gar nicht
mehr auf. Die Pest raffte zu Fez 30,000 Menschen und zu Tanger den dritten Theil der Bevölkerung weg. (Webster.) Auf Jamaica und
Curaçao wüthete das gelbe Fieber.

Neben diesen der Beschaffenheit des Jahrgangs entsprechenden Krankheiten, entstand auch
eine nicht minder merkwürdige Krankheit in
England, die man im Gegensaz von jenen eine
künstliche nennen könnte, da sie einzig durch
fehlerhafte Einrichtung und durch Unmensch-
lichkeit auf gleiche Weise wie im Jahr 1577
veranlafst wurde. Am eilften May fiengen die Kerkerfie-
Sessionen in der Old Baily an, und währten ber in Eng-
etliche Tage. Während dieser Zeit wurden meh- land.
rere Verbrecher verhört, und es war eine gröfsere
Menge Menschen in dem Saal als gewöhnlich,
auch war die Luft erstikend heifs. Unmittelbar
darauf starben an einem Fieber, das zwar in
seinem ersten Stadium inflammatorisch zu seyn

---

*) Fabricius anotationes quaedam circa constitutionem
epidemicam anni 1750. Helmst. 1751.

schien, aber schnell in Entkräftung übergieng,
vier von den sechs Richtern, zwey oder drey
Advocaten und vierzig von den Angesehenen unter den Zuschauern, die aus dem Volk nicht
einmal gerechnet. Der Saal enthielt nur dreyssig Quadrat - Schuhe und an denselben stiefsen
drey Zimmer, in welchen die Gefangenen in
der gröfsten Unsauberkeit während dieser Zeit
aufbewahrt wurden. Dabey machte man die Bemerkung, dafs diejenigen, welche sich links vom
Oberrichter, der wahrscheinlich in der Mitte
des Saals safs, befanden, häufiger erkrankten als die, welche die rechte Seite einnah-
men, was man von dem Oeffnen eines Fensters
herleitete, das sich jedoch so entfernt befand,
dafs man weniger an eine Erkältung denken kann,
als annehmen mufs, durch das Eröffnen des Fensters sey der verpesteten Luft ein gewisser Zug
mitgetheilt worden, unter welchem die Richter
und Geschwornen links besonders litten. *) Solche Fieber gaben Veranlassung zu der eine Zeit
lang so viel gebrauchten Benennung ,,Kerkerfie-
ber,'' die jedoch wie es scheint in Teutschland,
wo an manchen Orten auch die Verbrecher lange genug aber mehr einzeln in Kerkern aufbewahrt werden, nicht in dieser Furchtbarkeit vorkamen.

*) Pringle observations on the nature and cure of hospi-
tal and gayl fevres in a letter to Dr. Mead. London
1750. Die ausführlichste Nachricht über den Vorgang
nebst einem Plan des Gerichts - Saals mit den Sizen
der Richter, Geschwarnen etc., so wie über ähnliche
Fälle, die sich zu Faunton 1730 und zu Launceston
1742 ereigneten, findet sich im Appendix von Ban-
croft (E. N.) An Essay on the Disease called yellow
Fever etc. London 1811

Das Jahr 1751 ist eher durch die Vorgänge in der physischen Welt als durch die Geschichte seiner Krankheiten ausgezeichnet. Es galt der Winter in Schweden für kälter als der von 1740, auch in Nordamerika war es sehr kalt. (Webster.) Ein unerhörter Sturm richtete an demselben Tag, am siebzehnten Merz, an der Küste von Frankreich und auf Jamaica Verheerungen an. Auch sonst litt Frankreich, England, Schottland und Teutschland sehr durch Wasserfluthen. (Bildersaal.) Der Vesuv und Aetna geriethen in Bewegung. Den neun und zwanzigsten May fiel bey Hrachina in der Gespannschaft Agram in Croatien eine 71 Pfd. schwere Meteor-Masse aus Eisen und Nikel, deren quantitatives Verhältnifs ganz als dasselbe sich ergab, wie bey der colossalen Masse, die sich in Neu-Biscaya oder der Intendanz von Durango befindet. Erdbeben empfand man an der adriatischen Küste, und in Savoyen sank ein Berg ein. Krankheiten waren in diesem Jahre, in welchem weder Trokenheit noch Hize noch Feuchtigkeit ausgezeichnet waren, nicht häufig. In England und Irrland soll sich gerade dieser Jahrgang durch Seltenheit derselben ausgezeichnet haben, doch gab sich zu Guilford die Halsentzündung stark zu erkennen, und in Cheshire fielen 30,000 Stük Vieh an der Seuche, die immer noch mehrere Gegenden in England heimsuchte. In der Schweiz beschreibt Langhans ein dort besonders häufiges Blasenfieber, pemphygus helveticus, und in Italien, besonders in der Gegend von Ravenna, bemerkte man den Rost nicht nur am Getreide, sondern auch an den Weinbergen und den Maul-

Marginalia:

1751 n. Chr.

Stürme und Meteor-Eisen-Masse.

beerbäumen, *) Zu Constantinopel sollen 200,000

Menschen an der Pest gestorben seyn; auch in
Nordamerika, wo in mehreren Gegenden Dysenterie und Halsentzündung herrschten, zeigten sich hin und wieder Spuren des gelben Fiebers, zu Philadelphia glaubte man von Barbadoes aus die Krankheit erhalten zu haben, doch
starben dort nur 200 Menschen; gleichzeitig erschienen dort die unabsehbaren Schwärme wil-
der Tauben.

Das Jahr 1752 zeichnete sich in Europa auf
gleiche Weise durch Stürme und Ueberschwemmungen aus, dißmal litten besonders Ostende
und Petersburg. Nach einem sehr starken Regen sah man in Sachsen die Wiesen mit einer
Substanz überzogen, welche Einige für Alcyo-
nium molle, Andere für einen Byssus erklärten.
Von den so heftigen Orcanen in Süd-Carolina behauptet Chalmer, daß nach denselben die Luft
viel gesunder geworden sey. Eine ausserordentliche Erscheinung bot in diesem Jahr auch der
Rio del Norte dar, dessen Bett auf 50 Meilen
abwärts plözlich troken wurde, und der am Prae-
sidio von San Elazario wieder aus der Erde drang,
bis nach mehreren Wochen das Wasser wieder
seinen vorigen Lauf nahm. Da die Gegend sehr
kalkartig ist, so stürzte das Wasser wahrscheinlich in eine große Höhle. In Nordamerika gab
es auf dem West-River Mountain in New-Hampshire eine Feuer-Eruption und im Osten wurde
Adrianopel durch ein Erdbeben zerstört.

---

*) Della malattie del grano in Erba del Conte Frano.
Giovanni. Pesaro 1759.

Immer noch werden in Europa die entfern-
testen Gegenden von der brandigten Bräune, die
immer allgemeiner das Severinische Halsweh ge-
nannt wird, heimgesucht, wie sich dieses fürch-
terliche Uebel im Simmenthal verhielt, beschreibt
Langhans. Sie fieng mit Frost und Schmerzen
im Schlunde an, worauf die Mandeln geschwol-
len und der oberste Theil des Schlundes und
das Zäpfchen mit einer weifsen Haut überzogen
wurden, unter welcher sich scharfe Jauche bil-
dete. Dabey entstanden im Munde grofse Blat-
tern, die man öffnen mufste, damit der Kranke
nicht erstikte. Auch die Drüsen am Halse schwol-
len auf, und es entstanden Geschwüre, welche
eine günstige Erscheinung waren, wurden dage-
gen diese Drüsen hart, so nahm die Krankheit
eine tödliche Wendung, es verminderte sich
nemlich dabey die Geschwulst am Halse, die
weifsen Fleken nahmen zu, es erfolgte Bangig-
keit, Husten und Auswurf von Blut und Eyter.
Doch trat der Tod meist erst zwischen dem ach-
ten und vierzehnten Tage ein, ja die Kranken
hätten fast bis zum Tode ausgehen und ihre Ge-
schäfte besorgen können. Bisweilen waren die
Geschwüre und Blasen nicht am Halse, son-
dern in der Leisten - Gegend, und manchmal
wurden auch die Geburtstheile brandigt. Das
Blut zeigte sich sehr aufgelöst und von grün-
lichter Farbe. Ganz im Anfang wurde zur Ader
gelassen, sofort aber durch erweichende Mittel
äusserlich, und durch schweifstreibende inner-
lich genommen, die Entscheidung der Krank-
heit nach aussen zu bewerkstelligen gesucht. *)

Marginalia: Brandigte Halsentzün-
dung im Sim-
menthale.

---

*) D. Dan. Langhans Beschreibung verschiedener Merk-

Ganz dieselben Zufälle giebt auch Huxham von
der Krankheit zu Plymouth an. Besonders stark
traf sie auch den grofsen Fleken Kidderminster
an der Stour, dort wurde die Krankheit so einheimisch, dafs zwanzig Jahre später dieselbe
auch Johnstone *) der Sohn beschrieb und man
weit und breit es die Krankheit von Hiddermin-
ster nannte. Bey der Form, welche die Krankheit hier annahm, wird man zwar nicht an das
Scharlachfieber erinnert, denn wenn ein Exanthem ausbrach, so waren es mehr rothe Bläs-
chen, dagegen aber bey der Krankheit, wie sie
zu Plymouth vorkam, die Kranken oft aufschwol-
len. Auch in Irrland war das Uebel eben so
furchtbar und raffte die Kranken oft schon in 8
bis 10 Stunden weg. Ja bis nach der Provinz
Nerike gelangte das Uebel im May 1755 und
endigte auch dort schon am dritten oder fünften
Tag mit dem Tode. (Jov. Bergius.) Ganz mit
denselben Erscheinungen suchte die Krankheit
auch ihre zahlreichen Opfer in den nordamerikanischen Provinzen.

Obgleich der Sommer ausserordentlich heifs
in Nordamerika, nahmentlich in Carolina war,
so zeigte sich doch keine Spur des gelben Fiebers, dagegen wüthete die Pest immer noch an
der Nordküste Afrikas, besonders zu Algier.

1753 n. Chr.   Der Sommer 1753 war nun wieder, wenig-
Heisser Som- stens im westlichen Europa, sehr heifs, auf der
mer.

würdigkeiten des Simmenthals nebst einem Bericht über
eine neue anstekende Krankheit die in diesem Lande
entstanden ist. Zürch 1753.

*) J. Johnstone Dissert. de angina maligna. Edinb. 1773.
**) Belkamps Hist. of N. Hampshire. Vol. II. par.

Pariser Sternwarte stieg das Reaumursche Thermometer auf $30\frac{1}{2}°$ *) und in den Rheingegenden war
der Weinertrag ausserordentlich. Zu Tabor in
Böhmen fielen am dritten Julius Meteorsteine, Meteorsteine.
die sich auch wieder durch ihre spezifische Schwere,
ihren Eisen- und Nikel-Gehalt auszeichneten.
Auch bey Laponas vier Lieues westlich von Pont
de Vesle fielen nach einem starken Getöse zwey
Meteorsteine, es waren dieselben abgerundete,
schwärzliche, an der Oberfläche geschmolzene
Klumpen, welche Eisen enthielten, (de la Lande.)
Den achtzehnten October sah man im Haag und
an andern Orten zwey halbe Nebensonnen, denen ein Regenbogen gegenüber stand, und um
dieselbe Zeit fiel ein Hagel, dessen einzelne
Hörner sechs Unzen wogen. Am vierten November zog auch eine Feuerkugel über Frankreich und die Schweiz. Ein allgemeines Erkranken zu Rouen, welches man von einem starkriechenden Nebel herleitete, beschreibt le Cat. Nebel zu
Ueberhaupt waren Lungen- und Herzbeutel-Ent- Rouen.
zündungen in Frankreich viel häufiger als sonst,
besonders wurden leztere Krankheiten als eine
ganz neue beschrieben. Nur an einzelnen Orten
in Italien, wie zu Triest, (Gobbi) und im Luc-
caschen kamen Petechialfieber vor. Das gelbe Petechienfie-
Fieber aber traf vorzüglich das Festland von ber und gel-
Amerika, besonders Carthagena und dort eben bes Fieber.
so sehr auch die Flotte unter D. Pedro de la
Cerda.
　　Im Jahr 1754 gab sich stärker als gewöhnlich das Upsal-Fieber, ein dem Hemitritaeus
Roms ähnliches nicht gutartiges Fieber, wie

*) Mém. de l'Acad. des sciences 1757.

man meynte, von den Ausdünstungen einiger
Seen veranlafst, zu erkennen. In Amerika war
der Winter sehr mild gewesen, weniger in Europa. Die schon in den nächst vorangegangenen Jahren erwähnten Krankheiten der Getreide-
Arten wurden nun auch in der Schweiz bemerkt.
Besonders sah man am Dinkel die Halme grau
und rauh werden und aus denselben einen gelb-
gefärbten Saft ausquillen, worauf innerhalb acht
Tagen die ganze Pflanze schwarz wurde. Es würde
wohl zu gewagt seyn zu behaupten, dafs dieses
Abstehen der Cerealien mit den Erdbeben in ur-
sachlichem Zusammenhange stehe, doch könnte
man sich auf die oben angegebene Einflüsse der
Erdbeben auf den Getreidebau in Peru berufen.
Ausgezeichnet war aber das Jahr durch Erdbeben
theils wegen ihrer Häufigkeit, theils wegen ihres
Vorkommens in Gegenden, wo sie sonst unerhört sind. Sie trafen vorzüglich den Orient,
am stärksten waren sie auf Amboyna, aber auch
Aegypten trafen sie mit grofser Heftigkeit; hier
stellten sie sich im Gefolge meteorischer Erscheinungen ein, es entflammte gleichzeitig der Himmel, während zwey Drittheile von Cairo in Trümmer sanken und 40,000 Menschen das Leben verlohren. Auch Constantinopel erlitt Erschütterungen und selbst in England wurden dieselben
gespürt. (Webster.)

Das nächste Jahr 1755 bietet nun dieselben
Erscheinungen im westlichen Europa und über
den atlantischen Ocean hin bis Peru in einer
solchen Verbreitung und einer solchen Wechselfolge von meteorischen und vulcanischen Explosionen dar, dafs mehr noch als durch das Schrekliche und Verheerende eines losgelassenen Ele-

*Krankheiten
des Getreides.
Erdbeben.*

*1755 n. Chr.
Erdbeben u.
meteorische
Erscheinun-
gen.*

mentenkampfs, durch den Gedanken an ein innern
Gesezen folgendes ineinander Wirken grofser Na-
tur-Procesːse die Aufmerksamkeit gefesselt werden mufs, je nachdem bey dem verschiedenen
Standpunkte der Ansichten diese so geheimnifs-
vollen Vorgänge bald dadurch hervorgebracht
gedacht werden, weil in der Tiefe des atlantischen Meers grofse Klüfte durch Gährungs-Pro-
cesse erschüttert und mittelst des Stofses der ungeheuren Wassermasse an das feste Land, die
Küsten und Quellen desselben weit hin erschüttert und bewegt wurden, oder auf die Davy-
sche Entdekung des Durchführens der Stoffe beym
galvanischen Procefs gestüzt, die einander gegen-
seitig hervorrufenden grofsen Niederschläge aus
der Atmosphäre und Ausströmungen aus der Tiefe
der Erde, für grofse Respirations-Acte des Planeten, oder wenn die Medicin ihre Sprache der
Physik leihen dürfte, vielleicht noch bezeich-
nender für Fieber-Exacerbationen, mit critischen
und metastatischen Entladungen erklärt werden.
Ungewöhnlich zahlreich sind die meteorischen
Erscheinungen überhaupt, und jeder einzelnen
vulcanischen Explosion oder Erdbeben giengen
jedesmal auch wieder solche voran. Der Vesuv,
aus welchem im December des vorigen Jahrs
zwey Lavaströme ohne besonderes Geräusch her-
vorgebrochen und bis zum zwanzigsten Januar
geflossen waren, stiefs den 31sten Januar einen
dritten aus. Am zehnten May gerieth dieser Vulcan unter Dampf und Entströmen von heissem
Wasser wieder in Bewegung, wobey denn in
den folgenden Tagen auch wieder Lavaströme
zum Vorschein kamen. Schon am 23sten Januar
bemerkte man in Franken einen Blutregen, den

man doch etwas gezwungen einer aufgehobenen
gelben Leim-Erde zuschreiben wollte. Im April
wurde Quito größtentheils durch ein Erdbeben
zerstört. Auch der 'Aetna wurde unruhig, und
begann seine Auswürfe mit einem Erguſs von
Wasser. (Hamilton.) Während des Sommers
wieſs der reaumürsche Thermometer zu Leipzig
einmal auf 31°.

Auf Island erwartete man aus Wahrnehmungen, die aus der Beschaffenheit der Atmosphäre
abstrahirt wurden, den unerhörten Ausbruch auf
dem Berg Kattlagiau Jokul, dem die fürchterlichsten electrischen Erscheinungen, wobey mehrere Menschen und vieles Vieh wie vom Bliz
getroffen wurden, vorangiengen. Bey der Eruption am siebzehnten October entlud der Berg aus
mehreren Oeffnungen Feuer und Wasser, welches
leztere sich in Ströme sammelte, darauf folgte
ein Erdbeben und Feuerkugeln fuhren in die
Höhe, ein unerträglicher Schwefelgeruch erfüllte
die Luft, von der Menge der ausgeworfenen Asche
wurde es ganz dunkel und bis auf die Farröer-
Inseln wollte man den Aschenregen bemerken. *)
Aber in einem noch viel weiterem Umkreis von
Island entlud sich die Atmosphäre von festen Stoffen, am 20sten October zwischen 3 und 4 Uhr
Nachmittags fiel auf den Schettlands-Inseln bey
einem Süd-West-Wind, also nicht von Island
hergeweht, ein schwarzer Staub wie Lampen-
rufs und 3 Tage später fiel auf einem Schiffe
zwischen Schottland und Island in groſser Menge
schwarzer Staub, **) und fast um dieselbe Zeit

*) Olofsen und Povelson, ferner Mackenzie S. 312.
**) Phil. transact. Vol. 49 et 50.

sah man in Nordamerika gegen die Küste todte
Wallfische treiben. Ein Meteorstein fiel im Julius bey Terra nova in Calabrien und am dreyzehnten August sah man an vielen Orten eine
Feuerkugel, die einen solchen Glanz verbreitete,
daſs sie bey hellem Sonnenschein Schatten warf.
Doch weit häufiger gelangten die Meteor-Niederschläge in wässrigter Auflösung zur Erde,
Am vierzehnten October Morgens acht Uhr empfand man zu Locarno einen ungewöhnlich heissen Wind und um zehn Uhr war Alles von einem
rothen Nebel umhüllt. Abends vier Uhr fieng
es an zu regnen, der Regen war aber blutroth
und in einem flachen Gefäſs aufgefangen, sezte
sich ein Niederschlag auf den Grund des Gefäſses,
der den neunten Theil des Ganzen betrug, dieser
Regen erstrekte sich auf eine Fläche von mehr
als vierzig Stunden ins Gevierte, bis nach Schwaben, und auf den dazwischen liegenden Alpen
fiel ein sechs Schuh tiefer rother Schnee. Rau
fand in diesem Blutregen wirklich Schwefel. Ein
schrekliches Gewitter, bey welchem das Feuer in
Strömen an den Bergen hinunterr .te und in die
Straſsen fiel, begleitete denselben, und nun fiel
eine solche ausserordentliche Regenmasse, daſs
ihre Höhe in einer Nacht neun Zoll betrug. Am
15ten November fiel ähnlicher Regen zu Ulm,
am Bodensee, in Ruſsland und Schweden. *)

Schon im October spürte man in der Schweiz
einzelne Erdstöſse, auf welche zur allgemeinen
Freude viele der seit 1755 versiegten Quellen
wieder zu fliessen begannen. Am ersten November traf endlich Lissabon das bekannte Erdbe-

*) Nov. Act. Nat. Curiot. 1761. Nov. Tom. II.

hen. Seit 3—4 Jahren hatte in Portugal eine
beschwerliche Dürre geherrscht, an dem Tage
selbst war die herrlichste Witterung, der erste
Stofs erfolgte Vormittags 9 Uhr 50 Minuten unter fürchterlichem Krachen, zehn Minuten lang
verfinsterte sich die Luft zum Theil vom Staub
und Kalk, doch wurden auch Schwefeldünste bemerkt. Unmittelbar nach dem Erdbeben stieg
das Meer 30—60 Schuh über die höchste Fluth,
ohne dafs die mindeste Luft-Bewegung empfunden worden wäre, auf dem Tajo stürzte eine
Wassermasse gleich einem Gebirge schäumend
und brausend herein und mit derselben Geschwindigkeit wieder zurük. Die Schiffe auf der See
wurden wie bey dem heftigsten Sturm hin und
hergeworfen, andere von Wirbeln verschlungen.
Auch zu Cadiz sah man in acht Meilen Entfernung einen Wasserberg von 60 Schuh Höhe von
der See herkommen, und sich verheerend auf
die Küsten werfen. Auf dem Land bildeten sich
Erdspalten, aus welchen weifser Sand drang;
noch mehrere starke Erschütterungen folgten zu
Lissabon unter starken Regengüssen in den nächsten Tagen. Aber nicht allein die Verheerungen,
die das Erdbeben zu Lissabon anrichtete, und
die Vernichtung von 60,000 Menschen zeichnen
dieses Erdbeben aus, für die Naturbetrachtung
ist die ungeheure Entfernung und die Gleichzei-
tigkeit der an dasselbe geknüpften Erscheinungen
noch merkwürdiger. Der Raum, auf welchem
dieser Erdstofs im nemlichen Augenblik zu Lissabon und zu Abo, am Ontario-See in Nordamerika und südlich auf Madeira und Barbadoes
empfunden wurde, beträgt über 90,000 Quadrat-
Meilen. Auf dieser ungeheuren Fläche wurden

jedoch nur an einzelnen, von einander ziemlich
entfernten Orten, wie zu Mayland und in den
Bley-Gruben von Derbyshire Erderschütterungen
gespürt; auch der Vesuv, der am ersten November Morgens acht Uhr noch sehr stark ge-
tobt hatte und zur Zeit des Erdstofses plözlich
verstummte, scheint sich im Kreise der an das
Erdbeben geknüpften Erscheinungen befunden zu
haben. Weit allgemeiner war an allen vom
Meere berührten Orten das starke Heranfluthen
und Zurükweichen des Meeres an den Küsten im
Finnischen Meerbusen, an den Küsten Schwedens und Norwegens, zu Cork in Irland, zu
Travemünde und auf der Küste von Barbadoes;
hier zwar auch bey aller Stille und Heiterkeit
der Luft, aber nicht ganz gleichzeitig, sondern
etwas später; es dauerten dort die in regelmäs-
sig gröfserwerdenden Zeit-Perioden wiederkehrenden Erhebungen und Senkungen des Meeres
von 2 Uhr 30 Minuten Nachmittags bis Abends
9 Uhr. Hillary *) bringt diese Bebung mit dem
zweyten zu Lissabon um zehn Uhr empfundenen
Stofs in Verbindung, wobey der Unterschied der
wahren Zeit auch unbedeutender wird.

Noch wunderbarer war in diesem grofsen
Umkreis das Verhalten der vielen Seen und Quellen, die nicht wie es Kant zu nehmen scheint,
blos in eine mechanisch schwankende, sondern
in eine wahrhaft innerliche Bewegung geriethen,
so dafs sie fast zu kochen begannen, und durch
ihr Aufbrausen, was schon seit langer Zeit den

*) Beobachtungen über die Veränderungen der Luft u. s. w.
auf Barbadoes, a. d. E. von Ackermann. Leipzig 1776.
S. 98 in der Note.

21

Boden dekte, an einem Ort einen sechs·und
zwanzig Schuh langen längst versunkenen alten
Schlagbaum hervorstiessen und über die Ufer
warfen, oder wie bey Templin, Meinungen und
Töpliz fünf bis sechsmal wie durch eine gewaltige Inspiration ganz in den Boden zurüksan-
ken, und bald darauf wieder roth gefärbt und
mit verstärkter Gewalt aus demselben hervortraten. Besonders schien auch in dieser Beziehung
die Schweiz mit ihren Gebirgs-Knoten gleichsam
einen Contra-Punct gegen die westliche Meeresküste zu bilden; dort wurden besonders gegen das
Jura-Gebirg hin in einen Umkreis von 10 Meilen
alle Quellen trüb und innerlich bewegt. Am 9ten
December spürte man denn auch in der Schweiz,
besonders zu Brieg; ferner im Wallis-Thale und
in den Pyrenäen starke Erdstöße, bey welchen
die Gloken anschlugen, die in den nächsten
Tagen und in größern Pausen am sechs und
zwanzigsten Januar und 18ten Februar 1756 und
am sechsten August 1757 wiederkehrten. Aehnliche Erdstöße erneuerten sich aber auch am
siebzehnten und achtzehnten November an den
Küsten Portugals, Spaniens und Afrikas und am
zweyten Tage besonders auch an den Küsten
Nordamerikas. Ein zu demselben System gehö-
render Erdstoß verbreitete sich ferner am sechs
und zwanzigsten December von der Schweiz aus
Rhein abwärts durch das Elsaß, Lothringen, Cöln,
Brabant, die Picardie und rechts in einem Theile
von Cleve und Westphalen. Nachdem acht Tage
zuvor in Cadix der Boden von einer Menge aus
der Tiefe dringenden Gewürms bedekt gewesen
war, erfolgte endlich dort am ersten December
ein Erdstoß, wobey fast Jedermann über Uebel-

seyn, Kopfschmerz und Reissen im Leibe klagte *)
Ausser den bereits angegebenen Erdbeben wiederhohlten sich in dem darauf folgenden Jahre 1756, 1756 n. Chr.
dessen Winter hart und lange dauernd, der Som-
mer aber doch mehr troken als sehr heifs war,
immer noch meteorische Erscheinungen.   Am Meteore.
zweiten Januar sah man um 4 Uhr Nachmittags
zu Tuam in Irland, das ziemlich entfernt von
der Küste liegt, eine besondere Erleuchtung des
Horizonts, um 7 Uhr zog sich von Westen gegen Osten ein Streifen von sonnenartigem Licht,
welches wie ein Wasserstrom zu rieseln schien
und nach 16 Minuten unter einer Explosion verschwand; nachher hörte man, dafs sieben Aker
Lands unter Wasser gesezt und zweyhundert Stük
Vieh umgekommen seyen. Aber auch auf der
See hatte man eine leuchtende Lufterscheinung,
in Gestalt von Wimpeln und Flaggen gesehen,
die ihre Farben nach und nach änderten, bis sie
mit einem weissen schimmernden Licht und starkem Erdstofs verschwanden. Ausser diesen führt
Chladni noch am fünfzehnten Januar zu Milver-
ton in Sommersetshire, am 21sten und 26sten
desselben Monats, am leztern Tag sogar zwey
Feuerkugeln in England, am 28sten Februar bey
Cöln, am 3ten Merz in mehreren Gegenden Frankreichs, am 29sten Aug. zu Newington in England
und in demselben Jahre auch noch zu Aix in der
Provence Feuerkugeln auf, die zum Theil unter
heftigen Erschütterungen verschwanden, und die
noch fortdauernde Fluctuationen zwischen der
Atmosphäre und dem Innern der Erde bestä-
tigten.

---

*) Schwedische Abhandlungen, 16ter Band.

Bey diesen so gewaltigen physischen Vorgängen, die gerade das westliche Europa und
Nordamerika trafen, also die Gegenden, in welchen die Bewohner zur Beobachtung und Auf-
zeichnung der begleitenden Erscheinungen am
geschiktesten und geneigtesten waren, erfährt
man wenig von zugleich stattfindenden Kran-
heiten; doch ist schon bemerkt worden, daſs gerade im Jahr 1755 die gangränose Halsentzündung in die entlegensten Provinzen Schwedens gelangte und zugleich in Nordamerika sich wieder
besonders verderbend zeigte. Auch war es vorzüglich in diesem Sommer, dafs Millar in Northumberland seine Beobachtungen über das dort
so häufige nach ihm benannte Asthma, besonders
bey Kindern, machte. *)

In Siebenbürgen fieng die Pest, welche ein
Armenier ins Lazareth von Tömös gebracht haben soll, an sich zu verbreiten und dauerte bis
1757. Chenot machte dabey die Bemerkung, dafs
die Pest nicht wie andere exanthematische Krankheiten zuerst den Magen angreife, sondern hier
gleich vom Gehirn aus die Symptome sich zu
äussern beginnen; auch fand er, dafs die kärg-
lich lebenden und wenig Fleisch essenden Walla-
chen weit besser durchkamen, als die Sachsen
in Cronstadt, die viel Fleisch und Gewürze ge-
niessen; manchmal habe wirklich auch ein Nasenbluten kritisch geschienen. Ein Frieselfieber
herrschte zu Navarra. (Ant. de Augustinis.)
Auch in Irrland war ein Petechienfieber sehr allgemein. Zu Brest und auf der französischen

Gangränose
Hals-Ent-
zundung.

Millarsches
Asthma.

Pest in Sie-
benbürgen.

---

*) Observations on the asthma and on the kooping cough
by John Millar. London 1769.

Flotte herrschte ein so mörderisches Schiffsfieber,
dafs 150 Wundärzte, fünf Aerzte und 250 Wär-
ter weggerafft wurden. *)

Unter dem Hausvieh aller Gattungen dauerte Klauenseuche
1755 und 1756 eine Klauenseuche fort, bey wel- u. Viehseuche
cher auch den Schweinen um den Rüssel Bla-
sen auffuhren. **) In Holland währte die eigentliche Viehseuche bis 1759. Engelmann, der sie
in mehreren aufeinander folgenden Stüken der
Abhandlungen der Gesellschaft zu Harlem beschreibt, vergleicht sie auch mit den gleichzeitigen Ausschlagskrankheiten bey dem Menschengeschlecht. Wirklich entschied sie sich zu God-
Manchester, wohin sie auf ihrem Zug durch Europa auch hingelangte, meist durch Geschwüre,
die vom Kopf und besonders auch um die Hörner bis an den Schwanz, oft in der Gröfse von
Tauben - Eyern, ausbrachen, so dafs man sie nicht
ohne Erfolg an dem vordern oder hintern Schenkel inoculiren konnte. ***)

Den gelinden Winter 1757 in Teutschland 1757 n. Chr.
wollte man von den vielen Erdbeben herleiten;
am achtzehnten Februar wurde ziemlich weit ein
Erdbeben gespürt, das seinen Centralpunct zwischen Cöln, Bonn und Aachen zu haben schien,
wobey wieder auf die schon einmal erwähnte
Stelle im Tacitus gewiesen wurde, †) Im May

---

*) J. Lind on fevres and infection.

**) Fränkische Sammlung, 1 Bd.

***) Dan. Pet. Layard An Essay on the nature of the
    contagions distemper among de horned Cattle. Lond.
    1757.

†) Tac. Annat. XIII, 57.

erschien ein Komet; übrigens war die Witterung durch nichts ausgezeichnet, es litten zwar
viele Gegenden, besonders im nördlichen Teutschland, durch das Ungemach des Kriegs, auch
kann man nicht sagen, dafs in den gröfseren
Städten, London, Paris und Amsterdam, die
Sterbelisten besonders angewachsen wären, doch
zeigte sich neben Poken und Masern schlimmerer Art, der Gesundheits-Zustand auch in solchen Gegenden, die wenig oder nichts in dem
Kriege litten, gestört, ja gerade in Gegenden,
die der Krieg am meisten traf, und die auch
durch französische Gefangene überfüllt wurden,
wie Halberstadt und Magdeburg, war die Sterblichkeit geringer als in Pommern und in der
Neumark, die damals ausser dem Bereich des
Kriegs sich befanden, besonders litt auch Braunschweig durch Kinderkrankheiten. Das faulichte
Fieber aber, welches zu Prag in diesem Jahre
besonders sich äusserte, wurde dem vielen Blut-
vergiessen der vorangegangenen Jahre zugeschrieben. *) Ebenso wurde die Diarrhoe und Ruhr
zu Maynz dort von den französischen Truppen
hergeleitet, doch herrschte die Ruhr auch in
der Gegend von Wien; **) in Dünkirchen war
die Cholera epidemisch. (Tully.) Unter dem
Hornvieh und den Pferden verbreitete sich auch
in Frankreich wieder eine Seuche, bey welcher
häufig Carbunkel vorkamen, (Chaignebrun.)

---

*) Ant. Verbeck de synocho putrida epid, hujus et elaps.
ann. vermibus stipata. Prag. 1758.

**) Lautter hist. med. vien. morb. qui a verno tempore
ann. 1757. ad fin. hyem. 1761. Laxenb. et vicinis do-
minati sunt. Vien. 1762.

Den Sommer 1758, der im südlichen Teutschland ziemlich feucht war, erklärt Wargentin für
den trokensten in Schweden, auch Huxham fand
ihn sehr heifs in Plymouth, und in Liefland kam
die blaue Blatter, ein Anthrax, in diesem Jahre
sehr häufig vor, *) was auch auf einen heifsen
Sommer hinwiese. Auch in Nordamerika war es
sehr heifs. (Webster.) Ein Erdbeben erstrekte **Erdbeben.**
sich, wie zum Theil behauptet wurde, in der
Richtung von Arabien her über Damask, Antiochien, Tiberias, Jaffa und S. Jean d'Acre, (Bil-
dersal, theatr. europ.) auch Kimilappmark wurde
am 31sten December erschüttert. Am 26sten November zog von Süden nach Norden ein Feuer-
Meteor über Grofsbrittannien. Bey einem der
furchtbarsten Ausbrüche des Cotopaxi schätzte Ulloa die Höhe der Flamme über dem Berge auf
450 Fufs. In den Krankheiten herrschte immer
noch derselbe Charakter; zu Pomereuil war die
gangränose Halsentzündung so bösartig, dafs von
80 Kranken nur 2 gerettet werden konnten. In
Wien fiel besonders in dieses Jahr ein Petechialfieber, das mit catarrhalischen Zufällen begann,
in welchem zur grofsen Erleichterung der Kranken
am 4—7ten Tag die Petechien ausbrachen, und
das mit China behandelt werden mufste. **) Ein
anstekendes fauligtes Fieber, von welchem zu
Plenest in der Nieder-Bretagne 4,500 Einwohner
befallen wurden, beschreibt Moncet. Am 22sten

---

*) A. W. Huppels topogr. Nachricht von Liefland und
Ehstland. Riga 1774.

**) J. G. Hansenöhrl hist. med. morb. epid. s. febr. pe-
tech. quae ab anno ferè finiente 1757 ad ann. 1759.
Vienn. grassata est. Vienn. 1760.

Merz gab die Gesellschaft der Wissenschaften
zu Harlem die Preisfrage auf, warum man die
Colica Pictonum jezt mehr als sonst in Holland
spüre? auch James Hardy*) erklärt, das Uebel
nehme in England immer noch zu.

Im Jahr 1759 übertraf wieder an den meisten Orten die Zahl der Verstorbenen die der Gebohrnen, in manchen Gegenden rafften auch die Poken viele Kinder weg, z. B. zu Wien und Coppenhagen. In Schwaben herrschten Petechial- und Frieselfieber, welche mit Pflanzen- und Mineralsäuren behandelt werden mufsten; **) zu Guise nahm das Frieselfieber den Charakter des englischen Schweisses an, ***) in Boulogne griff das Severinische Halsweh um sich, †) auf Cypern, so wie an der syrischen Küste, herrschte die Pest.
— Noch am 25sten December des vorigen Jahrs 1758 sah man jenen Kometen, welchen Halley vorausgesagt hatte; es hatte sich zwar derselbe um einige hundert Tage verspätet, allein dieses Verspäten wurde von den Astronomen genügend in den Attractionen des Jupiters und Saturns nachgewiesen. Damoisier bestimmt seine nächste Erscheinung auf den sechszehnten November 1835. In der lezten Woche des Merzes sah man einen zweyten Kometen vor Sonnen-Aufgang gegen Süd-

Marginalia: Colica Pictonum. 1759 n. Chr. Kometen.

---

*) A candid examination of what has been advanced on the Colice of Poitou and Devonshire etc. London 1778.

**) Balth. Ehrhard öconomische Pflanzenhistorie, 10. Bd. Ulm und Memmingen 1761.

***) Journ. de Méd. et Chir. Tom. XII.

†) Desmars de l'air, de la terre et des eaux de Boulogne sur Mer. Paris 1761. 12.

Ost, mit einem gegen die Sónne etwas gekrümmten Schweif. Auch in Batávia sah man einen Kometen, *) Aber nicht die Kometen allein zeichneten dieses Jahr aus, ausser ihnen sind auch die tellurischen und vulcanischen Erscheinungen nicht minder merkwürdig. Der Winter war sehr mild und in der zweyten Hälfte des Sommers die Witterung sehr heiſs; am 7ten September wollte man das Queksilber im Fahrenheitischen Thermometer auf den 100sten Grad bemerken. In England beobachtete man an vielen Orten eine, zufolge der Berechnungen, $\frac{1}{2}$ Meile im Durchmesser haltende Feuerkugel, die einen Weg von Feuerkugeln. 400 Meilen zurüklegte, deren höchse Höhe 59 Meilen und deren Geschwindigkeit in einer Stunde 30 Meilen betrug, **) Ein Meteor mit ausserordentlichem Glanz wurde auch den 4ten April zu Bombay gesehen, Vorzüglich waren aber Erd- Erdbeben. beben allgemein; am 20sten Jaňüar traf ein solches S. Goar, im August Bordeaux und Brüssel, in Peru wurde Truxillo zerstört. In der mexicanischen Provinz Valladolid, ungefähr dort, wo man annehmen könnte, daſs die durch die Antillen gehende verlängerte Gebirgskette die der Cordilleren in rechten Winkeln durchschnitte, stiegen in einem 2400 Fuſs über der Meeresfläche erhabenen, wohl angebauten Fläche, über welche zwey kalte Wasserbäche hinflossen und wo seit Menschengedenken nicht das mindeste unterirdische Getöse gehört worden war, nach zwey Monate lang zuvor von Zeit zu Zeit erfolgten

---

*) Odhans in den Verbandlungen der holländischen Gesellschaft der Wissenschaften zu Harlem. 6. Bd. 1761.

*) Phil. Transactions Tom. LI. part. I.

Erschütterungen und dampfem Brüllen unter einem Aschenregen und heftigem Brausen, auf einer Ausdehnung von mehr als einer halben Meile Flammen aus der Erde, kleine Felsstüke wurden zu einer ansehnlichen Höhe emporgeschleudert, der Boden gerieth in horizontale Bewegung, unzählige kleine 6—9 Fufs hohe Kegel erhoben sich, und liessen Blasen hervordringen, ihnen folgten sechs gröfsere Hügel, von welchen einer, der Jorullo, ein 1600 Fufs hoher Berg, als neuer Vulcan sich ausbildete. Am 25sten November wurde Palästina erschüttert, und noch lange nachher spürte man die Erdstöfse im Gebirge Libanon. In der Nacht vom 21sten auf den 22sten December erstrekte sich von Hamburg bis Bergen in Norwegen, ferner über Holstein, Schleswig, Dänemark, Schonen, Wermeland, Dalecarlien bis Archangel, aber auch an der Küste von den Niederlanden und bis Lissabon ein Erdbeben, wobey besonders auch viele Schiffe verunglükten. (Bildersaal.)

Entstehung des Jorullo.

Fast um dieselbe Zeit, auch gegen das Ende des Jahrs, erreichte in den nördlichsten Ländern Europas die Kälte einen Grad, auf welchem man, seitdem sie durch Thermometer gemessen wird, sie noch nie bemerkt hat. Schon am 10ten December sah man im nördlichen Teutschland Fahrenheits Thermometer auf $o = 14\frac{7}{7}$ Reaum. Am 25sten und 26sten desselben Monats wollte man in Petersburg das Queksilber in starren Zustand übergegangen bemerken. Zu Stokholm wiefs am 22sten December Fahrenheits Thermometer doch nur auf — 5°, am 7ten Januar da-

Ungewöhnlicher Kälte-Grad.

1760 n. Chr.

gegen auf 20°, [*]) in denselben Tagen wiefs De-
lislès Thermometer auf 205° Grad, etwa —28°
Reaumur. [**]) In Finnland fiel das Queksilber Sehr kalter
im Thermometer nach Celsius auf 30°, was man Winter.
bisher in Abo noch nie gesehen hatte; hier wiefs
er sogar einmal auf — 38°: es erfroren die Eschen,
Hagdorn, Rosen und Kirschenbäume. Zu Paris
sah man um dieselbe Zeit die Seine auf siebzehn
Schuh sechs Zoll über ihren gewöhnlichen Stand
sich erheben, sonst war auch in Teutschland
der Winter ungewöhnlich stürmisch, auch reicher an Schnee als andere. Ebenso verhielt es
sich auch in Nordamerika. Noch am 3ten May,
als die Aepfelbäume in der schönsten Blüthe standen, gab es einen starken Schneesturm. Im Junius erschien ein Komet, der in Europa zwar
nur klein gesehen wurde, dagegen sah im April
in der südlichen Hemisphäre ein Ostindienfahrer
einen Kometen, der so grofs war, wie der von
1682 und einen Schweif von 50° hatte. [***]) Der
Sommer war sehr heifs und troken, in der Schweiz Heisser
regnete es drey Monate lang nicht, und im Ju- Sommer.
lius wurde es ausserordentlich heifs, am 6ten
dieses Monats wiefs Reaumurs Thermometer zu
Berlin auf $28\frac{1}{3}°$, und am 21sten desselben Monats
soll gar das Fahrenheitsche Thermometer an mehreren Orten des nördlichen Teutschlands auf 117°

---

[*]) Wargentin in den Abh. der schwed. Academie d. Wissenschaften, 2. Abthl. 1778.

[**]) Helland in den Acten der Stokh. Accademie der Wissenschaften für 1759, leztes Viertel, 10. Bd.

[***]) Wargentin im 21. Band der schwedischen Abhandlungen.

gestiegen seyn. In Mexico zerstörte der Duruyo
das Dorf Guacama und streute 150 Meilen weit
Asche aus. Im Herbste gab es mehr Regen. Des
troknen Sommers unerachtet fiel die Erndte sehr
gut und der Herbst sehr ergiebig aus, auch war
der Ertrag von der besten Qualität. Das Heu
allein ausgenommen, wurde alles so wohlfeil
als 1740.

Die in diesem Jahr in Europa beschriebenen
Krankheiten entsprechen wenig sowohl der Beschaffenheit der Witterung als der der Nahrungsmittel. Im nordöstlichen England, in Yorkshire
und Claveland, waren schon im Frühjahr Friesel-

Halsentzün- fieber häufig, welche eine Halsentzündung beglei-
dung u. Faul
fieber. tete, bey der selbst die Zunge sehr aufschwoll
und das beste Zeichen war, wenn die Mundhöhle
wieder roth wurde. *) Mehr mucoser Art und von
Würmern begleitet war das Catarrhfieber, welches
im Merz und May an den an der Mündung der
Maas gelegenen Inseln Overflacque und Goederede
sich zu zeigen anfieng, und in dem folgenden
Jahre in das allgemeine fauligte Gallenfieber und
die unächte Lungenentzündung mit Schlafsucht
und Dissolution des Bluts, wobey die Zufälle
aufs Aderlassen sich sehr verschlimmerten, übergieng. **) In Göttingen folgte auf die Ruhr,
die in diesem Jahre häufig war, ein Schleimfieber, das besonders durch den Brand der Gedärme
und auch den äusserlichen der Geschlechtstheile

---

*) Ch. Bisset an Essay on the med. Constitution of great
   Britt. Lond. 1762.

**) J. J. van den Bosch Hist. const. epid. vermin. etc.
   Lugd. 1769.

und des Afters tödlich wurde.*) Zu derselben
Zeit bemerkte man auch in Stokholm, dafs die
dort so häufigen Poken besonders leicht mit Blut
sich füllten, und meist einen tödlichen Ausgang
nahmen. Ebenso bezeichnend für die Natur des
Krankheits-Genius entstand in Nordamerika fast
in derselben Gegend, in welcher die gangränose
Halsentzündung zuerst bemerkt wurde, im November eine epidemische Lungenentzündung, die Unächte Lun-
durch ihren schnellen Verlauf, die Delirien, die genentzün-
sich gleich Anfangs einstellten, durch die ga-dung.
strische Complication und den unsichern Erfolg
bey fortgeseztem Aderlassen, viel mit den Lungenentzündungen der nächsten Jahre in Teutschland übereinkommt.

In der Levante hatte schon im vorigen Jahr Pest in der
zu Saffat in Syrien, ferner zu Sidon und Acre, Levante.
so wie auf der Insel Cypern, dort zuerst zu Li-
mesol und später auch zu Nicosia, nach einer
Pause von 30 Jahren die Pest um sich zu greifen angefangen; in diesem Jahr brach sie zu
Larnica auf derselben Insel, dann in Tripolis
nach Ankunft des Pascha von Sidon, zu Latakia
von Acre her, in Jerusalem, Damask und Aleppo
aus. Die Krankheit, die an diesen Orten allen zu
den verschiedensten Jahreszeiten begann und wieder aufhörte, erhielt sich während des Winters besonders stark unter den Gebirgsvölkern, wo überhaupt bey kälterer und feuchter Witterung die
Pest lange haftet, vielleicht schon defswegen,
weil die Menschen genöthigt sind, enger beysammen zu wohnen.

**) Roederer et Waglet. Tract. de morbo mucoso. Denuo
recus. et edit. ab Henr. Aug. Wrisberg. Goett. 1783.

1761 n. Chr.

Erdbeben u.
Feuerkugel.

Auch im nächsten Jahre 1761, dessen Sommer sehr warm war und sehr guten Wein lieferte, und in welchem ausser einem sehr weit verbreiteten Erdbeben am ersten Merz *) und einer Feuerkugel, die am zwölften November in Flandern, Frankreich und der Schweiz gesehen wurde, nach deren Explosion die Luft sich verdunkelte und grofse Regentropfen fielen, in der äussern Welt nichts Erwähnungswerthes vorkam, dauerte sowohl in Nordamerika die angegebene Brust-Affection, als in Syrien die Pest fort. Zu Aleppo verbreitete sich diese langsam im Merz, April und selbst noch im May, obgleich das Bairamfest von Türken und Griechen gefeiert wurde; nahm aber im Junius schnell zu, bis sie im August und September wieder nachliefs, und während des Winters zwar kurz und bösartig, in den einzelnen Fällen aber seltener vorkam. Im nächsten Jahre 1762 wurde schon im May die Krankheit äusserst häufig, und während im vorigen Jahre zur Zeit ihrer höchsten Höhe einmal in einer Woche 708 gestorben waren, so stieg jezt die Zahl der Leichen in diesem Jahr in der lezten Woche des Junius auf 1472. Jezt kam es auch häufig vor, dafs Einzelne innerhalb 10 Stunden gesund und todt waren, und Priester, Krankenwärter und Todtengräber, die nun schon ins dritte Jahr ohne Nachtheil mit Pest-Kranken sich abgegeben hatten, auch ergriffen wurden und starben. Die Zahl der Leichen, welche, wie bemerkt wurde, in der lezten Woche des Junius am höchsten gewesen war, fiel in der nächsten um $\frac{1}{3}$, in der zweyten um

---

*) Pilos. Transactions T. LII. P. II.

$\frac{3}{4}$ und in der dritten auf die Hälfte des lezten
Drittheils, und verminderte sich jezt von Woche
zu Woche ohne allen Rükfall, nach einem fast
allen Epidemien gemeinen Gesez, dafs sie erst
alsdann gänzlich aufhören, wenn kurz zuvor die
Zahl der Kranken und Todten noch schnell ihr
Maximum erreicht hat. *) Auch zu Urfa, Byas,
Adana, so wie zu Merasch, wurden in diesem
Jahr durch dieselbe Krankheit grofse Verheerun-
gen angerichtet.

Neben dem gelben Fieber, das in Süd-Carolina, auf Curassao und unter den gegen Havannah gebrauchten Truppen wüthete, und von hier
aus, wie Redmann glaubt, im nächsten Jahre
nach Philadelphia gebracht wurde, richtete der
Matlazuatl in Mexico Verheerungen an und in
Bengalen ein intermittirendes Fieber, dessen Zufälle sehr an die Cholera mahnen. Es war der
Januar und Februar in diesem Jahre sehr kalt, 1762 n. Chr.
der Merz wie gewöhnlich stürmisch, und in
der Mitte des Sommers erschien ein Komet. Ausser den von Chladni in diesem Jahr angegebenen Feuerkugeln, erschien auch eine am 23sten
Julius Abends 10 Uhr in Niedersachsen, und zerplazte ohne Geräusch; an andern Orten, z. B.
zu Helmstädt, empfand man Erdbeben und Schläge
mit einem starken Rollen, wie wenn ein Wagen über einen bretternen Boden hinführe, Tags
darauf wehte ein heftiger Sturm. Vom neunten
August bis siebenten September bemerkte man
einen grofsen Sonnenfleken. **) Der Sommer wurde
sehr heifs, zu Göttingen stieg vierzehn Tage lang

---

*) Partrik Russel. Treatise of the plague. Lond. 1791. 4.
**) Mém. de l'Acad. de Par. 1763. p. 106.

das Quecksilber in Fahrenheits Thermometer täglich auf 110°, auch in der Schweiz schadete
zweymonatliche Dürre nicht nur dem Heu, sondern auch der Frucht, auch zerstörte ein Hagel
die Weinberge, an andern Orten aber wuchs vieler und guter Wein, so dafs drey gute Wein-
jahre aufeinander folgten. Ebenso troken war
es auch in Nordamerika, vom Junius bis zwey
und zwanzigsten September fiel dort kaum einiger Regen, am neunzehnten October wurde es
zu Detroit und in der Nachbarschaft so dunkel,
dafs man zum Mittagessen Lichter anzünden
mufste; (Webster) am 5ten November sah man
in Europa ein Nordlicht.

Im Merz brach zu Wien, und früher schon
in Ungarn ein Catarrh aus, bey welchem jedoch
weniger die Nasenhöhle, als die Schleimhaut
des Rachens und der Lunge angegriffen war. (Mertens.) Am 4ten April, so will wenigstens Baker es behaupten, seyen zu London zuerst drey
Individuen in demselben Hause davon befallen
worden, und am vier und zwanzigsten desselben Monats habe sich beynahe Niemand in der
ganzen Stadt mehr ohne einen Schnupfen befunden. Auch in Irrland beschrieb Rutty um dieselbe Zeit die nemliche Catarrh-Epidemie. Zu
Strasburg wäre sie nach den Berichten des Colleg.
med. erst im Sommer erschienen, von Frankreich
beschreibt die Krankheit Razoux, In Spanien
gab sich die alterirte Beschaffenheit der Atmosphäre nur durch ein Erkranken im Vogelge-
schlechte bey den Papagayen zu erkennen. (Villalba.) Zu Wien wie zu London folgte im Sommer,
Ruhr.   als der Catarrh nachliefs; die rothe Ruhr, wobey
in den diken Gedärmen an einzelnen Stellen Brand-

fleken und Excrescenzen sich bildeten.[*]) Auch
in Vayhingen wurde durch die Ruhr die Zahl
der Verstorbenen gegen andere Jahre verdoppelt,
ebenso wie im nächsten Jahr zu Memmingen. Zu
Dublin gesellten sich zu dem Faulfieber Friesel
und Petechien, (Macbride) und zu Dijon kam
jedoch mehr noch im vorigen Jahr ein Petechialfieber mit Halsentzündung vor, das mit dem von
Huxham beschriebenen verglichen wurde. Im- Halsentzün-
mer noch kam auch hier und dort die brandigte
Bräune vor, zu Charon im Pays d'Aunis, wo sie
, besonders stark herrschte, fand man bey der Section äusserst stinkenden Eyter in der Luftröhre.[**])
Eine ganz ähnliche Beschaffenheit nahm auch
die in diesem Jahre wiederkommende Viehseuche
an, auch hier wiesen alle Erscheinungen auf
eine faulichte Halsentzündung hin. In der Dauphiné und klein Burgund fand man die Luftröhre
und den Schlund immer brandigt. (Paulet und
Bourgelat.) Auch in Dänemark wurde in diesem Jahr die Seuche wieder allgemein.

Der Winter 1763 war in Nordamerika sehr 1763 n. Chr.
kalt, vom 8ten November bis zum 20sten Merz Kalter Win-
fiel immer wieder Schnee. Ebenso kalt war es ter, heisser
auch in England, auf dem Eis der Themse konnte
Alles hin und her passiren. In dem darauf folgenden Sommer kamen sowohl in Frankreich als
in Teutschland ungewöhnlich häufig Donnerwetter

Marginal notes: Halsentzün-dung u. Vieh-seuche. — 1763 n. Chr. Kalter Win-ter, heisser Sommer.

---

*) De patarrho et de dysenteria Londinensi epidemicis
utrisque anno 1762 libellus auct. Georg. Baker Lond.
1746.
   Caroli Martens Epidemiae Viennae observatae; febris
catarrhalis anni 1762 et dysenteriae 1763. Viennae 1766.
**) Du Guey im Journ. de Médec. Tom. XVIII.

vor. Uebrigens war der Sommer in Teutschland, den May abgerechnet, meist troken und einzelne Tage ausserordentlich heifs. Am 20sten August stieg das Queksilber in Reaumurs Thermometer zu Berlin auf 28°. Drey Monate lang war der Aetna in Bewegung, wobey in grofser Menge Salmiak zum Vorschein kam. Am dritten Januar durchzog ein feuriges Meteor Schweden, dabey spürte man eine Erderschütterung und empfand besonders Hize im Gesicht. Ausserdem sah man im Verlauf dieses Jahrs noch zwey andere minder bedeutende Feuerkugeln zu Reading in England und zu Paris. Am 27sten Januar erstrekte sich ein Erdbeben in Ungarn über Raab, Pest, Ofen, besonders aber Comorn. (Bildersaal.) Am 19ten October fiel im Herzogthum Cleve und bey Utrecht rother Regen, auch in der Picardie soll solcher in diesem Jahre bemerkt worden seyn.

Wenn die in diesem Jahr von Webster erzählte Geschichte der Epidemie, welche über die Eingebohrnen auf der Insel Nantuket kam, als sehr local nicht für die Aufeinanderfolge der Krankheiten von Wichtigkeit ist, so bietet sie doch nicht minder interessante Resultate für die Naturgeschichte der epidemischen Krankheiten dar. Wie bereits erwähnt wurde, befinden sich auf dieser Insel und der Insel Maria Weingarten noch Ureinwohner. Im August wurden diese zuerst auf Nantuket von einer gallichten Krankheit befallen, welche innerhalb eines halben Jahrs ihre Zahl von 358 auf 156 reducirte, von den Erkrankenden erhohlten sich nur 36. Es begann die Krankheit mit starkem Fieber und endigte nach fünf Tagen mit einem Typhus,

(Marginalien:)
Aetna. Meteore.

Seuche unter den Eingebohrnen der Insel Nantuket.

sie beschränkte sich blos auf die Indianer, und
theilte sich den unter ihnen wohnenden Weissen
nicht mit. Personen von gemischtem Blut wurden wohl befallen, erholten sich aber wieder,
einzelne unter den Europäern oder in entfernten Theilen der Insel wohnende Indianer konnten
wohl ohne die Krankheit durchkommen, es erkrankten ja aber auch nicht alle in Gemeinschaft
lebende Indianer, dagegen wurden Andere, die
sich auf Schiffen oder 100 Meilen von Nantuket
befanden, von der Krankheit befallen. Im darauf folgenden December wurden auch die Indianer auf der 8 Meilen entfernten Insel Maria
Weingarten von der nemlichen Krankheit erreicht,
keine Familie gieng dabey frey aus, und von
52 Kranken starben 39. Man behauptete doch,
die Krankheit sey durch ein Schiff mit Irrlän-
dern auf die Insel gebracht worden. Webster will
diß aber nicht zugeben. Jahrs darauf, d. h. unmittelbar nach der Krankheit, blieb eine Gat-
tung grofser Fische, die man Blaufische nennt,
welche vorher das Gestade der Insel von allen
Seiten umzogen, zum grofsen Schaden der Insu-
laner ganz aus; ob sie abgestanden oder weiter
gezogen sind, weifs man nicht.

In Europa trafen in diesem Jahr ausser dem
Menschengeschlecht, dessen Erkranken wegen des
Zusammenhangs schiklicher im nächsten Jahre
erwähnt wird, die Krankheiten mit einer in der
Geschichte nicht wiederkehrenden Allgemeinheit
die Thiere. In Schweden und Dänemark herrschte
ein Catarrh unter den Pferden; Schaafen und
unter dem Hornvieh. In Preussen beschränkte
sich die Seuche mehr auf lezteres; es war vorzüglich brandigte Bräune, wobey sich das Uebel

*Ausserordent-
liches Erkran-
ken unter ein-
zelnen Thier-
species, be-
sonders der
Hausthiere.*

mit einem Durchfall endigte. Dort glaubte man die Krankheit jedesmal aus Pohlen mitgetheilt erhalten zu haben. *) Bey der um Brouage herrschenden Viehseuche, wo die kranken Stüke viele Geschwüre hatten, erkrankten auch die Pferde, Schweine und selbst das Geflügel. Barberet fand, dafs, wenn man Rindvieh in Ställe stellte, wo kranke Pferde standen, die Krankheit auch ersteren sich mitheilte, und ebenso, dafs Ochsenhüter, die eine angestekte Heerde hüten mufsten, auch in ein bösartiges Fieber, in dessen Verlauf Gangrän sich ausbildete, verfielen. Auch in Italien erkrankten Pferde, Maulesel und Schweine häufig, besonders kam es aber auch in einigen Gegenden an die Hunde; nach den Versicherungen Websters sind zu Madrid an einem Tag 900 crepirt. Auch in Frankreich wurden ihre Krankheiten beschrieben, **) sie litten sehr an schwerem Athem, Affection des Schlundes, Würmern und der äussersten Kraftlosigkeit; bei der Section fand man das Gehirn sehr eingesunken, die Lungen verdorben und den Magen voll stinkender Materie. Endlich blieb auch das Federvieh nicht frey, in Spanien und Genua erkrankten die Hühner und in den nächsten Jahren an mehreren Orten auch die Truthähne.

Im Jahr 1764 erschien ein Komet, der in seinem Knoten der Erde sehr nahe kam. So kalt

---

*) Gottl. Gleditsch's vermischte Anmerkungen aus der Arzneykunde, Kräuterlehre und Oekonomie, 1. Thl. Riga 1768.

**) Audoin de Chaignebrun in Goulin Mém. littér. etc. Tom. I. 1775 und Desmars lettres sur la mortalité des chiens en 1763. Par. 1767.

der Winter war, so gab es doch in Schweden
fast keinen Schnee, die Erde blieb daher bis in
Julius gefroren, und die Fruchtbäume giengen
fast alle zu Grund. Man sah die Hermeline die
Berge verlassen und der See zu ziehen, wo sie
beynahe alle zu Grund giengen. *) Im Sommer
stellte sich ein Höherauch ein. In vielen Gegenden, besonders in Teutschland und Italien,
waren in den drey lezten Jahren geringe Erndten auf einander gefolgt, bis jezt in diesem Jahr
die Erndte wieder reichlich wurde.

Schon bey der Geschichte der drey lezten
Jahre wurden die häufigen Ruhren, die fast jedes
Jahr sich zu wiederhohlen schienen, erwähnt.
Einen bedeutenden Grad der Bösartigkeit und
Allgemeinheit scheint diese Krankheit auch in
Portugal erreicht zu haben, wo gegen Ende des
siebenjährigen Seekriegs zwischen England und
Frankreich, dort einerseits englische und portugiesische und andern theils französische und spanische Heere auf einander trafen. Sie brach dort
bey kühler Witterung aus, und hatte alle begleitende Erscheinungen eines Faulfiebers. **) Die Weitverbrei-
aus diesem Feldzug zurükkehrenden Truppen ver- tete Faulfie-
breiteten über Estremadura und Catalonien nun ein ber.
Faulfieber mit Parotiden und Petechien.***) Aber
auch in den westlichen Alpen, besonders in den

---

*) Abhandl. der schwed. Academie der Wissenschaften.
   25ster Theil.

**) Chr. Douglas de dysenteria putrida. Edinb. 1766.

***) Villalba und Masdeval Bericht über die Epidemien
   welche in den lezten Jahren In Catalonien geherrscht
   haben. A. d. Span. von D. C. H. Spohr, Braunschweig
   1792.

Landvogteyen Saanen und Ahlen hatte sich schon
im vorigen Jahr ein typhoses Fieber zu verbreiten angefangen, das mit dem trügerischen Zeichen eines Seitenstichs begann, aber wiederhohlte Aderlässe nicht vertrug, sondern mit
Brechmitteln im Anfang und im weitern Verlauf
mit antiseptischen Mitteln, mit Säuren und China
behandelt werden mufste, und bey welchem die
Section Brandfleken in den Gedärmen, ja selbst
eine mehr zur Gangrän hinneigende Entzündung
des Herzens fand. Häller nannte die Krankheit
den falschen Seitenstich, Tissot. pleuritis biliosa.*) So sehr auch unter der Berathung von Alb.
von Haller die Staatsbehörde dahin arbeitete,
dem Uebel Einhalt zu thun, so starben doch
viele Tausende in der Blüthe ihrer Jahre, Manche der Kräftigsten schon am dritten Tage der
Krankheit. Einen besonders faulichten Charakter hatte das Uebel zu Solothurn, später auch,
besonders während des kalten Winters 1769, indem sich die Erscheinungen der Fäulnifs immer
noch steigerten; aber im May dann gänzlich
nachliessen, zu Lutry und Puilly. Dieselbe faulichte Krankheit verbreitete sich auch über Neapel und die benachbarten Gegenden.

Nachdem im untern Italien, in Neapel und
dem Kirchenstaat in den Jahren 1762 und 63,
bey übrigens trokenem Wetter, die Erndte sehr
sparsam ausgefallen und die Witterung vom Herbst
1763 bis Januar 1764 kalt und troken gewesen,
mit dem Januar aber Süd- und Westwinde, von

---

*) Lettre à Mr. Zimmermann sur l'épidémie courante par
Tissot. Lausanne 1765. Seconde lettre à M. Zimmermann sur l'épidémie de 1766 par Tissot. Laus. 1766.

Regenwetter begleitet, eingetreten waren, so bemerkte man im Januar schon mehrere Wochen
lang in besonderer Häufigkeit Magenschmerzen
mit starkem Erbrechen einer scharfen Materie
und noch viel profuseren ganz wässerigten Darm-
Ergiessungen, wobey die blühendsten Individuen
plözlich das Ansehen von Greisen erhielten. Diesem folgte im Februar ein mehr entzündliches
Fieber mit rhevmatischen Schmerzen und Seitenstich, besonders bey starken Personen, welcher lezterer immer noch mit Blutentziehungen
und Vesicatorien bekämpft werden konnte, doch
kamen auch schon Fälle vor, dafs der Kranke
über die heftigsten Schmerzen auf der Brust
klagte und der Tod schon am ersten oder zweyten Tag erfolgte, wo man denn die Lungen li-
vid und ungewöhnlich weich fand, oder hatte
es mehr das Ansehen einer wahren Lungentent-
zündung und nach einigen Tagen stellte sich
Schlafsucht ein und die Krankheit nahm schnell
die schlimmste Wendung. Immer mehr nahm
auf dem Lande die Zahl derer, die am wirkli-
chen Faulfieber erkrankten, zu; es herrschte die
Krankheit bereits zu Capua, Aversa, Foggia,
Lucera und andern Orten, als im April Haufen
unglüklicher Landbewohner, die der Mangel und
das Elend aufs Aeusserste trieb, in Neapel anlangten und auf den öffentlichen Pläzen der Stadt
Hülfe suchten. Gleich darauf, doch besonders
im May, nahm nun in Neapel ein Faulfieber
überhand, bey welchem die Kranken gleich delirirten, eine stark belegte Zunge, brennende
Hize, grofse Beschwerde im Athemhohlen, Petechien, Meteorismus, Harn - Verhaltung und faulichte weisse schaumigte Stuhlgänge bekamen, wo-

zu sich Convulsionen und entweder Tobsucht, ja
Wasserscheu, oder Stupor gesellte und das sich
theils mit Parotiden, theils mit Brand der Geschlechtstheile und Vorfüsse endigte; kurz mit Erscheinungen, die wieder an das heilige Feuer erinnern. Diese Zufälle wurden von dem besonders
in seiner teutschen Uebersezung gar kaum lesba-
ren Berichts-Erstatter Sarcone doch mit vieler
ärztlichen Taktik, im Anfang durch Brechmittel
und Aderlassen, und später, je nachdem mehr
die Erscheinungen auf einen gestörten Lebens-
Procefs der Säfte-Masse hinwiesen, mit Säuren
und China, wo aber mehr Störungen des Nerven-Systems vorherrschten, entweder mit starken Gaben von Moschus, oder mit Opium und
kalten Bädern zu bekämpfen versucht. *)

1765 n. Chr.   Der Winter 1765 war sehr kalt, zu Neapel
Kalter Win-   lag der Schnee 18 Zoll hoch, wobey der Vesuv
ter.   stark rauchte, auch zu Lissabon stand Reaumurs Thermometer 3° unter Null, und zu Ma-
drid belustigte man sich mit Schlittschuhlaufen.
In England soll Fahrenheits Thermometer auf
—7° gefallen und zu Regensburg 2° tiefer als
1709 gestanden seyn. In Amerika dagegen war
der Winter mild. (Webster.) Der Sommer war
nach der Angabe von Pilgramm gemäfsigt, mehr
feucht als troken, doch hatte er auch in einzelnen Gegenden seine Anomalien, zu Narbonne

---

*) Hier. Mich. Sarcone Geschichte der Krankheiten die
durch das ganze Jahr 1764 in Neapel sind beobachtet
worden. A. d. Engl. durch Dr. J. Th. Schmid von
Bellikon, 3 Thle. Zürch 1770.
Ant. Pepe il Medico di Letto, o sia dissert. su l'epidemica constituzione dell' an 1765. Nap.

blühten die Bäume im October zum zweytenmal und trugen im November Früchte. *)

In der Gegend von Arras wüthete die Krie- **Kriebel-** belkrankheit, bey welcher in der dritten Woche **krankheit.** der Brand an den Gliedern entstand, man lei- tete ihn vom Mutterkorn her. Noch dauerten Ruhr - Epidemien fort, von welcher die in der Schweiz durch Zimmermanns Beschreibung be- kannt genug ist; sie herrschte in den fruchtbar- sten Gegenden der Schweiz und hatte einen ent- schieden fauligten Charakter, der sich zum Theil auch durch die grofse Kraftlosigkeit gleich im Anfang der Krankheit kund gab. Ebenso herrschte sie auch in diesem und zum Theil noch im näch- sten Jahre in Oberschwaben, hier behandelte sie Gesner mit Tartarus emeticus und Opium. In Cayenne herrschte in diesem Jahre ein remitti- rendes Fieber, das man für das gelbe Fieber er- k ärte.

Fast gleichzeitig mit dem Kometen in der **Kometen.** nördlichen Hemisphäre, wurde auch einer in der südlichen Hemisphäre am Cap der guten Hoff- nung gesehen, auch der Mars kam der Erde so nahe, wie difs selten der Fall ist. Der Winter war sehr troken und kalt, man bemerkte eine zahllose Menge von Schnee - Ammern und Jahrs darauf von Schneefinken. (Blumenbach.) Auch im übrigen Theil des Jahrs, höchstens den Ju- lius ausgenommen, war es sehr troken, beson- ders folgte wieder anhaltende Trokenheit im Aug., September, November und December; doch gab es viele Hagelwetter und locale Ueberschwemmun- gen, auch waren Orcane in beyden Hemisphären

---

*) Hist. de l'Académie p. l'ann. 1771. Par.

gleich stark und häufig. Noch ausgezeichneter
Vulcanische war der Jahrgang durch seine vulcanischen Er-
Eruptionen. scheinungen, der Hecla, Vesuv, Aetna und der
Vulcan Mayon auf den philippinischen Insel gerie-
then in Bewegung. In Island, wo der Winter
so gelind gewesen, daß man bis Ostern nur zweymal Frost gehabt hatte, nahmen die meisten
Quellen und Bäche bedeutend ab, selbst die
See schien zurükzuweichen und im Umkreis der
Vulcane verdorrte Alles durch Einwirkung des
unterirdischen Feuers, endlich erfolgte am 5ten
Erdbeben. April ein schrekliches Erdbeben und der Berg
begann sich zu entladen. Auch der Aetna ergofs
einen sehr mächtigen Lavastrom, der Vesuv warf
Steine, die 20 Zentner wogen, 200 Schuh hoch,
und kleinere Steine fielen in einer Entfernung
von fünf Meilen nieder, im December kam eine
zweyte Explosion. Am dreyssigsten Januar wurde
durch ein Erdbeben Gibraltar in grofse Gefahr
gesezt, auch in Neu-England und Constantinopel spürte man im Verlauf des Jahrs heftige
Stöfse. Im Julius und August fielen bey Gewittern Meteorsteine in Italien. Nach einer Trokenheit von fünfzehn Monaten und einer besondern Häufigkeit von Sternschnuppen stürzte am
21sten October die Stadt Cumana in wenigen Minuten durch ein Erdbeben zusammen, und noch
mehrere Monate lang wiederhohlten sich von Stund
zu Stund immer wieder die Stöfse in horizontaler Richtung, erst nachdem Pausen von Monaten eintraten, wagte man den Schutt wegzu-
räumen und wieder zu bauen; während dieser
Zeit schien sich die Atmosphäre in Regen auf-
zulösen und das Jahr war ausnehmend frucht-

bar. *) Webster dagegen macht die Bemerkung,
daſs das Getreide immer zur Zeit groſser vulcanischer Erschütterungen misrathe. In Amerika,
in England und in Italien fehlte es. In der Gegend von Siena war der Rost im Getreide sehr
allgemein. In Schlesien und im Herzogthum
Zelle gab es eine Viehseuche, besonders zeichnete
sich aber dieses Jahr aus durch bösartige Poken,
zu Berlin starben 948 Kinder, in Iglau 500, (Sagar) zu Caraccas 6 — 8,000 Menschen. (Humboldt.) Petechial - und Faulfieber wurden zu
Siena und Toscana von Nerucci und Ber'inghieri
in diesem und dem nächsten Jahre be ichtet.

Der Winter 1767 war nun in beyden Hemisphären gleich streng. Zu Hannover stand am
19ten Januar der Fahrenheitsche Thermometer
auf — 18°, zu gleicher Zeit wurde hier, in Ha-
meln, Nienburg, Osnabrück, Lippstadt, Ritt-
berg und Herford ein Erdbeben mit unterirdi-
schem Getöse bemerkt, und in Holland liefen
die Gewässer stark an. Der Rhein gefror bey
Cöln so fest, daſs man über das Eis dort wie
über eine Brüke passiren konnte; in England
begrub der tiefe Schnee viele Tausende von Schaafen, auch in Connecticut folgten bey schnell ein-
tretendem Thauwetter furchtbare Ueberschwemmungen. In diesem Jahr waren nun Hagelwetter wieder häufig. Der Vesuv gerieth im Merz
in noch stärkere Thätigkeit, es entstand ein 185
Fuſs hoher Hügel und am neunzehnten October
fiel vollends ein Aschenregen, wobey es stok-
finster wurde. Nach Schweden gelangte in diesem Jahr auch das Petechialfieber, man machte

*) Humboldt I, p. 482.

1767 n. Chr.

Strenger
Winter in
beyden Welt-
theilen.

Häufiger Ha-
gel.

Ausbruch des
Vesuvs.

Petechialfie-
ber in Schwe-
den.

sowohl zu Malmoe als zu Stokholm die Bemerkung, daß der Ausbruch des Exanthems durchaus nicht eine günstige Wendung in den übrigen Zufällen hervorbrachte, und obgleich das
Blut eine Spekhaut zeigte, so befand man sich
doch bey den Mineralsäuren und dem Rheinwein
am besten. China aber vertrugen die Kranken

Catarrh. nicht. *) Ein Catarrh, der äusserst gutartig gewesen zu seyn scheint, verbreitete sich im December nicht so wohl über weite Streken hin,
als vielmehr gleichzeitig in den weitesten Entfernungen, in Eisenach, in der Normandie und
besonders in Spanien, wo er alle Lebensalter
und beyde Geschlechter gleich befiel. Bey einer
Viehseuche in der Gegend von Schwäbisch-Hall
waren Geschwüre im Maul die Haupt - Erscheinung. (Rumpell.)

1768 n. Chr. Noch einmal folgte ein sehr kalter Winter,
Kalter Win- besonders in Frankreich, aber auch in Holland
ter. und England. Die Kälte wiederhohlte sich dreymal, in England soll einmal Fahrenheits Thermometer auf —17° gestanden seyn, während zu
Stokholm dasselbe nicht tiefer stand. Aber auch zu
Neu-Orleans sank einmal das Queksilber in Reaum.
Thermometer auf — 8°. Zu Denainvilliers fror
es am siebenten May hart. Am 4ten April warf
nun auch der Cotopaxi viele Asche aus, und
hüllte die Städte Hambato und Tacunga in Dunkelheit, auch der Hecla war immer noch in Bewegung, und man könnte fragen, ob nicht die
häufigen Meteore von den Ausdünstungen der zum
Theil noch glühenden Krater hergekommen seyen?

*) Cærell und Bergius in den Verhandlungen der Acade-
mie zu Stokholm, leztes Vierteljahr 1767.

Meteorsteine fielen am dreizehnten September
bey Lucé, Dep. de la Sarthe, und bey Aire, Dep.
Pas de Calais; ferner am zwanzigsten November bey Maurkirchen im Inn-Viertel, aber auch
auf der Küste von Tranquebar entzündeten fallende Steine, welche glühten, verschiedene Gebäude *) und nach Humboldt **) sah man um
diese Zeit in der Ebene von Exido und der Stadt
Quito den Himmel von Meteoren erglänzen, wegen deren man Processionen anstellen wollte.

Die in diesem Jahr vorkommenden, oder wie
immer wieder bemerkt werden muß, erwähnten
Krankheiten, waren höchst unbedeutend. Das
Erkranken der verschiedenen Hausthiere, wie es
vor einigen Jahren auch unter dem Geflügel bemerkt wurde, traf nun die Truthühner, die dahin starben, und deren innere Magenhaut man
brandigt fand. Hin und wieder herrschte die
Viehseuche, auch kam des kühlen Sommers unerachtet die Ruhr vor. Einen mehrere Jahre endemischen Pemphygus beschreibt Abt. ***)

Nachdem die Erndte in den Jahren 1766 —
68, wenn auch nicht reichlich, doch von guter
Beschaffenheit gewesen war, so trat nun im Jahr
1769 zuerst im Osten bey grofser Trokenheit
allgemeiner Miswachs ein; am Ganges, in Hindostan und selbst auch in Aegypten schlug die
Reiserndte ganz fehl, und die Scene des Hungers und des Jammers eröffnete sich in Indien
zwey Jahre früher als in Europa, obgleich hier

---

*) Knapp neuere Geschichte der evangelischen Missions-
Anstalten, 2. Sk.
**) II, p. 297.
***) De febr. catarrh. epid. Giess. 1775.

der Sommer warm und der Weinertrag besonders gut war, so bemerkte man doch in diesem
Jahr schon in der Lombardey und vornehmlich
in dem Zuchthause und den Spitälern zu Mayland ein allgemeines Erkranken der ärmeren
Volksklasse, welches man dem Roggenbrod zuschrieb, weil unter demselben zu viel Alopecu-
rus utriculata oder ventricosa (Phalar. utric.
Scop. Tozettia pratens. Savi) wuchs. Andere fanden den Roggen überhaupt weniger gut als sonst,
besonders den in feuchten Aeckern gewachsenen. *)
Auch das Pellagra kam als eine der Lombardey
eigenthümliche Krankheit durch Frapolli zur
Sprache.

Ende Augusts und im September sah man
nach Mitternacht einen Kometen, dessen etwas
gekrümmter Schweif 40° betrug, er war der Sonne
achtmal näher als die Erde, am 7ten September
befand er sich an der Stelle, in welche die Erde
zwischen den zehnten und zwanzigsten October
gelangte. Am vier und zwanzigsten October sah
Nordlichter. man einen starken röthlichen Nordschein, der
fast ganz bis Westen reichte, überhaupt waren
in dieser Zeit Nordlichter häufiger als gewöhnlich. Schon im Januar sah man ein Nordlicht
über ganz Teutschland, ein fast gleich starkes
am ersten Merz und am siebzehnten September
Abends 7 Uhr sah P. Hallerstein zu Pekin ein
prächtiges Nordlicht, um welche Zeit auch P.
Hell ein ähnliches zu Wien gesehen zu haben
sich erinnerte, doch hätte lezteres, wenn es
gleichzeitig gewesen wäre, mehr gegen Morgen

---

*) Dissertatione supra la gramigna che nella Lombardia
dia infesta la segale. Mil. 1772.

erst gesehen werden müssen. *) Am vierzehnten
August, erstrekte sich ein Erdbeben über einen
grofsen Strich von Teutschland, eben so allgemein waren in diesem Monat über ganz Teutschland ausserordentliche Regengüsse.

Schon in diesem Jahre dehnte sich wieder **Viehseuche,**
die Viehseuche nach allen Richtungen aus. Von **Impfversuche**
Holland, wo bis zum ein und dreyfsigsten De-
cember 141,853 Stüke gefallen waren, gelangte
in diesem Jahr noch das Uebel nach Hampshire.
In Dänemark machte man Versuche mit dem Einimpfen, sie fielen aber jezt, da die Seuche in
ihrem Wachsthum wieder sich befand, nicht glüklich aus, erst als die Seuche in den Jahren 1771
und 72 wieder gelinder zu werden begann, ergaben sich günstigere Resultate, ganz gleich
verhielt es sich auch im Oldenburgischen auf der
Insel Aunoe. In Franche Comté nannte man das
Uebel Murie, sonst Lungenbrand oder Bräune,
wie Ketel.

Gleichzeitig war sowohl in Nordamerika als **Halsentzün-**
Teutschland die brandigte Bräune gleich verder- **dung.**
bend. Schon im Junius hatte zu San Joseph
del Cabo in Mexico eine Seuche, wie sich doch
in jener Gegend erst in der zweyten Hälfte des
Sommers solche gewöhnlich verbreiten, begonnen, und ihr erlag am Ende auch Chappe
d'Auteroche, nachdem der gröfste Theil der gelehrten Reisegesellschaft schon vorher durch dieselbe weggerafft worden war.

Auch im Jahr 1770 dauerte in Hindostan noch **1770 n. Chr.**
die Anomalie der Witterung, dort sah man hoch

*) Ephemer. Astronom. 1772 a. p. Henr. Hell e S. J.
Vienn. 1772.

in der Luft Wolken von Insecten fliegen. Webster bemerkt dabey, dafs man fast um dieselbe Zeit eine Menge von schwarzen Würmern in Nordamerika gesehen habe, welche plözlich eine Fläche von 300 Meilen bedekten und eben so plözlich gegen Ende Junius oder Anfangs Julius wieder verschwanden. Die Folge des vorjährigen Miswachses gab sich nun durch eine schauder-

Hungersnoth in Hindostan. volle Hungersnoth, in welcher Hunderttausende zu Grunde giengen, und des Jahrs darauf auch noch die Cholera folgte und mehrere Millionen weitere Opfer der Hungersnoth beygesellte, zu erkennen. Stavorinus,[*)] der auch zu Chinsura die Strafsen von Sterbenden bedekt sah, beschuldigt die Engländer, dafs aufser der schlechten Reiserndte durch sie noch die Hungersnoth künstlich gesteigert worden sey.

In Europa begann, nur mit dem Unterschiede, dafs hier Nässe statt der Dürre die Erndte misrathen machte, dieselbe Aufeinanderfolge der Ereignisse. **Komet.** Ein Komet wurde hier im Junius und Julius gesehen, es war derselbe unter allen bis jezt bekannten der Erde am nächsten und am ersten Julius nur 750,000 Stunden von ihr entfernt, eine Entfernung, die höchst unbedeutend wird, sobald man bedenkt, dafs die Tagreise der Erde 600,000 Stunden beträgt.

Aeusserst selten waren im Sommer Donnerwetter, und wenn ja Donner gehört wurde, so **Ungünstige Witterung.** war er ganz schwach. Die Witterung in den sieben ersten Monaten überhaupt war weder kalt noch warm, sondern unfreundlich, nafs und

---

*) Reyze van Seeland over de Kaap de goode Hoop naar Batavia, Buntam, Bengalen etc. Leyden 1793.

kühl. Stürme, Regen und Ueberschwemmungen
waren in diesem Jahr über alles Menschengedenken stark und wirkten besonders auch in Teutschland doppelt nachtheilig auf das Gedeihen der
Cerealien, indem sie dem .Wachsthum der dem
menschlichen Leben heilsamen Arten schadeten
und dagegen wie voriges Jahr schon in Italien,
andere, deren Genufs dem Leben höchst nachtheilig ist, wie das lolium temulentum und ähnliche zur Entwiklung brachten, oder Ausartun-
gen wie die Kornzapfen beym Roggen begün-
stigten. Doch bemerkte man wenigstens im südlichen Teutschland den so geringen Ertrag erst
einige Zeit nach der Erndte. Auch in Teutschland fand man am Getreide Insecten, ähnlich
denjenigen, wie sie Webster um dieselbe Zeit
von Nordamerika beschreibt, von röthlicher Farbe,
wahrscheinlich eine Tipula.

    Im nördlichen Teutschland, wo überhaupt Kriebel-
weit mehr Roggen gebaut wird, und wo derselbe Krankheit.
auch schon im vorigen Jahre nicht reichlich ausgefallen und wegen der nun verspäteten Erndte
ohnedifs ausgegangen war, folglich der neue
Roggen gleich gemahlen und ausgebaken werden
mufste, entstanden auf den Genufs desselben,
besonders wenn er im Moorgrund gewachsen war,
zumal in Schleswig, Holstein, Westphalen, Hannover, Fulda bis Hessen schon im August, ja
zum Theil noch früher von dem festen, klebrigten, moderig riechenden, schwärzlichen Mehl
alle gewöhnliche Zufälle der Kriebelkrankheit,
zuerst wieder eine mehr acute Form, neben einem ganz ungestörten Appetit und nicht alterir-
ten Puls, aber bei einem schrekhaften Aussehen
begannen die schreklichsten Contractionen unter

heftigen Schmerzen und Beklemmungen in der
Herzgrube, welche 'den Kranken bald alle Be-
sinnung raubten, und sie innerhalb weniger
Tage hinwegrafften, nachher aber wurden in
einem mehr chronischen Verlauf, unter Zufällen, die schon bey der blofsen Beschreibung als
eins der erbarmenswerthesten Bilder menschlichen Elends erscheinen, die Unglüklichen Monate lang gequält. Taube, Wichmann, die hol-
steinischen Aerzte, Rödder, Lentin, Marcard und
Nebel, welche alle diese Krankheit beschreiben,
erklären sie einstimmig für die Folge des Genusses eines durch Mutterkorn verunreinigten
Mehls, welchem der einzige Vogel mit leicht
widerlegbaren Gründen widerspricht. An andern
Orten, wie in Hessen, wo Hermanni die Zufälle
beschrieb, und in Schwaben, wo mehr Schwindel, Doppeltsehen, saurer Geschmak auf der
Zunge und Tympanitis die Haupterscheinungen
bildeten, und diese mehr aus dem Genufs des
Habermehls entstanden, waren wohl eher das
lolium temulentum, raph. raph. und Lychnis-
Arten zu beschuldigen, wie difs auch im Jahr
1817 wieder derselbe Fall war.

1771 n. Chr.   Als nun im Winter 1771 die Witterung im
Theure Zeit. Anfang sehr gelind, im Februar aber wieder ungewöhnlich kalt und widerlich geworden war,
der Frühling sich sehr verspätete und die Erndte
wieder sehr mäfsig ausfiel, so nahm besonders
auch wegen des Stillstehens der Gewerbe die Verlegenheit noch kein Ende; an vielen Orten, z. B.
selbst in Würtemberg, hielt man sich an Getreide aus Nordamerika, doch bekam man auch
für die Reichsstädte Zufuhr aus Tyrol, auch da-

mals schon wurden die widerlichsten Surrogate,
z. B. Wasser-Aron, Tulpenzwiebel, Weggerich,
fürs Vieh Equisetum empfohlen; wo damals die
Kartoffeln schon gebaut wurden, die man jedoch
gerade in jener Zeit erst nach ihrem vollen Werth
schäzen lernte, da empfahl man auch damals
schon, sie statt durch Knollen, durch Stengel
auszusteken. Noch gab sich in diesem Jahr der
Mangel durch keine Krankheiten zu erkennen,
nur bemerkte man an manchen Orten im näch- Folgen der
sten Jahr eine ungewöhnlich kleine Zahl von Theurung.
Geburten, zu Ohrtruf fiel im Jahr 1772 die Zahl
der Geburten von 117 auf 34, auch in der nördlichen Schweiz machte man die Bemerkung, daß
auf 471 Todesfälle nur 100 Geburten kamen.
Am häufigsten bemerkte man zuerst Catarrhe und
intermittirende Fieber, aber diese giengen gleichzeitig mit den etwa aus ganz ungesunder Nahrung unmittelbar folgenden Zufällen, jedoch gar
nicht blos auf die ärmere Volksklasse sich be-
schränkend, gegen das folgende Jahr 1772 hin
und besonders nach der Erndte, in gastrisch faulichte Friesel- und Petechial-Krankheiten über,
welche nun in diesem Jahr in einer Allgemeinheit, die in der Geschichte der Krankheiten beispiellos ist, vorkommen. In Schweden *), in
Irrland **), in Nieder-Teutschland, in West-

---

*) Blom obs. de aëre et morb. epid. in Dalecarlia Sue-
cor. ab initio ann. 1772 ad fin. 1773. Dahlberg über
die Vortheile und Beschwerlichkeiten des schwedischen
Klimas. Stokholm 1777.

**) Jak. Simms Bemerkungen über epidemische Krank-
heiten. A. d. E. von J. W. Möller. Hamburg 1775.

phalen *), in der Altmark **), in Böhmen und
Mähren ***), zu Wien †), im Saalkreis ††), be-

*) Henr. Bruning de ictero spasmodico inf. Essend.
ann. 1772 epid. Wesel 1773.
Verhandeling om the kwaadarlige rotkoorts welke a
1770 en 1771 geregeert heft te Maurik doon Max Jacob
de Man, nu door de schryber nader overgezen Nymwegen 1772. Ferner zu Tournay Journ. de Médecine.
Tom. XLVI.
Mezger Advers. med. Tom. II. Fr. ad Moen. 1778.
**) Christ. Heinr. Schobelts Beschreibung der Epidemie
in der Altmark im Jahr 1772. Berlin 1773.
R. L. Opitz Geschichte eines epidemisch gallichten,
faulichten und bösartigen Fiebers, welches zu Minden
1771 u. 72 geherrscht hat. Berlin 1775.
***) J. B. M. Sagar hist. morb. epid in circulo Iglaviensi
et-adj. Bohemiae plagis obs. ann. 1771 et 72. (Typhus
famelicus.)
Wenc. Joh. Langswert hist. med. morb. ep. S. febr.
putr. ann. 1771 et 72 Prag. 73. Radnisky in Ep. ad
Haller. script. Vol. VI.
†) Zu Wien de Haen.
††) Fr. L. Kefsler Beobachtungen über die epidemischen
Faulfieber in beyden Wintern 1771 und 72. Halle
1773. Böhmer de Const. epid. Halae ad Salam inque
ejus confin. ann. 71—72 obs. Halae 1772.
W. H. Buchholz Nachricht von dem jezt herrschen-
den Flek- und Frieselfieber. Weimar 1772.
B. J. Schleifs Anweisung wie die an vielen Orten
Teutschlands grassirenden bösartigen Fieber am besten
zu heilen seyen. Nürnberg 1772.
Joh. Fr. Consbruch Beschreibung der in der Wür-
tembergischen Ober-Amtsstadt Vayhingen und dasiger
Gegend grassirenden faulen Flekfieber u. J. A. P. G.
Beobachtungen über das epidemische Fieber in Nörd-
lingen im Winter 1771—72, beyde in. Samml. von
Beobacht. aus der Arzney-Gelahrtheit und Naturkunde,
4. Bd. Nördl. 1773.

sonders auch in Sachsen und Thüringen, in Franken und Schwaben, in der Schweiz und Italien *), hier nur etwas später, wird überall
ein epidemisches Fieber beschrieben, bey welchem die ersten Symptome und die Beschaffenheit des Bluts im Anfang der Krankheit zwar
einen, höchstens zwey Aderlässe gestatteten, bey
dem aber bald die Delirien, die Sprachlosigkeit,
Unempfindlichkeit, die brennende Hize, die Un-
beweglichkeit der Pupille, die gastrischen Erscheinungen, die Petechien, Parotiden und brandigten Ablagerungen zu dem Gebrauch von Säuren, China, Campher und den sogenannten gift-
treibenden Mitteln nöthigten, worüber die Aerzte
aller Länder bald einig wurden.

In wie weit dieses Fieber die unmittelbare
Folge der Theurung gewesen, läfst sich vielleicht richtiger bey der Geschichte der Jahre 1816
und 1817 beantworten; hier genüge es zu bemerken, dafs auch an andern Orten, wo der
Mangel weniger geherrscht hatte, epidemische
Krankheiten schlimmer Art grofse Verheerungen
anrichteten. Schon im Jahr 1770 hatte sich die Pest in Ober-
Pest über Ober-Ungarn auf der Insel Bodroygh Ungarn, der
bis nach Zboina und Homonna verbreitet (Ca- zu Moskau.
nestrini); ebenso befiel sie auch zu Ismael,
Jassy und Choczim, während einer für diese Gegenden ungewöhnlichen Kälte, die dort befindli-

**) Mém. de l'Acad. royal. de Méd. 1776.
Velani Quadriennalium obs. Mutinens. 1776. (Fe-
bes stercoraeiae.)
Orteschi Giornale di med. Tom. XII. Petr. Lanteri
febr. epid. quae Nicaene ann. 1774 et 75. grassata est.
Nic. 1778.

chen russischen Truppen vor den Landes-Einwoh-
nern, und von da, glaubt man, sey das Uebel durch
Soldaten nach Moskau verbreitet worden; wenigstens bemerkte man im Militär-Hospital im Winter 1771 dort die ersten Pestkranken, am eilften
Merz zeigten sich aber auch die Arbeiter bey der
Tuchfabrik befallen; die Kälte hielt noch bis
in April an. Am zweyten Julius bemerkte man
sie auch in Privathäusern der Preobraginskyschen
Vorstadt und nun entfernte sich wer es vermochte
mit der gröfsten Ele, so dafs von 300,000 Menschen, die während des Winters in Moskau gewesen, kaum noch 150,000 blieben; von diesen
starben täglich bis in October 1,200, so dafs
man im Ganzen 70,000 Menschen, als von der
Krankheit hinweggerafft, rechnete. Ausser Moskau verbreitete sich das Uebel auch noch über
40 Dörfer, Kinder und alte Personen hatten die
Krankheit am stärksten. Jemehr Carbunkel erschienen, desto gewisser starben die Kranken, auch
hier waren Petechien und Blutstriemen das si-
cherste Zeichen des bevorstehenden Todes, und
die Krankheit überhaupt am gefährlichsten für
Schwangere. *) Noch verheerender wüthete die-
Viehseuchen. selbe Krankheit zu Smyrna. Auch Viehseuchen
verbreiteten sich über Oesterreich und Nieder-
Teutschland, besonders aber in der Champagne
und von der Schweiz aus in Languedoc und längs
der Gironde.

Ausser den bereits erwähnten häufigen Nord-
scheinen wurden in dieser Periode wenige Leuchterscheinungen bemerkt, die Einzige aber welche

---

*) Carol. de Mertens Observ. med. de febribus putridis,
de peste nonnullisque aliis morbis. Viennae 1778.

aufgezeichnet ist, erscheint dagegen in mehrfacher Beziehung denkwürdig, nemlich eine Feuerkugel, die am 12ten oder 17ten Julius im Jahr 1771 von Sussex bis Melun gesehen, deren Höhe beym Zerspringen auf 18,000 und deren Durchmesser auf 500 Toisen geschäzt wurde und auf welche am andern Tag fünf Minuten lang Regentropfen von eigenthümlichem Geruch fielen. In Nordamerika aber drang am 12ten August an einem hellen Tage eine Feuerkugel in ein Zimmer und erbrannte den Arm einer Frau und zündete ihren Weberstuhl an. *)

In dem Winter 1772 war es nun wieder in Teutschland und Nordamerika kalt, auch der Sommer war so warm, daß seine Hize den Umfang der Gletscher und Eisfelder, welcher in der lezten Zeit beträchtlich sich vergrößert hatte, wieder in die vorigen Grenzen brachte. Auf dem Hecla sah man wieder Flammen und auch auf der Insel Java gerieth ein Vulcan in Bewegung. Ein Meteorstein, welcher in diesem Jahr bey einem Gewitter in Frankreich niederfiel, wurde von Faugeroux, Cadet und Lavoisier analysirt und aus Schwefel und Eisen bestehend gefunden, derselbe wog nicht mehr als 7½ Pfd. *Heisser Sommer, vulcanische Eruptionen.* *Meteorstein analysirt.*

Ganz entsprechend ihrem plözlichen Entstehen in beyden Hemisphären neigte sich die ulcerose oder brandigte Halsentzündung in der so wichtigen Krankheits - Periode dieser Jahre auch ebenso gleichzeitig nach einer nicht ganz vierzigjährigen Dauer zu ihrem Ende und verlohr sich hier wie dort entweder in die angina trachealis (Luftröhren - Entzündung) oder in das ei- *Aufhören der brandigten Bräune.* *Luftröhrenentzündung.*

---

*) Noah Webster in Med. reposit., Vol. V. Art. 7.

gentliche Scharlachfieber, seltener in die angina
parotidea. Erstere sah schon im Jahr 1771 Vi-
dal *) häufig und verfiel auf die Oeffnung der
Luftröhre, ebenso kam den schwedischen Aerzten
J. D. Salomon und Abraham Baeck **) das Uebel im Jahr 1772 häufig vor und wurde von ihnen
Croup der Schotten genannt und dagegen Essig-
dämpfe und Brechmittel empfohlen. In Nordamerika erschien in Begleitung von Masern das
Uebel in der furchtbarsten Allgemeinheit, selten wurde ein Kranker gerettet, indem kein von
Aerzten verordnetes Mittel irgend etwas über die
Krankheit vermochte, in mehreren Städten konnte
man kaum ein Kind aufweisen, dafs die Krankheit überstanden hatte. ***) Zu Viborg grassirte
1772 noch die angina parotidea. †) In England,
in Teutschland, besonders in Italien, wo der
Jahrgang 1772 feuchter als gewöhnlich war, bildete sich mehr das Scharlachfieber aus, dem sich
auch Halsentzündung beygesellse und meist Hy-
dróps folgte, erstere war aber weit weniger
schlimmer Art als die gangränose Halsentzündung.
Dasselbe Scharlachfieber beschreiben Weikard in
Fulda und Mezger in Westphalen, auch in Preussen waren die bösen Hälse allgemein, und später
klagt Grant, dafs bey einem Scharlachfieber zu
London die Aerzte immer noch die gangraenose
Halsentzündung im Sinn gehabt und ihre Kranke

---

*) Journ. de Méd., Chirurg. etc. Tom. XXXVIII.
**) Wetenskaps Academiens Handlingar. Tom. 33.
***) Dr. Trumbull u. Holyoke bey Webster. Tom. 1.
p. 485.
†) Mangor in Act. Soc. med. Hafn. Vol. II.

mit China und Vesicatorien getödtet haben, statt
daſs sie dieselbe mehr kühlend hätten behandeln
sollen. *) Aehnlich verhielt es sich auf Fühnen. **) Sonst beschloſs sich diese Krankheits-
Periode für Teutschland im Jahr 1773 auch mit 1773 n. Chr.
Tertianfiebern, die überall in Hannover wie in Tertianfie-
der Schweiz ganz allgemein waren, und an Or- ber.
ten erschienen, wo sie sonst gar nie vorkamen,
und von der Ukermark macht Süſsmilch die Bemerkung, daſs im Jahr 1774 die Zahl der Gebohrnen zu der der Verstorbenen sich mehr als
2 : 1 verhalten habe. Auch ausser Europa sind
vom Jahr 1773 wenig Krankheiten bekannt. Durch
ein remittirendes Fieber, welches mit Geschwulst
der Zunge, Kopfschmerz, Nasenbluten, beständigem Harntrieb, wobey dieser tropfenweise abgieng und dem Kranken alles gelb erschien, wurden zu Bassora 275,000 Menschen weggerafft; ***)
auf Sierra Leone wütheten die Poken.

Dagegen scheint sich die Viehseuche, welche Viehseuche.
fast ganz gleichzeitig mit der brandigten Bräune
wenigstens in ihr zweytes Stadium gröſserer Allgemeinheit trat, jezt kurz vor dem auch ihr bevorstehenden Ende noch gewaltiger als je um sich
gegriffen zu haben. Sie erschien im Jahr 1773
auch noch auf Guadeloupe und Domingo, auch
hier war der Hals von aussen ebenso aufgeschwol-
len, häufig entstanden auch bey denen, die mit

---

*) W. Grant a short account of a Fever and sore throat.
   Lond. 1774.

**) Act. societ. med. Hafn. Tom. II.

***) Wintterbottom II, 133. u. Transactions of a Society
    for the Improvement of med. and chirurg. Knowledge.
    London 1793.

gefallenem Vieh zu thun hatten, Carbunkel; sie
verbreitete sich auch im Umkreis von Soissons
und in den Niederlanden; im Teltower Kreis,
wurden die Pferde von einem ähnlichen Uebel
befallen. Im Jahr 1774 gelangte dieselbe Viehseuche noch nach Nordamerika, wo doch gegen
die wahrscheinliche Verwandtschaft der gangränosen Halsentzündung mit der Viehseuche, erstere ihre höchste Ausbildung und Verbreitung
früher erreichte, ohne dafs leztere gleichzeitig
erschienen wäre. Bey dieser Viehseuche kam auch
die in der alten Welt bemerkte Erscheinung vor,
dafs die Hörner hohl und brüchig wurden. In
Finnland, in der Altmark, im mittäglichen und
südwestlichen Frankreich und von da aus in Spanien erreichte das Sterben unter dem Vieh noch
einmal dieselbe Furchtbarkeit wie bey ihrer früheren Verbreitung, und nun kam man immer allgemeiner zur Ueberzeugung, dafs alle die einzelnen Epizootien zu einem grofsen Cyclus gehören und durch alle die einzelnen Epidemien
hindurch immer dieselben Haupterscheinungen
sich zeigten: die grofse Empfindlichkeit des
Rükgraths, die Affection der Respirationsorgane,
deren rothlaufartiger Charakter sich durch die
über die Fläche der Gedärme hin erscheinenden
Brandfleken zu erkennen giebt, und die, wenn
es günstig gehen sollte, erscheinenden Beulen
und Geschwüre über die ganze Oberfläche des
Körpers. Ebenso erwiefs sich die Identität aller
einzelnen Seuchen auch rüksichtlich der Ver-
geblichkeit aller gegen sie aufgebotenen Mittel,
so dafs man im Verlauf dieser grofsen Seuche
allerwärts sich zu dem einfachsten, der Tödtung
jedes verdächtigen Stüks Vieh entschliessen musste,

.und im Jahr 1755 sogar ernstlich davon die Rede
war, alles gesunde und kranke Vieh auf dem
einen Ufer der Garonne ganz auszurotten.

Der erste Komet im Jahr 1774, welcher im 1774 n. Chr.
Januar erschien, war nicht für blofse Augen Kometen.
sichtbar, dagegen der, welcher vom achtzehnten
August bis zum fünf und zwanzigsten October
leuchtete. Im Januar gab es einzelne sehr kalte
Tage, wie der zwölfte und dreyzehnte. Der Sommer war sehr heifs; auch bemerkte man, obgleich es nicht besonders troken war, einen Höhenrauch. In Italien, wo die Witterung auch
weniger kühl als in den beyden vorangegangenen Jahren war, litt das Getreide und die Vegetation überhaupt an verschiedenen Krankheiten. Am dritten Junius trat das Meer in der
Nähe von Guatimala über das Ufer, zugleich Untergang
schien es in den beyden in der Nähe der Stadt von Guati-
liegenden Vulcanen zu sieden, der eine ergofs mala.
Ströme heissen Wassers, der andere glühende
Lava, die Erde bekam überall Risse und Spalten, und nach fünf Tagen der ängstlichsten
Spannung öffnete sich der Abgrund und die Stadt
mit allen ihren Reichthümern nebst 8,000 Familien versank in die Erde, Ströme von Koth
und Schwefel stürzten sich über die Trümmer
und verbargen sie den Bliken der Menschen, eine
schrekliche Wüste nahm ihren Plaz ein. Vier
Stunden von dem Ort, wo die alte Stadt gestanden, wurde die neue gebaut. In ähnliches Aufbrausen gerieth im September und October das
Meer zwischen Borneo und Luçon; ein spanisches
Schiff, das um diese Zeit dasselbe durchsegelte,
gerieth wiederholt durch die heftigsten Bewegungen des Wassers, das sich unter grofsen un-

terirdischem Getöse säulenartig erhob, wobey
Flammen aus dem Wasser schlugen und die Magnetnadel unbrauchbar wurde, in große Gefahr.
Eine Feuerkugel wurde bey Bourdeaux gesehen
und bey Rodach im Herzogthum Koburg fiel ein
Meteorsteine. 6½ Pfd. schwerer Meteorstein. Steine dieser Art
fielen auch in diesem und dem nächsten Jahre bey
Obruteza in Volhynien. Am meisten war aber
dieses Jahr ausgezeichnet durch die Häufigkeit
Nordlichter. der Nordlichter, man sah solche zu Petersburg
48 mal, von 1782—87 dagegen nur 73, von 1787
—91 nur 39 mal.

1775 n. Chr. Der nun folgende Winter 1775 war äusserst
streng, mit vielem Schnee und Nebeln; der
ganze Jahrgang hatte nach der Beschreibung
Stoll's das Ausgezeichnete, daß er zwar meist
sehr troken war, aber ungewöhnlich häufig warme
Witterung mit kalter wechselte, auf heiße Tage
kalte Nächte folgten. Auch in Schweden gab es
Große Tro- viele warme Tage. Auf Sumatra, wo es wegen
kenheit auf der Nähe der Linie gewöhnlich viel regnet, fieng
Sumatra. die trokene Jahreszeit in der Mitte des Junius
an und dauerte mit weniger Unterbrechung bis
in den Merz des folgenden Jahrs, während dieser Zeit verdekte ein dichter Nebel Monate lang
die Sonne. (Höherauch.) Im November war die
See an der Küste weit und breit mit todten Fischen bedekt, die Ankunft dieser Fische dauerte
einen Monat lang, man speiste sie ohne augen-
bliklichen Nachtheil; Marsden meynt, der Mangel an Zufluß von süssem Wasser zur See habe
für die Fische ihr Medium verdorben. *) Auch
Nordlichter. in diesem Jahre kamen noch Nordlichter häufig

---

*) Philos. Transactions, Vol. 71.

vor, am ein und zwanzigsten October sah man
ein ziemlich starkes in Wien. (Pilgramm.) Von
der angegebenen Beschaffenheit der Luft kam es
vielleicht her, daſs schon im Januar der Keuchhusten unter den Kindern sehr allgemein wurde,
und im Junius, wie wenigstens Stoll versichert,
ein Catarrh sich über ganz Europa verbreitete. **Influenza.**
Doch erschien er nicht überall zu derselben Zeit,
sondern in Frankreich, wo er auch wieder la
Grippe genannt wurde, erst im October. Am
15ten dieses Monats fieng man auch zu Bath an
ihn wahrzunehmen, im November in Devon und
Exeter; zu Northampton und der Umgegend war
er so allgemein, daſs selbst Hunde und Pferde
nicht verschont blieben. Es breitete sich aber
in England, wo die Seuche ihre meisten Beobachter fand, dieselbe nicht nach Art der ähnlichen frühern in einem ununterbrochenen Wei-
terziehen aus, sondern häufig wurden einzelne
Gemeinden mitten unter allen andern ergriffen,
dagegen hatte sie wenigstens in England weit
mehr die ihr sonst eigenthümliche bestimmte
Dauer und Fothergill fragt, ob nicht die Krankheit von 9 Tagen bey Homer auch ein Catarrh
gewesen sey? *)

Der Winter 1776 übertraf besonders im Ja- **1776 n. Chr.**
nuar noch den von 1740 durch seine Kälte, zu **Groſse Kälte.**
Hannover stand das Queksilber im Fahrenheiti-
schen Thermometer mehrere Grade unter o. Man
sah wie am Nordpol Nebensonnen, am 18ten Januar fiel das Queksilber auf — 16°, zu Franeker
am 27sten Januar — 8°, zu Leipzig — 23° Reau-

---

*) Fothergill in Mem. of the med. Society of Lond.
Vol. III.

mur, zu Nancy — 17°, zu Montdidier — 18°, zu
Paris — 16°, zu Havre de Grace — 15°, zu Wien
doch nicht mehr als — 17¼°; auch in den südlichen Gegenden der Türkey war der Winter sehr
streng und in Thracien fiel in grofser Menge
Schnee. In den nördlichen Reichen war die Kälte
wie zu erwarten noch stärker, es gefror der Sund,
auch die Themse. Im Januar, besonders gegen
das Ende des Monats, spürte man auch Erdbeben
zu Caen und Ulm, später am 28sten Januar zu
Calais, Dünkirchen, am Rhein, in der Schweiz,
Schwaben, Tyrol, Steyermark. (Bildersaal.) In
Italien, bey Fabbriano, fielen um dieselbe Zeit
Meteorsteine, obgleich nun in der alten Welt
der Sommer sehr troken aber sehr kühl war, so
dafs auch mitten im Sommer der Roggen in
Schweden sehr durch Frost litt, in Nordamerika
dagegen vielmehr Hize mit Regen abwechselte,
so fiengen doch jezt schon in beyden Continen-
Ruhr. ten Dysenterien allgemeiner zu werden an, bey
welchen in den nächsten Jahren der gallichte
Charakter nach den Beobachtungen Stoll's immer weiter sich entwikelte; schon bey den Lungenentzündungen während der kältesten Monate
im Januar und Februar hatte dieser die Aderlässe zur Heilung derselben nicht hinreichend,
sondern jedesmal auch noch Brechmittel nöthig
gefunden.

Als nun der Sommer 1777 viel heisser wurde
als der vorangegangene, so kamen jezt sowohl
in Nordamerika als in Wien die Ruhren gerade
in minderer Zahl vor, doch gab es an lezterem
Orte häufig Diarrhoen und bey den Rhevmatis-
men und Nervenfiebern war die antigastrische Behandlung immer noch am wohlthätigsten, auch

entschieden sich die meisten dieser Krankheiten
von selbst durch Bauchflüsse. Nordlichter wurden am 26sten Februar und 3ten December im
nördlichen Teutschland gesehen.

Der nun folgende Winter 1778 war im De- **1778 n. Chr.**
cember und Februar strenger als im Januar, doch
durch nichts ausgezeichnet. Am 8ten Junius
traf Franken, Bayreuth und Sachsen ein erschrek-
liches Donnerwetter, zu Erlangen fielen Schlossen, die $1\frac{1}{2}$ Zoll Durchmesser hatten, ebenso
heftig waren auch die Ueberschwemmungen besonders des Rheins, und am 25sten October gab
es eine der schreklichsten Ueberschwemmungen
in der Gegend von Hornberg, theils vom starken Regen, theils weil unterirdische Quellen
aufbrachen. (Sattler.) Ein bedeutendes Erdbeben, das am 21sten October Caraccas traf, wurde
noch lange durch eine nächtliche Procession jedes Jahr im Gedächtnifs erhalten. *) Der Julius und August waren sehr heifs und troken,
doch waren die Seuchen noch nicht so häufig wie
im nächsten Jahr; mehr war der Jahrgang ausgezeichnet durch das allgemeine Vorkommen des
Scharlachfiebers; zu Manchester, zu Worcester **Scharlachfie-**
und zu Birmingham beschreiben J. Johnstone **) **ber.**
und Will. Withering ***) die Krankheit, lezterer
macht besonders aufmerksam auf den nach einiger Zeit erst folgenden Hydrops. Zu Rotterdam nannte man die Krankheit Roodvonk, †)

---

*) Humboldt III. 4.
**) In Mem. of the med. Society of Lond. Vol. III.
***) An account of the scarlet fever and sore throat as
is appeared ad Birmingham in the year 1778.
†) Lambert Bikker in den Verhandlungen der Gesell-
schaft zu Rotterdamm, 4 Thle. 1778.

dort bildeten sich auch brandigte Geschwüre im Hals, die den Tod zur Folge hatten und es starben an derselben 283 Personen. An andern Orten, wie zu Vayhingen nahmen die Poken einen bösartigen Charakter an, und vermehrten die Zahl der Verstorbenen ums Doppelte.

1779 n. Chr. Im December und Januar 1779 herrschte an-
Kalter Win- haltende Kälte, auch wurde im Januar ein Ko-
ter, heisser met gesehen, aber bereits im May stieg zu Wien
Sommer. das Queksilber im Reaumur'schen Thermometer auf 23° und in Amerika hatten schon im Februar die Pfirsichbäume zu blühen angefangen. Es folgte nun ein sehr warmer Sommer, der nur zuweilen mit kälterer Witterung schnell wechselte, in der zweyten Hälfte aber anhaltend heiß wurde. Am 9ten August war einer der fürchterlichsten Ausbrüche des Vesuvs, bey welchem zwar keine Lava erschien, aber glühende Steine 27 Meilen weit vom Berge geschleudert wurden. (Gaetano de Bottis.) Auch auf die Schiffe des Capitains Cook fiel zwischen Camtschatka und Amerika ein dichter Aschenregen. Im Kirchenstaat, in Bononien, aber auch sonst gab es häufig Erdbeben. Während Webster versichert, dieses Jahr sey eines der gesundesten in Nordamerika gewesen, wurde schon in den ersten Tagen des Ju-
Ruhr. lius eine Ruhr in Teutschland, den Niederlanden und über ganz Frankreich allgemein, von welcher Stoll behauptet, daß sie alle Momente der frühern Ruhren enthalten habe. An andern Orten, z. B. zu Harlingen, Gröningen, Doesburg, Franeker und andern erschien die Krankheit in dieser Allgemeinheit, nachdem sie seit Menschengedenken nicht bemerkt worden war und zwar vorzüglich an Orten, die sich durch

ihre gesunde Lage vor vielen andern in Marsch-
Gegenden gelegenen auszeichneten. Man glaubte
damals schon vom Opium gute Dienste zu bemerken. (Stinstra und de Reus.) Ebenso allgemein war die Krankheit auch in Frankreich,
sowohl im östlichen in Champagne, als im nordwestlichen, besonders Nieder - Poitou, an manchen Orten zeigte sich eine ungeheure Menge
Würmer dabey. *)

Eine Viehseuche in der Piccardie mit Gan-
gränescenz der Brust und Unterleibs - Organe beschreibt Vieqd'Azir.

In America war, seitdem man thermome-
trische Beobachtungen daselbst macht, der Win-
ter 1780 der kälteste, zu Hartford war die mitt- 1780 n. Chr.
lere Temperatur des Januars 20° niederer als Sehr kalter
in andern Jahren. Von Newyork aus konnte man Winter.
mit beladenen Wagen überall hingelangen, von
Longisland führte eine solide Straße nach dem
festen Land, auch die Chesapeakbay war bey
Annapolis fest gefroren. In der alten Welt war
wenigstens der Januar sehr kalt. Eine ungeheure
Kälte wollte man am 14ten Januar zu Glasgow
bemerken, nach einer Angabe wäre das Queksilber in Fahrenheits Thermometer auf — 55° gesunken, während es im Schnee doch nur auf
— 3° wieß, nach einer andern Angabe hätte es
in der Luft auf — 13°, im Schnee auf 22° gewiesen. **) Zu Edinburgh war es zu derselben Zeit
weit weniger kalt. — Ein glänzendes Nordlicht

*) Vetillart hist. méd. des maladies dysent. de la Province
du Main en 1779. u. Caille in hist. de la Société roy.
de Méd. an 1779.

**) Wilson in Phil. Transactions, Vol. LXX.

sah man am 29sten Februar zu Padua, überhaupt
sah man an mehreren Orten Nordlichter. (Pil-
grámm.) Am eilften April fielen wie im vorigen
Jahr in Irrland, in England kleine Meteorsteine,
aber eine weit merkwürdigere zwar noch wenig
genau besprochene, durch die zuverlässigsten
Zeugnisse jedoch erwiesene meteorische Erscheinung trug sich am 19ten May zwischen 10 und
11 Uhr auf einer mehrere Meilen breiten Fläche
in Nordamerica zu. Es verbreitete nemlich,
nachdem es schon einige Tage zuvor dunstig gewesen war, eine ganz dunkle Wolke, welche über
Connecticut zu stehen schien, eine solche Dunkelheit, dafs man Lichter anzünden mufste, um
12 Uhr wurde es zwar wieder etwas heller, aber
während des ganzen Tags sahen alle Gegenstände
gelblich aus, und das Barometer sank während
dieser Zeit anhaltend. *) Auch der Vesuv und
Aetna geriethen beyde in diesem Jahr in Bewegung, bey lezterem kam Salmiak in grofser
Menge zum Vorschein. Sehr verheerende Stürme
trafen Westindien und schon am 12ten April
hatte man eine Wasserhose bey Nizza gesehen.

Im Januar 1781 traf ein Erdbeben Siena, am
27sten Merz sah man ein Nordlicht in Nordamerica, und am vier und zwanzigsten April fiel
in Sicilien ein grauer Regen, welcher abge-
dampft ein weifslichtes Pulver zurükliefs, auf
das der Magnet wirkte. **) In Teutschland, so
wohl zu Wien als Berlin und auch in Spanien
, war der Sommer wegen der anhaltenden Wärme,

Marginal note: Dunkler Tag in Nordame-rica.

---

*) Sam. Williams in Mem. of the americ. Academie of
Arts and sciences, Vol. I. p. II. 234.
**) Giveni Phil. Transact. Vol. 72.

mehr noch als durch hohe Hizgrade ausgezeichnet, an mehreren Orten Teutschlands erschien
der gryllus migratorius und viele Arbeiter auf
dem Felde wurden von der Cholera befallen,
sonst fand dieses Jahr Lentin, Diarrhöen abgerechnet, sehr gesund. Im Norden soll der Sommer mehr feucht gewesen seyn und im December
es zwey Tage lang sehr starke Kälte und zwey
Tage darauf ebenso anhaltenden Regen gegeben
haben. Wenn schon dieses für die im nächsten
Jahr vorkommende Influenza wichtig ist, so ist Influenza des
es noch mehr die Angabe von Webster, dafs in Jahrs 1781.
diesem Jahre schon eine Influenza in Nordamerica westwärts sich verbreitet habe, auch wurde
im September 1781 das Schiffsvolk des nach Ostindien segelnden Schiffes Atlas auf dem Weg von
Malacca nach Canton davon befallen und erfuhr
bey seiner Ankunft an lezterem Ort, dafs die Influenza dort zu derselben Zeit allgemein gewesen sey, als sie zuerst auf dem Schiffe ausbrach.
Zu den gewöhnlichen Zufällen gesellten sich dort
so wohl als auch auf der Küste von Coromandel
und Bengalen gallichte Beschwerden. *) Auch
blieb die englische Armee von Negapatnam im
November 1781 nicht davon verschont. Von dem
Winter 1782 wollte man behaupten, dafs er durch
seine Kälte, Feuchtigkeit und rauhe Witterung
gegen das Frühjahr hin, mit den Wintern 1763,
1744, 1725 und 1706, von welchen jeder 19 Jahre
vom andern entfernt ist, grofse Aehnlichkeit habe.
Zu Rom blühten am 2ten Januar schon Man-
delbäume, aber der Frost im Februar schadete
vielen Bäumen, besonders den Oelbäumen, die

---

*) Med. Transactions, Vol. III. Lond. 1785.

im Merz die Blätter verlohren. Weil das Vieh, besonders die Schaafe, bey der Kälte auf dem Felde blieben, so seyen 102,000 Stük zu Grund gegangen; die Kälte war jedoch weder anhaltend noch allgemein, zu Paris war es gelinde, während an andern Orten Menschen erfroren. Der Wechsel von kalter Luft mit gelinder war beyspiellos, auch in England wurde es im Februar auf anhaltenden Regen auf einmal sehr kalt, am acht und zwanzigsten Februar fiel zu Lissabon tiefer Schnee, Ende Aprils trat in manchen Gegenden noch einmal Winter ein, am 28sten April erfroren in Böhmen zwey Ochsen, am 30sten zu Triest das Obst. Der heisse Sommer begann erst am 9ten Junius, doch konnte man den Sommer wegen der vielen Strichregen, Gewitter und Hagel nicht unter die ganz trokenen rechnen. An der Ostsee regnete es vom siebenten Junius bis in September fast täglich, im südlichen Teutsch-

Heisser Sommer. land war jedoch die Hize im Julius anhaltend, am 27sten stieg sie an vielen Orten auf $29\frac{1}{2}°$ Reaumur. Im Tyrol und bey Neuperg entzündeten sich die Wälder. (Pilgramm.) Zu Neapel war vom vierten bis neunten August die Hize 30°. In England dagegen wäre nach Webster der Sommer feucht und kühl gewesen, so dafs in Schottland im nächsten Jahr Mangel entstand, auch in Nordamerica sey er kühl gewesen, doch fiel dort unerhörter Hagel. Sonst gab es, ein Erdbeben in Medelpad mit einem Wasser-Ausbruch abgerechnet, *) weder meteorische noch vulcanische Erscheinungen.

Influenza. Schon während des so äusserst unbeständigen Winters verbreitete sich aus dem entferntesten

---

*) Neue schwedische Abhandlungen, 3 Thl., 2te Abthl.

Osten, von den Curilischen Inseln und gar von
der Westküste Americas, wohin die Russen in
diesem Jahre zuerst zu handeln begonnen hatten,
oder von China her, denn ihre weitesten Spuren reichen bis Irkukzt und Kiachta, eine Influenza, die man in Rußland die chinesische, in
Teutschland aber, weil sie sich über die ganze
Breite von Rußland, von Finnland bis an die
Crimm herzog, die russische Krankheit nannte.
Ihre Erscheinungen bestanden in den gewöhnlichen eines Catarrhs, nur zeichnete sie das plözliche Befallenwerden sowohl des einzelnen Indi-
viduums als ganzer Städte, während eines oder
ein paar Tage so sehr als irgend eine der bisher bekannten Epidemien dieser Art aus. Nur
in einzelnen Orten konnte es scheinen, daß sie
von der äufsern Witterung unmittelbar hervorgerufen werde; übrigens zog sie in ihrer Ge-
sammtheit den Jahreszeiten ganz zuwider gerade in den wärmeren Monaten westlich und südlich, auch wurde sie ja durchaus nicht durch
meteorische und vulcanische Vorgänge besonders
angekündigt. Zu Petersburg, wo am 2ten Jan.
(a. St.) in dem so äusserst unbeständigen Winter das Queksilber im Fahrenheitschen Thermometer von 35° unter Null auf 5° über Null stieg,
sollen auch plözlich 40,000 Menschen von diesem Catarrh befallen worden seyn. (Mertens.)
Ueber Finnland drang die Krankheit auch nach
Schweden, dort wollte man sie doch mit Zufällen verbunden gesehen haben, die theils auf
Entzündung, theils auf Fäulniß hinwiesen, über
Teutschland verbreitete sie sich aber fast allgemein äusserst gutartig, und zog ganz in der
Richtung von Morgen gegen Abend heran, jedoch

nicht so, dafs nicht auch einzelne Orte ihrer
westlichern Lage unerachtet vor östlichern hätten befallen werden können. So brach die Krankheit in der Mitte Februars (4ten Febr. a. St.)
zu Riga aus und zwar in den ersten zwey Tagen nur in der östlichen Vorstadt, am 6ten erschien sie auch in der Stadt, am 12ten war schon
kein Haus und nur wenige Menschen mehr frey.
Nach diesem Tag wurde beynahe kein Mensch
mehr befallen und am 20sten — 24sten waren Alle
wieder hergestellt. Kinder, junge und starke
Individuen waren am 3ten und 4ten Tag wieder
gesund, zärtlichere und ältere am 6ten bis 9ten
Tag. Solche, die die Krankheit in stärkerem
Grade gehabt hatten, sahen nachher sehr entstellt und mehrere Jahre älter aus, nach einigen
Tagen erhielten sie aber, indem sie es sich wieder wohlschmeken liessen, ihr voriges Aussehen
wieder ganz. Unerachtet in Riga und in Königsberg die Witterung den übrigen Theil des
Jahrs beständig kalt und feucht blieb, so wurden
doch in dieser auf der Epidemie folgenden Zeit
ausserordentlich wenige Kranke bemerkt. Am
9ten Merz erschien die Krankheit zu Memel und
Gumbinnen, am 10ten Merz zu Heilsberg, am
15ten zu Königsberg und Insterburg, am 21sten
zu Bartenstein, in den lezten Tagen des Monats zu Danzig, zu Berlin Anfangs April, zu
Hamburg und Hannover Anfangs May, zu Leipzig am 10ten dieses Monats, zu Cassel am 15ten:
dort waren am Pfingstfest und in den nächsten
Tagen darauf die meisten Menschen krank. Alle
wurden plözlich überfallen, das empfindlichste
Symptom waren ziehende Schmerzen in den Lenden. Einige waren nur einen Tag krank und

ein Erbrechen hob die ganze Krankheit. Baldin-
ger gibt nicht zu, dafs dieses Erkranken durch
Anstekung mitgetheilt worden sey. Zu Gera
schien der Catarrh von der Mitte Merz bis Anfangs May zu dauern, im Anfang mehr als
Pneumonie und nachher als gallichtes Fieber, bey
welchem man nothwendig Brechmittel geben
musste; auch dort blieb kein Haus verschont,
und von den Erwachsenen sollen $\frac{11}{12}$ erkrankt seyn.
In der Mitte des Mays kam der Catarrh auch
über Nürnberg, und zu gleicher Zeit auch über
Maynz, gegen das Ende dieses Monats bemerkte
man ihn erst in Böhmen, Sachsen und in der
Lausiz, so wie auch in Holland; hier soll die
Flotte am Auslaufen dadurch verhindert worden
seyn, wie einst zu Rom wahrscheinlich aus demselben Grunde selbst der Feldbau für kurze Zeit
ganz unterbleiben mufste. In Wien fieng man
nicht vor der Mitte des Junius zu klagen an, zu
Halle nicht vor dem 28sten Junius. Das Insel-
Clima und der Charakter seiner Bewohner scheint
auch auf den grosbrittanischen Inseln Modificationen in dieses allgemeine Erkranken gebracht
zu haben, schon gegen das Ende des Aprils zeigten sich die ersten Spuren davon zu Tyne in
Newcastle, auch wollte Grant die Influenza dieses Jahrs eher entzündlich gefunden haben, während jene von 1775 mehr gastrisch gewesen sey.
Zu Paris war der Catarrh vorzüglich im Junius
ganz allgemein, es starb aber Niemand. (Geoffroy.) In Italien bemerkte man diesen Catarrh
fast zuerst in der Mitte des Sommers auf der
Messe von Siniglaglia, während welcher es eins-
mals nach einem Gewitter sehr kalt wurde, bald
darauf brach er auch in der Lombardey, in

Toscana und zu Rom aus. In Spanien scheint diese Influenza, wenigstens nicht in der Allgemeinheit, sich gezeigt zu haben, dagegen streifte im folgenden Jahre mitten im Sommer dieselbe Krankheit, nur dafs einzelne Symptome noch mehr an den englischen Schweifs erinnern, gleichsam nachträglich Cadiz. Es wurde fast Jedermann auf einmal von einem 1 — 2 Tage dauerndem Fieber unter den heftigsten Kopfschmerzen und Mattigkeit befallen, worauf denn mit ausserordentlich starkriechenden Schweifsen oder auch mit Nasenbluten, seltener mit Diarrhöen die Zufälle wieder nachliessen, und nur einige Mattigkeit in den Gliedern zurükblieb. Kazen und Schooshündchen theilten dasselbe Schiksal. Weil Niemand starb, so nannte man die Krankheit allgemein die Gutartige (piadosa.) *) Ganz dieselben Zufälle trafen um dieselbe Zeit wie Cadiz auch in gleicher Allgemeinheit und Schnelligkeit einige Striche Ungarns, Pohorele, Vernär, Murän und Dluha - Luca. **)

Nachdem während der Monate Dezember und Januar des Jahrs 1783 häufig feurige Wolken an den Bergspizen Calabriens bemerkt und auch in den Wolken überhaupt eine besondere Bildung gleich Federn oder Wolle bemerkt worden, auch im Meere, das sich in ungeregelter Ebbe und Fluth bewegte, die Cecirellas, eine Art Hechte, als Unglük weissagende Fische bey Messina er-

1783 n. Chr. Erdbeben in Calabrien.

---

*) Christobal Cabillas Discurso de la epidemía Gaditana nombrada la Piadosa, padecida en el anno pasado de 1784. Cadiz 1785.

**) Hübners physikalisches Tagebuch, 1. Jahrgang, 4tes Vierteljahr, S. 559.

schienen waren, legte sich am 5ten Februar ein
Nebel von besonderem Aussehen über die Erde
und um die Mittagszeit erfolgte mit einem heftigen Erdstofs der Anfang einer Aufeinanderfolge
der verheerendsten Erschütterungen und vulcanischen Zerstörungen, die bis in August, oder
eigentlich bis ins nächste Jahr Calabrien, von
Sicilien aber nur den Umkreis von Messina, als
gehörte derselbe mehr dem gegenüberliegenden
Festland noch an, trafen. Obgleich noch weitere Stöfse an diesem Tage erfolgten, so heiterte
sich doch auf diesen Stofs der Himmel ganz auf
und ohne weitere. Vorzeichen gerieth erst Abends
sieben Uhr, nach Einbruch der Nacht, das Meer
in eine unbeschreibliche Bewegung, indem es
wiederholt verheerend sich auf die Küste stürzte.
Gleich heftige Erdstöfse erfolgten am 7ten Februar und 28sten Merz. Ganz Calabrien, besonders das westliche, seine Thäler, seine Flüsse
und seine Berge erhielten eine veränderte Gestalt, und viele der beträchtlichsten Städte: Pizzo,
Montaleone, Mileto, Oppido, Reggio, Seminaro
und andere wurden in Ruinen verwandelt. Viele
Einwohner hatten ihre Städte durch Vorempfin-
dungen geleitet vor der Catastrophe verlassen,
wie das alte wohl mehr als achthundertjährige
Castel monardo, dessen Bürger bereits ausserhalb der Stadt noch über die gänzliche Verlegung der Stadt sich besprachen, als am 29sten
Merz der Berg zu bersten begann, und die Stadt
so vollständig bedekte, dafs nun selbst von den
bekanntesten Stellen die Spuren kaum aufzufin-
den waren; jezt vereinigte Alle ein Wille, auf
Anrathen eines alten, wegen seiner Klugheit ver-
ehrten Mannes, brach unter Vortragung der Mon-

stranz die ganze Bevölkerung auf, zog zur Ebne
della Gorna und gründete dort eine neue Stadt.
Nicht allen Gemeinden war es gegönnt sich so
leicht von ihren Wohnpläzen zu trennen, manche,
die sich an das Gestade geflüchtet hatten, ver-
schlang die empörte See, Viele starben noch
später an Krankheiten oder verschmachteten,
denn an vielen Gegenden wurden alle Quellen
verschüttet oder untrinkbar gemacht, Andere erlagen der mehrere Monate lang immer wieder
neu gewekten Furcht, denn bis gegen den August war der Boden fast immer in furchtbarer
Bewegung und häufig zugleich auch Luft und
Meer. Am meisten Vorgefühl von den stärker
wiederkehrenden Stössen bemerkte man bey den
Hunden und Eseln, immer noch wurden gleichzeitig bey den heftigsten Stöfsen feurige Wolken
an den Bergen gesehen. Grimaldi behauptet, dafs
Gebäude, die auf dem festesten Kalkstein standen, weniger als solche die auf lokerem Erd-
reich erbaut waren, litten, während der ganzen
Zeit hatte das Barometer einen ungewöhnlich
hohen Stand. Die Vulcane Italiens waren ganz
ruhig, dagegen zeigte sich einige Tage nach
dem ersten Stofs, am 10ten Februar, unter Begleitung von einem ziemlich starken Erdbeben
ein empyrevmatisch riechender Nebel über Nord-
America, und vom Junius bis August wurde durch
einen der furchtbarsten Ausbrüche des Skedera

Vulcanische
Eruption auf
Island.
yokul Island auf gleiche Weise wie Calabrien
zum Schauplaz der Verwüstung und des Elends
gemacht. Es war demselben eine Vertroknung
aller Quellen und Ströme in der Nachbarschaft
vorangegangen, und einige Monate zuvor war die
Atmosphäre mit blauen Schwefeldünsten erfüllt,

die nur zuweilen durch Winde zerstreut wurden.
Der Ausbruch dauerte vom Junius bis in die
Mitte Augusts und die Lava breitete sich über
40 Quadratmeilen aus, zugleich wurde der Schwefel, die Asche und der Bimsstein zu einer solchen Höhe getrieben, daß sie im Niederfallen
die ganze Insel bedekten. 400 Menschen verlohren sogleich ihre Heimath, und später entstand
Hungersnoth und Pest. Ausser 9,336 Menschen
welche starben, kamen 28,000 Pferde, 11,461
Stüke Rindvieh und 190,488 Schaafe um. *) In
einiger Entfernung von Island erhob sich aus
dem Meer eine neue Insel. Meteore wurden kurz
vor der Eruption im May in Nordamerica gesehen und unmittelbar nach der Beendigung der
Eruption zog eine grofse Feuerkugel von Norden
her über die Orkney-Inseln und England.

Auch im Monde gab es in diesem Jahr starke Eruptionen
vulcanische Eruptionen, am 16ten Merz sah ein im Monde.
Unbekannter Abends 10 Uhr um die Mitte des
östlichen Mondrandes Funken ausserhalb des Mon-
des, die in einem Bogen giengen, und wieder auf
den Mond zurükfielen, wie Sterne 6ter und 7ter
Gröfse, auch einige gröfsere, die aber nicht so
hoch giengen. Die Erscheinung dauerte von 10
Uhr bis 11 Uhr 40 Minuten, am 4ten May und
14 Tage naher sah auch Herrschel solche leuchtende Punkte im Monde. *)

In Ostindien dauerte schon wieder seit zwey
Jahren eine für die Vegetation der Cerealien sehr

---

*) Henderson (Dr. Ebenez.) Iceland or the Journal of
a Residence in that island during the years 1814 and
1815. p. 274.

**) Bode astronomisches Jahrbuch aufs Jahr 1789. S. 246.

nachtheilige Dürre, der Sommer war überhaupt
in beyden Hemisphären nicht nur so äusserst
heiß, daß man denselben mit dem von 1750
verglich, sondern auch gleich ausgezeichnet durch
Häufigkeit von Gewittern, die in allen Theilen
Europas großen Schaden thaten, und eine haupt-
sächliche Veranlassung waren., daß gerade in
diesem Jahr so viele Blizableiter errichtet wurden. Die eigenthümlichste Erscheinung war aber
ein über Europa nach allen Richtungen verbreiteter Nebel, der nicht nur über den entferntesten Norden und Osten, über Schweden und Constantinopel, sondern noch weiter über Meere, ja
bis in die Tiefe der Erde sich erstrekte. (Geh-
ler.) In Unter-Italien wollte man schon nach
dem Erdstoß am 18ten Merz dessen Richtung
mehr nördlich war, einen dunkeln diken Nebel
einige Zeit lang gesehen haben, doch verbreitete
sich erst um die Zeit der Ausbrüche auf Island,
oder wie im Dessauischen schon am 3ten Junius

Höherauch, Heerrauch. der sogenannte Höherauch, Heerrauch, Sonnen-
rauch, der sich durch die große Trokenheit, den
hohen Barometerstand und seine Wirkung auf
den menschlichen Körper am ehesten mit dem
Harmattan vergleichen liesse, während dessen
Dauer aber auch eine schwüle Hize anhielt. In
Schweden bemerkte man während der ganzen
Zeit ununterbrochenen Südwind, *) meistens war
aber die Luft wenig bewegt und so troken, daß
die am leichtesten zerfliessenden Salze ihre Cry-
stallisation in der freyen Luft ganz behielten,
dabey fand Maret bey seinen eudiometrischen Ver-
suchen mit Luft, die er von den höchsten Bergen

---

*) Stokholm. Abhandl. für 1784.

und den tiefsten Thälern gesammelt hatte, durchaus keine Verschiedenheit; derselbe wollte auch
bemerkt haben, daſs gegen die Mitternacht hin
dieser Dunst sich verlohr, so daſs etwas Thau
fiel, aber jeden Morgen er sich von Neuem bildete. *) Die Angaben über seinen unmittelbaren
Einfluſs auf die Vegetation sind verschieden, in
Süd - Teutschland gedieh fast Alles aufs Herrlichste, dagegen gab es auch wieder Striche,
in welchen die Feld - und Garten - Gewächse aus-
dorrten und kaum den vierten Theil ihres gewöhnlichen Umfangs erreichten, an manchen Orten wurden auf ziemlich weite Streken hin die
Blätter der Bäume mit eigenen Substanzen überzogen, die wohl von Inseeten herzuleiten waren,
oder wurden die Bäume wie in Nieder - Teutschland und Westphalen entblättert und das Gras
verdorrt. Die Menschen verschmachteten beynahe wegen der Hize und doch gab es fast gar
keine Krankheiten, ja Personen, die lange vorher schon kränkelten, befanden sich besser als
je, besonders auch solche die auf der Brust litten. **) An den meisten Orten dauerte dieser
Nebel ununterbrochen fort, bis er sich gegen die
Mitte des Augusts zu verliehren anfieng, in der
Gegend von Montpellier aber war er vom 22sten
Julius bis zum 12ten August verschwunden und
wieder von Neuem erschienen. Schon während

---

*) Nouv. Mém. de l'Acad. de Dijon. II. Sem. 1784.

**) Hübner phys. Taschenb. Salzb. 1784, erstes Viertel-
jahr. S. 15.

D. M. von Geuns Abhandl. über die epidem. Ruhr,
besonders des Jahrs 1783. A. d. Holl. von J. B. Keup.
Düsseldorf 1790. S. 96.

Meteore.

seiner Dauer glaubte man mehrere Meteore zu
bemerken, man konnte sie aber nur schwer beobachten, da selbst der Schein der Sonne sehr
gemindert wurde. In Virginien sah man am
31sten May eine grosse Feuerkugel von Norden
gegen Süden ziehen, eine gleich grofse Feuerkugel zog am 18ten August über die Orkneys
Inseln, Schottland, England, Hamburg, Frankreich und wurde selbst zu Rom gesehen, in
England schäzte man ihre Höhe auf 57 — 60 englische Meilen, in Frankreich auf $2\frac{3}{4}$ französische,
5,725 Toisen. Am 24sten September sah man in
England Nebensonnen, am 4ten October zog wieder eine Feuerkugel über England. Während des
Herbstes regnete es an den meisten Orten eben
so übermäfsig, als früher die Trokenheit lästig
gewesen war, auch die Fluthen des Meeres waren ungewöhnlich, und in Syrien, so wie in
Westindien und Nordamerica gab es immer noch
Erdbeben.

Hundswuth,
epidemisch in
Westindien.

Während in Europa die ungewöhnliche Schwüle
der Luft so unerträglich fiel, brach auf Domingo,
später auf Jamaika und den andern westindischen
Inseln die Wuth unter den Hunden als Epidemie
aus, so dafs viele, die durchaus in keine Berührung mit andern hatten kommen können, ja Hunde,
die von den Schiffen aus noch gar nicht ans Land
gebracht worden waren, noch am Bord ihrer Schiffe
toll wurden. *) Spät im Jahr äusserte sich in
verschiedenen Theilen der Insel Grenada die bösartige Bräune, die nie vorher von den ältesten
Einwohnern der westindischen Inseln in diesem

*) Moseley von dem Klima in Westindien. Teutsche
Uebersezung. S. 29.

Himmelsstriche beobachtet worden war, und
gleichzeitig auch in denselben Distrikten erkrankte das Hornvieh und die Maulesel und starben
schnell dahin; bey der Section fand man Entzündung oder Brand im ganzen Laufe der Luftröhre, der Speiseröhre, des Magens und der Gedärme, bey vielen waren auch schon vor dem
Tode die Drüsen des Halses sehr angeschwol-
len. *) Sonst waren Krankheiten eben nicht besonders häufig, in Nordamerica kam nun das Scharlachfieber vor, auch in Europa waren sie auf einzelne Epidemien beschränkt, bey der Ruhr in
Holland, die schon in den ersten Tagen des Julius sich zu äussern anfieng, that van Geuns
durch die genaueste Nachweisung dar, daß, obgleich die Hize im Anfang des Sommers ganz
gleich war, der in der zweyten Hälfte des Sommers 1779 doch an keinem der Orte, an welchen
im lezteren Jahr die Ruhr geherrscht hatte, eine
Spur der Krankheit sich jezt zeigte und umgekehrt die meisten Orte, welche damals verschont
blieben, jezt heimgesucht wurden.

In andern Gegenden, wie in Hessen, entstand
gegen Ende des Jahrs ein faulichtes Gallenfieber.
Eine ähnliche Krankheit herrschte auch zu Stuttgardt. (Consbruch.) Auch von Languedoc, Foix
und Roussillon aus verbreitete sich über den
gröfsten Theil Cataloniens ein faulichtes Petechialfieber, welches durch die Beschreibung des
spanischen Arztes Masdeval bekannt geworden ist.
Es hatte dieser Arzt von seiner Regierung den

---

*) Lues bovina intertropica, and the consequences the-
reof; with Remarks. by Dr. C. Chisholm. Edinburgh
in Med. and surg. Journ. Tom. VI.

Auftrag erhalten, diese Epidemie zu beschwören,
und ausserordentlich war der Erfolg, den wenigstens er von seiner Antimonial und China
Mixtur rühmte, und ebenso ungewöhnlich auch
die Ehre die ihm dafür zu Theil wurde, er erhielt den Nahmen des spanischen Hippokrates
und wurde in die erste Adelsclasse von Catalonien erhoben, ja er wurde von seiner Regierung.
ungefähr auf dieselbe Weise, wie in neuern Zeiten französische Aerzte Spanien, damals Frankreich zur Rettung der durch Krankheiten bedrängten Provinzen und zur Belehrung der französischen Aerzte zugesendet; leztere waren aber
nicht alle gleich geneigt ihre bisher gemachten
Erfahrungen auf die Aussprüche dieses fremden
Orakels sogleich aufzugeben.

In Aegypten, wo in diesem so ausgezeichneten Jahr auch der Nil weit unter seinem gewohnten Wasserstand blieb, in KleinAsien bis an
die nördliche Küste des schwarzen Meers, nach
Constantinopel und Griechenland, kurz über die
ganze europäische Türkey verbreitete sich die
Bubonenpest. Schon im vorigen Jahr war die
Krankheit bis nach Bosnien gedrungen, nun erschien sie in der Mitte des Junius in Dalmatien, in der Gegend von Pogliza, durch türkische Flüchtlinge, die der Hungersnoth zu entgehen suchten, verbreitet, im August im Gebiet
von Sign, gegen die Mitte Augusts kam sie nach
Postuscie im Gebiet Imosk, im September brach
sie zu Clissa aus, in den ersten Tagen des Octobers zu Glavaz und im November zu Spalatro,
ja im folgenden Frühjahr soll sie auch nach San
Martino gebracht worden seyn. *)

*) Storia della Peste che regno in Dalmazia negli anni

Im Januar 1784 schien ein Komet, und am
18ten Januar war einer der tiefsten Barometer-
Stände seitdem solche aufgezeichnet werden. Gerade wie vor hundert Jahren 168$\frac{3}{4}$ und wie es aus
dem Höherauch Wiedeburg vorausgesagt hatte, gab
es nun wieder einen ausgezeichnet kalten Winter.
Es dauerte die Kälte vom 25sten December bis
zum 24sten Februar, während dieser Zeit lag ein 6
Schuh tiefer Schnee, auch in Spanien war der
Winter kalt und als nun im Februar Thauwetter eintrat, so richteten nicht nur alle Flüsse
Teutschlands, sondern auch der Mississippi, der
bis nach Neu-Orleans gefroren gewesen war,
der Schuykill, Susquehanna, Potomak und James River unerhörte Verwüstungen an. Im Merz
und April wurde es wieder von Neuem kalt,
der Sommer war aber sehr troken, man sah auch
in diesem Jahr viel Nordlichter auch Feuerkugeln im Herbst in Italien am 11ten September,
zu Bremervoerde und Beverstadt den 3ten November und in Neu-England den 10ten December, ebenso wenig selten waren Stürme zur
See. Am 10ten May warf der Vesuv Feuer aus,
die Gegend von Arequippa in Peru traf am 13ten
May dieselbe Catastrophe wie im vorigen Jahr
Calabrien, immer noch dauerten auch hier und
auf Sicilien die Erdstöße fort, ähnliche spürte
man aber auch in Frascati und Albano, ferner in Komorn, in Böhmen und am Rhein, wo
sich dieselben gegen das Ende des Jahrs immer
weiter nach seinem Ursprung hin zogen, noch
stärkere gab es in America und auf Barbadoes,

1783 — 1784, del Dottore Giulio Bajamonti Ven.
1786.

fast gleichzeitig sah man bey Pistoja, bey San Casciano in Lucca und bey dem Dorfe Bibarz- falva in Siebenbürgen einzelne Berge sich spal- ten und grofse Ströme schlammigten Wassers aus den Klüften dringen. Immer noch dauerte der Jammer in Island fort, theils wegen der abnor- men Jahreswitterung, theils weil nun auf den Mangel auch Krankheiten folgten. Auch die Pest hielt in den Gegenden wohin sie im vo- rigen Jahr gelangt war, immer noch an. Unter den ärmern Volksklassen zu Mayland nahmen während der Hize des Sommers Krankheiten so sehr überhand, dafs die Spitäler nicht mehr zur Aufnahme der Erkrankten hinreichten.

Ueber das Venetianische verbreitete sich eine Viehseuche, die wieder dem ungrischen Vieh zu- geschrieben wurde. Den Grund, warum solches Vieh häufig Krankheiten verbreitet, weist Ze- none Bongiovanni darin nach, dafs dasselbe meist aus entfernten Gegenden oft hin und her auf Viehmärkten und von diesen über steile Gebirge, durch unwegsame dürre Gegenden, wo weder gutes Futter noch Wasser ist, in die Häfen von Istrien und nach Zara getrieben wird, von hier aus wird es nun auf elenden Fahrzeugen bey schlechtem Futter und noch schlechterem Was- ser übergeführt, so dafs man es kaum begreifen kann, wie auf diesem Weg überhaupt zahlreiche Heerden nur transportirt werden können. Auch in Schwaben kam der Milzbrand häufig vor. *)

1785 n. Chr. Der Winter 1785 war wieder durch seine
Kalter Win- Kälte ausgezeichnet, nicht nur sofern die Kälte
ter.

*) Erinnerungen Viehseuchen betreffend von Dr. Friedr. Benj. Osiander. Göttingen 1797.

anhaltend war, in England sogar gab es vom 18ten
October bis zum 14ten Merz, unter 146 Tagen
nur 26 ohne Eis, sondern besonders auch weil
die strengste Kälte in einem Grad, wie sie bis
jezt kaum in Teutschland noch gespürt wurde,
beynahe überall an denselben Tagen, nehmlich
in den zwey lezten des Februars und den zwey ersten des Merzs eintrat. Der tiefste Stand des
Queksilbers im Thermometer wurde am 27sten
Februar zu Waldheim bemerkt, da es auf — 29°
Fahrenheit und 27⅘° Reaum. fiel, am 28sten bemerkte man bey einem überall sehr heitern Himmel in Leipzig das Queksilber auf — 21° Fahrenh.
—23⅝° Reaumur, ähnliche Thermometerstände
gibt für das südliche Teutschland Hübner an,
zu Paris blieben an diesem Tag alle nordische
Posten aus, in Teutschland konnte es fast Niemand über eine Stunde im Freyen aushalten, auch
zu Neapel war die Kälte Ende Februars am
stärksten, und in Spanien litten noch am ersten
April die Saaten durch dieselbe. Am 19ten Februar fiel bey Eichstädt ein Meteorstein, der
stark gediegen Eisen und Nikel enthielt. Die
Witterung des Sommers war je nach den verschiedenen Gegenden höchst verschieden, in
Teutschland, besonders dem südöstlichen, war
sie sehr regnigt, in Tyrol war es innerhalb 30
Jahren (1777—1807) der kälteste Sommer, dagegen in Frankreich, Holland und England, im
Anfang wenigstens sehr troken, selbst in Norwegen war der Sommer ungewöhnlich heiſs, überall kamen die stärksten Donnerwetter vor, eins
der verheerendsten traf am neunten August Mantua, in Westindien gab es unerhörte Stürme,
deren einem am 25sten August die auch in Eng-

land an der Seeküste schon beobachtete Erscheinung, dafs alle Gegenstände.viel gröfser und näher sich darstellten, was man Looming nennt,
vorangegangen war. Am 9ten October wurde es
Schnell ein- in Canada, während die Atmosphäre einen beson-
tretende Dun- ders feurigen Schein hatte, ungewöhnlich dun-
kelheit wäh-
rend des kel, dabey erhob sich Wind und fiel Regen mit
Tags. Donner; am 15ten desselben Monats wiederhohlte sich die nemliche Erscheinung unter den
gleichen begleitenden Umständen nur noch stärker, am 16ten October endlich trat vollends,
wieder während desselben feurigen Scheins der
Luft, ein noch dichterer Nebel ein, der sich
zwar gegen 10 Uhr vertheilte, um 2 Uhr Nachmittags aber viel dichter wieder sich einstellte,
so dafs man um halb 3 Uhr in den Häusern sich
nicht mehr erkennen konnte. Nach 20 Minuten
veränderten Bliz, Donner und Regen nach und
nach die Dunkelheit, doch konnte man um 3
Uhr noch nicht ohne Licht lesen. Sieben Minuten nach 3 Uhr wurde es noch einmal dunkel
und zwar in der kürzesten Zeit in solchem Grad,
dafs man in die schwärzeste Nacht sich versezt
glauben mufste. Die schwarzen Wolken zerstreu-
ten sich nach 7 Minuten wieder, aber die Blize,
der Donner und heftige Regen dauerten noch eine
halbe Stunde nach 5 Uhr. Gleich nach der gänzlichen Finsternifs soll ein grofser Klumpen Feuer
nahe an einem Schiff in den Flufs gefallen seyn. *)
Waizen-In- Schon seit einigen Jahren hatte sich an der
sekt. Küste Nordamericas ein dem Weizen sehr schäd-
liches Insekt zu verbreiten angefangen, die Ti-

*) Will. Heath in Mem. of the americ. Academy of arts
and sciences. Vol. II. Boston 1793.

pula tritici oder Cecidomyia Poce Bosc. Cecidom.
dest. Say, dem man in Nordamerica aus Natio-
nalhafs den Nahmen hessische Fliege gab. In
diesem Jahr nahm dessen Verbreitung so sehr überhand, dafs man auch von England aus Veranlassung nahm die Korn-Einfuhr von Nordamerica
her zu untersagen, doch war auch in Schweden
schon im vorigen Jahr ein ähnliches Insekt dem
Getreide sehr verderblich, und die in diesem Jahr
zu Blekingen und im Cronebergischen herrschende
Kriebelkrankheit wurde auch von der ungesunden
Beschaffenheit der Nahrungsmittel hergeleitet.

Die Hundswuth, die in dem vorangegangenen Hundswuth.
Jahr nicht nur in Westindien epidemisch und auch
in Teutschland weit häufiger war, als in unsern Tagen, in welchen sie bis auf die neueste Zeit vielmehr
einzelne Medicinal-Collegien als die praktischen
Aerzte zu beschäftigen scheint, wurde im Jahr
1785 nun auch in den nordamericanischen Provinzen äusserst gemein, und gleichzeitig kamen
von Dijon, Besançon und Strasburg Nachrichten
von wüthenden Hunden und aus Ungarn von wüthenden Wölfen vor. Unter dem Menschengeschlecht war das Scharlachfieber die einzige epidemische Krankheit, die in gröfserer Häufigkeit
vorkam, in einem Bezirk der Grafschaft Ulster
sollen fast alle Kinder unter 6 Jahren gestorben
seyn. (Webster.) Derselbe gibt auch nach Townsend Reiseberichten an, dafs zu Carthagena und
Mallaga im Sommer dieses Jahrs das gelbe Fieber geherrscht habe, so wie aber Villalba die
Krankheit in diesen Städten beschreibt, wären
es die nemlichen intermittirenden Fieber gewesen, die auch in andern Orten der Halbinsel
häufig vorkamen, und nur da wo Ausdünstun-

gen staghirender Wasser mitwirkten, einen bösartigen Charakter annahmen, aber von keinem
spanischen Arzt für das gelbe Fieber erklärt
wurden.

Browns
Lehre.

Bey dem mit einer grofsen Influenz-Epide-
mie bezeichneten Schlusse einer mehr als zwan-
zigjährigen Krankheits-Constitution, während
welcher die vorkommenden acuten Krankheiten
beynahe allgemein mit gastrischen Erscheinungen begannen, worauf bey immer weiter gehen-
der Entwiklung der Krankheit nicht critischer
Friesel, Petechien und Parotiden folgten, und
in der lezten Vollendung der Haupt-Charakter
der gestörten sensoriellen Thätigkeit eher in Betäubung als in activer Aufreizung bestand, und
während nun die neu beginnende Krankheits-
Constitution sich in den achtziger Jahren, in
welchen auf mehrere kalte Winter reiche Erndten folgten, noch undeutlich hervortritt, entsteht so natürlich die Frage, ob die Lehren
Browns, dessen Elementa medicinae zuerst im
Jahr 1781 erschienen und der am 7ten October
1788 in seinem 52sten Jahr starb, wohl unmittelbar ärztlichen Beobachtungen entnommen
worden, oder mehr aus dem Streit der Theorien hervorgegangen seyen? Nach dem, wie
die Lebensverhältnisse und der Charakter dieses
genialen Arztes beschrieben werden, ist es zwar
kaum wahrscheinlich, dafs ruhige unbefangene
Prüfung, in einem ungestört verfolgten practischen Beruf denselben zu seinen Thesen geleitet habe, dagegen liessen sich seine Behauptungen über die Behandlung der hizigen Fieber doch auch als mit den Aussprüchen und Wahrnehmungen vieler anderer practischer Aerzte

übereinstimmend nachweisen. Nicht nur hatte
man, seitdem die Pest nicht mehr vorkam, bey
der brandigten Bräune gelernt, eine der aus-
leerenden oder antiphlogistischen Behandlung
entgegengesezte Curart, bey einer so schnell
verlaufenden acuten Krankheit anzuwenden, auch
Home, der bis zum Jahr 1758 überall nur entzündliche Fieber gesehen hatte und in seinen
Principien der Medicin *) fragte, warum es in
neuern Zeiten so selten bösartige fauligte Fieber gebe? versicherte, in den Jahren 1775 — 76
es meist mit nervosen Fiebern zu thun gehabt zu
haben, gegen welche er vorzüglich tinctura can-
tharidum anwandte, Sarcone hatte den Gebrauch
des Moschus gelehrt, noch angelegentlicher hatte
Campbell im Typhus Wein und Opium empfohlen und G. Baker behandelte die kalten Fieber,
welche 1780 — 82 so häufig zu London vorkamen, mit Calomel. Aber viel gewisser muſs die
in dem lezten Jahrzehend des achtzehnten und
in den drey ersten Jahren des neunzehnten Jahrhunderts so allgemeine Verbreitung der Brow-
nischen Lehre und der Erregungstheorie, welche
spätere Zeiten unerklärlich erscheinen wird, und
welche wegen der Verwerfung alles Specifischen
und Selbstständigen in den Krankheiten auch für
den Geschichtsforscher derselben diese Periode
so dunkel macht, damit gedeutet werden, daſs
in dieser Zeit, wie auch Lentin es sogar schon
von dem Jahr 1784 — 1803 behauptet, immer
nur solche Krankheiten vorkamen, welche Ueberfluſs an Schleim und einen nervosen Zustand
mit Schwäche zu Grund hatten, während welcher

---

*) Pars II. Sect. 53, §. 13.

Zeit selbst Aerzte wie Kreysig, Cappel und
Horn sogar bey Lungenentzündungen nur von einer reizenden Behandlung günstigen Erfolg gesehen haben wollten.

1786 n. Chr. Im Januar 1786 litten Venedig und England,
auch viele Gegenden Teutschlands sehr durch
Kälte und Schnee, während am Rhein fast zu
derselben Zeit wahre Frühlingswitterung herrsch-
Erdbeben. te. Ein starkes Erdbeben traf Klausenburg am
15ten Februar, es stürzten vier Kirchen in der
Festung ein. Weiter verbreitet war das Erdbeben am 27sten desselben Monats, es erstrekte sich
dasselbe über Mähren, Schlesien und Pohlen,
wobey noch das Merkwürdigste war, dafs eine
Volkssage längst vorher auf diesen Tag in jenen
Gegenden ein Erdbeben vorausbestimmt hatte.
Auch in der Gegend von Bonn spürte man am
28sten Merz und 22sten April leichtere Stöfse.
Noch häufiger waren Erdbeben in Italien und
im Junius und August trafen Erdstöfse eine weite
Fläche in England. Auf Jamaika gab es in diesem Jahr den lezten grofsen Orcan. Während
des Sommers war die Witterung sehr unbeständig, doch fiel die Erndte gut aus. Krankheiten
waren zwar nicht allgemein, wo sie aber erschienen, waren sie durch Eigenthümlichkeiten
bezeichnet. Im Frühjahr kam zu Pirano in Istrien
Angina paro- auch die Angina parotidea epidemisch vor. *)
tidea. Immer noch gab es in Spanien, difsmal mehr
in der Mancha und zu St. Roch bösartige Fieber, bey denen man ausser Parotiden sogar auch

---

*) Jos. Panzanis Beschreibung der Krankheiten, welche
im Jahr 1786 in Istrien geherrscht haben. A. d. Ital.
von Fechner. Lübben 1801.

Bubonen bemerken wollte. In Siebenbürgen verbreitete sich die Pest und gleichzeitig ein Sterben unter den Hausthieren, ja sogar unter den
Bienen. (Canestrini und Mart. Lang.) Die Poken, welche im vorigen Jahr in Spanien häufig
gewesen waren, sind fast die einzige Krankheit
in Teutschland, in Nordamerica war es mehr
das Scharlachfieber. In Grönland raffte eine Krankheiten
Seuche, wahrscheinlich eine epidemische Lun- in Grönland.
genentzündung, so viele Menschen weg, dafs
manche Etablissements, z. B. das auf der Insel Akkonak aufgegeben werden mufste. Auch
auf der Hundsinsel starben die meisten tüchti-
gen Grönländer.

Ausser Siebenbürgen waren auch sonst Vieh- Viehseuche.
seuchen nicht selten, in Schonen fuhren unter
dem Rindvieh und den Pferden sehr bösartige
Beulen auf, bald an diesem bald an jenem Theil
des Körpers, sie enthielten ein gallichtes zähes
Wasser und kosteten vielen Stüken das Leben,
häufig fielen solche schon nach zwölf Stunden
unter Zittern, Hize und schnellem Athemhohlen.
Ein Haarseil durch die Geschwulst und eine sehr
reizende Local - Behandlung zeigte sich am zuträglichsten. *) Weniger bösartig war der unter
den Pferden, Schaafen und dem Rindvieh in
Teutschland vorkommende Zungenkrebs, wel- Zungenkrebs.
chen man an vielen Orten wie die Mundfäule mit
etwas schärfern Substanzen örtlich, und innerlich mit Salpeter und Essig behandelte. Verheerender war die Viehseuche in Italien, wo sie
sich auch ins nächste Jahr fortsezte, in diesem
erschien sie auch wieder in Teutschland und in
Dänemark, hier wurde sie von Abilgaard beschrie-

*) Flormann in d. schwed. Abhandl. fürs Jahr 1787.

ben. Uebrigens war dieses Jahr wenig durch seine
1787 n. Chr. Witterung ausgezeichnet. Es hatte der Winter
schon im December angefangen, auch während des
ganzen Januars dauerte eine jedoch nicht übermäs-
sige Kälte fort, noch stärker war diese in Nordamerika. Die Witterung des Sommers begünstigte
das Gedeihen der Felderzeugnisse, Krankheiten
waren in Nordamerica nach den Versicherungen
Websters und in Teutschland nach Lentin äusserst selten, nur local kamen höchstens Poken-
Epidemien oder ein Kindbetterinnenfieber, wie
dasselbe Clarke von London beschreibt, vor.
Doch geriethen beyde Vulcane, der Vesuv und
Aetna, in diesem Jahr in Bewegung, bey lezterem fand man nach seinem Ausbruch am 16ten
Julius wahren Bimsstein, der bis daher noch
nicht vorgekommen war. Auch an Meteoren
fehlte es nicht, in den lezten Tagen Augusts sah
man zu Portsmouth in New-Hamshire eine lichte
Wolke, aus welcher sich wiederhohlt ein Knall
hören liefs, wie wenn mehrere Meteore hintereinander plazten. Am ersten October fielen bey
Charkow Meteorsteine, die viel gediegen Eisen
und Nikel enthielten.

1788 n. Chr. Auch im Winter 1788 herrschte, wenn auch
nicht strenge, doch Winterwitterung, welcher
ein Sommer folgte, dessen Ausgezeichnetes es
war, dafs die Witterung ungewöhnlich rasche
Stürme und Uebergänge machte. Stürme und heftige See-
Hagel. winde trafen im Verlauf desselben fast gleichzeitig Frankreich, England, Westindien und Nordamerica, auch ein unerhörter Hagel verwüstete
besonders diejenigen Provinzen, aus welchen Paris gewöhnlich seine Bedürfnisse bezieht. Zu
Popayan sah man um die Mittagszeit ein so gläs-

zendes Meteor, dafs man neben dem stärksten Meteore.
Sonnenschein doch eine noch erhöhte Beleuch-
tung der Gegenstände und Gemächer bemerkte,
auch über eine grofse Streke Nordamericas, über
Connecticut und Newyork zog am 17ten October
eine Leuchtkugel, welche man zu Poughkeepsie
am Hudson im Zenith, und in Sussex westlich
vom Cap Henlopen nur noch 10° über dem Horizont sah, wo sie unter einem heftigen Getöse
plazte. Im Verlauf des Sommers sah man auch
zwey Kometen.

    Bey der oft plözlich eintretenden Hize ka- Anthrax.
men bey dem Hornvieh, aber auch bey den Pferden und Schweinen Beulen vor, die eine gelbe
Flüssigkeit enthielten und das Vieh innerhalb
weniger Stunden tödteten. (Schrank.)

    Als Folge der so schnell wechselnden Wit- Catarrhe,
terung kamen zwar an den verschiedenartigsten Pest.
Orten Catarrhe vor, doch kann man ihr Erscheinen im Allgemeinen keine Influenza nennen. Im
vorigen Jahr schon hatte die Pest grofse Verheerungen auf der Küste der Barbarey, besonders
auch in Algier und im Königreich Marrocco angerichtet, nun erschien sie auch in Aegypten,
aber wie man meynte von Ober-Aegypten aus
dahin gebracht.

    Schon im November wurde es nach einem
sehr stürmischen Herbst so kalt, dafs am 17ten
das Queksilber an vielen Orten im Reaum. Thermometer auf —20° sank, es liefs zwar nachher
die Kälte wieder nach, doch war auch der Ja- 1789 n. Chr.
nuar selbst in Spanien und Portugall sehr kalt, Kalter Win-
und die Strenge der Jahreszeit in Verbindung mit ter.
der Theurung in manchen Gegenden, besonders
aber in Paris sehr drükend und dort für den Aus-

bruch der Revolution von grofser Bedeutung.
Zu Turin trat mit dem Ende des Jahrs 1788 bis
in October 1789 eine ungewöhnliche Sterblichkeit ein, es starben 4853 Menschen, an den Poken allein 825, und in den Vorstädten vielmehr
als in der Stadt. Balbi leitet diese Sterblichkeit auch von dem strengen Winter her. Die
Theurung traf ausser Frankreich auch England
und Holland, in dem Norden, besonders in Norwegen, richteten die Mäuse grofsen Schaden an,
ebenso grofs war der Mangel auch in China, Ma-
dras und Carnatik. Gröfser als man sich seit vielen Jahren erinnern konnte, war der Mangel in
Nordamerica, dort gieng vieles Vieh aus Mangel an Futter zu Grund.

Gallichtes Faulfieber während des Winters. Gerade während der gröfsten Strenge des
Winters verbreitete sich auf der dänischen Flotte,
ein gallichtes Faulfieber, wobey die Kranken neben einem äusserst kleinem Puls ein gelbes Aussehen bekamen und der Brand den After oder die
untern Extremitäten, zuweilen aber auch die
Nase befiel. Brechmittel thaten die befste Wirkung, nachdem sie operirt hatten wurden China
und Säuren gereicht, doch gab Callisen später die
China auf, und hielt sich an Opium und Campher, beym Brand aber an Wein. Der Brand
am After rettete meistens die Kranken, wenn das
Geschwür auch noch so tief war. Innerhalb 4
Monaten lieferte die Flotte 1766 solcher Kranken
ins Spital.*)

Die Witterung des übrigen Jahrs zeichnete
Nichts aus, im Frühling war es feucht, im Junius heifs, doch wechselte das Wetter viel. In

---

*) Callisen in Act. Reg. Societatis Havniens. Tom. III.

diesem Jahr sah man im südlichen Teutschland
z. B. Insbruk ein Nordlicht, deren seit 1777 sieb-   Nordlichter.
zehn gesehen worden waren, während von jezt
an bis 1807 und länger dort keines mehr gesehen wurde. (Zallinger.) Hin und wieder kam
die Ruhr in Teutschland vor, in Nordamerica
war sie mehr Folge ungesunder Nahrungsmittel.
Bey einer bösartigen Bräune auf der Insel St.
Vincent, bey welcher man mit Brechmitteln,
China und Vesicatorien Nichts auszurichten vermochte, verfiel man zuerst, und nicht ohne
Erfolg auf die Anwendung des Capsicum in diesem Uebel. *)

Vergebens wurde im September dem Kometen des Jahrs 1661 nachgespürt, dessen Erscheinung und Sonnennähe man auf den August vorausbestimmt hatte. Ein äusserst heftiges Erd-   Erdbeben auf
beben erschütterte am 10ten Julius Island, es öff-   Island.
nete sich die Erde und versanken Berge, ähnliche
Erschütterungen erfolgten auch im September, **)
am 30sten desselben Monats empfand man auch
Stöße zu Edinbourgh und in Toscana, und im
November mehrere Tage ähnliche Stöße in der
Umgegend von Edinburgh. Schon im vorigen   Verändertes
Jahr waren an mehreren Fischerbänken New-   Streichen der
Foundlands äusserst magere und misfarbige Stok-   Fische.
fische angetroffen worden, nun blieben in diesem Jahr diese Fische, die ja bekanntlich aus
dem nordischen Meer, besonders aus der Nähe
Islands heranziehen, auch an der Küste Nordhum-
berlands, Durham und Yorkshire ganz aus, und
bei Lübek erschienen auch keine Dorsche, die

---

*) J. Collin Med. Communicat. Voll. II. 1790.

**) Sinclair statist. account of Scottland. Vol. VI. p. 625.

ja auch eine Species des Geschlechts Gadus sind,
im Julius dagegen fand man bei Archangel und
auch an den norwegischen Küsten ungeheure Schaaren solcher Fische, die theils schon todt, theils
todtschwach waren. *)

Dunkler Tag.   Am 29sten October, um zwei Uhr Nachmittags, verdunkelte sich zu Kentucky die Atmosphäre so sehr, daſs man Lichter brauchte, unmittelbar darauf nahm schnell die Influenza überhand, welche zwar zu Philadelphia durchaus gutartig war, aber in den südlichen Provinzen doch
manche Todesfälle veranlaſste. **)

1790 n. Chr.   Der Winter 1790 scheint ziemlich allgemein
Gelinder   sehr gelinde gewesen zu seyn, selbst in Schwe-
Winter.   den schwärmten am 2ten Januar Bienen und Mü-
ken, eben so allgemein war aber in Nordamerica
sowohl als zu Edinburgh und Stokholm mit dem
Frühling das Scharlachfieber, in Teutschland dagegen verbreitete sich nach den Mittheilungen von
Wedekind bald im Frühjahr eine gallichte Constitution, doch war der Sommer weiter nicht ausgezeichnet, als am 24sten Julius durch einen der
Meteorstein-   beträchtlichsten Meteorsteinfälle bey Barbotan,
fall.   Créon, Juillac und Roquetfort im Dep. des Lor-
des, Mazin im Dep. de Lot und Garonne und
Eause, Dep. du Gers. Die Feuerkugel wurde
auch zu Toulouse und Bourdeaux gesehen, es
fielen Steine die zum Theil 20 Pfund wogen.

1791 n. Chr.   Auch die Witterung im Winter 1791 scheint
in Nordamerica noch eher kalt gewesen zu seyn,
als in Teutschland, hier war der Winter äus-

---

*) Abbs in Phil. Transactions f. th. y. 1792.

**) Currie in Transactions of the College of Physicians of
Philadelphia. Vol. 1. Part. 1.

serst veränderlich, nur Anfangs Februar gab es
einige sehr kalte Tage. Im Merz brach der Vesuv aus und am 17ten May fielen wieder Meteorsteine bey Castel-Berardenga in Toscana. An
demselben Tag bemerkte man zu Dijon zwey au-
genbliklich hintereinander folgende Erschütterungen. Auch am 28sten October fielen mehrere
Steine bey Menabilly in Cornwallis. In beyden
Hemisphären waren die Sommermonate bis in
die Mitte Augusts heiß und troken. Hin und
wieder kam in Teutschland die Ruhr vor, eine $\qquad$ Ruhr.
solche Epidemie im Meynungschen beschrieb Ja-
wandt, in Nordamerica behandelte zu Philadelphia Dr. Rush häufig ein remittirendes Gallen- Andeutungen
fieber, bey welchem er wiederhohlt zur Ader $\begin{smallmatrix}\text{des gelben}\\\text{Fiebers.}\end{smallmatrix}$
liefs, doch scheint ihm noch nichts Ausseror-
dentliches dabey aufgefallen zu seyn. In Neuyork aber nannte man vielleicht aber auch erst
später ein solches remittirendes Fieber, an welchem zweyhundert Personen starben, das gelbe
Fieber, übrigens läßt sich auch aus der Beschreibung, die Chisholm *) von dem epidemischen
Fieber auf der Insel Grenada gibt, durchaus nichts
Anderes als ein etwas unregelmäfsiges Wechselfieber erkennen, welches, (wie dies ja auch sonst
der Fall war, am besten mit Calomel behandelt wurde, wobey die entstehende Salivation
mehr Zeichen der nachlassenden entzündlichen
Spannung als die Entscheidung der Krankheit
selbst seyn mochte. Entschiedener war das Umsichgreifen der Pest. Diese hatte in Aegypten
schon im October des vorigen Jahrs begonnen,
und wurde die Pest von Ismael Bey genannt,

---

*) Edinburgh Med. Comment. for the year 1793.

weil sie von dessen Pallast aus sich verbreitet
hatte.

An die Reihe der kalten Winter in Nordamerica schlossen sich auch die beyden folgenden
1792 und 1793 an, ersterer war in Paris, wenigstens nach der Angabe von Geoffroy, mehr feucht
als kalt, der Sommer dieses Jahrs aber in keiner der beyden Hemisphären ausgezeichnet. Weit
mehr war es der Sommer des folgenden Jahrs,
denn die Hize erreichte in diesem sowohl in
Nordamerica als in Europa unerhörte Grade. Am
8ten Julius stand zu Paris das Queksilber in Reaumurs Thermometer auf $32\frac{1}{2}°$, in Stuttgardt am
16ten Julius auf $31\frac{1}{2}°$, das Wasser der Seine fiel
im August noch tiefer als 1719. Durch vulcanische Erscheinungen war dieses Jahr aber nicht
ausgezeichnet, nur eine der kleinen moluccischen
Inseln verschwand nach einem heftigen Ausbruch
des in ihrer Mitte befindlich gewesenen Vulcans,
und zu Caraccas hatte man die Bemerkung gemacht, daß die Gewitter seltener, die Erdbeben
dagegen häufiger wurden.

In Teutschland kam die Ruhr, die schon
im vorigen Jahr begonnen hatte, wie diß aus den
Beschreibungen von Matthiä, Jugler und Pauli
erhellt, in noch größerer Allgemeinheit vor.
Noch weit mehr wird aber die Aufmerksamkeit
in Anspruch genommen, durch die in diesem
Jahr weit über Westindien und Nordamerica
verbreitete Erscheinung des gelben Fiebers, das,
will man nicht ganz verschiedene Krankheiten
damit vermengen, vor ungefähr dreyssig Jahren
zum leztenmal auf dem Festlande von America
vorgekommen, auf den westindischen Inseln aber
seit noch längerer Zeit nicht mehr gesehen wor-

1793 n. Chr. Heisser Sommer.

Ruhr.

Gelbes Fieber.

den war, so daß Poissonnier des Perrieres und
Chanvallon in ihren Beschreibungen der Inseln,
St. Domingue und Martinique vom gelben Fieber, als von einer wieder ganz selten gewordenen Krankheit sprechen, etwa ebenso wie die
englischen Aerzte zu unserer Zeit das dry-belly
ach auch unter die wieder verschwundenen Krankheiten rechnen.

Der Ansicht, als wäre das gelbe Fieber ein
durch jährlich wiederkehrende Local-Verhält-
nisse hervorgebrachtes gewöhnliches remittirendes Fieber widerspricht nicht nur dieses, nach
einer so langen Pause, Wiedererscheinen der
Krankheit, als große bis auf die neueste Zeit
dauernde Epidemie, sondern es würde auch ganz
allgemein für anstekend und namentlich wieder
von der Westküste Africas, von der Insel Bulama her, eingebracht erklärt.

Webster, der die Vorstellung von einem Contagium ganz verwirft, und die Krankheit lie-
ber aus weit verbreiteten atmosphärischen Mo-
menten, an den verschiedenen Orten ihres Ausbruchs unabhängig von einander und gleichzeitig entstanden annimmt, aber keine bedeutende
meteorische, oder vulcanische Erscheinungen, als
der Krankheit vorangegangen, nachzuweisen
vermag, macht dagegen darauf aufmerksam,
daß in den zulezt vorangegangenen Jahren In-
sectenzüge, verändertes Streichen der Fische
und unabsehbare Taubenflüge, so wie ein von
Süden gegen Norden regelmäßig fortschreiten-
des Scharlachfieber, in dessen Gefolge häufig
Croup und ulceröse Halsentzündung erschienen,
als Vorläufer dieser großen epidemischen Periode, schon auf die bereits sich ausbildende

26

Krankheits - Constitution hingewiesen haben. So
,wenig auch dieser Vorstellung in gewisser Rük-
sicht widersprochen werden soll, so dürfte doch
auch darauf einiges Gewicht zu legen seyn, dafs
mit geringen Unterbrechungen schon seit 1779
stets kalte Winter aufeinander gefolgt waren, und
schon in dem heifsen Sommer 1791 auf einzelnen Puncten diejenigen Krankheits - Erscheinungen angedeutet wurden, die jezt in dem noch
viel heisseren Sommer 1793 zur Vollendung
kamen.

Da die Ansichten über die Entstehungs - und
Verbreitungsweise der Krankheit seit den dreyssig Jahren ihrer Dauer so sehr sich verändert
haben, und im Anfang allgemein an die Mittheilung durch Anstekung, (Contagiousness,
und foreign importation) geglaubt wurde, jezt
aber die Zahl der Aerzte, die dieser Ansicht zugewendet sind, zu der jener, welche dieselbe
aus der Jahreswitterung und den Local - Umständen (domestic origin) herleiten wie 28 : 567 sich
verhalten soll, so erhält nothwendig jeder mit
dieser Witterungs - Beschaffenheit zusammentref-
fende politische Vorfall ein besonderes Interesse.

Im Herbst 1791 bildete sich in England eine
Privat - Unternehmung, um am Ausflufs des Rio
Grande auf der Insel Bulama eine Niederlassung
zu bilden, und bald darauf giengen auf drey
Schiffen 300 Personen dahin ab. Da aber theils
wegen einer fehlerhaften Einrichtung des Plans,
theils wegen der bald nach Ankunft der fremden Ansiedler einfallenden Regenzeit diese in
manchfache Verlegenheit geriethen, und besonders von sehr mörderischen remittirenden Fiebern beynahe aufgerieben wurden, so löste sich

bald die ganze Unternehmung wieder auf, *) und
es suchten die Ueberlebenden zum Theil in sehr
schlimmen Umständen ihre Zuflucht auf Grenada, wo sie im Februar 1793 in dem Hafen
St. Georg im traurigsten Zustand einliefen und
sogleich auch nicht nur die Personen welche an
Bord ihres Schiffes kamen, sondern auch das
Schiffsvolk von mehreren andern Schiffen, mit
welchen sie in Berührung kamen, anstekten, so
daß von 500 Matrosen in 3 Monaten 200 starben. Im April soll die so pestartige Krankheit
durch Wäsche ans Land gebracht worden seyn.
Die Zufälle der Krankheit, die vorzüglich die
stärksten und erst kürzlich von Europa ange-
kommenen Individuen befiel, bestanden in einer
der Apoplexie sich nähernden Affection des Kopfs
mit dem heftigsten Schmerz und Betäubung und
ebenso unausstehlichen Schmerzen in den Lenden und Waden, bey grofser Schnelligkeit und
Härte des Pulses; nach einiger Zeit stellte sich
ein starkes Erbrechen ein, wobey am Ende eine
dem Kaffeesaz ähnliche Substanz ausgeleert wurde,
es entstanden Blutflüsse aus allen Oeffnungen
des Körpers, Petechien und Blutstriemen, seltener war aber die gelbe Farbe der Haut, auch hörte,
was noch nicht ganz mit der spätern Weise des
gelben Fiebers übereinstimmt, die Epidemie
schon im August auf. **) Schon Chisholm gab

---

*) African Memoranda: relative to an attempt to esta-
blish a British Settlement on the Island of Bulama,
on the western Coast of Africa in the year 1792, by
Captain Beaver. London 1805.

**) An Essay on the malignant pestilential Fever, intro-
duced into West Indian Islands from Boulam of the

das Calomel in ausserordentlicher Menge mit
gutem·Erfolg, derselbe versichert auch, dafs von
dieser Insel aus das Contagium wie er meynt
durch wollene Deken und Jaken der Matrosen
nach Jamaica, St. Domingo und Philadelphia
gebracht worden sey. Auch auf St. Vincent, Martinique, Tabago, Barbadoes und Cuba nahm man
als gewisse Sache an, dafs diese pestartige Krankheit von Grenada aus dahin gekommen sey, doch
leitete man an mehreren dieser Orte die Mittheil-
lung dieser Krankheit eher von den französischen
Ausgewanderten her, obgleich Cassan behaupten will, dafs unter den französischen Ausgewanderten in den Jahren 1793—95 auch ohne
dafs sie sich hatten in Acht nehmen können, das
gelbe Fieber fast nie vorgekommen sey. *) Ueberall
wo dasselbe ausbrach, befanden sich immer die
ersten Kranken auf den Schiffen und nicht am
Lande, wo man die Localität doch eher hätte
beschuldigen önnen. Obgleich vorzüglich neu-
angekommene Europäer am meisten litten, so
war doch im Anfang das Contagium so entwikelt, dafs auch sogar Neger von der Krankheit
getroffen wurden. **)

Ebenso stark spricht auch für die Verbreitung durch Anstekung der Umstand, dafs die
Krankheit an der ganzen nordamericanischen Küste
nur zu Philadelphia ausbrach, was auch Webster, der diese Epidemie daselbst gar nicht be-

Coast of Guinea as it appeared in 1793 and 1794. By
Chisholm Med. D. etc. Lond. 1795.

*) Mémoires de la Société méd. d'Emul. cinq. ann. Par.
1803.

**) Moreau de Jonnes, p. 84.

rührt, gefühlt zu haben scheint. Bey der hell-
sten trokensten Witterung erkrankten und starben schnell mehrere Personen in der Wasser-
strasse, die immer für eine der gesundesten galt,
auch hier wurde angenommen, daß ein verdäch-
tiges Schiff die Krankheit mitgebracht habe, und
als man dasselbe nach Kensington brachte, um
es dort auszubessern, so erkrankte auch dort
gleich der Schiffs-Zimmermann und sein Ge-
hülfe, auf der andern Seite wollte man zu Philadelphia bemerken, daß gerade die ungesundeste
Gegend, welche das Nack genannt wird, wo man
sonst sich gefürchtet hatte nach Sonnenuntergang
nur eine Stunde zu verweilen, am meisten frey von
der Krankheit blieb, sonst zeigte sich die Krankheit
in jeder Strafse, doch erkrankten und starben in engen Gassen und volkreichen Quartieren die Meisten. *) Ganz entschieden erklärt sich auch für die
Verbreitung der Krankheit durch Anstekung in dieser Epidemie Benj. Rush, der später ein so entschiedener Verfechter der entgegengesezten Ansicht wurde. Der Verlauf der einzelnen Krankheit, wie er nun zu Philadelphia beschrieben
wird, ist ganz derselbe der bis daher in Nord-
America und Spanien sich ergab, besonders trifft
difs auch für das Aussehen der Augen, worauf
in neuern Zeiten vorzügliche Aufmerksamkeit ge-

---

*) Kurze Nachricht von dem sogenannten gelben Fieber,
welches zu Philadelphia vom Aug. bis Oct. 93 epidemisch gewesen, von Herrn Prediger Hellmuth in Philadelphia, in Kurts Sprengel Beyträgen zur Geschichte
der Medizin. 1r Bd. 2s Stk. Beschreibung des gelben
Fiebers, welches im Jahr 1793 in Philadelphia herrschte,
von Benj. Rush. A. d. Engl. von Hopfengärtner und
Authenrieth. Tübingen 1796.

riehtet wurde. .Bey dem ersten Anfall von Ue-
berreizung und Orgasmus erschienen die Augen
wie entzündet, und alle Erscheinungen wiesen
eher auf eine Unterdrükung der Gallen - Absonderung hin, erst nachdem im zweyten Stadium
unter Nachlassen der heftigsten Schmerzen, das
Erbrechen und die Blutungen eintraten, wurden
die Augen gelb und auch die Haut gelb oder braun,
häufig sah man aber auch, dafs wenn der Kranke
vor dieser Zeit starb; erst nach dem Tode die
Leiche von einer dunkelgelben Farbe überzogen
wurde. Nach den ganz genauen Nachweisungen
von Hellmuth betrug die Zahl der Leichen 3,923,
die Zahl der Kranken gibt Currie auf 6,000 an.

Viertausend französische Emigranten aus Martinique langten im kläglichsten Zustand auf Dominica an, und fünf Tage darauf brach auf der
Insel dieselbe Krankheit aus und raffte 800 Emigranten und 200 Engländer innerhalb drey Monaten weg. *)

Nicht minder entschieden wurde dieselbe
1794 n. Chr. Krankheit auch im folgenden Jahr durch Anste-
Gelbes Fie- kung an mehrern andern entfernten Orten ge-
ber. bracht, während sie sich in den bereits erwähnten wiederhohlte. Zu Newhaven wurden mehrere genannte Individuen, die am 10ten Ja-
nius bey der Eröffnung und Inventur der in einem
Koffer enthaltenen Kleidungsstüke und übrigen
Effecten, die einem am gelben Fieber auf Martinique Verstorbenen angehört hatten, zugegen

---

*) Clarke a Treatise on the yellow fever as it appeared
of the island of Dominica in the years 1793 — 96. Lond.
1797. Dieser Verfasser unterscheidet sehr genau das remittirende vom gelben Fieber.

gewesen waren, von der Krankheit ergriffen und
weggerafft. Einzelne Fälle des Erkrankens und
Sterbens an der Krankheit kamen zwar auch während des Julius vor, aber erst im August, als
die geeignete Jahreszeit eintrat, wurde das Erkranken allgemein. Weniger glaubte man zu
Baltimore Gründe zu haben, sich für die Mittheilung durch Anstekung zu erklären. Auch zu
Providence und Charlestown zeigte sich in diesem Jahr die Krankheit. Nach Havannah brachten sie zwey von Philadelphia und andern nordamerikanischen Küstenorten hergekommene englische Fregatten, hier sollen vorzüglich diejenigen Individuen, die mit den Abladungen un-
vollkommen gegerbter Häute beschäftigt gewesen waren, zuerst von der Krankheit befallen
worden seyn, die von Holiday beschriebenen Zufälle waren ganz die nemlichen, wie die bisher
angegebenen.

Auch zu Vera Cruz, wo die Krankheit seit
1775 nicht mehr bemerkt worden war, brach
sie in diesem Jahr aus. Die Stadt ist nach der
Beschreibung von Humboldt hübsch und sehr regelmäfsig gebaut. Sie liegt in einer dürren Ebene,
der es ganz an fliessendem Wasser fehlt, und
auf welcher die heftigen Nordwinde, die vom
October bis in April wehen, Hügel von Flug-
sand gebildet haben. Diese Dünen sind 8 bis
12 Meter hoch, und vermehren durch das Zu-
rükprallen der Sonnenstrahlen die Hize im Sommer sehr. Mitten unter ihnen befindet sich mit
verschiedenem Gesträuch bewachsenes Sumpfland,
welches Wechselfieber veranlassen mag, aber das
gelbe Fieber ist auch zu Vera Cruz am heftigsten
im August und den folgenden Monaten, in welchen

kurz vorher die dort so äusserst starken Regengüsse gefallen und die Lagunen also durch starken
Wasserzuflufs wieder erfrischt und für die Gesundheit minder nachtheilig geworden sind. Obgleich
nun die Einwirkungen der Localitäten bey der
in den Tropenländern so regelmäfsigen Aufeinanderfolge der Jahreszeiten, sich jährlich auf
gleiche Weise wiederkohlten, die Temperatur
dieses Jahrs auch durchaus nicht ausgezeichnet
war, und obgleich ein sehr lebhafter Verkehr
mit den Antillen und der Insel Cuba auch im vorigen Jahr stattgefunden hatte, so erschien die
Krankheit doch erst jezt, wiederhohlte sich aber
nun von jezt an, da doch gröfsere Sorge für
Reinlichkeit getragen wird, fast jährlich um dieselbe Zeit, *) so dafs während von 1787 — 1794
in dem grofsen See - Hospital 16,835 Kranke aufgenommen worden waren, die Zahl der Aufge-
nommenen von 1794 — 1803 57,213 betrug, und
das Verhältnifs der Verstorbenen, das in jener
Periode $= 2\frac{1}{2} : 100$ war, jezt zu 6 oder 7 : 100
stieg. Die übrigen Vorgänge in der physischen
Welt überhaupt waren weder zahlreich noch ausgezeichnet. Am sechsten Februar hatte man zu
Wien ein Erdbeben gespürt, Pallas beobachtete
im demselben Monat einen Schlamm - Auswurf
auf der Insel Taman. Am 15ten Junius ereignete sich ein Ausbruch des Vesuvs, wie er seit
1779 nicht mehr gesehen worden war. Die Asche
wurde 50 Stunden weit bis ins Innere Calabriens
geführt, und ein Lavastrom bewegte sich gegen
Torre del Greco. Tags darauf, am 16ten Ju-

*) Humboldt II, 338.

nius, fiel ein Meteorstein bey Siena, der nur
wenig Eisen und Nikel enthielt.

Der Winter 1795 war besonders in Holland 1795 n. Chr.
und England, aber auch in Teutschland strenge, Strenger
weniger war er es in Nordamerica, wo die Wit- Winter.
terung erst gegen das Frühjahr etwas kälter wurde.
Der Sommer aber war dort wärmer als gewöhn- Heisser und
lich, und dabey die Luft ausserordentlich feucht feuchter Sommer in Nord-
und erschlaffend, dessen unerachtet zeigte sich america.
das gelbe Fieber an vielen Orten, an denen dasselbe in den beyden vorangegangenen Jahren so
stark geherrscht hatte, nicht, obgleich an einzelnen, wie z. B. Philadelphia, die vermehrte
Zahl der Todesfälle ein häufigeres Erkranken,
besonders an Diarrhöen, als Folge dieser Witterung erwies. Dagegen erschien dasselbe am 28sten
Julius zu Newyork, auch hier wurde die Mittheilung der Krankheit von dem westindischen
Schiff Zephyr hergeleitet, da ein Beamter, welcher bey der Confiscation von verdorbenem Kaffee
auf dem Schiff anwesend war, bald darauf an
der Krankheit starb, und eben so auch Matrosen, die mit dem Schiff verkehrten, ergriffen
wurden, welche Behauptungen Webster dadurch
zu entkräften sucht, daß schon Anfangs Julius
einzelne Kranke im Spital an dem Uebel gestorben seyen, jener Beamte Niemand angesteckt
habe und die Matrosen nur vom Boot aus mit
einzelnen von der Bemannung des Schiffs gesprochen hätten. Es war übrigens die Zahl der Verstorbenen nicht bedeutend, sie betrug nur 730,
unter welchen sich 500 Fremde oder Neuange-
kommene befanden, auch blieb die Krankheit
fast ganz auf den nordwestlichen Theil der Stadt
eingeschränkt, so wie sie im folgenden mehr den

südwestlichen traf. Doch soll auch von Newyork
aus eine Familie zu Mill-River durch einen
Kranken angestekt und aufgerieben worden seyn,
ohne dafs jedoch das Uebel ausser diesem einzelnen Haus weiter sich erstrekt hätte. Auch zu
Neworleans, Norfolk und Bristol wurde in diesem Jahr das gelbe Fieber zuerst bemerkt.

Pest. Immer noch breitete sich auch nach einzelnen Richtungen die Pest weiter aus, in diesem
und dem folgenden Jahr trafen ihre Verheerungen Sirmien, wo von 4559 Kranken 3455
starben. *)

Meteorsteine. Meteorsteinfälle bemerkte man am 13ten April
in der Provinz Carnawelpattá auf Ceylon und am
13ten December zu Wold-Cottage in Yorkshire.
Ein Erdbeben traf am 18ten November mehrere
Gegenden Englands. Meteor-Niederschläge dauerten auch zu Anfang des Jahrs 1796 fort. Am
4ten Januar fiel bey Belaja Zerkwa (Weiskir-
chen) im südlichen Rufsland ein beträchtlich
schwerer Meteorstein und am 19ten Februar bey
S. Michele de Mechede in Portugall ein zehn
Pfund schwerer. Am 8ten Merz fiel um $10\frac{1}{4}$ Uhr
Schaumigte Abends in der Ober-Lausiz eine Meteor-Masse
Meteormasse. wie weifsgelblichter ölichter Schaum, die eine
ovale 10 Ellen lange und 6 Ellen breite Fläche
einnahm, troken, zähe, elastisch und weich
war, und, nach Oel-Firnifs roch. Am Feuer
brannte sie wie Kampfer; liefs man sie schmelzen, so wurde eine klebrigte, harzigte Substanz daraus, fast wie elastisches Harz. Sie war

---

*) Franz v. Schraud Geschichte der Pest in Sirmien in
den Jahren 1795 u. 96, nebst einem Anhang, welcher
die Pest in Ost-Gallizien enthält. 2 Thle. Pesth 1801.

im Weingeist auch nicht auflöslich. Da Circum-
ferenz und die Vertheilung der Masse ganz einer schief auffallenden Kugel entsprach, die
Masse sich auch über ein frisches Wagen-Geleis
hinzog und der Boden ganz steril war, so kann
man die Masse nicht für ein Product der Vegetation erklären, auch sah man um dieselbe Zeit
in den entferntesten Gegenden Sachsens eine
Feuerkugel mit Getöse und Geprassel.

Die Witterung des Sommers 1796 war in
beyden Continenten warm und troken; auch in
diesem Sommer sezte sich das gelbe Fieber in
mehreren Städten der nordamericanischen Küste,
in welchen es bisher noch nicht bemerkt worden war, fest. Zu Newyork wurde gerade der
Theil der Stadt, der im vorigen Jahr verschont
geblieben war, befallen, hier leitete man jezt
schon die Krankheit statt von der Anstekung,
von einem nicht gefüllten Schiffsbehälter (Wharf)
her, in welchem sich Unreinlichkeiten gesammelt hatten. Getheilter waren die Meynungen
über die Veranlassung der Krankheit zu Wilmington; zu Newbury Port beschuldigte man eine
Masse faulender Fische, die in einem Whraf lagen, zu Boston, wo jedoch in diesem Jahr die
Krankheit sehr unbedeutende Fortschritte machte,
erklärten sich die Aerzte einstimmig gegen ihre
Einbringung von aussen. Zu Charlestown nahm
die Krankheit unmittelbar nach einer grosen
Feuersbrunst, bey welcher viele Häuser mit Wasser übergossen wurden, überhand. Auch auf
den Antillen dauerte die Krankheit immer noch
fort; auf Grenada schmolz das 57ste Regiment,
das schönste und wie man glaubte gesundeste,

1796 n. Chr.

*Gelbes Fie-
ber.*

von 1131 auf 500 zusammen, und von diesen
blieben nur 180 dien ttüchtig. (Trotter.)

Im Osten traf in diesem Jahr die Pest besonders Alexandrien.

Schuspoken-
Impfung.

Es ist aber dieses Jahr auch verherrlicht
durch den wichtigsten und man möchte sagen
durch den einzigen Sieg, welcher je gegen Seuchen und anstekende Krankheiten errungen wurde.
Seit langer Zeit wufste man wohl schon sowohl
in England als auch in Teutschland, *) dafs wer
durch die Poken am Euter der Hühe mit einem
ähnlichen Ausschlag angestekt worden war, vor
aller Anstekung von den gewöhnlichen Poken gesichert blieb, ja man hatte in Gloucestershire
und Devonshire zur Zeit als die Suttons mit
ihren Poken-Impfen so grofses Aufsehen machten, sogar schon in einzelnen Fällen versucht,
mittelst der in den Kuhpoken enthaltenen Flüssigkeit, durch Einimpfen bey den Menschen eine
ähnliche Krankheit künstlich hervorzubringen,
dagegen war es aber Eduard Jenner, dessen Fa-
milien-Nahme schon an frühere Entdekungen in
der Pokenimpfung erinnert, vorbehalten, durch
aufmerksames und umsichtiges Forschen nicht
nur die Natur der wahren Kuhpoken, welche
wirklich diese schüzende Eigenschaft haben, als
auch die Zeit in welcher mit Sicherheit des Er-
folgs geimpft werden mafs, zu bestimmen, sondern vor allem auch die wichtigste Entdekung
zu machen, dafs die Kuhpoken einmal dem Menschen mitgetheilt, von diesem aus mit demselben Erfolg auch wieder anderen Individuen ein-

*) F. B. Osiander Verlauf der mittelst Blasenpflaster ge-
impften Kuhpoken. Göttingen 1802. S. 13.

geimpft werden können, und ohne daß es nöthig wäre, wieder, aus dem Euter der Kühe zu impfen, bey einer solchen Weiterpflanzung die Schuzkraft immer dieselbe bleibe, wodurch dann erst die ganze Lehre ihre practische Wichtigkeit erhält. *)

Am 14ten May impfte er zu Berkeley aus der Pustel an der Hand eines jungen Frauenzimmers, welches zufällig die Kuhpoken sich zugezogen, einen Knaben, der die Poken noch nicht gehabt hatte, und fand, daß derselbe gegen alle später versuchte Inoculation der Poken unerregbar blieb, worauf er im Jahr 1798 seine Beobachtungen durch den Druk bekannt machte, **) denen noch in demselben Jahr eine ähnliche Schrift von Pearson folgte. ***) Vorurtheile, die zum Theil wunderlicher Art waren †) und die gerechten Einwendungen, die man der bisherigen Weise der Inoculation, die immer noch so wenig

---

*) The Evidence at large as laid before the Committee of the House of Commons respecting D. Jenner's Discovery of vaccine inoculation, together with the Debat which followed and some Observations on the contravening evidence etc. By the Rev. G. C. Jenner. London 1803. P. XXV. u. 155, 156 u. 159.

**) Enquiry into the causes and effects of the Cowpox, London 1798.

***) Pearson Inquiry concerning the history of the Cowpox, principally with a view to superside and extinguish the smallpox. Lond. 1798.

†) Man beschuldigte die Inoculation, daß durch sie Scropheln gewekt werden, that she injures the complexion, but also calls the latent seeds of struma into action. The med. and phys. Journ. cond. by Bradley and Willich. March 1799.

Gewähr gab, daſs nicht die durch sie veranlaſste
Krankheit auch gefährlich werden könnte, ferner
die Evidenz und Natürlichkeit mit welcher der
achtungswerthe Entdeker seine Wahrnehmungen
bekannt machte, in Verbindung mit der von ihm
empfohlenen so höchst einfachen Methode der Inoculation, muſsten dieser in der kürzesten Zeit
groſse Allgemeinheit in Europa verschaffen, so
daſs noch vor Ablauf des achtzehnten Jahrhunderts die Entdekung nicht nur auf das Festland
nach Paris, Wien, Hannover, Berlin, Genf,
ins Haag, nach Breslau, Schwerin, Giessen, Brandenburg, Frankfurt a. M., Leipzig und nach
Böhmen gelangte, sondern von dem seefahren-
den England zu derselben Zeit auch nach Tunis,
Newfoundland und Calcutta gebracht wurde, so
daſs man wohl sagen kann, es habe dieses Heilmittel in eben so kurzer Zeit als irgend eine
verheerende Seuche, sich über die weiteste
Räume der Erde verbreitet.

Sowohl in Nordamerica als in Europa dauerte
der Winter 1797 lange, in Frankreich war es
noch im Februar und Merz sehr kalt, den Sommer, obgleich er regnigt und kühl war, zeichneten Erdbeben doch mehr in den Tropengegen-
den aus. Schon am 24sten December des vorigen Jahrs wurde durch ein solches Cumana zerstört. Disseits und jenseits der Linie begannen
Erdbeben, die mit den gewaltigsten vulcanischen
Ausbrüchen wechselten. Es erstrekten sich dieselben 150 französische Meilen von Norden nach
Süden und 140 von Westen nach Osten. Gleich
Anfangs explodirte der Vulean Tungurahua sehr
stark, ausserdem bildeten sich aber auch tiefe
Schlünde und Erdrisse, aus welchen Ströme stin-

1797 n. Chr.

Erdbeben.

kenden Wassers stürzten. Bey der Stadt Pellileo
stürzte ein Berg Moya zusammen, worauf die
Stadt von solchem stinkenden Wasser überströmt
wurde. Vorzüglich traf die Verheerung die Umgegend von Quito, wo der dünn gesäeten Bevölkerung unerachtet 40,000 Eingebohrne das Leben verlohren, dort folgten sich die Stöße vom
4ten Februar bis 5ten April mit großer Heftigkeit, die Städte Riobamba, Hambato und Tacunga fielen gleichzeitig in Trümmer, und zu
derselben Zeit sah man auch 60 Meilen weiter
nördlich auf einem Vulcan nahe bey Pasto die
schwarze und dike Rauchsäule verschwinden,
welche schon seit mehreren Monaten sichtbar
gewesen war. *) Dabey schien die Atmosphäre
sich in Wasser zu verwandeln, ungeheure Was-
sergüsse begleiteten die Stöße, ja Humboldt gibt
als Folge dieser ausserordentlichen Entladungen
an, daß seit jener Katastrophe der Thermometer um einige Grade tiefer zu Quito steht,
als Bouguer dessen Stand beobachtete. Während
der Erschütterungen in den Anden erfolgten auch
Stöße auf den östlichen Antillen, die 8 Monate
dauerten und erst nach einem Ausbruch des Vulcans von Guadeloupe am 27sten September, wobey Asche, Bimsstein und stofsweise schweflichte
Dünste ausströmten, sich beendigten. Aehnliche
Erschütterungen trafen auch die Westküste von
Sumatra. Vom 14ten bis zum 20sten August
wurde in Teutschland und Nordamerica ein Komet gesehen. Eine Feuerkugel sah man am 13ten
Julius zu Göttingen.

---

*) Humboldt III, 26.

Gelbes Fieber.

So wenig bey der kühlen Witterung dieses Sommers ein allgemeines Vorkommen des gelben Fiebers zu erwarten war, so zeigte sich doch gerade in diesem Jahr die Krankheit noch weiter verbreitet als im vorigen, und es könnte wohl die Frage aufgeworfen werden, ob in Nordamerica nicht ein kalter Winter, dem nur ein mässig warmer Sommer folgt, ebenso sehr als ein heisserer Sommer die Disposition zur Krankheit weke, und ob nicht selbst auch grosse vulcanische Katastrophen einigen Einfluss hiebey haben. Leztere Ansicht erhielte dadurch einige Bestätigung, dass, nachdem schon seit dem September 1796 Cumana und die ganze Nordost-Küste von Columbia solche Erderschütterungen erlitten hatte, nun gerade in diesem Jahr das gelbe Fieber zu Guayra, wie man glaubte von Philadelphia dahin gebracht, sich verbreitete. Bis daher war an diesem Ort, den Humboldt für einen der heissesten der Erde, aber für sehr reinlich und in seinen Umgebungen frey von Küsten-Plänen, an welchen Meergras und Mollusken sich zersezen, erklärt, die Krankheit unbekannt gewesen. Man nahm hier zwar auch ein ausserordentliches Austreten des Rio de la Guayra nach welchem das zurükgebliebene Wasser in Kellern und Magazinen stagnirend wurde, als Ursache des Ausbruchs der Krankheit an, doch konnte Humboldt in der Beschaffenheit des Bodens keine Stoffe entdeken, welche die Luft hätten verunreinigen können. *)

Auf der andern Seite war der nördlichste Punkt, auf welchem das gelbe Fieber in diesem

---

*) Humboldt III, 334.

Jahr erschien, Portland, im District Maine, 43°
N. B. Doch war es hier mehr Dysenterie, bey
einigen Kranken überzog sich aber auch die
Haut mit einer gelben Farbe unter den begleitenden Erscheinungen des gelben Fiebers, auch
theilte sich die Krankheit durch Anstekung mit.
Zu Providence, wo im Ganzen in 56 Familien
die Krankheit ausbrach, leitete man dieselbe zum
Theil auch von der Ankunft eines fremden Schiffs
am 18ten August her, doch waren acht Häuser
schon vorher erkrankt. Auch zu Philadelphia,
wo Cadwell, wie Webster, der Epidemie vor-
angehend Insecten-Schwärme und ungewöhnlich
viel Sternschnuppen gesehen haben will, theilten
sich noch die Aerzte in zwey ganz entgegengesezte Meynungen, und die Anstekung von Aussen fand noch viele Vertheidiger. Zu Baltimore,
wo man im Anfang mehr über die Entstehung der
Krankheit aus Local-Ursachen sich vereinigt hatte,
erklärten die Aerzte nach dem 17ten Merz sie für
anstekend.

Ein Gallenfieber, das auch in manchen Stü- Aehnliche
ken, der gelben Farbe über den ganzen Körper, Gallenfieber
den heftigen Kopfschmerzen und dem unbezwing- in den höhern
baren Erbrechen, an das gelbe Fieber erinnerte, Europa.
kamen in der zweyten Hälfte des Sommers dieses Jahrs und eben so sehr wieder um dieselbe
Zeit im Jahr 1799 in England epidemisch, und
selbst anstekend im Innern der Insel vor, *)
und von gleicher Beschaffenheit war auch das
von Thuessink beschriebene Fieber zu Gröningen. **)

---

*) Some observations on the bileous fevers of 1797, 98
    and 99. By Richard Pearson. Birmingham 1799.
**) Waarnemingen omtrent de Ziekten, welke in de jaa-

Pest.   Auch die Pest verbreitete sich in diesem Jahr noch weiter, sie drang nach Ost-Gallizien, im Herbst war sie häufiger als gewöhnlich in Constantinopel, und durch ein gestrandetes türkisches Schiff soll sie auch nach Corsica gebracht worden seyn, besonders litt die Küste der Barbarey, weniger Unter-Aegypten, dagegen traf sie mit besonderer Stärke Ober-Aegypten, vorzüglich Minieh.

Seuchen in Grönland und Island. Schon im vorigen Jahr hatte auf Grönland, nahmentlich der Hunde-Insel, eine Krankheit unter den Kindern angefangen, welche drey Jahre dauerte und an welcher die Kranken mit einer Geschwulst des Unterleibs starben. Auf Island richteten die Rötheln ein gleiches Sterben unter den Kindern an, es starben bey 600. *)

Noch hat aber dieses Jahr eine besondere Eigenthümlichkeit, ausser dem häufigeren Vorkommen der Hundswuth, besonders in Nordamerica, **Krankheit u. Sterben unter den Kazen.** verbreitete sich ein ganz beispielloses Sterben unter den Kazen in der Lausiz, dem nördlichen Teutschland, Frankreich, England bis nach Nordamerica. An manchen Orten verbreitete sich dieses Erkranken gleichzeitig mit einem Catarrh, der schon im April in England allgemein war, ohne daſs jedoch bey diesen Thieren auch catarrhalische Symptome sich gezeigt hätten, sondern man fand bey der Section eine ausserordentliche

---

ren 1797 en 1798 in het Nosocomium Clinicum van de Hoge School van Staden Lande van Groningen zyn behandeld. Door Ev. J. Thomassen a Thuessink. Groningen 1805.

*) Mackenzie Reise durch die Insel Island. Teutsche Uebersezung. Weimar 1815. S. 504.

Zusammenziehung und Verwiklung der Gedärme,
wobey oft das Nez leztere zusammen schnürte,
bald ohne alle Entzündung, bald mit rothen
und schwärzlichen Fleken. *) In der Lausiz kam
die Krankheit erst im December vor, auch in
Frankreich war sie später als in England, zu
Montpellier bildete sich eine Gesellschaft, welche
Nachforschungen über diese Krankheit anstellte.
Ueber Nordamerica war sie ebenso allgemein verbreitet zu einer Zeit, in welcher man sonst weder bey den Menschen noch einer andern Thier-
species irgend etwas Krankhaftes bemerken konnte,
zu Philadelphia schäzte man, dafs 5000, zu Newyork 4000 dieser Thiere crepirt seyen. **)

Die vulcanischen Eruptionen des vorigen Vulcanische
Jahrs, sezten sich im Jahr 1798 bis Teneriffa Eruptionen.
fort, wo nach einer Pause von 92 Jahren, am
9ten Junius, durch die Seite des Bergs Chahorra
oder Venge 3 Monate und 6 Tage lang Lava und
Schlaken durch vier Oeffnungen ausgeworfen wurden, wobey man die Höhe, auf welche manche
Felsstüke geschleudert wurden, auf 3000 Fufs
schäzte. Auch Erdbeben liessen sich hin und
wieder spüren, z. B. in Nordamerica und Italien. Es liefert auch dieses Jahr wieder einen
Beweis, dafs nach grofsen vulcanischen Ausbrü-
chen Feuermeteore und Meteorsteine häufiger vor- Meteorsteine.
kommen, und wenn die anzugebenden Meteore
auch nicht gerade in denselben Gegenden, wo
die Vulcane explodirten, bemerkt wurden, so

---

*) Robert Willan die Krankheiten in London. A. d.
Engl. von Wegscheider. Hamb. 1802. S. 53.
**) Domest. med. News in the med. Repository Vol. I.
Nr. II. Newyork 1798.

darf man auch nicht vergessen, dafs die Atmosphäre
eine mehr gleichförmige Beschaffenheit hat, welche die allgemeine Verbreitung der in sie gelangten Ausströmungen nach allen Richtungen
gestattet, und dafs wahrscheinlich in eben jenen
Gegenden mehrere Meteore gefunden werden würden, wenn diese dort ebenso genau beobachtet,
oder die Beobachtung derselben mit gleicher Ge-
nauigkeit durch den Druk bekannt gemacht worden wären. Am 8ten Merz sah man über Bern,
Genf, Copet und Lausanne $9\frac{1}{2} - 6\frac{1}{2}$ französische
Meilen hoch eine Feuerkugel, am 12ten dessel-
ben Monats eine gleiche zu Lyon, welche bey
Sales, Dep. du Rhone, sich mit einem Steinfall
endigte, wovon man zwanzig Pfund schwere Steine
fand, am 28sten Julius bemerkte man in der Nähe
von Craven in England bey hellem Sonnenlicht
eine schwarze Wolke, die eine Explosion machte,
und zwey conische Wölkchen auswarf. Am 22sten
September sah man wieder in England, in Kent,
Suffolk und andern Gegenden, und am 20sten November bey Billericay eine Feuerkugel, endlich fielen am 19ten December bey Krakhut, nördlich
vom Flufs Soomty, vierzehn englische Meilen
von Benares in Bengalen Steine, von welchen
der gröfste zwey Pfund und vier und zwanzig
Loth wog.

Von diesem Jahr erklärt Webster, dafs in
demselben das gelbe Fieber die gröfste Allgemeinheit und Bösartigkeit in Nordamerica erreicht habe. Es war der Winter wieder sehr
kalt und von langer Dauer gewesen, schon am
20sten November war der Hudson und Connecticut zugefroren, es begann die Kälte mit einem
starken NW. Wind ohne Schnee, am 11ten Ja-

Kalter Win-
ter in Norda-
merica.

nuar spürte man in Nordamerica ein Erdbeben,
der May war sehr troken, im Junius veranlafsten
Rfgenströme Ueberschwemmungen, einige Tage
des Julius waren ausserordentlich heifs, auf
welche zwar kurze Zeit kühlere, dann aber eine
ungewöhnlich schwüle und widerliche Witterung
folgte. Man bemerkte während derselben ein
ungewöhnlich starkes Rosten der Metalle, die
Flätter der Bäume wurden geflekt und fielen
vor der Zeit ab, weifs gewaschene und zum
Troknen ins Freye gehängte Wäsche wurde vom
Nebel flekig, ja auch an den Häusern wollte man
eine eigene Efflorscenz, die man für nitros halten
mufste, sehen, *) kurz es wiederhohlten sich alle
ausserordentliche Erscheinungen des sechsten Jahrhunderts. Zu Philadelphia glaubte man auch
in diesem Jahr wieder an Mittheilung von Aussen, und zwar durch ein Schiff Deborah, das von
Jeremie kam. Diese Annahme sucht Webster
damit zu widerlegen, dafs die Krankheit auch
vor der Ankunft dieses Schiffs schon in einzel_
nen Fällen bemerkt worden sey, aber von ihm
selbst zugegebene Thatsache ist es, dafs die
Krankheit auch in Gegenden der Stadt gelangte,
die man bisher für ganz gesund gehalten hatte,
und Familien ergriffen wurden, die bisher immer glüklich der Krankheit entgangen waren.
Drey Viertheile der Einwohner eilten aus der
Stadt, und die Zahl der Todten betrug 3,440
Von Philadelphia glaubt man sey die Krankheit nach Wilmington verbreitet worden. Dieser

---

*) Med. and philos. News in med. repository Vol. II,
1799. Auch Foot in med repos. Vol. IV. Nr. IV. behauptet, Regen und Thau seyen so scharf gewesen, dafs
sie die Haut auffrafsen.

Angabe widerspricht selbst Webster nicht, auch
dort erschien die Krankheit gleich in ihrer
schlimmsten Gestalt; sie erschien auch zu Newcastle und Duck Creek, ferner zu Bridgetown
und Woodbury, längs dem Polder des Delaware.
Zu Newyork schmeichelte man sich schon die
Seuche durch zwekmäfsige Anstalten für die öffentliche Reinlichkeit bekämpft zu haben, als
sie furchtbarer als je ausbrach und keinen Theil
der Stadt verschonte. Alles rüstete sich zur
Flucht, die Krankheit nahm die schlimmsten Symptome an, selbst Carbunkel und Bubonen wollte
man gesehen haben, es starben 2000 Personen
an derselben, doch verbreitete sie sich nicht
durch Anstekung in das zwey Meilen entfernte
Spital von Bellone. Dagegen will Webster doch
nicht widersprechen, dafs sie sich von Neuyork
nach Norwalk in Connecticut verbreitet habe,
auch zu New London, zu Boston, zu Portsmouth,
welche Städte zum Theil für sehr gesund und
reinlich gelten, brach die Krankheit aus, ja
selbst im Innern des Landes, zu Royalton-in
Vermont, am Champlain-See und New Milford
in Connecticut waren remittirende Fieber ungewöhnlich häufig und einzelne Fälle kamen sogar
in den allergesündesten Lagen vor. Mehr südlich
herrschte das gelbe Fieber auch zu Cayenne.

Weniger ausgedehnt zeigte sich die Pest, sie
herrschte in diesem Jahr vorzüglich zu Cairo,
weniger zu Alexandrien.

Auch in England kam während der zweyten
Hälfte des Sommers der Typhus viel häufiger
als es seit vielen Jahren der Fall gewesen war,
vor, ebenso auch an den Küsten der Ostsee. In

Schwaben hatten die Poken keinen gutartigen
Charakter.

Der nächste Winter trat bald mit großer
Strenge ein, schon im December fiel zu Stuttgardt das Queksilber in Reaumurs Thermometer
auf — 20°. Zu Barnoul in Sibirien sank am
19ten December das Queksilber in demselben
Thermometer auf — 41° und zu Nertschinsk in
den nächsten Tagen gar auf — 55° *). Auch in
Nordamerica war der Winter ebenso kalt, der
Frühling ebenso spät, und wie es scheint überall
die Witterung äusserst naß, ja in England gab
es vom 22sten Junius bis zum 17ten November,
in 147 Tagen nur acht die von Regen frey waren, fast allgemein, besonders aber in England
begonnen jezt Jahre des Mangels, und die schlimme
Beschaffenheit des Weins blieb viele Jahre lang
im Gedächtnis. In Teutschland scheint diese
kühle Witterung wie gewöhnlich eher einen vor-
theilhaften Einfluß im Allgemeinen auf die Gesundheit gehabt zu haben. Lentin behauptet, es
sey in diesem Jahr und den folgenden bis zum
Frühjahr 1802 eine ungewöhnlich gesunde Zeit
gewesen, doch wurden schon in diesem Jahr
einzelne Orte, z. B. Görliz, sehr schwer durch
das Scharlachfieber getroffen, bey welchem zuweilen wieder, wie bey seiner ersten Erscheinung, gleich im Anfang auch eine stärkere äussere Geschwulst des Halses entstand und oft schon
nach vier Stunden die Erkrankten weggerafft wurden, es starb zu Görliz der fünfte Theil der
Kinder. In England dagegen war ein Typhus
als Folge des engen Zusammenlebens, der Un-

1799 n. Chr.

Sehr kalter
Winter.

Nasser Som-
mer.

Scharlachfie-
ber.

Typhus in
England und
Italien.

*) Nov. Act. Acad. scient. imp. Petrop. Tom. XV.

reinlichkeit und des Mangels, nach den über-
einstimmenden Zeugnissen Batemanns und Wil-
lans noch häufiger als es bisher beobachtet worden war, ja es verbreitete sich sogar das Gerücht,
daß die Pest zu London nach Oeffnung einiger
Ballen Baumwolle ausgebrochen sey, was sich
jedoch als ganz grundlos erwies. Auch zu Genua fieugen im August typhose Fieber an, und
dauerten den Winter hindurch fort. *)

Das gelbe Fieber blieb des kühlen Jahrgangs
unerachtet nicht aus, es erschien dasselbe zu
Newbury, Boston, Newyork, Philadelphia und
Vera - Cruz. Schon im December des vorigen
Jahrs hatte die Bubonenpest sich längs der Seeküste vorzüglich unter den französischen Truppen in Alexandria, Rosette und Damiette auszubreiten begonnen, ohne jedoch bis Cairo gelangen zu können, obgleich immer Communication zwischen dieser Stadt und den Küstenorten stattfand. (Pugnet) **). Weit allgemeiner
waren aber die Verheerungen durch diese Krankheit in den Königreichen Fez und Marocco, wo
sie im May dieses Jahres ausbrach und Hunderttausende, besonders Weiber und Kinder, hinwegraffte. Es wendeten die arabischen Aerzte dagegen ein altes Heilmittel, die Testikel vom Bok
an, ***) doch erbat sich im Januar des nächsten

*Pest in Ae-
gypten und
der Barbarey.

*) G. Rasori storia della febbre epidemica di Genova
negli anni 1799 e 1800. Milan. anno IX.

**) Opuscules du Citoyen Desgenettes, médecin en Chef
de l'Armée d'Orient. Caire l'an 7 et 8.

***) James Curtis Journal of Travels in Barbary in the
year 1801. und James Grey account of the plague in
West Barbary. 1806.

Jahrs Muley Soliman, der Kaiser von Marocco, einen spanischen Arzt aus, und erhielt den Don Josef Antonio Coll, welcher auch hier die in Spanien immer noch in grofsem Ansehen stehende Masdevallsche Methode empfahl und in Anwendung brachte, und am Ende der Seuche mit grofsen Gunstbezeugungen wieder entlassen wurde.

So regnerisch die Witterung des Sommers gewesen war, so wurde doch während desselben von Zeit zu Zeit Höherauch bemerkt, auch zu Cumana sah man vom 28sten October bis 7ten November die Atmosphäre mit einem röthlichen Dunst erfüllt. Während dieser Zeit, besonders am 4ten November spürte man daselbst Erdstösse, die einen merklichen Einflufs auf die magnetischen Erscheinungen zu haben schienen. Eine grofse Feuerkugel sah man am 7ten November zu S. Louis in Potosi, doch nichts läfst sich vergleichen mit der Menge von Sternschnuppen, die man in der Nacht vom 11ten bis 12ten November auf einem Raum, der von Europa, (Weimar) den Antillen, Grönland und der Labrador-Küste begränzt wurde, beobachtete. In England erschien um dieselbe Zeit eine und zu Hof mehrere Feuerkugeln, am ausserordentlichsten stellte sich jedoch die Erscheinung den beyden Reisenden Humboldt und Bonpland zu Cumana dar. Vier Stunden lang sahen diese die Sternschnuppen in der Richtung von Norden nach Süden den Himmelsraum in solcher Häufigkeit durchziehen, dafs es nicht möglich war eine drey Monds-Durchmesser betragende Fläche nachzuweisen, die nicht jeden Augenblik voll Sternschnuppen und Feuerkugeln gewesen wäre. An dem darauf

[Marginal note: Unerhört viele Sternschnuppen über einen grofsen Theil der Erde.]

folgenden Tag stellte sich noch einmal der röthliche Dunst ein. Fünfzehn Tage früher, am 28sten October hatte bey einer Mondfinsternifs Humboldt ähnliche Leuchterscheinungen am Mond wahrgenommen *), welches Zusammentreffen ausserordentlicher vulcanischer oder meteorischer Leuchterscheinungen im Planeten und seinem Satelliten, wie es sich aus dem Bisherigen ergibt, wenigstens nicht das Erste wäre. Noch war in Jenem die Aufeinanderfolge ähnlicher Erscheinungen nicht beendigt, am 11ten December spürte man im schlesischen Gebirge, besonders auch auf dem Riesengebirge anhaltende Erdstöfse, welche Buch zwar von dem seit der Mitte des vorigen Jahrs in der nächsten Grube des Waldenburger Reviers ausgebrochenen fürchterlichen Steinkohlenbrand herleitet, dem aber auch eine ausserordentliche Unruhe unter den Hazen, die sich in dem vorigen Jahr ja ohnedifs besonders afficirt gezeigt hatteu, vorangieng. Die Häufigkeit der Meteore dauerte auch noch bis ins nächste 1800 n. Chr. Jahr herein. Man sah am 6ten Januar 1800 zu Northumberland in Nordamerica eine Feuerkugel (Priestley.) Eine ähnliche fiel am ersten April bey der Kirche von Bumstead in Essex nieder, am 5ten desselben Monats zerplazte eine Feuerkugel bey Baton rouge in Nordamerica, die während ihres Vorüberziehens das Gefühl von einem heifsen Anwehen erregte. Am 8ten August sah Priestley wieder eine Feuerkugel in Nordamerica, zwey kleinere, vielleicht Stüke von einer gröfsern wurden bey Halle gesehen.

---

*) Note A zum IVten Buch.

Der Winter 1800 hatte nach einem feuchten
Jahrgang am ersten December 1799 mit starker
Kälte begonnen, welche jedoch nur zwey Tage
dauerte, nachher aber wieder wenigstens in Teutschland, anhaltend wurde. Um diese Zeit zog sowohl von Wologhda und Archangel als von Ca-
san eine Influenza heran, welche auch in Peters- Influenza.
burg und Cronstadt in grofser Allgemeinheit um
sich griff, und in einer Breite von Stokholm bis
Moskau sich zu nähern schien, so dafs im Merz
zu Riga, Königsberg und Warschau der dritte
Theil oder die Hälfte der Bevölkerung befallen
und Manche auch sogar durch dieselbe getödtet
wurden, die aber später und weiter westlich nicht
mehr erkennbar und in ihrem Weitervorrüken
nicht mehr nachweisbar war, ausser auf den
grofsbrittanischen Inseln, deren der Entwiklung
der Influenza so günstiges Klima auch difsmal
die Krankheit hier früher hervorgerufen hatte,
als es nach der Zeit und Raumfolge zu erwarten
gewesen wäre, denn schon im Februar erschien
in London sehr allgemein ein Catarrh, der in
den ersten Tagen zwar sehr heftig war aber doch
bey Keinem tödlich wurde. *) Für eine weitere
locale Äusserung dieser allgemeinen Influenz-
Constitution ist wohl auch die gutartige epidemische Augenentzündung in Padua zu erklären. **)

Es wurde der Sommer dieses Jahrs, in welchem man starke Sonnenfleken und Fakeln bemerkte, einer der heissesten und trokensten, selbst

---

*) Willan S. 154. Mezger Beytrag zur Geschichte der
Frühlings-Epidemie im Jahr 1800. Altenburg 1801.
**) Panada ofservazioni medico-practico-meteorologiche
etc. Quinquenuio terzo. p. 259, 260.

in England gab es vom 22sten Junius bis zum
19ten August 57 helle Tage mit Sonnenschein,
und auf dem Schwarzwald richtete ein lang-
dauernder Waldbrand denkwürdige Verheerungen
an. Kaum läfst sich aber die in diesem Jahr
so weit über das östliche und südliche Teutsch-

Ruhr. land und auch in England verbreitete Ruhr für
die unmittelbare Folge der Hize und Trokenheit
erklären, wenn man bedenkt, dafs schon kür-
zere Zeit im Frühjahr Diarrhöen nicht nur sehr
allgemein, sondern auch häufig von den der Ruhr
eigenen Erscheinungen, von Stuhlzwang und
Blutabgang begleitet waren. *)

Zu einer ebenso grofsen Allgemeinheit gelangte
Gelbes Fie- in diesem Jahr auch das gelbe Fieber in Ame-
ber. rica, es zeigte sich hier besonders heftig zu
Providence, Newyork, Baltimore, Norfolk und
Charlestown, im lezterem Ort mit solcher In-
tensität, dafs Individuen, die während zwey Epi-
demieen zu Philadelphia von der Seuche nicht
ergriffen worden waren, hier derselben erlagen,
ebenso stark herrschte die Krankheit auch in
Havannah und mehreren Gegenden Neuspaniens.
Obgleich nun die Krankheit immer häufiger auch
auf Schiffen, dem General Greene, Ga██s, einem
Schiff von Curaçao und andern vorkam, so ge-
wann doch besonders bey den Epidemien dieses
Sommers unter den Aerzten Nordamericas die
Ansicht von dem einheimischen Ursprung der
Krankheit immer mehr das Uebergewicht über

---

*) Ekner Beytrag zur Geschichte der Ruhr. Göttingen
1801.

Rademacher (J. G.) libellus de Dysenteria
Colon. 1806.

die entgegengesezte Entstehungs - und Mitthei-
lungsweise.

Aber gerade in dieses Jahr fällt für Europa Gelbes Fieber
ein Ereigniß, daß sehr gegen die erstere Ansicht zu Cadiz.
spricht. Denn nachdem im vorigen Jahr auf
der südlichen Küsten-Einfassung des mittelländischen Meeres, auf welcher doch die zur Hervorbringung des gelben Fiebers als nöthig er-
achteten klimatischen Verhältnisse, besonders die
Hize, eher noch im verstärkten Grade stattfän-
den, der Völker-Verkehr aber nach dem Orient
hin gerichtet ist, eine der verheerendsten Pestseuchen geherrscht hatte, so erschien in diesem
Jahr nicht etwa auf Sicilien oder zu Neapel,
oder in besonders ungesunden Küsten-Städten,
sondern in dem wegen seiner gesunden Lage ge-
rühmten Cadiz, das aber vorzüglich seine Han-
dels-Verhältnisse mit dem spanischen und nördlichen America verbinden, nach einer Pause von
56 Jahren das gelbe Fieber. Hier konnte die
Ursache des Uebels nicht wohl in der Unreinlichkeit und den Sumpf-Ausdünstungen nachgewiesen werden, denn Cadiz liegt auf einem trokenen sandigten etwas erhabenen Boden und ist
geräumig und wohl gebaut, die Häuser sind
zwar 3—4stokig, aber luftig und troken, für
die Reinlichkeit der Strafsen wird Sorge getragen, nirgends sind Hügel oder Wälder, welche
die Circulation der Luft hindern, dagegen wird
die Stadt von den Wellen des Meeres bespült,
und die Luft durch die Seewinde kühl erhalten.
Wohl wurde behauptet, daß bey der Ebbe es
ungesunde Ausdünstungen geben möchte, da aber
nirgends stagnirendes Wasser sich befindet, und
der durch die Ebbe troken gelegte Boden, durch

die nach sechs Stunden eintretende Fluth gleich
wieder bedekt wird und daher keine Ausdünstungen die Folge bedeutender Zersezung sind, sich
erheben, so ist es kaum wahrscheinlich, daſs
dadurch ein Nachtheil für die Gesundheit ent-
stehe, auch blieben die Quartiere in der Nähe
des Meeres am längsten von der Krankheit frey,
denn diese brach zuerst in den in der Mitte der
Stadt gelegenen Quartieren aus, und gelangte
am spätesten in die von Caleta und Capuchinos, obgleich in leztern feinere Organe noch am ehesten
bey der Ebbe einigen Geruch bemerken mochten.
Auch war Cadiz eben wegen der Nähe der See
weniger erhizt als die umgebenden Orte landeinwärts, wie Sta Maria, Chiclana, Rota, Xeres und San Lucar de Barrameda, wo die Krankheit viel später, Ende Augusts, als die stärkste Hize
schon nachgelassen hatte, sich zu äussern anfieng.

Man behauptet, einige Tage zuvor, ehe die
Krankheit ausbrach, seyen zwey Schiffe aus Westindien erschienen, von denen das Eine nach Sevilla weiter segelte, welche Stadt unmittelbar
darauf auch das gelbe Fieber mitgetheilt erhielt,
zu Cadiz sey das zurükgebliebene Schiff auf die
Verwendung des Hauses Signalas von der Quarantaine, die aber in Cadiz zu keiner Zeit strenge
war, freygesprochen und Ladung sowohl, als
Mannschaft sogleich zugelassen worden. Signalas und seine Familie waren das erste Opfer der
Krankheit, vierzehn Tage lang blieb leztere auf
das Quartier Santa Maria eingeschränkt, darauf
wurden die Quartiere del Rosario und San Antonio ergriffen, nun entstand grosse Bestürzung,
der eine Theil floh, der andere hielt Umgänge,
doch wurde bald die Verordnung gegeben, daſs

keine Leichen mehr in.den Kirchen und der Stadt
begraben werden durften. Viele tödtete schon
der Schreken, Andere schadeten sich auch durch
unzwekmäfsige Präservativ - Curen. 'Auch hier
zeigte sich im Anfang der Krankheit meist in
den ersten drey Tagen derselben ein Zustand der
Aufreizung, die Befallenen hatten heftigen Frost,
nach diesem Hize, Kopfweh, Druk über die
Augen, diese waren sehr glänzend, das Gesicht
sehr roth, die Hypochondrien weich aber dabey
eine schmerzhafte Empfindung in der Magengegend. .Allgemeine Schweifse gaben entweder der
Krankheit eine glükliche.Wendung, dabey wurde
denn jedesmal auch das Weifse der Augen gelb,
oder es vermehrte sich die Hize, es zeigten sich
nun partielle Schweifse, die Zunge wurde braun,
es entstand Erbrechen, zuerst einer lauchgrü-
nen dann pechschwarzen Materie, Irrreden, Kinn-
bakenzwang, Convulsionen, Colliquationen u. s. w.
Im Anfang, da der Verlauf der Krankheit viel
rascher und gefährlicher war, starben Viele ohne
dafs nur das Weifse im Aug gelb geword... wäre,
doch scheint auch damals schon zwischen dem gelben Fieber in der Tropen-Welt und dem in höhern
Breiten der Unterschied sich gezeigt zu haben,
dafs während dort verhältnifsmäfsig zwar weniger befallen wurden, aber von diesen desto mehrere starben, hier die Zahl der Erkrankenden
und auch der Genesenden dagegen gröfser war.
Doch starben in der Mitte Septembers täglich
200 Menschen, sogar auch Hunde erbrachen eine
schwarze Masse, hatten gelbe Augen und starben lethargisch, bey den Canarienvögeln drang
schwarzes Blut aus dem Schnabel und wo die
Krankheit herrschte, da sah man keinen Sperling.

Es liefs zwar die Vorsorge des Gouvernements die Wohlthätigkeit der Nachbarschaft in
der Unterstüzung der Kranken und Proviantirung
der Stadt Nichts mangeln, doch war der Jammer unbeschreiblich. (Cadiz no era ya mas que
un pueblo solitario, pueblo de lágrimas y deso-
laccion.)

Während dieser Zeit, am vierten October,
sezte die Erscheinung der englischen Flotte unter Admiral Keith Alles in Bewegung, um somehr,
als der englische Admiral die Appellation der unglüklichen Stadt auf das Völkerrecht als eine
Chimäre verwarf, und des Elends unerachtet
wurde diese doch mit solchem Eifer betrieben,
dafs der Feind ohne etwas zu unternehmen am
7ten wieder abzog. Nun war in Alle ein neues
Leben gekehrt, man dachte viel mehr an den
Feind als an die Krankheit und jezt war nicht
mehr die Rede von den Begräbnifs - Pläzen, gegen Ende des Octobers hatte die Krankheit beynahe ganz nachgelassen, es erkrankten nur noch
diejenigen, welche anfangs entflohen und jezt wieder zurükgekehrt waren. Am 12ten November
war Dankfest wegen Ende der Krankheit, Cadiz, wo in gewöhnlichen Jahren 2,400 — 2,500
starben, hatte nur vom August bis November
von 48,688 Kranken 7,292, nach andern 9,042
Menschen verlohren. Zu Sevilla schäzte man
die Zahl der Todten auf 14,000, ja auf 20,000,
zu Xeres auch über 10,000.

Spanien, das früher seine Aerzte zur Zeit
herrschender Krankheiten Frankreich zur Hülfe
gesendet hatte, sollte nun einer Erwiederung dieser Wohlthat aus lezterem Lande sich zu erfreuen
haben, es wurden von Montpellier aus die Aerzte

Lafabrie, Broussonet und Berthe nach Andalusien abgeordnet, lezterer gesteht aber selbst,
dafs als sie daselbst angekommen seyen, die
Krankheit bereits ihr Ende erreicht gehabt habe.*)

Unter Umständen, die denen bey welchen Pest in Ae-
das gelbe Fieber zu Cadiz entstand ganz entge- gypten.
gengesezt waren, hatte im Merz zu Damiette,
einer Küstenstadt Aegyptens, die Pest bey den
dort befindlichen Franzosen sich zu äussern begonnen, es verbreitete sich nemlich dort diese
Krankheit Ende Merzs nach starken Regengüssen,
doch blieb sie blos auf diesen Plaz eingeschränkt,
und verbreitete sich nicht nach andern Städten,
unerachtet die Communication dahin nicht aufgehoben war. Ein Bataillon der 25sten Halb-
brigade, das zu Damiette mehr Kranke als alle
übrigen im Lande befindlichen Corps zusammen
hatte, brach nach Mansourah, einer Stadt die
aufwärts am Nil liegt, auf, und verlohr nur noch
ein einziges Individuum auf dem Marsch, worauf
alle Infection verschwand, ebenso schnell verlohr sich auch die Krankheit, als die Garnison
jenseits des Nils ein Lager bezog. Dagegen zeigte
sich die Krankheit von Neuem, als gegen den
21sten November der Nil wieder abnahm und
die gröfste Hize längst vorüber war, nun richtete sie aber gleich starke Verheerungen unter
den Eingebohrnen an, und herrschte überhaupt
weit stärker Land-einwärts und in Ober-Aegypten, während das Gestade frey blieb. (Pugnet.)

---

*) J. N. Berthe Précis historique de la Maladie qui a
régné dans l'Andalousie en 18:0 etc. p. 45. "il est évident,
que lorsque la Commission arriva en Andalousie la
maladie n'existait plus."

Krankheit zu
Scherlievo.

Noch darf die Geschichte der Krankheiten
dieses Jahrs nicht geschlossen werden, ohne einer
zwar localen, für die Geschichte der Lustseuche
jedoch höchst merkwürdigen Verschlimmerung
dieser Krankheit zu erwähnen. Unter Erscheinungen, wie sie in der ersten Periode dieser
Krankheit zu Brünn, später in Canada und Schottland schon bemerkt worden waren, fand sich
bey einer durch die österreichische Regierung angeordneten Untersuchung dieses Uebel im Bezirk
von Buccari, besonders in dem 2½ Meile von
Fiume entfernten Dorf Scherlievo, unter nicht
weniger als 4,500 Personen des verschiedensten
Alters und beyder Geschlechter verbreitet, der
allgemeinen Meynung nach war dasselbe im Jahr
1790 oder 92 von vier Seesoldaten und zwey Wei-
bern nach Ende des Türkenkriegs von der Donau her dahin verpflanzt worden. *) Es wurde
eine allgemeine Heilung angeordnet, nach drey-
zehn Wochen glaubte man auch die Krankheit
ausgerottet zu haben, aber während der französischen Occupation breitete sich das Uebel wieder von Neuem aus, so dafs die später wieder
eintretende österreichische Regierung zum zweytenmal sich genöthigt sah in eigends dazu ein-
gerichteten Hospitälern die Kranken zu sammeln,
doch zeigte sich bald die Zahl der Behafteten
nicht so beträchtlich, im Gouvernement Laibach
fanden sich nur 166 Kranke. **)

---

*) Die Zufälle sind ausführlicher beschrieben in dem
Essay sur la Maladie de Scherlievo par Cl. Ant. Boué
und dem Journ. général de Médecine p. Sedillot. Tom.
XLII. September in der med.-chirurg. Zeitung 1814.
2r Bd. S. 156.

**) Medicinische Jahrbücher des k. k. österreichischen
Staats. VI. Bd. 3tes u. 4tes Stük.

Auch während des nicht strengen Winters
1801 wurden viele Feuer-Meteore gesehen, nur
in Nordamerica bemerkte man vom 9ten bis zum
16ten Januar vier dergleichen, am 9ten zu Fayette, 1801 n. Chr.
am 12ten zu Washington, am 14ten zu Winchester Feuer Mein Virginien, am 16ten gleichzeitig mit einem teore.
starken Erdbeben zu Pittburgh. *) Ein sehr heftiger Sturm verbreitete sich am 30sten Januar
sehr weit über das östliche Teutschland. In der
Mitte Februars gab es einige kältere Tage, doch
wurde es bald warm, bis gegen Ende Aprils wieder kältere Witterung eintrat. Es folgte nun ein
ziemlich heifser trokener Sommer mit häufigen
Hagelwettern, doch fiel noch in der Mitte des
Junius und zwar an demselben Tag im Allgau
und andern ähnlich gelegenen Gegenden Ober-
schwabens und zu Clausthal auf dem Harz ein
starker, am leztern Ort neun Zoll tiefer Schnee,
so dafs der Ober-Bergmeister im Schlitten zur
Kirche fuhr.

Eine ausserordentliche Häufigkeit der Mäuse, Mäuse und
wenigstens in Teutschland und eben so ausge- Stürme.
zeichnete Stürme gegen den Herbst, trafen auch
in diesem Jahr wieder zusammen. Am 20sten
Junius ereignete sich, wie man glaubte durch
Erdbeben veranlafst, ein gewaltiger Bergsturz bey Erdsturz.
Aquila, durch welchen 400 Personen überschüttet
wurden, ein ähnlicher kam auch am 22. October
bey Laggo Maggiore vor und im Verlauf des Sommers bemerkte man immer noch häufige Leucht- Meteore.
Erscheinungen, am 20sten Junius zu Hull eine
Feuerkugel mit bläulichtem Licht so grofs wie

---

*) Medical repository Vol. IV. Nr. III. Newyork 1801.

der Mond, die einige Sekunden lang verschwand
und weit glänzender wieder erschien, am 14ten Julius ein Wölkchen bey Montgaillard, dafs dreymal hintereinander abwechselnd sich zu entzün-
den und zu verlöschen schien, in den lezten Tagen des Augusts im Departement de l'Aisne eine
Feuerkugel mit einer Explosion wie von einem
Vier und zwanzig-Pfündner, am 23sten October zu Cholcester eine ähnliche mit grünlichtem
Licht und einem immer mehr anwachsenden
Schweif, welcher bey Bourg St. Edmont zum Theil
auf ein Dach fiel. Auch auf Isle de France wurde
am Ende des Jahrs eine Feuerkugel niederfallen
und plazen gesehen, welche man als einen kleinen leuchtenden Punkt auch auf der Insel Bourbon in demselben Augenblick bemerkte. *) Einer der wunderbarsten Niederschläge aus der Atmosphäre, wie man einem solchen ältern Chro-
nikschreiber kaum glauben möchte, wurden nach
Zeitungs-Nachrichten im Gouvernement Kaluga

Würmer fal-
len aus der
Luft.

gesehen, aus ziemlicher Höhe senkte sich schnell
eine durch Gestalt und Farbe ausgezeichnete
Wolke und auf einer grofsen Streke war die Erde
mit weislichten zwey Zoll langen Würmern zum
Theil 6 Schuhe hoch bedekt.

Scharlachfie-
ber.

Noch im vorigen Jahr schien in manchen
Gegenden, besonders Teutschlands und Englands,
das Scharlachfieber den höchsten Grad der Bösartigkeit, wie er je bey dieser Krankheit beobachtet worden ist, zu erreichen, ja es soll eine
ganz neue Erscheinung, der Purpur-Friesel, bey

---

*) Bory de St. Vincent Reise nach den Mascarenischen
Inseln. T. Uebers. S. 594.

demselben bemerkt worden seyn. Den gröfsten
Schreken verbreitete die Krankheit zu Wittenberg
und von dort aus in den benachbarten Ländern. Dort
wurden innerhalb vierzehn Tage 400 Individuen
von der Krankheit befallen, wovon der zehnte starb,
aus den Nachbarstaaten wurden Aerzte dahin ab-
gesendet, um über die Natur der Krankheit das
Genauere zu erfahren. Nach einem gegen das
Ende des laufenden Jahrs vom Collegium medicum zu Berlin erlassenen Bericht und Vorschrift
zur Behandlungsweise der Krankheit wären auch
hier im Verlauf des Jahrs so viele Individuen
an dieser gestorben, als in den siebzehn vorangegangenen Jahren, auch zu Görliz, zu Göttingen und an andern Orten wurde der Charakter der Krankheit als sehr bösartig geschildert,
in Sachsen überhaupt berechnete Neumann, *)
dafs in den lezten vier Jahren 40,000 Menschen
vom zwölften bis zum dreyfsigsten Jahre an derselben gestorben seyen, gleich schlimmer Art
ergab sie sich auch zu London, besonders im
August, da viele Kinder in vier und zwanzig
Stunden gesund und todt waren, und die Entzündung im Halse den schlimmsten Verlauf annahm; **) fast zu derselben Zeit zeigte sich ein
verwandtes Uebel der von Stokes ***) sogenannte
Pemphygus gangraenosus in Irrland epidemisch.

---

*) Aufsäze und Beobachtungen. Leipzig 1302. S. 281.

**) E. Peart practical information on the malignant scar-
let fever and sore throat etc. London 1802.

***) On an eruptive Disease of childern by Whitley Sto-
kes. In Med. and phys. Journal by Bradley and
Batty. Febr. 1808.

Auch das gelbe Fieber stellte sich in diesem Jahr, wenn gleich nicht in besonderer Heftigkeit, sowohl auf St. Domingo, Jamaica und
zu Vera Cruz, als auch in den Küstenstädten
Nordamericas wieder ein; nach den Versicherungen von F. A. Michaux starben zu Charlestown ⁷⁄₁₀ von den Fremden, welche die Unvorsich-
tigkeit hatten sich nicht zur rechten Zeit ins
Innere des Landes oder auf die Insel Sullivan
zurükzuziehen, doch würde man sich sehr irren, wenn man glaubte, daß durch die seit sieben Jahren fast jährliche Wiederkehr dieser
Krankheit eine Verödung in jenen Städten angerichtet worden sey, denn gerade während der
lezten Jahre zeigte sich nach den Census - Listen der Zuwachs der Bevölkerung daselbst ausserordentlich, zu Philadelphia ergab sich eine
Seelenzahl von 58,752, zu Boston wiesen diese
Listen auf einen Zuwachs seit zehn Jahren von
6000, zu Baltimore von 4,500 hin, die Bevölkerung von 60,480 zu Newyork ergab sich als das
Doppelte der Zählung von 1790 und in gleichem
Zunehmen zeigt sie sich auch in den nächsten
Jahren, denn 1805 betrug sie 75,775, 1807 83,530.
Aber auch im Innern des Landes ergab sich eine
gleiche fast noch stärkere Zunahme der Bevölkerung, doch nicht blos durch Mehrzahl der Geburten, sondern durch Einwanderung. In Spanien gelangte jezt diese Krankheit nach Medina
Sidonia, welche Stadt wie Carlotta und Murcia
ziemlich landeinwärts, auch hoch und kühlen
troknen Winden geöffnet liegt.

Aegyptische
Augenent-
zündung.
Im Verlauf dieses Jahrs erlag die von den
Franzosen versuchte militairische und gelehrte
Unternehmung nach Aegypten dem vereinigten

Andrang der Türken und Engländer. Ausser dem
Mislingen mancher schöner Hoffnungen für eine
dort neu beginnende Cultur, sollte jene Expedition eine weitere Aehnlichkeit mit den Kreuz-
zügen dadurch erhalten, daß auch von ihr aus
eine neue Krankheit in Europa, die anstekende
Augenentzündung datirt wurde. Es wird zwar
leztere Behauptung nur von englischen und italienischen Aerzten und nicht auch zugleich von
französischen aufgestellt, und von leztern macht
Roux in seinem Reisebericht über die Heilkunde in England ausdrüklich darauf aufmerksam,
daß man in Frankreich unter den aus Aegypten
zurükgekehrten Militairs gar Nichts der anstekenden Augenentzündung entsprechendes bemerkt
habe, doch würde dieser scheinbare Einwurf noch
nicht das Gegentheil beweisen, da nicht behauptet werden soll, daß auf allen Punkten und zu
allen Zeiten eine solche anstekende Krankheit
in Aegypten herrsche, und bey jeder Veranlassung nach Europa verpflanzt werden müsse, oder
daß man früher noch gar keine epidemische Augenentzündung ausser Aegypten gekannt habe,
sondern vielmehr die Hauptfrage die ist, ob nicht
bey den klimatischen Verhältnissen Aegyptens,
wo zu Folge der Nachweisungen von Sprengel
schon in den frühesten Zeiten die Augenentzündung häufiger war, unter Mitwirkung anderer be-
günstigender Umstände, wie sie das Kriegsleben
liefert, die Krankheit, zumal unter gröfsern
Truppen-Massen, zu einer solchen Höhe sich
habe steigern können, daß sie am Ende anstekend und verpflanzbar wurde? Hierüber müfste
vorzüglich die Geschichte des lezten Kampfes,

den die französische Armee mit den Türken und
Engländern zu bestehen hatte, entscheiden.

Die nun seit drey Jahren in Aegypten befindliche und mit dem dortigen Klima vertraute Armee des Orients, welche wie es sich nachher
bey der Ueberfahrt ergab, doch noch auf 20,000
Mann sich belief, war kurz vor der Landung
der Engländer am 8ten Merz, nach den Versicherungen des Moniteurs, vollkommen gut equi-
pirt, ein jeder Soldat hatte einen Ueberrok, und
nach einem andern Bericht in demselben Blatt
befanden sich unter 1000 Kranken nur 44 Augen-
kranke. Am 22sten Merz erfochten bey Abukir
die Engländer zwar einen blutigen Sieg, konnten aber ihre Vortheile nicht verfolgen, weil es
ihnen nach ihren eigenen Berichten, so sehr an
Reuterey fehlte, was für die Entstehung der
Krankheit unter ihnen kein unwichtiger Umstand
ist, da wegen der abgehenden Reuterey der Dienst
des Fußvolks sehr beschwerlich wurde. Der Bra-
vour des gemeinen Soldaten unerachtet, und wie
behauptet wurde, mehr wegen den fehlerhaften
Maaßregeln der Anführer, welche die Armee nicht
genug concentrirten, gelang es den Engländern
über diese weitere Vortheile zu gewinnen. General Menou wendete sich, wie er vorgab, wegen Annäherung des Groß-Wessyrs, der ihn von
Cairo abzuschneiden drohte, mit mehr als der
Hälfte der Truppen nach dieser Stadt, und mußte
dort am 22sten Junius capituliren, bey der Uebergabe zeigte der Etat der Gefangenen 12,188
Mann. Hartnäkiger zeigte sich der auf Alexandrien zurükgedrängte Theil der Armee, wo der
allmählig austretende Nil die Arbeiten und den
Dienst der Belagerer sehr erschwerte, doch mußte

aus Mangel der Nahrungsmittel, besonders des
Fleisches, auch dieser Ort sich ergeben, und
die in demselben befindlichen 8,000 Franzosen
sollten so wie die in Cairo bereits gefangenen,
zufolge der ihnen bewilligten Capitulation, nach
Frankreich eingeschifft werden. Auch bey diesem Geschäft des Transports und der Einschif-
fung einer so grofsen Truppenmasse, welche mit
einem Theil ihrer Waffen marschiren durfte, wobey englischer Seits die gröfsten Vorsichtsmaafsregeln erfordert wurden, hatten die Engländer
einen weit schwerern Dienst. Die Franzosen wurden zu Livorno, auf Elba, zu Genua und Villafranca, gröfstentheils aber zu Marseille ans Land
gesezt, wo sie an lezterem Ort Quarantaine hielten. Die Engländer aber wurden nach Malta
übergeführt, und mufsten dort ihren Dienst wieder wie zuvor versehen.

Schon aus dem Angegebenen liefse es sich
erweisen, dafs die englischen Truppen weit mehr
Beschwerden in Aegypten auszustehen hatten, als
die Franzosen, besonders befanden sich die Truppen vor Alexandrien bey dem Austreten des Nils
unter Umständen, welche die Entstehung der
Augenentzündung, die nach den Beobachtungen
Vetch durch feuchte Witterung so leicht ver-
schlimmert wird, sehr begünstigen mufste, während die Franzosen im Plaze selbst neben dem
Schuz durch die Häuser, auch noch von ihrem
Mangel einigen Nuzen hatten, sofern sie viel
weniger zu heftigen Entzündungen disponirt waren, doch litten auch die Belagerten zu Alexandrien bey dem Ueberströmen des Sees Madieh
häufig an Augenentzündungen. *)

*) Larrey Tom. II. p. 217.

Von einer anstekenden Augenentzündung, die sich unter den nach Frankreich zurükgekehrten Militairs gezeigt hätte, wurde zwar nirgends etwas vernommen, es gieng aber die Sage, daß zu Livorno bald nach der Ankunft eines Parlamentair-Schiffs mit vielen Gefangenen, besonders unter den Seeleuten, eine gefährliche Augenentzündung sich verbreitet habe, von woher dasselbe Uebel auch der Stadt Chiavari mitgetheilt wurde. *) Ebenso soll sich auch auf der Insel Elba bald nach dem Ausschiffen der dorthin bestimmten Gefangenen dieselbe Krankheit gezeigt haben, wenigstens leitete man die im Jahr 1812 erst genauer untersuchte, nun schon sieben Jahre unter dem sechsten italienischen Linien-Infanterie-Regiment herrschende und dasselbe auf allen seinen Kriegszügen bis nach Spanien begleitende Augenentzündung von dessen Dienst auf der Insel Elba her, als dasselbe noch die italienische Legion bildete. **)

Noch weit entschiedener erklärten sich die englischen Aerzte G. Peach, J. Vetch, C. F. Forbes, P. Macgregor und A. Edmondstone ***) über

---

*) Mongiardini in Memorie della Società medica di Emolazione di Ginova. Tom. I, Bimestre 2 1802, und in dem Journal der med.-chirur. Gesellschaft zu Parma, aus diesem in Harles neuem Journal für ausl. med.-chir. Litteratur. X. Bd. 2tes Stük.

**) Vasani Storia dell' ottalmia contagiosa d'Ancona. Verona 1817. u. Omodaei (Hanibal) Abhandlung über die aegyptische anstekende Augenentzündung und ihre Verbreitung in Italien. A. d. Ital. von Elias Wolf. Frankf. a. M. 1820.

***) Im III. u. IV. Bd. des Edinb. med. and surgic. Journal.

die Mittheilung der bösartigen Augenentzündung
durch die zurükkehrenden englischen Truppen
nach Malta, Sicilien und selbst nach Grofsbrittannien. Lezterer sah viele englische Soldaten,
die in Aegypten von der brennenden Hize und
dem verderblichen Glanz des Sandes nichts gelitten hatten, bey der Heimfahrt zur See in das
Uebel fallen, und nach der Ankunft der Truppen auf Malta waren es die Freudenmädchen,
welche die Krankheit zuerst mitgetheilt erhielten, immer zeigte sich aber diese nicht nach
allen Richtungen gleich sich verbreitend oder
von äussern Einflüssen sehr abhängig, sondern
mehr in einzelnen Bataillons oder Regimentern,
auch in Waisenhäusern, wie im königlichen
Asyl, kurz da wo Individuen die sich im Alter
und andern Beziehungen sehr ähnlich sind, derselbe Dienst, Kleidung und Nahrung zu einer
Gemeinschaft verbindet, aber hier desto siche-
rer um sich greifend und fast unvertilgbar, bis
beynahe alle Einzelne die Krankheit bestanden
haben. Wenigstens sind von England, wo die
Krankheit sich besonders stark zu einer Zeit äusserte, in welcher der Verkehr mit dem Conti-
nent sehr erschwert war, dem Verf. keine Fälle
bekannt, dafs auch unter den übrigen Stadt- und
Dorf-Bewohnern die Krankheit sich gezeigt hätte.

Am 3ten November, als ein Sturm in der **Stürme.**
Ost- und Nordsee, an der schwedischen Küste,
ferner zu Königsberg, Memel, Riga und Petersburg, aber auch an den Küsten Englands und Hol-
lands ausserordentliche Verheerungen angerichtet hatte, begann in Italien ein neunzehntägi-
ges Regenwetter, wobey alle Flüsse und Seen
übertraten, auf gleiche Weise verhielt es sich

auch im südlichen Frankreich, z. B. zu Arles,
ebenso trat auch der Rhein über seine Ufer bis
im December Frost eintrat. Im Verlauf des Novembers gab es weitere Ueberschwemmungen
durch Meeres-Einbruch in Holland und im December wiederhohlten sich die Stürme in England, wie man sie seit 1760 nicht mehr erlebt
hatte. Auf die Stürme folgte in der zweyten
Hälfte des Decembers strenge Kälte, die wieder
durch die stärksten Regen und Ueberschwemmungen unterbrochen wurde, und ein ungeheu-
1802 n. Chr. rer Schneefall, der stärkste seit 1784. Selbst
Tiefer Schnee in England, besonders in den Grafschaften Oxford und Gloucester lag dieser vier Schuh tief.
Ein sehr heftiges Gewitter mit Bliz und Donner war am 4ten Januar zu Laybach von einem
Erdbeben und zu Triest von einem der schreklichsten Meeres-Austreten, Colma, begleitet,
auch gegen die adriatischen Küsten, so wie gegen die von Corsica stürzte sich die See mit grofser Heftigkeit. Auf diese elektrische Entladungen folgte nun sehr strenge Kälte, am 16ten Januar wies Reaumurs Thermometer zu Stuttgardt
auf —$20\frac{1}{2}$°, am 17ten auf 21°. Gleiche Men-
gen von Schnee und ihnen folgende strenge Kälte
traten auch in der zweyten Hälfte des Februars
wieder ein. Während dieser Kälte spürte man
am 23sten Januar ein Erdbeben zu Strasburg.
So schneereich und kalt im Westen der Winter
war, so dauerte er zu Petersburg desto kürzer,
wo in diesem Winter schon nach dem 106ten Tag
das Eis der Newa brach, ein Termin, der seit
den 85 Jahren in welchen man Aufzeichnungen
darüber macht, nicht bemerkt wurde.

Am 16ten May fiel vier und zwanzig Stunden lang im südlichen Teutschland wieder Schnee.
Bald folgte denn sehr heiße und trokene Witte- Heisser Som-
rung und die schreklichsten Gewitter, eines der mer.
stärksten und am weitesten verbreiteten, war das
am 5ten Junius, nur im Julius wurde die äusserste Hize von einem sehr kalten Regen und
auf den Vor-Alpen, z. B. den Allgau, von
Schnee unterbrochen, auch fiel hin und wieder
ziemlich großer Hagel. Im August stieg aber
die Hize aufs höchste, zu Paris auf $28°$ und
einmal sogar auf $30°$ Reaum., es wurden wegen
der großen Hize die Schauspiele eingestellt. Zu
Wien stand am 27ten August das Queksilber, in
Reaum. Thermometer auf $28\frac{3}{4}°$, $1\frac{1}{4}°$ höher als
vor zwey Jahren.

Während der größten Hize sah man einmal
zwischen Beaumont und Cahors eine Flamme 4 —
5 Minuten lang von Westen gegen Osten ziehen
und hörte dabey einen fürchterlichen Knall, eine
Mühle wurde zu Arcombal aus den Fundamen-
ten herausgeworfen und zerstört. Auch in Nord-
Jüttland erhob sich während der stärksten Hize
in der Nacht vom 9ten bis 10ten August ein Gewitter mit den heftigsten Blizen, worauf Hagelkörner wie Hühner-Eyer und ein Wolkenbruch
folgte, dabey bemerkte man keinen Sturm, aber
in der Luft ein Geräusch wie wenn große Vögel
sich aufschwingen, ein Umstand welcher zu Deutung früherer Sagen *) bemerkenswerth seyn dürfte.
In der Nacht vom 24sten bis 25sten August hatte
man in Dalecarlien zur Zeit des Vollmonds den
ausserordentlichen Anblik von Nebensonnen und

*) Vergleiche ersten Theils der Chronik S. 144.

Nebenmonden mit farbigen Bogen und Leuchterscheinungen.

Nur Ein Meteorsteinfall am Loch Tay in der
Mitte des Septembers ist in diesem Jahr zur allgemeinen Kunde gelangt. Wegen der grofsen
Trokenheit, die an manchen Orten noch im
November dauerte, und die so grofs war, dafs
die Donau und Sawe an der Grenze Oesterreichs
und der Türkey nicht mehr befahren, sondern
an einzelnen Orten durchwathet werden konnten,
fiel die Erndte nicht reichlich aus, auch der
Weinstok litt theils durch den Brenner, theils
durch andere nachtheilige Umstände, der Wein,
welcher geherbstet werden konnte, wurde aber
an manchen Orten dem von 1784 gleichgeschäzt.

Auch die bekannten Vulcane schwiegen während dieses so ausgezeichneten Sommers, dagegen glaubte man im Königreich Neapel, zwischen Atina und Agnone, einen neuen zu bemerken.

Einem sehr bedeutenden Erdbeben, das am
zwölften May die Schweiz und Italien traf, bey
welchen besonders Crema sehr litt, und der Burg-
fleken Maguin in einen See versank, folgte am
26sten October ein Erdbeben, das über Pohlen, Ungarn, ganz Siebenbürgen bis nach Constantinopel, und über Servien und Bosnien bis
ans schwarze Meer sich erstrekte und auch zu
Kiew um dieselbe Zeit bey heiterer ruhiger Luft
empfunden wurde. Zu Constantinopel dauerte
der Stofs fast zwey Minuten lang, dabey war die
See ganz ruhig. Zwischen Silistria und Rut-
schuk drang geschwefeltes Wasser aus der Erde,
der Dniester, Buek und andere Flüsse, die ganz
ausgetroknet waren, schwollen bald darauf ohne

Regen an. In der Gebirgsgegend der Hozuláken
entzündete sich ein grofser Wald. Bey Rothbach
im Kronstädter District wurde aus Erdspalten ein
feiner, aschgrauer, schweflich riechender Sand
herausgestofsen, so dafs derselbe an manchen
Stellen $\frac{1}{4}$ Elle hoch lag, zugleich drang auch
schweflich riechender Dampf und Wasser hervor.
An manchen der angegebenen Orte wiederhohlte
sich das Erdbeben im Verlauf des Novembers,
auch spürte man am 7ten dieses Monats ein sehr
starkes in Algier, am 24sten Eins zu Wien.

Für die Gesundheit scheint dieser Jahrgang
sehr günstig gewesen zu seyn, es ergaben nicht
nur die Geburts- und Sterbelisten der gröfsern
Städte, Amsterdam und Wien etwa ausgenommen,
eine Mehrzahl der ersteren, sondern es kommen
überhaupt auch wenig ausgezeichnete Krankhei-
ten vor. Hin und wieder zeigte sich die Ruhr, **Ruhr, Poken**
z. B. zu Goch vom August bis November. (Rad- **und Schweifs-**
macher.) In Strasburg richteten die Poken ziem- **fieber.**
liche Verheerungen an, auch das Scharlachfie-
ber gab sich wenigstens in Abarten zu erkennen,
wie zu Röttingen und einigen benachbarten Dörfern, wo eine dem englischen Schweifs vergli-
chene Seuche weit und breit Schreken erregte.
Zu Philadelphia schien nun in diesem Jahr das
Scharlachfieber dieselbe Form angenommen zu
haben, die es im vorigen Jahr in der alten Welt
gezeigt hatte. Pascalis nannte das Uebel scarlatina cynanchica und beschreibt die Halsentzündung als äusserst geneigt in Brand überzugehen,
unverkennbare Aehnlichkeit hat dieselbe auch
mit der von Hahnemann und Wendelstadt beschriebenen scarlatina milliaris, so wie auch mit der

Form, wie sie in den Niederlanden vorkommt, wo sie der rothe Hund genannt wird. *)

Gelbes Fieber.

Das gelbe Fieber zeigte sich in diesem Jahr ziemlich verbreitet, sogar zu Caraccas, wo in der kühlen Jahreszeit der Thermometer nicht über 10 — 12° steht, und das 450 Toisen über der Meeresfläche liegt, raffte die Krankheit eine große Zahl junger europäischer Soldaten hin, **) ebenso zu Portobello und Vera Cruz, auf den Inseln Tabago, St. Lucie, Martinique, Guadeloupe, Antigoa, besonders auch auf St. Domingo, wo die französische Armee operirte, aber auch zu Charlestown, Philadelphia, Wilmington und Newyork. Von lezterem Ort versichert Perrin du Laç, daß dort die einzige Ursache der Krankheit die Warfs oder Schiffsbehälter seyen, in welchen die Schiffe vorzüglich beym Eisgang geborgen werden, und in welchen sich stagnirendes Wasser bildet, überhaupt Unreinigkeiten sich sammeln, welcher Uebelstand aber nachher (ob zugleich auch das gelbe Fieber ist nicht angegeben) ganz abgewendet worden sey. Gerade von diesem Jahr führt Moreau des Jonès die unläugbarsten Fälle von Mittheilung der Krankheit durch Anstekung auf der Insel Martinique an. ***)

Stürme.

Auch dieses Jahr endigte wie das vorige unter den heftigsten Stürmen. Einen unerhörten Sturm am 27sten December, der sich am 29sten von Neuem erhob und vorzüglich Paris und die französische Küste traf, wollte man aus der Stel-

---

*) Harles Journal der ausländischen Litteratur. 10r Bd. 2tes Stük.
**) Humboldt Reisen. II. p. 401.
***) P. 184.

lung des Vollmonds, seiner nördlichen Abweichung und dem Perigäum erklären.

Auf gleiche Weise wie beym schnellen Nach- Unter meteo-
lassen grofser Kälte und ihrem Uebergang in scheinungen
Thauwetter schon häufig meteorische Erschei- tritt strenge
nungen und ihnen entsprechende Erdbeben aufgeführt wurden, so kündigte sich in Galizien 1803 n. Chr.
plözlich eintretende Kälte unter ähnlichen Vorgängen an. Zu Lemberg sah man am 6ten December, nachdem am Tage zuvor ein starker Re-
gengufs unter Donner und Blizen gefallen war,
das ganze Firmament einige Minuten lang ganz
hell erleuchtet, wie von einer Flammen - Wolke
(Chasma) worauf eine ebenso grofse Dunkelheit
folgte, die durch zwey gefärbte Bogen am südlichen Himmel noch schauerlicher wurde, als
diese nach einigen Minuten verschwunden waren,
entstand ein schreklicher Sturm mit Schneefloken
von ungewöhnlicher Gröfse, der Wind sezte sich
nun bleibend von West nach Ost um und mit
diesem Tag trat der Winter in seiner ganzen
Strenge ein. Zu Bialystok erreichte am 6ten Januar die Kälte 25 — 27°, während dieser Zeit
spürte man mehrere sehr starke Erdstöfse. Am
1sten Februar sah man dort Abends schon wieder
drey farbige Bogen bey hellem Wetter am Himmel und die Kälte erreichte — 30 — — 32° Reaumur. Am strengsten stellte sich der Winter im
südlichen Rufsland und an der caucasischen Linie ein. In Katharinenburg fiel im September starker Schnee, am 21sten October war die Kälte
— 15° Reaum., am 1sten Januar 32°, vom 5ten
Januar an konnte man das Queksilber 76 Stunden lang hämmern. Zu Saratow sank der Thermometer am 5ten Februar auf 33°, am 6ten auf

29

38*. Der Tereck bedekte sich mit einer ½ Ar-
schinen diken Eisrinde, alle Obstbäume, mit
Ausnahme der Aepfelbäume, erfroren. Bey Saratow war das Eis der Wolga ½ Elle diker als
gewöhnlich, das Hanföl fror in den Tonnen, sogar der Branntwein sezte in den Häusern eine
Eisrinde an. Auch in Dännemark und dem übrigen Norden, besonders Schweden, fieng der Winter sehr frühe an, am 17ten November bildete
sich die Eisdeke der Newa und im December
mufsten die Theater wegen der Kälte geschlossen
werden. , Während es in Italien im December
Regengüsse und Schneegestöber gab wie sie seit
1758 nicht mehr gesehen worden waren, fiel auch
in Teutschland ziemlich früh Schnee und es begann ein mehr anhaltender als strenger Winter, es bildete sich daher eine starke Eisdeke auf
den Flüssen, im Februar nahm die Kälte noch
mehr zu und an manchen Orten, wie zu Wien
und in Italien, fiel noch sehr tiefer Schnee. Am
13ten Februar war eine Schlittenfahrt auf dem
Mayn bey Frankfurt und am 16ten zu Livorno,
was man dort noch nie erlebt hatte. In Dalmatien lag der Schnee sechs Schuh hoch und am
18. Februar noch an der See 2 Schuh hoch, auch
in Spanien, besonders dem nördlichen, war der
Winter rauh und an manchen Orten der Schnee
2 Schuh hoch. Erst am 22sten und 23sten Februar gerieth die Eisdeke des Rheins in Bewegung. Am 12ten Merz fiel zu Petersburg innerhalb 24 Stunden das Queksilber in Reaumurs
Thermometer von 5° auf 19°, und von Katharinenburg in Rufsland melden Zeitungen, dafs es
am 11ten May Morgens Eis gehabt und um Mittag Reaumurs Thermometer auf 24° gewiesen

habe. Auch in Schwaben zeigte sich der May
noch kalt und unfreundlich, besonders vom 13ten
bis 19ten ; am 16ten an demselben Tag wie im
vorigen Jahr fiel noch Schnee, unmittelbar darauf kam starke Hize und häufige Hagelwetter.
Der nun folgende Sommer war mehr anhaltend
warm als ausgezeichnet heifs und der Ertrag
der Erde wäre nach vielen Jahren wieder der
reichlichste gewesen, wenn nicht in der Nacht
vom 13ten auf den 14ten September nicht nur Frost im
in Schwaben und am Rhein, sondern auch in September.
Ober-Italien, in Venedig bedekte sich das Wasser auf dem festen Land mit einer Eiskruste,
ein Frost dem Weinstok, dem Tabak, Welsch-
korn und andern Früchten Verderben gebracht
hätte. Auf Island war schon am 11ten August
Schnee gefallen und betrug am folgenden Morgen die Kälte — 3° Reaum. Auch in Norwegen
mufste man Brod aus $\frac{2}{3}$ Roggenmehl und $\frac{1}{3}$ Rog-
genstroh baken.

  Auf die vulcanischen Erscheinungen des vo- Eruptionen
rigen Jahrs, die sich im Januar durch einen Aus- des Aetna u.
bruch des Aetna mit zwey Lavaströmen am 4ten Cotopaxi.
dieses Monats, und nach zwanzigjähriger Päuse
durch gewaltige Bewegungen im Innern des Cotopaxi, auf welchem in einer einzigen Nacht
desselben Monats aller Schnee schmolz, und bey
aufgehender Sonne die äussere Wand des Kegels
wie verschlakt erschien, während aus dem Innern ein so unbeschreiblich starkes Getöse vernommen wurde, dafs es an der 52 Stunden entfernten Küste noch wie die Salven einer Batte-
rie schallte, beendigten, folgten in diesem Jahr,
nachdem im vorigen Jahr nur ein einziger Meteorsteinfall bekannt worden war, desto häufiger

und in steigender Zahl meteorische Erscheinungen, um wie es scheint im nächsten Jahr wieder mit vulcanischen abzuwechseln.

Rother Staub u. Schnee.

In der Nacht vom 5ten auf den 6ten Merz fiel rother Staub, theils mit, theils ohne Regen in mehreren Gegenden Italiens bey Udine, Venedig, Treviso, Neapel u. and. O. Bey Tolmezzo im Friaul als rother Schnee. In Apulien bemerkte man zuerst einen starken Wind mit vielem Getöse, hernach eine rothschwarze Wolke die von Südost kam, Alles verfinsterte, erst einen gelblichrothen Regen und hernach einen rothen Staub-Niederschlag gab, welches den ganzen Tag bis Abends 10 Uhr dauerte. Auch in Sicilien ereignete sich dasselbe unter Bliz und Donner und von einem Südost-Wind begleitet, selbst in Wien will man etwas von dem Staub bemerkt haben. *)

Meteorsteinfall u. Feuerkugeln.

Am 26sten April sah man zu Caen, Falaise, Pont d'Andemer, Verneil und Alençon ein Meteor, aber in der Nähe von Aigle bey heiterem Wetter nur ein Wölkchen aus welchem auf eine Fläche die eine Ellipse bildete, deren Länge-Durchmesser 2½ franz. Meile betrug, nach der Schäzung von Chladni 2,000 Meteorsteine fielen, von welchen der gröfste 17½ Pfd., der kleinste 2 Quentchen wog, und die bey der Analyse eine sehr verschiedene Beschaffenheit zeigten. Zu East Norton in England fiel am 4ten Julius eine Feuerkugel und zerplazte unter einem starken Schwefelgeruch über dem Gasthof zum weifsen Ochsen, der Schornstein wurde umgeworfen, das Dach zum Theil abgedekt und die Milchkammern in einen Schutthaufen verwandelt,

---

*) Gilberts Annalen, XVIII. Bd. S. 32.

die Steine welche man fand hatten die gleiche
Beschaffenheit. (Chladni.) In demselben Monat sah man auch zu Bologna bey heiterem Wetter einen leuchtenden Rauch, wahrscheinlich
eine Feuerkugel in Dampf gehüllt, hörte eine
Explosion und in dem sieben italienische Meilen entfernten Orte la Moglia sah man einen
Rauch von der Erde aufsteigen.

In der Nacht des 16ten Augusts erhob sich im
Clavetzer See, nahe bey Plön, bey ruhigem Wasser ein torfartiger Berg mit einer weißen Rinde
wie Asche bedekt, und am 29sten desselben Monats bemerkte man nach einer sehr großen Hize
eine heftige Erderschütterung von starkem Knall
begleitet. Eine Feuerkugel sah man auch zu
Genf und Befort den 22sten September, den 8ten
October sah man zwar bey Saurette, Dep. de
Vaucluse, kein Feuermeteor, aber man hörte
ein heftiges Krachen und starkes Zischen, größere oder kleinere Feuerkugeln sah man noch
weiter am 6ten oder 13ten November zu London,
16ten November zu Genf, am 10ten December
zu Katharinenburg und an demselben Tage fiel
auch bey dem Marktfleken Massing, im Landge-
richt Eggenfelden, Abends 8 Uhr ein Meteorstein, dem am 16ten December wieder eine Feuerkugel bey Schwarzenberg folgte, an welchem Tag
man nicht nur zu Nürnberg Abends 6¼ Uhr einen
Feuerklumpen von Ost nach West durch den Himmel ziehen, der die Helle des Vollmonds verbreitete, sondern auch ähnliche Leuchterscheinungen die den ganzen Grund erleuchteten, im
Ries sah.

Schon im December des vorigen Jahrs hatt
sich über England, Frankreich und zum Theil

Influenza. über Teutschland eine. Influenza verbreitet, die
zwar, wohin sie gelangte, sehr allgemein sich
zeigte, deren Richtung von Osten her aber nicht
nachgewiesen werden konnte, und die somit als
der spätere Act der unter dem Jahr 1800 erwähnten Influenza angesehen werden konnte, so wie
sie auch jezt nicht an ihr leztes Ende gelangte,
da sie, wie seiner Zeit erwähnt werden wird,
strichweise noch später unter Menschen und Thieren sich äusserte. Zu Paris, wo man die Krankheit wieder la Grippe nannte, war sie so häufig
als 1775 und es litten besonders auch die Thea-
ter-Cassen darunter, so gutartig im ganzen auch
ihr Verlauf war, so wollte man doch während
und nach der Epidemie häufige Abortus bey Menschen und Thieren bemerken, *) auch litten
Schwangere und Kindbetterinnen stärker an der
Krankheit. Vorzüglich beschäftigte die Krankheit die Aerzte Englands und Schottlands, die
in zahlreichen Abhandlungen und Briefen ihre
Beobachtungen bekannt machten. **) Zu Edinburgh sollen aber auch im April täglich hundert?
Leichen begraben worden seyn, während sonst
nie hundert in einer Woche vorkamen, ungewöhnlich grofs war auch die Zahl der Kranken zu London. An einigen Orten soll die Krankheit nach dem Mondsstand sich gerichtet haben,
und am stärksten in dessen Erdnähe gewesen
Gelbes Fie- seyn. Die verschiedenen militairischen Expedi-
ber. tionen nach Westindien waren der Verbreitung
des gelben Fiebers besonders günstig, durch das

---

*) Vergl. Chronik u. Thl. S. 55.
**) Duncan Annals of Medecine. Vol. II. Edinb. 1803.
Memoirs of the med. Society of Lond. Vol. VI.

Kriegsleben scheint die Krankheit auch auf Domingo eigene Modificationen und Steigerungen erfahren zu haben, so daß als im Merz die Franzosen in die Hauptstadt eindrangen, schon in dieser Jahrszeit die Krankheit sich zu verbreiten anfieng. *) Auch auf Berbice breitete sich die Krankheit aus. Im October gelangte die Krankheit auch in den Hafen von Mallaga, es glich jedoch hier dieselbe in ihrem Verlauf viel weniger der, welche früher zu Cadiz beobachtet wurde, weit seltener stellte sich im zweyten Stadium die so günstige gelbe Hautfärbung ein, es hatte die Krankheit überhaupt nicht denselben raschen Verlauf, das Stadium der Aufreizung war weniger deutlich bemerkbar, es war mehr allgemeine Kraftlosigkeit, auch zeigten sich häufiger Petechien. **)

Bey Ausbreitung der Pest wurden im December die Contumaz - Anstalten in Oesterreich und Italien geschärft.

Eine ausführlichere Erwähnung verdiente wohl die Geschichte des Land - Scorbuts, wie er Landscorbut. sich vorzüglich im Temescher und Werschezer Bezirk zeigte, wo die erste Untersuchung gleich 4000 Kranke ergab, doch nöthigt die Enge des Raums auf den Bericht von der Krankheit selbst zu verweisen. ***)

---

*) Gilbert, N. P., medicinische Geschichte der französischen Armee im Jahr 10. A. d. Franz. von D. Aronson. Berlin 1806. S. 86.

**) Don Juan Manuel de Arejula kurze Darstellung des gelben Fiebers, welches 1803 zu Mallaga herrschte. A. d. Sp. von D. W. H. L. Borges. Berlin 1805.

*) Franz von Schraud Nachrichten vom Scharbock in Ungarn im Jahr 1803. Wien 1805.

In Schwaben wollte man die Bemerkung machen, daſs dieser Jahrgang durch besondere Gesundheit sich auszeichne, was man, wohl etwas zu voreilig, der Schuzpoken-Impfung zuschrieb.

Der gelbe Knopf, eine Krankheit unter den Pferden in Schwaben. Während der heiſsen Witterung im Julius hatte man in den obern Gegenden Schwabens, besonders in der Baar, eine schnell tödtende Anthrax-Krankheit unter den Pferden bemerkt, welche man den gelben Knopf nannte, und in den lezten Monaten des Jahrs kam in der Waadt eine

Krankheit unter den Füchsen. in neuern Zeiten wieder bekannt gewordene Krankheit unter den Füchsen vor, die man Anfangs für die Hundswuth halten wollte, aber im Verlauf bald als eine von lezterer sehr verschiedene Erscheinung erkannte.

1804 n. Chr. Erdbeben. Die den Jahrgang 1804 so sehr auszeichnenden Erdbeben begannen schon am 13ten December des vorigen Jahrs, da sich eine Erderschütterung von Süd nach West durch Chamouny über den Montblanc und die Bergkette von Breveux zog und groſse Felsen dabey abgerissen wurden. Auch gab es noch in diesem Monat auf einzelnen gröſsern Flüssen Eisgang, auf einen ungewöhnlich milden Januar nahm die Hälte im Februar zu und zeigte sich noch im Merz immer

Gewitter im Winter. steigend, den 24sten Februar war ein Gewitter über den gröſsten Theil von Holland ausgedehnt, dessen Blize vielfach zündeten, und wobey feurige Massen aus der Luft zu fallen schienen, bey welchem man aber auch einen Donnerschlag hörte. Auch der April war noch kalt, am 5ten fiel ein

Feuerkugeln. Meteorstein bey Glasgow und eine Feuerkugel wurde am 15ten desselben Monats zu Genf und Neufchatel gesehen, ähnliche sah man auch, jedoch durch nichts ausgezeichnet, am 29sten Ju-

lius zu Frankfurth, 19ten August zu Eckwer-
den, im September zu Tunbridge in England
und einige Tage darauf in Weimar, Jena und
Leipzig. Mit den ersten Tagen des Mays trat
bedeutende Wärme ein, Reaumurs Thermometer
stand meist auf 22 — 23°, noch mehr stieg die
Hize im Junius, worauf am 6ten und 7ten dieses Monats sehr heftige Gewitter folgten, überhaupt war Schwüle und häufige Regen und Gewitter in der alten und neuen Welt gleich allgemein, im May und Junius regnete es in Nordamerica fast ununterbrochen und später trat eine
so heiße Witterung ein, die man nur mit der
von 1793 vergleichen konnte, selbst zu Stokholm stieg das Queksilber bis auf 30° und höher und in den nördlichsten Provinzen Schwedens, dem Kirchspiele Kyro und Mouhijacroi
fiel einer der verheerendsten Hagel, wobey man
keine Hagelkörner sondern verschieden geformte
Eisstüke bemerkte, Hagelwetter waren überhaupt
im August fast allgemein. Weit merkwürdiger
ist noch das Zusammentreffen der Witterung, daß
zu derselben Zeit, in der Mitte oder gegen Ende
Augusts in Mexico ein Frost den Feldfrüchten
großen Schaden zufügte, so daß Hungersnoth
entstand und auch im südlichen Teutschland ein
sehr kalter Regen, auf den etwas höhern Schaaf-
Weiden sogar Schnee fiel. Im September wurde
es noch einmal sehr heiß, gegen Ende dieses
Monats und im October trat kalte feuchte Witterung ein, es war auch die Erndte nicht überall
gleich, im südlichen Frankreich wurde der Ertrag der Seide und des Weins sehr gerühmt, dagegen fiel in Portugall, Spanien und der Barbarey die Erndte des Getreides und Oels sehr gering.

aus, und in Schweden gab in diesem Jahr die
Kriebelkrankheit Veranlassung zu einer Preis-
Aufgabe.

Erdbeben in
Spanien.

Am meisten zeichnen aber dieses Jahr die
häufigen Erdbeben und das Zusammentreffen derselben in Gegenden, in welchen die bedeutendsten Epidemien dieses Jahrs vorkamen, aus. Eines Erdbebens in den Schweizer Alpen wurde
schon erwähnt. Am 15ten Januar spürte man
ein starkes Erdbeben in Mallaga, aber auch in
Madrid und hin und wieder in Holland. Zu Madrid wiederhohlten sich die Erdstöfse am 21sten
Januar. Das Erdbeben am 13ten Januar wurde
besonders stark zu Morteil in der Provinz Granada empfunden, im Anfang war die Bewegung
perpendiculair und wurde erst nachher wellen-
förmig, die Stöfse wiederhohlten sich eilf mal
in Zwischenräumen von ungefähr drey Stunden.
Die Stadt wurde ganz verwüstet und die Kirchen
zerstört, auch am 16ten Februar, als man wieder
leichte Erdstöfse in Madrid spürte, war die Erde
in der Provinz Granada immer noch nicht ruhig,
und wurde es den ganzen Sommer nicht. Am
8ten May empfand man zu Newyork einen so
heftigen Erdstofs, wie man ihn seit dem November 1783 nicht gespürt hatte, den 8ten Junius
traf ein starkes Erdbeben Zante und Morea, den
16ten Julius gab es unweit der Festung Fana-
gorji eine vulcanische Eruption, den 25sten August erschütterten die heftigsten Stöfse die ganze
nördliche Küste des Mittelmeers, bis nach Italien, besonders litt Almeria; die Salinen, Ro-
chetta, das Castel del Popolo, Dalias, Bugnol,
Palma, Feliz Eniz stürzten theils in Trümmer,
theils wurden sie vom Meere bedeckt.

Noch am 16ten September erfolgten in Granada mehrere Erdstöſse, wobey man das Gefühl
hatte, wie wenn man Stöſse gegen die Fuſssohlen
erhielte, bey jedem Stoſs wurde ein Getöse wie
von mehreren losgelassenen Kanonen vernommen,
und aus allen Quellen floſs mehrere Tage lang
das Wasser trüb und unrein hervor, endlich wurden noch zwey Erdstöſse am 23sten September
zu St. Malo, Cancal, Avranches, Granville und
längs der ganzen Küste, auch zu Dinan gespürt.
Schon während des Sommers hatte der Vesuv sieben Wochen lang Lava, Feuer nnd Asche ausge-
stoſsen, leztere wird sonst für das Ende einer
Eruption auf längere Zeit angesehen, aber der
Vulcan war noch im October unruhig und am
22sten November erfolgte ein neuer heftiger Ausbruch mit einem Erdstoſs, hoher Feuersäule und
neuem Lavastrom. Der Aetna explodirte zwar
nicht, aber nach einem Erdbeben am 9ten Februar rauchte der Vulcan 97 Tage lang. Fast
dieselbe Richtung wie bey dem Erdbeben ist
in diesem Jahr auch bey dem gelben Fieber be- *Gelbes Fie-*
merkbar, zu Newyork sollen schon im Julius Zei- *ber in Nord-*
chen der Krankheit bemerkt worden seyn, doch *america.*
errichtete man in diesem Ort so wie auch zu
Philadelphia noch in diesem Jahr eine Quarantaine gegen Charlestown. Hier herrschte freilich
das gelbe Fieber mit der gröſsten Furchtbarkeit,
es wurden nicht nur die meisten Neuangekom-
menen, sondern auch ältere schon ans Klima
gewohnte Einwohner, die sich nur auf ein paar
Jahre von der Stadt entfernt hatten, oder ver-
reist gewesen waren, befallen. Im September
aber erlöste plözlich ein fast über ganz Westindien
verbreiteter, für Charlestown aber durch seine

unmittelbare Wirkungen sonst sehr verderblicher
Orcan (Hurricane) diese Stadt von ihrer schreklichen Plage, wenn auch gleich der plözliche
Wechsel von der Wärme zur Kühle manchem
Kranken, wie der Berichterstatter meynt, noch
nachtheilig seyn konnte. (Tidyman). Nicht nur
in Westindien und Nordamerica, auch in Guinea
sollen remittirende Fieber besonders verheerend
in diesem Jahr gewesen seyn.

Gelbes Fieber in Spanien. Am allermeisten verbreitete sich das gelbe
Fieber längs der spanischen Küste am Mittel-
meer; von Cadiz bis Tarragona waren in diesem
Jahr und vorzüglich in der zweyten Hälfte des
Sommers hizige Fieber allgemein. Anhaltender
und zum Theil sehr starker Regen, der mit der
schwülsten Hize abwechselte, fiel, auch in diesem Theil von Spanien und zu der übrigen Noth
kam noch die des Hungers. Schon im August
hatten sich mehr als 20,000 Menschen aus Furcht
vor dem gelben Fieber von Mallaga entfernt, und
am 22sten dieses Monats betrug die Zahl der
Kranken daselbst bereits 3,000, gerade am 21sten
und 23sten bemerkte man auch wieder Erdstöße
und am 29sten hatte man sich ziemlich darüber
vereinigt, dafs die immer mehr um sich grei-
fende Krankheit das gelbe Fieber sey. Obgleich
nur noch der dritte Theil der Einwohner zu-
rükgeblieben war, so betrug doch die Zahl
der Kranken in diesen Tagen mehr als 2,000,
und der täglich Sterbenden bey 200, so dafs der
reiche Herbst fast gar nicht eingebracht werden
konnte, dagegen hörte die Krankheit viel früher
auf, denn schon am 19ten October starben nur
noch 5 Personen, im Ganzen schäzte man die
Zahl der in Mallaga an der Krankheit Verstor-

benen auf 27,000. Zu Cadiz, wo 4766 Menschen
starben, betrug die Zahl der Leichen an demselben 19ten October noch 50, im Ganzen war
hier die Sterblichkeit entschieden geringer, es
starb fast kein Frauenzimmer, aber in mehreren Klöstern bemerkte man, daſs nun diejenigen,
welche von der Krankheit im Jahr 1800 nicht
getroffen worden waren, auf einmal erkrankten,
ohne jedoch die andern anzustecken. Nach Gibraltar gelangte das gelbe Fieber durch Anstekung von einem Franzosen Pratt und einem Spanier Santos, die von Cadiz aus dahin reisten,
und von denen der eine kurz vorher genesen
war, der andere aber erst auf der Reise erkrankte,
hier wollte man in den ersten Tagen des Octobers noch nicht zugeben, daſs die Krankheit das
gelbe Fieber sey, es starben nach Zeitungs-
Nachrichten noch im Januar besonders Engländer an der Krankheit. Auch zu Alicante gab es
in der Mitte Octobers täglich 100 Leichen.

Den gröſsten Schreken über Teutschland verbreitete die Nachricht, daſs im August zu Livorno nicht in dem der Seeküste zunächst gelegenen, sondern in dem bewohntesten Theil der
Stadt, eine schnell tödtende, dem gelben Fieber
gleichende Krankheit ausgebrochen sey, obgleich
die Behörden das Ganze als die vorübergehende
Folge eines heiſsen Sommers und für ein faulichtes Gallenfieber erklärten, so ergriff doch
die Regierung der cisalpinischen Republik schon
am 3ten September und die der ligurischen Republik am 8ten October Vorsichts - Maaſsregeln,
und ihnen folgte in den ersten Tagen Novembers die Schweiz. Eine zu Salzburg am 23sten
November erschienene Verordnung verbot sogar

Marginal note: Gelbes Fieber zu Livorno.

allen Reisenden aus Italien den Eintritt nach
Salzburg und empfahl sehr dringend die salz-
sauren Räucherungen. Am 3ten December ergieng
eine churfürstlich - würtembergische Verordnung
die sich darauf beschränkte , genaue Aufsicht
über die Reisende und Effecten aus Italien zu
empfehlen, am 8ten December nahm auch die
schweizerische Regierung gelindere Maafsregeln,
und verordnete statt der Sperre Vorsichts-Maafsregeln. Um diese Zeit hatte auch zu Livorno
die Krankheit nachgelassen, am 29sten November gab es keinen neuen Kranken und am 30sten
zum erstenmal keinen Todten, doch befahl eine
österreichische Verordnung am 17ten Februar 1805
von Neuem das Räuchern der Briefe. Am spätesten kam die freye Reichsstadt Frankfurt, welche zu Beobachtung der nöthigen Vorsichts-
Maafsregeln gegen die Verbreitung des gelben
Fiebers erst am 15ten Merz 1805 eine Sanitäts-
Commission errichtete.

Gallizte Faul-
fieber in Ra-
gusa u. Grie-
chenland.
Livorno war aber nicht der äusserste Punct
gegen Osten, von welchem man Nachricht über
gallichte Faulfieber in diesem Jahr erhielt, auch
in Ragusa waren Krankheiten dieser Art ungewöhnlich häufig, ja noch weiter auf derselben
Linie ostwärts auch auf Morea, besonders zu Pa-
trasso und Corinth, kam etwas später ein Typhus
dieser Art häufig vor, den man durchaus nicht
für eine Erscheinung der sonst dort gewöhnlichen
Pest gelten lassen wollte.

1805 n. Chr.
Später Früh-
ling, kalter
Sommer.
Durch Nichts war der Winter 1805 ausgezeichnet, der Frühling äufserst spät und kalt, in
den ersten Tagen Aprils trat noch strenge Kälte
von Erdstöfsen begleitet in Florenz ein, erst im
Julius fiengen die Trauben zu blühen an und

eben so kühl blieb auch der übrige Theil des
Sommers, auf gleiche Weise scheint es sich auch
in Nordamerica verhalten zu haben, zu Charlestown stand Fahrenheits Thermometer nie höher
als 95°, aber difs nur ein paar Tage, meistens
blieb es bey 85°, es herrschten östliche Winde und
schwimmende Eisberge bemerkte man südlicher
als je.

Den 1sten Februar sah man Morgens 4 Uhr Feuerkugeln.
eine Feuerkugel zu Jena und Dresden, an demselben Tag Abends 8 Uhr zu Frankfurt an der
Oder und Giebichenstein bey Halle. Eine Erderschütterung mit einem starken Knall, welche
am 17ten Februar zu Sigmaringen bemerkt wurde,
glaubte Mezler für die begleitende Erscheinung
der Detonation eines Meteors, nahmentlich einer
Meteorsteinmasse erklären zu müssen. Für die
Natur - Geschichte und Abkunft der Meteorsteine
möchten wohl die zwey am 25sten Merz bey Do-
roninsk im Werneudinskischen Districte gefallenen unter die entschiedensten gehören. Bey
schwachem Sonnenschein und einem mäfsigen Meteorsteine.
kalten Ostwind zog unter Rasseln wie von Kie-
selsteinen eine Wolke in der Richtung des In-
doga-Flusses heran und sank immer tiefer, bis
sie den Boden zu berühren schien, wo sodann
ein rothglühender Stein aus derselben heraus-
rollte, und nachdem er vom Boden etwas zurük-
geprallt war, noch 8 Faden weiter sich bewegte,
es war derselbe 7 Pfund schwer und 4 Werschok
hoch, erst nach einer halben Stunde war er so
weit abgekühlt, dafs man ihn berühren konnte, 100
Faden mehr östlich fand man Tags darauf einen
ähnlichen Stein der 2½ Pfund schwer war. Auch
zu Constantinopel fielen in diesem Monat Meteor-

steine auf dem Fleischmarkt. Feuerkugeln sah
man auch noch am 21sten Julius zu London,
21sten October bey Schweidniz, 23sten October
in Düsseldorf, doch waren diese äußerst entfernt.

Erdbeben nach Regenwetter und Stürmen. Dagegen hatten die Erdbeben dieses Jahrs
das Ausgezeichnete, daß sie nicht nur meist im
Monat Julius vorkamen, wie die starken Erdstöße auf der Insel Candia am 3ten, zu Eisenerz in Steyermark am 24sten, das Erdbeben zu
Neapel und Abruzzo am 26sten, sondern daß beyden leztern unausgesezt Regenwetter und starke
Stürme vorangegangen waren, die gleichzeitig
mit ihrem Eintreten aufhörten. Doch gab es am
13ten October wieder ein nicht unbedeutendes
Erdbeben in Unter-Italien, nahmentlich Capua,
und 30sten November in Chur.

Schon im October fieng eine Witterung an,
die nur mit der von 1740 verglichen werden konnte,
während viele Hülsenfrüchte blühten, fiel an
manchen Orten tiefer Schnee und die Sommerfrüchte wurden unreif auf Schlitten eingebracht.
Zu Stokholm stand am 29sten October das Queksilber in Reaum. Therm. schon auf —20°.

In den niedern Gegenden Teutschlands, noch
mehr in Frankreich, Italien und Spanien, wo
die Erndte früher vorgenommen werden konnte,
fiel sie sehr reichlich aus, besonders war diß
der Fall in Spanien, dort war man voll Befürch-
tung, daß das gelbe Fieber auch in diesem Jahr
wieder erscheinen möchte, schon im Merz erließ
der General-Commandant von Cadiz eine Verordnung, daß Alle, welche das gelbe Fieber noch
nicht überstanden haben, die Stadt bald verlassen sollten; der Friedensfürst ließ 150,000 Räu-

cherungs - Apparate verfertigen, aber es zeigte
sich keine Spur der Krankheit.

Hingegen verbreitete sich in diesem Jahr die
Pest an Orten, die schon lange Zeit von ihren
Heimsuchungen frey geblieben waren; so erschien sie zu Bajazed und dem Gebiete, wo sie
seit 80 Jahren nicht mehr vorgekommen war. *)

In Frankreich und Teutschland zeigten sich
immer noch Bruchstüke der in den vorigen Jahren nicht zur vollkommenen Verbreitung gelangten Influenza; man nannte es immer noch la
Grippe, obgleich in der Gegend von Mez auch
viele an der Seuche, die ganz allgemein die Bewohner dort befiel, starben. Auch in Schwaben,
z. B. im Ries, wurden ganze Ortschaften ohne
Ausnahme eines Einzigen von einem Catarrh befallen. Weniger dürfte die so schnell verlaufende Krankheit, wie sie zu Genf im Februar
vorkam und von dort aus grofsen Schreken verbreitete, der Influenza zuzuzählen seyn, dort
fand man bey der Section eine grofse Blutan-
häufung im Gehirn, entschieden aber ist die in
diesem Jahr so allgemein verbreitete Druse unter
den Pferden der Influenza beyzurechnen. Im
Merz zeigte sich die Krankheit zuerst in Hannover, wie man meynte vom jenseitigen Ufer der
Elbe her, im Anfang richtete sie unter der Form
des Rozes grofse Verheerungen unter der hannö-
verischen Cavallerie an, schnell verbreitete sie
sich über Ober-Sachsen, Preussen, die Mayn-
Gegenden, Baden, Würtemberg und im August
kam sie noch im Fürstenbergischen vor. In Berlin befiel sie gutartiger die Pferde so allgemein,

Margin notes: Pest. — Spuren der Influenza. — Druse bey den Pferden.

*) Amand. Jaubert Reise nach Armenien und Persien.
Teutsche Uebers. S. 28. Weimar 1822.

30

daſs im May die Cavallerie-Regimenter zu Pferde nicht ausrüken konnten. Man erklärte die Krankheit in ihrem Weiterrüken für eine nervose Schwäche und Verschleimung der Lunge und stellte sie den ähnliehen Zufällen heym Menschen so gleich, daſs man im Badischen unter andern auch 10— 15 Tropfen Vitriol-Naphta von Zeit zu Zeit zu geben empfahl, auch Wein wurde als ein heilsames Mittel gepriesen, eben so wenig richtig war gewiſs auch die Ansicht von der Krankheit, daſs sie als anstekend durch Polizey-Maaſsregeln von einem Lande abgehalten werden könnte.

Nervenfieber im. Gefolge des Kriegs. ·· Als nach den groſsen Kriegs-Ereignissen in Oesterreich groſse Gefangen-Transporte besonders von Russen auf der Militairstraſse nach Strasburg gebracht wurden, so verbreitete sich auf der ganzen Route, zu München, Augsburg, Canstadt., Vayhingen, Pforzheim, auch in der Umgegend von Basel ein Typhus mit Petechien und Friesel, der meist Männer in den beſsten Jahren, welche auch am meisten mit jenen Transporten in. Berührung kamen, befiel, und auch meistens diejenige, welchen er unmittelbar von den zwar nicht kranken aber äusserst verdorbenen Gefangenen mitgetheilt worden war, tödtete, aber gleich bey der zweyten Anstekung bedeutend nachlieſs. Den damaligen medicinischen Ansichten zufolge wurde an manchen Orten noch sehr vor Ausleerungen gleich im Anfang der Krankheit gewarnt. Zu Augsburg starben in den vier Winter-Monaten mehr Menschen als sonst im ganzen Jahr, mit der wärmeren Witterung lieſs die Krankheit nach, am längsten schien sie in München zu dauern. Doch war auch in Schlesien, welches ·damals der Krieg nicht berührte, die

Zahl der Verstorbenen ungewöhnlich grofs, dort
starben allein an den Poken 6,929 Menschen.

Im Januar 1806 stand während starker Stürme
und Schneegestöbers zu Stuttgardt einmal der Barometer auf 26 Zoll 4$\frac{3}{10}$ Lin., welcher Stand nur
mit dem am 18ten Januar 1784 verglichen wer-
den konnte. Auch dieser Winter war nicht strenge,
aber lange dauerte die unfreundliche Witterung,
nicht vor dem ersten May begann die des Sommers, während dieses gab es schwere Gewitter.
Den 11ten Februar sah man Abends 6$\frac{3}{4}$ eine dem
Vollmond gleiche Feuerkugel im Zenith, die sich
zweymal zusammenzog und wieder ausdehnte.
Einige wollten dabey eine besondere Bewegung
des Athmens und ein Beben an den Häusern bemerken. Am 15ten Merz fiel ein Meteorstein bey
Alais, Dep. du Gard, dessen spez. Gewicht nur
1,94 betrug und bey welchem der Kohlengehalt
beträchtlich war. Am 17ten May fiel wieder ein
Meteorstein bey Basingstok in Hantshire. Auf
Fühnen wurde am 22sten May zwey Stunden lang
die Luft mit einem diken scheflichten Dunst
erfüllt, von dem man glaubte, dafs er von einem
starken Heidebrand in Jütland herkommen könnte.

Der Aetna rauchte 47 Tage lang, während
7 Tage sah man eine Flamme auf diesem Vulcan,
am 27sten May und 10ten October bemerkte man
auch Erdbeben in seiner Nähe. Begleitet von
Erdbeben auf Ischia und in Calabrien, und von
einem heftigen Sturmwind in der Provinz Sa-
lerno begann im Junius der Vesuv Lava und
Asche auszustofsen, und in derselben Zeit, als
dieser Vulcan in Bewegung gerieth, hörte der
Aetna und der Vulcan auf der Insel Stromboli
zu rauchen auf. Am 21sten Julius stürzte ein
Erdbeben zu Molise und Sora viele Gebäude ein,

Marginalia:
1806 n. Chr.
Niederer Ba-
rometerstand.

Meteore und
Meteorsteine.

Vulcanische
Eruptionen.

und am 21sten August richtete ein Erdbeben zu
Rom, noch mehr zu Frascati, Velletri und andern benachbarten Orten bedeutenderen Schaden an.

Bergsturz in der Schweiz. Zu derselben Zeit, als vulcanische Ausbrüche
das untere Italien in Schreken sezten, veranlafs-
ten ausserordentliche Gewitter und Regengüsse
die traurigsten Verheerungen in der Schweiz an.
Schon am 10ten August hatte ein beispielloser
12 Stunden dauernder Wolkenbruch in dem Kan-
ton Unterwalden nid dem Wald und in den Gebirgen von Uri und Engelberg Erdrutschen, die
den Lauf der Flüsse störten, veranlafst; am 2ten
September ereignete sich, durch dieselbe Ursache
veranlafst, der schrekliche Bergschlipf am Spitz-
Bühl, wobey eine 300 Ellen tiefe Erdmasse in
einer Breite von 1000 Fufs vom Gebirge losge-
macht und mit solcher Gewalt ins Thal gestürzt
wurde, dafs der Schutt an den entgegengesezten
Bergen wieder hinandrang, es wiederhohlte sich
die schauervolle Scene von Plürs, eine Fläche
von 36,000 Quadratschuhen, auf dieser Lowerz,
Busingen, Röthen und Goldau mit 450 Personen
wurden in 5 Minuten überschüttet. *)

Feuerkugeln, jedoch ohne ausgezeichnete begleitende Erscheinungen sah man am 17ten Julius in England, am 23sten September bey Weimar, am 28sten September zwischen Memmingen und Lindau und am 22sten December in
Northamptonshire in England.

Sirocco im Breisgau. Zu Freyburg wehte am 22sten October bey
sehr niederem Barometerstand ein Sirocco, wäh-

---

*) C. Zay Goldau und seine Gegend, wie sie war und
was sie geworden ist. Züroh 1807 und Zeitnugsnach-
richten.

rend dessen Mehrere Uebelkeit empfanden und
unmächtig wurden, am Abend desselben Tags
folgte unter Donner und Blizen einer der heftigsten Orcane.

Sehr starke Erdstöfse spürte man am 22sten
September zu Pest und Ofen und am 17ten December aufwärts an der Donau zu Ulm.

Von epidemischen Erscheinungen des gelben
Fiebers in diesem Jahr gibt selbst Moreau de
Jonnès in seiner chronologischen Tabelle keine
Fälle an, aber in diesem Jahr noch liefsen sich auf
einzelnen Punkten zwey Krankheiten bemerken,
welche im nächsten fast ausschliessend die Aerzte
beschäftigten, und über deren ursächliche Momente nothwendig falsch geurtheilt werden müfste,
wenn man sich nur an die späteren gleichzeitigen
Erscheinungen halten wollte.

Alle in der Geschichte der Krankheiten nach- Luftröhren-
gewiesene Epidemien der Luftröhrenentzündung entzündung.
waren entweder im Gefolge weit verbreiteter Influenzen, oder wie die lezte die zu Anfang der
siebziger Jahre vorkam, gegen das Ende jener
in beyden Hemisphären so lange dauernden Halsentzündung oder Scharlachfieber erschienen, unverkennbare Aeusserungen der im Jahr 1800 zuerst begonnenen, nachher aber in ihrer Verbreitung undeutlicher gewordenen Influenza kamen
noch im Jahr 1805 vor, und die den Aerzten
so fremd gewordene Luftröhrenentzündung gab
sich jezt auf so entfernten Punkten zu erkennen,
dafs Local-Umständen nur ein höchstzufälliger
Antheil an ihrem Entstehen zugeschrieben werden kann. Am frühesten kamen Fälle der Krankheit zu Willna vor, ausser Teutschland und
Frankreich verbreitete sie sich vorzüglich über

den Norden nach Schweden, England *) und
Schottland **), zum Theil wie in London in Verbindung mit Masern. In Holland gab der durch
die Krankheit herbeigeführte Tod des Kronprin-
zen dem Kaiser Napoleon Veranlassung aus seinem Hauptquartier Finkenstein alle Aerzte Europas zur Beantwortung einer Preisaufgabe über
die Natur der Krankkeit aufzufordern, durch
deren 83 Beantwortungen jedoch für die Geschichte der Krankheit Nichts und ausser der Andeutung der in gewissen Fällen so unentbehrli-
chen Schwefelleber, so wie einer richtigen Wür-
digung der localen Blutentleerungen auch wenig
über das bereits von Authenrieth Gegebene, ge-
leistet wurde.

Typhus in Preussen. Die zweite Krankheit, deren Beginnen schon
in diesem Jahr nicht übersehen werden darf, ist
der Typhus, der im Herbst 1806, noch ehe die
Schreknisse des Krieges und der Mangel begannen, auf der Insel Rügen die stärksten und kräftigsten Männer im Vollgenufs des Lebens ergriff,
und zu dem sich im folgenden Jahr auch die
Ruhr gesellte, die erste Epidemie dieser Art,
welche der sich nicht mehr jung prädicirende
Practiker während seiner ärztlichen Laufbahn dort
geschen hatte. ***)

Später aber langer Win-ter. Seit vielen Jahren war im November und
dem gröfsern Theil des Decembers die Witterung
nicht so mild gewesen, viele Bäume und Blu-

---

*) Samuel Fothergill in Bradley and Batty med. et phys.
   Journ. Jan. 1808.
**) J. Roberton in Edinb. Journal. Febr. 1808.
***) Wittich Bemerkung über die 1806 u. 7 und noch
   1809 continuirenden Nervenfieber der Insel Rügen. Huf.
   Journ. 1810. VI. Stük.

men, selbst Reben blühten wieder, auch Drosseln und Amseln sangen wieder und man hörte den Kukuk, diese Vögel bekamen wieder Junge und im Januar traf man auch junge Haasen, in seltener Häufigkeit bemerkte man auch im weitergerükten Winter den Seidenschwanz nicht nur in Würtemberg, sondern auch in Regensburg und Eichstädt. Noch am 23sten und 24sten December konnte auf dem Schwarzwald Gras abgemäht werden. Von dieser Zeit an begann aber ein wenn nicht strenger doch langer Winter, mehrmals bedekten sich die gröfsern Flüsse mit Eis und thauten wieder auf. Am 18ten Februar war ein ungewöhnlicher Orcan in England und Frankreich, noch am 22sten und 23sten April fiel in den wärmsten Gegenden Schwabens und der Schweiz schuhhoher Schnee, erst am 10ten May brach das Eis der Newa, doch waren im südlichen Rufsland die gröfsern Flüsse schon im Merz vom Eis frey geworden. Nach den Berichten eines Reisenden war der November in Grönland sehr troken, in demselben aber Nordlichter am häufigsten. Das stärkste, das auch am längsten anhielt, sah man am 2ten December in Gothaab, dort bemerkte man auch am 24sten November im Süden eine Feuerkugel durch den Himmel fliehen. Die strengste Kälte dauerte vom 14ten bis 24sten December, doch sank sie nicht unter 20°, in Lichtenau nur auf 14°. Am 6ten Januar stand der Thermometer bey einer leichten Erderschütterung auf o. Der Merz war warm, die lezte Hälfte des Aprils kalt und neblicht, es fiel mehr Schnee als während des ganzen Monats Merz, auch der Sommer war wenigstens bis zum 6ten August kalt und neblicht, am 24sten Junius lag 2 Tage lang 2 Schuh tiefer Schnee.

Die Witterung des Frühlings in Grönland.

Unglük zu Leyden. Ehe der meteorischen und vulcanischen Erscheinungen dieses Jahrs erwähnt wird, mufs wohl des schreklichen Unglüks; das am 12ten Januar Leyden betraf, kurz erwähnt werden, welches, wenn gleich ganz Artefact, doch defswegen unter den grofsen Naturereignissen aufgeführt zu werden verdient, theils weil es beweist, wie die durch menschliche Kunst in Bewegung sezbaren Kräfte in ihrer Gewalt die Natur erreichen, theils weil aus den bey denselben leichter auszumittelnden Agentien, auch die bey den Natur - Ereignissen wirkenden Kräfte leichter berechnet werden könnten. An diesem Tag flog ein Schiff mit 80,000 Pfd. Schiefspulver im Poppenburger Canal in die Luft, 12 Stunden weit hörte man den Knall und zu Overtoom, einer Vorstadt von Amsterdam, sprangen Thüren und Fenster auf, und fielen Ziegel von den Dächern. Zu Leyden selbst blieb von den 10,000 Häusern kein einziges unbeschädigt.

Am 9ten Merz wurde eine Feuerkugel zu Genf und Glasgow zu gleicher Zeit gesehen. Zu Timochin im Gouvernement Smolensk fiel den 13ten Merz ein 160 russische Pfund schwerer Meteorstein mit einem entsezlichen Donnerschlag. Feuerkugeln sah man am 9ten August bey Nürnberg, im September in Fühnen und Jütland. Den 4ten December fiel ein Steinregen bey Weston in Nordamerica*) und am 14ten desselben Monats erschien in Connecticut eine Feuerkugel, die man im Anfang auf 15,862 Toisen hoch schäzte und aus welcher wie es scheint, drey

*) Silliman in Annales de Chimie. Tom. 73. Warden in Journal de Physique. Tom. LXXI.

aufeinanderfolgenden Detonationen, die man in
einem Umkreis von 10 Meilen am stärksten zu
Milford hörte, entsprechend an drey verschiedenen Stellen Meteorsteine fielen, von welchen
der gröfste 36 Pfund wog. Erdbeben waren in
diesem Jahr, noch seltener; in der Nähe des
Aetna empfand man welche, jedoch nicht stark,
am 24sten Februar und 25sten November. Zu
Lissabon erfolgte am 6ten Junius ein Erdstofs,
der so stark war wie der erste im Jahr 1755, es
folgte ihm aber kein weiterer und die See blieb
ruhig. Weitere Erdstöfse wurden von Lahr und
der Umgegend vom 14ten Julius, von Neuwied
am 11ten September und weit stärkere und wiederhohlte Erdstöfse von Algier im November berichtet.

 Dagegen war die Witterung dieses Sommers Heisser Som-
durchaus desto eigenthümlicher, aus allen Thei- mer.
len Europas stimmten die Nachrichten von ausserordentlicher Hize und Trokenheit überein,
die heftigsten Gewitter und Ueberschwemmungen,
welche leztere vorzüglich auch vom Schmelzen
der Gletscher herkamen, vermochten nichts über
die Hize, nur im September wurde es einige
Tage empfindlich kalt, aber bald trat zum zweytenmal ungewöhnliche Wärme ein. Während des
Sommers soll das Queksilber in Reaumurs Thermometer zu Neapel auf 35 — 36° und zu Stokholm am 1sten August auf 32½° gestiegen seyn.
Am 31sten Julius wollte man zu Stuttgardt bey Sirocco bey
27½° Reaum. Mittags und Nachmittags einen Si- Stuttgardt.
rocco empfunden haben, der ungemeine Erschlaf-
fung und Kopfweh verursachte, und nach welchem man am folgenden Morgen viele todte Vögel unter den Bäumen fand. Ebenso überein-

stimmend waren die Nachrichten von Petersburg und Coppenhagen einentheils und aus Spanien, Portugall und Ungarn anderntheils. Bey der lang anhaltenden Hize entstand zu Neapel unter den Kindern eine Halskrankheit, ein Umstand, der in Betracht des so äusserst trokenen und heissen Sommers 1618 für die Geschichte der Luftröhrenentzündung äusserst bedeutsam ist, auch in Schwaben starben während des Augusts und Septembers besonders viele Kinder.

NervoserCharakter des Typhus in Preussen. Für das nördliche Teutschland, besonders dort wohin das Ungemach des Krieges reichte, war der Sommer ausgezeichnet durch die Allgemeinheit des Typhus, der nach der Beschreibung von Hufeland und Neumann nie entzündlicher Art war, und da, wo viele Kranke zusammengehäuft sich befanden, und Mangel herrschte, leicht mit [colliquativer Diarrhoe und faulichter Ruhr oder Parotiden sich verband und viele Menschen wegraffte, *) zu Königsberg, wo 1949 Kinder in diesem Jahr gebohren wurden, starben in demselben 6,392 Menschen, ebenso verheerend war die Krankheit auch zu Danzig.

Auch im Canton Uri herrschte mit dem Anfang des Augusts nach Zeitungs-Nachrichten ein bösartiges Gallenfieber, welches man von dem beständigen Südwind herleitete.

---

*) Tableau historique des maladies internes de mauvais caractère, qui ont affligé la grande Armée dans la Campagne de Prusse et de Pologne et notamment de celles qui ont été observées dans les Hôpitaux militaires et les villes de Thorn, Bromberg, Fordan et Culm dans l'hiver de 1806 à 1807 le Printems et l'Eté de 1807 etc., par N. P. Gilbert. Berlin 1808.

Durch Bayern, besonders zu Landsberg am Lech und auch im Anspachschen, war unter den Thieren das wilde Feuer oder der Milzbrand sehr verbreitet.

Obgleich den Versicherungen von Moreau de Jonnès zufolge auf Martinique, besonders gegen den December hin, die Hize nicht beträchtlicher war, als an der französischen Küste während des Frühjahrs, so brach doch dort um diese Zeit das gelbe Fieber aus, in Havannah und zu Charlestown hatte diese Krankheit schon viel früher im Jahr sich zu äussern angefangen, und zeigte die Eigenthümlichkeit, daß sie viel häufiger auf den Schiffen in den dortigen Gewässern und bey den Eingebohrnen vorkam, als unter den übrigen Einwohnern. *Gelbes Fieber vorzüglich auf Schiffen.*

In diesem Spätjahr geschah es auch häufig, daß Bäume, die eben ihrer Früchte entladen worden waren, wieder von Neuem Blüthen ansezten, ja zu München blühte sogar ein Weinstok zum zweytenmal.

Am 21sten September entdekten zuerst die Astronomen und am 29sten und 30sten September auch andere, die nicht Astronomen waren, einen Kometen, eine Erscheinung, die, will man nicht die unbedeutenden Kometen vom Jahr 1805 mitrechnen, seit 1784 nicht mehr und im achtzehnten Jahrhundert überhaupt so selten gesehen wurde. Es hatte dieser Komet einen nicht langen Schweif und bewegte sich während der 4 Monate, in welchen man ihn beobachtete, in einer parabolischen Bahn. Auch im Merz des nächsten Jahrs sah man einen kleinen Kometen. *Komet.*

Schon im November stellte sich Winterwitterung ein, doch war sie mäßig, nur in Eng-

land fiel stärker Schnee, im December wurde
es auch in Schwaben kälter, doch war auch der
1808 n. Chr. Januar mehr unfreundlich als besonders kalt.
In der Nacht vom 14ten auf den 15ten Januar
Meeres-Ein- erhob sich ein solcher Orcan und Meeres-An-
bruch. drang gegen die holländischen und englischen Küsten, daß das Wasser an vielen Orten die Denk-
zeichen von 1531, 1717 und 1775 noch überstieg,
im Februar wurde es kälter, und diese Hälte
wurde gegen den 27sten Februar so beträchtlich,
Kälte zu Nea- daß in der Umgegend von Neapel 6—8 Palmen
pel und dem tiefer Schnee lag, und am 1sten Merz, dem käl-
südlichen
Frankreich. testen Tag des Winters, alle Springbrunnen mit
einer Eisdeke überzogen wurden und man auf
der Eisrinde des Schnees gehen konnte. Auch
in Languedoc fror es am 1sten in den Häusern
und die Rhone war bey Beaucaire, selbst noch
weiter unten gefroren. Im Sund hinderte das
Eis die Schiffahrt noch in den ersten Tagen des
Aprils, mit diesem Monat trat für das südliche
Europa lieblichere Witterung ein. Der Sommer
schien zwar der Hize des Junius und selbst des
Julius nach heiß zu werden, aber die Hize wechselte bald mit kalter feuchter Witterung, so daß
selbst auch im südlichen Frankreich der Wein
gering ausfiel.

Wenn aber die Witterungs-Beschaffenheit
des Sommers wenig Erwähnungswerthes darbie-
tet in ihren nachweisbaren Wirkungen auf die
Vegetation und das thierische Leben, so nehmen
dagegen die meteorischen und vulcanischen Erscheinungen dieses Jahrs die Aufmerksamkeit desto
mehr in Anspruch, weil neben dem für ihre
Deutung so wichtigen, schon mehrmals bemerkten Zusammentreffen oder Alterniren ersterer,

auch in ihrem Hergang in diesem Jahr so vieles
Gemeinsame haben, was ihre tellurische Abkunft
noch wahrscheinlicher macht.

Den 27sten Merz erfolgten zu Strasburg zwey Erdstöfse, die so bedeutend waren, dafs sich die
Polizey bewogen fühlte nach ein paar Tagen un-
tersuchen zu lassen, ob bey den Schornsteinen
der verursachte Schaden wieder reparirt und keine
Feuersgefahr zu befürchten sey. Eine längere
Periode aufeinander folgender Edbeben begann
am 2ten April zu Grenoble, Lyon, Gop und jenseits der Alpen in ganz Piemont, in dem Flufs-
System des Pos und bis nach Genua und Nizza.
Seit 50 Jahren hatte man in jenen Gegenden nichts
Aehnliches mehr erlebt; selbst die Central-Gra-
nitkette der Alpen wurde erschüttert, das Hos-
pitium auf dem Mont Cenis schwankte, dabei hörte
man ein unterirdisches donnerähnliches Getöse,
mehrere Bronnen und Quellen hörten auf zu
fliessen, andere gaben die doppelte Menge Wassers, auch eröffneten sich ganz neue Quellen.
Bis zum 16ten April war der Boden in Piemont
und Savoyen keinen Tag ruhig und in der Nähe
von Briançon wollte man aus einem Berge Rauchwolken emporsteigen bemerken. Am 9ten und
15ten waren die Erdstöfse besonders stark und
fast eine Minute dauernd, am 16ten desselben
Monats spürte man einen Erdstofs der noch stärker als der erste war, es erhob sich und sank
der Po, Quellen wurden trüb, es schlug Feuer
aus der Erde und es verbreitete sich der Geruch
von Schwefeldünsten, aber die Luft blieb heiter;
nicht unbedeutende Erdstöfse empfand man auch
noch am 21sten zu Pignerol und zu Turin, an lezterem Ort jedoch schwächer, die späteste spürte

(Marginalie:) Erdbebeu u.
Meteore ab-
wechselnd.

man am 21sten September. Entsprechend diesen
Vorgängen in der Tiefe fiel fast in derselben Zeit
am 19ten April ein Steinregen unweit von Pieve
de Casignono in Parma, dieser Steinregen fiel
aus heiterer Luft, aber zu Ferentino trat am 21.
May Morgens plözlich eine grofse Finsternifs ein,
es bildeten sich gegen die Berge hin zwey Feuerkugeln, die gegen Süden zogen, indem sie eine
Menge Funken von sich warfen, endlich sich vereinigten und unter einem donnerähnlichen Getöse plazten. Fast dieselbe Scene oder Bildung
von Meteor-Substanzen in einer niederen Lage
der Atmosphäre wiederhohlte sich am folgenden
Tag bey Stannern in Mähren. Viele aus der Umgegend befanden sich auf dem Wege in die Kirche
nach Stannern, als um halb 6 Uhr Morgens
bey heiterem wolkenlosen Himmel schnell ein
Nebel sich bildete und noch vor 6 Uhr ein Knall,
wobey die Erde bis Hollabron erzitterte, vernommen wurde, dem noch ein schwächerer Donner, wie von einem Pelotonfeuer, folgte. Schon
beym ersten Knall verdunkelte sich die Luft vollends, dafs man kaum 12 Schritte weit sehen
konnte, durchaus bemerkte man keine Leuchterscheinungen, aber in einem parabolischen Kreis,
dessen Länge-Durchmesser eine ½ Stunde betragen mochte, fand man Steine, die theils senkrecht, theils schief aus der Luft gefallen waren,
in der Gröfse von einer welschen Nufs bis zu
der eines Kindkopfs, von denen man ungefähr
2½ Zentner sammelte. Um Mittag war der Himmel wieder ganz rein. Bey umzogenem Himmel und unter einem starken Knall ereignete sich
auch der Steinfall bei Lissa in Böhmen am dritten September, in den Steinen bemerkte man ein-

*Meteorstein-
fall bey Stan-
nern.*

gesprengtes Schwefelkies. In denselben Tagen, da zu Ferentino und Stannern jene Meteore beobachtet wurden, am 16ten May trübte sich in der Gegend um Bischoffsberg bey Skeningen gegen 4 Uhr Nachmittags bey wolkenfreyem Himmel die Atmosphäre so sehr, dafs die Sonne als röthliche Kugel erschien. Am westlichen Horizont, wo der Wind herkam, bemerkte man eine Menge kugelförmiger Körper von dunkelbrauner Farbe, die, wenn sie vor die Sonne traten, ganz schwarz erschienen, und stille zu stehen schienen, bis sie sich wieder ostwärts bewegten. Das Phänomen dauerte gegen 2 Stunden, und es konnte 1 Million solcher Körper aufgestiegen seyn. Man hörte nicht das mindeste Geräusch in der Luft. Der Secretair Canut Gustav Wettermark sah einige dieser Kugeln, die die Gröfse eines Hutkopfs hatten, neben sich niederfallen, dabey wurden sie immer durchsichtiger und glichen Seifenblasen, die in allen Farben spielten. An der Stelle wo sie niederfielen, sah man ein sehr dünnes Häutchen, nicht diker als Spinnengewebe. Das ganze dortige Landvolk war Zeuge dieses Phänomens. *) Sonst fiel auch ausserordentlicher Hagel, der ganze Dorfschaften verwüstete. Lezteres war besonders der Fall in den ersten Tagen des Julius im südlichen Frankreich, und auf gleiche Weise, wie die Zeitungen aus Frankreich mit Berichten von Hagelschlägen und Gewittern angefüllt waren, waren es auch die aus der Schweiz, dort wurde deshalb ein Bettag gehalten. Am 16ten August zog ein fürchterliches Gewitter über Neapel, vor

---

*) Neue Verhandlungen der königlichen Academie der Wissenschaften zu Stokholm. 29ster Band. IV.

dessen Beginnen ein gewaltiges Brüllen aus der
Tiefe des Vesuvs vernommen wurde und eine
Rauchwolke emporgestiegen war; dieses Gewitter ließ plözlich nach und es folgte ein sehr heiterer Tag. Doch hatten diese Vorgänge keinen
allgemeinen Einfluß auf die Erndte, die fast
überall nicht nur im westlichen Europa, sondern auch in Rußland reichlieh, ausfiel.

Nur auf wenigen Puncten zu Kingston auf
Jamaica, auf Martinique und besonders auf der
Insel Maria Galant wurde das gelbe Fieber bemerkt, in Rußland aber, in den Gouvernements
Saratow und Astrachan herrschte, jedoch mehr
während des Winters in großer Ausdehnung eine
sehr anstekende Krankheit. Schon nach der ungewöhnlichen Hize des Sommers 1807 zeigten sich
in England in den niedern Gegenden von Cam-

Intermittiren- bridgeshire intermittirende Fieber in solcher All-
de Fieber. gemeinheit, daß selbst auch Hausthiere davon
befallen wurden; eine Wahrnehmung, die man
an den Pferden gemacht haben will, welche deut-
liche Tertianfieber bekommen haben sollen, und
die selbst auf Walchern und in den ungesunde-
sten Gegenden Italiens sich noch nie ergeben hat. *)
Diese seltene Häuflgkeit der intermittirenden Fieber, die sich nun in diesem und dem nächsten
Jahr über das ganze nördliche Teutschland, Dänemark und Rußland verbreitete, zeigte sich
auch in den südlichen Gegenden, so in Regensburg, wo sie jedoch in diesem Jahr noch weniger als in dem nächsten der China zu weichen

---

*) Royston, Hints for a med. Topography of Great Bri-
tain aus Med. and phys. Journ. cont. by Brodley et
Adam Febr. 1809.

schienen. In Preussen verlohr sich allmählig
das typhose Fieber in diese Krankheit, welche
dort so allgemein wurde, dafs Hufeland annimmt,
der 8te Mensch sey daran erkrankt, hier erforderte sie überall die China zu ihrer Heilung.
Als diese intermittirende Fieber endlich nachliessen, so folgte eine ebenso allgemeine Gelbsucht.
Bey dieser so grofsen Allgemeinheit bleibt es aber
doch wunderbar, dafs weder in den Krankenbe-
richten von Edinburgh und London, noch in dem
von Alibert im Jahr 1809 erschienenen Werke *),
einer ähnlichen Verbreitung solcher Fieber in
Grofsbrittanien und Frankreich erwähnt wird.

In einigen Gegenden des Cantons Basel wollte man
in dem Sommer 1808 die Viehseuche bemerken.

Nach einem ausserordentlichen Windstofs im
nördlichen Frankreich und im Canal am 18ten
November fieng nun gleich mit dem December 1809 n. Chr.
der Winter in der höchsten Strenge an, alle Kalter Win-
gröfsere Ströme erhielten schon in der ersten ter.
Hälfte dieses Monats eine Eisdeke und in andern
Gegenden fielen unerhörte Massen Schnee, welche an manchen Orten durch Lawinen um so zer-
störender wurden, als dieser Schneefall unmit- Tiefer Schnee
telbar auf sehr nasse Witterung gefolgt war.
Selbst auch in England erschwerte im December der Schnee die Communicationen, ebenso
auch in Spanien zwischen Vittoria und Irun und
in Nizza und Florenz, wo man seit hundert Jahren
im December noch keinen Schnee hatte fallen
sehen. Aber auch in Neapel fiel nach heftigen
Stürmen am 25sten und 26sten December tiefer

---

*) Traité des fièvres pernicieuses intermittentes. Par
J. L. Alibert. Quatrième Edition revue, corrigée et
augmentée. Paris. 1809.

Schnee und der, Réaumursche Thermometer wies —
auf — 7° oder 8°. Ausserordentlichen tiefen
Thermometerstand meldete man auch aus dem
Norden, zu Danzig stand er im December auf
23°, in Litthauen betrug die Kälte am 1sten Januar 28°, zu Petersburg, wo das Eis der Newa
150 Tage stehen blieb, war die Kälte so streng,
als sie seit 1736, da sie 33° betragen haben soll,
nicht gewesen war, auch zu Moscau machte man
in der Nacht vom eilften auf den zwölften Januar bey 29° und noch strengerer Kälte Versuche
mit dem Gefrieren des Queksilbers und fand dasselbe zu einer schneid - und hämmerbaren bley-
ähnlichen Masse verwandelt. Doch gefror der
Sund nicht ganz, sondern in der Mitte blieb
noch dreyssig Klafter breit Wasser. Wiederhohlt
gab es vom December an Thauwetter und verheerenden Eisgang auf der Donau und dem Rhein,
auf welches immer wieder Kälte folgte, doch
nicht mehr in dem Grade, als womit der Winter begonnen hatte. Der Winter war im weitern Verlauf in Frankreich und dem südlichen
Teutschland mehr durch den schnellen Wechsel
seiner Witterung ausgezeichnet. In der Nacht
weit verbrei- vom 13ten — 14ten Februar gab es in Paris, den
tes Gewitter Rheinlanden und in Schwaben fast gleichzeitig
im Februar. ein Gewitter, das in ersterem Ort zündete. Erst
die drey lezten Wochen des Mays brachten liebliche Witterung, an einigen Tagen war es während
dieser Zeit sogar schon so heifs, dafs der Thermometer 25° erreichte, sonst hatte aber der Sommer wenig heisses Wetter und weil bald auch
nasse Witterung eintrat, so fiel selbst auch im
südlichen Frankreich der Wein, der in grofser
Menge wuchs, gering aus, besser wollte man
denselben in Ungarn finden und in Italien war

die Oliven-Erndte sehr reichlich. Auch in diesem Sommer hatten die meteorischen Erscheinungen ihren eigenthümlichen Charakter, von Meteorsteinen kann wenig in Erfahrung gebracht werden, nur im April soll in der Ghiara d'Adda im Venetianischen rother Regen gefallen seyn, noch problematischer ist ein Meteorsteinfall am 17ten Junius aus einem Regenbogen auf ein Schiff, auch die Feuerkugeln hatten nichts Ausgezeichnetes. Auf Corfu spürte man in der Nacht vom 3ten auf den 4ten May, zu Düsseldorf am 2ten Julius, zu Pignerol am 25sten Jun. und 3ten Jul., besonders aber zu Aquila vom 7ten August an den ganzen Monat hindurch häufige Erdstöfse, auch geriethen der Aetna und Vesuv, so wie auch der Hecla in einige Bewegung, wurden jedoch gleich wieder ruhig. Die häufigsten meteorischen Erscheinungen waren ganz anderer Art, statt der Meteormassen sah man Wetterwirbel und statt der Erdbeben ungewöhnliche Fluth und Ebbe, oder Orcane von seltener Stärke. Den 19ten April sah man eine schwarze bis zu den Wolken reichende Säule bey Niederding in Bayern sich bilden und über Raisen und Lern hinziehen, wobey sie grofse Verwüstungen anrichtete, aber nur einzelne Hagelschlossen und keinen Regen fallen liefs, dasselbe nur etwas schwächere Phänomen (trombe terrestre) sah man am 29sten May in den östlichen Vorstädten von Paris und wieder am 4ten September in der Nähe von Laasphe (in der Grafschaft Wittgenstein) hier war es auch feine schwarze Wolke, durch welche sich ein heller schlängelnder Streifen zog, das Meteor zog unter Schlägen und Toben heran. Ohne dafs andere gleichzeitige Naturbegebenheiten spä-

Wetterwirbel.
Trombe terrestre.

31 *

ter auszumitteln gewesen wären, sah man am
Hohe Fluth. 4ten Julius eine ausserordentliche Bewegung des
Meers an der Küste von Genua und Speccia; fünf-
mal wiederhohlten sich in wenigen Stunden Ebbe
und Fluth und léztere so hoch, dafs alle nie-
drige Gegenden längs der Meeresküste unter Wasser gesezt wurden, dabey waren den ganzen Tag
über die Berge in Wolken gehüllt; eine sehr
hohe Fluth gab es auch bey ganz stiller Witterung am 27sten Junius zu Neapel und zu derselben Zeit in den ersten Tagen des Augusts,
während bey dem Erdbeben zu Aquila, am Fufse
des Gebirgs von Chiarina, man ein unterirdisches Getöse vernahm, Bäume entwurzelt wurden und das Wasser in den Bronnen kochte,
wüthete in der Nacht vom 1sten auf den 2ten
August ein fürchterlicher Orcan in Westindien.
Nach einem ziemlich kühlen und veränderlichen
Sommer, in welchem nur die zweyte Hälfte des
Augusts anhaltender warm war, fieng noch in den
lezten Tagen dieses Monats wieder kältere Witterung an, und am 12ten bis 14ten October zeigte
sich in den niedern Gegenden Schwabens sogar
schon Schnee. An der ganzen Küste der Ostsee,
von Archangel an, wurden die Schiffe durch
einen frühen Frost und Eis schon Anfangs Novembers überrascht.

Der angegebenen Beschaffenheit der Witte-
rung unerachtet kam im südlichen Teutschland in
Ruhr. diesem Sommer die Ruhr in einer Allgemeinheit
vor, wie sie bis jezt nicht mehr beobachtet wurde,
und zwar sah Schäffer schon gegen das Ende Mays
Cholera und Diarrhoe zu Regensburg so häufig
Nervenfieber. wie sonst im August, auch Nervenfieber zum
Theil mit Petechien kamen im Breisgau, in Bai-

reuth, zu Weimar, im Tyrol und von derselben
Art auch in Hartford in Nordamerica, vor. Zu
Wien, wo der Krieg auch seinen Einfluß äußerte,
starben 8000 Personen mehr als gebohren wurden, auch zu Berlin, wo die Summe der Gestorbenen gegen die des vorlezten Jahrs zwar um
1537 geringer war, überstieg dieselbe die der
Gebohrnen doch um 2231.

Am vielfachsten wurde die auf den verschiedensten Punkten Europas befindliche englische
Armee von den Krankheiten dieses Jahrs getroffen. Ausser dem nur durch die ausgedehnteste
antiphlogistische Behandlung bezwingbaren Fieber auf Sicilien, das Boyle beschreibt, litt der
Theil derselben, der sich in Portugall, besonders zu Badajoz befand, an der Ruhr, die auf
Corunna sich zurükziehende Armee, hatte ebenso
schwer mit dem Typhus als mit dem Feind zu
kämpfen, doch starb der alle Heilungsversuche
erschwerenden äussern Umstände unerachtet von
zehn Kranken nur einer, während auf Walchern **Fieber auf Insel Wal-chern.**
von 8 Kranken gewiß einer, wo nicht mehr star-
ben. Hier scheint der Krankheits-Genius, der
in diesem Jahr die intermittirenden Fieber so ausgezeichnet begünstigte, durch manche andere Umstände begünstigt sich am meisten geäussert zu
haben. Obgleich aber auf Walchern und Beve-
land nachher nur diejenigen, welche sich auf
dem Land unter freyem Himmel besonders die
Nacht hindurch befanden, von dem remittirenden
Fieber befallen wurden, die Mannschaft auf den
ganz nahe stationirten Schiffen hingegen ganz
frey blieb, so darf doch auch nicht unbemerkt
bleiben, daß in den ersten vierzehn Tagen der
Landung bis zur Uebergabe von Vliessingen (am

15ten August) die Engländer eines sehr guten Gesundheits - Zustandes sich erfreuten und erst zu
erkranken anfiengen; als nach der Einnahme von
Vliessingen eine Pause in den Operationen eintrat, und man sich von den Schwierigkeiten, die
sich der Expedition entgegenstellten, zu über-
zeugen anfieng. Zudem kamen auch noch die
Ueberschwemmungen, welche die Franzosen in
Vliessingen noch veranlaßt hatten und welche die
englischen Befehlshaber aus Milde gegen die Bewohner der Insel wieder einstellen liessen, da
es doch für die Gesundheit der Soldaten weit vor-
theilhafter gewesen wäre, wenn man dieselben
bis zur kältern Jahreszeit noch verstärkt hätte, *)
nach Zeitungs-Nachrichten hätten sich die englischen Soldaten auch durch den Genuß des in diesem Jahr so wenig schmakhaften Obstes geschadet. Schon den 20. August verlangte der Hospital-
Inspector auf Walchern vom General-Chirurgus in
England wegen der schnell überhand nehmenden
intermittirenden Fieber eine gröſsere Anzahl von
Aerzten, Wund-Aerzten und andern Bedürfnis-
sen; als erstere, freylich erst in der zweyten
Hälfte des Septembers dort ankamen, so fanden
sie 9 — 10,000 Kranke, welches mehr als den
4ten Theil der ganzen Expedition, diese zu
39,219 Mann angegeben, betrug. Es entsprach
der Verlauf der Krankheit ganz der Beschreibung
von Pringle und auch hier brachten die häufigen
Rükfälle den gröſsten Nachtheil, und ebenso wie
damals war auch keine Genesung vollkommen,
sondern es blieben dauernde Verstopfungen der

---

*) The Influence of tropical Climates of European con-
stitutions. By James Johnson. London 1821. P. 71.

Eingeweide zurük, welche den gröfseren Theil
der Leidenden ausser Stand sezten zu dienen. Bey
der Section fand man besonders da, wo auch Zufälle der Ruhr während der Krankheit sich gezeigt hatten, die innere Fläche der Gedärme ul-
cerirt; sonst ergab sich in allen innern Orga-
nen eine grofse Ueberfüllung mit Blut, fast immer war die Milz vergröfsert, und wog nicht
selten drei, ja fünf Pfunde, sie bildete entweder einen grofsen Abscefs, oder hatte das Ansehen von geronnenem Blut in einer Blase, im
spätern Verlauf erst, machte man den Aerzten
den Vorwurf, dafs sie nicht allgemeinen Gebrauch vom Queksilber und der Lancette gemacht
haben. *)

Zu Smyrna richtete die Pest Verheerungen
an. Auch in diesem Jahr kam das gelbe Fieber
seltener vor, doch starben nach Zeitungs - Nachrichten zu Philadelphia an dieser Krankheit eine
Zeit lang ziemlich viele Menschen.

Für die Ansicht, dafs der Grund der Erdbeben nicht immer in einer unterirdischen Explosion, sondern häufig auch in einer Wechselwirkung der Atmosphäre auf die feste Erdrinde
zu suchen seyn möchte, spricht die Geschichte
der Erderschütterung, welche am 4ten December Erdbeben am
das Cap der guten Hoffnung und besonders die Cap der gu-
Robben - Insel traf. Nach sehr heifsem Wetter ten Hoffnung.
und einem mehrtägigen Nebel am Tafel - und
Teufelsberg spürte man in der Capstadt starke
Erdstöfse, dabey sah man eine kleine Wolke am

---

*) Johnson p. 73., ferner Dawson und Davis nach der
  Anzeige ihrer Schriften in Edinb. Med. and surgical
  Journal. Tom VI.

Teufelsberg hin und her ziehen und nie wurde ein so starkes Sternschiessen als in dieser Nacht bemerkt. Auf der Robbeninsel sank kurz vorher das Queksilber im Barometer bedeutend. Nach spätern Nachrichten soll diese Insel fast ganz in **1810 n. Chr.** die Wellen versunken seyn. Eine entsprechende Aufeinanderfolge der Erscheinungen ergab sich bey dem so ausgedehnten und lange dauernden **Erdbeben in** Erdbeben in Ungarn. Da wo im Stuhlweissen-**Ungarn.** burger - Comitat Gebirgszüge dem Laufe der Donau eine ganz veränderte Richtung geben, hatte schon seit undenklichen Zeiten der Berg Csoka die Veränderungen der Witterung angezeigt, dieser Berg fieng am 14ten Januar zu brausen und zu toben an, neue Quellen entstanden auf seiner Oberfläche und von ihm aus wie aus einem Central - Punkt verbreiteten sich Erdstöfse, die an manchen Orten, wie zu Ofen, Pest, Moor, Isztimer, Czakwar, Ondod, Csoor und andern grofse Verheerungen anrichteten, und nicht nur bis zum 20sten desselben Monats in Pausen von 6 Stunden, sondern wie zu Moor und Herrmannstadt noch viel später sich wiederhohlten. Bey diesem Erdbeben wurde der Stofs, der gleichzeitig zu Wien bey grofser Kälte und heiterem Wetter am 14ten Januar empfunden wurde, doch wohl allein durch das leitende Medium der Donau fortgepflanzt, denn während derselbe nur schwach auf dem Observatorium empfunden wurde, sprengte diese ihre Eisdeke und trat über ihre Ufer, aber auch nach Böhmen erstrekte sich der Stofs von SOst nach NWest, über Budweis, Saaz und Prag, dort vorzüglich am Augezd.

Erdbeben und vulcanische Erscheinungen bildeten überhaupt das Eigenthümliche dieses

Jahrs, dessen Witterung sich mehr durch Kälte und Nässe auszeichnete. Im Januar und Februar war es ziemlich kalt. Wagen passirten den Nekar bey Mannheim, und bey Düsseldorf wurde über den Rhein geritten und gefahren, in manchen Gegenden, wie in der Schweiz und im Venetianischen, wollte man seit dem Jahr 1788 keine gleiche Menge Schnee mehr gesehen haben, das Eis der Newa gieng erst am 11ten May ab, was seit 1718, da man Aufzeichnungen hierüber zu machen begann, noch nie geschehen war.

Ziemlich kalter Winter.

Später Eisgang auf der Newa.

Am 3ten Januar sah man eine Feuerkugel zu Genf, den 17ten desselben Monats fiel auf den Bergen bey Piacenza zuerst weifser, dann nach einigen Blizen und Donnerschlägen rother Schnee, der nach einiger Zeit wieder mit weifsem abwechselte, an manchen Stellen war derselbe fleischroth, an andern dunkelroth. Ein Meteorstein fiel auch am 30sten in der Grafschaft Caswell in Neu-Connecticut und den ersten Merz mehrere Steine zu Raleigh. *). Weitere Steinfälle ereigneten sich im Verlauf des Jahrs im Julius, 30 englische Meilen von Futtyghur jenseits des Ganges, im August zu Moresfort in Irrland und den 20sten November zu Charsonville, doch waren im Umkreis von Europa die vulcanischen Vorgänge weit bedeutender. In der Nacht vom 16ten auf den 17ten Februar folgten nach einem heftigen Getöse im Innern des Aetna vier Erderschütterungen, die zum Theil auf der africanischen Küste, auf Cypern und Malta empfunden wurden, auf lezterer Insel, wo der Stofs 2 Minuten lang dauerte, wiederhohlte er sich je-

Rother Schnee.

Erderschütterungen vom Aetna aus.

*) The american Med. and philos. Register. Vol. I.

doch schwächer zweymal am folgenden [Tag ,
wobey ein Theil der Insel Gozo vom Meer verschlungen wurde, auch Creta litt im Merz durch
ein starkes Erdbeben ausserordentlichen Schaden.
Die Stadt Canea wurde in einen Schutthaufen
verwandelt und 2000 Menschen verlohren dadurch
ihr Leben. Dabey war der Frühling meist kalt,
aber troken, nur im May gab es einige Zeit liebliche Witterung. In den lezten Tagen dieses
Monats aber und in den ersten Tagen des Junius
war es in Europa äusserst kalt, in Ungarn und

Schnee im Siebenbürgen fiel in diesen Tagen tiefer Schnee,
May u. Junius in Italien regnete es immer fort. Die Witterung
des Sommers blieb immer gleich kühl, bis im
September erst anhaltende Sommerwärme eintrat, die jedoch sich nicht auch über Italien erstrekte, wo während es in Teutschland anhaltend troken war, die Regen immer noch fortdauerten. Bey dieser Jahreswitterung litt man
in der ersten Hälfte des Sommers im südlichen

Schaden Teutschland grofsen Schaden durch Insecten, nicht
durch nur im Felde, wo die Larve der Maykäfer vor-
Insecten. züglich beschuldigt wurde, sondern auch in den
Nadelholz - Waldungen, in Würtemberg und
Bayern ergiengen daher Ermahnungen die Wald-
vögel zu schonen, und gewifs war es auch nicht
Zufall, dafs so viele Schwärme von Kreuzvö-
geln über das westliche Frankreich und das Tyrol heranzogen.
Immer bieten sich aber wieder von Neuem
merkwürdige vulcanische Vorgänge dar, in Thurgau wurde das Kloster Fischingen durch wunder-

Erdstöfse. bare Erdstöfse heimgesucht, am 12ten Julius
fühlte man einen solchen ziemlich lebhaft, es
war aber wie wenn ein schwerer Stein auf das

Dach gefallen wäre, doch war er von einem unterirdischen Tosen begleitet, dieselbe Erscheinung wiederhohlte sich am 9ten August und gleichzeitig hörte man auf den nächsten Bergen und
im Toggenburgischen eine Explosion wie von einem Kanonenschuß.

Am 10ten August war es, daß während
großer Thätigkeit dreyer Vulcane auf den azorischen Inseln eine neue aus dem Meer sich erhob,
die aber wie die von 1638 und 1720 wieder zer-
fiel und untergieng. Bey diesen vulcanischen
Ausbrüchen, die zum Theil unter der Meeresfläche statt fanden, bedekte sich das Meer mit
todten Fischen. Um dieselbe Zeit versank das
Dorf Las Cazas, an dessen Stelle ein See von
schweflichtem Wasser sich bildete.

Vulcane unter den azorischen Inseln.

Eine neue Reihe von Erdbeben begann am
1sten September Morgens 7 Uhr 58 Min.; man empfand in der Richtung von Osten nach Westen einen starken Erdstoß zu Saumur, und an demselben Tage Abends 8½ Uhr zu Insbruk unter einem
unterirdischen Getöse. Am 7ten September 7¾
Uhr Morgens spürte man einen gleichen zu Rochelle und am 10ten Morgens 7 Uhr und in der
darauffolgenden Nacht zu Brest. Schon am 8ten
hatte der Vesuv zu rauchen angefangen, nun begann am 11ten eine Eruption dieses Vulcans,
deren Lava-Erguß zwar glüklicher Weise meist
durch frühere Ausflüsse steril gewordenes Land
traf, aber unter allen bekannten Ausbrüchen einer der stärksten war. Drey Lavaströme droh-
ten am 12ten die größten Verheerungen, während der Berg eine Menge Asche und glühende
Steine ausstieß; besonders sah sich Torre del

Starke Eruption des Vesuvs.

Greco bedroht, als am 13ten Abends 9 Uhr der Lava-Erguſs plözlich aufhörte.

Endlich schlieſst sich die Reihe der Erdbeben für dieses Jahr mit den im südlichen Teutschland bis nach Ober-Italien am 25sten und 26sten December beobachteten meteorisch-vulcanischen Vorgängen, unter welchen, nach ziemlich warmem Regenwetter, Winter-Witterung eintrat. In den angegebenen Tagen erhob sich ein ausserordentlicher Sturm und während desselben sah man an manchen Orten wie zu Parma und Crails- **Erdbeben und** heim an demselben Tag eine hellleuchtende Licht- **Lichterschei-** erscheinung, die mit groſsem Dunkel abwech- **nungen.** selte (Chasma.) Gleichzeitig empfand man überall in derselben Richtung von Osten nach Westen, zu Brixen, Verona, Mayland, Parma, Livorno und Genua starke Erdstöſse.

Unter den Krankheiten dieses Jahrs zeichnete sich nun nach einer Pause von einigen Jahren **GelbesFieber** das gelbe Fieber, und zwar obgleich in West- **auf den cana-** **rischen Inseln** indien der Sommer ungewöhnlich heiſs gewesen **u. in Spanien.** war, doch mehr auf den canarischen Inseln und an der spanischen Küste wieder aus. Nur von Barbadoes gaben Zeitungs-Nachrichten eine ungewöhnliche Sterblichkeit im November an. Auf der canarischen Insel zu S. Cruz, und zu Carthagena brach die Krankheit viel früher aus, vom lezteren Orte gelangte sie nach Gibraltar, gleichzeitig herrschte sie auch zu Cadiz und Mallaga. Zu Gibraltar vereinigte man sich, daſs die einzige Behandlungsart, welche noch etwas zu leisten schien, darin bestand, mit den stärksten Blutentziehungen anzufangen und denselben Drastica folgen zu lassen. Damals schon bedauerte man es sehr, daſs über die Behandlungsweise der

Krankheit im Jahr 1804 so wenig aufgezeichnet
worden war. Von Mallaga aus sollte die Krankheit auch durch ein spanisches mit Wein beladenes Schiff nach Brindisi verpflanzt worden seyn,
nach spätern Nachrichten leitete man aber hier
die epidemische Krankheit, bey welcher Parotiden, die nicht critisch waren, sondern immer
den Tod zur Folge hatten, die Haupterscheinung bildeten, von den daselbst während des
ganzen Spätjahrs so starken Ueberschwemmungen her.

In Salzburg, Oesterreich und Schlesien herrschte die Rinderpest, Löserdürre, noch im De- Rinder - Pest,
cember ergieng zu Breslau ein Publicandum der Löserdürre.
Polizey - Deputation, in welchem das Uebel einzig durch strenge Sperre und schleunige Tödtung des befallenen Viehs bekämpfbar erklärt
wurde. Die Seuche, welche im Frühjahr in Pie- Mundfäule
mont unter dem Hornvieh, den Schaafen und unter dem
Vieh in Pie-
'Schweinen geherrscht hatte, glich der Mund- mont.
fäule, und wurde forsetto oder vajuolo genannt. *)

Nach einem mäſsig kalten Winter folgte schon
mit den lezten Tagen des Februars trokene, an-
genehme Frühlings - Witterung, auch die Newa
gieng diesmal am 23sten April auf, und im
May wurde die Hize schon sehr bedeutend und
anhaltend, doch gab es bis in die Mitte des Julius noch häufig und fast täglich Gewitter, im
östlichen Europa, in Rufsland, in der Moldau, Heisser Jahr-
Wallachey und Ungarn begann schon mit dem gang.
May eine so anhaltende Dürre, daſs alle Aus-

---

*) Brugnone in Analyse des travaux de la Société royale
vétérinaire de Copenhague. Second rapport. Copenhague 1815.

sichten zur Erndte verschwanden. In England dagegen war das Frühjahr der Vegetation besonders günstig, weil es wärmer und heller als gewöhnlich war, weniger wollte man dort den übrigen Theil des Sommers ausgezeichnet finden, einzelne heiße Tage im Junius und Julius und häufige Gewitter abgerechnet, fand man die Witterung sehr gemäßigt, doch scheint Großbrittanniens Insel-Clima die einzige Ausnahme zu machen, überall, selbst auf Seeland und in dem tiefstgelegenen Theil von Holland klagte man über die Trokenheit, die dem dortigen Krappbau so großen Schaden brachte. Ueberall war die Traubenblüthe und die Erndte vier Wochen früher als in andern Jahren, am 25sten Junius wurde in den Würzburger Weinbergen der bekannte Strauß aufgestekt, ja von Kölln wurde gar gemeldet, daß in einer Gesellschaft am Johannis-Tag neues Brod und neuer Wein gekostet worden sey. In Ober-Italien war im Junius die Erndte ganz allgemein, von allen Seiten erfuhr man, daß seltene tropische Gewächse, in botanischen Gärten aufbewahrt, zur Blüthe kamen, und noch im Junius langten in der Nähe von Strasburg und weiter nördlich Züge von Phoenicopterus (Flamingos) an, welche Vögel wohl zuweilen nach Spanien gelangt, aber schon an der Loire einmal als große Seltenheit gesehen worden waren.

Dürre. In der Mitte des Julius begann auch für Teutschland [eine anhaltende Trokenheit und Hize, die nur vom 10ten — 13ten August durch eine Kälte unterbrochen wurde, welche auch in andern Jahrgängen ungewöhnlich gewesen wäre. Am 11ten August bemerkte man im Steinthal, im

niederrheinischen Departement, Schnee, Schwal-
ben fielen erstarrt aus der Luft, auch zu Stuttgardt stand am 13ten August Reaumurs Thermometer auf 5°. Vor und nach dieser Zeit erreichte die Hize und ihre Folgen unerhörte Grade.
In Preussen, wo am lezten Julius zu Königsberg
der Thermometer im Schatten auf 30° stand, verbreiteten sich die verheerendsten Wald - und
Moorbrände. Auf den bedeutendsten Flüssen
wurde die Schifffahrt wegen des niedern Was-
serstands sehr erschwert, z. B. auf der Elbe,
dem Mayn und Rhein, in dem Bette des leztern
erschien im August zwischen Rüdesheim und dem
Bingerloch ein grofser Stein, der nur bey ausserordentlich tiefem Wasserstand zum Vorschein
kommt, und in welchen nach alter Sitte jedesmal und auch jezt die Jahrszahl eingegraben
und dabey ein Ochs gebraten wurde. Der gewöhnliche Umfang des Bodensees verminderte
sich so, dafs man trokenen Fufses hundert Schritte
und noch weiter hineingehen konnte; man verglich dieses Zurükweichen des Wassers mit einem ähnlichen, das 1520 auch statt gefunden
haben soll. Da der Herbst noch eben so ungewöhnlich warm blieb, so machte man auch ausserordentliche Wahrnehmungen bey der Vegetation, an vielen Orten sah man an denselben
Weinstöken und Aepfelbäumen zum zweytenmal Früchte reifen, ausgefallener Flachs - und
Rokkensaamen wurde noch ganz reif, selbst im
Norden war die Herbstwitterung milder als sonst,
die Newa gefror zwar am 30sten October, nachdem sie 160 Tage vom Eis frey gewesen war,
im November und December wurde es aber wieder lieblich und der Flufs vom Eis frey.

Mit diesem so ungewöhnlich warmen Jahr
waren die meteorischen und vulcanischen Erscheinungen, rüksichtlich ihrer Stärke und Häufigkeit, fast eher im umgekehrten Verhältnifs.
Auf den Azoren begannen am 51sten Januar die
Vulcane von neuem in Unruhe zu gerathen, und
wurden im Julius theils über theils unter der
Meeresfläche ausserordentlich lebhaft, von der
Stärke der lezteren kam es, dafs man calcinirte
Scelette von Fischen fand. Auch der Aetna warf
am 27sten October Asche und Lava aus, dabey
war aber auch die Ausbeute von Salmiak so beträchtlich, dafs sich die Werkstätten und Apotheken Siciliens auf lange damit versehen konnten. Unbedeutend waren die Erdstöfse, welche
am 4ten September zu Wien, am 21sten November in Graubündten und am 18ten December in
Verona empfunden wurden.

Meteorsteine.
In der Nacht vom 12ten auf den 13ten Merz
fiel bey dem Dorfe Kuleschowka im Gouvernement von Pultawa ein 15 Pfd. schwerer Stein,
den drey Donnerschläge vorangiengen, es drang
derselbe senkrecht eine Arschine tief in den Boden und wurde noch ganz warm herausgegraben.
Am 15ten May sah man eine Feuerkugel zu Genf,
Clamecy, Paris und Commercy, deren Schweif
eine Viertelstunde lang sichtbar blieb und die
man zu Augsburg wollte plazen gesehen haben.
Aus bedeutender Höhe schienen auch die Meteorsteine, welche bey Berlanguillas, zwischen Aranda
und Roa zur Erde fielen, herzukommen, denn
bey ganz heiterer Luft hörte man vier starke
Schläge, die eine Minute lang forttönten, und
ein Zischen wie von einer Canonenkugel, worauf vier brennend heifse Meteorsteine niederfielen

und in den Boden schlugen. (Brief des Generals
Dorsenne an Cuvier.)

In der höchsten Höhe des nördlichen Himmels beobachtete Prof. Aug. Stark vom 20sten
Julius bis zum 6ten August dem Nordlicht ähn- Nordlicht.
liche Leuchterscheinungen. (Schwäb. Chron.)
Endlich erschienen in diesem Jahr und wurden
von Vielen für die Ursache seiner ausserordentlichen Witterung gehalten, 2 Kometen, der eine in Kometen.
der südl. der andere in der nördl. Erdhälfte. Auf
dem Cap der guten Hoffnung sah man vom 12ten
May an mehrere Wochen lang einen Kometen,
und einige Zeit darauf begannen auch Erdbeben,
welche mehrere Monate sich wiederhohlten. (Bur-
chells Reisen ins Innere von Africa. Lond. 1822.)
In Europa fieng man in den ersten Tagen des
Septembers an mit blofsen Augen einen Kometen zu sehen, welchen die Astronomen schon vor
Monaten entdekt und in seiner Bewegung zu be-
rechnen versucht hatten. Er erschien zuerst als
ein Stern siebenter Gröfse, der sich immer mehr
mit einen hellglänzenden in einen Schweif endigenden Nebel umgab, und in den meist heitern Nächten des Septembers und Octobers bald
durch seinen Umfang und Schimmer eine Erscheinung am nächtlichen Himmel bildete, wie
sie kein damals Lebender je gesehen zu haben
sich erinnern konnte. Es gelangte dieser Komet
am 13ten September in die Sonnennähe und am
25sten October in die Erdnähe, welche $1\frac{1}{4}$ der
Distanz der Erde von der Sonne betrug, seine
höchste Lichtstärke wäre daher auf den 7ten October gefallen, wenn er von der Sonne allein
sein Licht erhalten hätte, doch wollte man noch
bis zum 12ten October eine Zunahme derselben

bemerken, und Schröter schlofs auch noch daraus auf die Eigenthümlichkeit seines Lichtes,
weil man durchaus keine Phasen an dem Licht-
kern bemerken konnte.   -

Als die nächste und unmittelbare Folge des
so ausgezeichneten Jahrgangs sah man die in vie-

Ruhr. len Gegenden Teutschlands vorkommende Ruhr
/ an, doch scheinen die Aerzte der Theorie zufolge
noch früher dieselbe erwartet zu haben, als sie
erschien, schon am 12ten Julius ergiengen zu
Carlsruhe Nachrichten an das Publicum, die sich
äussernde Ruhr betreffend, ähnliche erliefs die
Section des Medicinal-Wesens in Würtemberg
am 8ten August. Will man aber die Hize und
Trokenheit des Jahrgangs für die einzige Ursache
der Krankheit ansehen, so ist es schwer er-
klärbar, warum die Krankheit weit weniger allgemein war, als in dem viel weniger warmen
Jahrgang 1809, und dieselbe unter mehrern nahe
liegenden Orten, den Einen nur befallen konnte,
während alle übrige frey blieben, so verhielt es
sich besonders in der Schweiz, namentlich im
Toggenburgischen und im Thurgau, im Städtchen Lichtenstein, starben viele Einwohner und
beynahe alle unmündige Kinder, während in den
nächsten Ortschaften keine Spur der Krankheit
sich zeigte, in dem Städtchen Stekborn starben
40 Menschen an derselben Krankheit. Aehnliches bemerkte Wesener im Lippischen.

Es liesse sich aber überhaupt fragen, ob
ein so ausgezeichneter Jahrgang für die Witterung und das ganze Leben des Planeten nicht
auf mehrere Jahre Folgen gehabt habe? Für die
Krankheiten fiel wenigstens in diese Zeit doch
an einigen Stellen, wie in England eher noch

ins vorige Jahr, ein entschiedener Wendepunkt,
den man gewifs irrig blofs aus der Witterung
herleiten würde, sondern der vielmehr für weit
tiefer begründet erklärt werden mufs.

Krankheiten waren in diesem Jahr überhaupt
viel häufiger, auch in Nordamerica erschienen
sie von verschiedener Art, in der Grafschaft
West-Chester herrschte während des Sommers
eine bösartige Lungenentzündung. In den westlichen Theilen von Sommerset tödtete ein Kindbetterinnen - Fieber beynahe alle Frauen die an
demselben erkrankten. *

Sowohl in der neuen als in der alten Welt
zeigte vorzüglich in diesem Jahr das gelbe Fieber solche Erscheinungen, die die Verbreitung
der Krankheit durch Anstekung sehr wahrscheinlich machten. Zu Perth-Amboy, das zwar auch
an der Küste aber äusserst gesund liegt, und in
dessen Nähe durchaus keine die Entstehung des
gelben Fiebers begünstigende Umstände sich befinden, zeigte sich lezteres bey denjenigen Personen, welche mit Schiffen viel zu thun hatten,
die aus Westindien, besonders aus Havannah angekommen waren. Die Equipage, die an das
Klima der Tropen gewöhnt war, zeigte zwar
keine Spuren einer Krankheit, bey der Abfahrt
der Schiffe war aber der dortige Gesundheits-
Zustand sehr verdächtig gewesen. *) Auf den canarischen Inseln wiederhohlten sich die Verheerungen des gelben Fiebers vom vorigen Jahr, zu
Orotowa auf Grofs-Canarien starben von 3000
Einwohnern 500 und auf der ganzen Insel 3000.

Marginal notes: Häufigkeit der Krankheiten. Gelbes Fieber, Anstekung.

---

*) Report of Health on the yellow Fever at Perth Am-
boy Edinb. med. and surg. Journ. Vol. VIII.

Weniger grofs war die Zahl der Kranken zu Sta
Cruz, wo Jahrs zuvor die Krankkeit geherrscht
hatte, auch auf diesen Inseln war die Dürre dieses Jahrs beispiellos. Durch Anstekung wurde
das gelbe Fieber in Spanien nach Murcia gebracht.
Ein gewisser Don Rodrigo verpflanzte sie auch
nach Vera, wo er den Tag nach seiner Ankunft
starb, auch die Krankheit zu Altas erklärten die
Franzosen für das gelbe Fieber.

Nervenfieber in Teutschland.

In nördlichern Gegenden, in Teutschland,
sowohl in dessen weitesten Nordosten, z. B. zu
Königsberg, als auch in Südwesten, in Schwaben, gab sich auf einzelnen Puncten schon in
diesem Jahr der Ruhe und des Ueberflusses ein
anstekendes Nervenfieber zu erkennen, das überall
denselben Charakter zeigte, welchen es bey allem
Wechsel der spätern Zeiten so unverrükt behielt,
und mit dem alle übrige vorkommende Krankheiten so vieles Gemeinschaftliches hatten, dafs
es wohl als Repräsentant der nun beginnenden,
bis auf die neuesten Zeiten reichenden Constitutio stationaria betrachtet werden darf.

Vergeblich würde man in den frühern Lehr-
büchern eine entsprechende Beschreibung dieser
Krankheit suchen, die man um die Widersprüche
der Theorie zu beseitigen, etwas gezwungen ein
entzündliches Nervenfieber nannte. So wie Ref.
die Krankheit an mehrerern Orten als epidemisch
vorkommend zu beobachten und zu behandeln
hatte, waren ihre auszeichnende Erscheinungen
folgende.

Nach einem einige Tage dauerndem Stadium
der Oppression, wie es Armstrong beschreibt,
wurden zu Anfang Septembers bey der herrlich-
sten Witterung und während eines der geseeg-

netsten Jahrgänge gerade die blühendsten, kräftigsten Individuen, wie es an einigen Orten schien,
doch mehr Mädchen und junge Frauen vom 14ten
bis 40sten Jahr mit Frost und der äussersten Mattigkeit der Glieder befallen, denen sich in den
ersten Tagen entweder Brust-Affection oder ein
gastrischer Zustand beygesellten; von welchen
beyden Krankheitsformen aber weder erstere zur
Lungenentzündung, noch leztere zur Ruhr sich
ausbildeten, sondern jene wie ein Catarrh wieder verschwand, und wenn diese fortdauerte
nicht als idiopathische Krankheit des Darmca-
nals erschien, sondern als consensuelle Folge
eines Leiden des Gehirns, das sich bald als die
wesentlichste Erscheinung der Krankheit erwies,
Alle Klagen der Kranken glichen sich darin, dafs
sie die Gefühle, welche ihnen die Leiden des
Kopfs erregten, als die peinlichste schilderten,
sie delirirten nicht immer, aber ein dem Ansehen nach ruhiger Schlummer wurde von ihnen als der schreklichste Zustand beschrieben.
So wenig sie über Mattigkeit klagten, so lange
sie in horizontaler Lage sich befanden, so befiel sie doch die gröfste Schwäche und Zittern,
so bald sie sich aufrichteten. Es zeigte sich
keine Colliquation, aber im geraden Verhältnifs
mit dem Kopfleiden und ohne merkbare Störungen des Pulses eine brennende Hize (calor mor-
dax.) Wenn auch theils durch Hülfe der Kunst,
theils nach der individuellen Beschaffenheit die
Krankheit einen noch so gelinden Verlauf zu
haben schien, so war doch alle Vorhersagung
unsicher, weil der vierzehnte Tag allein über die
Krankheit entschied, und an diesem Tag, des
besten Anscheins unerachtet, der Kranke plözlich

dahin starb, oder wenn dieser glüklich überstanden war auch die drohendsten Zufälle, wenn˓sie
nacher noch entstanden, das Leben wenig mehr
gefährdeten. Gleich nach dem Tod trat der höchste
Grad der Fäulnifs ein; erhohlten sich die Kranken wieder, so geschah difs unter critischen
Schweissen und frieselartigen Exanthemen, dabey wurde der Puls kaum fühlbar, aber äusserst
regelmäfsig. Während sie sich erhohlten, konnten sie wohl Wein mit gutem Erfolg trinken,
aber jede andere stärkende Arzney störte sogleich
wieder ihr Wohlbefinden. Ebenso sehr schadete
auch während der Krankheit jede reizende Behandlung, dagegen liefs, wenn auf die Anwendung von Blutigeln der Kopf freyer geworden
war, auch sogleich die brennende Hize der Haut
nach. Salmiak-Auflösung, Calomel und Salzsäure waren die einzige Arzneyen, welche die
Krankheit nicht verschlimmerten, auf deren Gebrauch noch am ehesten Erleichterung der Zufälle folgte. Diesen eigenthümlichen Krankheits-
Charakter vermochten das Ungemach des Kriegs und
die Jahre des Mangels so wenig abzuändern, dafs man
an manchen Orten denselben sogar von jenem erst
entstanden annahm, ebenso allgemein wurde derselbe auch in England von Clutterbuck, Armstrong,
Batemann, Jackson und Percival anerkannt, ja
selbst die Behandlung der tropischen Krankheiten erhielt dadurch ihre Haupt-Modification.

Nach einem sehr milden Spätjahr, das noch
weit in den November herein reichte, wurde es
im December sehr kalt, doch scheint diese Kälte
nicht ganz allgemein gewesen zu seyn. Am 3ten
December war der Sund schon bis zur Insel Hveen,
am 12ten der Rhein bey St. Goar und die Mosel an

Kälte.

verschiedenen Stellen gefroren, ebenso kalt war
es auch in Nordamerica, wo bey Washington
schon Anfangs Decembers der Potowmac sich mit
Eis bedekte, zu Petersburg fiel dagegen Reaum.
Thermometer nie unter $17\frac{1}{2}°$. Für besonders kalt
galt der Winter auch in Italien, zu Turin hatte
man seit 1795 keine ähnliche Kälte mehr gehabt,
selbst zu Neapel war es aber auch kälter als in
Schwaben, dort lag fast den ganzen Januar Schnee 1812 n. Chr.
und am 18ten fiel der Thermometer dort auf 9°,
während er zu Stuttgardt auf 5° stand.

   Nach den ersten Tagen des Februars wurde Witterung.
es in Teutschland milder, im Merz nahm die
Kälte wieder zu. April und May waren zwar zuweilen sehr lieblich, es wechselte aber die Witterung ausserordentlich schnell und der Junius
und Julius waren überall rauh und unfreundlich,
selbst auch in Italien; in Island, wo es die ganze
Zeit über sehr troken und kalt gewesen, verlohr
sich im Anfang Augusts erst das Treib-Eis ganz.
Erst der August und September waren allgemein
wieder wärmer, auch im October hielt die wärmere Witterung noch einige Zeit an.

   Mit dieser Witterung waren folgende vulcanische und meteorische Erscheinungen zugleich
gegeben.

   Am 2ten Januar gerieth der Vesuv in einige Erdbeben in
Bewegung, am 28sten desselben Monats, wurde, Italien u. in
während man von Zürch, Rastadt, Carlsruhe aus Nordamerica.
eine Feuerkugel bemerkte, zu Augsburg gegen
S. W. ein schlängelnder lichter Streifen, der sich
in einen leuchtenden Halbkreis formirte, gesehen. Zu Genua spürte man noch in diesem Monat zwey schnell aufeinander folgende Erdstöße,
bey ähnlichen am 17ten in Südermannland em-

pfand man zu gleicher Zeit Sausen in den Ohren und Schwere in den Gliedern. Noch häufiger und stärker waren die Erdbeben im Merz,
am 20sten traf Antibes ein Erdstofs, in der Richtung von Osten nach Westen, bey einem viel
stärkeren am 22sten zu Rom litten alle Kirchen
und Palläste grofsen Schaden, am furchtbarsten
und anhaltendsten waren aber die Erschütterungen in America. Schon seit dem May des vorigen Jahrs hatte man wiederhohlte Erdstöfse auf
der zu den Antillen gehörenden Insel St. Vincent gespürt; seit dem 16ten December vorigen
Jahrs hatte sich auch die Erde in einer beynahe anhaltenden Bewegung in den Thälern des
Missisippi, Arkansaw und Ohio befunden. *) Noch
im December des vorigen Jahrs traf bey stillem
und heiterem Wetter ein Erdstofs Caracas, es war
derselbe der einzige, welcher der Catastrophe
am 26sten Merz dieses Jahrs vorangieng, die
ganze Provinz Venezuela hatte fünf Monate lang
an Dürre gelitten, als an einem heifsen wolkenlosen Tag, dem grünen Donnerstag, Abends 7
Minuten nach 4 Uhr eine Erschütterung und die-

---

*) A detailed Narrative of the Earthquakes which occu-
red on the 16 th. day of December 1811, and agitated
the parts of North-America that lie between the At.
lantic Ocean and Louisiana, and also a particular account of the other quakings of the Earth occasionally
felt from that time to the 16th of February 1812, and
subsequently to the 18th of Dec. 1813, and which shook
the country from Detroit and the Lakes to Neworleans
and the Gulf of Mexico. Compiled chiefly at Washington in the district of Columbia, by Sam. Mitchill,
In Transactions of the literary and philosophical Society of Newyork. 1814. Vol. I. P. 281 — 340.

ser eine zweyte folgte, bey welcher der Boden
in eine Wellen-Bewegung gerieth. Schon glaubte
man die Gefahr vorübergegangen, da vernahm
man ein heftiges unterirdisches Getöse und zu
gleicher Zeit durchkreuzte sich ein heftiger senk-
rechter Stofs mit einem noch stärkeren wellen-
förmigen, wodurch Schwingungen entstanden,
welchen nichts zu widerstehen vermochte; ja der
Einsturz und die Zermalmung der Gebäude war
so vollständig, dafs Kirchen, die mehr als 150
Fufs Höhe hatten, und deren Schiff durch zwölf
bis fünfzehn Fufs dichte Pfeiler getragen wurde,
Trümmerhaufen bildeten, deren Höhe nur 5 — 6
Fufs betrug. Wegen des Festes befand sich die
Mehrzahl der Bevölkerung in den Kirchen, neun
bis zehntausend Menschen wurden erschlagen.
Das Schiksal von Caracas theilten Laguaira, Me-
rida, S. Felipe und noch 30 andere Orte, in
welchen über 70,000 Menschen ihr Leben verlohren. Auf den Stofs folgte zwar in den nächsten
Stunden wieder eine Ruhe und Stille der Luft,
welche bey der verursachten Zerstörung und den
Scenen des Jammers den schauerlichsten Gegensaz bildete, aber schwächere Stöfse wurden ein
ganzes Jahr lang gespürt, und im December noch
betrachtete man die Tage als die ruhigste, an
welchen nicht mehr als 19 oder 20 Stöfse bemerkt wurden. Nicht nur so vieles Menschen-
leben wurde zu Grunde gerichtet, auch der Geist
des Patriotismus wurde ertödtet, indem das Erdbeben als eine Strafe des Himmels für die versuchte Unabhängigkeits-Erklärung gehalten wurde.
Miranda, dessen Unternehmungen schon so viele
Hoffnungen für eine Verbesserung des politischen
Zustands jener von der Natur so reich ausge-

statteten Länder erwekt hatten, mußte sich, weil
er nicht mehr als ein Paar tausend Mann zusammen behalten konnte, an den royalistischen
General Monteverda ergeben, welcher seine Capitulation nicht hielt, sondern sich ganz seiner
Rachsueht überließ. *) — An diesem Erdbeben
nahm auch später noch am 30sten April der Vulcan
des Souffrier-Gebirgs auf der Insel St. Vincent
durch e ne sehr starke Eruption, bey welcher
grauer Staub auf der Insel Barbadoes niederfiel,
Antheil.

Ohnweit Grenade, 7 Lieues nordöstlich von
Toulouse, sah man am 10ten April Abends 8
Uhr, bey ruhiger Luft aber dunkler Nacht, 15
Secunden lang ein weislichtes Licht, bey dessen
Schein man lesen konnte, 2½ Minuten darauf
wurde ein Knall, wie von einer gesprungenen
Mine vernommen, dem ein Getöse wie von kleinem Gewehrfeuer und Pfeiffen in der Luft folgte,
Meteorsteine. während Meteorsteine, die 5 — 6 Unzen wogen,
niederfielen. Fünf Tage später wiederhohlte sich
dieselbe Erscheinung bey Erxleben, aus stiller
heiterer Luft fiel nach einem starken Knall ein
Meteorstein in der Größe eines Kinderkopfes
senkrecht nieder, so daß er tief in die Erde
schlug, seine spez. Schwere betrug 3, 61.. und
bey der Analyse fand man ausser Eisen, Nikel,
Kiesel - u. Talk-Erde auch einen schwachen Gehalt von Natron. Der Aetna, der seit dem 11ten
October in Bewegung gewesen war, bedekte sich
am 24sten April mit Rauch und zugleich bildete sich ein neuer Hügel, der Simonsberg. Einen

---

*) Humboldt III, p. 11. und die Nachrichten über die
Revolution im spanischen America.

sehr starken vulcanischen Ausbruch des Vulcans
auf der I‚ ‚.‚l Bourbon, einer der mascarenischen
Inseln, beschreibt Bory de St. Vincent. Auch
im weitern Verlauf des Jahrs wechselten immer
fort vulcanische und meteorische Erscheinungen.
Ueber das ganze Departement der untern Loire
empfand man am 2ten May einen Erdstofs. Den
28sten Junius senkte sich zu Marseille das Meer
im Hafen plözlich und stürzte mit ungeheurer
Gewalt hinauswärts, eben so heftig kehrte es
wieder zurük, und dıfs wiederhohlte sich nicht
nur zum zweytenmal, sondern erst nach mehreren Schwingungen wurde das Gleichgewicht
wieder hergestellt. Im obern Elsafs verbreitete
sich am 17ten Julius ein Erdstofs von Osten nach
Westen, wobey ein starkes unterirdisches Getöse am Fufse des Belchen gehört wurde. Mehr
aus der Atmosphäre als aus der Tiefe der Erde
möchte wohl das Erdbeben, das man in der Nacht
vom 1sten auf den 2ten August in der Lausiz bis
nach Dresden bemerkte, herzuleiten seyn; während die Erde erzitterte, wurde nemlich in der
sehr heitern Nacht ein Donner vernommen, wobey sich deutlich drey aufeinanderfolgende Schläge
vernehmen liessen. In dem Departement der
Vendée sah man eine Woche später am 9ten August Abends 9 Uhr bey ganz heiterem Himmel
eine Feuerkugel, die eine ausserordentliche Helle   Feuerkugeln.
verbreitete, und sich in eine Feuerschlange verwandelte, bis sie unter Zurükbleiben einer dunklen Wolke verschwand. Zu gleicher Zeit, da
am 15ten November zu Carlsruhe, Nürnberg,
Salzburg, Wien und in Böhmen eine Feuerkugel
gesehen wurde, bemerkte man zu Berlin einen
mehrere Secunden dauernden Bliz, der den gan-

zen Horizont mit einem bräulichten Schimmer
erfüllte, der darauf folgende Abend war ungewöhnlich klar und hell. Endlich sah man während zweyer starken Erdstöfse zu Kingston (auf
Jamaica) eine Rauchsäule aus der See emporsteigen, und nachher fand sich die Bucht ums zwey-
fache tiefer.

Viehseuche. Ebenso häufig und allgemein waren in diesem Jahr auch die Krankheiten. Schon zu Ende
des vorigen Jahrs, da noch nicht von einer Mittheilung des Uebels durch fremdes Vieh die Rede
seyn konnte, hatte sich im Liegnizischen Kreise
die Rinderpest zu verbreiten angefangen, jezt
dehnte sie sich immer weiter über Schlesien aus,
wie man glaubte durch das italienische Vieh,
das der Armee nachgetrieben wurde. Besonders
stark wurde die Umgegend von Danzig verheert.

Poken in der Die Poken, welche im Februar oder Merz
Capstadt. durch ein aufgebrachtes portugiesisches Sklaven-
Schiff nach der Capstadt verpflanzt wurden, verbreiteten sich in der kürzesten Zeit unter allen
Klassen des Volks und die Bestürzung war unbeschreiblich, als glüklicher Weise auf einem
von Helena ankommenden Schiff Schuzpoken-
stoff gebracht wurde, und es durch die Vaccination, zu der sich Alles hindrängte, gelang, die
Krankheit zu unterdrüken.

In Longisland und unter der Nord-Armee
herrschte eine typhose Pneumonie, während in
Connecticut, Newyork, Newengland und mehreren nördlichen Districten, das erst seit sieben
Jahren in Nordamerica häufigere Petechialfieber
um sich griff. *) Zu Carthagena und Cadiz gab

*) New-England Journal of Medicine and Surgery. Vol.
II. 1813. Nr. III.

sich das gelbe Fieber, jedoch nicht, in seiner höchsten Heftigkeit zu erkennen.

Krankheiten lassen sich eigentlich nicht ein- mal die physischen Schiksale des aus 360,000 meist durch mehrere Feldzüge schon dem Kriegs- leben angewöhnten Soldaten bestehenden Hee- res nennen, das von einem durch so viele glük- liche Erfolge verblendeten Starrsinn von Frank- reich und Teutschland aus durch Pohlen, am 23sten Junius über den Niemen und weiter über den südlichen Abhang der Wolchonskischen Höhe nach Moscau geführt und dadurch in einen Zu- stand der Noth versezt wurde, der alle Vorstel- lung übersteigt, und höchstens mit dem schrek- lichen Zustand verglichen werden kann, in wel- chem sich auch schon russische Heere befanden, wenn sie gegen die asiatischen Steppen - Völker zu Feld ziehen wollten. *Krankheiten unter dem französischen u. teutschen Heer in Rufs- land.*

Schon bey dem an Entbehrungen so reichen Hinmarsch, auf welchem nach dem Uebergang über den Niemen das unermefsliche Heer gleich alle Subsistenzmittel verlohr, und auf den an- gestrengtesten Märschen, bey der Hize des Ta- ges und der Kälte der Nacht, auf dem hochlie- genden Landstrich, ohne allen Schuz gegen das Wetter, bald auf mageres Kuhfleisch und Brandt- wein beschränkt wurde, so dafs unreife Cartof- feln noch zu den Lekerbissen gehörten, wurde eine Dysenterie allgemein, welche an den Land- scorbut erinnert, so fern bey diesem auch der Hunger einen Hauptmoment bildet und antiscor- butische Mittel nach den Erfahrungen von Dil- lenius und Scheerer die besten Dienste thaten, bey welcher, zumal unter den so kriegsgewöhnten

Streitern, die Macht des Gemüths ausserordentlichen Einfluß zeigte, so daß in den nächsten
Tagen vor und während den Schlachten plözlich
keine Spur der Krankheit vorhanden war, und
die Soldaten freilich mehr aus gräusenhaftem Le-
Bens-Ueberdrufs, als aus wahrem Muth, sich in
die höchste Gefahr stürzten, um Wunder der
Tapferkeit zu leisten, aber gleich darauf das
Uebel in desto gröfserer Furchtbarkeit wieder-
kehrte, wie man Aehnliches aus der Geschichte
lange dauernder Seezüge weifs, und wobey endlich Köhlreuter die Erfahrung machte, dafs gefährliche Verlezungen und Wunden, z. B. durch
Amputationen aus dem Achselgelenk, ohne alle
schlimme Zufälle in unerwartet kurzer Zeit
heilten.

Noch schreklicher war der Zustand dieses
Heers, nachdem dasselbe nicht mehr als 80,000
Mann stark, am 19ten October wieder von Moskau aus den Rükmarsch angetreten hatte, und
zu dem bisherigen Elend auch noch Kälte und
die gänzliche Auflösung der Ordnung hinzukam.
Die anhaltend wirkende Kälte, der Hunger und
das Uebermaafs der Hülfslosigkeit brachte jezt
bey denen, welche nicht sogleich erlagen, den
mitleidswerthesten Zustand der Fatuität hervor,
dem der Tod oft plözlich, wie es schien durch
Lähmung des Gehirns und Rükenmarks, ein Ende
machte, und bey welchen es erst einiger Erhoh-
lung durch Ruhe und Nahrung bedurfte, wenn
der Typhus sich ausbilden sollte, dessen Contagium diese Unglüklichen verbreiteten, ohne
selbst seine Erscheinungen darzubieten. Aber
nicht blos hier, wo doch der Typhus als das un-
mittelbarste Product des Kriegs-Ungemachs er-

scheinen konnte, hatte derselbe seine eigenthümliche von der constitutio. stationaria gegebene
Erscheinungen, es erschien derselbe nicht als
eigentliches.Faulfieber, vielmehr zeichnete die
Krankheit, wie difs aus dem am 7ten December
zu Königsberg ergangenen Publicandum erhellt,
vorzüglich Affection des Gehirns aus, sondern
es war auch dieselbe Krankheit über Gegenden
verbreitet, in welche das Kriegs-Elend gar nicht
gelangt war. Schon unter den auf heimathlichem
Boden befindlichen und weit besser versehenen
russischen Heer, müfsen die Krankheiten als
ebenso allgemein herrschend angenommen werden, wenn man sich es erklären will, wie es
möglich war, dafs eine so entblöste Armee wie
die der Franzosen und ihrer Alliirten solche Vortheile erfechten und bis in das Herz des Landes
vordringen konnte. Es herrschte die Krankheit Nervenfieber.
aber auch sehr verheerend zu Petersburg, *) dieselbe raffte im nächsten Jahr zu Wien 1329 Menschen weg, in Mähren beschrieb sie Steiner, und
in Teutschland und dem östlichen Frankreich
kam sie im nächsten Jahr bis zum Frühjahr 1814
fast überall und an sehr vielen Orten vor, wohin
kein krankes Militair gelangt war.

Am allerentschiedensten spricht für einen
tiefer begründeten allgemeinen Krankheits-Zu-
stand die Erscheinung und die in einer Reihe von
Jahren immer weiterrükende Verbreitung der Pest. Pest.
Zu Constantinopel sollen durch sie 70,000 Menschen in diesem Jahr weggerafft worden seyn,

---

*) Heinr. Ludwig von Attenhoffer medicinische Topogra-
phie der Haupt- und Residenzstadt St. Petersburg.
Zürich 1817. P. 241.

die gröfsere Menge der Sterbefälle vor dem Nachlassen der Krankheit schrieb man dem Ceremo-
niel des Fasten-Monats zu, die Krankheit erschien
auf gleiche Weise, zu Salonichi, Smyrna, auf
Cypern und zu Alexandrien in Aegypten. Im
August wurde sie zu Odessa als allgemein herrschend anerkannt. Meisner und Raczynski berichteten in ihrer Reisebeschreibung, die Krankheit
sey von Constantinopel dahin gelangt, indem ein
Officier einen türkischen Shawl mit Umgehung
der Quarantaine eingebracht und diesen einer
Schauspielerin geschenkt habe, mit dieser Angabe stimmte es überein, dafs nach der Geschichte
der Epidemie, wie sie ein Ungenannter in der
Salzburgischen *med. chirurg. Zeitung gibt, *)
eine junge Schauspielerin und das Theaterperso-
nal überhaupt zuerst erkrankte. Von 28,000 Einwohnern starben 3000, auf den Dörfern waren
die Verheerungen nicht weniger stark. Von hier
aus verbreitete sich die Krankheit bis Balta in
Podolien und von Lemberg aus traf man Anstalten zur Sicherstellung von Galizien. Auch
zu Kaffa und Feodosia starben 3000 Menschen.
Heuschrecken und Dürre verheerten die Provinz
Marwar und trieben die Einwohner nach Guze-
rat, wo sie dasselbe Elend antrafen, überall entstanden Seuchen, in Ahmedabad **) allein wurden 100,000 Menschen weggerafft.

Nicht nur in Rufsland fieng der Winter früh
und mit grofser Strenge an, auch in Ungarn soll
seit 104 Jahren nichts Aehnliches mehr vorge-

---

*) Jahrgang 1814, zweyter Band. S. 53. u. f.
**) Jam. Rivett. Carnac in Transactions of the literary
Society of Bombay. Vol. II, 1820.

kommen ,seyn, die Tokayer Weinberge konnten
vor dem Winter gar nicht mehr geherbstet werden, es geschah erst Ende Februars, als der
Schnee wieder weg war, nur die Farbe des Weins
wurde etwas bleicher. . Ungewöhnlich häufig zeigten sich die Bären und Wölfe in diesem Lande.
Gegen Ende Januars wurde es wieder ziemlich 1813 n. Chr.
kalt, auf der Donau gab es in diesem Winter Strenger
zwey gleich starke Eisgänge. Der Merz war kalt, Winter.
in der Mitte dieses Monats fiel zu Treviso 25
Stunden lang ausserordentlich viel Schnee, was
dort seit 300 Jahren nicht der Fall gewesen seyn
soll. Unerhörte Schnee - und Gewitterstürme
folgten in diesem Monat auch noch in Ungarn
und Siebenbürgen, im Junius fiel während der
Traubenblüthe besonders feuchte Witterung ein,
der Julius und August waren vollends durch starke
Ueberschwemmungen des Rheins, im Tyrol und
in Ungarn ausgezeichnet, am 11ten September
fiel im Breisgau schon wieder Schnee. Auch in
Dännemark war der Sommer ungewöhnlich kalt,
in Hessen ergiengen Verordnungen wegen des
nachtheiligen Genusses von Mutterkorn.

Die meteorischen Erscheinungen dieses Jahrs
schienen, zumal da die einzige ausgezeichnete
Erscheinung dieser Art im niedersten Stratum der
Atmosphäre sich ereignete, nur eine kurze Fort-
sezung der des vorigen Jahrs zu seyn. Von
vulcanischen zeigen sich vollends gar keine.

Am 27sten Januar sah man eine Feuerkugel Meteore.
zu Brünn. Eine rothe Wolke zog am 13ten
Merz von Südosten her über Calabrien und Abruzzo, und verhüllte alles so sehr, daß der Himmel
die Farbe des rothglühenden Eisens bekam, bis
um vier Uhr Nachmittags endlich vollkommene

Dunkelheit eintrat, es fiel nun rother Schnee
und. Staub, der einen Höhlen haltenden harzig-
ten Bestandtheil hatte; nicht nur in einigen Gegenden Calabriens, sondern auch in Toscana und
Friaul, in lezterer Gegend rother Schnee, zu
Arezzo, im Dep. de l'Arno, gefärbter Schnee
und Hagel, bey Cutro, zwischen Gerace und
Catanzaro fielen Steine. *) Am 13ten Junius fiel
ein Meteorstein bey Jonzac, am 10ten September Steine in der irrländischen Grafschaft Li-
merik. Zu Roses in Catalonien war am 18ten
Julius um Mittag die Luft brennend heiß, um
zwey Uhr umhüllte sich der Himmel und auf den
hohen Gebirgen von Camprodon bemerkte man
Schnee. Zehn Minuten nach fünf Uhr hörte man
ein dumpfes Getöse im Innern der Erde und
spürte Erderschütterungen; das Meer gerieth in
Bewegung, wobey eine Menge unbekannter Ma-
terien und die Knochen eines Seefisches von ungeheurer Größe ausgeworfen wurden. Am 20sten
October Vormittags 11½ Uhr hörte man von Schafhausen, Basel, Emmendingen, Freyburg, über
den ganzen Schwarzwald bis Herrenberg einen
ungewöhnlichen Knall in der Luft mit einem
länger dauernden Getöse, dabey wurde zu Aich-
stetten am Kaiserstuhl eine von Süden nach Norden ziehende Feuerkugel mit einem Schweif gesehen. Chladni hat noch ferner eine ungewöhnliche Erleuchtung zwischen Woodfort und Hark-
ney am 8ten November und am 10ten desselben
Monats in Sunderland in England eine sehr dike
Wolke, die einen lichten Schweif hinterließ,

---

*) A. Fabroni in Anal. de Chimie. Tom. 88. Bibloth.
britt. oct. 1813.

wahrscheinlich[eine in Dampf gehüllte Feuerkugel , aufgezeichnet.

Dieses durch seine physische Vorgänge weniger ausgezeichnete Jahr war nicht allein durch
seine politischen Ereignisse , sondern auch durch
die Allgemeinheit der Krankheiten unter Thieren und Menschen , welche , sofern sie auf den
entferntesten Punkten vorkamen, von dem Kriegsungemach allein nicht hergeleitet werden können,
wohl das denkwürdigste in der neuern Geschichte.

Den Epizootien in Schlesien und andern im Viehseuche.
Kriegsschauplaz gelegenen Gegenden, bey welchen Kausch und Namsler die Erosionen im Munde
und ein diesen entsprechendes Abschuppen der
Epidermis als charakteristisches Zeichen erfunden haben wollen, lassen sich andere entferntere entgegen stellen, z. B. die Löserdürre im
Holsteinschen, wie sie Viborg beschrieb.

Das Nervenfieber breitete sich in diesem Nervenfieber.
Jahr immer weiter aus, diese Krankheit, welche
in den nächsten Jahren so grofse Allgemeinheit
in Irrland erhielt, begann schon in diesem Jahr
zu Dublin, *) an vielen Orten Teutschlands erschien sie lange vor der Ankunft der Kriegs-
heere und gegen Ende des Jahrs wurde sie eben
so allgemein von Kinderkrankheiten, Scharlach,
Masern, Luftröhrenentzündung und Keuchhusten Luftröhren-
begleitet, welche noch weniger durch die kran- Entzündung.
ken Soldaten mitgetheilt worden seyn konnten
und zuweilen eine ganz unerhörte Form annahmen, so hatte der Verf. in mehreren nahe bey-

---

*) Edward Percival in den Transactions of the King's
and Queen's College of Physicians in Irrland. Vol. I.
1807.

sammen liegenden Orten des Ober-Amtsdistricts
Herrenberg eine Art der Luftröhrenentzündung
zu behandeln, die nur mit den acutesten Formen, wie sie bey Aetius und Mead vorkommen,
verglichen werden konnte. Viele Kinder, bey
welchen früher nichts als eine ungewöhnliche
Hastigkeit bemerklich war, waren innerhalb 12
Stunden gesund und tod. Die Section erwies,
dafs der Tod die Bildung der gerinnbaren Lymphe noch übereilte, nur ein rother Streifen wurde
längs der innern Fläche der Luftröhre gefunden.
Auch das Calomel wirkte für den so raschen Verlauf dieser Krankheit viel zu langsam und in
seltenen Fällen glaubte man nur von Schwefelleber oder Moschus einigen Erfolg zu sehen.

Auch in der Geschichte der Krankheiten der
Soldaten erscheint für Teutschland in diesem

Anstekende Augenentzündung. Jahr ein unbekanntes Uebel, die anstekende Augenentzündung, deren Abkunft aus Aegypten im
Jahr 1801 nicht für unwahrscheinlich erklärt
werden mufste, und die im Jahr 1809 schon in
Ungarn unter der italienischen Garde sich gezeigt
hatte [*]) gab sich den mehrfachen Versicherungen der Augenzeugen zufolge nach der Schlacht
bey Lüzen und während des Waffenstillstandes
unter dem preufsischen Heer zuerst zu erkennen. Zwar haben wohl auch schon früher in
Teutschland einzelne Truppen an einer allgemein verbreiteten Augenentzündung gelitten, es
war aber damals das Uebel viel leichterer Art. [**])

[*]) Cimba Discorsi ed osservazioni patrichi. Tom. i. Genova 1816. p. 50.

[**]) Colombier Code de Médecine militaire. Paris 1772.
Suite de la troisième partie p. 46. J'ai vu en 1760

Auch jezt erschien die Krankheit im Anfang allgemein und dabey ziemlich gutartig, doch schon
im Herbst und kurz vor dem Rhein-Uebergang
wurden die Zufälle viel bedeutender und endig-
ten, in der Bindehaut der Auglieder und deren
Drüsen beginnend, mit einem Auswachsen der
Bindehaut des Augapfels und einer Zerstörung
der durchsichtigen Hornhaut. Jezt wiederhohlte
sich auch die frühere Bemerkung, daſs die Krankheit gewissen Regimentern vor vielen andern ausschliessend eigen sich erwies, und wie früher
wohl die Engländer ziemlich allgemein die Krankheit nach Europa verpflanzten, die Franzosen
aber frey blieben, so beschränkte sich jezt das
Uebel fast allein auf die Preuſsen und verschonte
die österreichschen Truppen, selbst da, wo von
beyden Armeen Truppen gemeinschaftlichen Fe-,
stungsdienst thaten, wie zu Maynz im Jahr 1818
wo von dem 54sten Regiment der dritte Mann
erkrankte und unter der österreichischen Garnison keine Spur der Krankheit bemerkt wurde.

Ausser den Preussen theilte sich auch noch
die Krankheit dem schwedischen Armeekorps, das
mit den Alliirten gemeinschaftlich die Franzosen
bekämpfte, mit, und schien sich hier, wenn gleich
in ihren Zufällen milder und daher auch ohne
Arteriotomie heilbar, mit besonderer Leichtig-
keit zu verbreiten, denn nicht nur das Schiffsvolk auf der Transportflotte, welche das Corps
wieder nach Schweden überführte, erkrankte
daran, und theilte das Uebel selbst wieder der

---

une épidemie d'ophthalmies régner dans les troupes, qui
occupoient le pays de Fulde. Quoique les accidens en
fussent peu considérables, elle fut difficile à détruire.

an der Küste von Bohuslehn stationirten Schee-
renflotte mit, sondern auch das übergeführte
Truppencorps selbst hatte sich nicht sobald mit
der Reserve - Armee vereinigt, um gegen Norwegen zu ziehen, als auch unter dieser die Krankheit allgemein wurde, und noch fortdauerte, als
die Schweden aus Norwegen wieder zurükkehrten. *)

Seuchen in America. Auf den Hoch - Ebenen von Mexico richtete
eine Seuche Verheerungen an, an welcher nur
zu Alt-Mexico vom Junius bis in October 26,000,
der siebente Theil der Bevölkerung weggerafft
wurde, eine biliose Pneumonie durchzog die
Grafschaft Saratoga in Nordamerica, und an den
Küsten des mittelländischen Meers herrschte das
gelbe Fieber, welches in diesem Jahr in America
nirgends bemerkt worden war, und bey einer Witterung, die der Theorie zufolge gar nicht die
Krankheit hätte begünstigen sollen. **) Von Cadiz aus wurde dieselbe nach Gibraltar verpflanzt,
wo die Krankheit nach einzelnen Behauptungen
fast alle ergriff, welche dieselbe nicht schon
früher überstanden hatten. (Gilpin.) Noch weit
allgemeiner und verheerender zeigte sich die Pest.
Immer noch dauerte die Krankheit in ihrem Heerd
zu Constantinopel fort, und verbreitete sich von
da nach Süden und Norden; zu Alexandrien in
Aegypten starben von einer Bevölkerung von
12,000, 7000 Menschen. In den ersten Tagen

---

*) Frolich, Hellström, Kewenster, Faxe und Rudolphi
in Svenska Läkare Sällskapets Handlingar. Andra Ban-
det andra och tredje Haeftet. 1815.

**) The season has been one of the coolest and healthiest
ewer knows. Med. Journ. Tom 31. p. 259.

des Mays gelangte die Krankheit nach Malta, ein Pest auf Malta. Schuhfliker Nahmens Borgi soll sie durch einen kleinen Ballen Leder, welchen er von einem in Quarantaine befindlichen Schiff sich zu verschaffen gewußt hatte, verbreitet haben. Auch hier zeigten die ersten Fälle nicht gleich die pathognomische Erscheinungen der Krankheit. Im May starben 110 Menschen, im Junius 800, im Julius 1582, im August ergriff sie auch die englische Garnison, auf den Dörfern bemerkte man sie weniger, im October schikte die englische Regierung eine ärztliche Commission dahin. Selbst die englischen Aerzte wagten bey dieser Krankheit keine starken Blutentleerungen anzuordnen, sondern hielten sich mehr an Säuren und schweißtreibende Mittel, indem sie zu gleicher Zeit auch von Opium, Calomel und analeptischen Mitteln keine günstigen Folgen bemerkten, einigen Nuzen schienen auch kalte Uebergiessungen zu leisten. *) Bey dieser Epidemie bemerkte man wieder einen zur Zeit von grofsen Seuchen schon so oft beobachteten unmäfsigen Geschlechtstrieb bey beyden Geschlechtern, durch welchen das Heilverfahren und die Aufsicht gleich erschwert wurden, indem viele gleich Wahnsinnigen diesem Triebe hingegeben, nur durch die Gewalt gebändigt werden konnten. **)

Während dieser Epidemie machte Ziermann auf Sicilien die wichtige Bemerkung, dafs, obgleich dort die Wächter in dem Lazareth, der aufgerichteten Galgen unerachtet, für die ge-

---

*) Falkner in Edinb. med. and surgical Journal. Ap. 1814.

**) Jos. Skinner philos. Mag. April 1815.

ringsten Bestechungen zugänglich waren, die
Krankheit zwar auf diese Insel sich nicht verbreitete, aber während dieser Zeit alle Wunden
und Geschwüre eine ganz besondere Neigung zum
Brande zeigten, so daß dieser zulezt selbst zu
den leichtesten Aderlaßwunden sich schlug, und
am Ende Niemand mehr sich zum Aderlassen
verstehen wollte. Fast zu derselben Zeit wie
Pest zu Bu- auf Malta brach im Junius die Pest zu Bucha-
charest. rest aus, wie Grohmann glaubt, durch das mit
dem Fürsten Caradscha aus Constantinopel ein-
treffende griechische Gefolge allmählig eingeführt, ihre höchste Verbreitung erreichte sie in
den naßkalten Winter-Monaten und von 80,000
Einwohnern starben 25 — 30,000; auch weiter
nach Siebenbürgen drang das Uebel vor, und
mehr südlich wurde Epirus und Thessalien verheert.

1814 a. Chr. Der Winter 1814 war weniger durch Kälte
ausgezeichnet, als lange dauernd; doch wies
Reaum. Therm. am 14ten Januar auf $17\frac{1}{2}°$, noch
Ende Aprils und in den ersten Tagen Mays stand
das Queksilber mehrere Grade unter o; zu Clau-
senburg wurde am ersten May förmlich Schlittenfahrt gehalten. Noch ausgezeichneter durch
Kälte war der Winter in Rußland und Sibirien,
zu Tobolsk stand der Thermometer am 15ten December auf 40°, zu Petersburg selbst einmal auf
31°. Die Monate Junius und Julius hatten meist
heitere Witterung, doch wurde erst der August
recht warm, besonders heiß war er in Spanien,
vom 1sten — 15ten dieses Monats waren die Theater von Madrid wegen der Hize geschlossen, und
Reaum. Thermometer zeigte häufig auf 30°. Auch
im September kamen sehr warme Tage vor, doch

schon in den ersten Tagen des Octobers fiel das
Queksilber unter Null und von mehreren Orten,
von Ancona und Archangel, hörte man von den
heftigsten Stürmen. Die hauptsächlichste Eigen- Stürme und
thümlichkeit der Witterung dieses Jahrs bildete ˙Nebel.
die Häufigkeit der Nebel, zu Wien zählte man
78 neblichte Tage. Am 4ten November legte sich
ein ungewöhnlich diker Nebel auf die Gegend von
Ottenschlag im Viertel ob dem Manhartsberg in
Unter-Oesterreich und dauerte 5 Tage, während
derselbe auf der Gegend lastete, trat eine Kälte
von 3° ein, ein eisiger Nordwind blies ihn an
die Bäume, so dafs diese im höchsten Grad be-
schwert wurden, und unter heftigem Knall brachen, 130 Schuh hohe Tannen mit drey Schuh
Durchmesser wurden auf diese Weise abgeknikt,
andere Bäume verlohren ihre Wipfel, andere
wurden geschunden.

Eine Feuerkugel, deren Gröfse den dritten
Theil des Vollmonds betrug, wurde am 28sten
Januar zu Augsburg, München, Wasserburg und
Insbruk gesehen. Am 1sten Februar ereignete sich
auf der Insel Manilla nach langer Pause ein starker
Lava-Ausbruch. Am 17ten Februar und den folgenden Tag gerieth die Erde in der Gegend von
Pistoja in anhaltende Bewegung, wobey ein Berg
sich senkte und eine bedeutende Strekte der Strada
regina nicht mehr passirt werden konnte. Zwey Vulcanische
heftige Erdstöfse, welche von Westen gegen Ausbrüche.
Osten giengen, wurden am 28sten April zu Insbruk gespürt. In der Provinz Tschernomarsk,
nahe bey Attemrjuk, gegenüber den Salinen im
Asowschen Meere hörte man bey stillem heiterem Wetter am 10ten May um 2 Uhr Nachmittags 200 Klafter vom Ufer ein grofses Getöse im

Meer, Flammen schlugen aus dem Wasser, grofse
Steine wurden in die Luft geschleudert, während sich ein eigenthümlicher nicht schweflich-
ter Geruch verbreitete, gegen Abend erhob sich
eine Insel, die mit einem zähen Schlamm umgeben und mit einer weifslichten Rinde bedekt
war. Auch unter der aleutischen Insel-Gruppe
erhob sich fast um dieselbe Zeit unter dumpfem
Donnern eine neue Insel. Ohne dafs am Aetna
bis zum November irgend eine Unruhe hätte bemerkt werden können, zeigte sich am ersten Junius zu Catanea die wunderbare Erscheinung einer

Ausserordent- solchen Spannung in der Luft, dafs die blofse
liche Span-
nung der Luft Bewegung der Finger hinreichte, um ein Pfei-
und häufiges fen oder Sausen hervorzubringen, welches bis
Niederfallen
von Meteor- auf einen gewissen Grad sogar modulirt seyn
Asche. konnte. Ein Staub-Niederfall, ganz dem des
vorigen Jahrs gleich, traf am 3ten und 4ten Julius die Gegend der Mündung des Lorenzflusses
in der Bay der 7 Inseln. Gegen Abend wurde
es plözlich ganz finster, dafs man kaum mehr
die Masten und das Tauwerk sehen konnte, um
9 Uhr fiel Staub oder Asche, welches die ganze
Nacht fortdauerte. Gegen Morgen war die Atmosphäre roth und feurig, den Vollmond, der
damals am Himmel stund, konnte man nicht sehen, noch um $7\frac{1}{2}$ Uhr mufste man in der Ca-
jüte Lichter brennen, gegen Mittag erst wurde
die Sonne sichtbar, sie sah aber roth aus wie
durch ein Glas gesehen. Die See und das Schiff
waren mit Staub bedekt, der nicht sandig, sondern leicht wie Holzasche aber schwärzer war,
und dessen Geruch Kopfschmerzen erregte. Am
4ten Julius fiel wieder Asche, aber in geringerer

Menge. *) Nach einem fürchterlichen Getöse, das
man im ganzen Departement de Lot und Garonne
vernahm, fielen am 5ten September in der Gemeinde Monclar und du Temple Meteorsteine, Meteorsteine.
von welcher der gröfste 18 Pfund wog. Rothen
Regen sah man am 27sten und 28sten October
im Thale Oneglia am mittelländischen Meere,
doch wollte Lavagna dessen meteorischen Ursprung nicht zugeben, sondern leitete denselben
von einem Wirbelwind her, der rothe Erde in
die Luft geführt habe.

Meteorasche, welche diesem Jahrgang so eigenthümlich anzugehören scheint, wurde auch, und
zwar nicht als eine begleitende Erscheinung einer
allgemeinen Eruption des Aetna am 3ten November
an der Bergseite, welche Zoccolaro heifst, und
auf der Timpa del Barile ausgeworfen. Ein beträchtlicher Meteorsteinfall ereignete sich am 5ten
November in Duab in Ostindien. Vielleicht waren es auch die begleitenden Erscheinungen eines
Meteorsteinfalls, welche man zu Lyon, Maçon,
Trevoux, Villefranche, Vienne und noch vielen
andern Orten bemerkte; nachdem am 5ten November Abends ein starkes Gewitter gedroht hatte,
so spürte man am 6ten November zwey starke
Erdstöfse, denen ein heftiger Donner vorangegangen war, und reichlicher Regen folgte. Endlich beschlofs die vulcanischen Erscheinungen dieses Jahrs am 17ten December Morgens 6 Uhr,
bey einer Kälte von 30° Reaum., eine ungemein
starke Erderschütterung zu Irkutsk, die noch
stärker gegen das Gebirg Baikal hin empfunden
wurde, worauf fast unmittelbar der aus dem Bai-

*) Tilloch phil. Mag. Vol. 44. p. 91.

kal strömende Fluſs Angara, welcher sonst unter
allen übrigen Flüssen jener Gegend allein nicht
zufriert, Eisschollen trieb, und sich bald darauf
mit einer Eisdeke bedekte.

Viehseuchen. Auch noch in diesem Jahr dauerten die Viehseuchen fort, in der Gegend von Utrecht herrschten sie im Januar und Februar. Durch die al-
liirte Armee gelangte dieses Uebel auch wieder
nach Frankreich, wo es noch in den nächsten
Jahren fortdauerte, und die Schule von Alfort
beschäftigte, zu derselben Zeit kamen ähnliche
Viehkrankheiten-auch in Oesterreich und Mähren
vor, welche nach Waldinger nicht von aussen mitgetheilt worden seyn sollen. *)

Gleichzeitig mit dem Nervenfieber Krankheiten unter den Kindern. Ebenso reichte auch noch bis in dieses Jahr
das Nervenfieber, bis dasselbe im Junius und Ju-
lius ganz verschwand; wie in Teutschland so
erschienen auch in Frankreich gleichzeitig mit
demselben unter den Kindern Scharlach und Masern, leztere von den Franzosen rubeoles genannt.

Pest. Noch befand sich die Pest in immer weiterer
Verbreitung, sie ergriff in diesem Jahr Tiflis
(Morrier); in Aegypten, in Smyrna und andern
asiatischen und europäischen Provinzen richtete
sie Verheerungen an, wie sie schon lange nicht
mehr gesehen worden waren, zu Belgrad starben
4,000 Menschen, für die Umgegend gab man die
Zahl der Verstorbenen auf 10—12,000 an.

In der Mitte Decembers waren einige Tage
äusserst mild, der Thermometer wies auf 13°,

*) Joan Lidl de Epizootiis anno elapso in variis Austriae,
nec non Germaniae septentrionalis regionibus observa-
tis. Vienn. 1815.

etwas kälter war es in den ersten Tagen Januars, 1815 n. Chr.
am 8ten dieses Monats sah man zu Venedig Abends
5¾ bey 2° Wärme, ohne daß Donner vorangegangen wäre, 4 Minuten lang eine solche Helle, daß
man dabey lesen konnte. Am 11ten dieses Monats brach zu derselben Stunde zwischen 10 und Gewitter in
11 Uhr Vormittags, über Cölln, Düsseldorf, Holland.
Brühl, Düren, Xanten, Wesel, Roch, Doesburg,
Zwoll, Borken und Rotterdam ein Gewitter aus,
das fast an allen diesen Orten zündete, worauf
in den nächsten Tagen kältere Witterung eintrat, und das Queksilber auf — 10 — 13° fiel. In
der Mitte Aprils wurde es acht Tage lang wieder ziemlich kalt, die Witterung des Mays war
schön, im Verlauf des Sommers kamen häufige
Gewitter vor, die an vielen Orten Ueberschwemmungen verursachten. Noch seltener als in den
vorigen Jahren kamen in diesem Erdbeben vor,
auch von entsprechenden Vorgängen in der Atmosphäre gelangte besonders im Umkreis von
Europa wenig zur allgemeinen Kenntniß: Am
5ten Februar verursachte auf Isle de France eine
Dunst- und Feuersäule, welche, wohin sie zog,
Häuser und Magazine mehrere Schuhe weit
verrükte, aber nirgends zündete, sondern die
Strohdächer nur schwärzte, grofsen Schreken, unmittelbar folgten grofse Hize und durch
diese veranlaßt auch häufige Todesfälle. Einer der furchtbarsten vulcanischen Ausbrüche Furchtbarer
der alten und neuern Zeit war der des Vulcans vulcanischer
Ausbruch auf
Tanbora auf der Insel Sumbawa, der sich in ei- der Insel
nem Umkreis von 1000 Meilen bemerkbar machte Sumbawa.
und dessen Aschenregen auf 300 Meilen hin alle
Vegetation ertödtete, er erfolgte am 11ten April
und verursachte eine 24stündige Finsterniß, einen

Monat lang war die See in ungewöhnliche Bewegung und die Sonne von einem grünlichten
Nebel umhüllt. *)

Feuerkugeln. Am 16ten September sah man eine Feuerkugel, welcher mehrere kleinere folgten, zu
Minden, Göttingen und Gotha, am 29sten desselben Monats zu London. Am 3ten October ereignete sich ein Meteorsteinfall bey Langres in
der Champagne, wobey die Steine eine von den
bisher beobachteten verschiedene Beschaffenheit
hatten, und sich bey der Analyse 0, 2 Chrom
Gehalt ergab. In der Nacht des 25sten Decembers zog von Westen nach Osten durch den Horizont von Nürnberg eine Feuerkugel, die eine
Minute lang ein Licht verbreitete, wie bey dem
hellesten Mondschein, und welcher nach fünf
Minuten ein heftiger Donnerschlag folgte.

Theurung in Italien. Schon in diesem Jahr, in welchem die Wein-
lese äusserst dürftig ausfiel, verbreitete sich über
Oesterreich und über Italien von Calabrien bis
nach Tyrol Getraide-Mangel, der dem von 1763
und 64 gleich kam, dabey wird aber nirgends
Verheerungen der Pest. besonderer Krankheiten erwähnt, nur die Pest
sezte immer noch ihre Verheerungen fort. Zu
Cairo raffte sie im May täglich 1,4 — 1,500 Menschen weg. In Constantinopel, wo nach dem Bai-
ramsfest auch das Uebel vollends allgemein wurde,
dachte selbst die türkische Regierung auf Beschränkung desselben, und brachte Stellen aus
dem Coran in Erinnerung, nach welchen Vorsicht
im Umgang mit Kranken empfohlen wird. Gleich
verheerend wüthete die Krankheit in Bosnien,

---

*) Steward in Transactions of the liter. Society of Bom-
bay. Vol. 1820.

in Dalmatien bis Fiume, Istrien und auf der Insel Trimiti. Im November brach sie zu Rasca, im Grenzbezirk Peterwardein aus und in demselben Monat am 23sten erschienen sogar Spuren desselben Uebels in der 4 Meilen vom adriatischen Meer entfernten Stadt Noja in der Provinz Bari, und bildeten sich dort nach so langer Zeit wieder zu einer Epidemie aus, die bis zum Junius des folgenden Jahrs dauerte, sich aber nicht weiter landeinwärts zu verbreiten vermochte, was man zwar den getroffenen so energischen Maaßregeln gerne zuschreiben möchte, wenn der Kordon nicht erst am 29sten December um die Stadt gezogen und dadurch so manchen Familien Gelegenheit gegeben worden wäre, sich noch ins Innere des Landes zu entfernen. Auch bey dieser Seuche wurde die Bemerkung gemacht, daß am 15ten Merz, nachdem die Krankheit bereits abzunehmen geschienen hatte, sich schnell die Zahl der Kranken noch weiter als bisher vermehrte, und vom 31sten Merz an erst bleibend abnahm. *)

Pest zu Noja.

Im Januar des nun folgenden Jahrs herrschte unbeständige stürmische Witterung. Am zweyten Februar nach Mitternacht erfolgte zu Lissabon ein starker Erdstoß, der eine Minute dauerte; ihm folgte später ein schwächerer; zu derselben Zeit, als jener gespürt wurde, erlitten durch einen gleichen die Häuser und Kirchen auf Madeira großen Schaden, Schiffer, die nacher dort landeten, versicherten mitten auf der See, 200

1816 n. Chr.

Weit verbreitetes Erdbeben.

---

*) J. J. A. Schönberg über die Pest zu Noja, in den Jahren 1815 und 16, herausgegeben von Harleß. Nürnberg 1815. S. 47.

Meilen von den Azoren und 700 von Madeira, einen heftigen Stofs erhalten zu haben, während
nördlich zu Zwoll in Holland das Wasser gleichzeitig in ungewöhnliche Bewegung gerieth, die
Eisdeke mit grofser Gewalt brach, und die Schiffe
hin und her geschleudert wurden. Am folgen-

Starker Schneefall.
den Tag, den 3ten Februar, fiel im Tyrol Schnee
in einer selbst für jene Gegenden ausserordentlichen Menge, zu gleicher Zeit, doch nur stel-
lenweise traf ein ebenso unerhörter Schneefall
das südöstliche Thüringen, zwey Stok hohe Häuser wurden bis an das Dach eingeschneyt, so dafs
Stollen gegraben werden mufsten. Aehnliche
Nachrichten erhielt man auch von demselben
Tag aus der Bekesscher Gespannschaft in Ungarn,
wo auch ein unberechenbarer Schaden durch den
Schnee angerichtet wurde, in den nächsten Tagen war es zu Marseille, Sisteron, der Gegend
von Manosque und St. Tull kälter als 1709, das
Queksilber in Reaumurs Thermometer stand
auf 15°; der kälteste Tag des Winters war in
Stuttgardt und Hamburg der 11te Februar, an
diesem stand Reaum. Thermom. doch nur dort
auf 17°, hier auf 15°, an diesem Tag mufste
auch auf der Themse wegen der ungeheuren Eisschollen die Schiffahrt unterbleiben, in Sevilla
spürte man, ein mehrere Minuten dauerndes Be-

Allgemeine Kälte.
ben der Erde, auch in Spanien war es im Innern und den südlichen Provinzen sehr kalt. Die
grofse Strafse von Modena nach Florenz wurde
zweymal durch Schnee gesperrt. Am 16ten Februar gab es schon ein starkes Gewitter zu Arn-
heim, Brüssel, Löwen, Chatelet und andern Orten, am folgenden Tag spürte man einen Erdstofs, welcher jedoch keinen Schaden that, zu

Bowtry, Blyth, Cartlon Sheffield, Chesterfield,
Mansfield, Nottingham, Lincolm u. a. O. Am
4ten Merz sah man bey einem starken Gewitter
im Marburger Kreise (Steyermark) auf den Kirchen der durch ein Thal getrennten Schlösser Hoh-
leneck und Welsbergl sehr lebhafte Elmus-Feuer.
Einem sehr starken Gewitter am 9ten Merz in Oberschwaben folgte wieder ein ungewöhnlich starker Schneefall; noch in diesem Monat lag auch
der Schnee im Erzgebirge viele Ellen hoch, doch
hoffte man im Merz immer noch besonders in
Oesterreich nach drey Fehljahren auf ein geseg-
netes Jahr, aber schon in diesem Monat gab es
starke Ueberschwemmungen und Erdfälle, in
Preußen nach dem Durchbruch der Dünen der **Erdfälle und Nässe.**
Weichsel, in Norwegen spaltete und senkte sich
die Erde bey Troadjelm, in Ungarn brachen südöstlich von Pest auf der Ketschkemeter Haide bisher unbekannte Quellen hervor, die die ganze
Gegend unter Wasser sezten. Auch in der Provinz Chieti ereignete sich ein bedeutender Erd-
fall, bey welchem ausser vielen Gebäuden 14,000
Oelbäume zu Grund giengen, und das Meer 150
Schuhe weit bleibend über seine Ufer trat. Nachdem am 29sten und 30sten Merz Reaum. Thermometer noch auf 13° gewiesen hatte, spürte
man zu Judenburg, Knittelfeld, Fohnsdorf, Pols,
Unzmarkt, Murau und Freisach starke Erderschütterungen, im Verlauf des Aprils gab es noch
einmal einen sehr bedeutenden Schneefall im Ber-
ner Oberland, ja im Thale von Davos, in Graubündten lag am ersten Julius ein Schuh hoher
Schnee. Meteore wurden in diesem Jahr wenige
bemerkt, am 15ten April fiel auf dem Berge To-
nale im nördlichen Italien aus rothen Wolken

Rother
Schnee.

ziegelrother Schnee, *) am 19ten Julius·fielen
nach Zeitungs - Berichten unter schreklichem Donner in einem Garten von Sternenberg bey Bonn
mehrere äusserlich schwarzgrün gefärbte Meteorsteine, von denen einer 100 Pfd. und andere 40
und 20 Pfd. gewogen haben sollen?! Am 7ten
August sah man zu Nagybanya in Ungarn eine
Feuerkugel. Am 13ten August, bemerkte man nach
einem Erdbeben in Schottland eine kleinere, und
endlich am 22sten December bey Nicolsburg an
der Gränze Mährens ein Meteor, das einer feurigen Säule glich, und so starkes Licht verbreitete, daß die ganze Stadt in Flammen zu stehen schien, auch die Vulcane verhielten sich
ziemlich ruhig, der Aetna rauchte nur mehrmals,
man spürte kein Erdbeben, aber ein Theil der
innern Wand des grofsen Kraters stürzte unter
furchtbarem Getöse ein, und der Vesuv stiefs
am 7ten August nach einer starken Erschütterung
zwey Feuerströme aus, gelangte aber vor Nacht
wieder zur Ruhe. Am meisten zeichneten im
südwestlichen Europa dieses Jahr die immer wiederkehrenden Regen und Gewitter aus, vom May

Häufiger Re-
gen.

bis August nahm der Barometer einen bleibend
niedern Stand an, im Jahr 1770 betrug die Zahl
der Regentage 91, in diesem Jahr aber 95. (Boh-
nenberger.) Der Genfer - und Bodensee waren
so voll wie 1770, der Rhein trat während der
Sommermonate 5mal über seine Ufer. Diese Witterung war aber doch nicht allgemein, in Kamtschatka war zwar der Winter auch ungewöhnlich lange, erst zwischen dem 29sten Junius und

*) Giorn. di Fisica e chimica. Dec. Tom. I. 1818.
p. 473.

31sten Julius zeigten sich Spuren des Frühlings;
dagegen herrschte im Junius und Julius große
Hize und Trokenheit in Rußland und Schweden;
von Petersburg schrieb man den 10ten Julius,
daß man dort seit 4 Wochen eine anhaltende
ganz ausserordentliche Dürre habe, noch am 7ten
September war zu Petersburg die Witterung ungewöhnlich warm und troken. Zu Riga und Danzig wurden Ende des Julius öffentliche Gebete um
Regen gehalten, während man um dieselbe Zeit
in England um Trokenheit betete. Auch Schiffer, welche vom Fischfang 80 Meilen nördlich
vom Texel am 22sten Julius zurükkehrten, versicherten, daß in jenen Breiten seit 8 Wochen
kein Tropfen Regen gefallen sey, in Dänemark
war der Sommer zwar kühl und unbeständig,
aber die Erndte vortrefflich, so daß, zumal
da auch nichts mehr nach Norwegen gesendet
werden durfte, die Ausfuhr bedeutender als seit
10 Jahren ausfiel. In Frankreich machten von
74 Departements 20 eine sehr ergiebige, 26 eine
ziemlich gute, 27 eine mittelmäßige und 1 gar
keine Erndte. Zu Triest wurde der americanische Reiß wohlfeiler als der mayländische verkauft, in Sizilien fiel die Erndte reicher aus,
als seit 24 Jahren, am reichlichsten war sie aber
im südlichen und nördlichen Rußland, selbst
zu Archangelsk war die Erndte aller Erzeugnisse,
die das dortige Klima gedeyhen läßt, sehr gesegnet. Bey dieser Eigenheit der Witterung bemerkte man in nordischen Gegenden auch ein besonderes Streichen der Fische, bey Kronburg Starkes Strei-
stellte sich eine solche unerhörte Menge Hörn- chen der Fi-
fische ein, daß die Schiffer dieselben nur in die sche.
Böte schaufeln durften, auch die Hummern und

Heringe erschienen an manchen Orten in ungeheurer Menge.

Ausser Europa war zu Canada der Sommer
sehr unfreundlich, aber desto wärmer und trokener in den südlichen Staaten, besonders Ken-
tuki und den beyden Lousianas, wo auch die Erndte
ungewöhnlich reichlich ausfiel. Zu Calcutta soll
besonders am 18ten Junius die Hize einen unerhörten Grad erreicht haben, es hatte aber auch
dort die Witterung seit dem vorigen Jahr einen
sehr anomalen Gang, es regnete während der
sonst trokenen Zeit und während der Regenzeit
war es ungewöhnlich kalt. Nicht blos der geringe
Ertrag der Erndte sezte die Gegenden, welche
davon betroffen wurden, in Verlegenheit, es trat
auch noch die weitere Noth ein, dafs man wegen
der frühen Kälte die so spät reifende Felderzeugnisse nicht einerndten konnte, obgleich his
in October hinein immer wieder Hagelwetter aufeinander folgten, und obgleich in manchen Gegenden die Wiederkehr der Störche gegen Ende
Augusts die Hoffnung auf einen Spätsommer er-
regt hatte, so gefror es doch schon wieder am
23sten October und wurde um Martini sehr kalt,
am 13ten November waren sogar schon sämmt-
liche Hügel Roms mit Schnee bedekt.

Theurung.

Dieser Anomalien der Witterung unerachtet waren die Krankheiten besonders unter Erwachsenen in diesem Jahr seltener als je, und
die, welche unter den Kindern über einen grossen Theil des westlichen Europas hin vorkamen,

Seltenheit der Krankheiten.

die Poken, hatten sich durch die Wasserpoken
vermittelt so unverkennbar aus den frühern Kinder-Krankheiten herausgebildet, dafs man der
Witterung gar keinen Einflufs auf ihre Entste-

Poken.

hung zuschreiben kann, abgesehen davon, dafs, sie überhaupt schon im lezten und vorlezten Jahr in den Gegenden, wo sie später mehr allgemein erschienen, an einzelnen Orten sich angekündigt hatten. Wenn auch gleich, so wie Referent die Krankheit im Oberamts-District Vayhingen beobachten konnte, dieselbe durchaus nicht von Ort zu Ort sich mittheilend erkennen liefs, indem sie zu allererst in der Oberamts-Stadt und dann allmählig an Orten, die vom Verkehr entlegener sind, erschien, und zu den verschiedensten Jahreszeiten, zwischen solchen die auf der Anhöhe und denen die im Enzthale sich befinden, wechselte, bis sie ganz zulezt wieder in einem an der grofsen Landstrafse befindlichen Orte sich verbreitete, so glaubte er doch auch unläugbar Fälle gesehen zu haben, dafs, nachdem die Krankheit einmal einen Ort befallen hatte, die drey verschiedenen Formen der Poken-Krankheit, je nachdem sie auf eine subjective Receptivität trafen, sich wechselweise durch Anstekung fortzupflanzen vermochten.

Es glichen ihre Erscheinungen ganz denen, wie sie von Bérard und Lavit *) für Montpellier und J. Thomson **) für Edinburgh und viele Orte Schottlands angegeben werden, und wie sie auch zu Rotterdam sich gezeigt haben mögen. Bey der schon damals in unserer Gegend allgemeiner

---

*) Essay sur les Anomalies de la Variole et de la Varicelle, avec l'Histoire analytique de lEpidémie éruptive qui a régné à Montpellier en 1816, par M. F. Bérard, Prof. part. et M. de Lavit, D. de la Facult. de Montp. 1818.

**) An Account of the varioloid Epidémie, which hasta tely prevailed in Edinburgh, and other parts of Scot-

als zu Montpellier und Edinburg durchgeführten
Schuzpoken-Impfung, war es zwar seltener, dafs
die Poken solche treffen konnten, welche die
Schuzpoken nicht vorher gehabt hätten, doch
kamen auch nicht ganz selten Fälle vor, dafs die
Eltern und die bereits über die Kinderjahre hin-
ausgerükten Kranken aufs zuverläfsigste behaup-
teten, es seyen ihnen in ihrer Jugend die Schuz-
Poken eingeimpft worden, bey genauerer Untersuchung difs jedoch nur dahin sich erwies, dafs
sie wohl vaccinirt worden, die beabsichtigten
Poken aber bey ihnen nicht zum Vorschein gekommen waren, und endlich ergaben sich drit-
tens auch wie bey Thomson mehrere Fälle, dafs
solche, die unläugbar die Menschenpoken bereits
überstanden hatten, doch noch von dieser poken-
artigen Krankheit (varioloid, Eruption) befallen
wurden. Für die Beobachtung des Verf. ergaben
sich für die dreyerley Fälle folgende Wahrnehmungen: bey denen, die erwiesener Mafsen die
Schuzpoken wirklich überstanden hatten, war der
Fieberanfall eigentlich am stärksten, es dauerte
derselbe aber nur 24 Stunden lang, worauf es zwar
schien, als wenn die ganze Hautfläche mit einem
Ausschlag überdekt werden sollte, die zahlreichen
rothen Fleken (les eruptions de fugitives et ano-
males) aber wieder unvermerkt verschwanden,
und nur gruppenweise meist auf der Brust Con-
glomerate von wenig distincten, regellos oder gar

land, with Observations on the Identity of Chiken-
Pox with modified Small-Pox, in a letter to Sir James Mac Grigor, by John Thomson M. D. Reg. Prof.
etc. London 1820.

nicht füllenden (horned poks) und ebenso unbe-
stimmt verlaufenden Pusteln erschienen. Wo
der Ausbruch des Exanthems noch mehr dem der
Poken sich näherte, und diß konnte, so wie ja
auch Thomson die Poken nach Menschenpoken
häufiger als nach Schuzpoken fand, gerade bey
solchen der Fall seyn, welche die eigentlichen
Menschenpoken wirklich überstanden hatten, verbreitete sich der Ausschlag zwar über die ganze
Hautfläche, aber es füllten sich die Pusteln nicht
mit Eyter, sondern mehr mit einer weißlichten Lymphe, die, so wie der rothe Hof um dieselbe wieder zu verschwinden begann, auch wieder resorbirt wurde, und einen Balg zurükließ,
wie beym Pemphygus. Wo man endlich aber
auch die eigentlichen Poken zu sehen glaubte, ergab sich doch keine vollkommene Identität, es
fehlte nicht nur der specifische Geruch, sondern
auch das ganze dritte Stadium der ächten Poken,
in welchem die Pusteln ihren rothen Hof verlieren und Wachstropfen ähnlich auf der Haut stehen, und statt der sich bildenden Borken, rei-
nigte sich schon am achten Tage die Haut, theils
indem die in den Häuten enthaltene Flüssigkeit
resorbirt wurde, oder jene plazten und diese aus-
floß. In den doch ziemlich seltenen Fällen, da
die Krankheit mit dem Tod sich endigte, geschah
diß schon in den ersten Tagen, hier schien die allgemeine Röthe der Haut es anzudeuten, daß ein
den confluirenden Poken ähnlicher Ausbruch hätte
erfolgen sollen, auch sah der Verf. meist in diesen Fällen eine einzelne mit schwarzem Blut ge-
füllte Pustel. Die Pest sezte ihre Verheerungen   Pest.
auch in diesem Jahr fort. Zu Constantinopel
wurde aller Vorsichtsmaaßregeln der Franken un-

erachtet auch Pera, ergriffen, und als die europäischen Gesandten auf Bujukdere sich zurük-
zogen, so verfolgte sie das Uebel auch dahin.
Auch zu Smyrna, auf Kandia, Cypern und zu
Alexandrien liefs die Krankheit erst in der zweyten Hälfte des Jahrs etwas nach, von Hanea und
Salonichi lauteten noch im September die Nachrichten sehr traurig. Zu Ragusa wurde erst am
7ten Julius die Communication wieder eröffnet,
auf Corfu mufste das Dorf Marathia mit allen
Geräthschaften verbrannt werden, in Albanien
und auf Morea wüthete die Kranhheit noch während des ganzen Jahrs.

**Gelbes Fie-
ber.** Das gelbe Fieber erwähnt nur Musgrave als
auf Antigua herrschend, obgleich er es von der
Sumpfluft herleitet, so empfiehlt er doch in
den ersten 24 Stunden dreustes Aderlassen, nach
48 Stunden aber sey dasselbe schon bedenklicher.

Auf die frühe Kälte im October und No-
1817 n. Chr. vember folgte im December und Januar wieder
mildere Witterung, so dafs die vom Winter unterbrochene Einsammlung der Felderzeugnisse in
dieser späten Zeit noch nachgehohlt werden konnte.
**Regen in Ae-
gypten.** Gegen das Ende Decembers ereignete sich in Aegypten das Ausserordentliche, dafs vier Tage
lang der Regen in Strömen fiel, und mehrere Dörfer zu zerstören drohte. Auch in England traten fast um dieselbe Zeit alle Flüsse über ihre
Ufer, dort war am 8ten Januar der dichteste Nebel, den man seit einer Reihe von Jahren erlebt hatte. An mehr als einem Tag der ersten
Hälfte des Januars stand Reaumurs Thermometer auf 10°. In der Schweiz vertrieb ein heftiger Südwind den Schnee so sehr von den Alpen,
dafs diese wie im August erschienen, doch folgte
bald wieder vieler Schnee und daher ungemein

häufige Lawinen. Zu Petersburg war die Witterung auch ungemein milde und auf der Ostsee noch am 21sten December die Schiffahrt offen. Zu Tobolks sogar hatte man bis zum 1sten Februar keine strengere Hälte als 5°. Im westlichen Europa, in Spanien und Portugall, war der Winter um diese Zeit noch milder als gewöhnlich, dabey aber sehr troken.

In der Nacht vom 8ten — 9ten Februar wurde nach ziemlich langer Zeit ein Nordlicht zu Vay- Nordlicht. hingen, Eslingen, in der Schweiz, in Paris, Frankfurth, Nürnberg, Augsburg, München und andern Orten gesehen, dieser Monat und die erste Hälfte des Merzs hatten auch noch weiter das Ausgezeichnete, dafs während desselben, meist in der Nacht oder gegen Morgen an den entlegensten Orten am 7ten Febr. zu Hamburg und Berlin, am 14ten in Tyrol, am 16ten in Würtemberg und Bayern, am 4ten Merz am Rhein, in Schwaben und Franken Gewitter mit ausseror- Gewitter mit dentlich starken elektrischen Entladungen, einem Schnee. wahren Feuerregen statt der Blize denen eine ausserordentliche Menge Schnees folgte, ausbrachen. Ebenso ungewöhnlich stark waren auch die Fluthen an den Seeküsten zu St. Malo und fast zu derselben Zeit bey Ostia, wo von Vasto bis Porto Ercole die Erde sich beträchtlich senkte. Bey Abbeville fand man, durch die so ausserordentliche Strüme herbeygeführt, eine Menge todter Seevögel, Papagay-Taucher, Möwen, Geken u. a., die viel nördlichern Gegenden angehören. Auch grofse Feuermeteore sah man um diese Zeit, in der Feuerme- Nacht vom 3ten — 4ten Merz zu Gothenburg und teor. zu Odensee auf Führnen zu derselben Zeit einen wahren Feuerregen. Am 18ten Merz erschien in

den Cantons Castelmaron und Montelar (Dep.
du Lot et Garonne) ein Feuermeteor mit Donnerschlägen, wo man das Meteor nicht sah, da
hörte man bey heiterem Himmel zwey Minuten
lang ein Getöse. Am 10ten April entstand bey
Tabor in Böhmen ein starker Sturmwind, es verfinsterte sich die Luft und erschien ein Feuer-
meteor von der Gröfse der Sonnenscheibe, das
in einem bläulichten Licht spielte. Bey der Explosion sah man eine Minute lang ein nicht blen-
dendes Licht und mehr als hundert leuchtende
Punkte senkten sich langsam zur Erde, dabey
bemerkte man mehrere Minuten lang einen Schwefelgeruch. In der Nacht vom 27sten — 28sten
April zeigte sich im Grofsherzogthum Hessen und
den benachbarten Gegenden zuerst eine Viertelstunde lang einige Helle am nächtlichen Himmel, und dann erst eine Feuerkugel, bey deren
Zerplazen das Gefühl von warmem Anwehen entstand. Minder ausgezeichnete Meteore wurden
von einzelnen am 7ten August zu Augsburg, 8ten
September bey Richmond, 17ten October bey
Aachen, 19ten November bey Rochelle gesehen.

Auf einen ziemlich milden Merz, in welchem
wieder der Rhein über seine Ufer trat, folgte

Kältein Sü-
den, milde
Luft m Nor-
den.
ein rauher April, vom 17ten — 28sten fiel fast
täglich Schnee, diese Witterung war im westlichen Europa allgemein, selbst auch im südlichen Frankreich. Auch in Neapel spürte man
am 27sten April ein Erdbeben, das sich längs
den Appeninen hinzog, wobey vor und nachher
Schnee fiel, selbst zu Palermo soll, während
das Meer zufolge einer Erderschütterung zurük-
wich, um diese Zeit Schnee gefallen seyn. Dagegen gieng schon am 20sten April die Newa auf

und der Frühling war in Rußland einer der lieb-
lichsten, es gerieth das Obst besonders gut, noch
weiter gegen Norden war die Witterung ungewöhnlich warm, holländische Grönlandfahrer
konnten bis zum 88sten Grad nördlicher Breite
vordringen. Doch thaten zwey Frostnächte vom
22sten — 24sten August zu Gefle großen Schaden, während man zu Stokholm nichts davon
bemerkte. In Dännemark war es nicht besonders warm, aber in England. Am 26sten und
27sten May trafen das südliche Teutschland nach Ueber-
36stündigen Regen-Ueberschwemmungen mit de- schwemmungen in Schwa-
nen man keine der frühern vergleichen konnte, ben.
in manchen Thälern drangen sie aber so plözlich heran, daß man sie nicht vom Regen allein herleiten konnte, auch aus der Tiefe des
Bodens schienen Wassermassen hervorzubrechen.
In den ersten Tagen des Julius überstieg der
Rhein wieder die Punkte, welche bey der Ueberschwemmung von 1770 erreicht worden waren.
Auch der Bodensee war voller als seit mehreren
Jahren, ähnliches bemerkte man auch am Genfer See. Hagel von seltener Größe, wie man ihn
nur mit den des Jahrs 1760 vergleichen konnte,
fiel in diesem Sommer wie im vorigen, ein solches Gewitter richtete besonders zu München und
in der Schweiz am 4ten Julius große Verheerungen an, endlich verursachten noch im August
heisse Südwinde, welche die Gletscher schnell
schmelzen machten, furchtbare Ueberschwem-
gen in der Schweiz und Tyrol.

Hier auf dem Punkte, da die Witterungs- Auf sechs
Beschaffenheit von sechs nassen Jahrgängen auf nasse Jahrgänge folgen
eben so lange in die entgegengesezte überzuge- sechs tro-
hen scheint, möchte man wohl fragen, ob nicht kene.

in dem schon so oft angedeuteten Gegensaz und
Zusammenhang meteorischer und vulcanischer
Vorgänge auch hier eine Wechselfolge sich er-
gebe, und ob etwa nicht mit den so gehäuften
Entladungen der Atmosphäre durch Regen, Hagel und Gewitter Vorgänge vulcanischer Art, Erdbeben, die nicht blos von hohen Kälte-Graden
abhiengen, sondern mehr selbsstständiger Art waren, abwechselten? Doch ehe diese Frage weiter
verfolgt werden darf, sollen die Einflüsse der
bisherigen anomalen Witterung auf die Vegetation und durch diese auf das Leben des Menschengeschlechts kurz berührt werden.

Theurung, ihr Einfluſs auf den Gesundheitsstand. — Als zu den bereits angegebenen Ursachen der
Theurung auch noch der späte Frühling des lau-
fenden Jahrs hinzukam, die Aengstlichkeit die
Gemüther ergriff, und auch dadurch die Preise
der Lebensmittel noch mehr gesteigert wurden,
so erreichte der Mangel und die Noth in Teutschland, Holland, den Rheingegenden und der Schweiz
überall die gleiche Höhe, und würde noch fürchterlicher gewesen seyn, wenn nicht glüklicher Weise
wegen der mildern Witterung im Norden die Zufuhr aus der Ostsee während des Winters, so wie
auch die auf dem schwarzen Meer offen gewesen
wäre. Auch belief sich der Werth des aus den
russischen Häfen ausgeführten Getreides auf 125
Millionen Rubel. Der unerschwengliche Preis
der Nahrungsmittel, da der 6pfündige Laib Brod
54 Kreuzer, ja zu St. Gallen sogar der 5pfün-
dige Laib 52 Kreuzer und das Simri Kartoffeln
2 Gulden kostete, nöthigte die Menschen zu den
ungewöhnlichsten Nahrungsmitteln, besonders
auch zu Schneken und Kräutern, welche aus
Mangel an Zuthat schlecht zubereitet wurden.

Unerachtet, aber nun die äussern Verhältnisse dieser Jahre so sehr denen der Jahre 1770—1772
glichen, so ergibt sich auf der andern Seite wieder eine ebenso grofse Verschiedenheit in Betreff
des zugleich stattfindenden oder unmittelbar darauf folgenden Gesundheits-Zustandes. Auch jezt
litten zwar viele Gegenden und die ärmere Men-
schenklasse sehr durch den Genufs unkräftiger Mutterkorn
Nahrungsmittel; im Teschner Kreise sah man u. Schwindelhaber.
von der fremdartigen Nahrung sehr allgemein die
Ruhr entstehen, oder solcher Getreidearten, die
theils in ihrer Ausbildung gestört worden waren,
im Hessischen ergiengen wieder Publicanda wegen des Mutterkorns, theils eine ungesunde Beymischung erhalten hatten, durch den in ihnen
fast vorschlagenden Saamen des Colium temulentum, dessen Saamen auf so schwer erklärbare
Weise oft viele Jahre lang ohne zu keimen im
Boden liegen und nur in nassen Jahrgängen her-
vorkommen sollen, die auf den Genufs von Brod,
dessen Mehl auf diese Art schädlich geworden
war, folgenden Zufälle; äusserten sich entweder
durch Affection des Nerven-Systems, besonders
sofern dieses seinen Ursprung aus dem Gehirn
nimmt, durch Ohrensausen, Doppeltsehen, Schwindel und Stimmlosigkeit, oder waren es bey andern Individuen, vielleicht solchen, die sich all-
mähliger daran gewöhnten, Störungen der Assimilation, Gelbsucht, Verstopfung und tympani-
tische Aufgetriebenheit des Bauches, überhaupt
mochten von den minder verdaulichen Nahrungs-
mitteln die häufigern Einklemmungen von Brü-
chen, Cachexien und hydropische Zufälle entstehen, aber nirgends bemerkte man jene Faulfieber, die im Jahr 1771 und 72 so allgemein in den

vom Hunger heimgesuchten Ländern vorkamen,
und es entsteht so natürlich die Frage, warum
bey so vieler Aehnlichkeit der Ursachen, die
Folgen so verschieden gewesen seyen? Hierauf
läfst sich zwar nicht eine ganz befriedigende
Antwort geben, doch sind dem Verf. wenigstens
zwey Momente sehr wichtig, das Eine, dafs, obgleich die Zahl der Regen- und Nebeltage in
den Jahren 1770 und 1816 sich so sehr der Zahl
nach gleichen, und auch der auf jedes beyder
Jahre folgende Winter gleich lange dauerte, doch
die Witterung der Jahre 1770 und 71 noch weiter durch eine ganz ungewöhnliche Seltenheit
von Gewittern sich auszeichnete, *) während in
den Jahren 1816 und 17 bey den gleich nassen,
kühlen unfreundlichen Tagen man so sehr sich
über die immer wiederkehrende, selbst im Winter und nächsten Frühjahr gleich fortdauernde
Häufigkeit von Gewittern wundern mufste. Dieses Zusammentreffen würde durch den von She-
cut **) vor einigen Jahren ausgesprochenen Er-
fahrungssaz, dafs in Jahren, in welchen freye
Electricität und Gewitter häufig sind, und hielte
man sie auch sonst für die ungesundeste, das
gelbe Fieber nicht vorkomme, diese Krankheit
dagegen selbst in kühlen Jahren nicht fehle, sobald ein solches Freywerden der Electricität nicht
stattfinde, zur Beantwortung der Frage schon hin-
reichen, wenn sich nur gegen diese Behauptung
nicht so Manches, nahmentlich die mehrere Jahre

---

*) Sammlung von Beobachtungen aus der Arzney-Ge-
lahrtheit und Naturkunde. 4 Bde. Nördlingen 1773.
S. 101.
**) Medical and physiological Essays Charlestown. 1819.

lang dauernden Epochen von Krankheiten, während die elektrischen Erscheinungen mehr an Jahrescykel gebunden sind, einwenden liesse, und zur befriedigenden Erklärung nicht vielmehr auch ein subjectiver Grund erforderlich wäre. Lezterer und mit ihm das andere Moment ist aber gewifs in der seit 1810 und 1811 begonnenen stationairen Constitution enthalten, welche entschieden entzündlicher Art im Zusammentreffen mit Hunger und Mangel viel weniger zur Erzeugung von Krankheiten geschikt war als jede andere, ja vielmehr in dem äussern Mangel mit ihrem geeignetsten Gegenmittel zusammentraf. Wirklich verminderte sich auch im Jahr 1816 die Zahl der an dem seit 1812 in Irrland herrschenden Typhus Erkrankenden, und stieg erst im Jahr 1818 auf das Siebenfache der Zahl jenes Jahrs, endlich wirkte für Teutschland auch noch das, dafs im Jahr 1817 die Umstände sich nicht so günstig anliessen, um auf den Mangel gleich den Ueberflufs folgen zu lassen, die Zeiten des eigentlichen Wohlseyns überhaupt nicht sobald vergönnt zu seyn schienen. Wo aber in dieser Zeit epidemische Fieber vorkamen, in Italien und in Irrland, da zeigten diese Krankheiten, obgleich vom Hunger und Mangel hergeleitet und obgleich meist bey denselben Petechien erschienen, einen entschieden entzündlichen Charakter und bey einer entzündungswidrigen Behandlung schienen die Aerzte allein noch etwas gegen die Krankheit zu vermögen. In Italien, wo der stärkste Mangel im Jahr 1815 geherrscht hatte, war der Petechial-Typhus besonders im Jahr 1817 allgemein und herrschte von Rom bis nach Ragaz, an den Grenzen Bündtens und des Cantons St. Gallen hier

Petechial-Typhus in Italien.

im Frühjahr, und im August mufste wegen der
Krankheit die Messe von Bergamo, so wie die
von Pavia, Chignolo, Grazie und andere unterbleiben, obgleich um jene Zeit das Uebel in
Mayland, Brescia, Lodi, Pavia und Mantua wieder nachzulassen schien. In Irrland begannen
die anstekenden Fieber am Ende 1816 und dauerten bis zum Frühling 1819.

Eine weitere Aehnlichkeit zwischen den Jahren 1770 — 72 und 1815 — 17 ergibt sich auch dadurch, dafs zu gleicher Zeit jezt wieder während der Jahre der anomalen Witterung und des
Hungers in Europa auch in Ostindien eine Scene
des Jammers und Elends sich eröffnete, doch
würde die Erzählung von der dort sich verbrei-
tenden Krankheit zu sehr unterbrochen werden,
wenn derselben an dieser Stelle schon weitläuf-
tigere Erwähnung gethan werden sollte.

**Gelbes Fie-
ber.**   Das gelbe Fieber, welches mit besonderer
Heftigkeit zu Charlestown und auch auf einzelnen westindischen Inseln auf St. Lucie und Martinique wüthete, hörte an diesen Orten plözlich
auf, als dort am 14ten October und hier am
21sten desselben Monats Stürme mit unerhörter
Furchtbarkeit wütheten. Weniger ist difs von
Neu - Orleans bekannt, wo die Krankheit in diesem Jahr auch sehr verheerend war.

Die Pest, welche sich auch in diesem Jahr
wieder etwas stärker zu Constantinopel zeigte,
sezte ihre Verbreitung auf der Nordküste Africas immer weiter fort, und gelangte nach Bona
und Algier, wo sie noch in dem nächsten Jahr
täglich hunderte tödtete, und auch bis Marocco
und bis zu den Berkinis an dem Fufs des Atlas
sich immer weiter verbreitete.

Noch ist aber von diesem Jahr eine Reihe
von Erscheinungen anzugeben, welche, wie bereits angedeutet wurde, den Uebergang der Witterung mehrerer nasser Jahrgänge in die entgegengesezte vermittelt zu haben scheinen, es sind
diß die Erdbeben dieses Jahrs, die sich gegen
das Ende desselben und zu Anfang des folgenden
zusammendrängen.

Am 24sten Januar erfolgte ein äusserst hef- Häufigkeit
tiger Ausbruch des Vulcans Idieng, vier und zwan- derErdbeben.
zig Stunden von Batavia entfernt. In dem Gebirge,
der Altkönig genannt, in der Nähe von Frankfurth, vernahm man in den ersten Tagen des
Merzs ein heftiges unterirdisches Toben. Im
obern Simmenthal gab es am 11ten Merz ein Erdbeben, das 5te seit ungefähr einem Jahr und an
demselben Tage einen Bergfall im Badischen
Oberamt Engen. Am 18ten Merz verbreitete sich
über das ganze östliche Spanien bis nach Castilien
ein Erdbeben, am heftigsten war es in der Rioxa.
Zuerst war der Himmel heiter, dann erhob sich
ein heftiger Nordwest und allmählig trat eine
furchtbare Finsterniß ein, während welcher Vormittags gegen eilf Uhr zwey Erdstöße, ein dritter um drey Uhr, ein vierter um eilf Uhr Abends,
und noch bis zum 27sten schwächere folgten,
so daß viele Kirchen und Häuser unbrauchbar
wurden, es kam auf diese Erdstöße eine solche
Dürre, daß viele Dörfer verlassen werden mußten. Nach einem anderthalbstündigen warmen
Regen folgten sich im Poseganer Comitat in Sla-
vonien am 28sten May Abends zwischen 7 und
8 Uhr drey Erdstöße, worauf es die ganze Nacht
fort regnete. Am 11ten August spürte man Vormittags ein Erdbeben zu Rhonicz im Sohler Co-

mität und Abends zu Bern, an beyden Orten mit
einem fürchterlichen unterirdischen Knall. Am
19ten desselben Monats zu Insbruk. Den 23sten
August stiefs ein kleines Vorgebirg bey Vostissa,
unfern Athens, eine Rauchwolke aus und stürzte
ins Meer, durch ein gleichzeitiges Erdbeben
gieng Vostissa mit 5000 Menschen zu Grund und
noch 8 Tage lang wurden Erderschütterungen bemerkt. Minder ausführlich beschriebene Erdbeben empfand man am 21sten September auf Helena, 18ten October zu Messina, 4ten November zu Krumau, in der Nacht vom 11ten auf dem
12ten November zu Genf, am 20sten November
zu Gadmenthal im Canton Bern, in der Nacht
vom 22sten — 23sten desselben Monats in mehreren Gegenden Irrlands, ein sehr starkes Erdbeben den 24sten December zu Tiflis. In den
lezten Tagen des Decembers gerieth auch schnell
der Vesuv in Bewegung und stiefs Lava aus. Den
1818 n. Chr. 15ten Februar des nächsten Jahrs richtete in der
Nähe von Mexico bey Lućretaro eine vulcanische
Eruption und weit verbreiteter Aschenregen grofse
Verwüstungen an, zu Mexico vernahm man während der drey Stunden seiner Dauer 100 Schläge.
Auch in Neuyersey in Nordamerica hörte man
fast um dieselbe Zeit unterirdische Donner und
empfand Erdstösse. Bey heiterem Himmel und
gelinder Temperatur begannen am 20sten Februar
Abends 7 Uhr heftige Erderschütterungen in der
Gegend des Aetna. Messina litt nichts, aber in
Catanea und der Umgegend bekamen die stärksten
Gebäude Risse, Mascalucia gieng zu Grund, aus
dem Boden stiegen Wassersäulen. Nach Berichten aus Palermo dauerten diese Stöfse noch bis
zum 2ten Merz, an welchem Tag in dem Thale

von Nota große Verheerungen angerichtet wurden. So wie der Aetna zu rauchen begann, so
hörten die Erdstöße auf. Ein Erdbeben war auch
sehr stark am 23sten Februar zu Draguignan, zu
Antibes vernahm man vor dem Erdstoß ein dumpfes Brüllen, Seeleute versicherten, daß des Land-
windes unerachtet, die See gegen das Land gestürzt sey, den Tag darauf empfand man durch
die ganze Provinz eine Erderschütterung, was
schon seit 11 Jahren nicht mehr der Fall gewesen war, den Stoß spürte man besonders stark
zu Oneglia, wo er von einem Geräusch begleitet wurde, das die Italiener Rombo nennen.
Endlich erfolgten noch unbedeutendere und minder verbreitete Erdstöße in der Nacht vom 28sten
— 29sten May in der Gebirgskette zwischen Oesterreich und Böhmen zu Hohenfurth, Rosenberg und Budweis, am 10ten August zu Insbruk
und am 12ten zu Rom, noch mehr zu Albano und
Frascati.

Während der Zeit, daß diese Erdbeben häufi-
ger und lebhafter wurden, fiengen auch Seen, Ablaufen von
Bergseen.
die ihren Zufluß nicht vom Regen, sondern von
tiefen Quellen zu erhalten schienen, an, abzu-
laufen, obgleich das Regenwetter immer noch
fortdauerte, so der Cirknizer See bey Laibach
im Merz vorigen Jahrs, gerade als die Flüsse
fast allgemein über ihre Ufer traten, auch im
Wallenstädter See kam noch während des immer
nassen Winters 1817 auf 18 eine Insel zum Vorschein, die seit 100 Jahren vom Wasser bedekt
gewesen war, worüber allgemein eine große Freude
entstand.

Nachdem bereits am 5ten und 6ten October Frühe Kälte.
zwey Schuh tiefer Schnee auf den nördlichen

Gränzen der Schweiz gefallen und am 17ten
October die wenigen Trauben am Stok erfroren
waren, wurde es zwar im November wieder
etwas milder; bey ausserordentlich niedern Barometerstand am 8ten und 9ten December hörte
man von den heftigsten Stürmen, die sich auch
am 15ten und 16ten Januar im nördlichen Teutschland wiederhohlten. Zu Ende Decembers schien
der Winter in grofser Strenge einzutreten, doch
war nachher die Kälte weder sehr anhaltend, noch
ausgezeichnet, und obgleich besonders in diesem

Eis in nie-
dern Breiten
im atlanti-
schen Meer.
Jahr während des ganzen Sommers grofse zum
Theil 500 Fufs hoch über den Wasserspiegel her-
vorragende Eismassen sehr tief im atlantischen
Ocean, ja sogar in der Nähe der Bahama-Inseln
immer wieder gesehen wurden, so folgte, nach
einem Spätfrost im April und den lezten Tagen

Heisser Som-
mer.
des Mays, doch ein sehr warmer Sommer, in
welchem am 25sten Julius Reaumurs Thermometer auf 28° und noch in den 6 heifsen Tagen des
Septembers auf 26°, überhaupt 46mal über 21°
und 5mal über den höchsten Stand von 1811 stand.
Im ganzen europäischen Norden war es gleich
warm, zu Stokholm wies der Thermometer auf
30° und in Schottland sollen sich seit Menschen-
Gedenken zum ersteamal Nachtigallen haben hören lassen.

Kometen.
Zwey Kometen, welche im Verlauf dieses
Jahrs gesehen wurden, waren höchst entfernt
oder klein, der erste von beyden verlohr sein
Licht, als es für den Beobachter hätte zuneh-
men sollen, wahrscheinlich erlitt er während der
Dauer seiner Sichtbarkeit beträchtliche Verände-
rungen.

Die meteorischen Erscheinungen dieses Jahrs waren nicht selten. Den 18ten Januar bemerkte man zu Turuchanski in Sibirien ein Feuermeteor und halbstündiges Krachen in der Luft, am 28sten desselben Monats ein solches mit sechsmal längerem Schweif zu Campbell Town bey Fort S. George, den 6ten Februar in England, den 15ten Februar in vielen Gegenden des südwestlichen Frankreichs. Ein Wetterwirbel, der einer Feuer- Wetterwir-
säule glich, und feurige Strahlen aussendete, bel.
durchzog unter grofsen Verheerungen am 10ten May die Gegend von Lobkowitz, und als derselbe unter Erscheinung eines blendend weissen die Säule durchzükenden Streifens verschwunden war, so fielen 3 Pfund schwere Eisklumpen aus der Luft.

Eine grofse Feuerkugel wurde am 17ten Julius bey dem Dorfe Vermont nahe bey Montpellier in Nordamerica gesehen, an demselben Tag bemerkten auch Reisende zwischen Swendborg und Odensee auf Fühnen Abends gegen 7 Uhr gleich einem Regen eine unzählige Menge grofser Meteor - Bla-
und kleiner Kugeln, gleich Seifenblasen aus der sen.
Luft fallen, die, so wie sie durch die Sonnenstrahlen fuhren, alle Farben des Regenbogens annahmen. Beym Auffangen lösten sie sich in einen Dampf auf, und liessen gelbe Fleken und einen schweflichten Geruch zurük. Diese Erscheinung, die schon einmal in jenen Gegenden beobachtet wurde, könnte wohl von Local-Ursachen herzuleiten seyn, gelänge es nähere Einsicht über dieselbe zu erhalten, so könnte sie auch die Erscheinung der Oelfleken erklären.

Am 3ten und 5ten August wurden Feuerku- Meteorsteine.
geln in England gesehen. Am 10ten fiel im Dorfe

Slobodka, im Gouvernement Smolensk, auf einem Bauernhof ein sieben Pfund schwerer Meteorstein, der sieben Werschok tief in den Boden schlug.

Weitere Feuerkugeln wurden gesehen in der
Nacht vom 5ten auf den 6ten September bey Bre-
tueil, am 14ten in England, 31sten October zu
Mehadia im Banat, auch bey Yassi und Bucha-
rest, 13ten November zu Gosport in England,
18ten December in der Gegend von Halle, in der
Nacht vom 21sten auf den 22sten December in
Fühnen.

Pest. Immer noch sezte die Pest auf der africanischen Küste ihre Verheerungen fort, jezt wüthete sie auch noch zu Tanger, wo im August
160, im September 267, im October 479 Menschen starben, auch zu Tetuan, Mequinez und
Fetz starben viele Menschen, man nannte aber
die in diesen Orten herrschende Krankheit nicht
die Pest.

Cholera in Ostindien. Noch in die Geschichte des Jahrs 1817 fällt
der Anfang der Cholera in Ostindien, welche in
den nächsten Jahren und bis jezt in der Mitte
des Jahrs 1824, da sie bereits von der Grenze
Chinas und von Sumatra bis an die Küste des
mittelländischen Meeres und bis Astrachan sich
verbreitete, eine unerhörte, nur mit der von
Deguignes für die Jahre 1031 und folgende erwähnten, welche auch aus Indien bis nach Constantinopel gelangte, vergleichbare Ausdehnung
erreichte. Nachdem im Jahr 1816 die Hize so
ausserordentlich gewesen, regnete es im nächsten
ganz gegen die in jenen Gegenden so regelmäſsige
Aufeinanderfolge der Witterung vom Ende Januars bis zur Mitte des Merz, wobey die erste

Reiserndte eine sehr ungesunde Frucht lieferte.
Doch soll schon vor derselben im May in Nod-
dia, im Julius zu Behar, Patna und Sonergong
die Krankheit sich gezeigt haben, ärztlich wurde
sie erst erkannt am 19ten August 1817 von Rob.
Tytler zu Zilla Yessore, hundert Meilen nordwestlich von Calcutta, wo in diesen Tagen in dem
Bazar Gruppen von 7 — 10 Menschen erkrankten
und schnell dahin starben. Eben jener Arzt, der
die ausserordentliche Verbreitung und lange Dauer
der Krankheit nicht ahnen konnte, erklärte den
Genufs des ungesunden Reis für die Ursache derselben. Da die gleich Anfangs sich ergebenden
Erscheinungen und der Verlauf der Krankheit
so wohl bey Europäern als Eingebohrnen ganz
als dieselben sich ergaben, wie sie neuerlichst
noch zu Astrachan gefunden wurden, so bedarf
es vor allem der Aufzählung der Zufälle; meist
bey Nacht oder gegen Morgen, vielleicht unter
Begünstigung der um diese Zeit stärkeren Abkühlung der Atmosphäre tritt die Krankheit ohne
ankündigende Vorbothen plözlich ein mit Magenschmerzen, Diarrhoe und Erbrechen einer weislichten, bald molken- bald rahmartigen Flüssigkeit, über deren Analyse noch nichts bekannt
ist, für deren Zusammensezung aber die Beobachtung von Davy, dafs die ausgeathmete Luft
solcher Kranken nur ⅓ Kohlensäure von der
der Gesunden enthält, wichtig seyn dürfte; zugleich fühlt sich der Befallene von einem unbe-
schreiblichen Schwäche - Gefühl getroffen, er em-
pfindet ein peinvolles Zusammendrüken der Magen - Gegend, den heftigsten Durst und innere
Hize, da doch seine Haut ganz kalt und mehr
wie ein abgezogenes Fell, als wie die Haut eines

Gesunden anzufühlen ist. Der Puls ist gleich nicht mehr fühlbar, rastlos sucht der Kranke seine Lage zu verändern, nach drey oder vier Stunden beginnen zuerst in den äussern Theilen und von diesen aufsteigend Krämpfe tonischer Art, bey welchen man deutlich einzelne Muskelbündel sich zusammenziehen fühlt, die, wenn sie bis zur Brust aufsteigen, den Athem äusserst beschweren, und einen klebrigten Schweiß austreiben. Diese Krämpfe, die man für gewaltsame auf die Constriction der Circulations- und Secretions-Organe folgende Entladungen der Organe der willkührlichen Bewegung halten muß, sah man in seltenen Fällen noch da erfolgen, als das Leben schon ganz gewichen zu seyn schien. Marshall erzählt *) zwey solche Fälle, nachdem man den Kranken schon für gestorben gehalten, ja sogar die vermeintliche Leiche schon in die Todten-Kammer (dead room) gebracht hatte, stellten sich diese Krämpfe ein, der Kopf begann mit einer schüttelnden Bewegung, die Zehen dehnten sich langsam aus und krümmten sich einwärts, die Schenkel bewegten sich rotatorisch im Hüftgelenk, indem sich die Füße auf die Fersen stüzten, ebenso machten die Hände die Bewegung der Pronation und Supination, dabey wurden die Finger abwechselnd ausgestrekt und ebenso fest wieder einwärts gebogen, und diese schauerliche Scene dauerte, ohne daß bey Einer der Leichen sich andere Spuren des Lebens gezeigt hätten, bey dem Einen zwanzig Minuten und bey dem andern drey volle Viertelstunden. Meist

*) Notes on the medical Topography of the Interior of Ceylon etc, by Henry Marshall. Lond. 1821. p. 195.

klagten die Kranken kurz vor dem Tode über keine
Schmerzen, ja sie verlangten zuweilen noch zu
essen, oder starben bewufstlos unter Convulsionen. Wenn aber die Krankheit in ihrer Inten-
sität eintritt, so kommt es nicht einmal zum Erbrechen und Purgiren, sondern die stärksten Personen sind innerhalb drey bis vier Stunden gesund
und todt, nachdem sie nur von dem höchsten
Schwäche - Gefühl, Schmerzen in der Herzgrube,
Blässe und Hälte der Haut befallen worden waren.

Die Leichen zeigen meist eine Schlaffheit, wie
wenn ein Blizstrahl den Tod herbeygeführt hätte,
immer ist das Blut in den Arterien nicht röther
als das in den Venen, und niemals zeigt lezteres
eine Spekhaut. Bey Solchen, die plözlich ohne
die sonst gewöhnlichen Zufälle an der Krankheit
starben, ist das Gehirn wie mit einer Lage coa-
gulirten Bluts bedekt, oder sieht es aus wie eine
allgemeine Ecchymose, oft rann schon bey der
Eröffnung der Schädels - oder Rükenmarkshöhle
eine Masse von dunklem Blut heraus. Bey den
Eingebohrnen bemerkte man auch häufig auf den
Lungen schwarze Fleken. Wenn aber die Krankheit mehr die gewöhnlichen Zufälle gehabt hatte,
so zeigten sich die Spuren derselben mehr in
der Unterleibshöhle. Gleich bey Eröffnung derselben drang ein eigenthümlich widriger nicht
fauligter Geruch aus derselben hervor, meist
zeigten sich die Eingeweide von Aussen mehr
gelblich oder bleich, wie die Gedärme, die der
Mezger schon zubereitet hat, die Höhle des Magens enthielt eine dunkelgefärbte, die Gedärme
aber eine farbelosere eiterähnliche Flüssigkeit
und die innern Häute waren zuweilen hin und
wieder entzündet. In den meisten Fällen zeigte

sich nach den Berichten des Med. Board of
Bombay die Leber vergröfsert und mit Blut
unterlaufen, seltener ausgedehnt weich mit
grauen Fleken oder zusammengefallen und welk,
immer war die Gallenblase voll von dunkelgrü-
ner oder schwarzer Galle, auch die Gefäfse des
Unterleibs dehnten das in ihnen enthaltene aufgelöste Blut so sehr aus, dafs durch einen einzigen Schnitt in eines der gröfseren Gefäfse sich
dasselbe ganz entleerte.

Sollten die Zufälle dieser Krankheit, von
denen man bis jezt am natürlichsten sich die Vorstellung machen kann,*) dafs hier wie beym
Typhus plözlich ein Schlag auf die Propulsiv-
kräfte erfolgt, und dadurch Krampf und Ueberfüllung der Blutgefäfse der Eingeweide, besonders des Pfordt-Adersystems, vielleicht auch eine
rükgängige Bewegung in den auf der Oberfläche
des Magens und der Gedärme mündenden Lymph-
Gefäfsen gegeben ist, bis vielleicht durch die
entstehenden Krämpfe der willkührlichen Organe
die Thätigkeit des der Willkühr nicht unterwor-
fenen Herzens und der Gefäfse von neuem wieder
angefacht oder das Leben vollends consumirt wird,
sollen diese Zufälle eine günstige Wendung neh-

---

*) The sudden and powerful check to perspiration, the
unparalled atony of the extreme vessels debillitated by
previous excess of action, and now struck utterly tor-
pid, by the cold, raw, damp, nocturnal land-winds,
loaded with vegeto aqueous vapour and abounding with
terrestrial and jungly exhalations break at onze, and
with violence, the balance of the circulation. The influence of tropical climates on european constitution
by James Johnson. Third Edition. London 1821.
p. 240.

men, so wird dieses dadurch angekündigt, daß
unter den Ausleerungen wieder die Galle, die
bisher gänzlich zurükgehalten wurde, erscheint,
und auf der Haut wieder allgemein ein dunsti-
ger Schweiß ausbricht, welchem denn bald ein
ruhiger Schlaf und äusserst schnell wieder Er-
holung folgt. Darauf ist daher auch die ärztliche Behandlung gerichtet. Um den Blutumlauf
wieder zu, heben, wird gleich eine reichliche
Blutentziehung vorgenommen, diese thut die
besten Dienste da, wo die Krämpfe bald eintreten und heftig sind, überhaupt wirkt eine
solche besser bey Europäern als bey den Eingebohrnen, weil bey den leztern die arterielle Kraft
gleich so sehr gelähmt ist, daß sie durch Blutentziehung nicht mehr gehoben werden kann. Zur
Wiedererwekung der Gallenabsonderung und Be-
ruhigung der Krämpfe wurde schon von Tytler
Calomel zu 2—5 Gran und Opium in Substanz
gereicht, nachher aber wurde von Corbyn empfohlen, ersteres zu einem halben oder ganzen
Scrupel, mit 60 Tropfen Laudanum und 20 Tropfen Pfeffermünz-Oel auf einmal zu reichen und
nöthigenfalls nach einigen Stunden zu wieder-
höhlen, und wenn einiges Nachlassen der Zufälle sich zeige, ein Purgirmittel aus Ricinus-
Oel oder Jalappa nachfolgen zu lassen, worauf mehr feculente und mit Galle gefärbte Stuhlgänge sich ergeben. Warme Bäder und Bestrei-
chen der Gegend der Herzgrube mit Salpetersäure *)

---

*) Powell empfahl zuerst diese in Edinb. Med. and surg.
Journal. Vol. XVI. p. 542. Vergl. A manual of the
Climate and Diseases of tropical Countries by Colin
Chisholm. Lond. 1822. p. 91.

sollen die Hautausdünstung wieder herstellen,
auch wurden von Einigen Klystiere von warmem
Reis - Absud (congee) angewendet, doch scheinen diese, so wie überhaupt der ganze Apparat
excitirender Mittel ohne besondern Werth in dem
ganzen Verlauf, denn wenn einmal die Krämpfe
nachliessen, so erhohlte sich der Kranke bald,
auch ohne äussere Hülfe, wenn sie dagegen fort-
dauern, so schlägt doch nichts anderes an.

Diese Krankheit nun verbreitete sich äusserst
rasch zum Theil in sehr schwach bevölkerten Gegenden auf dem westlichen und östlichen Ufer
des untern Ganges, schon in den ersten Wochen
des Septembers (1817) erreichte sie Calcutta,
wo jede Woche die Zahl der Erkrankenden stieg,
und vom Januar bis Ende Mays sie ihre höchste
Höhe behauptete, während welcher Zeit wöchentlich 200 Personen, für die Bevölkerung von mehr
als einer halben Million Menschen freylich eine
nicht bedeutende Zahl, starben. In gleichem Ver-
hältniss wie sie sich aufwärts am Ganges und auf
der Basis des Dreyeks, welches die Halbinsel
Hindostan bildet, westwärts Bombay zu, ausdehnte, zog sie sich auch längs der Küste Co-
romandels herunter, und zeigte sich bey ihrer
Verbreitung so wunderbar, indem sie bald auf
einige Orte und Gegenden weit hinaus vorsprang
und andere dagegen wieder lang umkreiste, bis
sie dieselben endlich befiel, dafs wegen dieser
unergründbaren launenhaften (capricious) Verbreitungsweise, die sich noch am ehesten mit den
Fortpflanzungen der Erdstöfse vergleichen läfst,
die vorzüglichsten englischen Aerzte geneigt waren, ihre tellurische Ursache mehr aus den schon
von Sydenham vermutheten Exhalationen der Erde,

als aus der Luft und von einem Contagium herzuleiten, worüber die Aeusserungen des geistrei-
chen Johnson gegen den vornehmen Herrn Blane
sehr ergözlich zu lesen sind. *)

Am 6ten und 7ten November gelangte die
Krankheit zu der mittlern Abtheilung des Heers
(the centre Division of the army), unter dem
Commando des General-Gouverneurs, die in der
Gegend von Dschobbalpure stand und aus 10,000
Mann Soldaten (fighting men), aber auch aus
einem 80,000 Menschen starken Troſs bestehen
mochte, und richtete unter derselben, dem ben-
galischen Bericht zufolge, eine furchtbare Verheerung an, doch wäre diese nicht so ausserordentlich gewesen, wenn die Zahl der Verstorbenen im ganzen drey selbst achttausend betragen hätte, übrigens wird ausdrüklich bemerkt,
fast ein jedes Bataillon habe 60 — 70 Mann verlohren. Hier wurde die Krankheit von Corbyn
beobachtet und beschrieben, dieser fand, daſs
hier die Krämpfe noch vor dem Erbrechen und
Durchlauf sich einstellten, aber auch hier fiengen dieselben von den Zehen und Unterschenkeln
an, und stiegen aufwärts bis zur Brust, wodurch
die Beschwerden des Athems aufs höchste stiegen. Bey der Section fand man den Magen und
die Gedärme von einer halbflüssigen Substanz
ungeheuer ausgedehnt, nicht sehr von Blut aufgetrieben, die Leber sehr groſs und von Blut
strozend, mit Blutergiessungen auf der convexen
Fläche, die Gallenblase voll sehr dunkler Galle,

Ueber Nagpoor, Aurungabad, Aumenadgur,
Poonah, auf welchem Weg die Krankheit ganz

---

*) In dessen angeführter Schrift S. 258 und folg.

nach Art der Influenza heranzog, täglich 15 —
20 englische Meilen zurüklegte und die getroffenen Orte nach 2 — 6 Wochen verliefs, gelangte
sie am 6ten August nach Panwell und am 10ten
oder 11ten desselben Monats nach Bombay, wo
das Collegium medicum erklärte, daß die Krankheit nicht blos ihrem Wesen nach von der bisher beobachteten verschieden, sondern in Beziehung auf einige, gewöhnlich mit anstekenden
Krankheiten verbundene wesentliche Charaktere,
einzig in ihrer Art sey. Dort schien sich die
Krankheit bey der kühlern Jahreszeit noch stärker zu verbreiten, doch wäre auch hier für das
200,000 Einwohner haltende Bombay die Zahl
von 14,651 Kranken, von welchen 1,133 gestorben wären, vom August 1818 bis Februar 1819
nicht so besonders grofs. *)

Auf der Ostküste Hindostans, der Küste von
Coromandel, dehnte sich die Krankheit, der dünnen Bevölkerung unerachtet, ziemlich schnell aus,
da sie schon im October 1817 zu Nellore ausbrach. Im December 1818 gaben sich erst einzelne Fälle der Krankheit zu Jafna auf der Insel Ceylon zu erkennen, aber einmal dort angelangt verbreitete sich die Krankheit auf dieser
Insel sehr schnell, schon bald im Januar 1819
spürte man die Krankheit auch zu Manaar, ohne
daß sich bestimmt angeben läßt, ob die dazwischen liegenden Orte auch von der Krankheit
getroffen wurden. Am 26sten oder 27sten Januar brach sie zu Colombo aus, am 25sten Februar kam der erste Kranke zu Kandy vor und

*) G. H. Gerson und N. H. Julius Magazin der aus-
ländischen Litteratur. Sept., October 1821. S. 215.

von jezt bis zum 4ten May erschien das Uebel
auf vierzehn verschiedenen andern Stationen, nur
die Militairposten in der Provinz Saffragon entgiengen der Krankheit, so wie auch einige kleinere, die von Kandy aus versehen wurden. Auch
hier konnte man durchaus keine Anstekung nachweisen, man konnte keine einzelne Wohnung oder
Caserne nennen, in welchen die Krankheit auf
solche Art um sich gegriffen hätte, dafs eine
Mittheilung von Kranken an Gesunde wahrscheinlich geworden wäre. Häufig erschien das Uebel
erst auf den entferntesten Puncten einer Commu-
nications-Linie, und gelangte oft viel später auf
die dazwischen liegenden, wenn in einer Garnison ein Krankheitsfall sich ereignete, so konnte
es wieder 8, 10 ja 15 Tage anstehen, bis wieder
ein zweyter Fall dieser Art vorkam, an dem einen Ort schienen die Kaffern, die Neger von der
Küste von Mozambique, an den andern die Eingebohrnen der Insel, am dritten die europäischen
Truppen am meisten von der Krankheit ergriffen, ebenso wenig liefs sich irgend ein Unterschied ausmitteln, zwischen solchen die bequem
lebten, und denen die sich Strapazen und dem
Klima aussezen mufsten. Auch zeigte sich die
Krankheit ganz gleich in niedern sumpfigten Gegenden, wie in den höheren und trokenen Regio-
nen, zur Zeit des Regens wie in der trokenen
Jahreszeit. Da es so häufig geschah, dafs aus
einer Masse der Bevölkerung nur wenige befallen
wurden, so liesse sich fragen, ob es denn nicht
besondere Constitutionen gewesen seyn, aber auch
hierüber gelang es durchaus nicht etwas Sicheres
auszumitteln; Frauenzimmer und Kinder wurden
im Allgemeinen weniger ergriffen, als männliche

Erwachsene. Auch auf Ceylon war die Menge
der Erkrankten nicht sehr bedeutend, in das Spital von Kandy wurden bis zum 20sten Junius,
dem Ende der Epidemie, doch nicht mehr als
90, in die Spitäler von Badula und Allipoot nur
49 und 21 Kranke gebracht, von diesen starben
aber weit über die Hälfte, und Marshall behauptet, ihm sey kein Fall bekannt, dafs ein
Kranker ohne Hülfe der Kunst genesen sey. *)
. So wenig das Angegebene überhaupt für eine
Verbreitung der Krankheit durch Anstekung spricht,
so brach doch am 5ten September 1819 dieselbe
auf Isle de France aus, unmittelbar nachdem die
Fregatte Topas von Ceylon her eingetroffen war,
andere behaupten zwar wieder die Fregatte sey
erst nachher eingetroffen, nachdem sich bereits
einzelne Krankheitsfälle geäussert hatten, doch
wurde auf jenen Inseln allgemein die Krankheit,
welche gleich mit gröfserer Wuth um sich griff,
und innerhalb eines halben Jahrs bis zum 12ten
Februar 5 — 6000 Menschen wegraffte, für anstekend gehalten und alle Vorsichts-Maafsregeln,
Strandwachen und Quarantaine auf der Insel Bourbon angeordnet, ohne dafs es übrigens etwas
gefruchtet hätte, denn auch nach lezterer Insel
gelangte das Uebel. Ja auf der mit einer Quek-
silber-Ladung nach China segelnden österreichischen Fregatte Caroline soll diese Cholera plözlich
mitten auf der See ausgebrochen seyn.
    Zu Anfang des Jahrs 1819 zeigte sich auch
Araccan, Malacta und Sinkopur, so wie die Insel Pulo-Pinang (Betelnufs-Insel) von der Krankheit befallen. Auf Java war der erste Ort, wo

*) A. a. O. p. 101.

sie im April ausbrach, der östliehste, Sama-
rang, doch befiel sie, bald auch Japara und Batavia. Im erstern Ort waren ihre Verheerungen
beträchtlicher, vom 22sten April bis zum 5ten
May starben daselbst 1255 Menschen und unter
diesen 151 Europäer, doch ließs dort am 19ten
May auch die Stärke der Krankheit wieder nach,
während sie jezt erst ins höhere Innere der
Insel mit derselben Heftigkeit gelangte. Nach
einem spätern Schreiben soll die Cholera überhaupt auf dieser Insel in diesem Jahr und dem
Jahr 1821 vier Millionen 105,000 Menschen
hinweggerafft haben. *). In der zweyten Hälfte
des Jahrs richtete sie auch auf der östlichen Seite
der Halbinsel Malacca und hier auch wieder zuerst auf dem Küstenrande in Siam, grofse Verheerungen an, wenn man sich ganz auf die Zeitungs - Nachrichten verlassen dürfte, so wären
in der Hauptstadt Bankok an der Mündung des
Menam allein 40,000 Menschen gestorben, und
um das Uebel zu beschwören, wurde ein entsezlicher Lärmen mit Trommeln und Canonieren
auf der Küste gemacht. Mit diesem erreichte
die Krankheit immer noch nicht ihre äussersten
Grenzen, sondern in den nächsten Jahren und
bis auf die neueste Zeit dehnte sie dieselben immer noch mehr aus, und kehrte während dieser
Zeit auch auf Puncte, die sie früher schon heimgesucht hatte, wieder zurük, doch ehe diese
Betrachtung weiter verfolgt werden kann, ist
die Geschichte des Jahrs 1819 nachzuholen.

Auch dieses Jahr zeichnete sich wie das vorige durch Trokenheit aus, der Winter war milde

1819 n. Chr.
Trokenheit
u. Insecten.

*) Asiatisches Journal, Oct.- und Nov.-Heft.

und das Frühjahr warm, Ende Aprils stellten
sich Nachtfröste ein; im Sommer gab es einzelne
ebenso ausgezeichnete heisse Tage wie im vorigen, doch war im Ganzen die Zahl der wärmeren Tage nicht so grofs, als in jenem, zur Zeit
des Herbst - Aequinoctium, bey immer noch fort-
dauernder Trokenheit, fror es wieder bey Nacht.
Die Trokenheit dieses Jahrs eswies sich ebenso
ausgezeichnet als allgemein, es verursachte dieselbe nicht nur in Schweden grofse Verlegenheit,
überall hatte man sich auch der so häufig werdenden Insecten zu erwehren, in Uppland klagte
man sehr über die Allgemeinheit des schwarzen
Wurms, die Zeitungen von Washington waren
voll von Nachrichten über ungeheure alles verheerende Heuschreken - Wolken. Im Gebiete von
Mitchigam sah man eine Wolke von drey Zoll
langen Insecten, die man Musquitos-Jäger nannte,
die alles auffrafsen, und nachher die Luft mit Millionen ihrer Leichen verpesteten. Schon in den Monaten April, May und Junius erschienen Heuschreken in unbeschreiblicher Menge zu Arles, wie
man glaubte nicht von ferne herangezogen, sondern seit drey Jahren aus der Brut erzeugt. Noch
am 10ten November litt man zu Constantinopel
sehr an Wasser Mangel, alle Bronnen zu Pera
und Tophana waren versiegt. Ebenso ausgezeichnet erwies sich die Witterung auch in den entferntesten Gegenden der alten Welt. Zu Bagdad waren die Beschwerden des heissen Sommers
ganz unerhört, die Thermometer an den kühl-
sten Orten aufgehängt, stiegen auf 40° Reaum.
Diese Hize war Anfangs April von einem ausserordentlichen Sturm mit einem starken Regen,
einem in jenem Lande zu dieser Jahreszeit fast

beyspiellosen Phänomen begleitet, eingetreten.
Dieser Regen, der auf den brennenden Boden
fiel, hüllte alles in Dampf, und viele Menschen
starben. In einer einzigen Nacht hob sich der
Tigris 7½ Fuſs über seine gewöhnliche Höhe und
bekam eine blutrothe Farbe, wodurch allgemeine
Bestürzung entstand; dieselbe Trokenheit stellte
sich auch auf der Südspize von Africa ein und
brachte dort während der drey Jahre ihrer Dauer
Fehljahre und Mangel. Auch Kometen wurden **Kometen.**
in den entlegendsten Gegenden der Erde gesehen,
zwey in Europa, zwey andere in America und einer, der wahrscheinlich auch in Europa gesehen
worden war, auch zu Paramatta in Neu-Süd-Wales.

Nachdem schon im October des vergangenen **Vulcane.**
Jahrs die Ausbrüche des Vesuvs begonnen hatten,
so folgte am 28sten Julius einer der stärksten
Feuer- und Lava-Ergüsse mit starken Erderschütterungen, wobey ein groſser Theil des südwestlichen Randes einstürzte, einen gleich furchtbaren Ausbruch nahm der Vulcan Gonoug Apy auf
der Insel Banda am 11ten Junius. Ebenso wechselten an den entferntesten Orten die Erdbeben
mit einander ab.

Am 15ten Februar gab es westlich vom al- **Erdbeben.**
gierischen Gebiet in Mascara einen sehr starken
Erdstofs, welcher an einer Stelle dreyſsig Häuser einstürzte, anderthalb Tage darauf wurde
am 17ten Februar nördlich vom Polarkreis auf
beyden Ufern des Tornea-Flusses auf einer 16
Meilen von Süden nach Norden breiten Strecke
drey Minuten lang in der Richtung von Westen
nach Osten ein Erdbeben bemerkt, und am 19ten
Februar wurde wieder Oran von einem Erdbeben
getroffen.

Fünf Tage nach dem vulcanischen Ausbruch
auf Banda verheerte am 16ten Junius ein Erdbeben die Provinz Kutsch nordwestlich von Bombay, in der Hauptstadt Bhooi kamen 2,000 Menschen um das Leben, und alles wurde in Ruinen
verwandelt, ebenso litten die Orte Mandacria,
Moondar, Anjar und Baroda, selbst noch in der
Stadt Ahmedabad stürzten mehr als 300 Häuser
und ein Stadtthor ein. Am 31sten August zog
sich ein Erdbeben, dessen Mittelpunkt wieder
Tornea war, von Drontheim bis Kola in einer
Streke von 360 Stunden und an demselben Tag
trat zu Fulczyn, einer Stadt am Dniester, 60
Stunden nördlich von Odessa eine solche Kälte
ein, daß die Bäche froren. Ferner spürte man
auf Corfu am 5ten September ein Erdbeben, wobey die Gloken aller 48 Kirchen der Stadt anschlugen.

Nachdem in den erstern Monaten des Jahrs
an verschiedenen Orten, z. B. in Oberschwaben,
bey Canterbury und in Sussex, im May auch
bey Aberdeen in Irrland Feuer - Meteore gesehen worden waren, so fiel an demselben 31sten
August, von welchen schon zwey ausgezeichnete
Erscheinungen aufgeführt wurden, eine der wun-

Meteor-
Schleimball.
derbarsten, oder wenigstens noch am seltensten genauer untersuchten Meteormassen. Zu Amherst in
Massachusets sah man Abends zwischen 8 und 9
Uhr eine Feuerkugel, wie eine sehr ausgedehnte
Blase von 8 Zoll Durchmesser, die ein glänzend
weißes Licht verbreitete, nahe bey einem Hause
niederfallen. Von einem aufmerksamen Beobachter untersucht, glich sie einer acht Zoll im
Durchmesser haltenden und einen Zoll diken Schüs-
sel von hellgelber Farbe mit einer feinen Wolle

wie auf gepreſstem Tuch bedekt. Ueber dieser
Wolle befand sich eine hellgelbe schmierige Masse,
von der Consistenz der Schmierseife, mit ekelhaftem Uebelkeit erregendem Geruch. In der
Luft veränderte sie ihre helle gelbe Farbe in
schwarzgelb, wie das Blut von einem Aderlaſs,
und zog Feuchtigkeit aus der Luft an. Einiges
davon in einem Glase aufbewahrt wurde bald
flüſsig und bildete eine klebrigte Substanz, die
wie aufgelöste Stärke aussah, und sich auch ebenso
anfühlte. Nach zwey bis drey Tagen war beynahe alles verdünstet, bis auf ein wenig dunkel-
farbigen Saz, welcher am Boden und den Seiten des Glases festsaſs, und der, als man ihn
zwischen den Fingern gerieben hatte, ungefähr
einen Fingerhuth voll aschfarbiges Pulver ohne
Geruch und Geschmak gab. *)

    In der Nacht vom 12ten auf den 13ten Oc- Meteorstein.
tober sah man von Hartmannsdorf, eine Stunde
südwestlich von Politz (im Reuſsischen), am nördlichen Himmel einen ungewöhnlich hellen Schein,
welchen derjenige, der ihn sah, mit einem Nordlicht verglich. Am 13ten October Morgens gegen 7 Uhr, bey einem ziemlich starken Nebel,
der wenigstens im Thale der Elster verbreitet
gewesen ist, und bey vollkommener Windstille
hörten viele Personen auf dem Felde in der Gegend von Köstritz, Politz, Langenberg, Gleina
und den nahen Orten einen starken Knall, den
einer sogar mit dem eines 24pfündners verglich
und welchem Töne melodischer Art wie von Gloken oder Orgeln folgten, worauf erst noch ein

<hr>

*) Aus dem amerioanischen Journal der Wissenschaften
im Morgenblatt. 5tes Stük, 1821.

dumpfes Sausen und Knistern , wie wenn ein gewaltiger Sturm sich gegen einen Fichtenwald legt,
vernommen wurde, welches verschiedene Geräusch
sich endlich mit einem Schlag , wie wenn ein
Körper aus einer beträchtlichen Höhe auf die Erde
fällt (Klapf) beschlofs, so dafs Viele behaup-
teten , es müsse etwas in der Gegend, wo der
Stein nachher gefunden wurde , niedergefallen
seyn, dabey bemerkte man keine Lichterscheinung, aber in Plauen, 8 Stunden davon, ein
Erdbeben; der Nebel vertheilte sich erst später.
Erst nach einigen Tagen fand ein Bauer von
Politz in der Feldmark dieses Dorfs einen Meteorstein auf seinem Aker in einem magern Lehm-
boden, wo er ein Loch von 8 Pariser Zoll Tiefe
eingeschlagen und den Rand gleichförmig aufgeworfen hatte, so dafs man annehmen mufste, es
habe der Stein noch mehrere drehende Bewegungen gemacht. Es betrug das Gewicht 7 Pfund
1 Loth, die Form war abgerundet, hatte aber
mehrere theils flachere theils tiefere Eindrüke
und sein Inneres durchzogen metallische Adern,
am meisten gleicht er dem Meteorstein von Mau-
erkirchen oder von Lissa. *) Der Umstand, dafs
beträchtliche Zeit vorher in der Gegend des Himmels, aus welchen später der Stein auf die Erde
gelangte, ein Schein beobachtet wurde, könnte
die Erzählung des Plinius **) rechtfertigen, nach
der Anaxagoras den Fall des grofsen Meteorsteins

---

*) Göttingsche gelehrte Anzeigen, 205. Stük 1819 und
1 Stük 1820.

**) Plin. Hist. nat. Lib. 1, *) c. 58.

*) Sofern das erste Buch nur als Inhalts-Anzeige zu betrach-
ten wäre.

bey dem Fluſs Aegon aus der Betrachtung des
Himmels vorausgesagt habe.

Ausser einem blutrothen Regen, welcher in
Calabrien fiel und von Sementini untersucht wurde,
bekam auch am 2ten November zu Blankenberg,
Dixmünde und Schwenningen in Flandern, Nachmittags 2½ Uhr der während dieses Tags fallende
Regen eine Zeit lang eine ganz dunkelrothe Farbe,
so daſs am folgenden Tag noch das Wasser in
den Cysternen schwach rosenroth gefärbt sich
zeigte, bey der Analyse fand sich diese Färbung
von salzsaurem Kobaltoxyd entstanden, und solches Regenwasser konnte wirklich als sympathe-
tische Dinte gebraucht werden; da auch in den
Cysternen noch die Kanne 1½ Gran metallischen
Kobalt enthielt, so scheint der Gehalt des Re-
genwassers, noch ehe es mit dem früher und später gefallenen Regen vermischt worden war, sehr
bedeutend gewesen zu seyn. Ein mehr schwarz | Schwarzer
gefärbter Regen fiel am 9ten November bey Mont- | Regen.
réal in Canada, während einer nachtgleichen
Verdunklung der Atmosphäre, und schien Ruſs
zu enthalten. Diesen wollte man von einigen
groſsen Waldbränden südlich von Ohio herleiten,
und sollte durch den Wind nach Canada geführt
worden seyn. Endlich fiel auch in der Nacht
vom 16ten November bey Broughton in Nordamerica eine groſse Menge schwarzen Pulvers auf
den Schnee, mit welchem die Erde bedekt war.

Als Folge des heissen trokenen Sommers kam | Der Wuth
in mehreren Gegenden, wie im Spessart, eine | ähnliche
epidemische Krankheit, mit Zufällen, die der | Krankheiten
Wuth glichen, unter den jagdbaren Thieren vor; | unter den
eine ähnliche Krankheit zeigte sich auch unter | Thieren des
den Füchsen und Hazen im Canton Zürch. | Feldes.

Auch das gelbe Fieber, das, wenn es allein von der Hize entstanden wäre, allerdings auch schon im vorigen Jahre zu erwarten gewesen wäre, brach in einer Häufigkeit, wie sie in den lezten Zeiten nicht mehr vorgekommen war, auf gleiche Weise in America, in Westindien und an den Küsten des mittelländischen Meeres aus, doch blieben besonders auch auf der Küste Nordamericas einzelne Orte, in welchen die Krankheit früher häufig gewesen war, wie Philadelphia, während dieser Zeit frey. Unläugbar erschien die Krankheit früher in der neuen Welt, als in der alten. Zu Vera Cruz und Havannah wurde sie sehr früh im Jahr bemerkt, zu Baltimore, wo seit 1800 die Krankheit nicht mehr vorgekommen war, erschienen die ersten Fälle der Krankheit in Smiths Dock schon im Julius, bald zeigte sich die Krankheit auch in dem Quartier der Stadt, welches Fells Point genannt wird, und zwar machte man dort die Bemerkung, dafs wer bey Nacht diesen Theil der Stadt besuchte, fast unausbleiblich ergriffen wurde. Zu Neworleans, wo im vorigen Jahr keine Spur der Krankheit bemerkt worden war, wollte man schon am *ten May einen Fall derselben gesehen haben, sie nahm zwar während des kühlen Junius wenig überhand, wurde aber in dem wärmeren Julius und noch mehr im August, wo jedoch nur 6 Tage ohne Regen blieben, ganz allgemein, ebenso verhielt es sich auch zu Mobile, wo über die Hälfte der zurükgebliebenen Einwohner starben. Dagegen war zu Newyork die Witterung um diese Zeit eine der trokensten, die seit vielen Jahren erlebt worden war, und doch erschien auch dort die Krankheit nach einer Pause von 14 Jahren in

derselben Heftigkeit. Selbst zu Boston wollten
wenigstens die Gegner der Verbreitung der Krankheit durch Anstekung einzelne Fälle schon im
Junius und Julius bemerkt haben. An allen diesen Orten, am meisten aber auf dem Missisippi,
wurden ebenso häufig auch die Mannschaften
der Schiffe befallen, eine Erscheinung, die sich
in gleicher Häufigkeit auch auf den Flotten vor
den spanischen Seehäfen ergab.

Auch auf St. Domingo, Jamaica und Martinique brach die Krankheit aus. Auf Minorca
erklärte Orfila die dort herrschende Krankheit
auch für das gelbe Fieber, doch möchte gerade
dort die Krankheit einen andern Charakter gehabt haben. Verschieden waren die Ansichten
selbst der spanischen Aerzte über die Verbreitungsweise der Krankheit über mehrere Städte
Andalusiens und zu Gibraltar, es sprachen, und
zwar auch einige spanische Aerzte, für die Entstehung der Krankheit aus Local-Ursachen, aber
im Allgemeinen blieb doch der Glaube an die Anstekung vorherrschend, zumal da auch, wie bereits erwähnt wurde, auf den Schiffen das Uebel
so häufig erschien, es wurde daher auch allen
Schiffen von Cadiz das Steuerruder abgefordert.
Am frühesten kamen die Krankheitsfälle auf der
Insel Leon vor, wo das gegen 17,000 Mann starke
nach America bestimmte Armee-Corps sich befand, und gerade hier wollte man bemerken, daſs
einzelne Regimenter, die man vor der Communication mit Kranken schüzen konnte, frey blieben, andere dagegen fast ganz aufgerieben wurden. Man nahm an, daſs zu Cadiz 4,537 Menschen, auf der Insel Leon 1509, in Puerto Sta
Maria 690, in Xerez 408, in Sevilla 217 Men-

schen starben; zu Gibralta schützten sich gegen
500 Personen dadurch gegen die Krankheit, dafs
sie auf dem Stapelplaz unter Zelten campirten.
Ueber die Natur der Krankheit gibt Fr. Xav.
Laso sehr wichtige Wahrnehmungen, nach diesen war die Haupterscheinung derselben eine
wahre Magenentzündung, welche sich nach einigen Tagen allgemeiner Aufreizung und einem
scheinbaren Nachlafs am 4ten oder 5ten Tag, bey
einem kleinen Puls, grofsen Schmerzen in den
Gliedern, besonders den Füfsen und partiellen
Schweissen an den Handwurzeln, neben ziemlicher Kälte der übrigen Haut, ausbildete, wobey
fast wie bey der Cholera nicht sowohl schwarze
Flüssigkeit, was erst später geschah, sondern
zusammenhängende weifse Klumpen, die oft Fett
glichen, und die Oberfläche der mehr serosen
Flüssigkeit ganz bedekten, ausgebrochen wurden, auch fast jedesmal Würmer erschienen.

Pest. In Constantinopel zeigte sich die Pest wieder allgemeiner als difs seit 1812 der Fall gewesen war, und in derselben bösartigen Form;
seit vielen Jahren waren nicht so viele Franken
befallen und weggerafft worden, obgleich diese
besonders vorsichtig waren, auch in das Serail
und in die Nähe der ersten Beamten des Reichs
drang die Krankheit. Noch dauerte sie auch auf
der Nordküste Africas fort. Endlich zeigte dieses Jahr seinen nachtheiligen Einflufs auf die
Gesundheit der Küstengegenden auch auf Sierra
Leona, es war dort die Regenzeit der Gesundheit nachtheiliger als je zuvor. Nicht nur die
Europäer wurden Opfer des ungesunden Himmelstrichs, selbst auch die Eingebohrnen erlagen
dem anstekenden Fieber. Beynahe alle Bewohner

der Colonie erkrankten mehr oder weniger hart,
und obgleich ihre Bevölkerung noch so wenig
bedeutend ist, so zählte man doch unter den
angesehenen Colonisten 330 im Julius und August, gestorbene Europäer.

Im Jenner des Jahrs 1820 herrschte ziem- 1820 n. Chr.
lich strenge Kälte, welche nun überall, wenn Allgemeine
nicht gleich stark, doch in allen Gegenden Eu- Kälte.
ropas, in Rußland, Schweden, Teutschland, England, Rom, Neapel und in Andalusien gleichzeitig war. Es dauerte der Winter aber nicht
sehr lange, schon im Merz gab es liebliche Tage,
das Wetter wurde darauf im April und May wieder unfreundlich, um welche Zeit, durch ungeheure Eisfelder, welche aus dem Norden heranzogen, die Fischerey von Newfoundland sehr
erschwert wurde, gegen das Ende dieses Monats
regnete es viel, auch der Junius war nicht warm,
die Traubenblüthe fiel in die Mitte des Julius,
erst im August traten wieder sehr warme Tage
ein, auch der September war noch warm, mit
dem October begann bedeutend kältere Witterung. Auch dieser Jahrgang war im Allgemei- Trokenheit.
nen sehr troken, besonders erwies er sich als
solcher in Italien, dort regnete es vom 27sten
Merz bis zum 9ten September, ganz unbedeutende Strichregen im May und Junius abgerechnet,
gar nicht. Am 24sten August wies zu Rom Reaumurs Thermometer auf 30° 5 Linien, welches
seit 1709 der höchste Stand war, auch am 1sten
September stieg derselbe wieder auf 28°. Wenig waren die übrigen Erscheinungen dieses Jahrs
ausgezeichnet. Immer noch und schon bis in
den fünfzehnten Monat dauerte die Unruhe im Ausbrüche
Innern des Vesuvs, besonders stark wollte Gim- des Vesuvs.

bernat die Eruption dieses Vulcans bey Südstür-
men und sodann auch wirkliches sublimirtes See-
salz nach denselben finden. Die heftigsten Ausbrüche wurden zugleich auch auf dem Aetna empfunden. Auf Sta Maria, einer der jonischen
Inseln, spürte man vom 15ten Februar bis zum

Erdbeben. 14ten Merz beständig Erdbeben, das am 21sten
Februar war das zerstörendste. Am 11ten April
zwischen zwey und drey Uhr Morgens wurde ein
starker Erdstofs zu Cove, Abada, Widdletown
und an der Hafenmündung von Cork empfunden,
es dauerte derselbe 10 Secunden und unmittelbar
darauf stürzte der Regen in Strömen nieder. Dieselbe Erscheinung soll sich auch 1755 bey der
Catastrophe von Lissabon ganz auf dieselbe Weise
geäussert haben. Diese Erdbeben wechselten für

Meteore. einige Zeit mit Meteoren ab, am 18ten April
sah man an mehreren Orten eine Feuerkugel dreymal gröfser als der damals leuchtende Planet
Venus, es zog dieselbe von OSO. nach Westen.
Am 25sten May wurde in der Gegend von Hamburg Höherauch und den 21sten Junius früh 2
Nebensonnen zu München und Augsburg bemerkt.
Nach einer Leuchterscheinung, die mit einem
Knall endigte, fiel am 12ten Julius in Curland
ein Meteorstein und fast unter denselben Umständen am 6ten August bey Orelgönne im Oldenburgischen ein gleicher mit den gewöhnlichen Be-
standtheilen. Zwischen beyden Meteorsteinfällen
hatte man am 17ten Julius auf Majorca zu derselben
Zeit, da, wie weiter unten es sich ergeben wird,
die Pest daselbst sich zu Ende neigte, eine mit
starkem Krachen verbundene Erderschütterung,
die 4 Minuten dauerte, empfunden. Es traf dieselbe zugleich auch auf den Tag und die Stunde,

da man, als am heiligen Alexius-Tag, Gottes-
dienst hielt, welcher 1670 aus Dankbarkeit wegen abgewandter und zur Bitte um fernere Ab-
wendung von Erdbeben-Gefahr verlobt, und bis
daher alle Jahre gehalten worden war. Eine weit
verbreitete Lichterscheinung wurde in Unter-Italien am 29sten Abends gegen 4 Uhr gesehen. Es
kündigte sich dieselbe mit einer Explosion, die
einem Pistolenschuß glich, an. Nach wenigen
Augenbliken folgte ein stärkerer Knall und unter
dumpfen Brüllen zog in parabolischer Bahn eine
Lichtkugel von Norden nach Süden, in welcher
Richtung sie an der Küste von Calabrien ins Meer
zu fallen schien, wobey noch einige Zeit lang
ein Lichtstreifen sichtbar blieb; die ganze Erscheinung dauerte drey Minuten und schien ihren
Mittelpunct bey Lecce gehabt zu haben, aber auch
in dem von lezterem Ort 50 italienische Meilen entfernten Neapel wurde ein so starkes Licht
verbreitet, daß es so hell wie Mittag im Sonnenschein war. *) Endlich richtete noch in den
lezten Tagen des Jahrs, am 29sten December,
auf Macassar (der Westküste der Insel Celebes)
ein Erdbeben, das 3½ Minute dauerte, fürchterliche Verheerungen an, da zu gleicher Zeit das
Meer mit Blizesschnelle zu einer furchtbaren Höhe
stieg und eben so schnell wieder zurükstürzte.
Doch wäre wohl dieses Erdbeben richtiger einer
andern Reihe von Erscheinungen beyzufügen, sofern nemlich in den ostindischen Gewässern ein
merkwürdiges Ineinandergreifen vulcanischer Processe und des Ausbruchs der Cholera stattzufin-
den und damit vollends die tellurische Abkunft

---

*) Giornale encyclopedico di Napoli Nr. 1 et 11. 1827.

dieser so deutungsvollen Krankheit erwiesen zu
werden schien. Doch erlaubt es der bis daher
befolgte Plan nicht, hier schon die Geschichte
der leztern für dieses Jahr zu verfolgen, ehe
die näher liegenden Krankheits-Erscheinungen
des Jahrs 1820 betrachtet wurden.

Gegenüber von der weiten Ausdehnung und
der dadurch gegebenen gröfseren Wichtigkeit des
gelben Fiebers, der Pest und der Cholera möchte
zwar eine blos auf das einzelne Städtchen Giengen
an der Brenz in Würtemberg, dessen Einwohnerzahl gegen 1900 beträgt, eingeschränkte ganz kurz
dauernde Seuche kaum erwähnungswerth erscheinen, es kann aber auch eine solche blos örtliche
Krankheit für die Geschichte der Krankheiten eine
erhöhte Wichtigkeit erhalten, wenn sie als Bruch-
stük oder Rest einer für bereits untergegangenen
Krankheit theils die zu jeder Zeit mögliche Wiederkehr derselben erweist, theils mit eben so localen
ähnlichen Erscheinungen sich vergleichen läfst.
Nachdem vom Ende Merz und in der ersten Hälfte
des Aprils Keichhusten und Scharlachfriesel bey
Kindern daselbst häufiger gewesen waren, so wurden vom 20sten April bis zum 12ten May plözlich
auch in solcher Menge Erwachsene von einer
ähnlichen Krankheit befallen, dafs im Ganzen
133 Personen erkrankten und 32 starben. Wie
im Jahr 1802 in Franken, so erinnerten auch hier
bey dieser ganz partiellen Influenza alle Erscheinungen an die des Schweifsfiebers; vorzüglich
wohlgenährte blühende Personen erkrankten und
starben, zum Theil in unglaublich kurzer Zeit.
Die Kranken klagten zuerst über Halsweh und
ein Drüken im Magen oder auf der Brust, gleich
darauf brach ein unbeschreiblich starker Schweifs

Schweifsfie-
her zu Gien-
gen.

aus, den man auch den englischen Schweiſs nannte, dabey nahm aber die Bangigkeit immer noch weiter zu, die Kranken fiengen an zu deliriren und nach 12 oder 15 Stunden vom ersten Erkranken an, starben sie schon wie es schien an einem Nervenschlag. Es schien das Uebel gerade nicht anstekend, so wie am 10ten May wärmere Witterung eintrat, so hörte das Erkranken fast plözlich auf.

Obgleich auch in Nordamerica die Witterung in der ersten Hälfte des Sommers sehr kühl war, und es sowohl in Savannah, als zu Philadelphia noch weit mehr regnete, als in der alten Welt, so daſs man diesen Sommer mit dem von 1817 verglich, so brach doch in beyden Orten das gelbe Fieber aus, was bey lezterem um so merkwürdiger ist, als derselbe im vorigen Jahr fast ganz von der Krankheit verschont geblieben war, eine Erscheinung, welche für die Vertheidiger des Ursprungs aus Localursachen schwer zu erklären seyn möchte, doch wurden die, gerade in Philadelphia, wo man in neuern Zeiten die Anstekung so entschieden läugnete, besonders auffallende Sperre des erkrankten Stadtviertels mehr wie eine Maaſsregel, das für diese Jahreszeit ungesund gewordene Local zu räumen, und nicht als Quarantaine-Anstalt behandelt. Auch war hier dem gelben Fieber unter den Weissen ein gallichter Typhus unter den Schwarzen vom May bis Julius in den verschiedensten Quartieren der Stadt vorangegangen. Samuel Jackson rechnet, daſs 4—500 Neger und höchstens 30.Weisse auf diese Art erkrankten, und denn war im Ganzen auch die Zahl der am gelben Fieber Erkrankten sehr geringe, dagegen starben von diesen weit über die Hälfte. Zu Newyork, wo die drey

[Marginalie:] Gelbes Fieber.

Monate Junius —• August überaus troken waren,
konnten sich die Aerzte nicht darüber vereinigen,
ob die dort herrschende, jedoch auch nicht in
mehr als 237 Fällen vorkommende Krankheit,
wirklich das gelbe Fieber sey. Die, welche dieses läugneten, führten unter anderem den Grund
an, dafs die Krankheit gar nicht wie sonst das
gelbe Fieber mit der kühleren Witterung aufgehört habe, und dafs auch hier dreymal soviel
Schwarze als Weifse gestorben seyen.

Auf den westindischen Inseln äusserte sich
in diesem Jahr die Krankheit zu Cuba, Jamaica
und Tabago, auf lezterer Insel drohte während
der Zeit, da die europäischen Truppen ziemlich
allgemein an der Krankheit darnieder lagen, eine
Empörung der Neger auszubrechen, doch wurde
sie durch eine noch zur rechten Zeit ankom-
mende Verstärkung aus Europa vereitelt.

In Spanien brach die Krankheit nach dem
einstimmigen Zeugnifs aller Nachrichten zuerst
zu Xeres de la Frontera und später erst zu Cadiz
und Puerto de Santa Maria aus, doch scheint an
keinem der drey Orte die Zahl der Kranken sehr
beträchtlich gewesen zu seyn, nur zu Xeres war
das Verhältnifs der Todten zu den Erkrankten
wie 70 : 100, also ganz ungewöhnlich grofs, auch
dauerte die Krankheit noch über die Mitte des Decembers hinaus, zu Cadiz dagegen fand man die
Krankheit in diesem Jahr nicht sehr gefährlich
und selbst in den dortigen Spitälern herrschte
eine geringe Sterblichkeit.

Pest auf den balearischen Inseln. Bey ihrer seit neun Jahren immer weiter
schreitenden Verbreitung erreichte in diesem Jahr
die Pest auch die balearischen Inseln; auch hier
herrschten zuerst im May auf der Ostküste von

Majorca, bey dem Cap Pera hizige Fieber, die
nicht gleich die gewöhnlichen Zufälle der Pest
hatten und die daher dem Elend und der schlechten Nahrung, woran damals jene Gegend litt, zugeschrieben wurden, bald darauf vermehrte sich
aber die Zahl der Kranken auch in der Stadt
Arta und den Dörfern San Severa und San Lorenzo so sehr und die Zahl der Genesenden erwies sich zu der der Erkrankten so gering, denn
vom 15ten bis 20sten Junius kamen auf 197 Todte
nur 23 Genesende, dafs man bald die Krankheit
für die wirkliche levantische Pest erklären mufste.
So häufig auch im Julius und August versichert wurde, dafs die Krankheit im Abnehmen
sey, so starben immer wieder viele Menschen
an derselben, und die vier genannten Orte
verlohren von einer Bevölkerung von 7,564, 1944
Todte, später gegen den Winter gelangte die Krankheit auch noch nach Palma, wo man früher alle
Vorsichts-Maafsregeln gegen die Mittheilung derselben getroffen hatte und tödtete dort von einer
Bevölkerung von 33,000 Menschen 8000.

Unterdessen kehrte auch die Cholera theils   Cholera.
auf solche Bezirke die sie schon früher heimgesucht hatte, wieder zurük, wie im vorigen
Jahr in die obern Provinzen am Ganges, und
zeigte dabey die Verschiedenheit gegen die frühere Epidemie, dafs sich jezt viel früher Gal-
lensecretion einstellte und Blutlassen viel bessere
Dienste leistete, (Jameson) und in diesem Jahr
nach Calcutta und der Insel Bombay, wo sie
aber jezt fast noch verheerender, besonders die
Krämpfe äusserst stark waren, so dafs oft sechs
Menschen nicht im Stande waren einen solchen
Kranken zu halten, und täglich hunderte weg-

gerafft haben soll, welches leztere aber wohl
übertrieben ist, theils dehnte sie sich immer noch
weiter östlich aus, zu Canton erschien sie während der politischen Unruhen im October; am
2ten desselben Monats regnete es auf Manilla unter dem heftigsten Sturm aus Südost unausgesezt 24 Stunden lang, unzählige Bäume
wurden entwurzelt und in die Flüsse gestürzt
und dagegen Fische und Muschelthiere auf das
Land geworfen. Drey Tage später, am 5ten October, brach darauf die Cholera aus und raffte
schon in den ersten Tagen viele Menschen weg.
Auf den Schiffen suchte man sich durch alle er-
denkliche Vorsichtsmaafsregeln vor der Anstekung
zu sichern, dessen unerachtet brach auch auf
diesen das Uebel aus, und auf manchen starb
die ganze Bemannung, auf der andern Seite be-
schuldigten die Eingebohrnen die Europäer und
Chinesen, dafs sie die Flüsse vergiftet hätten,
es wurde daher von ihnen mancher Europäer und
Chinese getödtet, man rechnete dafs innerhalb
14 Tage 15,000 Menschen an der Krankheit gestorben seyen. Um dieselbe Zeit drang die Krankheit auch nach Cochinchina und Tunkin.

1821 n. Chr.   Der Winter des nun folgenden Jahrs begann
zwar früh, doch war er nicht sehr kalt, aber
troken. Unter mehrere Eigenthümlichkeiten dieses Jahrs gehörte auch die, dafs so wie meist in
Höchster und den einzelnen Jahrescykeln der höchste und nie-
niederster Ba- derste Barometerstand in denselben Monat fällt,
rometerstand
in demselben nach einem grofsen Cykel von wenigstens 30 Jah-
Jahr. ren oder wahrscheinlich noch längerer Zeit, in
diesem Jahr der höchste und niederste Barometerstand eintrat. Ersterer dauerte zu dem noch
ziemlich lange, die höchste Höhe, welche seit

30 Jahren vorgekommen, wurde am 6ten Februar
beobachtet. Vom 29sten December an, demnach
von demselben Tag an, an welchem auf Macassar das fürchterliche Erdbeben sich ereignete,
begann auf der Insel Zante eine Reihe von Erd- Erdbeben auf
beben, die von mehreren andern ungewöhnlichen Zante.
Naturerscheinungen begleitet waren, denn gleich
beym Anfang, der einem heftigen Beben glich,
fiel starker Regen, in welchen sich Hagel von
ungewöhnlicher Größe mischte, noch bis zum
22sten Januar hin folgten sich mehrere schwächere Stöße, dabey stand auch dort der Barometer gewöhnlich hoch, gerade wie im Jahr 1783
bey dem Erdbeben in Calabrien. Während im
größten Theil Europas Trokenheit herrschte, gab
es in Spanien und Portugall im Januar unge- Stürme und
wöhnlich viel Regen, Ueberschwemmungen und Explosionen
verheerenden Wirbelwind. Am 4ten Januar trat in Portugall.
bey Santarem der Tajo über seine Ufer, und
zugleich richtete ein Wirbelwind ausserordentliche Verheerungen an, und entwurzelte viele
tausend Olivenbäume. Mehr in der zweyten
Hälfte des Januars überschwemmte der Duero die
Provinz Entre Minho et Duero, dabey stürmte
es ausserordentlich und in Estremadura soll ein
neuer Vulcan entstanden seyn.

Im Februar spürte man ein Erdbeben zu
Quebek, am 27sten desselben Monats Morgens
um 10 Uhr öffnete sich mit einem schreklichen
Knall und einem Regen von schwarzer Asche,
goldfarbenen Glasfunken und Schwefeltheilen,
welcher zwey Stunden dauerte, ein Vulcan auf Vulcan auf
der Insel Bourbon, es erhob sich eine Feuer- der Insel
Säule zu einer ungeheuren Höhe, wobey die dar- Bourbon.
auf folgende Nacht so erhellt wurde, daß man

37 *

Briefe bequem lesen konnte, während der Nacht
drang auch aus drey verschiedenen Erdspalten
Lava. Diese Eruption wiederhohlte sich fast
täglich bis zum 9ten April, am 9ten Merz empfand man eine Erderschütterung, am 1sten April
war der ganze Himmel mit Rauchwolken bedekt,
am 2ten ergofs sich in solcher Fülle ein Aschenregen, dafs der Lavastrom ganz verschwand, und
am 4ten schon überschritten werden konnte, überhaupt glich die Lava nicht der des Aetna und Vesuvs sondern war mehr schlakig und glich Ham-
merschlag.

Stürme zur See, Gewitter auf dem Lande. Ein heftiger Südwestwind, der gerade zur
Zeit der sinkenden Fluth eintrat, machte am
6ten Merz das Wasser im Bette der Themse so
sehr verschwinden, dafs vier deutlich abgegränzte
Inseln entstanden und man den Flufs an weniger
seichten Stellen durchwaten, und gröfstentheils
aber trokenen Fufses hinüber kommen konnte.
Ein äusserst starker Sturm richtete auch vom 7ten
bis 9ten Merz unerhörte Verheerungen im Hafen
von Tunis und fast ebenso grofse auf Malta an.
Diese Stürme zur See wechselten mit Erdbeben
und Gewittern auf dem festen Lande ab. An
demselben 9ten Merz wurde im Breisgau eine
sehr starke Erderschütterung empfunden, besonders stark war dieselbe gegen die Waldgegenden
hin und hatte das Merkwürdige, dafs man in einigen Häusern fast nichts spürte, in andern dagegen Geräthschaften von der Stelle verrükt wurden, überall war die Richtung dieselbe von Südost nach Nordwest. In der Nacht vom 19ten war
ein Gewitter mit Schnee und Hagel weit verbreitet und traf in Cölln die Apostelskirche und
die Klosterkirche zu Schwarzach, in Franken.

Am 22sten richteten Erderschütterungen zu Rieti
grofsen Schaden an; gleichzeitig stieg aus dem
Flufs Canara eine Rauchsäule empor, zog über
die Stadt und warf sich dann in den See Canta-
lice. Die Erdstöfse vom 9ten Merz wiederhohlten sich am 1sten April noch einmal zu St. Peter auf dem Schwarzwald, jezt war der Stofs
noch stärker, aber die Richtung dieselbe.

Während des Aprils fiel nichts ungewöhnliches vor; am 21sten, 14 Tage vor dem Tode
Napoleons, erschien auf der südlichen Hemisphäre ein grofser Komet, der am 21sten Merz
durch seine Sonnennähe gezogen war, und welcher auch derselbe seyn konnte, der im Februar
und Merz in der nördlichen Halbkugel gesehen
worden war. Es wurde bald sehr warm, aber
gegen Ende des Monats und zu Anfang Mays gab
es fast drey Wochen lang täglich Gewitter und
diese hatten gewifs auf die Abkühlung der Luft
ebenso grofsen Einflufs, als die auch in diesem
Jahr wieder im atlantischen Ócean bemerkten
Eismassen oder der Mangel an Lichtfakeln auf
der Sonnenscheibe, auf welcher vom 8ten May
bis 12ten Julius gar keine hellere Stellen bemerkt wurden. Die nun folgende kühle Witterung war in ihrer Dauer, Stärke und Ausdehnung wirklich fast ohnegleichen. Am 27sten May
fiel an mehreren tiefer liegenden Orten Schwabens und der Schweiz Schnee, auch in Florenz
trat ungewöhnliche Kälte ein, die ganze Kette
der Appeninen bedekte sich auf lange Zeit mit
Schnee, ein fürchterliches Schneegestöber am
14ten und 15ten Junius brachte 3 Fufs hohen
Schnee in die Gebirgspässe von Tenda. Auch
zu Mayland herrschte vom 18ten bis 23sten Junius

Komet, drey Wochen lang Gewitter und weit verbrei-tete Kälte im May und Ju-nius.

empfindliche Kälte, auf dem Vesuv lag um diese
Zeit und noch bis in Julius Schnee, ja am 21sten
Junius gab es in den meisten Gegenden Schwabens Eis, und es trat die gewiſs seltene Erscheinung ein, daſs am längsten Tag des Jahrs der
Thermometer tiefer stand, als am kürzesten,
dieselbe Bemerkung machte man auch in England. Fast überall war der Sommer ungewöhnlich kühl, in Petersburg und in Ruſsland klagte
man auch noch über häufiges Regnen, nur von
Neu - Tscherkesk hörte man, daſs im Junius ausserordentliche Dürre und Hize eingetreten sey,
so daſs Reaumurs Thermometer auf 32° wies,
auch auf Island fand man den Sommer ungewöhnlich warm, die Fischerey reich, aber die
Heuerndte gering, ebenso wird nach Briefen vom
14ten Julius aus Bergen in Norwegen sehr über
den Nordwind und die anhaltende Dürre geklagt,
bey welcher man kaum Wasser zur Haushaltung
bekommen, wegen des Nordwinds aber die Ge-
treideladungen, die man so nothwendig brauchte,
nicht einlaufen konnten, während man befürchten muſste, daſs das Getreide durch die groſse
Hize Schaden leiden möchte. In Schweden lobte
man die Erndte in den Provinzen Gefleborg,
Skaraborg, Kronoborg, Blekingen, Christianstadt,
Sudermannland, Gothenborg und Bohus, desto geringer war sie in Upsala, Jemtland und Norboth-
nien. Die Ueberschwemmung des Nils war gröſser
als seit undenklich vielen Jahren. Viele Dörfer und Reisfelder wurden von dem reissenden
Gewässer zerstört.

In Travemünde machte man am 21sten Junius die Bemerkung, daſs während der Thermometer abwechselnd um mehrere Grade stieg und

Marginalia:

Am längsten
Tag tieferer
Thermome-
terstand als
am kürzesten.

Warm und
troken auf
Island und
Norwegen.

fiel, auch der Kompaſs um mehrere Striche sich
veränderte, die See mehrmals stieg und fiel, sonst
gab es eigentlich keine auf Erdbeben oder vul-
kanische Explosionen hinweisende Erscheinungen,
dagegen kamen während dieser Zeit so seltener
Kühle eher meteorische Erscheinungen vor. Am Meteore.
3ten May Morgens 9 Uhr bemerkte man zu Giessen in verschiedenen Theilen der Stadt und auf
dem jenseits des Flusses gelegenen Marktplaz röthlich gefärbten Regen, dessen Hauptbestandtheile
Chromsäure, Eisenoxyd, Kiesel-, Kalk- und eine
Spur von Talk-Erde zu seyn schienen. Aus
einer Leuchterscheinung, nach welcher man noch
10 Minuten lang eine Rauchwolke bemerkte, fiel
im Ardêche-Departement bey Juvenas am 15ten
Junius ein ziemlich grofser Meteorstein, welcher
besonders Kalk- und Thon-Erde mit etwas Kupfer enthielt, und an demselben Tag und in dem
nemlichen Departement versank der ziemlich
hohe Berg Gerbier de Jone unter fürchterlichem
5 bis 6 Minuten anhaltendem Getöse. Doch war
der ausserordentlich grofse Hagel, der an den Hagel.
entferntesten Orten in diesem Theil des Jahrs
fiel, das Auszeichnendste, besonders klagte man
sehr über solchen in Italien, aber auch in der
Moldau und in Rufsland, der merkwürdigste fiel
in der irrländischen Grafschaft Mayo, wo auf
einer Fläche von 4 englischen Quadratmeilen Hagelkörner gefunden wurden, die einen metallischen Kern hatten, welcher sich als zwölfekig-
ter krystallisirter Schwefelkies erwies.

Erst später im Sommer gegen den August
hin kamen wieder Erdbeben vor. Es können zwar Erdbeben.
die Torfdurchbrüche und das Versinken der Moor-
gründe, die im Julius in Irland so grofsen Schre-

ken verbreiteten, nicht wohl für Folgen vulka-
nischer Processe erklärt werden, doch war gerade
die Grafschaft Cork schon oft der Schauplaz
wichtiger vulcanischer und meteorischer Erscheinungen, und schien auch an dem Erdbeben von
Lissabon im Jahr 1755 einen besonderen Antheil
zu nehmen. Im August folgte wenigstens in
Schwaben und am Rhein auf die Trokenheit vieler Regen, so dafs der Rhein über seine Ufer
trat. Am 2ten August Morgens drey Uhr wurde
Neapel sechs Secunden lang von einem Erdbeben
erschüttert, das zwar keinen Schaden that, aber
viel stärker Calabrien, besonders Catanzaro, traf,
wo mehrere Gebäude einstürzten, und immer
wieder neue Stöfse gespürt wurden, bis in der
Nacht vom 12ten auf den 13ten September hier
und im Bezirk von Nicastro eine ziemlich starke
und verheerende Finaleruption erfolgte. Ein

Sturm. Sturm, wie er schon lange nicht mehr in jenen
Gegenden vergekommen war, richtete am 2ten
und 3ten September grofsen Schaden an der Küste
von Nordamerica, besonders Newyork, Jersey,
Newhafen und Longisland an. In der Nacht vom
11ten October wurden zu Siena 8 — 10 Erdstöfse
bemerkt, welche vier Nächte hintereinander immer um dieselbe Zeit sich wieder einstellten,
und minder regelmäfsig noch länger fortdauerten,
bis sie endlich nach zwey am 23sten und 24sten
October ausgebrochenen Gewittern gänzlich aufhörten.

Im südlichen Frankreich trat zwar im October auf kurze Zeit frühe Kälte ein, am 18ten
bemerkte man zu Marseille auf einem benachbarten Berge Schnee, eine um diese Jahreszeit
ausserordentliche Erscheinung, ebenso war es

auch im unteren Italien in der zweyten Hälfte
Octobers kälter als sonst im December und Januar, am 5ten November folgte ein Sturm, welcher die Küste mit Schiffstrümmern bedekte, aber
wieder ganz warme Witterung brachte, am 28sten
November Morgens erleuchtete ein glänzendes
Meteor einen weiten Kreis und bey ruhiger See
erfolgte ein starker Stofs, dem sieben schwächere
folgten, die alle ganz die nemliche Richtung
hatten. Am stärksten spürte man den Stofs in
den Provinzen Capitanato und Molise, von Gar-
gano bis Termali, das Schlofs von Tremiti wurde
eingestürzt, der Stofs schien sich durch die Kette
der Appeninen fortgepflanzt zu haben. Sonst war
aber selbst in den nördlichern Gegenden der Herbst **Mildes Spät-jahr.**
und Anfang des Winters ungewöhnlich milde, zu
Archangel war selbst am 19ten October noch kein
Frost eingetreten und zu Tschernigow herrschte
noch im November Maywitterung, ja zu Petersburg stand am 29sten December noch Reaumurs
Thermometer 2 Grad über Null. Auch auf dem
Harz fiel während des Decembers kein Schnee, auf
dem Röhngebirge der erste am 29sten December.

Schon am 28sten October spürte man zu
Leipzig und am 5ten November zu Uman eine
Erderschütterung, weit merkwürdiger war jedoch
eine ganz besondere Wechselwirkung vulcanischer
und meteorischer Elemente gegen das Ende des
Jahrs.

Wie bereits bemerkt wurde, hatte im Januar **Tiefer Baro-meterstand.**
der Barometer eine Höhe erreicht, wie sie seit
wenigstens dreyssig Jahren nicht beobachtet worden war, nun sollte in diesem Jahr auch nach
dieser Fluth die entsprechende Ebbe folgen, in
ganz Teutschland und Frankreich fiel am 24sten

und 25sten December das Queksilber im Barometer tiefer als 1768, diesem tiefen Barometerstand standen wie dem entgegengesezten Erdbeben, Stürme und Meteore zur Seite.

Schon am 23sten December spürte man mehrere Erdstöfse zu Reichenhall, ein ähnliches zu
Mainz und den nahen Dörfern am 25sten December. In der Nacht vom 24sten — 25sten December tobten im Rheinthal und der Schweiz Stürme
und Gewitter, wie man sie seit 750 nicht erlebt
haben soll, an der Charente, zu Coted'or, zu
Genua und Venedig drohte die See diese Städte
zu verschlingen, ebenso unerhört waren Stürme
auch an den andern Küsten, überhaupt wurden
die des schwarzen und des Mittelmeers, von
England, des Cattegats und der Ostsee von gleich
starken Stürmen heimgesucht, und in England
stiegen alle Flüsse auf eine Höhe, die sie seit
1807 nicht mehr erreicht hatten, dabey sah man
auch an vielen Orten Meteore, eine Feuerkugel
von zwey Monds-Diametern wurde am 24sten
December Abends 6 Uhr im Hohenlohischen gesehen, um dieselbe Zeit bemerkte man zu Augsburg einen 15 Grad langen röthlichten hellen
Streifen gegen Morgen, der über den östlichen
Himmel einen weit ausgebreiteten Schein bey
drey Minuten lang warf. Ein noch glänzenderes
Meteor wurde am 29sten December in Berlin und
weiterer Umgegend gesehen. Zuerst sah man im
Zeichen des grofsen Bären einen leuchtenden Punct,
wie einen Fixstern, dieser dehnte sich immer mehr
aus, und gewann die Gröfse einer Feuerkugel,
die der aufgehenden Sonne glich, in der Mitte
blieb der Kern glühend roth, ihn umschlofs ein
hellgelber Ring und diesen wieder ein hellblauer

Stürme und Meteore.

Lichtsaum, worauf sie endlich zersprang, während gegen Westen in parabolischer Krümmung
ein mächtiger Lichtstrom schofs.

So sehr man sich auch in Teutschland wun-
derte, dafs bey dem so ungewöhnlich milden, mit
so verschiedenem Barometerstand und vielem Regen sich endigenden Herbst, die Zahl der Kranken
geringe blieb, und die wenigen vorkommenden
Krankheiten ihren einfachen entzündlichen Charakter beybehielten, und obgleich auch die Pest
in diesem Jahr sich ganz auf Constantinopel und
die Küstenorte Aegyptens zurükzuziehen schien,
so gewannen dagegen die beyden Weltkrankhei-
ten, das westindische gelbe Fieber und die ostin-
dische Cholera in diesem Jahr wieder neues Ter-
rain, und machten durch ihr Entgegenrüken den
Raum der sie noch trennte, höchst unbedeutend
im Vergleich der Entfernung des Ganges und der
Antillen, von welchen Puncten beyde Krankheiten
ausgegangen waren.

Das gelbe Fieber, das während des unerhört
dürren Sommers in Westindien nur wenig und
ebenso auch, Maryland und Virginien, dort
Sheenstown etwa ausgenommen, auch nicht auf
der Küste Nordamericas sich gezeigt hatte, gelangte an der Küste Spaniens immer weiter nord-
und ostwärts schreitend nach Tortosa und Barcelona, wo einzelne Fälle auf der Rhede im Jahr
1803 abgerechnet, bis jezt diese Plage noch nie
hingelangt war. Nach einem Sommer, der sich
eben nicht durch Hize auszeichnete, und in welchem Cadiz und Mallaga davon nur wenig berührt wurden, während eines Zustandes allgemeiner Gesundheit und nachdem beynahe die ganze
Bevölkerung des patriotischen Barcelonas am 15ten

Gelbes Fie-
ber zu Barce-
lona.

Julius, einem Sonntag, den zur Jahresfeyer der
Constitution ausgeführten Seemanoeuvres theils
von den Quais, theils von den zahlreichen im
Hafen befindlichen Schiffen, von denen einige
kurz vorher von Cuba angelangt waren, zugesehen
hatte, überhaupt zahlreiche Besuche auf den Schiffen im Hafen gemacht worden waren, zeigten sich
bald einzelne Fälle des Erkrankens und schnellen
Dahinsterbens mehrerer zu derselben Familie gehörenden Individuen, welche solche Schiffe besucht hatten, es geschah diß namentlich wiederhohlt in den Familien des Capitains und des Hoch-
bootsmanns von der Brigantine Grand-Turc, welches Schiff auch eines von denen war, die aus
der Havannah zurükgekehrt waren. Ja von den
40 Personen, die vom Verdek des Grand-Turc
aus am 15ten Julius dem Fest zugesehen hatten,
sollen in kurzer Zeit 35 gestorben seyn. Bald
darauf erkrankte auch die Mannschaft anderer
nahe beysammen liegender Fahrzeuge, die viel
Verkehr mit den übrigen gehabt hatten, und nicht
viel später kamen höchst bedenkliche Krankheits-
Erscheinungen in den Spitälern von Barcelona
und Barcelónetta vor, wobey man immer die
Bemerkung machte, daß sie nur solche betrafen, die mit den Schiffen sich zu schaffen gemacht
hatten. Schon am 26sten Julius bemerkte man,
daß von den Behörden einige suspecte Schiffe
unter Quarantaine gesezt wurden, am 4ten August
in der Frühe versammelte sich plözlich die Mu-
nicipal-Gesundheits-Junta, welche in der Nacht
beunruhigende Nachrichten vernommen haben
mochte, doch wurde noch wenig bekannt, ausser
daß am 6ten August verordnet wurde, es sollen
alle verdächtige Erkrankende die man vereinigen

könnte, in Lazarethe gebracht, und Barcelonetta
gesperrt werden. Bey der Ausführung beyder
Maaſsregeln begieng aber das ohne diſs schwer zu
behandelnde Schiffsvolk Unordnungen, und ent-
riſs die schon Erkrankten wieder den Händen der
beym Lazareth Angestellten. Ueber den Streit,
ob die Krankheit anstekend und ob sie das gelbe
Fieber sey, vergieng der Monat August, bis im
Anfang Septembers auf einmal der Schreken allgemein wurde, und die höheren Behörden die
Stadt verliessen. Nun begann für das sonst so
lebhafte Barcelona eine Zeit des höchsten Jammers und der schauerlichsten Verödung, manche
Tage starben über 400 Menschen, vom 3ten zum
5ten October sollen in Barcelona 1000 Menschen
gestorben seyn. Wie an allen Orten, in welche
das gelbe Fieber zuerst gelangt, zeigte dasselbe
sich unläugbar anstekend, Bally, der sich um
die Kenntniſs des gelben Fiebers schon so groſse
Verdienste erworben hat, beweist in seinem neuesten Werk*), daſs die Krankheit sich nicht nur
vom Kranken an den Gesunden, sondern auch
durch inficirte Räume und Geräthschaften fort-
pflanzte, und am Ende wurde die anstekende
Kraft der Krankheit zur Evidenz erwiesen, als
man am 22sten November zu früh die Sperre
zwischen Barcelona und Barcelonetta und die getroffenen Maaſsregeln überhaupt aufhob, und
sich schnell die Zahl der Erkrankenden wieder
vermehrte, was nicht ganz allein der Wiederkehr der Flüchtlinge zuzuschreiben seyn möchte.
Man rechnet, daſs zu Barcellona allein 18 —

---

*) Histoire médicale de la Fièvre jaune, observée en Es-
pagne et particulièrement en Catalogne, dans l'année
1821: par Bally, François, Pariset. A Paris, 1823.

20,000 Menschen gestorben seyen. Doch vermochte aller dieser Jammer den Sinn für die Constution nicht zu unterdrüken, ja es wurde, während die Behörden entflohen waren, der Versuch gemacht, die Republik zu proclamiren, und am 6ten November hielt man mit grofsem Eifer innerhalb des Cordons unter freiem Himmel Wahlversammlung,.wobey jeder Deputirte mit Vivats und rauschender Musik begrüfst wurde.

Fast mit noch gröfserer Wuth wurde auch Tortosa von der Krankheit heimgesucht, wo die Hälfte der zurükgebliebenen Einwohner gestorben seyn soll, zum erstenmal drang auch die Krankheit nach Mequinenza, Asco und Fraga, doch starb an leztem Ort nur ein Einziger an derselben. Zu Palma auf Majorca zählte man 7,400 Kranke und 5,341 Todte. Zum Beweis, dafs die Krankheit sich mehr mittelst eines Contagium verbreitete, - als aus Localursachen entstand, kann auch ihre Beschränkung auf das Lazareth zu Mahon dienen', wo diese Stadt, so wie auch Carlos frey blieben, während in ersterem wiederhohlt die Krankheit ausbrach, ja selbst im Pest-Lazareth zu Marseille und auf der nahen Station bey der Insel Pomégue sollen in diesem Jahr mehrere Fälle des gelben Fiebers vorgekommen seyn.

Cholera.   Noch früher als das gelbe Fieber an den Küsten Cataloniens sich verbreitete, und noch ehe eine beyspiellos trokene Hize in Unter-Bengalen vom Merz bis Junius 3 und 4mal die Indigo-Aussaat immer wieder zu Grund richtete, war im Februar die Cholera zu Surate ausgebrochen und gelangte einerseits über Maskat, wo damals auch bey Nacht das Fahrenheitsche Thermometer auf 104° stand, nach Arabien und an den

persischen Meerbusen, dessen Häfen sich nach
den Nachrichten von dort her in Gräber um-
wandelten. Die Mannschaft auf dem englischen
Schiff Kent war Zeuge wie zu Maskat fast die
ganze Besa*zung säm:mtlicher arabischer Fahrzeuge
ih r unterla*z und zwar, mit ganz unbeschreiblicher Schnelligkeit, auch blieb sie nicht blos auf
die Eingebohrnen eingeschränkt. Anderntheils
drang sie über Busheer nach Schiras, über Bassora nach Bagdad, und durchzog nicht nur Persien, sondern war auch nach Briefen aus Con-
tantinopel vom 25sten September bis Mosul und
Mardine fühlbar geworden, während sie zugleich
grofse Verheerungen unter dem persischen Heer,
welches Mahomed Ali Mirsa anführte, verursachte. An allen diesen Oten, wo ihre Dauer
meist nicht mehr als 2 — 3 Wochen betrug, waren die Summen der Verstorbenen sehr beträchtlich, zu Maskat und der Umgegend rechnete man
60,000, zu Bassora innerhalb vierzehn Tage 14,000,
zu Schiras 7,000 Todte. Bey dieser Verbreitung,
zog diese Plage bald mit regelmäfsigen Schritten
über Gebirge, bald liefs sie wieder auf unerklär-
bare Weise einzelne Orte frey, z. B. die Dörfer Dastarjne und Kumaraj. Jenseits Schiraz
wandte sie sich in nördlicher Richtung nach Zer-
gun und endlich nach Mayar, auf der Heerstrafse
nach Ispahan, wo sie stehen hlieb, und beym
Eintritt der kalten Witterung gänzlich verschwand.
Bey Allem dem wollte man in diesen Gegenden
doch nicht die Verbreitung der Krankheit durch
Anstekung zugeben, Krankenwärter und Aerzte
blieben oft frey. Wenn sie sich aber von der
Landstrafse abwendete, pflegte sie meist freye
und offene Gegenden zu suchen, und sich oft von

den Gebirgsgegenden, z. B. des Mamohonigebirg, wegzubeugen, auch blieben die unter Il oder Ilyat bekannten wandernden Völker frey.

Nachdem bis weit gegen das Ende des December hin'eine seltene Milde der Luft geherrscht und in der Vegetation und in der Natur überhaupt gleichsam ein Frühlings-Leben beobachtet worden war, und selbst aus den südlichen Gegenden Norwegens gemeldet wurde, dafs im December Apfelbäume wieder Früchte ansezten, aber wegen dieser milden Witterung grofse Verlegenheit in jenen Gegenden entstand, weil dort im Winter zur Communication und zum Handel Schlittenbahnen so nothwendig sind, folgten sich gegen Ende des Jahrs 1821 und zu Anfang des
nächsten immer wieder ausserordentlich heftige Stürme, und man berechnete, dafs an den verschiedenen Küsten Europas 2,000 Schiffe und 20,000 Menschen zu Grund giengen, von welchen allein auf Dännemark 250 Schiffe und 2,500 Menschen kamen. Eigentliche Wintertage gab es in Teutschland nur zwey oder drey, dagegen wurde aus Spanien und Portugall geschrieben, dafs dort der Winter strenge war, zu Lissabon erfroren mehrere Personen die kein Obdach hatten, und zu Madrid belustigte man sich mit Schlittschuhlaufen. Auch im übrigen Verlauf des Winters blieb es im Norden mild, am 3ten Februar richtete die Newa grofse Ueberschwemmungen an, der Thermometer stand auf $+ 4°$ und schon im Merz wurde der Flufs von der auffallend porösen Eisdeke befreyt, immer noch sezten Stürme die nieder gelegenen Theile der Stadt häufig unter Wasser. Auch in Sibirien wurde es nicht sehr kalt und regnete es häufig während des Winters, zu

Beresow sogar fiel am 16ten December starker
Regen, eine unter dieser Breite unerhörte Erscheinung. Dagegen soll im südlichen America,
der vergangene, in unsern Sommer fallende Winter desto kälter und schneereicher gewesen seyn,
auch auf der Südspitze Africas dauerte immer
noch eine ausserordentliche Witterungs - Beschaffenheit fort, in der Capstadt hatte es seit zwey
Jahren nicht mehr geregnet, und die Erndte
war zum viertenmal misrathen.

Schon die lezten Tage des Februars waren Heisser Som-
sehr warm und troken im südlichen Teutschland, mer.
überhaupt das Frühjahr milde, bis es auf eine
sehr reichlichen Regen in der Mitte des Mays
ungewöhnlich warm wurde, und auch vor dem
20sten Julius nicht wieder regnete, so dafs das
Getreide, besonders der Haber, sehr durch die
Dürre litt. Diese Wärme war sehr allgemein,
vom 15ten — 24sten Junius stand zu Rom Reaumurs Thermometer meist über 26°, nie unter
23°, zu Florenz stieg dasselbe am 24sten Junius
auf 29°. Schon in den lezten Tagen des Julius
war in der Nähe von Stokholm die ganze Weizen - Erndte eingebracht, desto mehr hatten aber
die Wallfischfänger mit dem Eis zu kämpfen, das
auch Capitains Parry Reise so sehr erschwerte,
und im Herbst hörte man dafs auch vom Südpol
herauf viele Eisfelder und Berge bis zum 56sten
Grad getrieben worden seyen. Gegen Ende des
Julius und während des Augusts trat zwar ein
Stillstand ein, es regnete während dieser Zeit
häufig und die Wärme war jezt geringer, aber
im September wurde es wieder warm, und die
heitere trokene Witterung währte noch bis ge-

gen den 9ten November hin, um welche Zeit
auch in den rauhern Gegenden manche Blüthen
und Früchte zum zweytenmal gefunden wurden.
Seit vielen Jahren waren die Klagen, über die
Mäuse nicht so grofs und so allgemein. Mit dieser dem Jahr 1811 vergleichbaren Witterung trafen folgende weitere Erscheinungen zusammen.

Kometen. Während des Sommers wurden 4 kleinere,
oder wenigstens kaum mit blofsen Augen sicht-
bare Kometen gesehen, eigentlich waren es doch
wohl nur drey, indem nur der dritte, als er
von Andern auch gesehen wurde, seine Stelle
beträchtlich verändert hatte, seine Bahn von der
einer Parabel überhaupt beträchtlich abzuweichen
schien.

Vulcanische Eruption auf Island. Nach einem frühen Winter und nachdem das
Treibeis die ganze Nord - und Ostküste des Lan-
des eingeschlossen hatte, begann im südlichen
Island, der südöstlich vom Hecla gelegene Eyafialla Jökul oder Oefields - Jokel noch in der
Nacht vom 20sten — 21sten December des vorigen Jahrs Feuer zu speyen, die Eisdeke des Bergs
wurde plözlich gesprengt, so dafs die ganze Gegend erbebte, und Lavinen in Menge den 5,500
Fufs hohen Berg, herunter rollten. Eine ungeheure Flammensäule stieg nun fortwährend aus
dem Berge empor, Asche, Steine und Sand wurden
in grofser Menge ausgeworfen, man fand ver-
brannte Klippenstüke von 50 bis 80 Pfund Schwere,
die eine Meile weit geschleudert wurden. Bis
Neujahr verbreitete sich in weiter Ferne ein Aschenregen, der jedoch, wo er niedergefallen, durch
Stürme wieder weggeführt wurde. Noch am 1sten
Februar loderte helles Feuer aus dem Krater,

am 23sten aber rauchte er nur noch stark, und
die Eisdeke umher dehnte sich schon wieder aus.
Seit dem Ausbruch hatte man höchst unstäte Witterung auf Island, besonders viel Stürme und,
Schneegestöber. Nach Briefen von Reikiavik vom
25sten Merz rauchte der Vulcan immer noch,
auch bemerkte man eine Bewegung der Eismassen in Scap de fields Syssel - Jökel, die vermuth-
lich durch unterirdische Hize veranlafst wurde,
dabey dauerte der Winter mit einer Strenge fort,
deren sich die ältesten Personen nicht erinnern
können. Nach spätern Briefen vom 6ten Julius
brannte das unterirdische Feuer in Oelfields Jökul beständig noch fort, die ausgeworfene Asche
that im Anfang ziemlich Schaden, doch half ein
starker Regen und günstige Winde, in der Zwischenzeit warf auch einmal der Vulcan Wassermassen mit Eisklumpen aus. Am 26sten Junius
erfolgte aus einer neuen Oeffnung eine neue Eruption unter Donnerschlägen die man 15 Meilen
weit hörte, jezt verbreitete ein Nordwind die
feine Asche mehr über das Land, dabey erfolgte
aber kein Lava - Ergufs, nur umgab den Krater
beständig ein Dampf, dabey war das Wetter immer feucht. Nach spätern Nachrichten vom 22sten
August, hatte die Eruption selbst wenig Schaden angerichtet, desto nachtheiliger wirkte auf
die Fischereyen das zahlreiche grönländische Eis.

Am 7ten Februar Nachts eilf Uhr erhob sich Erdbeben mit
ein entsezliches Brausen und donnerähnliches Ge- einem Feuer-
töse unter dem Dorfe Neuhausen bey Landshut, Meteor.
darauf folgte eine Erderschütterung und dann innerhalb einer Minute und zwanzig Secunden fünf
Erdstöfse, durch welche ein Haus einstürzte.

Nachher zeigte sich auch die Kirche um 5 Zoll
eingesunken, und das Gewölbe drohte den Einsturz. Während der Erdstöße war die Luft ruhig,
der Himmel umwölkt, über der Gegend zeigte
sich ein dunkelrother Schein, der sich zuletzt
in eine feurige Kugel zusammenzog, die westwärts zog, dabey stand der Barometer sehr tief.

Am 17ten desselben Monats halb sechs Uhr
Abends spürte man zu Comorn in Ungarn mehrere starke Erdstöße und in dem zwey Stunden entfernten Dorf Izsoe waren sie noch heftiger, dort wurden beyde Kirchen sehr beschädigt
und sechs Häuser gänzlich eingestürzt, am nächsten Tag folgten auch zu Prefsburg einige leichtere
Erdstöße, zu Aix les bains richteten Erdstöße
am 19ten auch verschiedene Zerstörungen an, dabey trübten sich die Schwefelquellen wie 1755
und zu Genf, wo diese Stöße auch gespürt wurden, veränderte sich die Declination der Magnetnadel um zwey Grade. Während dieser Zeit,
vom 17ten bis 24sten Februar, hatten mehrere

Explosion des Vesuvs. Explosionen des Vesuvs statt, am 21sten drang
ein Lavastrom bis zur Eremitage von St. Salva-
dore, doch nahm er bey Cantaroni seine Richtung mehr gegen Westen, am 26sten liefs sich
abermals ein donnerähnliches Getöse hören, der
Vulcan stiefs den ganzen Tag über dike Rauch-
säulen aus, diese hörten am 27sten wieder auf,
und die bis in die Ebene gekommene Lava stokte.
Zugleich fiel vom Winde verbreitet einige Stunden lang Regen von violetter Asche auf die Felder von Portici und Torre del Greco.

Meteore. Um die Mitte Februars sezte eine Erscheinung am Himmel ganz Cadiz in Bewegung, alle

Strafsen und Pläze waren mit Menschen angefüllt,
welche einen glänzenden Stern betrachteten, der.
der Sonne zu folgen schien. Am 9ten April
Abends sah man zu Rhodez, Dep. Aveyron, eine
hellstrahlende Feuersäule, aus welcher nach allen
Richtungen Feuer strömte, und die nach einigen
Secunden unter einem heftigen Knall verschwand.
Ueberhaupt schien es sollten diesen Sommer fast,
alle denkbare Erscheinungen von Meteoren vorkommen, am 21sten May verbreitete sich gegen
fünf Uhr Abends acht bis zehn Stunden im Umkreis von Paris plözlich ein ganz ungewöhnlicher Nebel, durch welchen die Sonne mit einer
besondern starken Röthe (du rouge le plus
vif) blikte, wobey man einen bestimmten Geruch von Salpetergas bemerkte. An den zwey
nächsten Tagen wurde wieder um Paris, aber
auch im Rheinthal einige Stunden vor Sonnenuntergang derselbe Nebel beobachtet, dessen Höherauch.
Färbung in Nichts der eines feuchten Dunstes,
sondern mehr dem Rauch einer Steinkohlengluth,
dessen Geruch er hatte, glich, und den man
sogleich dem vor 40 Jahren nach dem Erdbeben
von Calabrien, oder könnte man vielleicht richtiger sagen nach dem vulcanischen Ausbruch auf
Island? ähnlich fand. Auch im Enzthal säh man
am 23sten denselben Nebel. Vorzüglich war es Hagel,
aber Hagel, der ausserordentlich häufig, in grofsen
Körnern und oft ohne allen Regen niederfiel, welcher auch um so weniger zu erwarten war, als
während des Winters es fast gar keinen Schnee
gegeben hatte. Schon am 6ten und 7ten May
fiel in der Gegend von Bonn ein Hagel, dessen
Schlossen diken Baumnüssen, selbst Hühnereyern.

glichen, und mehrere oft zusammengefroren waren, am 8ten schwemmte in Ungarn ein Wolkenbruch 300 Häuser weg, während auch ein Hagel so groſs wie die welschen Nüsse fiel, und
4 Schuhe hoch liegen blieb. Auch aus vielen Gegenden Pohlens wurden Verwüstungen gemeldet,
welche ein Hagelschlag von einer seit undenklichen Zeiten nicht gekannten Gröſse angerichtet
hatte, am 26sten May verdunkelte sich Mittags
Ein Uhr die Gegend von Lucera im Neapolitanischen mit den allerdichtesten Wolken, und es
fiel ein Hagel von ungewöhnlicher Gröſse, der
auf einer Fläche von 36 Meilen Länge und 6
Meilen Breite alles verwüstete und Vögel, Haasen, sogar ganze Heerden erschlug. Unter diese
Hagelschläge hinein hörte man von Erdstöſsen, die
am 29sten May zu Bourbon Vendée unter einem
donnerähnlichen Geräusch von Nordwest nach
Südwest, und am 31sten May zu Niort zu derselben Tagesstunde und in der nemlichen Richtung bemerkt worden waren. Auch im folgenden
Monat Junius vernahm man aus den entferntesten
Gegenden immer wieder Nachrichten von ausserordentlichem Hagel; am 9ten fiel ein solcher in
der Umgegend des Bergs Casale, dessen Steine
die Form eines italienischen Brodes hatten, und
8 bis 16 Unzen wogen, dabey bemerkte man gar
keinen Regen, am 15ten ein minder colossaler
im Hessen-Darmstädtischen, an demselben Tag
richtete in Mähren eine Windhose Verheerungen
an. Meist giengen zwar die Gewitter so hoch,
daſs selten ein Bliz zündete, doch erschlug ein
Blizstrahl bey Hayingen einen Schäfer beym
Nachschlagen seines Pförchs und 216 Schaafe von

einer 248 Stüke starken Heerde, die Kleider des
Schäfers waren zwar stark zerfezt, aber an den
Schaafen fand man keine Spur der Verlezung,
und doch konnte der Dampf des Blizes sie nicht
getödtet haben; es wäre denn, daß zugleich aus
der Erde Dünste geschlagen hätten. An dem nemlichen 24sten Junius traf Venedig ein Sturm,
welcher die bekannte Bleydächer aufrifs, und
zwar nur einige Minuten dauerte, aber einen
ausserordentlich grofsen Hagel brachte, dessen
Steine ein Pfund wogen und über 130 Men-
sehen tödteten, denn man entdekte immer wieder
von neuem Leichname. Am 12ten Julius fiel in
dem Thal zwischen der Piave und Brenta 30 Minuten lang ein Hagel, dessen Körner die Gröfse
eines Apfels hatten, auch am 26sten Julius fiel
ein ähnlicher in mehreren Gegenden. In der Nähe
von Klagenfurth tödtete ein solcher Hagel am
27sten Julius sogar Schweine, am 29sten Julius
fand man nach einem starken Hagelwetter in der
Wetterau, auf einem nicht sehr grofsen Bezirke,
über 300 todtgeschlagene Haasen, Feldhühner und
andere Vögel, selbst am 18ten October noch
traf ein fürchterlicher Hagel den Bezirk von
Chatillon sur Seine. Durch eine Wasserhose mit
veranlafst fiel am 25sten October zu Genua die
unerhörte Regenmasse' von 30 Zoll. Es gab aber
nicht blos solchen Hagel, sondern es fielen auch
Meteorsteine. Einer am 3ten Junius Abends 8 **Meteorsteine.**
Uhr bey Angers, nach einer Lichterscheinung,
die beynahe eine Viertelstunde gedauert hatte,
und ein zweyter am 13ten September in der Gemeinde La Baffe, im Canton Epinal, Morgens
7 Uhr während eines Gewitters mit einem ras-

selnden Geräusch, aber ohne alle Lichterscheinung. Dieser hatte die Gröfse einer sechspfün-
digen Kanonenkugel, ein Landmann, der früher
Soldat gewesen, sah ihn fallen, unmittelbar darauf ergofs sich der Regen in Ströme. Am 10ten
desselben Monats hörte man zu Carlsstadt (in
Schweden) Abends 11½ Uhr plözlich ein furchtbares Getöse, das einer Pulver-Explosion glich,
dabey war zwar der Himmel fast heiter, aber
sonderbare Blize ohne Donner und Sternschnuppen von erstaunlicher Gröfse durchkreuzten und
erhellten die Luft. Erderschütterungen verbreiteten sich von Osten nach Westen durch die ganze
Provinz und zum erstenmal in diesem Jahr fror
es in dieser schreklichen Nacht, auch Meteorsteine wollte man nachher gefunden haben. So-
Kornregen. gar die Geschichte eines Kornregens kommt in
diesem merkwürdigen Sommer vor, dabey ist wenigstens das am merkwürdigsten, dafs auch diese
Erscheinung an verschiedenen Tagen in weit von
einander entlegenen Gegenden wahrgenommen
wurde. An einem der lezten Tage des Monats
May bemerkte man zwey Meilen von Posen auf
dem Domainen-Amt Moschin, am 15ten Julius
in der Gegend von Marienwerder, am 17ten desselben Monats in der Nähe von Brieg und am
26sten bey Hohenfriedberg, nach heftigem Regen oder Hagel auf einzelnen Feldern in grofser
Zahl Saamenkörner, die sich überall als die
nemlichen erwiesen, oder man wollte sie sogar wie
bey dem Gute Klatzewko im Stuhmschen Kreise
mit dem Hagel am 15ten Julius niedergefallen
gesehen haben, wo sie eine Fläche von etwa 200
Fufs Breite und 1,500 Fufs Länge, wie angefähr

das dreyfache einer gewöhnlichen Roggensaat bedekten, und Proben davon eine schwere Aufgabe
zur Ausmittelung für Botaniker wurden, bis
diese endlich auf den natürlichen Einfall geriethen, diese Körner keimen zu lassen, worauf es
sich dann zeigte, daß die Pflanzen der Veronica
hederaefolia aufgiengen, welche Pflanze gerade
um diese Jahreszeit die meisten Saamen angesezt
haben mochte, die sodann entweder von dem
Sturm in die Höhe gehoben und wieder nieder
gestreut, oder von dem Regen und Hagel aus den
Capseln geschält und von der anhängenden Erde
abgewaschen wurden. *)

In mehreren Gegenden dauerte die Troken- Fortdauernde
heit noch bis spät im Herbst beharrlich fort, zu Trokenheit.
Palermo erreichte sie im September einen unerhörten Grad, es war nahe daran, daß es gänzlich an Wasser gebrach, auf die Insel Ustica
mußte die Regierung Wasser hinschiken, in dem
Lago Fucino, der seit 15 Jahren immer seinen
Umfang erweitert hatte, verminderte sich während
des Septembers das Wasser regelmäßig und war am
1sten October um 14½ Palmen gefallen. Schon im
Julius hatte man auch auf Stunden ein Verschwinden des Wassers im Arno und zwey anderen Flüssen bemerkt.

Am 10ten Julius begannen wieder die Erdbe- Erdbeben.
ben, an diesem Tag spürte man zu Lissabon
eine ziemlich starke Erschütterung, die fünf bis

---

*) Ueber gewisse in Westpreussen und Schlesien angeblich
   mit einem Gewitterregen gefallene Saamenkörner, von
   Ludolf Christian Treviranus, Prof. der Botanik zu
   Breslau. (Breslau 1823.

sechs Minuten lang anhielt, und aus starken aber
kurzen Stöfsen bestand und wobey jenseits des
Tayo und an den Ufern des Meers die Schwan-
kungen noch stärker waren, am 17ten Julius traf
ein nicht unbedeutendes Erdbeben Grenada, doch
verbreitete difs mehr Angst als Schaden, am 30sten
wurde zu Cantaro wieder ein leichtes Erdbeben
empfunden, auch warf einige Tage darauf der
Vesuv unaufhörlich glühende Steine und Asche
durch eine kleine Mündung gegen Ottajano aus.
Die stärksten vulcanischen Explosionen begannen
aber nun auf der syrischen Küste, zu Ende des
Julius wurde dort die Hize immer unerträglicher, bis zum 11ten August; als frischer Seewind eintrat, und was um diese Zeit ganz unerhört ist, der Himmel bey frischem Seewind sich
ganz bedekte und es am 12ten und 13ten mehrmals regnete, worauf gegen Abend an lezterem
Tag Windstille eintrat und alsbald ein Beben
gefühlt wurde, auf das man im Anfang wenig
achtete, bis gegen 9 Uhr heftige Stöfse zuerst
wagrecht und nachher erst senkrecht, die wohl
jedesmal 40 Secunden anhielten, folgten, nun
stürzten auf dieselbe Zeit zu Latakieh (Laodi-
cea ad mare), Antakia (Antiochia), Skaen-
derum (Alexandrette), aber auch zu Aleppo
eine Menge Gebäude ein. Wie es sich später
ergab, waren die Verheerungen zwischen Aleppo
und Diarbekr am schreklichsten, es erstrekte sich
dieselbe aber auch südlich nach La Marine, Gi-
belette, Tortosa, Tripolis, Seyde bis Jerusalem
und mehr westlich gegen Cypern, in welcher
Richtung ein Schiff, das von dieser Insel nach
Latakieh steuerte, zu derselben Zeit, ohne dafs

ein Sturm geherrscht hätte , in die Höhe getrieben wurde , auch hoben sich zunächst der Insel
zwey Klippen plözlich aus dem Meer empor.
Während dieser Zeit sah man auch zwischen
Gisser und Antiochien auf einem Berg Flammen
ausbrechen, ein anderer Berg gab durch seinen
Sturz dem Orontes einen veränderten Lauf. Auch
noch in der darauf folgenden Nacht erblikte man
von Zeit zu Zeit in der Luft eine Art vulcanischen Feuers, dessen Leuchten dem des Vollmonds glich; der Untergang so vieler Reste des
Alterthums, die auf den Bergen wie in der Ebene
gleich zusammenstürzten, bewies es, daß seit
fast 1300 Jahren dieses Erdbeben das stärkste
war, ebenso zeigte sich dißmal wieder dieselbe
lange Dauer der Periode dieser sich immer wiederhohlenden Erdstöße, diese hatten sich in kurzen Pausen bis zum 5ten September wiederhohlt,
als sie bey Einbruch der darauf folgenden Nacht
mit solcher Heftigkeit sich einstellten, daß noch
viele weitere Häuser zu Antiochien zusammenstürzten und fast kein Obdach mehr übrig blieb.
Damals wurde die Summe der Leichen auf 20,000
angegeben und die Verwundeten wurden nicht
gezählt, am 15ten October noch giengen nicht
fünf Tage ohne Erderschütterung vorbey, meistens erfolgten diese bey Nacht, ja noch zu Anfang des nächsten Jahrs berichteten die europäischen Consuln immer neue Verheerungen, bis
endlich mit diesen auch die Cholera ausbrach.

Am 21sten October gegen Mittag fieng der Ausbruch des
Vesuv an in eine Bewegung zu gerathen, wie Vesuvs.
sie seit mehreren Jahren nicht mehr bemerkt worden war, um zwey Uhr vernahm man ein schrek-

liches unterirdisches Donnern, das immer mehr
zunahm, bis Morgens $3\frac{1}{2}$ Uhr ein entsezlicher
Schlag und Erdstöße im Innern des Berges
erfolgten, es brach nun .Lava aus, die sich
nach Resina, gegen Ottajano und gegen Boscotrecase hin wendete. Bis zur Mittagszeit des
22sten gieng Alles bey der heitersten Luft aber
unter fortdauerndem unterirdischen Donner vor,
nun bildete sich aber eine ungemein dichte
Aschenwolke, die den Vesuv und seine ganze
Umgegend in Dunkel hüllte, und es wurde stille,
dann erfolgte gegen Abend unter neuem Getöse
und fühlbaren Erschütterungen ein ausserordentlicher Feuerguß, und alles wurde zur Flucht
genöthigt, wirklich lagen auch die Lapilli an
manchen Orten 2 — 3 Palmen tief und drükten
Kirchen, und Häuser ein, auch zu Neapel war
alles von röthlicher Asche bedekt. Als man am
25sten November die Spize des Vesuvs wieder
erbliken konnte, so bemerkte man, daß eine ungefähr 30 Palmen hohe Wand davon eingestürzt
war, am 1sten und 3ten November gerieth der
Vulcan von neuem in Bewegung.

Erdbeben und Ausbruch eines Vulcans auf Java. Im October, und zwar am 8ten nach andern
aber am 8ten November begannen auch die Explosionen des Vulcans Galoengoeng auf Java, wodurch auf 25 Quadratmeilen weit alles zerstört
und durch die Masse glühender Steine selbst die
Flüsse und Bäche erhizt wurden, eine andere
Explosion empfand man am 27sten December in
der Richtung von Solo, welche von Erdstößen
begleitet wurde, die sich in dreifsig Stunden achtzehnmal wiederhohlten; die fürohterliehste Katastrophe, bey welcher der ganze Himmel in

Feuer aufzugehen schien, erfolgte endlich am
29sten December, ein Stein - und Sandregen bedekte die ganze Umgegend, sechs Dörfer wurden zerstört, doch giengen nur 15 Menschen zu
Grund, während beym ersten 1411 umkamen.
Diese vulcanische Eruptionen schienen in jenen
Gegenden der Cholera zu folgen, oder sie zu be-
endigen, wie sie dieselbe zu Aleppo ankündig-
ten. Aber auch auf dem entgegengesezten Puncte
der bekannten Erde, in Chili, ergaben sich für Erdbeben in
diesen Monat Erdbeben, die sich durch ihre Stärke Chili.
und die sie begleitende Erscheinungen auszeichneten. In der Nacht auf den 14ten, nach Andern
auf den 22sten November, erbebte an jenem Theil
der Westküste Americas die Erde 4 Minuten lang
mit solcher Heftigkeit, daß man sich nicht auf-
recht halten konnte, wenn auch gerade nicht viele
Menschen dabey umkamen, so wurden doch an
mehreren Orten alle Kirchen und Häuser so beschädigt, daß sie für den Augenblik unbrauchbar wurden, auch sollen doch zu St. Jago 200
Menschen das Leben verlohren haben, Valparaiso,
ein Dorf, das durch die Wirkungen des Handels
in wenigen Jahren seine Bevölkerung auf 15,000
Einwohner gebracht hatte, wurde ganz in Trümmer gelegt; nach Briefen, die erst im nächsten
Jahr geschrieben wurden, hatten auch dort die
Erdstöße noch nicht aufgehört und wurden fast
jeden Tag gespürt.

Gegenüber von diesen Erdbeben sind nun frey- Erdbeben in
lich die Erderschütterungen, welche im südli- Teutschland,
chen Teutschland im Verlauf des Novembers ge- besonders
spürt wurden, sehr unbedeutend, doch bildeten dem südli-
dieselben für die Gegenden, wo sie so selten chen.

vorkamen, sowohl durch ihre Ausdehnung, als
durch ihre lang dauernde Wiederhohlung eine
denkwürdige Erscheinung.

Schon am 8ten November wollte man auch
zu Hannover nach starkem Nordlicht bey heftigem Wetterleuchten und Sturm Erdstöfse bemerkt
haben, es folgte nun drey Tage lang Kälte, die
man auch im südlichen Teutschland empfand,
die aber am stärksten in den Gegenden um die
Mündung der Elbe war, auf welchem Flufs das
häufige Eis schnell die Schifffahrt zu hemmen
drohte, als am dritten Tag wieder milderes Wetter eintrat.

Schon am 25sten November hörte man in
Oberkirch und auf dem Kniebis Vormittags um
10¾ Uhr bey heiterem Himmel einen fürchterlichen Knall, und in der darauf folgenden Nacht
erfolgten kurz vor 12 Uhr am obern Nekar, zu Sulz
und der Umgegend zwar unbedeutende, aber mehrmals sich wiederhohlende Erdstöfse, so dafs viele
Personen durch dieselben aus dem Schlaf gewekt
wurden, der heftigste und am weitesten verbreitete
Stofs wurde am 28sten November und zwar überall
auf dieselbe Zeit wieder um 10¾ Uhr Vormittags
empfunden. Es schien derselbe von dem Gebirgs-
stoke des Schwarzwaldes, der zwischen dem obern
Nekar und den Quellen der Donau und der Murg
sich befindet, auszugehen, dort zumal in den
Gebirgen weiter gegen Süden hörte man aus der
Tiefe der Erde ein dumpfrollendes Getöse, das
wohl eine halbe Minute lang anhielt, dabey
war die Luft mild, der Himmel heiter, mit wenigen von West nach Ost schnell sich bewegen-
den Wolken, die Richtung des Stofses aber gieng

von Norden nach Süden. Der Barometer fiel
gleich nach der Erschütterung um einen halben
Grad, Bronnen und Gewässer blieben unverän-
dert. Einige wollen an den Thieren, besonders
den Pferden, eine ungewöhnliche Trägheit bemerkt haben. Dieser Stofs nun verbreitete sich
eines theils nach Bühl, Steinbach bis Carlsruhe,
ferner von Neubulach nach Calw, Herrenberg,
Böblingen, Rottenburg, und wieder im Remsthal, selbst nach Weinsperg, auch über Sulz,
Oberndorf bis Tuttlingen und wurde sogar um dieselbe Zeit auch zu München bemerkt, wo die
Inclinationsnadel eine ungewöhnlich starke östliche Disgression machte; an demselben Tag gab
es im Departement der Maas ein heftiges Gewitter bey furchtbarem Sturm und Hagelschlag.
In einigen dieser Richtungen wiederhohlten sich
diese Stöfse bis zum 3ten December, im obern
Murgthal dauerten sie sogar noch am 17ten Januar in derselben Richtung, bey jeder Witterung und jedem Barometerstand fort.

Als Folge der heifsen Witterung des Sommers
scheint wohl der im südlichen Teutschland, im
Tyrol, an der Donau, am Lech und der Wertach
so häufig vorkommende Milzbrand, der auch die Milzbrand.
Pferde in grofser Zahl befiel, und diese meist
tödtete, anzusehen zu seyn.

Auch Nervenfieber mit Kopfaffection und Nervenfieber.
Durchfällen, die mehr von dieser veranlafst wurden, als eigentlich gastrischer Art waren, zeigten sich fast wieder so häufig als im Jahr 1811.
Auch das gelbe Fieber erschien zwar wieder zu Gelbes Fie-
Neworleans, Pensacola, Norfolk und Newyork, ber.
an beyden ersteren Orten jedoch des heifsen Som-

mers unerachtet erst im September und nachdem
am 2ten dieses Monats ein starker Sturm geherrscht hatte. Man wollte dort die Entstehung
und Verbreitung dem zufälligen Aufenthalt vieler
Nordamericaner, die an das heifse Klima weniger gewöhnt waren, zuschreiben, doch war die
Zahl der Todten nach der Angabe von Thomas
zu Neworleans sehr bedeutend, es soll nemlich
von den dreytausend krankheitsfähigen Fremden,
die sich zu Anfang Septembers in der Sadt befanden, die Hälfte gestorben seyn, auch zu Pensacola, wo die gegen 1000 Menschen starke Bevölkerung gröfstentheils in die Wälder floh, so
dafs nur 400 zurükblieben, rechnete man bey 260
Gestorbene, und unter diesen 50 Schwarze und
30 americanische Krihk-Indianer; in dem 126,000
Einwohner zählenden Newyork hingegen starben
nach der Zählung von Yeates, welcher die höchste
Summe annimmt, aber die Krankheit nicht für
das eigentliche gelbe Fieber erklären will, doch
nur 230. Auch in diesem Jahr waren in Nordamerica wieder die Meynungen über die Anstek-
barkeit sehr getheilt, für leztere erklärte sich
Townsend und zu Newyork verbreitete sich sogar einmal die schrekenvolle Nachricht, dafs eine
Diebsbande, deren Mitglieder alle mit dem gelben Fieber inficirt seyen, die Krankheit in jedes
Haus, in welches sie eindringen, bringe.

In Europa kam die Krankheit gar nicht zum
Vorschein, unerachtet sie einen gegen sie bereits
aufgestellten Gesundheits - Cordon angetroffen
hätte, es hiefs zwar am 27sten Julius zu Barcelona, wo man gerade in der heissesten Jahres-

zeit die Canäle reinigte*), es sey die Krankheit daselbst ausgebrochen, die Gesundheits-Junta erwies aber, dafs die Krankheit der in das Lazareth gebrachten verdächtigen Individuen eine ganz andere Beschaffenheit habe.

Die Cholera dagegen, von deren Verbreitung **Cholera.** gegen Osten zwar weniger Genaues in Erfahrung gebracht werden kann, und von der man nur weifs, dafs sie im April dieses Jahrs auf Manilla und kurz vor den vulcanischen Ausbrüchen und Erdbeben auf Java ganz verschwunden ist, rükte auch in diesem Jahr unaufhaltsam gegen Westen und traf auch hier wieder mehrmals bey ihrem ersten Erscheinen an einem Ort mit Erdbeben zusammen. Im August scheint sie nach Tauris gedrungen zu seyn, von wo der persische Hof nach Ispahan sich flüchtete. Sie erschien auch unter dem gegen die Türken kämpfenden persischen Heer, dafs sich jedoch dadurch nicht abhalten liefs, den Türken bey Torbruk Kullat noch ein Treffen zu liefern, in welchem es wohl siegte, aber durch die körperliche Anstrengung die Krankheit vollends zum Ausbruch gebracht wurde, so dafs nur noch wenige Tagmärsche von Erzerum entfernt, sich die Armee doch noch auflöste, und der Ueberrest nach Byzied retirirte.

Ueber Orfa, Bir und Aintah erreichte das Uebel auch Aleppo gegen das Ende des Jahrs, wo, wie bereits erwähnt wurde, um diese Zeit immer wieder die Erdstöfse sich erneuerten, und

---

*) Histoire médicale de la fièvre jaune etc. par Bally, François, Pariset. A Paris 1823. Pag. 144.

der gestörte Gesundheitszustand bereits im Sep-
tember.durch eine heftige Augenkrankheit sich
zu erkennen gegeben hatte. Dürfte man den
Nachrichten von der Krankheit daselbst, wie sie
im Moniteur und der Etoile erschienen, trauen,
so hätte diese überall eine bestimmtere Dauer,
die nirgends kürzer als 14 und länger als 30
Tage gewesen wäre, angenommen, und wäre auf
ihrem Zug schon nach Aegypten und Cypern gelangt, ja es wurde sogar die Behauptung gewagt,
dafs sie in vier Jahren bereits am Rhein ein-
treffen könnte.

Bald nach den weit verbreiteten Erdstöfsen
im November, begann im December Kälte, und
dauerte in Schwaben anhaltend fort vom 16ten
December bis zum 26sten Januar, an welchem
Tag eine vollständige Mondfinsternifs sich ereignete. Während dieser Zeit war der Rhein bey
Bonn, Kölln, Düsseldorf, Wesel und andern
wenig erhöht liegenden Orten zugefroren, und
über die meisten kleinern Flüsse Teutschlands
und der Niederlande giengen schwer beladene
Wagen. Zu Hamburg betrug vom 21 — 26sten
Januar die Kälte 24°, zu Berlin vom 24 — 26sten
19 — 26°, kurze Zeit sogar und nur nach Einer
Beobachtung 28°; doch wies, als am 23sten Januar zu Berlin das Queksilber auf 26° fiel, der
Thermometer zu Petersburg bey trübem Himmel
und Schnee nur auf 9°, im nördlichen Uppland betrug die Kälte in der ersten Hälfte des Februars
noch 30 — 40°, auch im östlichen Europa war
die Kälte dieses Winters ungewöhnlich, zu Bu-
charest stand der Thermometer immer zwischen
19 — 22°, die Flüsse waren bis auf den Grund

1823 n. Chr. Kalter Win-ter.

gefroren, zu Constantinopel konnte man sich seit
20 Jahren keiner ähnlichen Kälte erinnern, der
Hafen daselbst war zum Theil zugefroren und
das übrige mit Treibeis erfüllt, den östlichen
Theil des schwarzen Meeres hatte schon im December so festes Eis überzogen, daß man von
Kertsch nach der Insel Taman gehen konnte.
Während dieser Zeit fiel auch in Spanien Regen
und Schnee, wie man sich dessen seit Menschengedenken nicht erinnerte, in Portugal hatten bis
zum 12ten Februar beständig Regengüsse und
Stürme abgewechselt, das Thal des Tajo zeigte
weit und breit das Bild der Verwüstung. Einer
der heftigsten Stürme traf Lissabon und Genua den
2ten Februar, an lezterem Ort bey fast heiterem
Himmel, an demselben Tag stand der Barome- Niederer Ba-
ter in Schwaben, Franken, auch zu Halle selbst rometerstand.
noch etwas niederer als den 25sten December 1821.

    Auch die Erdbeben sezten sich in diesem Erdbeben.
Jahr fort. Den 7ten Januar empfand man zu
Szigeth und in der ganzen Gespannschaft Mar-
maros ein starkes Erdbeben, das 15 Secunden
dauerte, den 9ten Februar erfolgten zu Bucha-
rest zwey Erdstöße, von denen den zweyten stärkeren ein sturmähnliches Getöse begleitete. Zu
Catanea, Messina und an mehreren Orten Siciliens, besonders aber zu Palermo, richtete
am 5ten Merz ein Erdbeben grofsen Schaden an,
am meisten litten zwar die Häuser auf schlam-
migtem Grund, doch mufste zu Palermo die Hälfte
derselben gestüzt, und weil am Ende das Holz
fehlte, abgetragen werden. Im Gebiet von Oglia-
stro bildeten sich von einem gemeinschaftlichen
Mittelpunkt aus nach Osten, Westen und Nord-

osten Spalten, deren Länge wohl eine italienische Meile betrug und die 22 Palmen breit und
Rauhes Früh- 12 Palmen tief waren. Die Witterung des Früh-
jahr. lings zeigte sich im untern Italien fast noch
unfreundlicher als im südlichen Teutschland. Am
Frühlings-Aequinoctium, das zu Neapel sonst
so angenehm und milde ist, empfand man die
gröfste Strenge des Winters, am 21sten Merz war
der Vesuv und das umliegende Gebirg mit Schnee
bedekt. Auch in den Abruzzos herrschte Winterkälte. In Aquila fiel 36 Stunden lang anhaltend Schnee, so dafs die Dächer von fünf Kirchen einstürzten, um diese Zeit war der Schnee
im Enzthal ganz unbedeutend, doch schmolz er
den Tag über nicht ganz weg. Ja in der neapolitanischen Provinz Teramo fiel im April so viel
Schnee, dafs er 8 Palmen hoch die Erde bedekte,
und nicht weniges Unglük verursachte. In der
Gemeinde di San Vito wurden ein und zwanzig
Personen unter einem vom Schnee eingedrükten
Dach und in der Campagna di Capo d'acqua sechs
und dreyssig Personen unter einer Lavine begraben.

Warmes Wetter im May und An-fangs Junius. Während der May bis zum 9ten Junius bey
uns sehr warm war, nur heftige Stürme, Wol-
kenbrüche und Gewitter auch in Teutehland manchen Schaden brachten, aber auch nach Briefen
von Petersburg vom 6ten Junius, dort seit vierzehn Tagen eine Hize von 20—25° Reaumur
herrschte, sollen zu Ende Mays und Anfangs Ju-
Kühler Som-mer. nius ausserordentliche Stürme und Regengüsse
in Calcutta und dem dortigen Küstenlande viele
Fahrzeuge Meilen weit ins Innere getrieben haben, in einem Umkreis von 80—100 Meilen glich

die Landschaft einem See, und 6 — 700 Dörfer
wurden fortgeschwemmt. Fast zu derselben Zeit,
doch mehr in der Mitte des Mays, richtete der
Missisippi in Louisiana ähnliche Ueberschwemmungen an, der Erdwall wurde durchbrochen,
und in vielen Gegenden nahm das Wasser eine
Breite von dreyssig englischen Meilen ein, so
dafs der gröfste Theil des angebauten Landes von
seinen Bewohnern verlassen werden mufste. In
Schwaben folgte nun im weitern Verlauf des Junius und im Julius eine zwar nicht besonders nasse
aber rauhe Witterung, zu Chur fiel am 11ten Julius eine Stunde lang Schnee, ungewöhnlich lange
dauerte die Zeit der Blüthe der so zahlreichen
Trauben, und noch nie war der Geruch derselben so stark und weit verbreitet. Auch in Spanien zeigte sich die Hize während des ganzen
Sommers sehr mäfsig, sie betrug nur 19 — 22°,
selten 25°. Erst im August hob sich die Temperatur wieder etwas, zugleich hörte man aber wieder
viel von Hagelwettern, besonders in der Nähe der
Schweiz und Tyrols. In dem Bezirke von Dreux **Hagel, Wet-**
und Mantes erschien auch ein Wetterwirbel mit **terwirbel und Kornregen.**
seiner Basis nach unten gekehrt, dieser sezte
einen vollständigen Wagen auf das Dach einer
Ziegelhütte ab. Bey einem andern Gewitter mit
Hagel in Böhmen am 20sten Junius sollen auch
gröfsere und kleinere Körner, die man efsbar
fand, in der Grafschaft Starkenberg niedergefallen seyn, vielleicht waren es hier die kleinen Knollen vom ranunculus ficaria.

Den 22sten Junius begann im Myrdars Jo-
kul auf der Südseite Islands ein heftiges Getöse, **Vulcan auf**
und am 26sten erfolgte ein furchtbarer Ausbruch **Island.**

des Kattlagiau-Jokul, eines Vulcans 4—5 Meilen ostwärts vom Eyafialla Jokul, welcher lezterer im December 1821 zu explodiren begonnen hatte, und ungefähr acht Meilen südöstlich vom Hecla. Es hatte sich jener nun schon seit 68 Jahren ruhig verhalten, nachdem Rauchwolken seinen Gipfel eingehüllt und verdunkelt hatten, so sprangen unter heftigen Erderschütterungen und Donnerschlägen ganze Massen von dem Eise des Berges ab, und wurden durch Ströme Wassers in die offene See gespült, dabey erlitten mehrere Landhöfe große Verwüstungen, aber auch vulcanische Asche wurde von dem Berg ausgeworfen, Schiffe, zwanzig Meilen weit vom Ufer, wurden damit bedekt. Nach drey heftigen Explosionen wurde derselbe etwas ruhiger. Den ganzen Sommer über herrschte auf Island überhaupt große Trokenheit, unter welcher die Waiden sehr litten, dagegen waren die Fische desto zahlreicher, jedoch mager.

Erdbeben. In Syrien, besonders zu Aleppo, dauerten die Erderschütterungen immer noch fort, die am 19ten May zeichneten sich wieder sehr durch ihre Heftigkeit aus, noch am 30sten Junius spürte man fast täglich Stöße. Während sonst vom Merz bis October in jener Gegend heitere Witterung herrscht, fiel den ganzen Monat Junius Regen in Strömen und der Orontes richtete große Ueberschwemmungen an.

Anhaltende Trokenheit. Fast in allen Theilen Europas begann mit der zweyten Hälfte des Jahrs eine sehr anhaltende Trokenheit, die in Schwaben bis in December dauerte, so daß in diesem Monat noch

die Flüsse so seicht waren, wie sie sonst zu keiner Jahreszeit gesehen werden. Der Schaden,
welchen die Mäuse in Norwegen, besonders dem
Stift Drontheim, anrichteten, war ganz unerhört. In Italien, und selbst auch in Schwaben,
war der Regen am 16ten September fast die einzige Unterbrechung einer Trokenheit mehrerer
Monate, sogar auch in der südlichen Hemisphäre, in der Provinz Rio de la Plata klagte
man über gleiche Dürre.

Nachdem dieselbe Trokenheit schon längere
Zeit in Dalmatien gedauert hatte, so verdunkelte
sich am 26sten August plözlich der Himmel, eine
glänzende Leuchterscheinung erhob sich über Ragusa und sank in das Meer, zu gleicher Zeit
stürzte ein Erdbeben mehrere Häuser ein, an **Erdbeben in**
einzelnen Stellen der Küste trat die See eine **Dalmatien.**
Meile weit zurük, und ein Theil des Monte ne-
gro stürzte in das Meer, in welches durch diesen
Fall ein mit Mehl beladenes Schiff versenkt wurde.
Das Erdbeben schien aus der Richtung von Bosnien, wo es noch früher empfunden worden war,
herzukommen, auch einen neuen Vulcan glaubte
man in jenen Gegenden (den betischen Alpen?)
bemerkt zu haben. Weniger vulcanischer Art
war ein Vorgang am 8ten September in Störda-
len (in Dännemark), wo ein hochliegender mo-
rastiger Sumpf sich in Bewegung sezte und eine
große Streke der Thalgegend mit fliessendem
Thon überschüttete. Sechs und fünfzig Bauern-
höfe und Häuser litten dadurch verschiedenartige
Beschädigungen.

Während der diese Jahreshälfte so auszeichnenden Trokenheit erhob sich jenseits der Alpen

Sirocco.

vom 15ten bis 19ten October ein seit Menschengedenken nicht so heftiger und heifser Sirocco, welcher theils Regen brachte, theils vorzüglich durch
Schmelzen der Gletscher ausserordentliche Ueberschwemmungen durch die Brenta, Etsch und
den Po anrichtete. Das Salzburgische, Kärnthen, Krain und Tyrol trafen gleichzeitig verheerende Gewitter. Eine entsprechende Scene
wiederhohlte sich, am 14ten November in und
bey Messina, dort stürzte von 9 Uhr Abends bis
5 Uhr Morgens einem Wolkenbruch gleich, eine
solche Regenmasse vom Himmel, dafs die dadurch veranlafsten Verheerungen denen nach dem
Erdbeben im Jahr 1783 gleich geschäzt wurden.

Ueber-
schwemmung
zu Messina.

Erdbeben,be-
sonders in
Norwegen
und Schwe-
den.

Erdbeben beschlossen wieder dieses Jahr.
Zu Christiania spürte man in der Nacht vom
16ten bis 17ten November ein Erdbeben. Am
21sten November Abends 9 Uhr folgten sich in
der Richtung von Süden gegen Norden drey Erdstöfse im Breisgau, welche zu Selbach, Kenzin-
gen, Freyburg und Breysach sehr beträchtlich
waren, und von Lichterscheinungen am nordwestlichen Himmel so wie von einem starken Knall
begleitet wurden. Am 24sten November wollte
man im Schönbuch ein donnerähnliches Getöse
und Erschütterung des Bodens bemerken, wobey
ein See ohne vorangegangenen Regen seinen
Damm durchbrach. An demselben Tag wiederhohlten sich auch zu Christiania die Erdstöfse
wieder zweymal, dort waren sie vertical, aber
zu Stokholm hatten sie die Richtung von Norden nach Südwesten, es hiefs sogar im nördlichen
Theile Schwedens, an der lappländischen Grenze
bey Skeleftää sey ein neuer Vulcan entstanden.

bey diesen vulcanischen Vorgängen blieb aber
n Schweden das Wetter sehr milde, noch am
ioſten December konnte die Schifffarth wie mit-
.en im Sommer getrieben werden, während zu
?etersburg und im finnischen Meerbusen der Win-
ier früh mit großer Strenge eingetreten war.
Mit diesen Erdbeben stand doch wohl auch die
hohe Fluth am 3ten December an der schwedischen Küste und in der Nordsee in Verbindung,
und zu lezterer hatten vielleicht auch die am
folgenden Abend bey Rinteln und Hammeln bemerkte ausserordentliche Leuchterscheinung und
die eine halbe Stunde lang durch das Firmament
ziehenden Feuerkugeln eine Beziehung. Am 9ten
December spürte man auch zu Mühlheim am
Rhein und der Gegend einen jedoch nicht starken Erdstoß.

Ueber die Krankheiten dieses erst so kurz
verflossenen Jahres können die Nachrichten weder sehr ausführlich noch selbst zuverläſsig seyn,
da dieselben weniger aus den Berichten der Aerzte
als aus periodischen Blättern geschöpft werden
müssen. Doch ist vor allem eine schon von den
Aerzten besprochene Merkwürdigkeit des Winters
1823 anzuführen, daß nemlich unerachtet der
anhaltenden Kälte, bey welcher der Tempera-
turwechsel nicht bedeutend war, was selbst durch
die für das Gegentheil angeführten Data erwiesen wird, die Zahl der Kranken und Todesfälle
besonders in größern Städten, in London, Wien
und Berlin viel bedeutender war, und ⅔ mehr als
sonst betragen haben soll.

Noch hörte man immer wieder von der anstekenden Augenentzündung unter dem preussi-

Häufigkeit von Krankheiten wäh-rend des ver-gangenen Winters.

Anstekende Augenent-zündung.

schen Heer, in diesem Jahr litt durch dieselbe
sehr die Besazung zu Luxemburg, aber auch von
Klagenfurt und einigen Gegenden Kärnthens erfuhr man, daſs dort eine äusserst anstekende Augenentzündung herrsche, weshalb das Landes-
Gubernium sich bewogen fühlte, Vorsichtsmaaſs-
regeln zu verfügen, und besonders auch den
Gastwirtben die gröſste Reinlichkeit in den Bet-
ten und der Wäsche zu empfehlen.

Poken. Eine Erscheinung, die man gar nicht mehr
für möglich hätte halten sollen und über deren
officielle Darstellung aus mehreren Gegenden die
Aerzte sehr begierig seyn müssen, bildete die
vielfache Verbreitung der Poken. Zu Hamburg
glaubte man zwar, daſs dieses Uebel durch zwey
americanische Matrosen eingebracht worden sey.
Der Trefflichkeit der dortigen Anstalten gelang
es jedoch nicht die Krankheit zu beschränken,
und eine Zeit lang soll von 6 Kranken 1 gestorben seyn, es dauerte die Epidemie über 8
Monate, die nemliche Krankheit brach auch
zu Lille, im Vorarlbergischen, in Berlin aus,
und zu Paris betrug im verflossenen Jahr die
Zahl der an den Poken Verstorbenen 1084, da
die im vorlezten nur 105 gewesen war.

**Gelbes Fie-
ber.** Das gelbe Fieber zeigte sich auch in diesem
Jahr noch auf den nördlichen Theil der Küste
des mexicanischen Meerbusens beschränkt, vorzüglich wählte es Natchez, das ziemlich weit
von der Meeresküste entfernt, doch an dem dort
so breiten Missisippi liegt, zum Schauplaz seiner Verheerungen, dort starben die Befallenen
in der kürzesten Zeit und bey keinem wollte man
einen Erfolg von ärztlicher Hülfe bemerken, auch

in Kentucky und am Ohio, wo man die Gegenden sonst für gesund hielt, hatte man grofse Be-
fürchtungen; mitten unter dem Umsichgreifen
dieser Verheerungen blieb difsmal Neworleans
ganz frey, auch in Spanien, wo zum vollen
Maafs des Elends nur noch diese Geissel fehlte,
blieb sie gegen alles Fürchten und Hoffen aus,
und drohte nur von einem Orte her, wo man sie
nicht erwartet hatte, nemlich von Port du Pas-
sage, die politische Combinationen zu stören.
Doch läfst sich bey dem Widerspruch der Angaben nicht einmal bestimmen, ob es wirklich das
gelbe Fieber war. Ebenso mufste auch die Pest
jeder Parthei zu gefallen auf den Schiffen und
in den Lagern des Feindes sich verbreiten.

Von der Cholera hiefs es zwar, dafs sie an Cholera zu
den Grenzen Europas angelangt sey, doch weifs Astrachan.
man nicht, dafs sie im Westen von Aleppo vor-
gedrungen wäre, in dem östlicher gelegenen Astrachan ergab sich der erste Fall der Krankheit am
22sten September im See-Hospital, ihm folgten
in kurzer Zeit mehrere, welche alle ganz dieselben Erscheinungen darboten, wie sie vor 6 Jahren aus Bengalen angegeben wurden, und innerhalb einiger Stunden tödteten, doch vericherten
spätere Nachrichten, dafs noch vor Ablauf des
Jahres und nachdem nur 144 Menschen, ⅔ der
Erkrankten gestorben waren, die Krankheit in
dieser Stadt, deren Einwohnerzahl 362,000 beträgt, wieder gänzlich aufgehört habe, welches
Aufhören doch wohl nicht den von den Aerzten
angeordneten warmen Bädern zugeschrieben werden kann.

In den lezten Tagen des Jahrs wurde ein

Komet bemerkt, welcher während des Januars

Komet. sichtbar blieb. Der Winter konnte eher in Italien und Spanien für kalt erklärt werden, als in Teutschland und selbst in nördlicheren Gegenden; zu Rom und zu Cadiz klagte man sehr über Kälte, in Petersburg mußten während des Carnevals die Eisberge wegen der dünnen Eisdeke auf der Newa auf dem Marsfeld errichtet werden. Zu Cairo regnete es gegen Ende Januars sehr stark. Allgemeiner war die Witterung in der ersten Hälfte des Aprils sich gleich, am 1sten dieses Monats waren selbst die Berge um Neapel mit Schnee bedekt, im obern Italien, in der Schweiz und dem Schwarzwald fielen unerhörte Massen Schnees, und dieser lag noch am 22sten April an manchen Örten 8 — 9 Schuh tief. Am 9ten und 13ten Januar wurden im Fichtelgebirg wiederhohlt doch

Erdstöße. unbedeutende Erdstöße bemerkt. Nach dem Diario di Roma wären bey dem Dorfe Arenazzo in der Legation Bologna auf einen starken Knall und

Meteorsteine. Windstoß mehrere Meteorsteine gefallen, von welchen der größte 12 Pfd. wog und nach Bologna gebracht wurde. Neben diesen Vorgängen möge

Ueber- die kurze Erwähnung der fast gleichzeitigen Wasser-Ergüsse aus Böhmen und dem Vogelsgebirge,

schwemmun- gen durch besonders am Himmelsberge, in diesem von dem

Regen und vergangenen so sehr durch seine Wassermenge

Anlaufen der Quellen. verschiedenen Jahre, so wie der etwas spätern nach einigen sehr heissen Tagen vom 10ten bis 18ten Julius über Rheinbaiern, das Breisgau, Schwaben, Franken und Bayern, ja unter Begleitung von Erdbeben und Seestürmen vom adriatischen Meer bis Marseille, verbreiteten so

furchtbaren Gewitter, bey welchen · zum Theil Hagelwetter.
1 — 1½ Pdf. schwere Eisklumpen niederfielen, und
die einen beträchtlichen Temparaturwechsel zur
Folge hatten, die Aufzählung der physischen Ereignisse, als nicht unwichtige Erscheinungen be-
endigen; noch weit bedeutungsvoller müſste sich
die Reihe der Krankheiten schliessen, wenn mehr
Zuverläſsiges jezt schon über die nach 40 Jahren
wiederkehrende allgemeine Verbreitung der Wuth Wuth unter
oder ähnlicher Krankheiten unter Thieren der verschiedenen
Thierarten
verschiedensten Art, unter den Rennthieren in in mehreren
den Nordlanden, den Wölfen und Füchsen, Ha- Gegenden
Europas.
zen und Hunden in Schweden und England, besonders Liverpol, so wie in der Schweiz und am
Niederrhein, angegeben werden könnte.

So wäre denn nun vom Anfang der Geschichte,
zwar nicht vollständig, dessen vermaſs sich auch
der Verfasser nicht, doch manche bis jezt noch
zu wenig beachtete Erscheinung im gesunden
und kranken Zustand des Menschen - Geschlechts
aufgeführt, und jedenfalls genug, um die nicht
neue, aber zu oft vergessene Wahrheit zu bekräf-
tigen, daſs diese Krankheiten nicht das zufäl-
lige Product äusserer Umstände sind, daſs überhaupt von den Naturkräften keine monarchisch
die andern beherrscht, sondern nur in ihrer Wechselwirkung das Leben besteht, und das, was so
gerne als Ursache und Wirkung betrachtet wird,
auch seinen innern Grund hat.

Wohl wäre es schön, wenn eine solche hi-
storische Betrachtung auch dahin führte, daſs,
wenn auch die Epidemien nicht vorausgesagt, doch

die Dauer ihrer Perioden vorausbestimmt werden
könnte. Wenn Aehnliches aber auch die Geschichte
der Schiksale der Menschen, selbst da wo sie von
den leztern sogar gegeben werden, nicht vermag,
und bis auf die neueste Zeit das Erwartete und
Verkündete immer am wenigsten eintrifft, so wird
kein Billigdenkender eine höhere Forderung an
die Geschichte der Krankheiten machen, und da,
was einmal geschehen, als dasselbe nie wieder-
kehrt, so kann auch die Geschichte der Krankheiten auf keinen weitern practischen Nuzen Anspruch machen, als daß auch sie dem Studium
der Heilkunde die gewiß heilbringende Richtung
gibt, das was die rasch vorwärtsschreitenden Na-
turwissenschaften bieten, nicht unbeachtet zu lassen, aber nicht aus einzelnen Principien, noch
weniger aus vorgefaßten Theorien die Epidemien
erklären zu wollen, sondern nach dem Vergangenen und nach der Geschichte der Krankheiten
diese zu betrachten, zu deuten!

Vayhingen, den 24sten Julius 1824.

Register.

Die erste Zahl bezieht sich auf den Theil,
die zweyte auf die Seite.

Druckfehler-Verzeichnifs.

Pag. 432. Lin. 2. von oben nach Gouvernements „und" ausgelassen.
— 441. — 10. — unten nach Beobachtungen „von" ausgelassen.
— 446. — 12. — — st.: Maguin, l. Meguin.
— 467. — 14. — oben — Bewegung, l. Beengung.
— 468. — 8. — — ist „an" auszustreichen.
— 472. — 14. — — st.: Poppenburger, l. Pappenburger.
— 477. — 11. — — — Gop, l. Gap.
— 510. — 7. — unten — welchep, l. welchem.
— 533. — 1. der Note, — pasta, l. has ea.
— 534. — 4. von unten ist „de" auszustreichen.
— 535. erste Linie ist nach nicht „sich" einzufügen.
— 540. Lin. 7. von unten, st.: 6 pfündige, l. 4 pfündige.
— 554. — 7. — oben, st.: dehnten, l. dehnte.
Ebend. erste Linie der Note, st.: cheek, l. check.
— zweyte Lin. — — — debillitated, l. debilitated
Pag. 564. Lin. 12. von unten, st.: welchen, l. welchem.
— 571. — 4. — oben, st.: angesehenen, l. angesehenern.
— 575. — 20. — — — wurden, l. wurde.
— 591. — 16. — — — Oten, l. Orten.
— — 11. — unten — Dastarjne, l. Dastarjun.
— 592. — erste Linie, Mamohomi, l. Mamosoni.
— 594. Lin. 8. von unten, st.: wurde, l. wurden.

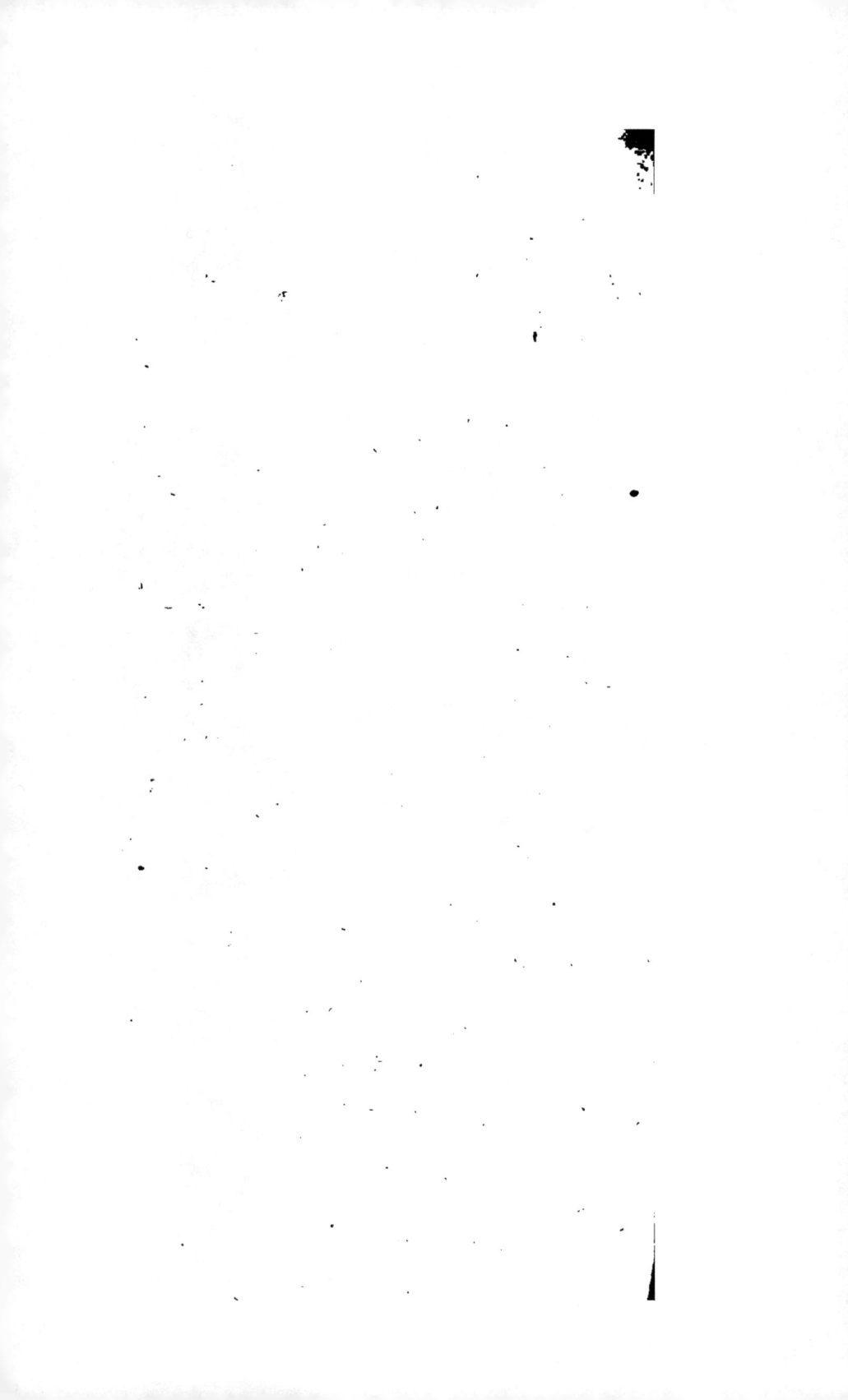

CPSIA information can be obtained
at www.ICGtesting.com
Printed in the USA
LVHW050750702223
73858LV00006B/134

9 780274 888368